Todos los libros de Linkgua Ediciones cuentan con modelos de Inteligencia Artificial entrenados por hispanistas. Pregúntale al chat de tu libro lo que desees acerca de la obra o su autor/a.

Para **ebooks**: Accede a nuestro modelo de IA a través de este enlace.

Para **libros impresos**: Escanea el código QR de la portada con tu dispositivo móvil.

Obtén análisis detallados de nuestros libros, resúmenes, respuestas a tus preguntas y accede a nuestras ediciones críticas generativas para una experiencia de lectura más enriquecedora.
La transparencia y el respeto hacia la autoría de las fuentes utilizadas son distintivos básicos de nuestro proyecto. Por ello, las respuestas ofrecen, mediante un sistema de citas, las fuentes con las que han sido elaboradas.

Luis de la Puente

Vida del padre Baltasar Álvarez

Barcelona **2024**
Linkgua-ediciones.com

Créditos

Título original: Vida del Padre Baltasar Álvarez.

© 2024, Red ediciones S.L.

e-mail: info@linkgua.com

Diseño de cubierta: Mario Eskenazi.

ISBN tapa 978-84-9953-700-9.
ISBN rústica: 978-84-9816-998-0.
ISBN ebook: 978-84-9897-985-5.

Cualquier forma de reproducción, distribución, comunicación pública o transformación de esta obra solo puede ser realizada con la autorización de sus titulares, salvo excepción prevista por la ley. Diríjase a CEDRO (Centro Español de Derechos Reprográficos, www.cedro.org) si necesita fotocopiar, escanear o hacer copias digitales de algún fragmento de esta obra.

Sumario

Créditos _____ 4

Brevísima presentación _____ 15

Al cristiano lector _____ 17

Capítulo I. Del nacimiento y crianza del Padre Baltasar; de su entrada en la Compañía, noviciado y estudios _____ 22

Capítulo II. De la inclinación grande que tuvo desde novicio a la oración y trato familiar con Dios nuestro Señor, y de las diligencias que hizo para alcanzarle con excelencia _____ 28
    1 _____ 29
    2 _____ 33

Capítulo III. Cómo comenzó por la meditación de los misterios de la Humanidad de Cristo nuestro Señor, y de la especial devoción que siempre le tuvo, y de los provechos que sacó _____ 35
    1 _____ 36
    2 _____ 40

Capítulo IV. De las veras con que procuró desde novicio la mortificación de sí mismo en todas las cosas, y la prosiguió toda la vida con muchas obras de penitencia _____ 42
    1 _____ 43
    2 _____ 46

Capítulo V. Cómo hizo los tres votos de castidad, pobreza y obediencia, y de la perfección con que siempre los guardó _____ 49
    1. De su castidad _____ 50
    2. De su pobreza _____ 52

3. De su obediencia _____ 54

Capítulo VI. Cómo se ordenó de sacerdote, y de la devoción con que rezaba el Oficio divino y decía Misa cada día _____ **58**
    1 _____ 59
    2 _____ 63

Capítulo VII. Cómo comenzó luego a ejercitar los ministerios con los prójimos, y de las ayudas y avisos que tuvo de nuestro Señor, para crecer juntamente en su propia perfección _____ **65**
    1 _____ 66
    2 _____ 68

Capítulo VIII. De la prudencia y destreza que tenía en ayudar a las almas, y de los medios en general que tomaba para ello _____ **71**

Capítulo IX. Del grande fruto que hizo en Ávila en muchas personas de insigne virtud _____ **75**

Capítulo X. Cómo ayudó en Ávila a la Madre Mari Díaz en sus heroicas virtudes, y de una conferencia muy provechosa que tuvieron sobre cinco suertes de padecer _____ **81**
    1 _____ 82
    2 _____ 85

Capítulo XI. De lo mucho que ayudó a la santa Madre Teresa de Jesús, y de una revelación que ella tuvo de la predestinación del mismo Padre, para alentarle _____ **87**
    1 _____ 88
    2 _____ 91

Capítulo XII. Cómo le mudaron a Medina del Campo; y el año de 1567 hizo la profesión de cuatro votos, y cuán bien cumplió con las obligaciones della ____ **94**

Capítulo XIII. Cómo este mismo año nuestro Señor le concedió el señalado don de oración y contemplación que tuvo, con doce admirables frutos. Pónese la relación que él mismo hizo de ellos por obediencia a los superiores __ 97

    1 _____ 99
    2 _____ 102

Capítulo XIV. En que se declara más este modo de oración, y las causas por que nuestro Señor se le concedió al Padre Baltasar, y se lo dilató algunos años **106**

    1 _____ 107
    2 _____ 110
    3 _____ 112

Capítulo XV. Cómo entró en este modo de oración por especial vocación de Dios; y decláranse más las señaladas mercedes que recibió para su mayor perfección, y para ayudar más a los prójimos _____ **114**

    1 _____ 116
    2 _____ 120

Capítulo XVI. De las cosas maravillosas que en Medina y otras partes hizo en los prójimos con la eficacia de su oración, y descubriendo a muchos cosas secretas del corazón, o cosas que estaban por venir _____ **122**

    1 _____ 122
    2 _____ 126
    3 _____ 128

Capítulo XVII. Del grande fruto que hizo en muchas personas seglares y religiosas con la eficacia de sus pláticas espirituales _____ **129**

Capítulo XVIII. De los trabajos y peligros a que se puso por el bien de las almas; y de algunas cosas notables en que mostró su grande caridad _____ **136**

    1 _____ 137
    2 _____ 140

Capítulo XIX. Cómo entabló el orden de la probación en Medina con gran perfección. De su gran caudal en criar novicios, y del fervor que tenían ___ 142

Capítulo XX. De algunos novicios muy insignes y fervorosos que tuvo en Medina en este tiempo. Pónese las cosas notables de los Hermanos Francisco de Godoy y Antonio de Padilla ___ 149
    1. Del Hermano Francisco de Godoy ___ 150
    2. Del Padre Antonio de Padilla ___ 152

Capítulo XXI. Cómo se aparejaba para las pláticas y en ellas procuraba que los novicios cobrasen noticia, estima y amor de su Instituto ___ 158
    1 ___ 159
    2 ___ 160

Capítulo XXII. De otras muchas cosas que tomaba por materia de las pláticas, para la entera y perfecta enseñanza de los novicios ___ 163
    1 ___ 164
    2 ___ 167

Capítulo XXIII. De la excelencia con que hizo el oficio de Rector en Medina y otros colegios; y del gran talento que tuvo de gobierno ___ 169
    1 ___ 170
    2 ___ 173

Capítulo XXIV. De su celo y cuidado en promover el ministerio de leer latín, y criar bien la juventud de la República, y enseñar la doctrina cristiana ___ 176
    1 ___ 176
    2 ___ 181

Capítulo XXV. De la jornada que hizo a Roma, y cómo se previno con la confianza en Dios, y experimentó los efectos de su divina Providencia y la guarda de los ángeles ___ 182

Capítulo XXVI. Cómo visitó la casa de nuestra Señora de Loreto, y trajo el retrato de la imagen que pintó San Lucas; y de la gran devoción que tuvo con la Virgen y otros Santos ___ 188

Capítulo XXVII. Cómo quedó en lugar del Provincial que iba a Roma con otros dos Padres graves, y fueron presos de los herejes, y lo que hizo para su rescate 193
    Carta del Padre Juan Suárez para el Padre Baltasar Álvarez _____ 194
    Otra carta del Padre Gil González para el Padre Baltasar Álvarez _____ 198

Capítulo XXVIII. De algunas enfermedades graves y otros achaques que padeció en este tiempo, y de la grande paciencia y perfección que mostró en ellas _____ 203

Capítulo XXIX. Cómo fue por Rector del Colegio de Salamanca, y procuró que se juntasen letras con espíritu, y del gran fervor que puso en nuestros Hermanos estudiantes _____ 208
    1 _____ 209
    2 _____ 212

Capítulo XXX. En que se ponen algunos ejemplos notables de dos Hermanos estudiantes muy fervorosos, Juan Ortuño y Francisco de Córdoba _____ 216
    Del Hermano Juan Ortuño _____ 216
    Del Hermano Francisco de Córdoba _____ 221

Capítulo XXXI. Cómo tenía especial cuidado de que los maestros fuesen perfectos, y de la insigne virtud del Padre Francisco de Ribera, que leía allí sagrada escritura _____ 226

Capítulo XXXII. Del fruto que hizo en muchas personas de la Universidad y en otras seglares muy principales (Año 1574) _____ 231

Capítulo XXXIII. De los avisos que dio para el modo de hablar en las cosas espirituales, contra los malos lenguajes de los alumbrados que se levantaron en este tiempo _____ 236
    Tratado del modo cómo se ha de hablar en cosas espirituales _____ 237
    1. De la oración _____ 238
    2. De los sentimientos espirituales, y comunicación de Dios a las almas _____ 241
    3. De la mortificación eclesiástica y verdadera _____ 242
    4. De la obediencia _____ 244

5. De la confesión y comunión _____ 245
  6. Del matrimonio, y de la castidad, y religiones _____ 247

Capítulo XXXIV. Del celo con que ayudaba a los ausentes con sus cartas, y de la prudencia y eficacia que mostraba en ellas. Pónense algunas muy espirituales _____ **248**
  1 _____ 249
  2 _____ 251
  3 _____ 255

Capítulo XXXV. Cómo fue por Rector del Colegio de Villagarcía; y de lo mucho que ayudó a doña Magdalena de Ulloa, su fundadora, para las cosas grandiosas que hizo en servicio de nuestro Señor (Año de 1577) _____ **258**
  2 _____ 262

Capítulo XXXVI. Cómo la ayudó por cartas, y de la grande perfección a que nuestro Señor la levantó _____ **266**
  1 _____ 267
  2 _____ 270

Capítulo XXXVII. Del fruto que hizo entonces en otras personas muy principales; y cómo a una de ellas dio dos meditaciones muy devotas de la divina Providencia _____ **274**
  1 _____ 276
  2 _____ 278

Capítulo XXXVIII. Cómo en este tiempo fue a Burgos: y de un modo de vida muy concertado que dio a dos personas devotas, deudas suyas _____ **280**

Capítulo XXXIX. De la profunda humildad que tuvo siempre en medio de oficios y sucesos tan honrosos y prósperos. Pónense sus admirables sentimientos cerca desta virtud _____ **283**
  1 _____ 284
  2 _____ 288
  3 _____ 289

Capítulo XL. De una grande borrasca que se levantó en este tiempo sobre su modo de oración, y de la heroica humildad y paciencia con que llevó sus desprecios (Año de 1576 y 77) _____ 291

   1 _____ 292

   2 _____ 295

Capítulo XLI. De las ocasiones que hubo para esta borrasca, y cómo respondió a las dificultades que se le pusieron contra el modo de oración de quietud y silencio; y el fin que tuvo todo _____ 297

   1 _____ 299

Capítulo XLII. De la grande importancia y seguridad que tiene el modo de orar por meditaciones, afectos y coloquios con nuestro Señor, y cómo éste se ha de proponer y enseñar a todos _____ 306

Capítulo XLIII. Cómo los de la Compañía han de seguir este modo de orar, que se enseña en nuestros Ejercicios. Declárase su grande excelencia, y pónese una plática dellos, muy espiritual y provechosa _____ 312

   1 _____ 312

   2. Plática del Padre Juan Suárez sobre la seguridad e importancia del modo de oración de nuestros Ejercicios _____ 315

Capítulo XLIV. Como fue por Visitador de la Provincia de Aragón; el modo como la hizo, y cómo descubrió allí la gran virtud del Hermano Juan Jimeno; pónese una relación que hizo della _____ 320

   Carta del Padre Visitador, Baltasar Álvarez, para los Padres y Hermanos del Colegio de Zaragoza de la Compañía de Jesús _____ 323

Capítulo XLV. De otras cosas notables del Hermano Jimeno, y algunas que le pasaron con el Padre Baltasar _____ 328

   1 _____ 329

   2 _____ 332

Capítulo XLVI. Cómo fue nombrado por Provincial del Perú. Y de una cosa milagrosa que le sucedió volviendo a Villagarcía (Año de 1579) _____ 336

Capítulo XLVII. De lo que hizo en Villagarcía con los que tenían su tercera probación acabados los estudios, y de algunas cosas notables que entonces pasaron (Año de 1579) _____ 340

Capítulo XLVIII. Cómo fue nombrado por Provincial de la Provincia de Toledo, y se aparejó con unos ejercicios; y de los grandes sentimientos que tuvo de la pobreza, desprecios y dolores de Cristo nuestro Señor_____ 346

Capítulo XLIX. Cómo llegó por sus grados al supremo de la perfección en el amor de Dios y de las principales virtudes que encierra. Pónense algunos altos sentimientos que tuvo deste amor _____ 350

Capítulo L. Cómo alcanzó la perfecta resignación y conformidad con la divina voluntad en todas las cosas, prósperas y adversas; y los sentimientos que tuvo cerca de esto_____ 356

Capítulo LI. De algunas graves sentencias de la resignación y confianza en la divina providencia, sacadas de cartas que escribió a enfermos y atribulados, consolándoles en sus trabajos _____ 361
   1_____361
   2_____363

Capítulo LII. Cómo se partió a Toledo, y comenzó a hacer su oficio de Provincial, y al cuarto mes murió santamente en Belmonte (Año 1580) _____ 366

Capítulo LIII. De algunas revelaciones que hubo de su dichosa muerte y de su gloria, y cómo después de muerto ayudó en espíritu a algunos a quienes había ayudado cuando vivo _____ 371
   1_____371
   2_____374

Capítulo LIV. De la traslación de sus huesos al Colegio de Villagarcía_____ 378
   Sermón del Padre Rodrigo de Cabredo, S. I. En la traslación al Colegio de Villagarcía de los restos del Padre Baltasar _____381

Introducción _____ 382
Primer punto _____ 386
Segundo punto _____ 392
Tercero punto _____ 397
Apéndice I _____ 400
1 _____ 402
2 _____ 404
3 _____ 409
4 _____ 411
5 _____ 413
6 _____ 416
7 _____ 418
Apéndice II _____ 424
Avisos espirituales del mismo Padre _____ 425
Avisos para los peregrinos _____ 426
Cosas que no se habían de olvidar _____ 430
Composición interior y exterior de un hombre _____ 430
Apéndice III _____ 430
I. Dictamen del Padre Alonso Ferrer, acerca de la obra titulada _____ 431
II. Censura del Padre Alonso Romero a la obra del Padre Luis de la Puente, titulada _____ 435
III. Carta de don Rodrigo Arias al Padre Francisco de Salcedo _____ 435
IV. Carta del Padre Gil de la Mata _____ 436
V. Relación del Padre Gil de la Mata _____ 437
VI. Carta del Padre Gaspar Astete _____ 440
VII. Relación del Padre Gaspar Astete sobre las virtudes del Padre Martín Gutiérrez 441
VIII. Carta de la Madre Ana de Jesús, Carmelita Descalza _____ 443
IX. Carta de la Madre Ana de Jesús _____ 445
X. Carta de la Madre Ana de Jesús _____ 445
XI. Carta de la Madre Ana de la Encarnación _____ 445
XII. Carta de la Madre Juana de Jesús _____ 446
XIII. Carta de la Madre Elena de Jesús _____ 447
XIV. Relación del Doctor Polanco _____ 448
XV. Otra carta del Doctor Polanco _____ 453
XVI. Carta de Jerónimo de Reinoso _____ 454

XVII. Carta de la Duquesa de Gandía _____ 455
XVIII. Relación acerca de la vida y virtudes del Venerable Padre Baltasar Álvarez, por el enfermero del Hermano Jimeno _____ 457
XIX. Relación sobre la vida y virtudes del Venerable Padre Baltasar Álvarez _____ 460
XX. Testimonio acerca de la vida y virtudes del Venerable Padre Baltasar Álvarez, según la relación del Hermano Omiste _____ 464
XXI. Carta del Padre Cristóbal de Ribera _____ 465
XXII. Carta de la Madre María Ana del Espíritu Santo, religiosa Carmelita _____ 467

Libros a la carta _____ **469**

Brevísima presentación
Este libro es una biografía reflexiva con un estilo propio del siglo XVI, concentrada en la ascesis cristiana y en los esfuerzos de martirio y purgación del padre Baltasar Álvarez.

Resulta un testimonio de primera mano, de enorme interés para quienes estudien los principios del cuidado del espíritu en la historia de las religiones.

Al cristiano lector

Habiendo el Eclesiástico enseñado a su pueblo de Israel, y en él a todos los hombres, los preceptos de la ley divina, y muchos consejos y avisos de grande perfección, quiso luego ponerles delante de los ojos los heroicos ejemplos de sus antepasados, que los guardaron con grande excelencia, y por ello fueron dignos delante de Dios y de los hombres de eterna gloria y alabanza, para que se animasen a imitarlos, y por este medio alcanzasen la gloria y honra que ellos alcanzaron. Y de camino cumplió con la obligación que tenía de refrescar y perpetuar la memoria de tales varones, que con sus hazañas ilustraron su nación, alabando y engrandeciendo más especialmente a los que fueron sus maestros, de quien él aprendió la sabiduría que enseñaba, para pagalles con esto el bien que dellos había recibido. Alabemos, dice, a los varones ilustres, que fueron nuestros padres y progenitores, con quien Dios mostró su magnificencia en los siglos pasados, y ganó para sí grande gloria, los cuales fueron hombres grandes en la virtud, dotados de mucha prudencia, y con ella manifestaban los divinos secretos de los Profetas, que estaban encerrados en sus libros, gobernaban su pueblo y le comunicaban santísimas palabras. Fueron hombres ricos, y pusieron su estudio principal en la virtud, y vivieron pacíficamente en sus casas; alcanzaron grande gloria entre su gente, y en sus días fueron de todos alabados; y los que nacieron dellos quedaron con nombre para contar sus alabanzas.

Todas estas palabras, en sustancia, son del Eclesiástico, cuyo consejo, inspirado por el mismo Dios, como lo demás de su libro, deseo seguir en éste. Porque habiendo escrito algunos libros de la oración y meditación, y de la perfección cristiana en todos los estados, que fuesen guía y medio para alcanzarla, he deseado escribir los heroicos ejemplos de los antepasados, que nos la enseñaron. No digo de los muy antiguos, porque los que vivieron más cerca dellos nos quitaron deste trabajo, sino de los que yo mismo conocí y traté, de cuya santidad y doctrina me aproveché, en quien nuestro Señor estampó las virtudes y verdades que en mis libros he declarado. Uno destos fue el Padre Baltasar Álvarez, insigne religioso de nuestra Compañía de Jesús, padre en espíritu, y maestro no solamente mío, sino de casi todos los ancianos que hay en esta provincia de Castilla, y de muchas personas eclesiásticas y seglares deste reino; hombre en quien Dios mostró su grande magnificencia, enriqueciéndole con sus dones celestiales, y por su medio ganó grande gloria entre los fieles; hombre verdaderamente grande en virtud y dotado de insigne prudencia en declarar los secretos de la ciencia mística, en gobernar y aprovechar las almas, y en hablar las palabras santísimas de Dios, que penetraban y encendían los corazones; hombre grandemente rico con riquezas del cielo, cuyo estudio continuo fue en la hermosura de la virtud, y en el trato familiar con Dios, viviendo entre los suyos con grande paz, y poniéndola siempre entre todos, por lo cual alcanzó grande nombre de santo entre los de la Compañía, y entre todos los que lo trataron; y en sus días fue venerado y alabado dellos: y a mí, que soy uno de los que fueron sus hijos y discípulos, me ha cabido en suerte escribir sus insignes virtudes, para que todos nos animemos a imitarlas. Porque (como dice San Gregorio), la vida de los justos es una viva lección de las virtudes y de los medios que hay para alcanzarlas. Es un clarísimo espejo donde vemos nuestras faltas e imperfecciones, para limpiarnos y purificarnos dellas. Es un vivo dechado de la perfección evangélica, y de los grados por donde podemos subir a ella. Es un perfecto memorial de las maravillas de Dios, que es admirable en sus santos, y los guía a la cumbre de la santidad, unas veces por caminos extraordinarios y prodigiosos, más para admirar que para imitar; otras veces por el camino ordinario y trillado, pero con un modo heroico y perfectísimo, y por esto juntamente admirable e imitable. Y por este camino llevó a este glorioso Padre, en cuya vida hallarán mucho que imitar todos los que pretenden la perfección, y desean alcanzar el don de la oración, y del trato familiar con nuestro Señor, y el acierto en saber aprovechar a los prójimos; y por esto más especialmente su vida es un vivo dibujo de la que deben tener los religiosos que profesan la junta de la vida activa y contemplativa, atendiendo juntamente a los ejercicios de la oración y contemplación, y a los ministerios de ayudar a las almas. Y como ésta es la profesión de los religiosos de la Compañía de Jesús, así a ellos muy más especialmente les pongo delante este dechado, de donde saquen la perfección con que han de guardar enteramente su instituto.

Y generalmente, los que desean ser muy espirituales y perfectos en entrambas vidas, si quieren saber cómo podrán alcanzar el cumplimiento de su deseo, pongan los ojos en los grados por donde nuestro Señor llevó a este santo varón, y caminen por los mismos en el modo que les fuere concedido por el Señor, de cuya gracia y misericordia depende nuestro aprovechamiento, obedeciendo a sus divinas inspiraciones y cooperando con nuestras industrias y diligencias. Porque primero le concedió el don de la oración por el camino ordinario de discursos y meditaciones, especialmente en la vida, pasión y muerte de Cristo nuestro Redentor. Y porque este don no puede andar solo, dióle lo segundo el espíritu de la penitencia y mortificación en todas las cosas. Y para arraigarse más en ambas, fundóle lo tercero en la perfecta guarda de sus tres votos, castidad, pobreza y obediencia, con los demás consejos de perfección que están en las reglas de su religión. Y a esto lo ayudó con el uso devoto del Santísimo Sacramento, haciéndole su sacerdote, para que pudiese, sin impedimento, recibir la Comunión con más frecuencia. Y porque tenemos necesidad de valedores e intercesores para salir con empresa tan alta y tan dificultosa, hízole devotísimo de la Virgen sacratísima nuestra Señora, y de los ángeles, y de muchos santos que son nuestros patrones. Luego le comunicó ferviente celo de la salvación de las almas, con talentos grandes para ayudarlas, empleándole en varios ministerios, con que cogiese mucha mies dellas. También lo quiso emplear en oficio de gobierno, donde ayudase más a los súbditos y apacentase las ovejas de Cristo, a imitación de su buen pastor, el cual le dio el don de la confianza en su infinita bondad y amorosa providencia para acometer cosas grandes de su servicio, y con ella le dio prósperos sucesos, fundándole en profunda humildad, para que no se desvaneciese con ellos. Mas porque la humildad y la paciencia y las demás virtudes no tienen su fineza y firmeza si no son probadas con desprecios en enfermedades y trabajos, quiso darle su parte dellos, donde resplandeciesen y se perfeccionasen más sus virtudes; y cuando estuvo bien labrado y mortificado, lo levantó al más alto grado de oración y contemplación, con que tuviese más alivio, e hiciese sus oficios con más fruto. Finalmente, comunicóle lo supremo del amor de Dios, y la perfecta conformidad con la divina voluntad en todas las cosas prósperas y adversas; y como entonces estaba la fruta madura, cogióla para ponerla en su celestial mesa, dándole una dichosa muerte en medio de su fervorosa carrera.

Mas no se ha de pensar que subió por estos prados por el orden que se han puesto de uno en otro; porque la vida de estos escogidos va mezclada destas variedades de acción y contemplación, de consuelos y desconsuelos, y de oficios altos y bajos, con sucesos prósperos y adversos, sucediéndose unos a otros una y muchas veces.

Esta fue la traza de su vida, y lo será deste libro en lo que contaremos della, para que de tal manera se vaya leyendo la historia, que juntamente veamos el orden de plantar las virtudes, y subir a la cumbre de todas. Y por la misma razón, contando los heroicos ejercicios de sus virtudes, pondremos también los altos sentimientos, y las profundas sentencias y razones que el Señor le comunicó en cada uno dellos.

Y porque la verdad y certeza de lo que se refiere es fundamento del gusto y provecho que se saca en leerlo, ninguna cosa pondré aquí que no la tenga por verdadera y cierta. Porque fuera de las cosas que yo mismo vi y noté en este santo varón, las demás se supieron por relación de personas muy fidedignas de nuestra religión o de otras, o de seglares que las vieron y advirtieron, o las pasaron con el mismo Padre, y después las contaron: o se sacaron de un libro pequeño que se halló en su poder, donde escribía los sentimientos que nuestro Señor le comunicaba en la oración, como los escribían nuestro Padre San Ignacio y su compañero el Padre maestro Pedro Fabro, hombre de grande espíritu, y otros muchos Santos, para que no se les olvidasen las verdades y favores que el Señor les hacía, y para poder aprovecharse de nuevo con la lección dellos. Otras cosas también descubrió él mismo a las personas con quien trataba, en secreto, y a veces en público, en las pláticas, movido de caridad, con celo de alentar a los desmayados y pusilánimes, y con otros santos fines, como sabemos que santamente Job contó sus virtudes, y San Pablo muchas de sus revelaciones, para alentar y confirmar en la fe a los fieles.

Muchas destas cosas recogió primero el Padre Francisco de Salcedo, sobrino del mismo Padre, que entró en la Compañía poco después que murió su santo tío, cuyos pasos comenzó a seguir con tanto fervor y espíritu, así en su propia perfección como en el celo de ayudar a las almas, que fuera varón muy señalado si no lo atajara la muerte en la flor de su edad, siendo rector de nuestro colegio de Soria. Pero antes lo había sido tres años en el de Ávila, por donde también comenzó el santo Padre Baltasar Álvarez, y entonces acabó de hacer todas las diligencias que pudo para recoger la mayor parte de lo que va escrito en esta historia. Y es otro título que me movió a acabarla;

porque este Padre fue mi discípulo, así en letras, los tres años que leí Artes en León, como en el espíritu cuando fui maestro de novicios en Villagarcía. Y pues como discípulo escribo la vida de mi santo maestro, así, como maestro es bien que acabe y perficione la obra de mi buen discípulo; cuyo hermano, el doctor don Diego López de Salcedo, que fue colegial en el insigne colegio de Santa Cruz de Valladolid, y después, del Consejo Real de Órdenes, y ahora lo es del Supremo de Castilla, añadió otro nuevo título con la mucha instancia que me hizo para que escribiese esta historia, porque no se echasen en olvido obras tan grandiosas de tal tío, ni se perdiesen los buenos trabajos de su Hermano. Pidiólo y negociólo con nuestro Padre general Claudio Aquaviva: por cuya orden; cumpliendo con la de muchos de nuestra Compañía, la escribo para gloria de nuestro Señor Dios, y para edificación de la Iglesia Católica, y más particularmente de nuestra mínima Compañía de Jesús, el cual mostró las riquezas de su redención en este su fiel compañero, manifestándolas por su medio a los fieles, de los cuales es justo que sea conocido y estimado en la tierra, como creo que lo es de todos los ángeles y Santos en el cielo.

Y aunque en esta historia iremos, por el orden de los años y lugares donde este santo varón estuvo, contando las cosas más señaladas que entonces le sucedieron; mas con ellas también juntaremos otras semejantes, aunque hayan sucedido en otro lugar y tiempo, para que así todas se entiendan mejor y con mayor provecho. Y porque el buen árbol se conoce por los buenos frutos, y el sabio y santo maestro por los sabios y santos discípulos, y el Padre Baltasar tuvo muchos tales, dignos de eterna memoria, haremos mención en esta historia de los más señalados, así seglares como religiosos, de nuestra Compañía y de otras religiones, no solo para que por ellos se conozca la santidad del maestro, sino para que dure perpetuamente la memoria de tan insignes personas, cuyos heroicos ejemplos obren en los que los leyeren lo que obraron en los que los vieron. Y de camino cumpliré yo con mi deseo y obligación, honrando del modo que puedo a los que conocí y traté muy familiarmente, y sé que honraron a nuestro Señor con todas sus fuerzas en esta vida mortal, por lo cual creo que su Divina Majestad los honra grandemente en la eterna.

Capítulo I. Del nacimiento y crianza del Padre Baltasar; de su entrada en la Compañía, noviciado y estudios

El Padre Baltasar Álvarez fue natural de la villa de Cervera, obispado de Calahorra, adonde nació el año de 1533, de padres nobles. Su padre se llamó Antonio Álvarez, y su madre Catalina Manrique. Fue muy bien inclinado desde niño, dando muestras en la niñez de la devoción que había de tener cuando grande; porque sus ordinarios entretenimientos eran hacer cruces, altares y procesiones. Criáronle sus padres cristianamente, haciéndole aprender las primeras letras y el latín en su mismo pueblo; en el cual como hubiese aprovechado bien, lo enviaron a la Universidad de Alcalá, donde oyó las Artes, y se graduó de Maestro, y prosiguió oyendo dos años de Teología, con mucho provecho suyo.

En este tiempo le iba nuestro Señor aficionando y labrando en la virtud, conforme a lo que dél se quería servir; y como era inclinado a devoción y recogimiento, deparóle Dios compañeros y personas recogidas que lo ayudasen para ello; porque, como dijo Salomón, el que se acompaña con sabios, será sabio, y el que anda con recogidos y devotos, será como ellos; lo cual experimentan mucho más los mozos, a quien por su tierna edad se pegan fácilmente las palabras y costumbres de los amigos con quien tratan; y cuando son bien inclinados, juntándose con buenos se perfeccionan mucho en sus buenas inclinaciones. Y así nuestro devoto mancebo, y en especial desde el año 1551, por la comunicación que tuvo con un siervo de Dios, comenzó a tomar dos ratos de tiempo: uno a la mañana, en levantándose, y otro a la noche, en que recorría su conciencia y meditaba algunas cosas que Dios le daba a sentir. Y como hallase gusto en esto, vino después a tomar costumbre de añadir otros ratos entre día para orar, con que se acrecentaba el gusto y el provecho; y el mismo hallaba en leer buenos libros y tener buenas y santas conversaciones.

Por medio destos ejercicios le dio nuestro Señor, cuatro años antes de entrar en la Compañía, un encendido deseo de dejar el mundo y seguir los consejos de Cristo nuestro Salvador. Porque mirando su vida pasada cuán astrosa había sido, como él decía, y cuán ingrato a quien tanto bien le había hecho, parecíale que para servir a Dios de veras y mirar por la salvación de su alma le convenía tomar estado de religión, adonde se alcanza esto con mayor seguridad y perfección. Pero entibiábale en este buen propósito un continuo pensamiento que le combatía, acordándose que sus padres gastaban con él mucho en los estudios, y no era bien desampararlos en la vejez: especialmente, que en las cartas que le escribían le mandaban se encargase de dos hermanas pequeñas que tenía, porque si ellos morían no tenían otro padre sino a él. Y como tenía gran respeto a sus padres, hacían gran fuerza en su corazón estas razones, y traíanle muy perplejo. Y no es de maravillar, porque, como pondera San Gregorio, los nervios de Behemot se llaman perplejos; y cuando Satanás ve que alguno es llamado de Dios para Religión, procura tentarle, oscurecerle y enredarle con razones que tengan color de piedad, para que no sepa a cuál espíritu debe obedecer, al que lo llama o al que lo retira. Pero no desamparó la luz del cielo a este justo, con la cual salió de su perplejidad y prevalecieron las razones de Dios, deshaciendo las de sus padres carnales, dándole confianza de que su Divina Majestad, como padre de huérfanos, miraría por sus hermanas y las pondría en estado, como lo hizo muy a gusto de todos.

No estaba entonces resuelto qué religión había de tomar, aunque estaba muy inclinado a la Cartuja, por parecerle más conforme a la inclinación que tenía de recogimiento y penitencia. Comunicó estos deseos, nueve meses antes de entrar en la Compañía, con algunas personas doctas, con quien solía tratar, y en especial con un deudo suyo muy siervo de Dios, que después fue canónigo de la Magistral en la santa iglesia de Calahorra. El cual, habiendo encomendado este negocio a Dios, le respondió que, si tenía deseos de dejar el mundo, se entrase en la Compañía de Jesús, la cual, como Religión nueva, florecía en grande santidad y fervor de espíritu. Cuadróle tanto esta razón, que luego se resolvió a ser de la Compañía, quedando toda su vida muy agradecido al que le dio tan acertado consejo. De modo que después de muchos años, yendo camino, rodeó una vez diez leguas solo por ir a dar las gracias al que había sido instrumento de Dios para este bien que le había hecho.

Pero no es razón pasar en silencio otra causa desta vocación, que, a mi parecer, fue la más principal, aunque por entonces estaba encubierta. Deseaba este fervoroso mancebo la sagrada Religión de la Cartuja, por estarse, como dice Jeremías, sentado en la soledad y levantarse a sí sobre sí, escogiendo la parte de María, que es mejor que la de Marta, y ocupándose totalmente en la vida contemplativa, que es más excelente que la activa. Pero nuestro Señor Dios (cuya providencia es admirable en el repartimiento de las vocaciones para diversas Religiones y para varios oficios dentro dellas) lo tenía escogido para la vida compuesta de entrambas, que es mejor que cada parte por sí sola, empleándose, a imitación de nuestro soberano Maestro y Redentor y de sus Apóstoles, en la contemplación de los divinos misterios, de tal manera, que della sacase luz, caudal y esfuerzo para lo mejor de la vida activa, atendiendo a la salvación de las almas; saliendo, como dice San Bernardo, de la contemplación a la acción, y volviendo de la acción a la contemplación. Y éste fue, a mi parecer, el principal motivo que tuvo la Divina Majestad en llamar a este Padre y aficionarle a la Compañía de Jesús, cuya propia profesión es atender no solo a la salvación y perfección de sí mismos, sino también a la salvación y perfección de los prójimos, tomando por medio para conseguir entrambos fines la oración y contemplación, y los demás ejercicios espirituales.

Tomada, pues, esta resolución, pidió luego, sin más dilación, ser admitido en la Compañía, porque la gracia del Espíritu Santo, como dijo San Ambrosio, es enemiga de todo lo que es tardanza; y cuando es conocido ser de Dios el llamamiento ha de ser obedecido con tanta presteza y puntualidad, que, como dice San Crisóstomo, no nos detengamos ni un solo momento, de tiempo; al modo que San Pedro y San Andrés, y los dos hijos del Zebedeo, en oyendo la vocación de Cristo nuestro Señor, al punto dejaron las redes y su padre y lo siguieron. Con esta presteza procuró su entrada en la Compañía, y fue recibido en nuestro colegio de Alcalá, que es uno de los principales seminarios de nuestra Religión en España, proveyéndola de muchos y muy esclarecidos sujetos, que con su espíritu, virtud y letras la han ilustrado. Entró el año 1555, a los veintidós años de su edad, quince años después que se confirmó la Compañía, en la misma edad que San Bernardo entró en la nueva Orden del Císter, otros quince años después que fue fundada. Y no sin algún misterio de la divina Providencia entró a los 3 de mayo, día de la Invención de la Santa Cruz, y como pronóstico del amor con que había de abrazarla y descubrir a muchos los ricos tesoros que están escondidos en ella.

Enviáronle luego los superiores a la villa de Simancas, donde estaba el Noviciado de toda la provincia, que abrazaba entonces las dos que ahora llamamos de Castilla y Toledo. Era muy extraordinario el fervor de los novicios que allí se juntaban de tan varias partes; porque el Espíritu Santo los llenaba del mosto o vino nuevo del espíritu propio desta nueva Religión que había plantado en la Iglesia. Halló nuestro novicio, por experiencia, ser verdadera la razón que su pariente le había dicho; y acordándose siempre de ella, procuró llevar adelante el fervoroso espíritu de sus primeros Padres, que tan vivo estaba en sus hijos, para que no se envejeciese ni entibiase por su culpa. Y animado con el ejemplo de compañeros tan fervorosos, comenzó a señalarse mucho entre ellos, esmerándose en procurar la excelencia de la mortificación, penitencia y oración, y otras insignes virtudes, que resplandecieron en él por todo el discurso de su vida, como luego veremos. Porque desde entonces comenzó a caminar por la senda estrecha de la perfección, con el paso apresurado y fervoroso que fue continuando hasta la muerte. Y así solía él decir después a los novicios (como yo siendo novicio se lo oí en una plática): «Mirad cómo vivís ahora, porque de ley ordinaria, al paso que camináredes en la probación caminaréis el resto de la vida. Si en el noviciado sois tibios, y descuidados en vuestro aprovechamiento, siempre os quedaréis tibios e inmortificados; mas si camináis con fervor de espíritu, quedaréis bien acostumbrados para proseguir del mismo modo». Esta verdad, aunque es proverbio muy antiguo, aprobado del Espíritu Santo, que dice: El mancebo seguirá en la vejez el camino por donde fue en la mocedad; pero él también la sacó, como otras, del libro de su propia experiencia, acordándose del fervor que nuestro Señor le había comunicado en su noviciado, en el cual lo ayudó mucho el Padre Bartolomé de Bustamante, que hacía oficio de maestro de novicios. Porque como conoció el caudal del sujeto, probábale y labrábale, como aconseja San Juan Clímaco, con diversas mortificaciones y penitencias, para darle ocasión de crecer más en las virtudes, poniéndose él con mucha humildad en sus manos, como el hierro que sale de la fragua está en las del herrero, para que lo doblegase y labrase a su voluntad, hasta que se imprimiese en su corazón la forma de la perfección evangélica. Y así solía él decir que el Padre Bustamante había hecho grande bien a su alma. Porque no es creíble lo mucho que ayuda la diligencia del santo y diestro maestro para que el novicio salga muy aventajado; y como Dios nuestro Señor labraba a este Padre para ser maestro de novicios y guía de muchas almas, quiso que experimentase el bien que les venía por topar buenas guías.

En este tiempo solían acudir a Simancas el Padre Francisco de Borja y el Padre Antonio de Araoz, que eran como dos ojos de la Compañía en España; y encomendaban los superiores al Hermano Baltasar que los sirviese, para que con el olor de su modestia y fervor los edificase, y él quedase aprovechado con la luz que de tales lumbreras recibiese, especialmente del Padre Francisco de Borja, que se le aficionó mucho, por verle tan fervoroso y tan devoto. Pero no le duró mucho tiempo el recogimiento de Simancas; porque faltando en un colegio de los cercanos quien hiciese la cocina, lo enviaron a que hiciese el oficio de cocinero, como quien tan aficionado se mostraba a oficios humildes; y hizo tan de veras éste por algunos meses, como si toda su vida se hubiera de ocupar en él, descuidando totalmente de sí y de sus cosas, cuidando solamente de agradar a solo Dios, en cuya casa (como él decía) no hay oficio bajo, ni ocupación que no se pueda tener por muy honrosa, remitiendo el tiempo que ha de durar a la providencia de nuestro Señor, por medio de los Superiores.

Los cuales, como lo vieron tan aprovechado, lo sacaron del noviciado al fin del mismo año, para proseguir sus estudios. Porque, aunque es verdad que en la Compañía hay dos años de probación para los novicios, mas entonces, como estaba en sus principios y tenía tan pocos sujetos, abreviábase este tiempo, y nuestro Señor ayudaba con su gracia para suplir esta falta, haciendo, con el mucho fervor del espíritu, en pocos meses, lo que ahora se alcanza en dos años. Cuánto más que, en medio de los estudios, conservaban el fervor y devoción de novicios, orando y trabajando como si no fueran estudiantes, y estudiando como si no fueran novicios. Y desta manera, con particular ayuda de nuestro Señor, salieron en aquel tiempo algunos varones no menos aventajados en el espíritu y santidad que en las ciencias divinas y humanas.

Enviáronle, pues, a Burgos a rehacerse en las Artes que había oído en Alcalá; en lo cual estuvo poco, porque las había estudiado con curiosidad, y así a pocos días, el año de 1556, lo enviaron al colegio de Ávila para que acabase de oír los dos años de Teología que le faltaban en el convento de Santo Tomás, de los Padres Dominicos. Porque como entonces la Compañía no tenía maestros hechos, iban los Hermanos estudiantes a oír la Teología a las Universidades de Salamanca y Alcalá, o a los colegios o conventos que la Sagrada Religión de Santo Domingo tenía en Valladolid y Ávila, por leerse allí con la excelencia, puntualidad y curiosidad que todo el mundo sabe. Estudió sus dos años con mezcla de muchas ocupaciones, por ser recién fundado el colegio de Ávila y ser forzoso acudir a muchas cosas que faltaban en tales tiempos, y más en casas tan pobres. Pero con todo eso aprovechó bien en los estudios y salió de los buenos estudiantes de su tiempo. Y aunque no fue muy señalado en la Teología escolástica, pero suplió esta falta con la eminencia que tuvo en la mística, alcanzando de nuestro Señor, como después veremos, con la oración, lo que otros ganan con mucho estudio. De modo que con mucha suficiencia pudo ejercitar todos los oficios y ministerios que le encargaron, como fueron de Confesor, Maestro de novicios, Rector, Provincial y Visitador, gobernando y enderezando toda suerte de personas seglares y religiosas de la Compañía y fuera della, platicando y hablando en común y en particular de las cosas espirituales; todo con tanta excelencia, que puede ser dechado de perfección a todos los que hicieren semejantes oficios.

Porque este santo varón, desde el punto de su primera vocación, tuvo muy impreso en su alma aquel consejo que San Bernardo dio a los monjes del monte de Dios, diciéndoles que a todos, en cualquier grado y estado que tengan en la Religión, se les pide que sean perfectos; al novicio, que sea perfecto novicio; al estudiante, que sea perfecto estudiante; al obrero, que sea perfecto obrero; al que comienza, que comience con perfección; al que aprovecha, que sea perfecto en aprovechar; y al que está en grado de perfecto, que no pare, sino que, como dice San Pablo, siempre vaya adelante y procure ser más perfecto. De suerte que, cuando principiante, tenga perfectamente todas las virtudes en el grado que convienen a estado de principiante; y como va creciendo, las vaya teniendo todas en grado más perfecto. Y porque el Padre Baltasar caminó siempre a este modo, me ha parecido de tal manera seguir el orden de la historia por sus años, que contando sus virtudes, juntamente vaya poniendo el aumento y perfección dellas, aunque haya sido en tiempos diversos.

Capítulo II. De la inclinación grande que tuvo desde novicio a la oración y trato familiar con Dios nuestro Señor, y de las diligencias que hizo para alcanzarle con excelencia

Entre las muchas señales y prendas que hay en esta vida de que nuestro Señor tiene escogido a alguno para muy altos grados de santidad y para empresas muy grandiosas de su servicio, una muy principal es concederle el soberano don de la oración con eminencia y admitirle al trato familiar con Su Divina Majestad. Porque la oración, como dice San Gregorio, es medio muy universal y eficaz para la ejecución de las cosas que tiene trazadas en su eterna predestinación; y cuando pone este medio con excelencia, es señal que pretende algún grande fin de su divina gloria. Y demás desto, la oración, como enseña San Crisóstomo, por mil caminos y modos maravillosos engendra una vida pura y santa, digna del Dios a quien sirve. No puede sufrir morar en casa pobre, vacía y mal aliñada, sino luego la compone y llena de gloriosos ejercicios, de copiosos merecimientos y de dones soberanos. Cría un ánimo generoso y un pecho nobilísimo, que no se abate a culpas, aunque sean ligeras, ni a niñerías de la tierra, ni a conversar vanamente con los mundanos, ni a dar entrada a los demonios, porque del trato y conversación familiar con Dios viene tal grandeza de corazón a los que lo tratan, que tienen por basura cuanto hay en el mundo, y por bajeza envilecerse a admitir las persuasiones de los espíritus malignos, o hacer alguna cosa que sea indigna de la presencia de su Dios. Y asimismo da un ánimo superior a los trabajos y tribulaciones desta vida y a la misma muerte, sin que nada desto sea parte para quitarles la santa libertad de espíritu y la pureza del corazón que les comunica el trato familiar con su Criador, en cuya virtud se tienen por fuertes y poderosos para vencer a sus enemigos y hacer obras muy gloriosas. Todo esto es de San Crisóstomo; de lo cual infiere, que el cuidado de la oración es indicio de la virtud y aprovechamiento interior. Si veo, dice, a un cristiano o religioso tibio en orar, y que hace dello poco caso, luego conjeturo que tiene poca virtud y pocos dones de Dios en el alma; mas si lo veo muy cuidadoso de la oración, luego entiendo que está lleno de dones celestiales. Porque si el que trata con sabios es sabio, quien trata familiarmente con Dios, ¿qué sabiduría tendrá y qué riquezas espirituales alcanzará? Finalmente, como dice San Buenaventura, la oración es un medio omnipotente para librarnos de todos los males y acarrearnos todos los bienes, solicitando a la Divina omnipotencia para que venga siempre en nuestra ayuda.

Todo esto he querido apuntar aquí para comenzar a descubrir la santidad y obras maravillosas del Padre Baltasar Álvarez, a quien nuestro Señor concedió con singular excelencia este soberano don de la oración, previniéndole desde el noviciado, y aun mucho tiempo antes, con especiales ayudas, para que comenzase luego a resplandecer en esta virtud, y por consiguiente en las demás, como la luz de la mañana, que va subiendo y creciendo hasta el perfecto día. Y porque hay dos modos de oración mental, uno por el camino ordinario, como lo tienen comúnmente los justos, y otro por camino más extraordinario, que se comunica a pocos; aunque este siervo de Dios fue mejorado en entrambos, ahora solamente trataremos del primero, que dispone para el segundo y depende mucho de nuestras industrias, prevenidas y ayudadas de la divina gracia, sin la cual no se puede tener un buen pensamiento, ni invocar el nombre de Jesús; mas con ella fácilmente se aplica el entendimiento a considerar los misterios de la fe, despertando con los discursos y meditaciones varios afectos de devoción en la voluntad, haciendo peticiones y coloquios con nuestro Señor, al modo que lo enseña nuestro Padre San Ignacio en el libro de sus Ejercicios, y nosotros lo hemos declarado en otros libros.

Comenzó, pues, el Padre Baltasar por este modo de oración con grande fervor, y duró en él, como después veremos, dieciséis años, inspirándole nuestro Señor las diligencias que había de hacer para aventajarse en él y hacerse digno de ser admitido a otro trato más íntimo y levantado, si el Señor quisiese comunicárseles. De estas diligencias pondremos aquí una suma, reduciéndolas a estas diez, que son las más principales, para que los deseosos de crecer en esta virtud puedan aprovecharse dellas.

1
Primeramente nuestro Señor, desde novicio, le comunicó unas grandes ganas y ansias de tener continua y fervorosa oración, porque estos deseos tan encendidos suelen ser precursores de las insignes mercedes que han de venir del cielo, y los que mueven a pedir y procurar con instancia lo que tiene Dios trazado de dar con su providencia. Y por esto dijo Salomón: Deseé, y

fueme dado el sentido; llamé, y vino en mí el Espíritu de la sabiduría. Y David dice: Que el Señor oye el deseo de los pobres, y que su oído percibe el aparejo del corazón dellos. Estos deseos se fundaban en la grande estimación y aprecio que tenía de este soberano ejercicio; no solo por lo que había leído y oído de los grandes bienes que trae consigo, sino mucho más por lo que él iba experimentando; porque la oración es un maná escondido, el cual no es bien conocido y estimado si no es del que le gusta y recibe, y en gustándole, crecen las ansias de gustarle mucho más; porque el gusto engendra nueva hambre, conforme a lo que dice la Divina Sabiduría: El que me come tendrá más hambre, y el que me bebe tendrá más sed. De aquí es que estos deseos hervían tanto en el pecho de este siervo de Dios, que todo tiempo le parecía poco y corto para darse a este santo ejercicio; y así, en cumpliendo con las demás obligaciones forzosas, se volvía a ésta y gastaba en ella los ratos que le sobraban, diciendo que el buen religioso, en este destierro, todo el tiempo que no está con su Dios había de ser como el peñasco fuera de su lugar, el cual está allí violentado y como padeciendo en su modo mientras lo detienen, pero en soltándole, luego comienza a caminar a su centro. Y quien tiene este espíritu despacha más negocios en una hora que otros en muchas, y no se detiene en ellos más de lo necesario, y en estando desocupado camina a su descanso, que es tratar y conversar con su Dios.

Verdad es que como el fervor de los principiantes, aunque sea de buen espíritu, suele tener algunas mezclas del propio, así estas ganas de tener oración vinieron a ser tan demasiadas, que algún tiempo lo trajeron inquieto y con algún modo de queja contra los Superiores, porque lo ocupaban mucho y no le daban lugar para todo el recogimiento que deseaba. Y como cayó en la cuenta desta imperfección, procuró quitarla, acompañando sus fervorosos deseos con una perfecta resignación en la divina voluntad cerca de todas las cosas que pertenecen a la oración, porque esta resignación es muy necesaria e importante disposición para medrar en ella, según aquello de David: Subditus esto Domino, et ora eum; sujétate al Señor y resígnate en su voluntad, y entonces podrás orar con grande fruto. Y así, con mejor acuerdo, se resolvió de no querer más tiempo de oración retirada del que la obediencia le señalaba y sus ocupaciones obligatorias le permitiesen, tomando por regla de la oración el consejo que dio Tobías a su hijo, de la limosna: Sé misericordioso del modo que pudieres; si tuvieres mucho da mucho, con largueza; y si tuvieres poco da poco, con alegría. Así decía él: Date a la oración retirada como tuvieres tiempo. Si tuvieres mucho tiempo, gasta mucho en ella; si poco, da esto poco de buena gana, porque más te importa guardar la ley del Señor, repartiendo con él de lo que te diere, que hurtar para ofrecer mucho. Porque escrito está, que aborrece el holocausto de rapiña. Y así aborrece hurtar el tiempo a la obediencia, aunque sea para orar y sacrificar. Cuánto más que orar es estar con Dios, y si le hurtas los ratos de tiempo que él quiere para otras cosas, no estará contigo; y si no está contigo, ¿cómo será oración tu soledad? El esclavo que hace todo lo que su amo le manda, y gasta el tiempo en lo que él le ordena, aparejado para cualquier cosa de su servicio, no come el pan de balde, y sin escrúpulo puede sosegarse. En confirmación desto cuenta en su librito que un día de San Mateo, representando al Señor unas quejas amorosas de no tener tiempo para estar con él a solas: Factum est ad me verbum Domini, le dijo nuestro Señor: Conténtate de que me sirvo de ti, aunque no te tenga conmigo, con lo cual quedó por entonces muy sabroso. Con estas razones que la misma oración le enseñaba, corrigió el Padre Baltasar sus demasiadas ansias de tenerla, quedándose con las moderadas que el espíritu del Señor siempre le comunicó, y conservó por toda la vida.

De donde procedió que perpetuamente fue muy puntual y exacto en cumplir, por lo menos, todo el tiempo que las reglas de la Compañía señalan para oración, lección, exámenes de conciencia y otros ejercicios espirituales, sin dejar jamás ninguno dellos, con toda su entereza, en el tiempo señalado, o en otro equivalente, por más ocupaciones que tuviese. Y cuando sospechaba que habían de ser muchas, madrugaba más para cumplir con quietud su tasa de tiempo en todos estos ejercicios; y entonces añadía, como él solía decir, media hora más para las mermas, porque procuraba ser más largo que corto en ellos, y deste modo le quedaba después lugar bastante para los demás negocios.

Pero no se contentaba con solo este tiempo de la regla, sino, cuando era Superior, y casi siempre lo fue, se alargaba mucho más; porque después de tañido a acostar se iba al coro y se estaba dos y tres horas en oración, velando como buen pastor cuando reposaba su ganado. Y fuera desto, mandaba al despertador que le despertase media hora antes que a los demás; y cuando iba a despertarle, ya lo hallaba en oración. Y otras veces se le pasaban las noches de claro en claro, orando dentro de su aposento, como lo echaban de ver los que vivían pared en medio, por imitar al Señor, de quien dice San Lucas que trasnochaba en la oración de Dios, diciéndole, como otro Isaías: Mi ánima te deseó de noche, y con mi espíritu, de todas mis entrañas, velaré a ti por la mañana. Pero especialmente hacía esto cuando se veía apretado de alguna necesidad suya o ajena, o negocio de importancia. De lo cual veremos adelante muchos ejemplos.

Fuera desto, cada año, por lo menos una vez, se recogía por espacio de ocho o quince días, más o menos, según le daban lugar las ocupaciones, para hacer los Ejercicios como se usa en la Compañía, dedicando todo aquel tiempo a solo el trato familiar con nuestro Señor. Y cuando las ocupaciones no daban lugar a tanto, procuraba siquiera tomar cada mes un día, y cada semana una mañana toda para Dios, porque echaba de ver, por experiencia, que en estos ratos tan largos se afervora el espíritu y se alcanza la gracia de la devoción y el trato familiar con Dios; se aumentan las fuerzas para ejercitar las buenas obras y ayudar a las almas. Y por esto Dios nuestro Señor detuvo a Moisés siete días dentro de la niebla, y de allí le llamó al monte, donde le tuvo cuarenta días y le dio las tablas de la ley, y después bajó con ellas en las manos, para publicarlas al pueblo. Y aunque nuestro Señor pudiera hacer en una hora lo que hizo en cuarenta días, quiso dar a entender que los que han de tener trato familiar con Su Majestad le alcanzan con la comunicación larga y retirada de mucho tiempo, donde son enseñados y fortalecidos para todas las cosas del divino servicio.

De aquí se puede ver la atención, reverencia, devoción y fervor de espíritu con que este siervo de Dios tendría su oración recogida, pues ninguno gasta en ella tantas horas con tanta frecuencia, si no es teniendo grande aprecio deste noble y provechoso ejercicio, y probando por experiencia la dulzura y fruto que dél se saca. Y las mismas ganas que tenía de dar tanto tiempo a la oración, le movían también a poner sumo cuidado en tenerla con perfección. Y así, todo el tiempo de los dieciséis años en que caminaba por el primer modo de oración, se esmeró en guardar puntualmente todos los consejos y advertencias que enseña nuestro Padre San Ignacio en el libro de sus Ejercicios, y las llama adiciones para tener bien oración, sin faltar en ninguna, por pequeña que fuese, porque había echado bien de ver lo mucho que agrada a nuestro Señor su divina voluntad con tanta entereza y puntualidad, aunque sea en cosas mínimas, para que nos admita en su presencia y trato familiar, por ser muy amigo de los obedientes, y enemigo de los que siguen sus propias trazas. Y como dice San Bernardo, el esposo celestial no descansará por la contemplación en el lecho del corazón que no está florido con flores de obediencia, sino sembrado de ortigas de la propia voluntad; ni se comunicará en la oración al desobediente el que amó tanto la obediencia, que quiso más morir que dejar de obedecer.

2
De aquí también le vino andar con humildad por el camino de la oración. No quiso subir de un vuelo a lo supremo della, sino ir por sus grados, poniéndose en el más bajo, hasta que Dios le mandase subir a otro más alto. Porque, como dijo el mismo San Bernardo, no es cosa segura subir de repente a lo sumo, y pedir el ósculo al divino rostro sin haber primero besado los pies y después las manos del celestial esposo. Conforme a esto, el Padre Baltasar fue caminando por las meditaciones y obras de las tres vías que llaman purgativa, iluminativa y unitiva; comenzando por las primeras para purificarse de culpas y mortificar las pasiones, y las demás cosas que impiden el trato con Dios. Y por esta causa tenía especial cuidado de los dos exámenes de conciencia que usa la Compañía cada día: uno general de todas las culpas y faltas, y otro particular de una especial falta para desarraigarla; apuntando las veces que faltaba por la mañana y por la tarde, haciendo comparación de unas a otras, y de las que faltaba un día o una semana con las que había faltado el día o semana precedente, para echar de ver cómo se enmendaba. Y deste ejercicio hacía grande caso, diciendo que era un modo de oración práctica con que se alcanza el propio conocimiento, que es raíz de la humildad y la pureza del corazón, que es la disposición más importante para la familiaridad con Dios.

Con esta diligencia juntaba otra muy importante para medrar en la oración, haciendo al fin de ella un examen o reflexión sobre todas las cosas que entonces le habían sucedido, así de mal como de bien, para llorar y corregir los descuidos y para agradecer a nuestro Señor los buenos sentimientos que le había dado. Y por que no se le olvidasen, los apuntaba en un libro de memoria, de que se hizo mención en el prólogo, notando el día, mes y año, la ocasión en que sucedían; y en él dejó escrito que estas verdades eran como brasas del cielo en el pecho, para que despertasen su tibieza cuando se sintiese flojo, refrescando la memoria dellos, tornándolos a rumiar despacio para sacar nuevo provecho.

Y de aquí se le seguía otro muy grande para durar en la oración continuamente, clumpliendo el consejo del Salvador, que dice: Conviene siempre orar y no desfallecer. Porque todo el día andaba entretenido, rumiando los buenos sentimientos que había tenido en la oración de la mañana, comunicándole nuestro Señor con esta ocasión otros de nuevo. Así lo confesó él mismo en el librito que hemos dicho, adonde hace esta pregunta: ¿Qué pensará uno entre día? Y responde desta manera: Si tiene abiertos los ojos, la oración del cielo le hará todo el día festivo. Porque, como en palacio dan cada día ración al que sirve bien, así nuestro Señor a los que le sirven con fidelidad se la da de los relieves de su plato con nuevos sentimientos de verdades, que traen al alma bien sustentada y ocupada. Y yo experimento en la mía, que no puede digerir tantos bocados como le dan. Por donde se ve cuán largo era nuestro Señor con este su siervo, pues era tanta la abundancia y grandeza de los sentimientos, que no tenía tiempo para digerirlos, aunque todo el día se ocupase en rumiarlos.

Y de aquí le venía andar siempre en la presencia de Dios, recogiéndose muy a menudo dentro de sí mismo, para mirarle con más viveza, procurando no estar menos recogido en la plaza que en la celda. Y algunos advirtieron que, a menudo, se le cerraban los ojos, sin poder impedirlo, como el que está dormitando, por la costumbre que había hecho de cerrarlos, para abrir con más facilidad los interiores. Asimismo, cuando era novicio y estudiante, y salía acompañando a algún Padre, todo aquel tiempo iba en oración, y mientras el Padre negociaba, él oraba. «Y en los caminos que hacía, siempre iba orando»; y por esto solía decir que acompañar y caminar era bueno para siempre orar. Desta manera vino el Padre Baltasar a juntar las dos cosas que hacen a uno espiritual y hombre de oración. Porque ni basta la oración larga y retirada, si después entre día se derrama el corazón y se olvida de continuarla, o rumiando lo que sacó della, o añadiendo otras jaculatorias breves y frecuentes, pues como dice Casiano, muy poco ora el que solamente ora cuando está de rodillas, si no procura cumplir lo que dice el Apóstol: Orad sin intermisión; ni tampoco bastará la frecuencia de las oraciones breves, si no hay algunos ratos de oración retirada, en la cual se enciende el corazón para que conserve la presencia de Dios y el recogimiento interior, sin que se hiele y pierda con las ocupaciones del día. Y a este propósito repetía algunas veces lo que respondió el Maestro Juan de Ávila, que hizo el Audi filia, a uno que le preguntó si bastaba traer presencia de Dios entre día, y andar recogido como él andaba: Si no tiene, dice, más que eso, perderse ha; y preguntando qué era esto más, dijo: Largos ratos de oración.

Finalmente echó el sello a todas sus diligencias con la grande constancia y perseverancia que tuvo en todas las cosas sobredichas. Porque, con haber padecido en los dieciséis años que tuvo este modo de oración grandes nieblas y sequedades de espíritu, durezas, distracciones, desmayos y otras aflicciones y pruebas, por donde pasan los que van por este camino, nunca perdió las ganas de tener oración, ni la puntualidad y ejecución en ella, perseverando con tanta firmeza y diligencia, como si siempre hallara buena y suave acogida, poniendo su principal confianza en la infinita misericordia y liberalidad de Dios, en cuya presencia se ponía, al modo que dijo la Cananea, como un cachorrillo que está esperando las migajas que caen de la mesa de su señor; y como el otro amigo del Evangelio, por ningunos desvíos se cansó de llamar a las puertas de Dios muchos años, hasta que vino a ser oído y admitido a su familiar trato con grande abundancia de dones celestiales; como veremos en el capítulo XII, adonde se pondrán los frutos y premios tan grandiosos de estas diligencias, y de la perseverancia que tuvo en ellas.

Capítulo III. Cómo comenzó por la meditación de los misterios de la Humanidad de Cristo nuestro Señor, y de la especial devoción que siempre le tuvo, y de los provechos que sacó

Los que comienzan a servir a Dios y a tratar con Su Divina Majestad en la oración, después que han salido del miserable estado del pecado en que estaban, y ejercitado para esto las meditaciones de la gravedad de los pecados, de la terribilidad de la muerte, juicio, infierno, y otros castigos que la Divina Justicia amenaza contra ellos, suelen pasar a la meditación de los misterios que pertenecen a la sagrada Humanidad de Cristo nuestro Salvador, Dios y hombre verdadero, que es nuestro camino, verdad y vida, principio, fin y medio de nuestra perfección y salvación; porque él dijo: Yo soy la puerta; si alguno entrare por mí, se salvará, y entrará, y saldrá, y hallará pasto. Por esta puerta han de entrar todos, así pecadores como justos; así los principiantes como los que aprovechan o son perfectos; y todos hallan pasto conveniente para sus almas, conforme a su necesidad y capacidad y al fin que pretenden en la entrada, cuando meditan sus misterios. Los pecadores, meditando lo mucho que hizo y padeció por sus pecados, hallan pasto de contrición, penitencia y lágrimas para limpiarse y salir dellos. Los principiantes hallan pasto de las virtudes que mortifican los vicios y pasiones, y hacen que la carne se rinda al espíritu, y la sensualidad a la razón. Los que aprovechan hallan pasto de verdades y virtudes más crecidas, que les ilustran y hacen crecer como la luz de la mañana, hasta llegar al perfecto día. Mas los perfectos hallan pasto más excelente, entrando por esa puerta de la sagrada Humanidad a contemplar los misterios altísimos de la Divinidad, y saliendo a ejercitar con los prójimos obras y ministerios de muy encendida caridad. Por esa puerta entró nuestro Padre Baltasar desde sus principios, y no cesó de estar toda la vida entrando y saliendo. Entrando primero en los secretos del corazón de Dios humanado, y subiendo después a engolfarse en los misterios de Dios trino y uno, y saliendo de allí, primero a mortificarse y labrarse a sí mismo con varios ejercicios de virtudes, y después a socorrer con gran fervor a sus prójimos.

1

Primeramente tomó a Cristo nuestro Señor por su principal Maestro, conforme a lo que el mismo Señor dijo: Vuestro Maestro es uno solo, que es Cristo. El cual hizo este oficio, en cuanto hombre visiblemente, enseñando a todos con obras y palabras la perfección evangélica y los secretos misterios de la Divinidad y Trinidad, que estaban antes escondidos; y en cuanto Dios, le hace invisiblemente cada día, enseñando al alma estas verdades, dándole luz para entenderlas, y afición para desear y procurar las virtudes. Y de entrambas maneras le tomaba por Maestro en su oración, ya mirándole como hombre, formando dentro de su imaginación la figura de este Señor, la cual, después, le comunicaron muy más perfectamente; ya mirándole como Dios, que habla al corazón de sus siervos en la soledad interior. Y era admirable la compostura, reverencia, devoción y ternura que en esto tenía. Presentábase en su oración a Cristo nuestro Señor como discípulo a los pies de su Maestro, diciéndole de esta manera: Señor mío, vos y yo tenemos sendos oficios dados por vuestro Eterno Padre, cuando dijo: Este es mi Hijo muy amado, a él oíd. El vuestro es de ser Maestro; el mío es de ser discípulo. Si es para vuestra gloria, hagámosle ahora. Y porque del Maestro es hablar, y del discípulo callar, yo tendré silencio; hablad vos, Señor, que vuestro siervo oye; y para estar más atento cerraré mis ojos. Y porque no solo sois Maestro, sino Señor, oíros he de rodillas. Y porque no solamente sois hombre, sino Dios, tendré las manos puestas y levantadas en alto; por una parte oyéndoos, y por otra parte adorándoos; por una recibiendo la doctrina, y por otra mostrando la veneración en que la tengo, con la postura religiosa, sin bullirme por más cosas que me desasosieguen, porque no se me pierda ni una palabra de doctrina tan saludable. Y el desasosiego que allí se me ofreciere tendré por martirio, y lo sufriré como tal, haciendo en esto poco prueba de lo mucho que en otras oraciones he ofrecido de sufrir por vuestro amor. De suerte que, en resolución, he de oírle como a Maestro, en silencio; de rodillas, como a Señor; las manos puestas como a Dios, y sin bullirme porque no se pierda palabra, y para que se vea lo mucho que mi alma venera su doctrina. Esto decía y hacía este devoto Padre. El cual no llama aquí, hablando con los principiantes, oír en silencio, aquel modo alto de oración, que se dice de quietud y unión, en que cesan los discursos, y se reciben con sosiego las divinas ilustraciones, el cual resplandeció después en el mismo Padre, como en su lugar veremos; sino otro ordinario y necesario para orar con atención y provecho, en que cesan las distracciones y vagueaciones de la imaginación parlera y vagabunda; y el entendimiento, con quietud, atiende a discurrir y meditar los misterios del Salvador y las palabras que habló en su Evangelio, y las interiores que habla al corazón del que bien medita, que son las divinas inspiraciones.

Con el ejercicio desta meditación comunicó nuestro Señor al Padre Baltasar especial aprecio y devoción con todas las palabras deste celestial Maestro. Porque, aunque es así, que todas las palabras que Dios habló desde el principio del mundo y están en la Sagrada Escritura, han de ser creídas con igual fe, por ser de una misma suprema verdad, que no puede engañar ni ser engañada; mas, con particular respeto y cuidado, se aprovechaba de las benditísimas palabras que habló el Verbo Eterno encarnado, hallando en ellas una particular medicina y poderosa eficacia para todo lo que toca al bien del alma. Pues, por esto mismo, el Señor dijo que sus palabras eran espíritu y vida; y San Pedro le respondió: Señor, ¿adónde iremos, que tienes palabras de vida eterna?

Y esto le procedía de la singularísima devoción y estimación que tenía de la persona deste celestial Maestro, mirando a su sacratísima Humanidad como a fuente de todas las riquezas espirituales; y con este espíritu se allegaba a él en la oración, para tener parte en ellas. Este sentimiento alcanzó meditando aquellas palabras de San Lucas: Bajando Jesús del monte, acudía a él muchedumbre de gente. Llegó, dice, del cielo el hermano mayor, rico señor, y llegábanse a él, y salía dél virtud que enriquecía a los demás. Y de aquí es que las pláticas del Padre Eterno con los justos son de que estimen a Cristo, y las trazas con que les enriquece son por este medio magnificans, como dice David, salutes Regis ejus: engrandeciendo las saludes de su rey; esto es, haciendo que en su corazón engrandezcan y estimen la salud y plenitud de bienes que les vino por este rey y Salvador del mundo. Porque, como dijo San Pedro, nos dio cosas muy grandes, y cumplió promesas muy preciosas; de quien se verifica lo que dijo el Santo Job: Si comí a solas mi bocado, sin que le partiese con el huérfano y peregrino. Él es Hijo de Dios, y él nos dio la potestad de serlo nosotros; en él se complació el Padre Eterno, y en él le complacemos nosotros. Él es Sacerdote, él nos hizo sacerdotes. Él tiene en sí todas las cosas, él nos hizo participantes dellas. Este era el sentimiento del Padre Baltasar. Y con gran dolor añadía que una de las ignorancias más perjudiciales que puede haber en el pueblo cristiano es de la persona de Cristo, y de las riquezas que en él tenemos, de donde les proceden grandes necesidades, con tristezas, desmayos y desconfianzas, como si estuvieran sin remedio. A la manera que los hermanos de Josef padecían hambre y desconsuelo, porque ignoraban que su hermano Josef reinaba en Egipto, y que estaba en su mano la abundancia de aquel reino, adonde Dios le había enviado, como él mismo se lo dijo.

Con estas y otras meditaciones cobró también grande estimación del encendidísimo amor que Cristo nuestro Señor nos tuvo, de donde procedieron los beneficios y mercedes que nos hizo. Declarábalo por esta comparación, con estas devotas y fervorosas palabras: Cuanto los rayos del Sol son más recios, tanto más quema el resplandor que dellos reverbera. Los rayos del amor de Cristo nuestro Señor iban a dar derechos en el corazón de su Padre, por cuyo amor y obediencia nos amó. Pues si los rayos son tan recios por ser tan intenso el amor que a su Padre tenía, ¿qué tanto quemará su resplandor? No hay lengua ni virtud que lo pueda significar. Esta es aquella fuerza que dijo el Profeta: Alegróse como gigante a correr por su camino, desde lo más alto del cielo fue su salida, y su vuelta hasta lo más alto de él, ni hay quien se pueda esconder de su calor. ¡Oh amor divino, que saliste de Dios, y bajaste al hombre, y volviste a Dios! Porque no amaste al hombre por él, sino por Dios; y en tanta manera le amaste, que quien bien considera este amor no se puede defender de la amorosa fuerza que hace al corazón. ¿Quién le reconocerá en su primera entrada en el mundo, ternecito y helado de frío por él, que no se encienda en amor suyo? ¿Quién le mirará en el discurso de su vida, vil y maltratado por honrarle, que no le estime? ¿Quién le verá en el remate, permitir que sus criaturas pongan en él las manos, y le afeen, y atraviesen en un palo, levantado en alto, todo teñido en su misma sangre, por obrar su salud, que no se lleve consigo y alce de la tierra? Si los beneficios son cadenas, y las buenas obras tizones; con tantas como mi alma ha recibido deste Señor, ¿cómo no se abrasará toda en su amor? Y si el amor mueve más a amar que los beneficios, porque el que a otro algún beneficio hace dale parte de lo que tiene; mas el que le ama dale a sí mismo con lo que tiene, sin quedarle nada; alma mía, ¿cómo no amas a Dios? ¿Cómo no te hartas con Dios, y te basta, pues basta a los ángeles del cielo? Si en el triste y ciego amor del mundo los corazones fríos se encienden en amor de otros citando se ven prevenidos de su amor, y los amantes se queman y abrasan cuando se ven, ¿qué dureza es la tuya, alma mía, que ya que no has prevenido a este Señor amándole, no pagas al que ves que te ha dado tantas muestras de su amor? Para el que no tiene su corazón prendado de otra parte, basta lo dicho.

Con estas razones encendía el Padre Baltasar su corazón en amor del Redentor, que primero le amó, procurando no tener el corazón prendado de otra criatura, para que pudiese arder en él con más fervor su divino amor. Y para esto procuraba también ahondar más en el conocimiento de los demás títulos, por donde Cristo nuestro Señor merece ser amado y estimado, diciéndole: ¡Oh Señor, y los que te conocen cómo te quieren! Tu Padre te quiere, el Espíritu Santo te quiere, tu Madre te quiere, y tus ángeles y tus hijos y amigos todos están tiernos en tu amor, y tus criaturas te hacen profunda reverencia; ¿y yo solo no tengo de quererte? ¿Yo solo tengo de estar helado y descomedido en tu presencia?

2

Desta estimación y amor que tenía a Cristo nuestro Señor procedía aparejarse con particular disposición para las fiestas principales, en que se celebran los misterios de su sagrada Humanidad, gastando mucho tiempo en oración sobre ellos, y recibiendo particulares visitas y regalos en su consideración, como se saca de los sentimientos que cuenta en su librito haber tenido en semejantes días. De los cuales pondré aquí solo dos, en que se descubren las diligencias que hacía y lo que del Señor recibía. La noche de Navidad andaba tan metido en la presencia del Salvador, a quien adoraron los pastores, que, después de colación, yendo a tener un rato de recreación con los demás del Colegio: Acordéme, dice, que iba a estar yo con el ganado, cuyo principal pastor es Cristo, y representóseme que por ser buen pastor no habría dejado solo su ganado y se estaría con él: con lo cual fui muy consolado a ella, pues allí había de hallarle. Después apunta los altos intentos y deseos que tenía y la resignación con que se aparejaba para tener o carecer de los regalos que asomaban, diciendo: Si me sucediera aquella noche según yo lo tenía deseado, como esto fuera grande regalo, así no venir fuera grande trabajo; mas para el fin que Dios lo envía, tanto de más efecto cuanto más puro. Y con esto quedé consolado.

Otro sentimiento semejante tuvo el día siguiente de los Reyes, en el cual dice: Deseando tener buenos pensamientos de la fiesta, sentí esta palabra: ¿Y si el Señor no quiere que los tengas? Respondí: De muy buena gana quiero, ignorar lo que Dios no me quiere declarar. Y si tú buscas el contentamiento del Señor, no te hace agravio, pues por aquí se lo das más presto. Y con esto quedé satisfecho y consolado. Pero no lo dejó Dios seco sin la devoción que deseaba con tanta resignación, porque luego lo consoló con esta devota consideración, ponderando la alegría de los Magos cuando vieron la estrella: Si en este destierro donde hay tanta tristeza y miseria, la luz que da el Señor contenta y harta tanto, que los Reyes, en viendo la estrella, se alegraron con muy grande gozo, ¿qué será gozar del Señor a quien esta luz muestra? Y sin duda se le dio a gozar, como consta de otros tiernos sentimientos que añade, los cuales se pondrán en el capítulo VI.

Pero sobre todos los misterios del Salvador tenía singular devoción con los de su santísima Pasión y Muerte en la cruz, la cual traía muy fija en su memoria, y gustaba mucho de meditar en ella. Y así, preguntándole en este tiempo de qué manera tenía oración, respondió que, en entrando en ella, le eran dados los pies benditísimos de Cristo crucificado, y allí se estaba adorándolos. Y puesto a estos pies, meditaba la lección tan alta de todas las virtudes que este soberano Maestro leyó en la cátedra de la cruz, y sacaba encendidos afectos de mortificarse y crucificarse a sí mismo, y de amar y ayudar a los prójimos, por cuyo amor su Maestro padeció tales trabajos. Y era tan grande el provecho que de allí sacaba, que a todos los que comenzaban de nuevo a tener oración les aconsejaba la meditación de la Pasión como fuente de su aprovechamiento espiritual; y solía repetir muchas veces en sus pláticas ordinarias: No pensemos que hemos hecho nada, hasta que lleguemos a traer siempre un Cristo crucificado en nuestro corazón. Y así le traía él, porque deste modo se puede entender la presencia corporal de Cristo nuestro Señor, que escribió habérsele comunicado, en la relación que después pondremos. Aunque yo pienso que principalmente entendía esto de la imagen viva de Cristo crucificado, que imprime en el corazón el amor de este Señor, transformándonos en la figura que tomó por nosotros en la cruz, deseando entrañablemente vivir siempre crucificados con él y por él, diciendo como el Apóstol: Con Cristo estoy clavado en la Cruz; vivo no yo, sino Cristo vive en mí.

Fuera de esto se aprovechaba también de tener siempre en su aposento un Crucifijo, a quien estaba mirando a menudo, y por cuyo medio recibía señaladas mercedes, y luz de muchas verdades que decía a los que le hablaban; y a veces quedaba transportado, entrando por las puertas de sus sacratísimas llagas a engolfarse en el abismo de su infinita caridad y divinidad. Finalmente, lo que meditaba con especial sentimiento y fervor en Cristo crucificado eran los tres compañeros que le siguieron desde el pesebre por todo el tiempo de su vida, y con más rigor en su Pasión y Muerte: conviene, a saber: pobreza, desprecio y dolor; rumiando y desmenuzando las cosas particulares que encierra cada uno. Mirábale en la cruz tan pobre, que estuvo del todo desnudo, y sin tener una gota de agua con que mitigar su sed; tan despreciado, que como insigne malhechor fue puesto en medio de dos ladrones, y blasfemado de todos los circunstantes; tan dolorido, que de pies a cabeza no tenía parte en su cuerpo que no padeciese terrible tormento. Y con esta consideración no solo se enternecía, sino se alentaba a buscar la pobreza, a amar los desprecios y abrazar los dolores, como lo hizo toda su vida, estimando siempre en mucho la cruz espiritual, que destas tres cosas se compone; porque en esto consiste la perfecta imitación de Cristo crucificado, y lo que llama San Pablo traer en sí la mortificación de Jesús y las señales de sus llagas, como se verá en el capítulo que se sigue.

Capítulo IV. De las veras con que procuró desde novicio la mortificación de sí mismo en todas las cosas, y la prosiguió toda la vida con muchas obras de penitencia

El espíritu de la perfecta oración, que llega a tratar familiarmente con Dios nuestro Señor, no se halla sin el espíritu de la verdadera y entera mortificación de sí mismo, la cual ordinariamente precede como disposición para orar con provecho; y la acompaña como arma fuerte para vencer las repugnancias y dificultades que se ofrecen orando; y se sigue después della, como fruto a que inclina y mueve la misma oración, para poner en obra las cosas que en ella se han entendido y deseado. Menester has subir primero al monte de la mirra, que es la mortificación amarga a la carne, si has de pasar al collado del incienso, que es la oración, suave al espíritu. Y porque en este collado de Dios hay escuadrones de filisteos y enemigos, que hacen guerra y molestia a los que en él residen, has de tener las armas en la mano para pelear contra ellos, mortificando y deshaciendo todos los estorbos y dificultades que ponen. Y si has subido al monte Tabor, y transfigurádote por la oración en la imagen de Cristo glorificado, no es para quedarte allí, sino para bajar a cumplir los excesos de amor, aunque sea a costa de muchas mortificaciones y trabajos, acompañándote con su pobreza, desprecios y dolores, llevando la cruz, que se compone dellos.

De aquí es que, como nuestro Señor deseaba hacer perfecto a este su siervo, juntamente con las ganas de la oración le comunicó también, desde sus principios, una generosa y fuerte resolución de mortificarse a sí mismo en todas las cosas, deseando morir, si pudiese, de una vez a sí y a todo lo criado, para vivir a solo Dios, y hallar en él quietud y descanso. Porque, como la carne tiene grandes repugnancias, miedos y temblores de la mortificación, teniéndola por cruz muy pesada, y cuanto más huye de ella tanto se le hace más terrible; así es gran prudencia ofrecerse varonilmente a llevarla desde luego con gran rigor; porque, como dijo el Salvador, el Reino de los cielos ha de ser conquistado por fuerza y violencia, y los esforzados y valientes lo arrebatan, no venciendo a otros, sino venciéndose a sí mismos, y degollando a su propio amor; porque con esta buena muerte se libran de mil muertes que padecen los amadores de sí mismos no mortificados, y alcanzan el gozo y paz en que está el reino de Dios. Y así solía decir el Padre Baltasar: Que como los mártires, según canta la Iglesia, mortis sacrae compendio vitam beatam possident, con el atajo breve de una buena muerte poseen descanso eterno, y vida bienaventurada; así los justos bien mortificados, con otra breve muerte de su propia abnegación, alcanzan el descanso que en la tierra se puede alcanzar. Y porque no ponemos de una vez cuero y correas en nuestra abnegación, así andamos siempre gimiendo, y llevamos la cruz sin morir en ella, que es propio de los hipócritas.

1

Con esta resolución comenzó este santo ejercicio, y acometió con brío la mortificación de lo que suele estar más arraigado, que es los siniestros de la condición natural. La cual tenía a los principios seca y áspera consigo y con otros; y fue muy advertido de todos los que le conocieron, que la corrigió y mortificó de tal manera, que se quedó con la aspereza para consigo, mostrando grande blandura y suavidad con los demás. Al modo que se escribe de nuestro Padre San Ignacio, que de su complexión natural era muy colérico, y con la mortificación se mudó de modo que parecía flemático. A cuya imitación mortificó tanto su natural, que de rígido le trocó en blando.

Demás desto, el afecto de carne y sangre con los parientes, que tan natural y arraigado está en muchos corazones, le tuvo tan mortificado y sujeto como si no tuviera padre, ni madre, ni deudos. Nunca se le oía decir de dónde era ni qué parientes tenía, ni se metía en sus negocios. Y la vez que fue a Roma, aunque a ida y vuelta pasó por junto a su tierra tres leguas, no quiso ir allá ni avisar para que le saliesen a ver sus deudos; y las veces que fue allá después, fue forzado por obediencia de los Padres Provinciales, y habiendo él propuesto muchas razones para impedillo. Por esta causa también, nunca quiso recibir dellos cosa alguna, por no quedar más prendado ni obligado a visitarlos, diciendo que el religioso ha de poner los ojos toda la vida a no engorrarse, ni prendarse con demasía con ninguno de la tierra, ni pariente, o amigo o deudo, sino ser como otro Melquisedec, sin padre ni madre, ni deudo que le quite el privilegio de su religiosa libertad.

También se esmeró mucho en la mortificación de los sentidos, procurando no darles contento en nada. Venció la curiosidad de la vista con grande extremo. Porque, cuando fue a Roma, donde hay tantas cosas que ver, no quiso verlas; y mientras los demás andaban viéndolas, él se quedaba en oración delante de los cuerpos santos, cuyas reliquias visitaba. Siendo Rector en Medina, yendo el día del Corpus a la procesión, advirtieron muchas personas que, todo el tiempo que duró, clavó los ojos en el Santísimo Sacramento, sin jamás apartarlos a mirar las danzas y las demás fiestas que le daban ocasión para ello. Y él mismo, con cierta ocasión conveniente, contó que, estando en Valladolid en un auto de la santa Inquisición, le cupo un lugar desde el cual no podía mirar al tablado de los inquisidores y de los penitentes sin mirar primero las mujeres que estaban en otro tablado delante del suyo. Y pareciéndole esto de mucho inconveniente, sacó una imagen de nuestra Señora que solía traer consigo, y clavó en ella los ojos y el corazón, de manera que siete horas que duró el auto, no levantó los ojos de la imagen ni supo más de lo que allí se había tratado, que si no estuviera presente.

No tuvo menor cuidado en la mortificación del sentido del gusto; porque cuando le sabía alguna cosa bien, la dejaba al mejor tiempo, y por lo menos dejaba el mejor bocado del plato, diciendo que era bien dejarle para Dios. Y no permitía que en la mesa se hiciese con él alguna particularidad; y si le ponían algo bueno, dábalo a los que tenía cerca de sí. Y si la porción ordinaria que le cabía era mejor que la que caía al que estaba a su lado, trocaba con él, y tomaba para sí lo peor; y cuando con disimulación podía tomar el mal pan o más duro, lo tomaba, y ponía el mejor y más blando al que estaba a su lado. En su aposento nunca quiso tener algún regalo de los muchos que solían enviarle, sino que se diesen a los enfermos. En sus enfermedades, cuando tenía mayor hastío, se hacía más fuerza a comer lo que le daban, porque el comer entonces era atormentar el gusto. Las purgas y bebidas de botica, por más amargas que fuesen, las tomaba con mucha pausa hasta la última gota sin dejar nada; y aun se quedaba con ella enjuagando la boca, para gustar más la amargura de la purga. Una vez, estando enfermo, le pusieron un pollo sin abrir, y con saberle muy mal, comió dél por mortificarse, hasta que el mismo que se le puso advirtió en ello y se le quitó de delante. Y estas mortificaciones procuraba hacerlas de modo que otros no las advirtiesen, por huir de la honra que se cobra de ser mortificado; pero no podía encubrirlas, porque ya todos reparaban en ellas. Una vez, en un mesón, apenas tenía que comer más que un huevo, y fingió que se había caído de la mano en el suelo, y echó de ver el compañero que había sido por mortificarse en aquella poca comida que habían hallado. Era enemigo de cosas olorosas, fuera de la iglesia o del aposento de algún enfermo cuando era necesario. Y por mortificarse, siendo Superior, limpiaba él mismo los lugares inmundos.

En su aposento buscaba incomodidades que fuesen materia de mortificación. En Ávila escogió a tiempos un aposentillo tal, que apenas se podía rodear, y tenía el breviario y otros librillos en una tabla sin mesa. Nunca se sentaba en silla o en parte donde estuviese arrimado, aun cuando estaba convaleciente, y el cuerpo pedía algún modo de descanso; y por esto, nunca tuvo en su aposento silla, si no es de costillas y sin respaldar.

Fue muy rígido en tratar a su cuerpo con grande aspereza; porque decía que estando un alma llagada de Cristo nuestro Señor, no está contenta si no lo está su cuerpo también. Porque como hay semejanza en los corazones, estando ambos llagados, así la hay entre su cuerpo y la Humanidad sacratísima de su Señor, que ve llagada y lastimada. Y de aquí es que, si su Señor no le da dolores y enfermedades en el cuerpo, él toma la mano en lastimarle y llagarle. Y así lo hacía este santo varón. Porque, como nuestro Padre San Ignacio en el libro de sus Ejercicios encomienda tanto a los que tratan de oración el uso de las penitencias corporales, así florecía grandemente en los nuestros con la oración el espíritu de la penitencia en traer cada día cilicio, y tomar dos disciplinas, una por la mañana y otra por la tarde, que duraban más de un cuarto de hora cada una, dormir sobre una tabla, no comer sino una vez al día, estar puestos en cruz algunas horas, tomar disciplinas en refectorio por espacio de un salmo de Miserere mei, o dos, y otras invenciones santas que inventaba el fuego del divino amor, que ardía en sus corazones, para perseguirse y maltratarse, andando con una santa porfía de aventajarse los unos a los otros. Y los que conocieron a este santo Padre afirman que se aventajaba en esta parte a los demás; y como casi siempre era Superior, así tenía más mano para hacer más grandes penitencias. Tomaba cada día tan recias disciplinas en todo su cuerpo de pies a cabeza, que por encarecimiento decían los novicios de Medina que hacía temblar todo el cuarto; y fue menester que el Provincial le pusiese tasa; y sus confesores, viendo que se iba consumiendo por el mal tratamiento de su cuerpo, con cilicios, abstinencias y dormir sobre una tabla, le obligaban a que se moderase, porque no se le acabase la salud y vida, como había sucedido a otros muchos de los nuestros, por la misma causa.

2

Pero no se contentaba con esta mortificación, sino que procuraba la de su propia voluntad, que es la mejor, la que más importa para crecer en el espíritu y en toda virtud, y para conformarse en todo con la divina voluntad, que es lo supremo de la perfección. Y en razón desto le dio nuestro Señor este sentimiento, que cuenta en su libro, hablando de sí como de tercera persona: Entendió que Dios nuestro Señor no quiere que tomemos gusto en cosas del mundo, porque tras ellas se nos va la voluntad, y no quiere que hagamos lo que la propia voluntad nos dice, sino lo contrario; ni que tomemos gusto, si no es el que viene del cielo por su mano. Como el ollero desmenuza el barro, y después lo pisa y da muchas vueltas, hasta que está blando y suave, así nuestro Señor, como es tan primo en sus obras, quiere nuestra voluntad muy rendida a la suya; y para esto la deshace y da vueltas, hasta que está muy sujeta, blanda y suave, como al caballero su caballo; aunque cuando se ha de hacer alguna obra gruesa, no es necesario que esté el barro tan suave.

Entendiendo la sobredicha persona este misterio tan grande, se admiró, y por su medio experimentó recibir del Señor grandes mercedes. En las cuales palabras da claramente a entender que puso en práctica este aviso, y cogió dél muy copioso fruto. Y así es, que mortificaba grandemente su voluntad, aunque en cosas de suyo buenas, cuando le impedían para otras mejores. Como se vio por lo que dijimos de las demasiadas ansias que tenía de tener tiempo para oración, huyendo por esta causa del trato con los prójimos, y como entendiese por divina inspiración que nacían de su propio amor, que deseaba su descanso y consuelo, y no puramente el servicio de Dios, las mortificó y venció de manera que va con mucho gusto acudía a las ocupaciones con los prójimos, pareciéndole que allí hallaría el mayor servicio divino que buscaba. Y así, ponderando lo que dice San Pablo con lágrimas, que había muchos enemigos de la cruz de Cristo, decía él hablando con el mismo Salvador: Desde aquí digo, Señor, que mi contento no lo quiero en afanar más tiempo para el cumplimiento de mis deseos, aunque buenos, sino en perderme por vos: no en que me deis más de lo que tengo, ni en tener salud o comodidad, sino en que os sirváis dello Vos. Y cuanto os alargáredes en ello, por tanto mayor favor lo tendré, por ser amigo de vuestra cruz, y acallar las lágrimas de vuestro Apóstol. No quiero ya poner mi contento en hacer lo que yo quiero, sino en lo que vos queréis: más quiero dejar de ofrecer, que hurtar el tiempo para hacerlo.

Con este valor se privaba de sus buenos gustos y deleites espirituales, por el mayor gusto de Dios, que está en cumplir su santa voluntad. Y a este paso mortificaba también su propio juicio, y su honra y estima, y generalmente cualquier afición a criaturas, que en algún modo pudiese menoscabarle el fervoroso amor de su Criador. Un padre familiar suyo contó, que, reparando en verle algunos días continuados muy pensativo, como quien deseaba alguna cosa o tenía alguna pena, le preguntó la causa, y le respondió: Ando procurando recabar de mí, vivir como si estuviera en los desiertos de África, y que mi corazón esté tan desasido de las cosas desta vida, y de las personas humanas, y que venga a estar tan solo de criaturas, como si en hecho de verdad viviera en los desiertos. Y así lo recabó, como adelante se verá, lo cual es indicio de la continua y ferviente mortificación interior y exterior que traía. De aquí es que continuamente se andaba persiguiendo y negando, no solo en cosas grandes, sino en cosas muy menudas; porque decía que la sustancia de la mortificación consistía en mortificarse en todas las cosas, aun en las más pequeñas, para que no solamente se halle recto y perfecto en el estado, sino en las menudencias dél, imitando a la esposa, cuyas manos y dedos, hasta las puntas estaban llenos de mirra muy escogida. Y el que llegare a esto, podrá decir: Consummatum est; acabado es todo lo que se encontraba con la voluntad de Dios; todo lo que impedía todo lo que se puede andar de nuestra parte. Y así le sucedió al mismo: porque con esta continua mortificación quitó todos los estorbos de su aprovechamiento, venció sus pasiones, alcanzó gran libertad de espíritu, y un señorío de sí y de sus afectos, que ninguno le vio turbado ni enojado. Cuando era menester reprender a alguno, sin turbarse, tomaba máscara de hombre enojado, y luego se quedaba tan sereno y quieto como si nada hubiera pasado; porque las pasiones que antes impedían, ya no dañaban, sino servían a la razón en lo que ella mandaba, quod est grande miraculum gratiae. Lo cual, dice, es un gran milagro de la gracia de Dios, con cuya virtud los enemigos que antes nos destruían, ya nos ayudan y aprovechan.

Desta mortificación salía su composición exterior tan apacible y religiosa, que echaba de sí olor de santidad, y componía a quien le miraba. Porque su modestia era grande, el rostro de penitente y hombre puesto en Dios, los ojos algo llorosos, y una gravedad no ofensiva, sino amable, por acompañarla con semblante alegre, sin muestras de tristeza, por muchos trabajos que tuviese. Muchas personas graves afirmaban que no solamente los ayudaba con sus palabras, sino también con su sola presencia, y por ser tal la modestia y santidad que resplandecía en su persona, cumpliéndose en él lo que dijo el Santo Job, que la luz y resplandor de su rostro nunca se caía en tierra; porque ni hacía cosa que le avergonzase, ni que desdijese de la gravedad y autoridad de su persona. Lo cual es efecto de la perfecta mortificación, que tiene a raya todos los afectos del hombre interior, y los movimientos del hombre exterior.

Finalmente, por las vehementes ganas que tenía el Padre Baltasar de traer siempre unido su espíritu con Dios, por continuo amor y trato familiar con Su Majestad, se echa de ver la fuerza y ganas con que se mortificaba a sí mismo. Porque el amor es fuerte como la muerte, y duro como el sepulcro, para matar, destruir y deshacer todo lo que impide la unión con su amado; y es tan liberal en dar cuanto se le pide por alcanzar lo que ama, que ninguna cosa niega, por muy costosa o penosa y desabrida que sea. Esto declaraba el mismo Padre por el ejemplo de Siquén, cuando deseaba casarse con Dina, por el vehemente amor que la tenía; el cual dijo al padre y hermanos della: Cuanto me pidiéredes os daré: aumentad la dote, señalad las arras y joyas que quisiéredes, que todo lo daré de buena gana como me la deis por mujer. Y como lo ofreció lo cumplió; porque pidiéndole que él y todo su pueblo se circuncidasen, el amor le dio elocuencia para persuadir a todos que viniesen en ello. Así, el que de veras desea la unión con la Divina Majestad, generosamente se ofrece a dar por ella cuanto le pidiere, pensando que todo es poco.

Y porque nuestro Señor pide por precio y dote principal la circuncisión espiritual del corazón, y la perfecta mortificación del amor propio y de todo el pueblo de los apetitos y pasiones; a todo se ha de ofrecer; y tener tal eficacia, que persuada y aficione a todas sus potencias y sentidos, para que gusten de circuncidar y quitar todas las demasías. Y desto ha de hacer honra y autoridad, preciándose de parecer mucho a Cristo nuestro Señor, y a sus Apóstoles y discípulos. Y en esta razón, meditando una vez aquellas palabras de San Juan: Estaban junto a la cruz de Jesús, María su Madre, y la hermana de su Madre, etc., tuvo este sentimiento: Estando Cristo nuestro Señor en la cruz, ha entrado en los suyos por punto de honra estar cerca della; y cuanto más cerca, tanto mayor honra y mayor provecho. Y esto les vino del espíritu de Cristo, que obra en ellos lo que en el mismo Cristo. Él está en la cruz, y su Madre y los justos cerca, y más cerca su Madre; pero los pecadores están apartados; y por esto, como dijo David, está la salud muy lejos dellos.

Capítulo V. Cómo hizo los tres votos de castidad, pobreza y obediencia, y de la perfección con que siempre los guardó

Como el Instituto de la Compañía obliga a tratar con toda suerte de prójimos, aunque sean muy desalmados, herejes o infieles, para reducirlos a Dios y salvar sus almas, ha establecido, con aprobación de la Sede Apostólica y del santo Concilio de Trento, que los novicios sean muy probados, no solamente un año, como en las demás religiones, sino dos enteros, al fin de los cuales hacen los tres votos de pobreza, castidad y obediencia; y aunque no son solemnes, bastan para que queden verdaderamente religiosos, como está difinido y declarado en una bula de Gregorio XIII; y por consiguiente, quedan obligados, cuanto es de su parte, a vivir perpetuamente en la Compañía, guardando los votos del modo que se declara en las reglas. Conforme a esto, el Padre Baltasar, cumplidos los dos años de su noviciado, que fue el año de 1557, estando en Ávila estudiando, hizo los dichos tres votos con grande consuelo y fervor de espíritu, ofreciéndose liberalmente al perpetuo servicio de nuestro Señor en este estado para que le había llamado, en el cual se hallaba tan contento y satisfecho, que, como el guante se hizo para la mano y la vaina para la espada, así la religión de la Compañía le armaba, y se le ajustaba con su espíritu. Mas porque no está la grandeza de la perfección en prometer a Dios grandes cosas, sino en cumplirlas con grande excelencia, veamos la que tuvo este santo varón toda la vida en guardar estos tres votos. La cual se puede rastrear por lo que se dijo en el capítulo pasado de su insigne mortificación; pues, como dice Santo Tomás, el fin destos votos es quitar los tres mayores impedimentos que tiene la perfección evangélica; conviene a saber, el amor de los regalos y deleites sensuales, la codicia de las riquezas y comodidades temporales y la soberbia libertad de la propia voluntad y juicio en el gobierno de sí mismo. Y como tales impedimentos no se pueden arrancar del corazón con solo dejar las cosas exteriores, es menester muy insigne mortificación para acabar de desarraigarlos del corazón, y alcanzar con excelencia las virtudes de la castidad, pobreza de espíritu y obediencia, que son la muerte y destrucción dellos.

1. De su castidad

Y primeramente el Padre Baltasar se esmeró toda la vida en la virtud de la castidad, guardándola con la perfección que dice nuestra regla, que es imitando la puridad angélica con limpieza del cuerpo y mente, tomando para esto todos los medios con que ella se defiende, conserva y perfecciona. Porque ¿cómo no había de tener castidad angélica el que castigaba su cuerpo con el rigor que se ha dicho, para que estuviese sujeto al espíritu, y la sensualidad no se rebelase contra la razón? ¿Cómo no había de tener gran pureza de pensamientos quien mortificaba tanto la vista, que, por no mirar a las mujeres que tenía delante de sí en el auto de la Inquisición, como dijimos, los clavó siete horas en la imagen de la Virgen Santísima que consigo traía? ¿Y cómo no había de ser muy puro el que tan devoto era de la Virgen y Madre de la pureza, gustando tanto de pensar en ella? ¿Y cómo no había de vencer las tentaciones que combaten la castidad, quien tenía tan a mano el arma tan poderosa contra ellas, como es la continua y fervorosa oración? El mismo Padre vino a confesar que le había hecho nuestro Señor merced de no sentir movimientos, ni inclinaciones sensuales, con la continua devoción y recogimiento interior con que andaba siempre en la divina presencia: porque quien siempre está mirando que le mira Dios, en todo lugar, por secreto que sea, procura no hacer cosa indigna de la presencia de Dios. Y así alcanzó los tres grados que él ponía en esta virtud, siguiendo la doctrina del seráfico Doctor San Buenaventura. El primero es una gran determinación de no ofender a nuestro Señor en esta materia, mortal ni venialmente, haciendo diligentísima resistencia a los movimientos y pensamientos sensuales. El segundo, estar la carne tan sujeta al espíritu, que raras veces y blandamente sea uno tentado, y con facilidad alcance la victoria, si por su culpa no se deja vencer. El tercero, estar tan domadas las pasiones, que apenas se sientan, y flaquísimas; y tener tanto horror a sus cosas, que siendo necesario oírlas, o hablar dellas, no se mueva más que si se tratara de piedras o lodo. Y este grado no se alcanza sino por especial gracia de nuestro Señor, la cual concede a algunos de sus escogidos, y la concedió a este su siervo; aunque primero que la alcanzase peleó valerosamente contra las tentaciones.

Una vez, peregrinando, una mujer moza y de buen parecer le acometió como a otro José, estando a solas; mas él acudió a su acostumbrado refugio de la oración, y no solo se libró a sí de aquel peligro, mas ganó aquella mujer para Dios, y la hizo que, arrepentida de su pecado, se confesase. Mas no se aseguró con esta victoria, antes, con un humilde temor de su flaqueza, guardaba el tesoro de la castidad, huyendo cualquier ocasioncita de deslizar contra ella. Y declaraba su temor diciendo que no tiene tanto peligro el que de una torre alta está colgado de un hilo de estambre, como tiene el hombre su limpieza entre las ocasiones de perderla. Y el mismo Señor, que le dio el don de la castidad, le enseñó el recato que había de tener para conservarle, con este sentimiento cerca de la miseria humana: Habiéndote mostrado el Señor algunos días atrás los manantiales de tu nada, y habiéndote experimentado tal, ¿cómo te puedes escandalizar de caídas ajenas, ni dejar de recatarte de las propias? De aquí aprendió a tener sumo recato a nunca estar con mujer a solas; y cuando iba a visitar alguna, no se sentaba hasta que traían silla para su compañero. Y como él trataba con muchas mujeres espirituales, decía que con éstas se ha de tener mayor recato; porque el amor espiritual suele pasar los límites, y volverse carnal, y el buen vino en vinagre fuerte; y no se echa de ver hasta que están las voluntades tan asidas, que, aunque con dolor, antes huelgan de soltar de Dios que de sí, por no disgustarse, pareciéndoles que se pagan mal; y entonces acude el demonio a soplar el fuego, y a enlazar y cegar. También consigo mismo a solas tenía gran recato en desnudarse y levantarse con toda honestidad, sin dejarse ver parte de su cuerpo. Y decía que se había de reparar mucho en el modo de estar en la cama con postura religiosa y honesta; porque, si los religiosos no tienen muerto el deseo de padecer, ¿qué menores cosas se les pueden ofrecer que no descubrirse en verano estando sanos, y con la ropa moderada que tienen? Y ¿cómo guardarán esta decencia, cuando se abrasan en alguna calentura, y no los vea nadie, si no se van curtiendo?

2. De su pobreza

Fue muy amigo de la santa pobreza, por imitar la del Salvador; de quien tuvo muy altos pensamientos, como después veremos. Estaba muy persuadido que consistía en ella la sustancia de la religión, y así solía decir: Ninguno se eche polvo a los ojos, ni se lisonjee con sentimientos, luces y gustos espirituales, si no hace buen rostro a este trago tan amargo de la pobreza evangélica. Y entonces verá si la ama, si juntamente ama los compañeros della, que son hambre, sed, frío, desprecio. Porque quien busca honra en el vestido y no ser tenido por vil, no ama la pobreza; quien teniendo sed no sabe sufrirla un poco, sino como animal se derriba al agua, no estudia en ser pobre; el que quiere que nada le falte y ser tenido por religioso, engañado anda. Conforme a este sentimiento practicaba la pobreza, escogiendo para sí lo peor en la comida, vestido y comodidades de aposento. Y aun en la sacristía, se le advertía que tenía cuidado de tomar el ornamento más pobre que había para decir Misa, diciendo que aun en aquello se entraba la vanidad y curiosidad.

Deseaba que le faltase lo necesario: nunca quiso no solo pedir, pero ni aun recibir cosa que le ofrecían muchas señoras que le trataban; parte por conservar la pobreza, y parte por no perder su santa libertad, haciéndose esclavo de los que se lo dan. Y, como dice San Jerónimo, aunque parece que los seglares se indignan cuando no se recibe lo que dan, mas por otra parte estiman al que no lo acepta; porque es grande la verdad y fuerza de la santa pobreza. Nunca vistió ropa nueva, porque primero hacía que otro la estrenase y se abrigase con ella, y después de algo traída, se la vestía él. Ni aun quería ponerse los zapatos nuevos hasta que otro los trajese algunos días y dejasen de parecer nuevos. Las pláticas que hacía, con ser de mucha estima, las escribía en sobrecartas, por ahorrar de papel limpio. En su aposento le faltaban algunas cosas de las necesarias; con tener necesidad de unas Concordancias, decía que quería antes andar algunos pasos más a la librería común, por amor de la pobreza, que tenerlas consigo. No tenía otro asiento que un escabelejo o una silla de costillas sin respaldar; y cuando algún señor de título le visitaba, decía con muy buena gracia: «Siéntese vuestra señoría en este banco como en casa de pobres, que en su casa sobran hartas sillas donde se podrá después sentar»; y ellos se edificaban más desto que si vieran el aposento lleno de sillas imperiales.

En Medina le dieron una vez de limosna una silla de terciopelo, y dijo que había de ponerla en el puesto más honrado de la casa; y, así, la envió a la cocina, donde estuvo hasta que se gastó y deshizo, para que los novicios que entraban a ayudar al cocinero se acordasen que habían de vivir al revés del mundo, y estimar en poco lo que él estima en mucho. Era enemigo de andar cargado de cosas curiosas, aunque fuesen buenas, como imágenes, relicarios, estampas, Agnus, cuentas y otras cosas semejantes, porque en tales cosas se pega más el corazón del religioso, como se ve por la impaciencia que tiene cuando se las quitan. Y aunque sea con título de darlas a otros, es bien ahorrar deste trabajo y carga, para que el corazón pueda consolarse con solo Dios. Y así decía, que los amadores de la pobreza, que se privaban de sus comodidades, experimentaban lo que dijo David: Rehusó mi alma recibir consuelo, acordéme de Dios y quedé consolado. Mas los que buscan sus comodidades no tendrán este despertador para acordarse de Dios y recibir dél su consuelo. Y de aquí concluía que el amor de Dios y la confianza en su divina providencia eran remedios de la pobreza breves y abastados; porque a aquel que de verdad ama a Dios, nada le falta; no porque sobre abundancia de bienes en su casa, sino porque falta la gana de ellos en su alma; y al que nada desea de lo que se vende en la plaza, todo lo que en ella hay le sobra. Quien ama a Dios de verdad quita su amor de otras cosas y le pone en haber esta sola; y por salir con ella hace barato de todas las demás. ¿Y, por ventura, negará Dios un pedazo de pan a quien no tiene hambre sino del mismo Señor, habiendo Él dicho: Buscad primero el reino de Dios y lo demás se os dará por añadidura? ¿O podráse persuadir el que conoce las entrañas de Dios y las trazas que ha tomado para desembarazar de los cuidados de la tierra al que ha escogido para su conveniente servicio? Temamos, pues, y amemos a Dios, porque, como dijo el Salmista: Nihil deest timentibus eum: nada falta a los que le temen.

3. De su obediencia

De la obediencia tenía grande estimación, diciendo que ella era el acierto de Dios, con que un alma se quita de dudas y perplejidades, pues la da por regla cierta en todo lo que no es pecado, siguiendo el sentir y ordenación de un hombre que anda entre nosotros, a quien hizo entrega de sí, fiándose de Dios que le gobernará por medio dél. Y aunque muchas veces acaece ser inferior en letras, virtud y experiencia, no por eso deja de ser seguro el obedecerle, porque el acierto de la obediencia no está en la sabiduría, bondad y tiento del ministro, sino en el orden y traza de Cristo nuestro Señor. Así como el venir a la Hostia consagrado no depende de la bondad y devoción del sacerdote que consagra, sino de haberlo así querido y ordenado el mismo Señor: y cuando Él os tocó el corazón para que os sujetásedes por su amor en la religión a los superiores, bien sabía que habíades de venir alguna vez a manos de superior ignorante y de poca virtud, y todavía quiso que os sujetásedes a él, porque sabe trazar esa ignorancia y pocas letras de modo que no os dañen, antes os aprovechen, y su ordenación sea el medio de vuestra riqueza; y el que tiene acepción de superiores, sujetándose a éste y no al otro, es sospechoso en la obediencia, como lo sería en la fe el que se postrase a adorar un Crucifijo de oro o plata y no al de madera, pues la razón de adorarle es una en entrambos.

De aquí infería que uno de los mayores beneficios que recibimos en la religión es el de la obediencia, y este acierto de Dios en todas nuestras cosas, por menudas que sean; ni hay camino de Samaria al Jordán que tan sembrado esté de joyas, vasos y vestidos preciosos como el camino de la obediencia religiosa lo está de excelentes virtudes. Y cuando el alma comienza a sentir lo que es gobierno de Dios, entonces comienza a tener en mucho la obediencia, por quien le viene este bien; porque siente cuánto en él es honrada y enriquecida, y aprovechada del Señor, que la llamó y convirtió a sí, conforme a lo que dice David: El Señor me rige, nada me faltará; púsome en lugar de buen pasto, y de buen agua, y convirtió mi alma.

En estas verdades fundaba su obediencia y el consuelo y provecho della. Desde novicio se esmeró en la puntualidad de la obediencia, imitando la de los Santos Padres, que dejaban la letra comenzada por acudir a lo que eran llamados; y toda la vida se preció desto, pareciéndole gran descomedimiento detenerse un momento en obedecer, y en responder al Señor que le llamaba. Y siendo superior, era el primero en todas las obediencias comunes; y cuando iba a otro colegio, estaba muy rendido al superior que allí gobernaba. Y como una vez, en un colegio, quisiese ir a decir misa fuera de casa, dijéronle de parte del superior que no lo hiciese, y al punto lo dejó sin hablar palabra, con no verse inconveniente más que parecerle así al superior. Y a otro que era visitador de la provincia, le obedeció puntualmente en dos cosas muy graves, en que aventuraba su honra y contento, como en su lugar veremos. Decía que los que estaban en obediencia pueden, si quieren, gozar de un gran privilegio, que es no entrar ni salir en las cosas hasta la muerte por su voluntad, sino por la de Dios, que es un gran tesoro; y el que se grava con la distribución y con saber a qué hora ha de hacer las cosas, tome por remedio decir a su misma alma: ¿Ya no te consuela saber a qué hora quiere Dios que te levantes? ¿Cómo quiere que andes vestido, cómo mantenido? Vuelto se ha el mayor regalo en mayor tormento. ¿Cómo se ha oscurecido el oro y perdido su resplandor? ¿Quién te hizo atar siendo libre? El mismo espíritu que te desengañó te inclinó a este medio como a un gran tesoro, ¿y ya no lo estimas? A San Pablo envió Dios a Ananías, ¿y esto tú no miras? ¿Cómo caíste, lucero de la mañana?

Ponderaba mucho a este propósito las palabras que dijo San Rafael a Tobías cuando se espantaron de que un ángel hubiese hecho en ellos lo que hizo: Cuando estaba con vosotros, por voluntad de Dios estaba. Y según esto, decía que en casa de Dios no había oficio bajo. Y de sí dice en el librito de sus sentimientos: Yo tengo puesta mi dicha en que se quiera Dios servir de mí en los más viles oficios de toda mi religión. ¿Y cuándo se lo merecí yo, que se quiera servir de mí, y ocuparme en su servicio, aunque sea en hacer adobes? Estimo esto en tanto, que no hay oficio tan bajo en que él me emplee, que por él no pierda yo todo mi contento. Quien de alguno se quiere servir, obligarse quiere a él. ¿Pues qué grandeza puede llegar a nuestras almas que tanto nos harte, como oír que quiere Dios servirse de nosotros por obligarse a nosotros? Y en otra parte dice: ¿Qué grandeza tiene el predicar, si Dios no lo quiere? ¿O qué bajeza fregar, si él lo quiere? ¿Qué grandeza tiene estar en el rincón, si Dios no gusta? ¿O qué bajeza andar fuera, si él gusta?

No quería que el que estaba en obediencia pensase ¿qué será mañana de mí, o qué tengo de hacer? Porque la respuesta está en la mano. Haré lo que me mandaren; será lo que Dios quisiere. Y así dice: Todo mi interés es tenerte a ti, Señor, contento; está tú contento, y tenme a mí con tormento; mándame y vuélveme, que yo espero mandado. Y si es menester trotar toda la vida, éste es mi contento. Esto decía porque tenía entonces repugnancia de andar caminos, así por falta de salud como por temor de perder el recogimiento. Mas en todo se resignó a la obediencia, sin hacer caso de sus repugnancias, teniendo por grande gloria el vencerlas.

De aquí también procedía la quietud con que estaba en el lugar y oficio donde los superiores le habían puesto. Cuando le mudaron de rector de Salamanca a Villagarcía, que es un lugar pequeño, vino muy de buena gana a encerrarse allí con deseo de acabar en aquel puesto su vida, si el Señor quisiera; porque decía que los religiosos han de huir mudanzas de los oficios, ocupaciones o lugares donde les pone la obediencia, acordándose de lo que dijo el ángel a San José cuando fue a Egipto: Estáte allá hasta que yo te mande otra cosa. Y la razón es porque no puede uno subir a más alto lugar que a estar puesto en las cosas por Dios y no por sí. Mejore el tal su voluntad, y estará todo acabado, y se podrá decir dél: Bienaventurados los oídos a quien la voz de la obediencia es dulce.

No desmayaba en las cosas arduas y dificultosas en que la obediencia le ponía, aunque se viese muy destituido de partes para ellas; porque decía: De aquello en que Dios pusiere al religioso, él le sacará con medra; y si le cargare más de lo que puede sufrir, censo echa sobre sí de lo suplir; y si mandare que hable al que no sabe, obligación pone sobre sí de enseñarle. Esto querría yo, que él me pusiese de su mano en algo que excediese mi caudal, porque por el mismo caso se obligaría a me lo dar. Y pues tú, Señor, me mandas por tu obediencia hablar a tal hora, espero tu recado desde ahora por este o por el otro medio, como a ti más te agradare. Y el que fuere puesto en algún ministerio por obediencia, para el cual le parece que le faltan letras, prudencia, autoridad y valor de ánimo, después de haber representado su inhabilidad no desmaye: Revele al Señor su causa y espere en él, porque él lo hará. Y por prenda de esta verdad, tome la prudencia que dio a David sobre sus enemigos, la ciencia sobre sus maestros, la experiencia sobre los viejos; la autoridad que dio a Josué sucediendo a un capitán tan grande como Moisés; el corazón que mudó a Saúl para que dijese con la grandeza y sentimientos de rey; la estima que dio a José con Faraón, haciéndole maestro suyo y de todos los grandes de su reino; la luz del cielo y sabiduría que comunicó a Daniel sobre todos los que Nabucodonosor quiso escoger de Israel para que asistiesen en su presencia; y los medios que tomó para que él y sus compañeros saliesen tan sabios como su asistencia requería.

En consecuencia desto, decía que la seguridad que había en el trato con los prójimos cuando se entraban en él por obediencia, era muy grande. Y si por obedecer iba entre malas mujeres para ganarlas tratando con ellas tendría pensamientos limpios como si fuera un ángel; y si se quedaba en su celda por su propia voluntad, allí se quemara con malos pensamientos. No sé yo cómo podéis tener por cosa segura apartaros de la voluntad del Señor. ¿Qué seguridad puede haber donde no está Dios? Que es lo que dice San Bernardo: Quando bene erit sine illo, aut quando male cum illo? ¿Cuándo me fue bien sin Dios, o cuándo me pudo ir mal estando él presente? Tenía experiencia que en las ordenaciones que le enviaban, aunque a veces se le ofrecía que lo contrario fuera mejor, pero obedeciendo hallaba después ser más acertado lo que la obediencia había ordenado, y por esto la llamaba traza de Dios; y al súbdito a quien pareciere que algo della va fuera de camino, se le puede decir lo que dice la Divina Escritura: Que el justo vive de la fe; y aquel secreto que él no entiende, est mysterium fidei, del cual salen buenos sucesos en el que con fe y humildad la asentare, aunque los medios le parezcan disparatados. Y por esto gustaba mucho de una cosa que le dijo un Padre provincial desta provincia, que cuando le enviaban de Roma alguna ordenación en que le decían hiciese esto o lo otro determinadamente, parece que se le abría el cielo, y se le alegraba el corazón; pero cuando le enviaban a decir que lo mirase o hiciese lo que le pareciese, se ponía en grande aprieto.

Finalmente, él echaba de ver una mano secreta de Dios, que andaba meneando sus negocios por medio de la obediencia, y esto le tenía muy contento en todo lo que venía por medio della. Y a este propósito tenía algunos sentimientos y dichos admirables. A nuestro Señor decía: Por ningún camino, Señor, puedo tanto ser tuyo como por el que dejo de ser mío. Sobre juramento le va al Señor que hará crecer al que le fuere fiel en obedecer; porque del obediente Abrahán se dice: Non est inventus similis illi, qui conservaret legem Excelsi; ideo jurejurando fecit illum Dominus crescere in plebem suam. ¿Qué nos dañará dejar por obediencia las cosas que nos dan contentamiento, y entrar en las que nos dan tormento, sino acrecentar el merecimiento? La obediencia es perpetua cruz, es cuchillo de sabores propios, es vena de vida, es un pozo de oro; y en acertar o errar en obedecer, no va a decir poco de bien o de mal, porque es cosa que siempre traemos entre manos. Como Moisés era Dios de Faraón, el superior lo es del obediente, el cual dice: Suene tu voz en mis oídos, porque la voz de la obediencia es para mí muy dulce.

Estas y otras cosas muy altas sentía y decía desta virtud, como se verá más, cuando se trate de la grande conformidad que tenía con la divina voluntad en todas las cosas.

Capítulo VI. Cómo se ordenó de sacerdote, y de la devoción con que rezaba el Oficio divino y decía Misa cada día

Como el Padre Baltasar se daba tanta priesa en el fervor de las virtudes y mostraba gran caudal para ayudar a los prójimos, luego que acabó sus estudios, que fue el año tercero de su entrada en la Compañía, le hicieron ordenar de sacerdote, y con este nuevo título comenzó de nuevo a crecer en la devoción y en el trato más familiar con nuestro Señor, a cuya mesa era admitido cada día. Y como el orden sacro trae consigo obligación de rezar el Oficio divino, procuró siempre cumplirla con grande perfección, sin que las muchas ocupaciones que tenía, y a veces se ofrecían de tropel, fuesen parte para que no antepusiese ésta a las demás. Y como la Compañía no profesa el uso del canto y coro, él rezaba sus Siete Horas Canónicas con mucho espacio y sosiego, y a sus tiempos, y en lugar recogido, por quitar todas las ocasiones de derramar el corazón. Nunca se le vio rezar por los tránsitos ni paseándose, sino por muchos años le rezó de rodillas en medio del aposento; y cuando, por alguna indisposición, no podía estar así, estaba sentado, descubierto y sin arrimarse, porque la reverencia exterior ayuda mucho a la devoción interior, y para provocarse a ella decía: Pensaré de rato en rato cómo están los ángeles en la presencia del Señor, con conciencia muy limpia y reverencia muy íntima, y mirándome a mí, sacaré vergüenza de que, faltándome limpieza, me falte también reverencia. Ítem: me acordaré de lo que dijo nuestro Señor en Job: Non parcam ei, et verbis potentibus, et ad deprecandum compositis; porque el orar bien, como declara San Gregorio, no está en formar palabras compuestas, sino en prorrumpir en gemidos amargos. De ordinario rezaba solo, sin compañero que le ayudase, por ir más despacio y poder detenerse algo en gozar de los sentimientos que el Señor le comunicase, deseando también no tener testigos de ellos; y por lo mucho que en sus pláticas se aprovechaba de los salmos, y el espíritu que sacaba de ellos, se echaba de ver la grandeza de estos sentimientos, reparando mucho en cualquier palabrita; y hasta en el persignarse y santiguarse era muy exacto, haciendo con especial devoción esta santa ceremonia, porque le dio nuestro Señor a sentir que cuando se santiguaba diciendo: En el nombre del Padre, y del Hijo, y del Espíritu Santo, las tres divinas Personas le echaban su bendición, y él lo hacía en nombre dellas.

1
Pero mucho más resplandecía su devoción en la misa, para la cual se aparejaba con gran diligencia, procurando suma pureza con examinar su conciencia muchas veces al día, y confesarse muy a menudo, y tener un rato de recogimiento antes de ir a decirla. Decíala cada día, por más ocupaciones y estorbos que se ofreciesen, y aunque anduviese caminos y hubiese por esta causa de perder algunas comodidades y pasar incomodidades, y aun peligros grandes, como le sucedió en el camino de Roma, yendo y volviendo por Francia, y pasando por muchos lugares de herejes; y con todo eso, nunca la dejó. Siempre la decía despacio, con tanto sosiego y devoción, que la ponía

en los que la oían; y uno de la Compañía confesó que se había movido, siendo seglar, a entrar en ella, viendo la devoción, modestia, gravedad y compostura con que dijo misa y hizo los Oficios de la Semana Santa. Y otra persona que tenía más claros ojos, que fue la bienaventurada madre Teresa de Jesús, oyéndole un día decir misa, vio que todo el tiempo que duró la misa tenía en la cabeza una diadema de grandes resplandores, la cual sin duda era indicio de la grande caridad y devoción interior con que la decía. Algunas veces se recogía a decirla en alguna capilla secreta con solo el ayudante, deteniéndose más tiempo de lo ordinario, más o menos largo, según la merced que Dios le hacía, y solía hacérsela muchas veces; y por esto, en sus necesidades, tentaciones, aprietos y negocios arduos, acudía al refugio de la misa, en la cual le comunicaba nuestro Señor luz de verdades y grandes sentimientos espirituales, de mucho consuelo, enseñanza y aliento, cerca de las cosas que había de hacer o padecer; de los cuales adelante se hará mención.

Y de esto también es grande señal lo que comúnmente andaba en boca de muchos en esta Provincia: que, cuando decía misa, algunas veces le hablaban los ángeles de la guarda de las personas que confesaba y trataba, revelándole lo que había menester el alma que le estaba encomendada. Y como un Padre de la Compañía, que era muy familiar suyo, le dijese esta común voz, y le preguntase si era verdad, el santo varón se puso muy colorado, y no le respondió palabra; lo cual no es pequeño indicio de que era verdad; porque, de otra manera, como era muy humilde, luego lo deshiciera, y respondiera que era engaño; y con el silencio vergonzoso daba a entender que consentía. Y por esta causa, la santa madre Teresa de Jesús dijo en su libro, como veremos presto, que el Santo Sacramento daba luz a este siervo de Dios, que era su confesor, para entender y penetrar sus cosas, que eran extraordinarias y muy levantadas; dando a entender, que el mismo Señor, por sí o por su santo ángel, se las manifestaba en la misa. Y no es maravilla que los santos ángeles, que asisten siempre (como dicen los sagrados Doctores) a este soberano sacrificio de la misa, viendo la mucha devoción con que este gran sacerdote le ofrecía, allí le hablasen y enseñasen lo que él deseaba para gloria del Señor, y le alentasen para hacer su ministerio con la dignidad y santidad que su alteza merece. Y quizá le vino de aquí la especial devoción que tenía, no solo con los ángeles de la guarda, sino en particular (como él lo dejó escrito) con el ángel que presenta a Dios el sacrificio del altar, de que se dice en el canon de la misa: Jube haec perferri per manus sancti Angeli tui: ora sea santo ángel alguno de los que están diputados para asistir allí, así por la reverencia que se debe a la Divina Majestad que está en este Santísimo Sacramento y sacrificio, [como] por ayudar a que se ofrezca en la reverencia y devoción conveniente, cuyo oficio también es, como se dice en el Apocalipsis, presentar a Dios las ofrendas y oraciones de los justos; ora sea este santo ángel el que guarda al sacerdote que dice la misa, y asiste allí más particularmente, para hacer con él estos oficios que acabamos de decir.

Acabada la misa, se detenía por lo menos media hora, con gran recogimiento y devoción, dando gracias por la merced recibida; y allí eran más frecuentes los sentimientos e ilustraciones espirituales, como se saca de los que escribió en su libro, diciendo muchas veces que se los dieron después de dicha la misa; y déstos pondremos ahora solamente algunos que hacen a nuestro propósito.

Uno fue el día de la Epifanía: Acabada, dice, la misa, acordéme de la buena dicha destos Reyes, y deseándola para mí, oí la interior respuesta, que me dijo: Ellos le adoraron, y tú le llevas recibido. Como quien dice: Mayor es tu dicha, y la de los justos y sacerdotes deste tiempo, que no solo adoran al Salvador, sino también real y verdaderamente le reciben, y llevan consigo en el santo Sacramento. Mas porque no todos atinan a hacer esto como deben, le dio el Señor otro sentimiento en aquellas palabras de la misa deste día, Ecce magi... ¡Maravilla que los Reyes ricos y sabios busquen a Dios!, ¡maravilla, maravilla! ¿Por qué es tanta maravilla? Porque han de caer los ídolos, si han de recibir el Arca, de modo que les sea de provecho. En los nobles ha de caer la honra, en los ricos el deleite, en los sabios la hinchada soberbia; cosas que ellos mucho aman; y por no desecharlas, determinan a dejar el Arca de Dios, diciendo como los filisteos: No quede con nosotros el Arca de Dios, porque tiene la mano pesada, y la aploma sobre nosotros. En las cuales palabras le dio nuestro Señor a sentir las causas por que muchas personas, especialmente de las nobles, ricas y regaladas, rehúsan recibir el Arca viva del Nuevo Testamento, que está encerrada en el Santísimo Sacramento; o, si la reciben, es con poco provecho; porque quieren tener en el altar de su corazón al ídolo Dagón, que es la cosa criada a que están aficionados con desorden; y si ésta no cae en tierra, y con el cuchillo de la mortificación la cortan la cabeza y las manos, sin que tenga más bríos para pensar, hablar y obrar lo que solía, no hará esta divina Arca las admirables obras de su misericordia, sino las de su justicia, castigándoles con sequedades, tinieblas, durezas de corazón y otros desamparos interiores, hasta que se enmienden o, endurecidos, echen de sí el Arca, teniendo por cosa pesada y desabrida comulgar con tanta frecuencia. Y de aquí es que como un mismo Sol y fuego endurece al barro, y derrite la cera, así los que reciben a este Señor, siendo como barro, quedan endurecidos; mas, si son como cera, quedan derretidos en su amor.

Otra vez le dio nuestro Señor este sentimiento: Si la vida del alma basta para sí y para el cuerpo con quien se une, y para todas sus partes, hasta la uñita del más pequeño dedo y el más triste cabello, ¿cuánto más la vida de Cristo, que es vida de Dios, bastará para sí y para el alma, viniendo a ella? Pues esto es lo que dijo el Señor. Sicut misit me vivens Pater, et ego vivo propter Patrem: et qui manducat me et ipse vivet propter me. Como me envió el Padre que vive, y yo vivo por el Padre: así el que me come vivirá por mí. Diga, pues, el alma en comulgando: Tu vida, Señor, bastará para los dos, tu santidad, tu potencia, tu riqueza. Un poquito de levadura en medio de mucha masa la sazona, ¿y tú en medio de un corazón no lo sazonarás? Y entiende que la causa de hallarse el alma dura en la Comunión suele ser, porque habiendo recibido en don al mismo Señor, no queda harta con esta dádiva; y quitando los ojos della, los pone en desear ternuras y lágrimas: y justamente es castigado en que no reciba el menor don, quien no se harta con el mayor. Y si dijeres que lo haces por su contentamiento, responde a tu alma, que es grande ignorancia pensar de contentar al Señor por otro camino del que él quiere; y que es mejor cometer esto a su divina Providencia, y tú armarte de paciencia. Y añade que cuando Dios viene al alma, no deja sus bienes en su casa, no deja allá sus ojos misericordiosos, ni sus sabores y dulzuras, ni sus potencias y grandezas; no viene esquilmado, sino lleno; y así, quien tiene a Dios, tiene todos los bienes; y el mejor atajo para tenerlos todos es apartar los ojos dellos, y desear a él solo, y no descansar hasta tenerle muy unido consigo, y entonces se cumplirá lo que dice David: Satiavit animam inanem, et animam esurientem satiavit bonis. Hartó al alma vacía, y llenó de bienes a la hambrienta.

2

Deste modo tuvo el Padre Baltasar, después de la misa, otros muchos sentimientos de varias verdades muy provechosas, que adelante pondremos. Y como trataba desta celestial feria al modo que le iba en ella, por los grandes regalos y favores que él experimentaba en tales ocasiones, exhortaba a los sacerdotes, y a los demás que comulgaban, a que no las perdiesen, imaginando que nuestro Señor les decía: Me autem non semper habebitis. Daos priesa a negociar, porque no tengo de estar aquí siempre con vosotros. Y para esto les traía estas admirables razones: Estime siempre en mucho el tiempo que su Majestad estuviere en el que comulga, atendiendo en él más a venerar su divina presencia, y a suplicarle nos dé su bendición, y a entender que no merecemos que nos muestre

su cara, que no a discursos y meditaciones largas, advirtiendo que no perdamos momento de gozar de tan dichoso tiempo, y de negociar con su Divina Majestad, conforme a lo que dice el Eclesiástico: No se te pase la menor partecita del día bueno. Digo esto, porque a muchos les comen los pies por irse entonces de allí con color de acudir a la lección, o hablar o pasear, que es un frenesí intolerable. Porque los largos ratos de oración y lección, ¿qué son sino unos gritos que damos al Señor para llamarle y traerle a nuestra casa? Pues ¿en qué seso cabe que hayamos gritado muchos ratos y años por este regalo, y que, venido, no veamos la hora que salirnos della? ¿Qué nos pueden enseñar los libros, que no nos lo enseñe su Majestad? ¿Qué favor nos pueden dar las criaturas, que no pueda darnos él mayor hartura? ¿Y qué santidad nos puede comunicar el trato y conversación con ellas, que no la deje mayor la suya? ¿Qué tiene bueno la lección, sino aficionar a este Señor? ¿Qué los Ejercicios espirituales, sino inclinarle a nosotros? Y para esto se pueden ponderar las verdades siguientes, en que el alma habla con su Majestad: ¡El enfermo, Señor, que con vos no se alegra, muy caído está! El alma que con vos no se alegra, ¿cómo se alegrará? El que con vos no se contenta, ¿cómo no revienta? El que en su casa os muestra mala voluntad, ¿cómo otra vez os aguardará? El que teniéndoos por huésped, rabia por irse de casa, muestra que su corazón traba de otra parte. El que se cansa de estar con vos, habiéndole venido a honrar, que sois su Dios, y todo su bien, con quien si negocia no tiene más que hacer, y habiendo sido echado en el mundo para solo esto, muestra que está frenético.

Estas y otras sentencias decía este santo varón, con gran sentimiento de la tibieza de los que dicen misa, o comulgan, y no toman tiempo para gozar del Señor que han recibido.

También mostraba la entrañable devoción que tenía al Santísimo Sacramento, en que se le iban los ojos tras él dondequiera que le veía, sin que fuesen parte regocijos ni personas, o cosas exteriores, para dejar de mirarle siempre: porque con los ojos de la fe miraba dentro de aquel velo de los accidentes del pan al invisible, con más certeza que si le viera con los ojos del cuerpo. Y como los Apóstoles cuando miraban a su Maestro subir a los cielos, cuando se les escondió, no por eso dejaron de mirar al cielo, adonde sabían que estaba, aunque encubierto; así este santo varón, que tan acostumbrado estaba a mirar a este Señor en la contemplación, no podía apartar los ojos de su Sacramento, donde sabía que estaba cubierto con aquel velo. Visitábale a menudo en la iglesia, teniendo allí largos ratos de oración, y algunas veces las noches enteras, acompañándole y gozando de su presencia; y lastimábase de ver cuán solos están los templos, y cuán llenas las plazas, y cuán pocos son los que negocian con este Señor en este tribunal y trono que tiene en la tierra, habiéndose quedado para esto entre nosotros.

Tenía por gran favor de los religiosos tenerlo dentro de sus casas, para poder visitarle muchas veces de día y de noche, con más facilidad que los seglares. Y así cuenta él en su librito, que habiendo una mañana visitado en tiempo de oración todos los aposentos del Colegio, donde era rector, como suelen hacerlo en la Compañía, para ver cómo están orando, se volvió a su celda con grande consuelo, considerando cómo estaba en medio de ellos el Santísimo Sacramento; y ofreciósele con grande alegría interior, que el Colegio era un retrato del Cenáculo de los Apóstoles, adonde Cristo nuestro Señor, después de su Resurrección, se les apareció estando las puertas cerradas, y se puso en medio dellos, diciéndoles: Paz sea con vosotros: Pues aquí también están las puertas cerradas, y los discípulos dentro, y Jesús en medio dellos, dándoles paz y unión.

Esta devoción se le acrecentó mucho por la comunicación que tuvo con personas de insigne santidad, y devotísimas del Santísimo Sacramento, de que presto haremos mención: porque propio es de los amigos, cuando el uno halla algún manjar muy sabroso y provechoso, convidar al otro con él, para que goce del grande gusto que él recibe. Y en este sentido, dice San Juan en su Apocalipsis, que, cuando el Espíritu Santo y su esposa la Iglesia, inspiran y aconsejan alguna gran cosa, el que la oye, diga a su amigo: Ven y gozarás della.

Capítulo VII. Cómo comenzó luego a ejercitar los ministerios con los prójimos, y de las ayudas y avisos que tuvo de nuestro Señor, para crecer juntamente en su propia perfección

Como la Compañía en sus principios tenía pocos obreros, y era mucha la mies de los prójimos, con quien se habían de ejercitar nuestros ministerios, que son muchos y muy importantes, rogaban al Señor de la mies que les diese obreros muy diestros para cogerla. Y como les dio al Padre Baltasar, luego, en ordenándole de sacerdote, comenzó a confesar, y tratar a los prójimos, ayudándoles con gran fervor a la salvación de sus almas, cumpliendo muy perfectamente con la vocación para que nuestro Señor le había llamado. Y aunque es verdad que este trato y ministerios suelen ser peligrosos a los mozos y nuevos en la virtud, sucediéndoles lo que a la Esposa en sus principios, cuando dijo: Pusiéronme por guarda de las viñas, y no guardé la mía; porque, por cuidar mucho de los otros, vienen a descuidar de sí mismos, a vaciar todo el espíritu, perder la devoción, pegarse con demasía a las criaturas, rendirse a los vientos de soberbia y vanidad en lo próspero, y a los de pusilanimidad e impaciencia en lo adverso; por lo cual este trato es más propio de las personas que están muy aprovechadas y ejercitadas por mucho tiempo en las obras de su propia perfección; y por esto, como advierte San Gregorio, Cristo nuestro Señor no salió a predicar y tratar de la conversión de las almas, hasta que tuvo treinta años, que es edad de varones perfectos; mas, en los principios de la Compañía, la gracia propia de nuestra vocación, y el fervor que había con ella, abreviaba estos largos plazos, tomando nuestro Señor, como solía hacerlo en la primitiva Iglesia y en los principios de las otras religiones, a los nuevos o principiantes en la virtud, por instrumentos para conquista de las almas. Y deste modo lo hizo con el Padre Baltasar, acabados sus estudios; porque su grande fervor le había hecho instrumento apto para tales empresas, y el Señor quiso dotarle de singular talento, celo, prudencia y destreza en ganar y aprovechar las almas, sin que por esto perdiese punto de su propio aprovechamiento; antes tomó de aquí ocasión para levantarle a más altos grados de perfección, y comunicarle con mayor excelencia la ciencia mística del espíritu, por tres caminos muy admirables y secretos, que la divina Providencia tiene en semejantes casos.

1
Porque primeramente dispuso y trazó las cosas de manera que, en los lugares donde estuvo más especialmente en sus principios, tuviese a su cargo como confesor y guía, o como superior y prelado, algunas personas de muy alta oración y excelente santidad; y en tales casos, no menos ayuda el fervoroso penitente al fervoroso confesor, que el fervoroso confesor a su fervoroso penitente; y cuanto ayuda el que rige al que es regido con su diestra enseñanza, tanto el que es regido ayuda al que rige con su fervoroso ejemplo; y ambos son como los serafines que vio Isaías convidarse uno a otro con grandes voces a alabar a Dios, y cantar el cántico de su divina gloria. Son también como los santos cuatro animales que se aguijaban en su carrera apresurada, hiriendo los unos a las alas de los otros; porque las palabras del fervoroso y santo maestro son llamas que alumbran y encienden el corazón del fervoroso discípulo; y los ejemplos del fervoroso discípulo son fuego que abrasa al fervoroso maestro; y de este modo cada uno paga al otro el bien que dél recibe. Y como el Padre Baltasar hizo grande provecho a muchas personas de aventajada santidad, como ya se ha comenzado a apuntar, y luego se verá más por extenso; así él le recibió dellas muy grande, creciendo con su ejemplo en la oración y mortificación, y en las demás virtudes que resplandecían en todas.

Demás desto, cuando semejantes personas dan cuenta de su alma al que las rige, y le descubren las cosas interiores que pasan por ellas, juntamente con esto le enseñan sin pretenderlo, y le abren los ojos para ver los admirables caminos por donde Dios guía a las almas, y los dones y mercedes que les comunica, y le sirven de libro vivo, donde ve los secretos de la ciencia mística que el Espíritu Santo escribe en los corazones de la gente escogida, aunque de suyo sea muy sencilla; y esto mismo le obliga a revolver los libros de los Santos, para entender aquellos secretos, por no ser engañado, ni permitir que lo sean los que están a su cargo. Y por entrambas razones aprovechó mucho el Padre Baltasar, tratando con almas muy ilustradas de Dios; especialmente con la santa madre Teresa de Jesús, cuya oración y espíritu fue tan levantado, que para entenderle (como él mismo lo dijo al Padre Francisco de Ribera, que escribió la vida de esta santa) leyó con gran cuidado muchos libros espirituales de los que hay escritos. Y no contento con esto, acudía con tanto fervor a nuestro Señor, a pedirle su luz celestial para no padecer engaño, que la recabó, y quedó muy ilustrado, para conocer la variedad de espíritus; cumpliéndose en él a la letra lo que dijo el Eclesiástico: El varón sabio buscará la sabiduría de los antiguos, estudiará a los profetas, conservará los dichos de los varones muy nombrados, entrará en lo profundo de las parábolas y estudiará los secretos de los proverbios, entregará su corazón a velar por la mañana delante del Señor que le crió, y orará en la presencia del Altísimo; porque, si el gran Señor quisiere, llenarle ha del espíritu de su inteligencia, para que derrame como lluvia palabras de gran sabiduría.

De aquí resulta el tercer camino, por donde nuestro Señor hace perfectos a los maestros y guías de las almas: porque como los reyes mandan dar a las amas que crían a sus hijos, manjares muy regalados y preciosos, para que tengan buena leche con que sustentarlos; así también el Rey del cielo suele comunicar más preciosos y regalados manjares espirituales a los maestros y guías de las almas para que tengan muy copiosa y escogida leche de doctrina y ejemplar vida con que sustentarlas, conforme a lo que dijo San Pablo: Si somos consolados y exhortados del Señor, es por vuestro consuelo, y por vuestra salud. Y como nuestro Señor hizo a este Padre ama de tantas almas tan queridas suyas, prevínole con bendiciones de dulzura; dióle a conocer por experiencia las virtudes que había de plantar en ellas; dotóle de la ciencia del espíritu, del don de la contemplación y otros admirables dones que adelante se verán. Y de aquí es que, como a los principios tuviese alguna repugnancia al trato con los prójimos, por retirarse y dar más tiempo a la lección y oración y trato con nuestro Señor, luego se desengañó, porque echó de ver por experiencia que le daban más devoción y espíritu por el camino de las ocupaciones con las almas, siendo por obediencia, que no en solo el retiramiento que él procuraba. Y así dice en su librito, que los que salen al trato con los prójimos por obediencia del Señor, y no dejan la fe en la celda, prueban que en él reciben mejores bocados de luz y devoción, conforme a lo que dice el salmista: Los que navegan por la mar, rompiendo por las muchas aguas, ésos verán las obras del Señor, y las maravillas que hace en el profundo.

2
Para todo esto le ayudó mucho la misma oración, en la cal nuestro Señor le comunicó muchos sentimientos, que le alentaban al trato con los prójimos, y a que no descuidase de su propia perfección tratando con ellos, inspirándole asimismo avisos y modos cómo alcanzar la junta de entrambas cosas: para lo cual le dio grande aprecio de la alteza de la vocación propia de la Compañía, reconociendo la gran merced que le había hecho en llamarle para esta empresa de las almas, de que el Señor gusta grandemente. Una vez, habiendo hecho una buena obra, el día siguiente por la mañana en la oración vio a nuestro Señor con los brazos cargados de bienes, y como afligido con la carga, ganoso de ser descargado, y como agradecido a quien le descargase; pero con toda la gana que tenía, no se descargaba, porque no había vasos donde se recibiesen sus dones. Y por aquí entendió que su obra era acepta a su Divina Majestad, y que por medio de la caridad se alcanzaban dél grandes bienes; y que se le mostró así, para que se animase a semejantes obras, y despertase a otros para ejercitarlas.

Otra vez le dio a sentir que el amor de los prójimos era cosa muy sagrada: prueba del amor de Dios, y de la obediencia del alma a sus mandamientos, y santo agradamiento suyo; y los que no están sordos a sus voces, todos los oficios que les pide la caridad con los prójimos, los asientan de buena gana por su obediencia; y lo que dan a ellos de sí y de sus cosas hacen cuenta que lo dan a Dios, pues por él lo dan; y con esta consideración les es dulce servir y sufrir a los prójimos, y hacerse con ellos como una cera blanda y suave, y darles su amistad. Y si son ofendidos dellos, darles de buena gana su perdón y gracia, buen rostro y dulces palabras, teniendo por cierto que cuales se mostraren con los prójimos, hallarán a Dios; si dulces, dulce; si misericordiosos, misericordioso; si desabridos, desabrido; creyendo su palabra, que, aun por experiencia, consta ser muy verdadera: que con la medida que los midieren serán medidos. Y por esto las necesidades de los prójimos las miran como a minas riquísimas con que crecen sus almas, y se enriquecen, y cada día son más ilustradas. Entendiendo este sacramento escondido, me admiré y le veneré.

Y para que no desmayase con los peligros y dificultades que se ofrecen en este trato, le dio nuestro Señor a sentir el bien que se saca dellas. Y así, en descubriéndole los tesoros que se encerraban en aquel verso de David: Los que navegan por la mar, rompiendo por las muchas aguas, ellos verán las obras del Señor; luego le dio a sentir, que los tales han de estar advertidos, que, si de verdad descendieren al mar, se ha de alterar. Pues por esto añadió el Salmista que se levantó el espíritu de la tempestad, y las olas subían hasta los cielos, y bajaban hasta los abismos. Mas esto sucede para que clamen al Señor, y crezcan, no para que perezcan. Y por esto dijo San Bernardo que el trato de los prójimos, aunque sea mezclado con algunas faltillas, es mejor que solo el orar retirado, aunque sea sin ellas; pues, por otra parte, tiene muchas ocasiones de crecer grandemente en las virtudes. Y, así, solía decir que la virtud es pequeña hasta que es probada con el trato de los prójimos; en el cual la caridad, humildad, paciencia y limpieza tienen grandes toques, y nos aprovechan mucho sus disgustos, condiciones y cosas ajenas de las nuestras, bien sufridas por Dios.

Y porque los peligros de este trato nacen también de nuestra propia flaqueza, dióle nuestro Señor grande confianza en su amorosa providencia y en la ayuda que nos da para semejantes obras; cerca de lo cual tuvo en la oración muchos sentimientos admirables en varias materias, de que se hará mención casi en todos los capítulos. Ahora solo pondremos éste, con que se alentó mucho, para sujetarse a las trazas de Dios: ¿Qué desatino, dice, es pensar que acertarás en lo que Dios no te pone? ¿O que no saldrá su Majestad con el negocio que toma a su cargo, aunque los medios por donde quiere guiarle parezcan disparatados? Si el paje que sacó Jonatás para que volviese la ballesta y cogiese las saetas del lugar donde su amo las echaba, reparara en lo exterior que hacía, y que, enderezando la saeta al blanco, la arrojaba muy lejos dél, dijera que su señor había perdido el tino;

mas, entendida la verdad, era su acuerdo muy atinado. Pues a este modo los acuerdos del Señor, aunque muchas veces son juzgados de los ignorantes, son atinadísimos, y muy eficaces para salir con sus intentos, por cualesquier medios que tomare para ellos.

Finalmente, la oración era para este santo varón una torre de David llena de toda suerte de armas defensivas y ofensivas, para combatir a los pecadores sin recibir daño dellos. Era también una atalaya, desde donde descubría los peligros propios y ajenos para atajarlos. Era un retrete también secreto, donde trataba con nuestro Señor lo que había de tratar con los hombres, procurando haber primero negociado con su Divina Majestad lo que pretendía hacer en ellos; y que todas sus palabras, y el modo de proponerlas, fuesen enseñadas e inspiradas del mismo Dios, cuyo negocio decía que era el negocio de las almas, y con su virtud ha de tener buen suceso. La oración también era para él la bodega de los vinos preciosos del Señor, donde el Espíritu Santo le embriagaba con aquel mosto que dio a los Apóstoles cuando hablaban con lenguas de fuego. Y de aquí venía la grande fuerza que tenía en sus pláticas y exhortaciones, y aun en las cartas que escribía; porque sus palabras eran tan vivas y eficaces, que nunca volvían vacías, y se pegaban al corazón, y allí hacían su obra, rindiéndole a dejar la mala vida, o a mejorar la tibia. Desta manera, los ministerios que ejercitaba con los prójimos por obediencia, le hacían medrar en el espíritu, como el manjar corporal engorda al cuerpo; conforme a lo que dijo nuestro Señor a sus Apóstoles: Mi manjar es hacer la voluntad del que me envió, y acabar su obra, que era la obra de la salvación de los hombres. Y, a este propósito, ponderaba mucho un dicho de San Gregorio: Esca justorum est conversio peccatorum: Mantenimiento de justos es la conversión de pecadores. Y como el águila, según se dice en el libro de Job, dondequiera que ve el cuerpo muerto, vuela con ligereza para hartar su hambre, así el justo celoso, donde ve la ocasión de convertir pecadores, acude para comer este manjar de que tanto gusta Dios, y a él mismo es de tanto provecho.

Mas porque no diese en el otro extremo de desmandarse con demasía en este trato, le dio nuestro Señor a sentir que era necesaria grande virtud para entrar en él con seguridad: Grande, dice, para que, tratando con perdidos, no se pierda, y oyendo innumerables impertinencias, no sea impertinente;

oyendo mil inmundicias, no se tizne, y para que no hinque la rodilla al ídolo de la honra que el mundo adora. Y si para no perder es menester gran virtud, para guardarse a sí y a los prójimos, ¿cuál será necesaria? Tal ha de ser, que le sea sustento la ponzoña que a los sensuales ahoga y mata. Con mucha razón dijo San Dionisio que ninguno seguramente puede ser maestro en cosas divinas sin estas condiciones: primera, que sea semejante a Dios, segunda, que le saque él a volar; tercera, que no vaya descuidado. Lo cual alcanzará colgándose de nuestro Señor por la oración, con fe y confianza de que le ayudará, pues le envía, y no querrá que se pierda en el negocio que hace por su mandado; pero, de su parte, ha de hacerse ojos, como los animales del cielo, manteniéndose con recato, no dando licencia suelta al ojo, ni a la lengua, ni a la mano, ni metiéndose en ocasiones que se pudieran excusar; que de ahí son las caídas, no en las que Dios mete; y examinando, al fin del ministerio, lo que ha hecho, y en lo que ha excedido, aplicando castigo y remedio para adelante.

Capítulo VIII. De la prudencia y destreza que tenía en ayudar a las almas, y de los medios en general que tomaba para ello
Con mucha razón encargó Cristo nuestro Señor a los obreros evangélicos que, en sus ministerios, fuesen prudentes como las serpientes, y sencillos como las palomas, por ser entrambas cosas necesarias para aprovechar a los prójimos, sin que pierdan ellos su propio aprovechamiento. De las serpientes han de tomar la prudencia, destreza y sagacidad en ganar las almas para Dios, aplicando todos los medios convenientes para ello, haciéndose, si es menester, como lo hizo San Pablo, astutos y sagaces para cazarlas con algún santo engaño. De las palomas han de tomar la simplicidad y pureza en la intención, la mansedumbre y humildad e inocencia de vida, para atraerlas con su apacibilidad y buen ejemplo. Este aviso guardó maravillosamente el Padre Baltasar: porque la luz del cielo que nuestro Señor le comunicaba en su oración, le imprimió algunos buenos dictámenes y medios prácticos con que hiciese esa junta.

Y el primero y fundamento de los otros era, en el trato con los hombres, buscar con purísima intención a solo Dios y su divina gloria y santo agradamiento, sin reparar en sus propios daños o provechos temporales, ni en que las personas con quien trataba fuesen grandes o pequeñas, principales o bajas, sino en que Dios nuestro Señor, que tiene cuidado de todos, y redimió a todos con el precio de su sangre, se las enviase, moviéndolas a ello con su santa inspiración, conformándose en esto con lo que el mismo Señor dijo: El que mi Padre me da vendrá a mí, y al que viniere a mí no le echaré fuera, porque bajé del cielo, no a hacer mi voluntad, sino la voluntad del que me envió. Y en esta razón decía, que no quería tratar más almas, ni otras que las que Dios quería que tratase, y por solo fin de agradarle, sin otro interese; para lo cual le movía mucho la que nuestro Señor da por el Profeta Malaquías, de que no haya quien encienda las lámparas y el fuego del altar, ni quien despabile y avive las amortiguadas; y, mucho menos, quien haga esto gratuito, de balde y sin interese, puramente por servirle, y por el bien de las almas. Por lo cual procuraba tratar con tanta pureza a los penitentes, que ellos mismos echasen de ver que solo Dios, sin otros respetos humanos, le movía a tratarlos.

De aquí es que se acomodaba a los que trataba de cualquier suerte que fuesen, grandes o pequeños, sin desdeñarse de los pequeños, ni dejar pegar su corazón a los grandes; y abominaba de los confesores que quieren autorizarse por vía de los penitentes, aplicándose solamente a tratar gente honrada, y no a otra; y esta manera de trato llamaba baladí, y de ninguna sustancia delante del Señor, que, como dice el Sabio, hizo al grande y al pequeño, y tiene igualmente cuidado de todos, y no quiere que sean despreciados los pequeños, ni que se deje de acudir a los grandes, no por la grandeza temporal, sino por el bien de sus almas.

Y de aquí venía a conservar grande superioridad de espíritu, junta con grande afabilidad y muestras de amor; por lo cual grandes y pequeños le amaban entrañablemente, y juntamente le veneraban y respetaban; porque como no miraba en este trato más que el agrado de Dios, llevaba la superioridad del mismo Dios, con la cual rendía y sujetaba toda la grandeza de la tierra, que es muy corta comparada con la divina, de que estaba revestido como fiel ministro de su Señor. Y los grandes que trataba, que fueron muchos, como después veremos, reconocían en él una superioridad de espíritu tan grande, que sobrepujaba a la grandeza que ellos tenían, cumpliéndose en él lo que enseñaba a otros, diciendo que habíamos de ser tales, que los que hablásemos se trocasen de manera que, cuando se apartasen de nosotros, fuesen hiriendo sus pechos, diciendo: Vere filii Dei sunt isti: Verdaderamente éstos son hijos de Dios, y tienen espíritu del cielo. Y así lo confesaban todos los que le trataban, no se atreviendo en su presencia a meter pláticas de mundo, ni de cosas que no fuesen de Dios, esperando a que él las comenzase por el gusto con que le oían y el respeto que le tenían.

A esta superioridad acompañaba gran libertad de espíritu en su trato. Porque no amaba a los penitentes con amor imperfecto, que tiene mezcla de carne, sino con amor de sola caridad y puro espíritu; no los amaba para sí, sino para Dios; no buscaba dellos interese temporal, ni quería recibir las cosas que le ofrecían, por más que le importunasen, por no menoscabar esta santa libertad; no trataba amistad tan particular y pegajosa que le trabase el corazón, conservándole libre para mudarse a otra parte, y dejarlos cuando la obediencia se lo mandase; ni a ellos consentía que le amasen con ese amor imperfecto. Y así, cuando se ausentaba, aunque sentían mucho su ausencia, no osaban mostrar delante de él todo el sentimiento que tenían. Y, por la misma razón, no les quitaba a ellos su libertad, dejándoles tratar con algún otro confesor o Padre espiritual, de quien pudiesen recibir provecho para su alma, como esto no se hiciese por liviandad o entretenimiento; y sentía mal de los confesores que celan demasiado que sus penitentes no se confiesen con otros, y quitan a las almas la libertad de tratar con los que pueden aprovecharlas, que es un modo de cautiverio y sujeción. Y por esto, algún día, de propósito no salía al confesonario, para que se confesasen con otro, y con más libertad dijesen lo que quizá con algún empacho no se atreven a declarar al ordinario confesor.

Y aunque su celo era grande, y deseaba la salvación de todos los prójimos; pero sabía bien que cuando Dios mete a sus siervos en la bodega de sus preciosos vinos, ordena en ellos la caridad, para que, si el vino del amor y celo les embriaga, la discreción les enfrene y modere. Y así, con gran prudencia, no trataba más de los que podía sin daño de su espíritu, ni ponía los ojos en que fuesen muchos, sino en que fuesen muy aprovechados, y les luciese el trato y comunicación que con él tenían; porque decía que no es nuestro Instituto darse a prójimos a diestro y a siniestro, aseglarándose el corazón, y perdiendo su espíritu: sed in pondere et mensura, con la moderación que se compadece con ser hombre espiritual, no faltando a los medios de su oración y aprovechamiento propio; como en los instrumentos, aquel uso es bueno, que se compadece con sus filos: porque, si el azuela los pierde, golpeará todo el día, y no hará nada, y afilada hiciera mucho más en una hora; y el mejor obrero evangélico no es el que trae más gente tras sí, sino el que sin descuidarse de sí trae más aprovechados los penitentes, aunque sean menos. Y así, él ponía su cuidado en que los suyos se adelantasen en el servicio de Dios, cada uno según su capacidad, porque le parecía que ninguno había incapaz, con la ayuda de los santos Sacramentos, de poderse ir mejorando en perder los vicios y malas costumbres, y en adquirir las verdaderas y sólidas virtudes, aunque no fuesen todos para oración mental y recogimiento interior. Y así no gustaba de trulla, ni de tratar con los que querían anudar y estancar en su aprovechamiento, contentándose con frecuentar los Sacramentos para no caer en pecados mortales, sin pretender mejorarse ni pasar adelante en la virtud. Y como era conocido este espíritu que tenía, huían dél los que no sentían fuerzas para seguirle. Pero mucho más se inclinaba al trato de los que pretendían de veras los más altos grados de perfección: y para ayudar a éstos tenía singular don de Dios, y trabajaba mucho por aprovecharlos; porque decía que no solo temía la cuenta estrecha que había de dar de las faltas en que caen los que están a su cargo, sino también la que le han de pedir de las virtudes que no tuvieron por no saber industriarlos.

Finalmente, para este fin procuraba mucho persuadir a todos los que trataba el ejercicio de la propia abnegación y mortificación de sus pasiones y siniestras inclinaciones; y él mismo les ayudaba a ello con ejercitarlos, ya con palabras dichas de propósito para mortificarlos, ya con obras, mandándoles hacer lo contrario de su propia voluntad, o dejar algo que era de su gusto; en lo cual tenía singular gracia, tocando a cada persona en lo vivo, y en lo que más la importaba vencerse a sí misma. Pero hacíalo con tanta suavidad, que ninguno quedaba desabrido con él, antes más aficionado, y con mayor estima del bien que les hacía, y con mayores ganas de volver otra vez a sus pies. A unas decía por modo de represión: «Si yo hubiera hecho con otro lo que he hecho con vuesa merced, ¡cuán más adelante estuviera en su aprovechamiento!». Y otras veces: «No perdamos tiempo, que es muy precioso para quien bien le aprovecha». Y decíalo de modo que quien lo oía quedaba con el corazón punzado y movido a salir de tibieza. Pero con quien más al descubierto usaba de este medio era con las personas que a velas tendidas caminaban a la perfección, cooperando con nuestro Señor en aguijarlas, y también para probarlas; porque ejercicios o actos de oración sin mortificación, o son ilusión o no son de dura. Y a todos aconsejaba que se venciesen en aquello a que sentían más repugnancia, y en cercenar conversaciones, visitas, cumplimientos y trajes superfluos, ajustándose a todo lo que era más conforme a la humildad, honestidad y decencia, según su estado, y en especial a ser muy sufridos y callados en las ocasiones que se ofrecen de humillación y desprecio, diciéndoles que éstos eran los lances con que las almas salen de laceria, y los debían desear como los mercaderes desean sus lances, para aumentar su caudal. Y con esto los animaba y disponía para llevar con gusto y provecho, y sin excusa, las represiones y cosas ásperas con que los ejercitaba, para que saliesen bien mortificados y probados.

Pero no se salía él afuera desta doctrina; antes iba delante con el ejemplo, no solo mortificándose a sí mismo, sino también aceptando muchas mortificaciones que se le ofrecían en el trato con los prójimos; y gustaba de que se ofreciesen, para alentarlos con su ejemplo a que ellos también creciesen en la perfección con semejantes ocasiones, como él se aprovechaba dellas. De todo lo que se ha dicho en este capítulo veremos esclarecidos ejemplos, contando las cosas particulares que hizo en los lugares donde estuvo.

Capítulo IX. Del grande fruto que hizo en Ávila en muchas personas de insigne virtud

Como Dios nuestro Señor, cuya sabiduría alcanza de un fin a otro con fortaleza, y dispone todas las cosas con suavidad, conoce las necesidades espirituales que hay en todas las provincias, ciudades y lugares de la Iglesia, y de todo el mundo, y penetra también los talentos y caudales de sus obreros evangélicos; suele con particular providencia repartirlos por diversas partes, para que procuren recoger la mies de las almas, señalando a cada uno el lugar donde ha de coger más copioso fruto, y él ha de sacar mayor provecho; aunque algunas veces con sus secretos juicios atiende más a lo uno, y otras a lo otro. Desta manera, después de la venida del Espíritu Santo, señaló a los Apóstoles la región y provincia donde cada uno había de predicar el

Evangelio. San Pedro fue enviado a Roma; San Juan, a Asia, y Santiago, a nuestra España; y otros, a otros reinos y ciudades insignes, adonde cogieron mucho fruto, y padecieron grande trabajo sembrando la semilla, que después le llevó por medio de los discípulos que allí llegaron. Esta misma providencia ha tenido nuestro Señor con los demás obreros evangélicos, que han seguido a los Apóstoles, y la tuvo con el Padre Baltasar Álvarez; el cual, no sin traza del cielo, comenzó a ejercitar sus ministerios con los prójimos en la ciudad de Ávila, donde nuestro Señor le tenía aparejada mucha mies, muy dispuesta para la siega. Estuvo allí nueve años haciendo oficio de ministro del colegio con mucho trabajo; porque el oficio, y la incomodidad de la casa, que era pobre y necesitada y estaba muy en sus principios, le obligaba a mirar por las comodidades de todos, olvidándose de las suyas; especialmente, que casi siempre llevó solo todo el peso del gobierno, porque en todo este tiempo no hubo sino solos dos Rectores: el Padre Dionisio Vázquez, que estuvo allí año y medio, y el Padre Gaspar de Salazar, que duró solos nueve meses, por mudarlos la obediencia a otras casas por justos respetos; y, por su ausencia, gobernó el Padre Baltasar el Colegio, aunque siempre con nombre de ministro. Y, fuera desto, confesaba a los seglares que acudían a nuestra casa, asistiendo mucho a su confesonario, y saliendo a tratarlos y hablarlos cuando era menester para bien de sus almas. Y diose tan buena maña, que fue notable el fruto que hizo en muchas personas, especialmente en algunas que tenía nuestro Señor escogidas para muy altos grados de santidad. Y como los buenos discípulos, según dice San Pablo, son corona, gloria y gozo de su Maestro, y no pequeño testimonio de la grande prudencia, sabiduría y santidad que tenía el que les enseñó y enderezó en la pretensión de la que alcanzaron; no es fuera de propósito, para manifestar el grande espíritu y caudal del Padre Baltasar Álvarez, poner en este capítulo, y en algunos de los siguientes, algunas cosas memorables y grandiosas de los discípulos que tuvo en la escuela de la perfección, se aventajaron en ella con grande excelencia, pues nuestro Señor quiso hacerle esta gracia de dárselos tales, así dentro de la Compañía como fuera della, tomándole por instrumento para perfeccionarlos, haciendo que sus palabras, como dijo por Jeremías, fuesen como fuego y martillo para ablandar los corazones con el fuego de la devoción, y labrarlos con el martillo de la mortificación con suma destreza, como se verá por los casos que iremos refiriendo.

Primeramente, había entonces en aquella ciudad un buen número de clérigos virtuosos, que había recogido y allegado a sí el Maestro Daza, varón de ejemplar virtud, para que le ayudasen a remediar almas y necesidades de pobres, no solo dentro de la ciudad, sino por todo el obispado. Pero, en conociendo la santidad y grande espíritu del Padre Baltasar, quiso, como humilde, imitar al glorioso San Juan Bautista, que envió sus discípulos a Cristo nuestro Señor, enviando él los suyos al dicho Padre, para que los tratase, enderezase y alentase; y el Padre los juntaba de cuando en cuando, y les hablaba de Dios tan altamente y con tanto fervor, que les duraba por muchos días. Señalábales la penitencia que habían de hacer y el orden de vida que habían de guardar; y un día de la semana, venían a confesar con él, y le daban cuenta de sus conciencias, con lo cual salieron varones muy ejemplares, reconociendo ellos, y publicando el gran don de Dios que este santo Padre tenía en guiar las almas. Y lo mismo reconocían los demás que le trataban, y en especial un hombre principal, llamado Agustín Osorio, a quien el Padre Baltasar había confesado estando enfermo; y, como después que sanó volviese a verle en su misma casa, le habló en su aposento con tanta fuerza y fervor de espíritu, que le rindió y trocó con extraordinaria mudanza, de modo que vivía como un religioso, ocupándose siempre en obras de misericordia. Y mirando después el banco donde habían estado sentados los dos, solía decir con admiración: «¡Oh, si este banco tuviera lengua, cómo pudiera decir las cosas tan altas y tan levantadas, y el espíritu con que me habló aquel santo Padre Baltasar!». También ayudó mucho en su grande espíritu a Francisco de Salcedo, a quien la santa Madre Teresa de Jesús alabó tanto en su libro, y le llamaba el caballero cristiano, porque supo bien juntar la perfección de cristiano con las leyes de caballero, cercenando todo aquello en que el mundo es contrario a Cristo.

Pero mucho más ayudó a don Francisco de Guzmán, hijo de Mosén Rubí de Bracamonte, primer patrón de una insigne capilla que hay en aquella ciudad; el cual, teniendo mucha renta eclesiástica, en pensiones y beneficios curados, andaba en hábito seglar, gastándola en caballos, vestidos y en muchas cosas mundanas, con escándalo de los que le conocían. Tocóle Dios en el corazón con su poderosa mano, y trocóle en otro varón; y, por consejo del Padre Dionisio Vázquez, Rector de nuestro Colegio, con quien se quiso confesar y tratar sus cosas, tomó luego hábito eclesiástico, dejó los beneficios curados, y solamente se quedó con 1.000 ducados de pensiones, gastando consigo muy poco, y lo demás con los pobres. Ordenóse de sacerdote, y comenzó a decir Misa con gran devoción y provecho de su alma. Pero, como dentro de muy poco tiempo, el Padre Dionisio Vázquez se mudase a otra parte, comenzó a tratar con el Padre Baltasar Álvarez, cuyas palabras le encendían el corazón y le alentaban grandemente en las santas obras que hacía. Andaba solo con un paje sin tener otro servicio, especialmente de mujer, en su casa; dio en ser muy abstinente, preciándose antes de ser muy comedor; y siempre andaba ocupado en obras de caridad; curaba por sí mismo a los pobres enfermos; llamábales médico o iba a su casa, llevándole los orinales debajo del manteo, para que dijese lo que había de hacer con ellos; y acaecíale estarle esperando con mucha paz una o dos horas a que viniese de fuera, o se levantase de la cama, porque su mucha caridad le daba esta paciencia; y del mismo modo les llevaba la comida, una vez guisada, y otras por guisar, hasta ir él mismo a la carnicería a comprar carne para los pobres. Y como por muerte de un hermano suyo entrase a ser Canónigo de aquella santa iglesia, no mudó el modo de tratarse, ni las ocupaciones, sino añadió nueva diligencia en gastar la renta, que se le había recrecido, en remediar las necesidades de monasterios, hospitales y pobres vergonzantes; y año hubo que curó más de trescientos pobres, con tanto gasto, que parecía imposible, según su renta; pero favorecía nuestro Señor a su buen ánimo. Tuvo también algunas enfermedades con que nuestro Señor le labró para hacerle más perfecto. Y aunque el Padre Baltasar estaba ya ausente, no se descuidaba de ayudarle por cartas del modo que podía, y así le escribió una desde Medina por estas palabras, que eran muy a propósito para el espíritu del enfermo:

Aunque temo que v. m. no ha de saber aprovecharse tanto de sus enfermedades como desea el Señor que se las envía, ha sido para mí extraordinario consuelo saber que le han traído o traen bien fatigado; y es de manera, que no han bastado todas mis ocupaciones para dejar de significarlo en ésta a v. m. Señor mío: abra los ojos y conozca la prenda de las entrañas tiernas del Altísimo con v. m., que no quiere que pasen sin castigo las faltas del que ama, ni se contenta con que traiga en cruz el alma solamente, por la memoria y compasión de su Hijo crucificado, y por la mortificación del viejo hombre, metiendo a cuchillo sus siniestros y pasiones; sino también quiere que lo ande el cuerpo de su siervo, para que sea más a su corazón, y se conforme mejor con Cristo su Hijo, pues todo él anduvo en Cruz. Con alegría espero el fruto de esta labor. Y pues Dios nuestro Señor es el que cultiva su planta, si fuere el fruto mayor que v. m. creyera ni supiera esperar, reparta con los necesitados. Y entretanto tomaré yo el cuidado, y solicitaré a nuestros Padres y Hermanos para que oren a su Majestad, que no lo impidan sus pecados, y dé a v. m. la salud que a su mayor gloria conviniere.

Esta carta he querido poner aquí, así para que se vea el santo celo y continuo cuidado que el santo Padre Baltasar tenía de sus hijos espirituales, aun después que se ausentaba de ellos, como porque en ella dibuja la vida y ejercicios deste buen caballero, subiendo a la perfección por estos tres escalones: memoria y compasión de Cristo crucificado, mortificación del hombre viejo, y de todos sus siniestros y pasiones, y traer el cuerpo, también mortificado, primero con los ejercicios trabajosos en servicio de los pobres, y después con el dolor y fatiga de las enfermedades, para conformarse más con el dechado de la santidad, Cristo Jesús, conforme a lo que dice San Pablo: Traemos siempre en nuestro cuerpo la mortificación de Jesús; para que también la vida de Jesús se descubra y manifieste en nuestros cuerpos.

Deseó mucho entrar en la Compañía; pero no se le concedió, por el gran bien que hacía en la ciudad. Mas, ya que no pudo cumplir su deseo en vida, quiso, del modo que pudo, cumplirle en la hora de la muerte, viniéndose a morir en nuestro Colegio, donde acabó santamente, y fue enterrado en nuestra iglesia. Dijo cuando se moría, que estaba con grande contento, porque sabía que había de ir a gozar de Dios; y la Beata Madre Teresa de Jesús testificó que había visto su alma ser llevada de los ángeles a la gloria.

Desta manera trataba también el Padre Baltasar algunos otros hombres principales y ciudadanos, dando a cada uno el modo de vida que más cuadraba a su estado, pegándosele al corazón, de modo que durase en él mucho tiempo con fervor. A un hombre desta ciudad aconsejó que confesase y comulgase todos los lunes, y lo cumplió por más de treinta y cuatro años que vivió después, sin faltar, ni mudar el día, por la fe que tenía en las palabras de su santo confesor; y por este medio le hizo nuestro Señor señaladas mercedes en el alma, y experimentó la divina Providencia en el remedio de las necesidades del cuerpo; porque en tiempo de frío, que en Ávila suele ser riguroso, no teniendo rama de leña, y mucha gente en su casa, le aconteció algunas veces hallar las carretadas de leña descargadas a su puerta; y todo lo atribuía a las oraciones de su buen Padre. El cual también tenía otro buen número de señoras y mujeres ejemplares, en quien hacía notable fruto. Una de éstas fue doña Guiomar de Ulloa, la cual enviudó muy moza, de diecinueve años; y como tenía buen parecer, era también amiga de ser tenida por tal, y de componerse y andar galana. Comenzó a tratar con el Padre Baltasar, y pudieron tanto con ella sus palabras, que recabaron de ella lo que tenía por casi imposible, que fue olvidarse del mundo y de sus galas y locuras, y entregarse muy de veras al servicio de nuestro Señor, con cuyo favor alcanzó un gran desprecio de la pompa mundana. Dejó los escuderos y criados, y cuando tuvo más edad, se iba sola a las iglesias, llevándose ella debajo del manto un corcho en que sentarse; y por este camino alcanzó no pocas mercedes de nuestro Señor, cuya propiedad es honrar a los que por su amor se desprecian, y dar los consuelos del cielo a los que renuncian a los de la tierra.

Este espíritu deseaba imprimir en las señoras que se confesaban con él, animándolas a romper con sus gustos, regalos y pompas demasiadas; y las que no tenían ánimo para esto huían de su confesonario, no queriendo oír de su boca lo que no querían acabar consigo de poner por obra. Las demás, antes gustaban de ser labradas desta manera, como una sierva de Dios, llamada Ana Reyes, a quien el Padre Baltasar labró a machamartillo con la mortificación; la cual solía decir, que con solo el mirar la mortificaba; y el semblante grave y severo, que a veces le mostraba, bastaba para entender si traía ella alguna cosa que le pudiera ofender, en su persona y vestido, y luego lo reformaba; porque todas sabían ya que llevaba mal que no conformase el hábito y vestido con el recogimiento que profesaban, diciéndolas que lo interior y lo exterior habían de ir a una. Bien experimentó esta sierva de Dios el fruto desta mortificación en que la puso y ayudó su buen confesor, porque con ella vino a ganar mucho señorío de sus pasiones, gran paz y serenidad en todas las cosas, y muy alto don de oración, enseñándola el Señor por comparaciones ordinarias la alteza de los atributos divinos, con admirable sentimiento de los misterios de la fe, especialmente de Cristo crucificado, en cuya presencia estaba mucho tiempo en oración, acompañándola con mucha penitencia.

Capítulo X. Cómo ayudó en Ávila a la Madre Mari Díaz en sus heroicas virtudes, y de una conferencia muy provechosa que tuvieron sobre cinco suertes de padecer

En lo que más se señaló el Padre Baltasar en esta ciudad de Ávila fue en la ayuda que dio a dos excelentes mujeres que concurrieron allí en un mismo tiempo con raro ejemplo de virtud. La una fue la Madre Mari Díaz, cuya santidad fue muy conocida y celebrada en aquella ciudad, y hasta ahora dura la memoria della, y es digna de que dure siempre entre los fieles, para que se aprovechen de sus heroicos ejemplos, y se confundan de que una pobrecita labradora haya subido —como dijo Salomón y pondera San Gregorio—, trepando con las manos como lagartija, hasta ponerse en los tejados del Rey, no terreno, sino celestial, teniendo continuamente su conversación en los cielos; y ellos, con tener más aventajadas partes para subir y volar, se quedan en lo bajo, presos de sus terrenas aficiones.

Tuvo esta santa mujer buena dicha en topar con el Padre Baltasar, que le ayudó mucho en esta subida; y el Padre la tuvo en topar con ella, porque se ayudó mucho de su grande ejemplo; y por lo que en ella hizo, vino a ser muy conocido y estimado de todos en aquella ciudad. Fue la Madre Mari Díaz, natural de Vita, aldea de Ávila, la cual, habiendo vivido en castidad hasta los cuarenta años, con gran recogimiento y ejemplo de todo el pueblo, como desease servir a Dios con mayor perfección, muertos sus Padres se vino a Ávila, y dio cuanto tenía a los pobres para vivir de limosna, como lo hizo, tomando precisamente lo necesario para pasar la vida. Había hecho mucho antes voto de castidad, y entonces le hizo de pobreza y de obediencia a su confesor, para tener en el siglo algún modo de vida religiosa, guardando del mejor modo que podía los tres votos en que consiste la sustancia de la religión. Inspiróla nuestro Señor se confesase con los de la Compañía; y aunque ellos no admitieron el voto de obediencia, pero ella, cuanto es de su parte, quiso atarse y privarse de su libertad, haciendo entero sacrificio a Dios de su propia voluntad; y para estar más recogida y encerrada, alcanzó del Obispo, que era don Álvaro de Mendoza, licencia para vivir en la tribuna de la iglesia de San Millán, asistiendo siempre delante del Santísimo Sacramento, de quien era devotísima; y no salía de allí si no es para ir a confesar y comulgar a la iglesia de la Compañía, y deste modo comenzó una vida de altísima perfección, en penitencia, mortificación y oración, y en todo género de virtudes, con tan altos sentimientos de las cosas del cielo, especialmente del Santísimo Sacramento, a quien llamaba su vecino, que todos los que acudían allí a hablarla quedaban admirados y espantados; y aunque fuesen muy letrados, decían que no habían entendido tan bien los misterios de nuestra santa fe como cuando ella los declaraba.

1

Mas dejando muchas cosas que son testimonio de su gran santidad, por no hacer a nuestro propósito, solamente pondremos las grandes ayudas que tuvo para subir a ella en el Padre Baltasar; el cual, como la vio tan prevenida y favorecida de Dios, tomó muy a su cargo aventajarla y perfeccionarla, dándole su Divina Majestad especial gracia para ello. Puso la mira en quitarla todas las faltas e imperfecciones que en ella advertía, y en fundarla en profunda humildad y paciencia, y en grande obediencia y resignación haciendo mil maneras de santas invenciones para mortificarla. Respondíale seca y ásperamente cuando le preguntaba alguna cosa, haciéndola esperar largo tiempo, y que fuese la postrera en confesarse, habiendo venido primero que las otras. A veces la negaba lo que pedía, y la enviaba sin querer oírla; y habiéndola concedido licencia de comulgar tres veces cada semana, por las grandes ansias que tenía de la comunión, en esto mismo la probaba y ejercitaba, para que la entrase más en provecho. Y porque los justos, que no tienen pegado el corazón a las cosas temporales, no sienten tanto la mortificación en ellas como en algunas espirituales en que tienen librado su consuelo, en éstas han de ser probados para que en todo estén resignados en la voluntad de Dios, y de Él solo estén asidos. Para este fin la dijo una vez que no comulgase sin confesarse con él, porque algunas veces la hacía confesar con otros. Vino el día siguiente, que era día de comunión, y no quiso bajar al confesonario, hasta que supo que otras tres o cuatro estaban esperando; y cuando bajó hizo que se confesasen primero las demás que habían venido, y entretanto vinieron otras, y también las llamó primero; y antes que acabasen dio el reloj las once, y levantóse de su silla, diciéndola que volviese el día siguiente. Vino el otro día, y el Padre fue trazando las cosas de manera que sucediese lo mismo; y deste modo la tuvo más de veinte días sin confesar ni comulgar; porque juzgó este santo varón que lo que dejaba este tiempo de ganar con los Sacramentos lo recompensaba con el cotidiano aparejo y hambre que tenía de recibirlos, y con los heroicos ejercicios de paciencia y mortificación, que la disponían para poderlo recibir después con mayor frecuencia. Sentía mucho esta dilación la Madre Mari Díaz, mas no osaba replicar, por el respeto que le tenía; ni dejarle, por el amor que le había cobrado, aunque la trataba con tanta aspereza, que solía ella, por gracia, decirle: «Mi padre y las mis rencillas».

Otra vez entró en la iglesia con chapines y báculo, y venía, al parecer, autorizada; y como el Padre Baltasar la vio entrar, llamóla, y díjola si quería hacerse dueña, o señora, y que no le faltaba más a su soberbia. Luego la mandó que se saliese a la calle y dejase allí los chapines y entrase como había de entrar y como quien era. Hízolo así al punto la sierva de Dios, sin mirar que los podían hurtar; y cuando volvió, la dijo que no comulgase en pena de su desvanecimiento, aunque viéndola tan rendida y humillada, al fin se lo concedió. A los principios, era perseguida de los demonios; y después que una vez la maltrataron mucho, tenía algún miedo, y por esto trajo un niño de los de la doctrina, que durmiese en su aposento. Y entrando en él un día el Padre Baltasar, como vio el estradillo donde dormía el niño, y supiese la causa, la reprendió con aspereza, diciéndola: «¿De qué sirve ese niño? ¿No tiene vergüenza? ¿Tan niña es, que se está a los principios, a cabo de rato, y tan poca confianza tiene de nuestro Señor?» Con esto luego echó de allí el estradillo, obedeciendo a lo que el Padre insinuaba. Lo cual fue muy acertado; porque semejantes personas no han de temer al demonio con demasía, sabiendo que no puede tocarles en el hilo de la ropa sin licencia de su Dios; ni han de poner su confianza y arrimo en criatura alguna, sino solo en la protección de su dulcísimo Criador, con la cual están muy seguras.

Estando en su tribuna de San Millán, solía salir de cuando en cuando a visitar algunas señoras principales. Díjola el Padre Baltasar que ahorrase de tiempo, para emplearle en vacar a Dios; y, desde entonces, nunca más salió a visitar a nadie. Y quejándose las señoras de su confesor, porque les privaba del consuelo que recibían en hablarla, ella no se excusaba a sí, como suelen hacerlo algunas, echando la culpa a los confesores, antes le excusaba, diciendo: «Mi confesor no me dice que no visite, sino que guarde mi recogimiento». Con estas y otras mortificaciones la ejercitaba este diestro maestro de espíritu, no solo por el grande bien que ella recibía, llevándolas de tan buena gana, sino también para ejemplo de otros, y para que los negligentes viesen cuán dignos eran de reprehensión sus defectos verdaderos, pues así era tratada la que era inculpable en cosas que apenas tenían apariencia de defectos, y se alentasen a enmendar los suyos. Finalmente, mostró esta sierva de Dios su virtud en la perseverancia que tuvo en rendirse y obedecer al que tanto la mortificaba, amándole tan de corazón, por el bien que de él recibía, que, aunque se ausentó de Ávila, nunca le perdió de vista, ni se olvidó de las cosas que le había oído; y estimábale en tanto, que, en su comparación se tenía por niña en la virtud; y solía decir que estaría ella a un rincón detrás de la puerta del cielo, con los niños bautizados que murieron antes de tener edad de discreción, y entraría su Padre con grande gloria y acompañamiento a lugar muy alto; y, añadía, por gracia, aludiendo al uso que tenía de reprenderla, que, viéndola tan atrás en lugar tan bajo, la diría: «¡Ahí te quedaste, vieja harona!» Pero aunque ella sentía tan bajamente de sí, fue muy grande en los ojos de Dios, y en los de su maestro y guía; el cual, aunque la mortificaba y humillaba, tenía de ella grande estimación, y la concedió después comulgar cada día, porque tenía extraordinaria devoción en el Santísimo Sacramento, y tan viva fe de la presencia del Señor que allí está encerrado, como si le viera con los ojos; y cuando el sacerdote alzaba la Hostia, veía algunas veces en ella un mancebo de extremada hermosura; y cuando alzaba el cáliz, le parecía ver la sangre de Cristo roja y vaheando; y cuando partía la Hostia, la parecía ver a Dios entero entre las hendeduras. Y diciendo ella esto a un maestro en Teología, de Salamanca, como se admirase de oír tal cosa a una labradora, respondió con gran sencillez: Por cierto, yo pensé que también veían esto los demás. Y cuando hablaba con nuestro Señor sobre este misterio, solía decirle: Señor, ¿tenéis allá más que me dar? Dando a entender con este modo de pregunta tan amorosa, el infinito bien que allí se le daba, y la hartura que con la comunión recibía, quedando siempre con nueva hambre de recibirle cada día.

2
Pero será de mucho provecho y consuelo poner aquí lo que oyó oír contar al Padre Baltasar en una plática que hizo exhortándonos al padecer, por los grandes bienes que en ello había; y entre otras cosas nos dijo una conferencia que había tenido con la Madre Mari Díaz sobre cinco fuentes que había de padecer sin culpa propia, las cuales juntamente eran fuentes de grandes merecimientos para los que sabían aprovecharse bien dellas, con la paciencia y conformidad con la voluntad de Dios que las envía. Y habiendo hecho reflexión para acordarme bien dellas, me parece que eran estas cinco: La primera es sufrir las injurias de los tiempos, cuando hay excesivos fríos o calores, humedades o sequedades y otras terribles tempestades, de truenos, vientos y terremotos, gustando de todo, porque Dios lo quiere. Y a este propósito nos contó que, como en Ávila hiciese muy crudos fríos, y ella los sintiese mucho, por andar mal vestida y mal calzada y tener aposento poco abrigado; estando un día delante del Santísimo Sacramento, temblando y quejándose del riguroso frío que hacía, la dijo nuestro Señor: «¿Hágolo yo, y quéjaste tú?» Dándole a entender (como ponderaba mucho el Padre Baltasar), que basta la consideración de que los trabajos vienen por voluntad de Dios, para que todos se acepten sin queja, y con mucho consuelo; conforme a lo que dice David: Enmudecí, porque tú lo hiciste.

La segunda fuente es sufrir las molestias e incomodidades del cuerpo, de dondequiera que procedan; ora sean de humores demasiados, como son las enfermedades, dolores, achaques, melancolías, tristezas y tedios; ora de las necesidades a que todos estamos sujetos, como son hambre, sed, sueño, cansancio y fatiga; o pobreza, y falta de las cosas necesarias en la comida, vestido, casa y cama; ora de otras criaturas que por mil modos nos afligen, pues hasta los mosquitos y pulgas, y otras sabandijas nos persiguen; y en todo esto se ha de mostrar la paciencia, mirándolo como cosa que viene por la divina Providencia, o en castigo de culpas, o para ejercicio de virtudes, o por otros fines que no alcanzamos.

La tercera fuente es sufrir las condiciones ajenas que son contrarias o muy diferentes de la nuestra, por ser fuerza tratar con otros, que son, o muy coléricos y ceñudos, o muy flemáticos y espaciosos, o con otros malos siniestros, o complexiones, que afligen mucho al que tiene lo contrario; y en esto tienen mucho que sufrir los señores a los criados, y los criados a los señores, y los religiosos, y todos los que viven en comunidad, donde hay muchos de encontradas condiciones, permitiéndolo nuestro Señor para prueba de los escogidos. Y así nos decía el Padre Baltasar, que no hay virtud perfecta, si no es probada con prójimos en estas y otras ocasiones.

La cuarta fuente es sufrir las deshonras, desprecios y daños que se nos recrecen por los que padecen las personas que nos tocan: pues es cosa cierta que la infamia de un pariente muy cercano, o de un gran amigo, redunda en infamia de los demás de su parentela; y en las religiones es esto más ordinario; porque el delito o infamia de uno es causa de que los demás queden notados y manchados, porque el vulgo ignorante piensa que los demás son como aquel cuya culpa o infamia saben. Sufrir, pues, los que no tienen culpa estas deshonras con paciencia y humildad, es fuente de grandes merecimientos; y el Padre Baltasar nos decía que todo esto era bocado de pulpa, sin mezcla de hueso, por estar libre de culpa propia.

La quinta fuente era sufrir las aflicciones del espíritu en el divino servicio, qui suelen ser muy penosas, sin poder muchas veces nosotros remediarlas, como son sequedades, distracciones, oscuridades, desmayos, escrúpulos y varios géneros de tentaciones y persecuciones del demonio, con representaciones horrendas, que atormentan el alma; pero todas vienen registradas por la Providencia de Dios, por cuya voluntad han de ser sufridas, mientras no podemos quitarlas; y a esta fuente [se] reduce sufrir bien las pruebas que hacen los confesores y ministros de Dios y los prelados, para examinar o perfeccionar la virtud de los que son guiados o gobernados por ellos.

Estas son las cinco fuentes de padecer, de las cuales se aprovecharon mucho los dos que confesarían sobre ellas; y la Madre Mari Díaz hablaba de experiencia, por las grandes ansias de padecer que el Señor la había dado, ejercitándola con larga mano en las cinco cosas referidas. Por orden de su confesor estuvo seis años con una señora muy principal de Ávila; y, sin saberlo ella, padeció notables molestias de los pajes y criados, con denuestos, escarnios, palabras injuriosas, y obras muy descompuestas; y tanta hambre, que tenía por regalo haber algún regojo de pan para sustentarse; y en todo tenía admirable silencio, juzgando que tenían sobrada razón en lo que con ella hacían. Y cuando hizo voto de pobreza, castidad y obediencia, la probó nuestro Señor con tantas sequedades, que le dijo un día con una amorosa queja: «¿Y cómo, Señor, ahora que os he dado cuanto tenía que poder daros, me desamparáis? ¿Paréceos bien?» Demás desto dio larga licencia al demonio para que la molestase, y cargóla de muchas y muy graves enfermedades y dolores; y con todo esto, nunca se vio harta. Y cuando tenía ochenta años, y estaba más cargada de estos trabajos, deseaba más larga vida, para padecer más por su Criador. Y como la santa Madre Teresa de Jesús, de quien luego haremos mención, la dijese que tenía grandes ansias de ir a ver a Dios, ella la respondió: que antes deseaba se le dilatase el destierro para padecer, porque en esta vida podía ella dar algo a Dios, sufriendo penas y trabajos por su amor; mas en la otra todo era recibir el premio de lo que se ha trabajado. Y pues queda harto tiempo para gozar de Dios por toda la eternidad, bien es sufrir acá mucho por el Amado, para agradarle y darle contento. Esta era la piadosa contienda que entre estas dos santas mujeres había, y cada una tenía buenos fundamentos de sus deseos; mas el de la Madre Mari Díaz era muy seguro, estribando, no en sus fuerzas, sino en las de Dios, cuyo don muy especial es padecer por su amor, como dijo San Pablo. Y enriquecida con este don, llena de merecimientos, acabó en Ávila felizmente sus días, y alcanzó de nuestro Señor la corona y premio de sus largos y buenos servicios, y de sus grandes trabajos; de cuyo ejemplo le vino también al Padre Baltasar la grande estimación que tuvo del padecer, dándole nuestro Señor muchas ocasiones en que pudiese hartar su sed.

Capítulo XI. De lo mucho que ayudó a la santa Madre Teresa de Jesús, y de una revelación que ella tuvo de la predestinación del mismo Padre, para alentarle
La otra insigne mujer que entonces había en Ávila, y la puso nuestro Señor allí para que fuese dechado de santidad, no solamente en aquella ciudad, sino en toda la cristiandad, fue la bienaventurada Madre Teresa de Jesús, monja que entonces era en el monasterio de la Encarnación de Carmelitas

Calzadas, y después insigne fundadora de las monjas Carmelitas Descalzas; cuya santa vida no referiré aquí por ser muy sabida y conocida en el mundo, así por los libros que hay escritos della, como por sus heroicas hazañas, por las cuales verdaderamente es honra de nuestra nación. Porque como España, con providencia del cielo, había dado a la Iglesia dos ilustres Patriarcas, Santo Domingo y San Ignacio, fundadores de dos religiones tan insignes como son la de los Predicadores y la Compañía de Jesús; así, con la misma providencia, dio ahora lo que hasta aquí no había dado, que es una valerosa y santa mujer, Madre y fundadora de mujeres religiosas tan perfectas, ayudando también a resucitar y renovar, o hacer otra semejante de varones; para lo cual la previno nuestro Señor con misericordias muy extraordinarias, y la ayudó notablemente el Padre Baltasar, como ella misma lo confesaba. Porque preguntándola una de sus monjas si la estaba bien tratar con este santo Padre, la respondió: «Haríaos Dios una grande misericordia, porque es la persona a quien más debe mi alma en esta vida, y la que más me ha ayudado para caminar a la perfección». Y en el libro que hizo por mandato de su confesor, tratando cómo todo su bien estuvo en tratar con Padres de la Compañía y del provecho que la hizo el primer confesor que tuvo, dice del segundo confesor, que fue el Padre Baltasar: «Este Padre me comenzó a poner en más perfección; decíame que para contentar del todo a Dios, no había de dejar nada por hacer, y con harta maña y blandura me quitó las amistades».

1
Y fue así que la primera cosa que hizo fue quitarla alguna demasía que tenía en esto a los principios. Porque, como tan ilustrado y experimentado, sabía el mucho daño que hacen las amistades particulares y aficiones demasiadas a criaturas, aunque parezcan buenas, por las cuales decía que se cautivaba el corazón, y pierde el privilegio de la libertad e hidalguía con que Dios le crió, y se inhabilita para el trato familiar con nuestro Señor, porque llevan tras sí los pensamientos a la persona que es amada, roban el tiempo y no dejan lugar para que Dios more en el corazón, ni el corazón se pueda asir de solo su Criador. Pues, como viese que esta sierva de Dios sentía gran dificultad en dejar algunas amistades buenas, pareciéndola ingratitud no querer bien y mostrarlo a quien la quería bien, procuró quitarla este estorbo con destreza,

persuadiéndola primero que lo encomendase a Dios algunos días, y que rezase el himno Veni, Creator Spiritus, para que la diese luz con que conociese cuál era lo mejor. Hízolo así, y salióla tan bien, que nuestro Señor en un rapto la dijo: «No quiero que tengas más conversaciones con hombres, sino con ángeles»; y desde entonces, nunca tuvo consuelo y amistad con persona que no fuese muy sierva de Dios, cercenadas todas las imperfecciones y demasías que solía tener. Y vése por aquí la prudencia de este buen Maestro, en no querer arrancar de golpe estas amistades, sino ponerla en camino, para que Dios nuestro Señor, cuya es esta obra, las arrancase: porque a esto ha de enderezarse nuestra industria con las personas a quien Dios suele comunicarse.

Fuera de esto, la mortificaba en reprimir las priesas que tenía en algunas cosas que pretendía, para que se hiciese señora de sí misma, aun en las cosas buenas que trataba, conforme a lo que dice San Pablo: Aunque muchas cosas me sean lícitas, mas no todas son convenientes, ni me quiero hacer esclavo de algunas dellas. Una vez, la Santa, con mucha congoja, le escribió una carta estando él fuera de Ávila, pidiéndole que la respondiese luego, porque estaba muy fatigada. Mas el Padre Baltasar, juzgando que importaba más mortificarla y moderar aquellas priesas y congojas, respondió luego a la carta, y puso en el sobrescrito, que no la abriese en un mes: y así lo hizo con harta mortificación suya.

Pero mucho más la probó en el tiempo de sus borrascas, sobre el camino por donde Dios la llevaba, que era muy alto y extraordinario. Porque, alguna vez, de propósito la decía, cómo todos afirmaban que era ilusión del demonio lo que tenía, y la daba a entender que le parecía lo mismo. Quitóla la comunión por veinte días, para ver cómo lo llevaba; y ejercitábala con tantas mortificaciones, que estuvo muchas veces tentada de dejarle, porque la afligía y apretaba mucho; pero siempre que se determinaba a esto, sentía en su alma una grave reprehensión, que la decía que no lo hiciese, y así perseveró con él, y vino a cobrarle grande respeto y amor. Y debíaselo bien, porque enterado en la verdad del buen espíritu de la Santa, con la luz que Dios le dio, y con la que sacó de los libros espirituales que leyó para este fin, y con las pruebas que había hecho, tomó muy a pecho el defenderla, y fue todo su consuelo, amparo y arrimo, para llevar las contradicciones que tuvo y no desmayar con la diversidad de pareceres que hubo cerca de su espíritu. Y hablando ella de esto en el capítulo 28 de su libro, dice que a los que la decían que estaba ilusa, y que sus revelaciones eran falsas, respondía que no podía ser: porque ella experimentaba en sí mucha mejoría, en la disminución de los vicios y aumento de las virtudes; y luego añade estas formales palabras del Padre Baltasar Álvarez, mostrando la estima que de él tenía: Mi confesor, que era un Padre bien santo de la Compañía de Jesús, respondía esto mismo, según yo supe. Era muy discreto, y de gran humildad, y esta humildad tan grande me acarreó a mí hartos trabajos. Porque, con ser de mucha oración y letrado, no se fiaba de sí, como entonces no le llevaba Dios por este camino. Pasolos harto grandes conmigo de muchas maneras: supe que le decían que se guardase de mí, no le engañase el demonio con creerme algo de lo que le decía: y traían ejemplos de otras personas. Todo esto me fatigaba, y temía que no había de haber quien quisiese confesarme. Fue providencia de Dios querer él durar y oírme, mas era tan grande siervo de Dios, que a todo se pusiera por él; y así me decía que no ofendiese yo a Dios ni saliese de lo que él me decía, y no tuviese miedo que me faltase. Siempre me animaba y sosegaba, mandándome que no le callase cosa ninguna; porque, haciendo esto, aunque fuese demonio, no me haría daño, antes el Señor sacaría bien del mal que él quería hacer en mi alma. Yo, como traía tanto miedo, obedecíale en todo, aunque imperfectamente; que harto pasó conmigo, tres años y más que me confesó, con estos trabajos: porque en grandes persecuciones que tuve, y cosas hartas que permitía el Señor me juzgasen mal, y muchas estando sin culpa, con todas venían a él, y era culpado por mí, estando sin alguna culpa. Fuera imposible, si no tuviera tanta santidad y el Señor le animara, poder sufrir tanto: porque había de responder a los que les parecía que iba perdida, y no le creían; y por otra parte, había de sosegar a mí, y curar el miedo que yo traía. Él me consolaba con mucha piedad; y si él se creyera a sí mismo, no padeciera yo tanto; que Dios le daba a entender la verdad en todo; porque el mismo Sacramento le daba luz, a lo que yo creo. Todas éstas son palabras de la santa Madre Teresa de Jesús, en las cuales se echa bien de ver la humildad y prudencia del Padre Baltasar, pues en cosas tan graves no quería gobernarse por su solo parecer; y cuán acertado era éste, pues acertó entre tantos que erraron, y aprobó lo que ahora todos aprueban. Y en lo que dice en las últimas palabras, que el Sacramento le daba luz, apunta las revelaciones que tenía en la Misa, cerca de las personas que tenía a su cargo, como ya se ha dicho en el capítulo VI. De aquí es que este gran varón tuvo muy grande estimación de la santidad y espíritu de esta gloriosa virgen; y ella lo mostraba en su obediencia, rindiéndosele como niña a cuanto la ordenaba. Una señora principal, muy cristiana, y muy aficionada a los dos, contó que el Padre Baltasar la decía algunas veces grandes encarecimientos de la santidad de esta santa Madre; y que era mucho más que lo de Mari Díaz. Y también decía: «¿Veis a Teresa de Jesús lo que tiene de Dios, y lo que es? Pues con todo eso, para cuanto yo la digo está como una criatura.»

2

También la ayudó mucho en el intento que tuvo de hacer el monasterio de la recolección. Y aunque después, viendo la contradicción que había, le mandó que cesase por algún tiempo, y con la duda que tenía se inclinaba a que no pasase adelante; mas nuestro Señor, que la mandaba proseguir con su intento, la mandó también dijese a su confesor que tuviese a la mañana oración sobre aquel verso del Salmo 91: Quam magnificata sunt opera tua, Domine: nimis profundae factae sunt cogitationes tuae; que quiere decir: ¡Cuán engrandecidas son, Señor, vuestras obras; muy profundos son vuestros pensamientos! Y en esta oración vio el Padre Baltasar claramente ser aquello lo que Dios quería, y que por medio de una mujer había de mostrar sus maravillas; y así la dijo, que no había que dudar más, sino que luego volviese a tratar de la fundación de su monasterio; y la enderezó y ayudó a hacer las constituciones y reglas con que ahora se gobiernan todos los demás que hay en su religión. Y aunque es verdad que esta gloriosa Santa, como tan prudente, comunicó sus cosas, y tomó parecer también con personas graves, letradas y espirituales, de otras sagradas religiones, y especialmente de la del glorioso Padre Santo Domingo; pero mientras tuvo consigo al Padre Baltasar, éste fue su ordinario maestro y consejero; el cual, también después, la favoreció en la fundación del monasterio de Medina y de Salamanca, siendo Rector en estos dos Colegios; porque después que salió de Ávila, ni ella perdió el cuidado de tener recurso a él del modo que podía en todas sus dudas y negocios, ni él se descuidaba de ayudarla cuanto podía con cartas, consejos y otras diligencias, conforme a las necesidades ocurrentes.

Por cuya prueba pondré aquí parte de una carta que la escribió desde Salamanca, consolándola en uno de sus aprietos, por estas palabras: Jesús sea su luz y consuelo: Por lo que me manda hago esto, más que por necesidad que tenga de ser alentada, pues en menores golpes suele ser primero de nuestro Señor avisada, prevenida y fortalecida. Lejos sea de mí (decía San Pablo) gloriarme, sino en la Cruz de Cristo. Yo digo que lo sea también de mí pensar que se puede gloriar en otra cosa Vuestra Reverencia, pues su espíritu tiene en merced recibido tanto de su dulzura. Si se sirve mucho Dios de que muera Isaac, que es nuestro propio gusto, verdaderamente es gran beneficio que ofrezca a Abrahán fuego y cuchillo con que se haga luego el sacrificio. No me aprietan a mí estas angustias, porque sé en las anchuras que viven con ellas los que a Dios aman, y tengo vistos mejores sucesos en sus negocios de V. R. por estos medios, de lo que se esperaban por otros más favorables. Esperar, y callar, y orar al Señor continuamente será el remedio para que dé significación de su agradamiento, que él solo puede anunciar la virtud de sus obras y la grandeza de sus trazas a su pueblo. Yo, señora, haré acá mi oficio y en todas las partes que fuere de provecho.

Esto dijo el Padre Baltasar, y lo cumplió, acudiendo a las cosas desta Santa, y a sus monjas, en Medina, Salamanca y Valladolid, y dondequiera que estaba. Y tenía especial consuelo en tratar con ellas de las cosas de sus almas; porque las imaginaba como unas lámparas encendidas que ardían siempre en el divino amor, como arden las lámparas delante del Santísimo Sacramento; y vióse que nuestro Señor gustaba desto, por algunas cosas notables que le sucedieron, que se irán contando en sus lugares. Ahora quiero concluir con un grande favor que hizo nuestro Señor al Padre Baltasar, por medio desta santa virgen, con que le pagó el trabajo que tomaba por ella, y le ayudó a pasar adelante; porque, como se ha dicho, semejantes personas ayudan tanto a sus confesores, como son ayudadas dellos. Estaba una vez el Padre Baltasar, por este tiempo, muy apretado con una tentación de su predestinación, dando y tomando sobre si había de salvarse o no. La santa Madre se lo conoció y acudió a nuestro Señor para que le ayudase; el cual la reveló que se salvaría y la mostró el aventajado lugar que había de tener en el cielo, y le dio a entender que estaba en tan alto grado de perfección en la tierra, que no había entonces en ella quien le tuviese mayor, y conforme a él le responderían después los grados de gloria. Recibida esta revelación, dijo al Padre Baltasar que se consolase, porque el Maestro decía (que así llamaba ella a Cristo nuestro Señor) que era cierta su salvación; y desde aquel punto quedó tan consolado y animado, que echó bien de ver haber sido aquélla revelación del cielo; y la misma Santa lo contó a muchos Padres de la Compañía, y a algunas de sus monjas, y a otras personas religiosas, que lo contaban por muy cierto; y el mismo Padre Baltasar tuvo después otra semejante, como en su lugar se dirá.

Pero no quiero dejar de ponderar en esta revelación que se ha contado, que, al tiempo que sucedió, y se dijo que excedía a los que entonces vivían en la tierra, había muchos de insigne santidad en la Iglesia, y en la Compañía y fuera della; y si entonces era tan aventajado en la santidad, ¿cuánto más lo sería después, que vivió algunos años empleándose en obras heroicas del divino servicio? Demás desto, no suele nuestro Señor hacer semejantes revelaciones, o querer que sean manifestadas a gente de poca virtud y mal fundada, por el peligro que corren de engreírse con soberbia o aflojar en su aprovechamiento por negligencia; y pues quiso que se manifestase al Padre Baltasar, y a él mismo también se la hizo, señal es que estaba muy fundado en profunda humildad, y en el fervoroso celo de aprovechar cada día en la virtud; y que esta revelación le había alentado para acometer grandes empresas y padecer muchos trabajos por su Dios y por el bien de las almas. También podemos decir que esta gran santidad suya se representaba por aquella corona de grandes resplandores con que esta santa virgen le vio coronado cuando decía misa, como se dijo en el capítulo VI; y vióse el mucho caso que ella hacía deste su confesor, pues escribió esta visión para su consuelo en los papeles más secretos y guardados que tenía, los cuales vinieron después a manos del obispo de Tarazona, fray Diego de Yepes, que escribió la vida desta Santa y en ellos la leyó y nos dio noticias della. También confirma esto lo que la misma Santa dijo a una señora principal, que lo contó después: que en ningún punto de oración hablaba al Padre Baltasar que no fuese él delante; en lo cual dijo mucho, porque fue mucho lo que el Señor la dio; y semejante don ordinariamente no se da sino al que está muy medrado. Pero presto veremos los grandes fundamentos que hay para creer lo que esta santa madre dijo.

Capítulo XII. Cómo le mudaron a Medina del Campo; y el año de 1567 hizo la profesión de cuatro votos, y cuán bien cumplió con las obligaciones della

Como las obras que el Padre Baltasar hizo en Ávila daban tan claro testimonio del gran caudal que tenía para guiar almas a la perfección, juzgóse que sería bien mudarle a ser rector y maestro de novicios en Medina del Campo, para que ayudase allí del mismo modo a los nuestros; y así se partió a Medina el año de 1566, pasada la fiesta de los Reyes. Mas antes de contar las cosas que allí hizo con los prójimos, será más conveniente comenzar por dos cosas notables que le sucedieron en el mismo lugar, año de 1567: en el cual, el primer día de mayo, hizo su profesión solemne, que en la Compañía llamamos de cuatro votos, que es el mayor de los grados que tiene nuestra Religión, con el cual aprueba por varones consumados en virtud y letras a los que admite a ella. Porque, así como en la Iglesia católica hay dos estados de perfección, uno que está dedicado a pretenderla y otro a enseñarla —el primero es propio de los religiosos, los cuales, como dice Santo Tomás, tratando destos estados, no están obligados a ser luego perfectos, sino a pretender serlo, por los medios que su religión les señala—; el segundo es propio de los obispos —los cuales están obligados a ser perfectos, porque como ninguno puede ser maestro de una ciencia si no es perfecto en ella, así el que está dedicado por su estado a enseñar la perfección ha de ser perfecto; y porque los obispos no pueden acudir a todos los ministerios desta enseñanza tienen por sus coadjutores a los curas y a otros beneficiados—; así también nuestro Padre San Ignacio, ilustrado con la luz del cielo, instituyó en la Compañía otros estados y grados, con alguna semejanza y proporción a éstos. Porque, acabado el noviciado, se hacen los tres votos sustanciales de Religión, por los cuales los novicios quedan verdaderamente religiosos y obligados a pretender la perfección por los medios que la Compañía les señala en sus reglas; y este estado dura todo el tiempo de los estudios, que ordinariamente son siete años, en que van ganando las ciencias necesarias para nuestros ministerios; y, después, tienen otro año tercero de probación, en que renuevan el espíritu y se dan de propósito a los ejercicios de virtud como los novicios; y, cuando se han ordenado de sacerdotes, ejercitan algunos ministerios por algún tiempo, procurando siempre su propia perfección conforme a nuestro Instituto; y en este tiempo los superiores van tomando noticia y experiencia del caudal que tienen en virtud, letras, prudencia y trato con prójimos. Y cuando están satisfechos de que éstos son varones consumados y perfectos, los admiten a la profesión solemne de cuatro votos, en la cual sobre los tres ordinarios de pobreza, castidad y obediencia hacen otro cuarto de obediencia especial al Sumo Pontífice cerca de las misiones, para ir a cualquier parte del mundo que les enviare, entre fieles o infieles, para dilatar la fe católica y ayudar a la salvación de las almas con los ministerios de leer, predicar, administrar Sacramentos y los demás de nuestro Instituto. Para lo cual es necesaria muy heroica resignación y virtud muy perfecta, con grande caridad y amor de Dios y de los prójimos; y por esto no hay tiempo señalado ni limitado para esta profesión, conforme a nuestras Constituciones, aprobadas por los Sumos Pontífices, especialmente por una bula de Gregorio XIV, que dice así: Tempus promotionis ad hujusmodi gradus nullo modo volumus certum, seu determinatum esse; sed selectos spiritus et doctrinae viros, et multum diuque exercitatos ac in variis probationibus virtutis et abnegationis sui ipsorum cum omnium aedificatione satis cognitos, ad professionem esse admittendos. Y porque varones tan señalados en espíritu y letras no pueden ser muchos, trazó nuestro Padre San Ignacio que hubiese otro grado menor, de los menos letrados, que llama coadjutores, cuyo oficio es ayudar a los profesos en los mismos ministerios con los prójimos, sin la obligación de aquel cuarto voto.

 Conforme a esto, como el Padre Baltasar era tan aventajado en virtud, espíritu y ciencia, y con el caudal que se ha visto para nuestros ministerios; a los doce años después que entró en la Compañía fue admitido a la profesión de cuatro votos. Y aunque no se puede negar que esto sea alguna honra, en cuanto es testimonio que da la religión de aprobar en virtud y letras al que profesa; pero en verdad no se da por honra, sino por mayor carga, sin tener género de privilegio ni exención de las reglas y obligaciones que tienen los demás; antes tienen más estrecha obediencia y pobreza, y hacen especial voto de no ensancharla de no pretender dignidad dentro ni fuera de la Compañía, ni aceptarla fuera de ella si no es por obligación del que puede mandárselo so pena de pecado. Pero la mayor honra está en llenar las obligaciones de la profesión, que es lo que llama San Pablo llenar su ministerio, las cuales llenó con excelencia el Padre Baltasar, cumpliendo su cuarto voto, como dijimos que cumplió los otros tres.

Porque la vocación propia de los profesos de la Compañía es como la de los Apóstoles; los cuales no se ataban a un lugar solo, sino andaban discurriendo por varios lugares y provincias que les había cabido en suerte, predicando el Evangelio, aunque en algunas partes hicieron asiento más de propósito, y allí cogieron más copioso fruto. Así, nuestra vocación es para discurrir y vivir en cualquiera parte del mundo donde se espera mayor servicio de Dios y ayuda de las almas y dondequiera que el Sumo Pontífice o el General de la Compañía, en su nombre, o de cualquier modo, para este fin nos enviare, aunque algunos profesos están de asiento en un lugar, cuando es menester para gobernar, leer, enseñar, o por otra causa del divino servicio, empleándose siempre en llevar aquel fruto, de quien dijo Cristo nuestro Señor: Yo os escogí y os puse para que vayáis por el mundo y llevéis fruto, y vuestro fruto permanezca. Esta diversidad de puestos, unos de paso, como correrías o misiones, otros más de asiento, declaró el Profeta Isaías con dos admirables semejanzas, comparando los obreros evangélicos a las nubes, que vuelan llevadas de los vientos a diversas partes, y a las palomas que vuelan con ligereza a sus nidos. Porque, verdaderamente, son como nubes, no vacías, sino llenas de agua de celestial sabiduría y doctrina, las cuales, llevadas del viento del Espíritu Santo y del espíritu de la obediencia, van por todo el mundo regando la tierra de los corazones humanos para que lleven fruto de santas obras; y en unas partes riegan mucho y por mucho tiempo, porque están allí de asiento; en otras no tanto, porque van como de paso, pero deteniéndose lo que basta para coger su fruto. Son también como palomas, que, con ligereza, vuelan a sus nidos, donde ponen sus huevos y sacan sus hijuelos, por ser aves muy fecundas; porque, aunque son de suyo más inclinados a la quietud del rincón, donde oran, gimen y meditan los divinos misterios y alcanzan gran descanso para sus almas, pero allí también engendran hijos espirituales, y los crían con grande perfección, y vuelan con ligereza a diversos lugares, como a diversos nidos, para engendrar en ellos semejantes hijos.

Tal fue propiamente, y con grande excelencia, la vida del Padre Baltasar, especialmente después que hizo su profesión. Porque, aunque de su inclinación era como paloma, deseoso de estar en su recogimiento meditando, orando y contemplando; pero en cualquier colegio donde estuvo fue paloma fecunda, engendrando muchos hijos espirituales y criándolos de modo que fuesen perfectos. Mas para que su fruto fuese más copioso y extendido, le sacaba nuestro Señor de los colegios particulares, para que como nube cargada de tanta sabiduría y doctrina como tenía, fuese por varias partes regando y fertilizando las almas. Y así, de Medina le sacó para ir a Roma; y después, para ser Viceprovincial de esta provincia de Castilla; del rincón de Villagarcía le envió a visitar la provincia de Aragón; y después, por Provincial de la de Toledo; y primero le quiso enviar por Provincial del Perú, región tan apartada, y tan llena de infieles: y cuanto es de su parte, se ofreció a ir sin réplica, y con efecto fuera, si por otra parte no se le impidiera. Y en concluyendo con una de estas jornadas y empresas, le tenía nuestro Señor aparejado otra semejante, y acudía a ella con tanta prontitud y presteza como a la primera, cumpliéndose en él lo que dijo nuestro Señor al santo Job: ¿Por ventura enviarás tú los rayos, e irán, y en volviendo te dirán: aquí estamos? Dándole a entender, como declara San Gregorio, por qué por su divina traza y voluntad van los obreros evangélicos a diversas partes del mundo, con la ligereza y puntualidad de rayos, alumbrando y encendiendo las almas en el amor y servicio de su Criador; y, cumplida esta misión, se vuelven a él, dándole la gloria y las gracias por el fruto que han hecho, pues es suyo, y ofreciéndose de nuevo a ir otra vez a dondequiera que les enviare. Y como su Majestad les ve tan agradecidos, dales nuevos empleos con que queden más aprovechados, y cojan más copiosos frutos, como los cogió siempre el Padre Baltasar en todos los lugares donde estuvo, según se ha visto por lo que hizo en Ávila, y se verá por lo que diremos de lo que hizo en los demás.

Capítulo XIII. Cómo este mismo año nuestro Señor le concedió el señalado don de oración y contemplación que tuvo, con

doce admirables frutos. Pónese la relación que él mismo hizo de ellos por obediencia a los superiores

Por este mismo tiempo, poco más o menos, se cumplieron los dieciséis años que detuvo nuestro Señor al Padre Baltasar en el modo ordinario de oración, por discursos y meditaciones, contando los cuatro que la tuvo antes de entrar en la Compañía, que comenzaron, como se dijo en el capítulo I, el año de 1551, desde el cual hasta el de 1567, en que hizo su profesión, hay los dieciséis años dichos; y entonces fue levantado a la oración más heroica de quietud y unión, a la perfecta y sosegada contemplación que apuntamos en el capítulo II. Mas como estos sentimientos y favores que pasan dentro del corazón en el trato familiar con Dios, no pueden ser sabidos, si el mismo que los recibe no los manifiesta; y por otra parte, como el espíritu de humildad le inclina a encubrirlos, trazó la divina Providencia que el Padre Baltasar los descubriese por dos vías: una, movido de la misma caridad y amor de los prójimos cuando era menester manifestar algo propio para aprovecharlos; otra, más estrecha, forzado de la obediencia de los superiores, especialmente del Padre general que entonces era, a cuya noticia llegó que algunos (como después, más largamente, se contará en el capítulo XL y XLI) no sentían bien de su modo de oración, temiendo no fuese ilusión de Satanás, transfigurado en ángel de luz. Y con esta ocasión, para entender la verdad, le mandaron que diese cuenta de su oración, y de las cosas que en ella le pasaban; y él, como fiel obediente, envió al Padre general una relación cumplida de todo; la cual me ha parecido poner aquí, por ser necesaria para entender las grandes mercedes que este año le hizo nuestro Señor. Mas para leerla con provecho nuestro, y con admiración de los favores que recibió, se han de ir ponderando principalmente los doce frutos que alcanzó por medio de la oración, en los cuales está sumada toda la alteza de la santidad y perfección cristiana, a la cual es razón que aspiren todos los que desean ser muy espirituales, especialmente los religiosos, y más aquellos que tienen cargo de almas, y las guían por el camino de la oración, y trato con nuestro Señor, si quieren que sea con provecho suyo y de los que están a su cargo. También se ha de ponderar el tiempo que gastó en esta pretensión, y acordarse de las muchas diligencias que hizo para alcanzar lo que pretendía, como las contamos en el capítulo

II, para que, juntando lo uno con lo otro, si nos parece bien el fruto, no nos descuidemos de aplicar el ánimo al trabajo.

1
Relación que dio de su modo de oración al Padre general de la Compañía

Dieciséis años pasé trabajo, como quien araba y no cogía. Tenía entonces un corazón muy pequeño, con gran dolor de que no tenía las partes que otros, para ser amado y estimado dellos, despedazándome por unas cosas y por otras, con deseo de tener oración, y no poniendo ni hallando quietud en las cosas que debiera. Vencí esta tentación, resolviéndome en no querer más oración de la que mandaba la obediencia, desechando la inquietud y apetito vano de ser en esto señalado y regalado, como los que más merecían. También en este tiempo veía que me amargaban más mis faltas, que me humillaban, y parecíanme impedimento de las trazas de Dios; y por la estrechura de mi corazón dábanme pena las faltas de los otros que estaban a mi cargo, y pensaba era buen gobierno traerlos podridos, para que se enmendasen.

Pasados catorce años fui puesto en ponerme en la presencia del Señor, esperando limosna como pobre. En este tiempo, como miraba mucho a mí, estuve muy desconsolado, pareciéndome que no había de arribar a la perfección; y porque no se me comunicaba el Señor con el regalo y suavidad que a otros. Conocí mi locura, pues habiéndome apartado mal de Dios, me quería convertir peor; y revolviendo sobre mí, estuve muchos días avergonzado ante el Señor, sin poder hablar palabra, de confusión, si no era pedir castigo, perdón y remedio, hasta que fui llamado y metido en otro ejercicio superior; y con esta cura han sanado otros.

Llegados ya dieciséis años, a deshora, me hallé con un corazón mudado y dilatado, con suelta de criaturas, con un pasmo semejante al de los bienaventurados, que dirán en el juicio final: ¡Cuando te vimos, Señor, vimos todo bien y toda hartura! Aquí recibí muchas cosas juntas. Lo primero aprecio de lo precioso, y saberlo distinguir de lo vil. Aquí hallé medios no difíciles para el cielo, y a mí entre una congregación señalada para la bienaventuranza. Aquí recibí inteligencia nueva de verdades, con que el alma andaba bien sustentada, que tenía por remate quietud y sosiego, hasta meterme en el pecho de

Dios, de donde salían. Después, me faltó esto por un poco de tiempo, y volvía de cuando en cuando, y ahora más a menudo, gracias a Dios.

Aquí recibí también alivio para vivir en cruz, trabajo y prueba mientras Dios quisiere. Fui también perdiendo el miedo que, por mi corazón estrecho y pusilanimidad, tenía a hombres de mayor entendimiento, y a los que eran santos, ante los cuales no osaba parecer por verme deshecho entre ellos; y porque me vía sin entendimiento, persona y letras, y no me parecía que podía vivir sin un santo a un lado, y un hombre de negocios a otro. Ahora me parece que, aunque a todos estimo, y de todos me hallo necesitado, pero no desa manera, sino que mejor viviré con Dios solo, en el cual todo lo tengo.

Aquí me dieron inteligencia de la facultad del espíritu interior, para mí y para otros, según aquello del Salmo: Quoniam respexisti humilitatem meam, salvasti de necessitatibus animam meam. Desde entonces experimenté una vida interior dada de Dios, para regirme por él aun en cosas menudas. Las cosas que me solían acosar hállolas ahora hechas mejor que si las pensara días y noches; y vi por experiencia aquello de San Pedro: Omnem sollicitudinem vestram proiicientes in eum, quoniam ipsi cura est de vobis. Y experimentando yo con qué dificultad vuelvo a mi puesto cuando yo no he hecho lo que debo, esto me ha sido un gran motivo y defensivo en el trato de los prójimos, para hacer mi deber en él no vaciándome, y para no pecar.

Aquí recibí alivio en el gobierno, sin que me llevase tras sí; lo cual es obra de una voluntad libre y desembarazada: entre muchos cuidados pasar sin ningún cuidado. Aquí recibí entrar dentro de mí con veras, y también se me fijó una como ordinaria composición corporal de Cristo nuestro Señor. Aquí cayeron las ansias y tentaciones de tener mucho más tiempo para oración; y experimenté que da Dios más en una hora de oración al mortificado, que en muchas al no tal; y que me daba más por el camino de las ocupaciones puesto por Dios, que no en el ocio y lugar de leer Santos, que sin esa obediencia procuraba. Desde entonces las faltas me humillan y no me amargan, antes en cierta manera me alegran humillándome, porque descubren lo que hay, y sírvenme de que me fíe poco de mí, y me pase a Dios; y me parece que son unas como ventanas del alma por donde entra la luz de Dios; y veo que las faltas no queridas, ni hechas a sabiendas (como dicen), no quitan las trazas de Dios, y así no doy ni paro tanto en ellas, sino lo que basta para estar en vergüenza ante Dios, y entender que hemos menester dejarnos a nosotros; y las faltas ajenas me mueven a compasión, y veo que era impaciencia mía traerlos podridos, y que es menester sufrirlos, mirando poco a ellos y mucho a Dios; y a esto se sigue dar Dios los súbditos rendidos: Qui subdit populum meum sub me, etc.

Desde que nuestro Señor me hizo esta misericordia, la oración es ponerme en su presencia, dada interior y corporalmente, permanente per modum habitus, de asiento; unas veces gozándome con él. Véase Santo Tomás en la 2-2, q. 24, art. IX, adonde pone la diferencia entre los incipientes, proficientes y perfectos, y dice de todos, que su estudio est ad hoc principaliter intendere, ut Deo inhaereant; es unirse con Dios. Y en la respuesta ad tertium, dice: Aunque los perfectos vayan creciendo en el amor de Dios cada día, pero su principal cuidado no es éste, sino unidos gozar de Dios; y aunque busquen esto los principiantes y proficientes, pero su principal cuidado más es, de los unos evitar pecados, y de los otros adquirir virtudes. Pone el ejemplo en el artículo, del movimiento corporal, en el cual lo primero es apartarse del lugar adonde está; lo segundo, allegarse al lugar que busca; lo tercero, descansar en el lugar buscado y hallado. Ítem el mismo Santo, en el opúsculo 63, de beatitudine, al fin del tercero argumento principal, tratando cómo se ha de gozar de Dios nuestro Señor en la bienaventuranza, dice: «Que semejantemente en esta vida a la continua debemos gozar de Dios; pues es bien más propio nuestro, y dignísimo de ser gozado mediante sus dones, en los cuales y en todas las obras hemos de pretender esto, según lo de Isaías, capítulo IX, que el Hijo de Dios nos fue dado para nosotros, y para que gocemos dél, aun en esta vida». De donde se sigue la gran ceguera y necedad de algunos que siempre andan con ansias buscando a Dios, y suspiran por hallarle, y en la oración dan voces porque les oigan; y no advierten que ellos son templos vivos, conforme al Apóstol, adonde de verdad este sumo Bien habita entre nosotros, y adonde descansa la Majestad de Dios, y nunca atienden a gozarle. ¿Pues no es necio el que busca fuera de casa lo que tiene dentro della?, ¿o quién ha visto que se sustente uno del manjar que busca o le aparece, pero no le ha gustado ni comido?, ¿o que use del instrumento que no ha hallado? Pues así es la vida del que busca siempre a Dios, y nunca le goza, cuyas obras son menos perfectas. También el mismo Santo, en la 2-2, en la cuestión 182, art. II, ad 1, dice que, «aunque es señal de amor de Dios padecer de buena gana por Él, pero más expresa señal es, dejadas todas las cosas que a esta vida pertenecen, holgarse con Él en la oración». De lo cual consta que gozar de Dios es fruto común de los bienaventurados del cielo y justos del cielo.

Otras veces estoy en la oración discurriendo según los entendimientos dados acerca de palabras de la divina Escritura, y enseñanzas interiores; otras, callando y descansando. Y este callar en su presencia, descansando, es gran tesoro; porque al Señor todas las cosas hablan, y son abiertas a sus ojos: mi corazón, mis deseos, mis fines, mis pruebas, mis entrañas, mi saber y poder; y son ojos los de Su Divina Majestad que pueden quitar mis defectos, encender mis deseos y darme alas para volar, queriendo Él más mi bien y su servicio, que yo mismo. De donde saca el alma, que pues Él guía y pasa por el aprieto, que debe ella pasar por él, porque para esto fue Él delante, para que con quietud y paz le sigamos, descansando en la verdad dicha de la fe; consolándose, que, si no alcanza lo que desea, consigue otra mayor cosa, que es la conformidad de su voluntad con la de Dios, pues vive con su querer, no queriendo saber más de lo que Él quisiere dar, ni más apriesa, ni por otros caminos de los que Él quisiere tomar, conforme aquello de Contemptus mundi: Si hubieres llegado a tanto que no te busques a ti mismo, sino a mí, entonces me agradarás mucho, y vivirás con mucho gozo. Y a la flaqueza de corazón que muchas veces gime con la carga, responderle: ¿Dejará de ser mejor en ti lo que Dios tiene hecho? ¿O porque a ti parezca mal, dejará de hacer su voluntad? —Y al presente es esto en lo que más reparo, y descanso con verme padecer ante los ojos de Dios, y tratar como Él quiere.

2

Y como después que sigo este modo de orar, me he hallado reprendido si le dejaba y salía a otros discursos, heme dado a buscar autores y razones para apoyarle. Los autores son San Dionisio Areopagita, cap. I, De mystica Theologia; San Agustín, epístola 119; Santo Tomás, arriba citado, y sobre aquellas palabras del Apocalipsis, cap. VIII: Factum est silentium in caelo quasi dimidia hora. Y sobre las mismas palabras, de San Gregorio, libro III de los Morales, cap. XXIX, en el fin de él, y en el cap. XXV, sobre las palabras de Job, cap. XXXIX: Cui dedi in solitudine domum. Y sobre Ezequiel, en la homilía 14, acerca de aquellas palabras del cap. XL: Et in manu viri calamus mensurae sex cubitorum et palmo. San Bernardo, en el sermón 52 de los Cantares. Alberto Magno, De adhaerendo Deo, capítulo XX. San Juan Clímaco, gradu., 27. Y el Espíritu Santo, en el Eclesiástico, cap. XXXII: Audi tacens, et pro reverentia accedet tibi bona gratia: Oye callando lo que Dios te enseña, y por la reverencia con que le estás oyendo te dará su buena gracia y amistad familiar. Este descanso parece que es el sueño que Dios manda guardar a las almas en los Cantares, cap. II: Conjúroos, hijas de Jerusalén, que no despertéis, ni desveléis a mi amada, hasta que ella quiera despertar. Responde la Esposa: Esta voz es de mi amado: tal bocado, con tal seguridad y tan dulce, de sola su mano puede venir. Este es el descanso prometido a los trabajos pasados por buscar a Dios. Inveni quem diligit anima mea: tenui eum, nec dimittam, dice la Esposa en los Cantares, cap. III. Hallé a mi amado después de haberle buscado, asíme dél, y no le dejaré.

Abrazada el alma con el descanso que hizo todas las cosas que alegran, ¿por qué ha de estar penada? Las penas nosotros nos las tomamos con nuestras manos, buscando las cosas que están llenas de ellas, y dejando de buscar las que tienen vida en sí, y alegría; de donde nuestros deseos son nuestros sayones. El remate de todo el afán de los más desordenados del mundo es descanso. Trabajan en la mocedad por descansar en la vejez; y la vida de los que se pasa toda en afán, y nunca en descansar, se tiene por desdichada. Y así Santo Tomás, en el opúsculo 63, reprende a los que gastan la vida en buscar a Dios, y nunca en gozarle, cuyos ejercicios dice que son de menor perfección. El fin del que hace la casa es gozarla; y del que planta la viña, el gozar el fruto. Quis pascit gregem, et de lacte ejus non manducat? ¿Quién apacienta el ganado y no goza y come de la leche?, decía San Pablo a los de Corinto. Cristo nuestro Señor, por San Lucas, cap. XIX, con lágrimas en los ojos, dijo: Jerusalem, si cognovisses et tu quae ad pacen tibi, nunc autem abscondita sunt ab oculis tuis. ¡Oh Jerusalén, si conocieses el bien que tienes y no le echas de ver! Porque a quien no cae en que tiene este bien, su mismo deseo le inquieta, porque no entiende que tiene lo que busca. Mas en persuadiéndose que ha hallado lo que busca, descansa; como quien busca a uno con quien habla, y no le conoce, aunque está con él, pena, porque no tiene cumplimiento de su deseo; como le aconteció a la Magdalena cuando estaba con Cristo resucitado, y no descansaba, hasta que se descubrió y le conoció. ¿Quién anda aparejando siempre de comer y no se desayuna? Dice el Eclesiastés en el cap. VI: Est aliud malum sub sole, que hay un gran mal en la tierra, y es que hay hombres con muchas riquezas allegadas, y que no les da Dios facultad de gozarlas. Hay la diferencia del que ha caído en esta cuenta, al que no, del que con hambre trabaja de buscar de comer, y al que después de buscado come, que descansa comiendo; y más si el banquete es bueno. Después de haber trabajado en buscar a Dios y hallado, lo que queda por hacer es gozarlo: Gustate, et videte quoniam suavis est Dominus. Gustad, y ved cuán suave es el Señor, como dice David, Salmo 33.

La alteza de este camino está descrita por muchas propiedades, del Espíritu Santo en la Sabiduría, cap. VIII; y cuando en un alma viene este espíritu de Sabiduría, queda tan preciosa en su estima, que no hay cosa que tanto resplandezca en los ojos del mundo con que la pueda comparar, ni piedras, ni oro, ni plata, ni salud, ni hermosura; con ella vienen todos los bienes; y de tal manera es un espíritu, que son muchos: es Señor suave y benigno, rico, etc.; y como uno le siente, se despide de cuantos hasta allí ha servido, y comienza a ser libre.

Las razones que justifican este modo de oración son éstas. La primera, porque, aunque no hay de ordinario discurso, hay petición; y el rato que quieta nuestro Señor al alma, hay todo ejercicio de virtud; y entonces también hay petición, non in actu signato, sed in actu exercito, como dicen los teólogos. Porque ¿qué deja de pedir un alma que calla en la presencia de Dios, con fe de que, pareciendo ante él, le son sus corazones y deseos manifiestos, siendo sus deseos para con Dios, lo que las voces para con los hombres?, como dice David: Desidedium pauperum exaudivit Dominus (Psal., 9). Oye Dios no solo las voces, sino los deseos de los justos pobres. A este modo, el que parece ante las puertas de Dios con fe, cree que de allí le ha de venir todo su bien; ama, humíllase y ejercítase, y por ir por el camino de Dios, dejando los suyos, halla todo bien.

La segunda razón, porque es modo con que se siente más altamente de Dios, como es debido a su grandeza.

Tercera, dúrase más por aquí en la oración; y se saca haber sido la oración de muchos Santos de esta manera; porque el discurso cansa, y ellos tienen oración continua.

Cuarta, porque lo que se pretende alcanzar de reformación de un alma por el modo del discurso, por este modo y camino se ve que lo va asentando el Señor, y los tales viven con cuidado de su aprovechamiento, rendidos a sus mayores, y más superiores de sus pasiones y adversos acaecimientos, y de mayor eficacia con sus prójimos.

Verdad es que este camino no es para todos, sino la constitución del santo Padre Ignacio; pero sí es para todos los que Dios se lo comunicare, o después de largo uso de oración y de discurso, pareciere al Superior, que es juez de esta causa, que tiene nuestro Señor hecha la cama a tal modo. Y esto es conforme a lo que pasó por nuestro Padre San Ignacio, que, aunque al principio iba por el camino y medio que nos dejó y enseñó en los Ejercicios, después fue levantado a este otro, como se dice en su vida: Postea erat patiens divina. Y si en todas las ciencias ha de haber principios, medios y fines, también en ésta los hay. Y que los haya en la Compañía, pues tanto en ella se desea agradar a Dios, parece claro; y a los levantados a este modo por Dios nuestro Señor, quitarlos dél los que no tienen experiencia, con detrimento de alma y cuerpo, no parece cosa segura en conciencia: así lo dice en su Abecedario, Osuna, que no están sin culpa los que apartan del camino de Dios. Y otro dice que a los superiores que hicieren esto abreviará Dios la vida, si no se reportaren. Otra cosa es, por vía de examen y prueba; que esto es justo que lo hagan, y dado a los superiores por su oficio.

Esto siento de lo que pasa y ha pasado por mí, y del modo de oración, y de cesar los discursos a ratos, por la presencia de Dios nuestro Señor; y con la humildad que de un súbdito a su padre, pido esto sea para vuestra paternidad solo.

Esta es la relación que dio el Padre Baltasar, por la cual se descubre su santidad y heroica virtud. Porque en ella, con grande humildad, entra confesando sus culpas, las pocas partes que tenía para ser estimado, el estado de miseria y pobreza en que se vio; y después pone la abundancia de bienes que nuestro Señor le comunicó, para que por aquí se descubra lo poco que de suyo era, y la liberalidad del Señor, que hizo una mudanza tan maravillosa en su corazón; la cual encierra en sí tantos y tan grandes dones, que si cada uno se hubiera de ponderar fuera alargarnos mucho. Últimamente dice la oración tan levantada en que nuestro Señor le puso, que fue de los más altos grados de la divina contemplación, que es cosa que raras veces se suele conceder.

Esta relación hizo después de haber estado quince días recogido en Ejercicios; y la última noche que la había de enviar a Roma, la dio a un Padre grave para que la enmendase, el cual la trasladó y guardó en secreto muchos años, y después la publicó; y así vino a nuestras manos. Mas porque tiene muchas cosas de grande importancia para los que tratan de oración, y en que podrá haber engaño contra la mente del mismo Padre, sin salir de la historia las iremos declarando en los capítulos que se siguen.

Capítulo XIV. En que se declara más este modo de oración, y las causas por que nuestro Señor se le concedió al Padre Baltasar, y se lo dilató algunos años

Casi todas las vidas de los Santos están mezcladas de variedad de cosas, que se proponen a todos; unas para que las imiten, y otras no más de para que se admiren, y glorifiquen al Señor que se las dio. Y porque su mano benditísima no está abreviada, y suele conceder las mismas a otros de los presentes, éstos, por lo que leen, se pueden guiar en el modo de haberse en ellas, imitando a los Santos en quien resplandecieron. Esto mismo se puede ver en la vida del Padre Baltasar, y en las cosas que tocan a su modo de oración que se refirió en el capítulo pasado. Cerca del cual será muy provechoso declarar más en particular las cosas que abraza; los fines por que nuestro Señor le concedió a este santo varón, y le concede a otros siervos suyos; las causas por que dilató el dársele hasta los dieciséis años; los frutos y favores que con él le concedió y concede a los que bien obran; la vocación con que fue llamado a este modo de orar y es necesaria a todos los que han de caminar por él segura y provechosamente; y la grande seguridad y provechos del modo ordinario con que el mismo Padre se ejercitó mucho tiempo, y con que granjeó los favores que le fueron concedidos; y todo lo demás que fuere conveniente para entender la relación que se ha puesto, y continuar el hilo de nuestra historia.

1

La sustancia de este modo de orar y las cosas que abraza declaró más difusamente el mismo Padre Baltasar en otro tratado que hizo de este modo de oración, respondiendo a las dificultades que algunos le pusieron contra él; de lo cual haremos mención en su lugar, poniendo sus respuestas, que son muy importantes. Pero ahora, con mayor distinción y brevedad, sacaremos esta declaración, de los nombres con que los maestros del espíritu, y el mismo Padre, llaman a esta oración, porque con ellos significan lo que ella es y encierra, y los efectos que causa; y aunque son muchos, pero los más usados son éstos, a que se reducen los demás.

Lo primero se llama oración de la presencia de Dios; porque, aunque es verdad que para orar bien, de cualquier modo que sea, mental o vocalmente, es necesario que el que ora advierta con la lumbre de la fe a que está Dios presente y le oye y entiende lo que le dice; porque ninguno habla con otro que tiene por ausente y que no le oye, ni percibe lo que le dice; mas este modo de oración especialmente se llama de la presencia de Dios, porque, en ella, el entendimiento, ilustrado con la divina luz, sin otros discursos, mira a Dios, tan presente cabe sí o dentro de sí, que parece sentir con quien habla y delante de quién está; al modo que dice San Pablo de Moisés, que trataba con el invisible, como si le viera; de donde casi naturalmente se sigue reverencia, admiración, propensión de la voluntad o complacencia y gozo de estar en su presencia, como quien ve una persona o imagen muy hermosa, y se está viéndola, con admiración y gusto de tanta hermosura.

De aquí es que esta oración también se llama de quietud o recogimiento interior; porque en ella cesa la muchedumbre, variedad y bullicio de las imaginaciones y discursos; y las potencias superiores del alma, memoria, entendimiento y voluntad, están recogidas y fijadas en Dios y en la contemplación de sus misterios, con grande quietud y sosiego en sus actos. Y ésta es la que más propiamente se llama contemplación, y (como dice Santo Tomás y los demás Doctores, y nosotros lo declaramos a la larga en el libro de la Guía espiritual), se diferencia de la meditación, la cual va discurriendo de una cosa en otra, como quien busca la verdad escondida, y la anda escudriñando, y desenvolviendo cosas varias para entenderla. Mas la contemplación, con una sencilla vista mira la suma verdad con admiración de su grandeza, y con deleite y complacencia en ella. Y por eso dice la Escritura: Vacad y ved que yo soy Dios; gustad y ved cuán suave es el Señor.

Llámase también oración de silencio, porque en ella Dios habla, y el alma calla, y está oyendo con suma atención lo que su celestial Maestro la dice al corazón, y la enseña y descubre de sí mismo y de sus misterios. Mas no se ha de pensar, como imaginan algunos ignorantes, que callar el alma y parar esperando en silencio, es cesar de todo punto los actos de las potencias interiores, porque esto es imposible, si no es durmiendo, o sería muy penoso y aun dañoso, porque más sería estar ocioso y perder tiempo, y ponerse a peligro de que la imaginación brote mil disparates, o el demonio arroje pensamientos malos o impertinentes. Y así, es cosa cierta que mientras Dios no obra algo en el alma, ella ha de obrar alguna cosa con su entendimiento y voluntad; y aun cuando Dios obra, ella también hace algo con él; al modo que el discípulo, cuando está oyendo la lección con silencio, está obrando interiormente, porque está percibiendo, entendiendo y sintiendo lo que su maestro le enseña.

Y si esta oración se llama de silencio, ni es porque calla la lengua solamente, pues esto en toda oración mental se halla, ni porque callen del todo las potencias interiores, sino porque lo que obran entonces es recibiéndolo de Dios a la manera que dice David: Oiré lo que hablare en mí el Señor, el cual se digna de hacer oficio de Maestro y hablar al corazón, y descubrirle sus verdades, y aficionarle con vehemencia a ellas, sin que el hombre ponga sus industrias, como las pone otras veces, para hacer sus meditaciones y peticiones con muchos afectos. Y en este sentido dijo San Dionisio, del divino Hieroteo: Quod erat patiens divina; que recibía las cosas divinas, habiéndose en el trato con Dios, más como discípulo que recibe la enseñanza de otro, que como hombre que anda con su diligencia e industria buscando la verdad que no alcanza. Y de aquí es que este oír también se llama silencio, porque entonces callan todas las criaturas dentro del corazón, y no hay cosa que le turbe ni inquiete.

Y por la misma razón en el libro de los Cantares se llama sueño espiritual, porque de tal manera el corazón vela y está despierto para conocer, amar y tratar con su Dios, que está el alma como dormida para lo exterior, sin oír, ni ver, ni percibir lo que otros la dicen, o pasa por de fuera.

Y de aquí es también que esta oración se llama de unión; porque el espíritu, con la grandeza del conocimiento y amor, se pega fuertemente a Dios, haciéndose, como dijo San Pablo, una cosa con él, sin poder por entonces divertirse a querer o amar, o pensar en otra cosa, diciendo con David: ¿Qué quiero yo en el cielo, y fuera de ti, qué otra cosa deseo yo en la tierra? Y con la Esposa: Hallado he al que mi alma deseaba; asido le tengo y no le dejaré.

Estos son los nombres más ordinarios de esta oración tan levantada, en la cual hay muchas ilustraciones con admirables afectos cerca de los divinos misterios; unas veces con figuras imaginarias que nuestro Señor estampa en el alma, otras veces con sola luz intelectual muy superior, con la cual suele levantar a lo supremo de la mística Teología, que San Dionisio llama entrar in divinam caliginem; en las tinieblas lucidísimas de Dios, que es luz inaccesible; y levantarse a ciegas a la unión de aquel Señor, que es sobre toda sustancia y conocimiento; porque es un conocimiento del ser divino tan levantado, y una unión tan íntima y divina, que solo Dios puede levantar a ella con especial gracia y favor; y con ser tanto lo que se conoce, le parece que es un abismo infinito lo que ignora.

De aquí suelen suceder cosas extraordinarias en este modo de oración, de donde toma otros nombres; porque cuando las visitas de Dios, y las ilustraciones y vistas interiores, y los afectos fervientes con el amor y unión con Dios vienen con tanta vehemencia, que el alma queda enajenada de los sentidos exteriores, y cesan los movimientos corporales, se llama suspensión o éxtasis; y si viene de repente con grande fuerza, se llama rapto, como dice San Pablo, que fue arrebatado hasta el tercer cielo y paraíso; si viene con más suavidad interior se llama vuelo del espíritu, como deseaba David alas de paloma, para huir, volar y descansar en la soledad; y a veces suele levantarse el cuerpo de la tierra, siguiendo al ímpetu del espíritu, que sube a contemplar las cosas del cielo; porque en todas estas suspensiones y raptos, cuando son de Dios, el espíritu no está ocioso ni dormido, sino siempre ve, oye, entiende algo y se admira o goza, o ama; y cuando no hace ni recibe nada, más se ha de llamar embelesamiento o soñolencia de la cabeza flaca y desvanecida, o embuste, o ilusión del demonio. Y porque estas cosas extraordinarias son de suyo peligrosas, así ni se han de desear ni pretender, antes se han de huir, hasta que nuestro Señor fuerza a recibirlas, o declara su voluntad en querer llevar por este camino al que las siente.

2

Tales son las cosas que abraza este modo de oración y contemplación, que nuestro Señor quiso comunicar al Padre Baltasar por muchas causas y fines que tuvo para ello. Y la principal es, porque, como le tenía escogido para maestro de la ciencia del espíritu y guía de muchas almas que trataban de oración, quiso también que fuese muy aventajado en ella, y que supiese por experiencia estos varios caminos por donde el divino Espíritu suele llevar a sus escogidos. Esta razón alcanzó el mismo Padre, y la ponderó mucho en el tratado que hemos referido: Porque, lo primero (dice), quien nunca aprendió griego, ni lo sabrá leer en libros, ni entenderá al que le habla en ello, y mucho menos sabrá enseñarlo. Y lo segundo, conviene en esta facultad más que en otras, que el maestro sea como causa superior y universal, que pueda ayudar a todos, enderezando a cada uno en su grado y progreso por todas las vías por donde Dios le guiare, que son muchas, aunque todas vayan a un fin; para lo cual importa grandemente tener experiencia de todas. Porque en este camino, la experiencia es la que hace aventajados maestros; y aunque la especulación ayuda mucho, y la lección de Santos y doctores místicos, mas sin comparación ayuda más la propia experiencia. Y es gran consuelo para el discípulo (como dice muy bien un maestro de espíritu) que quien le guía le diga: Por ahí pasé yo, y me acaeció esto y esto; y salirle al camino, y saber adónde va, y comprenderle a media palabra, y darle a entender lo que él no sabe explicar; y esto es muy importante para aprovechar a los discípulos, y para que le den crédito, y estimen lo que les dice, conforme a lo que los apóstoles dijeron a Cristo nuestro Señor: Nunc scimus quia scis omnia, et non opus est tibi, ut quis te interroget. In hoc credimus, quia a Deo existi. Y más les mueve el ejemplo del maestro vivo que así les entiende y habla, declarándoles todo su interior como Cristo a la Samaritana, que cuanto leen de otros pasados. Y así dice este Doctor, que a los tales maestros les está bien abrirse y comunicarse a los que guían, y no cerrarse del todo, como algunos lo hacen; aunque se ha de guardar el decoro en el tanto y en el modo de comunicarse con la discreción que conviene, sin que el discípulo del todo comprenda al maestro. Todas éstas son razones del Padre Baltasar, sacadas de su propia experiencia; con la cual maravillosamente guió las almas, y penetraba sus corazones, y ganó con todos grande crédito de maestro, como adelante veremos. Y buen testimonio es de lo mucho que experimentó en todos los caminos del espíritu, haber dicho, como arriba referimos, la santa Madre Teresa de Jesús, que en todos los modos de oración de que hablaba al Padre Baltasar, su maestro, iba él delante. Y esto mismo confirma lo que él confesó en la relación que se ha puesto, diciendo que le dio nuestro Señor inteligencia de la facultad del espíritu para sí y para otros; que fue hacerle maestro con ciencia experimental de las cosas interiores.

De aquí podemos sacar la segunda razón por que nuestro Señor comunicó este don a este su siervo y obrero evangélico, para que no recibiese daño de la comunicación y trato con los prójimos, antes mucho aumento de perfección, comunicándosela doblada, con aquel espíritu doblado que el profeta Eliseo deseaba para sí y tenía su maestro Elías, conviene a saber, la alteza de la oración y trato familiar con Dios con tanta quietud como si viviera en los desiertos, y la destreza en tratar con los hombres para salvarlos, sin perder por esto el trato con Dios ni dejar de andar en su presencia. Y aunque dice Casiano que esta perfección en entrambas cosas es rara y concedida a muy pocos, como al gran Antonio y al gran Macario; pero quiso nuestro Señor que uno de estos pocos fuese este siervo suyo, y que emplease todo su tiempo en el trato continuo con su Criador por la oración, hermanándole con el frecuente trato con los hombres para la salvación de sus almas, ayudándose el un trato al otro con armonía muy admirable. Y en testimonio de esto, en el mismo año en que el Padre Baltasar hizo su profesión solemne en que se dedicaba al provecho de las almas, le dio nuestro Señor este don, para que entendiese que no se le daba para retirarse a la soledad, sino para que juntase el trato con Dios y el trato con los prójimos; lo cual es mucho más fácil cuando en la oración no se va remando con trabajo, sino navegando viento en popa por moción del divino Espíritu.

Y de aquí se saca la tercera razón; porque el Señor le hizo esta gracia para premiarle las diligencias que había puesto en orar por discursos y meditación de los divinos misterios al modo que se dijo en el capítulo II. Porque viendo nuestro Señor su trabajo y los deseos de su corazón y la fidelidad que juntamente tenía en acudir al bien de los prójimos, quiso liberalmente galardonarle todo esto, en que cogiese todo este fruto, y más copioso, con mayor alivio; porque aunque ambos modos de oración y contemplación producen grandes frutos, pero, diferentemente: el que va por discursos y meditaciones es con trabajo y fatiga, como quien saca agua de un pozo hondo con soga y caldero; o de una noria por muchos arcaduces, encañándola por los regaderos para regar las plantas. Mas el segundo, de la quieta contemplación es sin trabajo ni fatiga, como lluvia que baja del cielo y se empapa en la tierra, de quien dijo el Salmista: El Señor llena de agua los ríos de la tierra y multiplica sus arboledas, y con las gotas que caen del cielo ella se alegra y produce sus frutos. Y la suave providencia de nuestro gran Dios, que es liberal y magnífico en repartir sus dones, gusta de dar alivio a sus siervos; y a los que tienen capacidad para el don de la contemplación y han trabajado en aparejarse para ella con la pureza de corazón, con la mortificación de las pasiones y con largos ejercicios de meditaciones, suele concedérsela con grande abundancia y quietud, especialmente cuando han de emplearse en bien de los prójimos, como la concedió a nuestro Padre San Ignacio después que pasó por las meditaciones que nos enseñó en el libro de sus Ejercicios; y así también la concedió al Padre Baltasar y la concederá a todos los que con semejante cuidado se aparejaren para recibirla, como les convenga para su mayor perfección y perseveren con humildad y resignación en hacer lo que deben en su oración ordinaria, que es escalón para la más levantada.

3

Esta perseverancia, sin tasar a Dios nuestro Señor el tiempo de su visita, es muy necesaria para salir con este intento. Porque, como se ha visto, dieciséis años detuvo nuestro Señor al Padre Baltasar en el modo ordinario de oración, como también detuvo dieciocho años a la Madre Teresa de Jesús, como en su Vida lo escribe el Padre Francisco de Ribera; y otros Santos han también esperado mucho tiempo. Y no es de maravillar; porque, si el Patriarca Jacob estuvo catorce años sirviendo con inmenso trabajo para casarse con su querida Raquel, figura de la vida contemplativa, ¿qué mucho es que los que han de alcanzarla con excelencia y desposarse espiritualmente con la divina Sabiduría trabajen y suden muchos años en pretenderla? Especialmente, que con esta diligencia ganan otros grandes bienes, por cuanto se fundan en humildad profunda, reconociendo que no merecen tan grande don; procuran purificarse mucho más para no ser indignos de recibirle; crecen los deseos y diligencias por haber lo que tanto estiman; es probada y afinada su paciencia y confianza, no desmayando por esta tardanza; con estas y otras virtudes se hacen dignos del soberano don de la contemplación; y, cuando le alcanzan, son más agradecidos al Señor que se le dio y más cuidadosos en guardarle y en aprovecharse de él para el fin que les es dado; y, finalmente, con su ejemplo y experiencia nos animan a la perseverancia en la oración, aunque sea pasando por muchas sequedades y aflicciones; pues quien persevera fielmente llamando a las puertas de Dios viene a ser oído y admitido a la eminencia y dulzura de su familiar trato.

Así lo experimentó el Padre Baltasar, cumplidos estos dieciséis años, sacando los provechos que se han dicho de esta dilación y tardanza del Señor. Y por lo mismo que él había experimentado, nos exhortaba a perseverar en la oración con estas admirables palabras: Acudamos, hermanos, a las puertas de Dios con perseverancia, pues las tenemos abiertas, o, si llamáremos a ellas, nos las abrirá conforme a la promesa que nos hizo cuando dijo: Pedid y recibiréis; llamad y abriros han. Pues ¿por qué no nos consuela tanto esta promesa, que ni reparemos en parecernos que tarda para dejar de llamar, ni en pensar que bastará toda nuestra frialdad para que se deje de cumplir su palabra, si humildemente nos fiamos della? Pues cuando lo queramos llevar por razón, no hay medio más fuerte para enternecer a los duros, cuanto más a los blandos, que temblar uno de frío a su umbral, para que le manden abrir. Duremos, hermanos, a las puertas de este gran Dios, aunque allí estemos temblando de frío; porque, cuando menos pensáremos, mandará Asuero a Mardoqueo que entre y verá la cara del Rey; y será tanta su medra, que olvide los trabajos de haber estado muchos días esperando a aquellas puertas duro y helado como piedra; porque del justo está escrito, que oyó el Señor su voz y le entró en la nube, de donde salió bien premiado de los trabajos que tuvo, esperando y perseverando en llamar.

Y, en confirmación de esto, dijo él de sí mismo que tuvo necesidad de mucha constancia en sufrir las largas de Dios, esperando a que se apiadase dél y le llenase de sus misericordias; y añadía que Dios tarde se descubre a las almas por una de dos causas: o porque están sepultadas en sus vicios y tardan en salir dellos, y cada vicio es como una niebla muy oscura que impide la vista del Criador, o para que saquen cuán grande bien es el que buscan, por lo mucho que pasan y tardan en hallarle; y en aquellos espacios las prueba de muchas maneras, con trabajos interiores y también con penalidades exteriores, para que de ahí se entienda que tras grande bien andamos, pues tanto por él trabajamos.

De todo lo cual se concluye la excelencia de la oración que alcanzó este santo varón y los grandes dones que por su medio recibió. Porque si, ordinariamente, cual es la sementera, tal suele ser la cosecha, y a la medida de los dolores, da Dios los consuelos, y conforme a la grandeza de los trabajos reparte los premios; quien perseveró dieciséis años en sembrar y trabajar con sumo cuidado, ansia y diligencia por este don, y a su medida se le concedió el Señor, que es liberalísimo en dar mucho más de lo que sabemos pedir e imaginar, ¿cuán excelente se le concedería con cosecha muy copiosa de merecimientos, con abundancia de consuelos espirituales y con otros dones y gracias que suelen ser premio de los fervorosos? Si la bondad del árbol se conoce por la bondad de los frutos, ¿cuánta será la excelencia de la oración que lleva tales frutos como quedan referidos? ¿Y qué frutos hay más excelentes que los doce que cuenta de sí mismo en esta relación, y son como doce escogidos frutos de este árbol de vida que plantó Dios en el paraíso de su Iglesia y de la Compañía? Y como dice San Juan, que estos árboles del paraíso llevaban cada mes frutos nuevos: así, cada mes y cada día los renovaba, y era testimonio de la grande familiaridad que secretamente tenía con su Dios, de cuyo trato lo recibía.

Capítulo XV. Cómo entró en este modo de oración por especial vocación de Dios; y decláranse más las señaladas mercedes que recibió para su mayor perfección, y para ayudar más a los prójimos

Es tan soberano bien el trato íntimo y familiar con Dios nuestro Señor y el don de la quieta y perfecta contemplación cual se ha pintado, que no pudo el Padre Baltasar, como él mismo lo dice en su Relación, subir a ella, si no es por especial vocación del mismo Señor, el cual llama a los que quiere, y cuando quiere, y de la manera que quiere, sin que para esto haya lugar, ni año, ni tiempo determinado, sino sola su voluntad santísima, cuyos deleites son conversar con los hijos de los hombres; pero con unos más familiarmente que con otros, por especial gracia y privilegio que llamamos vocación; y es una inspiración y moción o afición grande que imprime en el alma, inclinándola a este modo de orar tan levantado, comunicándola aptitud y caudal para seguirle; porque ni todos son llamados para esto, ni tienen aptitud para ello, ni les conviene temerariamente arrojarse con presunción a pretenderlo. Y aunque nuestro Señor, por especial privilegio y favor, a algunos desde su niñez, o desde su primera conversión, los levanta de repente y de primer voleo a esta oración tan alta, y a veces a cosas muy extraordinarias; pero, en lo ordinario, no suele comunicarle sino a los que se han ejercitado en la oración por meditaciones y discursos, cerca de los divinos misterios; para lo cual casi todos tienen vocación o inspiración, más o menos, conforme a su capacidad. Y de esto tenemos un dibujo que lo declara admirablemente, en lo que sucedió a Moisés y a su pueblo junto al monte Sinaí. Porque el pueblo, desde lejos, veía y oía las voces, truenos, sonidos de trompetas, llamas de fuego y humo que había en el monte; y atemorizados dijeron a Moisés: Háblanos tú, y no el Señor, por que no perezcamos; y él les consoló diciendo que aquello se había hecho para que se fundasen en temor de Dios, y no le ofendiesen. Después llevó consigo más cerca a su hermano Aarón y otros sesenta ancianos de Israel, los cuales vieron a Dios, después, sobre un estrado de piedra de zafiro, que se parece al cielo cuando está sereno. Luego, entró Moisés en la oscuridad y niebla, donde estuvo seis días; y al séptimo, le llamó Dios; y, cubierto de niebla, subió a la cumbre del monte, donde estuvo cuarenta días conversando con el Señor con extraña familiaridad, como un amigo con otro, y le mostró su divino rostro con la claridad que en esta vida mortal puede ser visto. Pues a este modo se ha de entender lo que pasa en el pueblo cristiano. Porque la multitud de los fieles, que es como chusma de menos capacidad, o de mucha ocupación en varios negocios, solamente son llamados para oraciones vocales y para considerar y ver, como desde lejos, algunos divinos misterios, especialmente aquellos que causan temor santo de Dios y espanto de su rigurosa justicia, para que se aparten de pecados, hagan penitencia y reformen su vida; como son lo que enseña la fe del juicio y infierno, y otros castigos que Dios ha hecho.

Pero otros fieles hay, figurados por los setenta ancianos, que son llamados de Dios para acercarse más a Él con los ejercicios de la oración mental, con meditaciones más profundas de los divinos misterios y afectos más encendidos de amor y confianza; y llegan a conocerle por sus obras, las que tienen debajo de los pies, y por la hermosura del cielo con sus estrellas y planetas, discurriendo y sacando de aquí las grandezas del Criador, y aficionándose a servirle por lo que Él merece y el bien que les hace; y de este género son las personas religiosas y seglares que van por el camino ordinario de la oración mental cuya seguridad y necesidad y grandes frutos probaremos largamente en el capítulo XLII, por venir allí más a propósito.

Pero otros pocos hay figurados por Moisés, a quien nuestro Señor, con vocación más especial, levanta al supremo grado de la oración y unión con Su Divina Majestad, y los mete en sus tinieblas celestiales, y en aquella niebla, que ciega los ojos para no ver las cosas del mundo, y los abre para ver a su Criador, con quien tienen trato muy familiar y regalado, unos más, y otros menos, según que el Señor se digna de comunicarse a sus criaturas. Pero antes que las levante a lo supremo, las detiene seis días en otro grado más bajo, donde pruebe su paciencia y se vayan ejercitando y disponiendo para recibir lo más alto. Tales habían de ser (como ya se ha dicho) los maestros de espíritu, que han de gobernar, como otro Moisés, al pueblo cristiano y a los que tratan de andar por este camino de la oración; y tal fue nuestro Padre Baltasar, a quien Dios, por haberle escogido como a Moisés, por guía de las almas, le hizo este favor, y los demás que se han apuntado. Y por ser tan grandiosos, será muy importante declararlos más, por lo que el mismo Padre dijo en otras ocasiones.

1

Por cuyo fundamento pongamos el primer favor de donde proceden los demás, que es tener al mismo Dios por maestro en la oración, no solo con aquel modo general con que se llama y es maestro de todos, y a todos enseña y mueve a orar, como se dijo en el capítulo III, sino con otro más especial y regalado, con sus ilustraciones e inspiraciones especiales, arrojando lluvia de santos pensamientos y afectos fervorosos, sin que el alma ande trabajando en hallar este divino pasto con discursos y meditaciones, a costa de muchas industrias. Y así solía decir el Padre Baltasar, que quitar Dios el discurso al alma en la oración es señal que quiere Su Majestad serle maestro; porque entrar a ella cerradas todas las puertas, es privilegio suyo, y propio de solo el que la crió, incomunicable a bueno y malo espíritu; y así es segurísimo y ajeno de ilusiones; y la paz y gozo que siente entonces el alma es indicio de la misma Majestad que está presente. Y más claramente dice esto en su librito por estas palabras: A 5 de febrero de 1569, estando en la oración de la mañana, tuve un sentimiento particular, considerando la falta que me hacía un siervo de Dios que se había apartado de mi compañía, ofreciéndoseme: Agravio hace a Dios el que tratando con Él piensa que le hacen falta los hombres (cuando ellos le dejan sin culpa suya). Y el mismo día, diciendo Misa, volviéndome el mismo pensamiento, se me representó con el mismo sentimiento: Si el que te ayudaba por hombres quiere ser tu maestro y enseñarte por sí mismo, ¿qué agravio te hace? —Grande merced es ésta y principio de grandes bienes, porque Dios, en una breve razón, encierra y enseña muchas, y la oración de los tales es una asistencia continuada del Señor, con reverencia y confianza, quieta, y sembrada de inteligencia de verdades y de dulces bocados, relieves del plato del Señor, y de coloquios y hablas familiares con Él en su dulce presencia.

De aquí procedió la segunda merced, que fue descubrirle (como dijo David) los secretos de su divinidad y profunda sabiduría por el modo que enseñan los Doctores de la ciencia mística. Así lo dejó escrito en el mismo librito, por estas palabras: A 1 de marzo de 1576, habiendo tratado la tarde antes con una persona espiritual, qué era visión intelectual de Dios y de sus misterios, tuve una vislumbre de lo que me dijo, con un sentimiento tierno; y entrando en la oración, sentí la presencia del Señor que estaba allí de una manera que ni se veía, ni se imaginaba, pero sentíase y aprendíase con más certeza y claridad que lo que se ve y se imagina. Y los indicios de esto son: Primero, lo que así se ve obra más en el alma que lo que se imagina o ve corporalmente. Lo segundo, obra paz y contento tan grande, que parece meter nuestro Señor al alma en su reino, y viéndose ella puesta en tanto bien, que ni lo imaginó, ni lo mereció, dice al Señor aquello de David: ¿Quién es el hombre para que os acordéis de visitarle? Y lo que dice su Majestad que le dirán los justos el día del juicio cuando les diere razón del Reino que les da: Señor, ¿cuándo te vimos o te acogimos?, etc. Así le dice el alma: Señor, ¿qué servicios te he hecho yo? Señor, ¿cuándo te merecí tan grande bien? —Lo tercero, sale de allí el alma, ni suya ni de nadie, sino toda del que es todas las cosas, conforme a lo que dice David: Una sola cosa pido y pediré, que es ser de los familiares de la casa de Dios, porque me ha metido en lo secreto de su tabernáculo. Y allí metida el alma comienza Dios a amanecer en ella y a mostrársele; allí la regala y la es dulce y tierna cosa mirarse a sí como a tal, y pensar en los que ama por el Señor mucho más que si los amara por sí o fueran suyos. Lo cuarto, en que, pensando si puede el demonio fingir aquella bendición, no se acaba de persuadir el alma que sea de mal espíritu cosa que tan buena la deja y tan bien la pone con su Dios. Lo quinto, en que dice con San Pedro: Bueno es, Señor, estarnos aquí. Huye de todo sueño y no se cansa de orar. Lo sexto, en que parece experimenta lo que dice San Dionisio, cap. I, De mystica Theologia, que no entendiendo nada, trasciende toda inteligencia. Parece que no conoce nada por una parte y por otra no puede atender a otra cosa, ni dejar de tener mucha satisfacción con la que tiene, sin verla ni tocarla, aunque está della más cierta y con más claridad que de todo lo que ve y toca.

Por estas palabras se echa bien de ver la grande luz intelectual que nuestro Señor le comunicaba en la oración, pues con ella entraba en el Reino de Dios, que es el paraíso de sus deleites y justicia, paz y gozo en el Espíritu Santo, y della salía tal, que ya no era suyo ni de otros, sino todo de Dios, con quien estaba unido y hecho un espíritu. Y así, a cierta persona afligida dijo él mismo en buena ocasión, tratando de la oración, que había mucho tiempo que vivía ya en otra región, entendiendo a lo que pienso, lo que dice San Pablo, que su conversación era en los cielos.

De aquí procedió otro singularísimo favor que le hizo nuestro Señor, asegurándole que entraría en aquel Reino eterno para ser su perpetuo morador. Así lo descubrió el mismo Padre al Padre Gil de la Mata, que después fue enviado al Japón y volvió de allá dos veces por procurador de aquellas Indias, para tratar de sus negocios con nuestro Padre general. Y como un día tratase familiarmente con el Padre Baltasar de la dichosa suerte que tendría un alma si pudiese estar cierta de su salvación por los peligros en que se mete en estas empresas por amor de Dios, le respondió: «Yo a lo menos, por palabras claras y expresas tengo seguro el negocio de mi salvación, y ésta es una de las misericordias que nuestro Señor hace a algunos, la cual más les sirve de espuela para correr, que de freno para parar». Y otra vez, estando en oración, vio una procesión de bienaventurados, y a sí entre ellos, y esta visión contó al Superior, dándole cuenta de la conciencia, y se sabe por relación de dos personas de la Compañía muy graves; y della parece que hace mención en su Relación, cuando dijo que se halló de repente en una congregación señalada para la bienaventuranza; y es conforme a la revelación que dello tuvo la santa Madre Teresa de Jesús, como se dijo en el capítulo X.

¿Y qué maravilla, que quien tenía tales visiones quedase algunas veces en éxtasis, suspenso el uso de los sentidos? Una vez en Medina, estando en oración de rodillas en su aposento, entró un Padre, y le halló rodeado de un admirable resplandor, indicio del que tenía en lo interior. Otra vez, entró el hermano que tenía cuenta con su aposento, y le halló absorto y enajenado de los sentidos, de suerte que no le sintió entrar ni salir; y para que el Padre reparase en ello, quiso el hermano cubrirle el rostro con el pañizuelo, y dejarle así. Preguntóle después el Padre si sabía quién hubiese entrado allí. Y diciéndole el mismo hermano cómo él había entrado, le mandó que callase lo que había visto. Otra vez, en Salamanca, estando estudiando, miró a un Cristo crucificado que tenía delante, y se quedó elevado fuera de sí, sucediéndole con otro hermano lo mismo que se acaba de contar.

El Padre Gaspar Astete, bien conocido en esta Provincia, contó que siendo él Ministro en la casa Profesa de Valladolid, tuvo el santo Padre Baltasar una enfermedad, y dejándole el enfermero de parte de noche con razonable disposición, a la mañana lo halló sin sentido, y como muerto; llamaron a los médicos, y no supieron qué podía ser, sino algún desmayo. Estuvo así hasta la tarde; trajeron una reliquia del lignum crucis y otras que hay en aquella casa, y en poniéndoselas volvió en sí, y habló como solía, y como si no hubiera pasado mal alguno por él; de donde coligieron que no había sido desmayo, sino rapto, como los que solía tener en su profunda oración. Y otra vez, estando enfermo, le sucedió lo mismo, y diéronle muchos garrotes, para que volviese sobre sí; y como no volviese, hicieron ir luego un propio a Medina del Campo, de donde era recién venido, a preguntar qué enfermedad era aquélla, y si la había tenido otras veces, y respondieron que no le hiciesen remedio, porque eran éxtasis que tenía muchas veces, y solían durarle días.

Finalmente, desde entonces con más viva fe andaba siempre en la presencia de su Dios, con un continuo recurso a Su Divina Majestad en todas sus cosas, consultándolas con él, como con su maestro, y pidiéndole su ayuda y dirección en ellas; y esto es gran parte para lo que llamamos trato familiar del alma con Dios, y orar continuamente. Y así, decía el mismo Padre: Orar es levantar el espíritu a Dios y comunicarle todas sus cosas familiarmente con grande reverencia y con mayor confianza que nunca tuvo el más regalado hijo con su madre, y tratar allí todas las cosas altas y bajas, las del cielo y las del suelo, lo mucho y lo poco con su maestro y señor; abrirle el corazón y derramarle todo, sin que quede nada dentro; decirle sus trabajos, sus pecados, sus deseos y todo lo demás que estuviere en el alma, y descansar con él como un amigo con otro de quien se fía, a quien descubre todas sus cosas, buenas y malas. Esto es lo que llama la divina Escritura derramar en la presencia de Dios el corazón como agua; no como aceite, que se queda pezado algo en el vaso, sino como agua, que toda se vierte, manifestando a Dios no solamente lo grande, sino lo pequeño; porque, como su divina providencia lo gobierna todo, y sin su ayuda no podemos cosa alguna buena, grande o pequeña, es grande cordura tratarlas todas con Dios, de quien ha de proceder el acierto en ellas.

2

Por este frecuente trato con nuestro Señor, vino también a recibir otras mercedes, que le ayudaron mucho en las cosas que hizo para bien de las almas; y una muy señalada fue la gran confianza y eficacia que tenía en pedir y alcanzar de nuestro Señor las cosas que convenían para sí y para los prójimos, como él mismo lo apuntó en su librito, diciendo que teniendo un día oración sobre aquellas palabras de Cristo nuestro Señor: Pedid y recibiréis, entendió de arriba, que nuestro Señor no quiere que nos encojamos en pedirle mercedes, sino que este encogimiento es tentación del demonio. Y pidiendo una vez por un necesitado, oyó que le decían: ¿Por qué eres corto en pedir, si es Dios largo en dar?, como significándole que pidiese también por los otros necesitados. Y otra vez, pidiendo el buen suceso en un negocio, oyó estas palabras: Yo te ayudaré como Rey. Y así fue en esta ocasión, y en otras muchas, en las cuales oraba con tanto fervor por algunas necesidades, que antes de salir de la oración quedaba certificado del remedio dellas, o por revelación expresa, o por algún instinto interior que le aseguraba dello; el cual, como dice Casiano, es señal de que Dios ha oído la oración, de lo cual se pondrán adelante muchos ejemplos.

Entonces también le comunicó nuestro Señor lo que le faltaba de la doctrina y ciencia que no pudo granjear por su industria, como él mismo lo apuntó en su Relación, y más claramente lo dijo al Padre Juan de Pineda, que entró en la Compañía siendo colegial en el Colegio de Oviedo en Salamanca, y había sido graduado en leyes, y temblaba de comenzar los estudios de Artes y Teología, pareciéndole que no podría salir con ellos; y para animarle a confiar en Dios, que supliría la falta de sus industrias, le contó en secreto que andando él con pena y tristeza, por parecerle que por las muchas ocupaciones que tuvo cuando estudiante, y después de ordenado, no había estudiado tanto como era necesario; y así, las letras escolásticas le habían de hacer falta para los ministerios que usa la Compañía de confesar y predicar; pero habiéndose ejercitado mucho tiempo en la oración, a deshora un día sintió una luz extraordinaria en el entendimiento, con la cual vio y entendió tan claramente las verdades escolásticas y conclusiones teológicas, como si muchos años con gran curiosidad las hubiera estudiado; y desde entonces le quedaron tan impresas en el entendimiento, que nunca más sintió la falta que solía. Y a otro Padre grave dijo que nuestro Señor le había hecho merced de darle inteligencia de la divina Escritura y de las materias morales, y que, desde el día que recibió este favor, había perdido el miedo que solía traer, sin atreverse a estar sin tener a su lado algún hombre muy docto con quien consultar luego las dudas que se le ofrecían. Otras veces solía decir hablando desto: «Yo no tengo mucho entendimiento ni estudio; mas con tratar almas buenas, leer Santos y tener oración, me ha hecho el Señor merced de darme inteligencia de la sagrada Escritura».

En las cuales palabras juntó las tres fuentes de donde sacó la eminente ciencia de espíritu, para conocer las cosas interiores y espirituales; conviene, a saber: la lección de los Santos que las experimentaron y dejaron escritas;

la comunicación con almas que las sienten y experimentan, y la oración y trato con Dios. Y ésta fue la principal, cuando llegó a la excelencia que en este tiempo le fue concedida; no solo por la experiencia que tuvo de ellas, aun de las muy levantadas, sino por la luz con que nuestro Señor le ilustraba, para conocerlas y discernirlas. Y esta luz fue al modo de la lumbre de profecía, la cual como dice San Gregorio, a quien sigue Santo Tomás, manifiesta dos cosas, propias de solo Dios; conviene a saber, los secretos del corazón humano, y las cosas que están por venir; y en entrambas cosas ilustró nuestro Señor a este su siervo; unas veces revelándole los secretos del corazón de las personas con quien trataba, para guiarlas con acierto (y como las revelaciones proféticas se hacen por los ángeles, así los que eran guardas de estas personas, le revelaban algunas cosas que tocaban a ellas, como se dijo en el capítulo VI); otras veces le revelaba cosas que estaban por venir, de las que dependen de nuestra voluntad, asegurando dellas a las personas a quien tocaban: de todo lo cual se pondrán muchos ejemplos en los capítulos que se siguen.

Capítulo XVI. De las cosas maravillosas que en Medina y otras partes hizo en los prójimos con la eficacia de su oración, y descubriendo a muchos cosas secretas del corazón, o cosas que estaban por venir

Aunque la mudanza del Padre Baltasar de Ávila a Medina y a otros Colegios, principalmente era por el provecho espiritual de los nuestros, mas su caridad no se estrechaba a los de casa, sino también se extendía a los de fuera, en quien hacía notable fruto con sus dos ordinarias armas de oración y pláticas de Dios, juntando con ellas las cosas que el Señor le revelaba para bien de las almas. Y de todas contaremos algunas cosas que sucedieron muy notables, diciendo primero las cosas que hizo en varias suertes de personas, donde se descubren mucho sus grandes talentos.

1

Comenzando por la eficacia de su oración, ésta era la principal arma con que combatía y rendía los corazones rebeldes, cuando no bastaban para ello sus pláticas y razones, alcanzando del Señor eficacia para ellas; porque casi todas las cosas memorables que hizo con los prójimos, o seglares o religiosos, las negoció y alcanzó con sus oraciones; unas veces con ellas solas, otras añadiendo sus industrias y diligencias, como se verá por los ejemplos y sucesos siguientes.

Entró en Medina un seglar en nuestro Colegio a hacer los Ejercicios espirituales de la Compañía, con determinación de quedarse en ella; pero el demonio, que no duerme, y le pesaba desto, acometióle el cuarto día con una tentación de volverse al siglo, tan fuerte, que se rindió a ella y dijo al Padre que le daba los Ejercicios cómo quería irse. Este Padre le procuró persuadir con muchas razones que aquélla era tentación de Satanás para destruirle; mas no hizo en él alguna mella; y así dio cuenta de ello al Padre Baltasar Álvarez, que era Rector, el cual pidió al hombre que, siquiera por rogárselo él, se detuviese aquella noche hasta la mañana. Hízolo así por el grande respeto que todos le tenían, temiendo que Dios le había de castigar, si no hacía lo que le pedía. El santo varón se acogió a su refugio de la oración, tomando primero una recia disciplina, y gastando toda la noche en suplicar a nuestro Señor abriese los ojos de aquel tentado y rendido, y le quitase la tentación. Oyóle nuestro Señor, viendo el fervor y confianza con que se lo pedía; y por la vigilia de su siervo acudió con el remedio al tentado cuando estaba dormido; el cual vio entre sueños dos fieros hombres, que estaban a la portería de nuestro Colegio, aguardándole para darle de puñaladas, afirmándole que, si salía, sin duda se las darían, y dejarían allí muerto. Vióse por el suceso que el sueño era de Dios y de su santo ángel; porque despertó tan atemorizado y tan trocado, que no veía la hora de que amaneciese para irse a echar a los pies del santo Padre Baltasar, como lo hizo, pidiéndole con mucha instancia le recibiese en la Compañía. Recibióle después que acabó los ejercicios, con grande provecho de su alma, y con el mismo perseveró, haciendo bien a otros muchos con sus ministerios; y, después, contó lo que queda referido, atribuyéndolo a la eficacia de la oración de este santo varón.

Pero no es menos admirable lo que le sucedió en el mismo Colegio con otro novicio, que, siendo tentado de dejar la Compañía e irse a la Cartuja, se resolvió de ejecutarlo, ofreciéndole el demonio cómoda ocasión para ello, con fin de que perdiese lo uno y lo otro. Porque una noche de verano, al tiempo que se cerraban las puertas de casa, se quedó escondido en la huerta, y saltando por unas tapias se salió. El que visitaba las luces después de todos acostados, como es costumbre, echó de ver que faltaba aquel novicio, y, sospechando lo que podía ser, acudió al Padre Baltasar, que, como buen pastor, estaba en vela orando, como solía, por su ganado. Y cuando oyó esto, luego se fue a la capilla de nuestra Señora, que hay en aquel Colegio, y habiendo tomado la disciplina que solía, se estuvo toda la noche en oración, suplicando a nuestro Señor y a la sacratísima Virgen su Madre, se compadeciesen de aquella oveja que iba descarriada, con peligro de dar en la boca del lobo infernal, que pretendía tragarla para llevarla consigo al infierno. Fue tan eficaz su oración, que no solamente fue oído, sino también le fue revelado que volvería libre de aquel peligro, que sin duda fue muy terrible. Porque el pobrecito novicio, que iba muy de priesa y muy congojado, pareciéndole que iban tras él y que a cada paso le alcanzaban, cuando llegó a la mitad del camino le comenzó a turbar una fuerte imaginación que le tuvo muy perplejo, ofreciéndosele que en Aniago, que era el monasterio de Cartujos adonde caminaba, no habían de dar crédito a lo que dijese; pues si le preguntaban e inquirían de dónde venía, habían de saber que venía huyendo de la Compañía, y por el mismo caso no le recibirían. También volver atrás parecíale cosa dificultosa, y quedarse en el siglo cosa afrentosa; pero siempre caminando. hasta que llegó a la puente de un río que está en el camino, y entonces acudió el lobo infernal, ansioso de tragar aquella pobre alma, ofreciéndole a la imaginación, por mejor remedio para salir de su perplejidad, echarse de la puente abajo, para ahogarse, y acabar de una vez con todo. Apretándole mucho esta tentación de desesperar, fue nuestro Señor servido, por la oración de su santo Pastor, que, en medio de aquellas tinieblas, le apareciese un resquicio de luz, que le persuadía volverse luego al Colegio de la Compañía, facilitándoselo mucho. Porque, como era de noche, no le habrían echado menos; por la misma parte por donde se salió podía volver a entrar en la huerta, antes que abriesen las demás puertas de casa; y, en abriéndolas, podía luego entrarse dentro, sin que nadie le viese ni reparase en ello. Hízosele esto tan fácil, habiéndosele hecho antes tan dificultoso, que se resolvió de ejecutarlo; y sucedióle puntualmente como lo había pensado o, por mejor decir, como el buen ángel se lo había inspirado. A la mañana, como el mismo que le había echado menos le hallase en casa, fuelo a decir al santo Padre, el cual le respondió, cómo ya él lo sabía, dando a Dios las gracias por ello; y pasados algunos días, llamó al novicio, el cual le contó todas las cosas que le habían pasado; y de allí adelante quedó tan quieto, como si tal cosa no le hubiera sucedido. Por donde se ve el amor que nuestro Señor tenía a su siervo, pues no solamente le concedía lo que le pedía, sino allí se lo manifestaba, para aliviar presto su pena.

Más admirable fue lo que sucedió con el Padre Francisco de Ávila, que fue gran religioso en nuestra Compañía, y habiendo ido en la armada que el Adelantado don Martín de Padilla llevaba a Irlanda, a la vuelta murió en La Coruña. El cual, siendo estudiante seglar en Salamanca y mozo de gentil disposición y valiente, venida la Cuaresma, se recogió en nuestra casa, como otros muchos estudiantes lo hacen allí en aquel tiempo, para confesarse despacio y tener algún ejercicio de oración. No llevaba propósito de ser religioso; mas, a pocos días que estuvo recogido, le dio nuestro Señor una gran luz que le convenció el entendimiento de que le convenía dejar el mundo y entrarse en la Compañía, por muchas razones que se le representaron para ello. Y aunque éstas le hacían mucha fuerza, pero la voluntad estaba tan repugnante, que le daban congojas y bascas como de muerte; de modo que le era necesario salirse a respirar fuera del aposento, porque le parecía que se ahogaba. Estando en esta congoja, llegó el Padre Baltasar, y le animó y consoló, diciéndole que él lo encomendaría a nuestro Señor, y haría que los de casa hiciesen lo mismo. Fue de tanta eficacia su oración, que, dentro de poco rato, le dio nuestro Señor ánimo para romper por todas las dificultades que se le ofrecían; y se determinó con mucho fervor y lágrimas de entrar en la Compañía y estar en ella perpetuamente, aunque fuese reventando. En acabando de arrojarse a los pies de Cristo nuestro Señor y de ofrecerle este sacrificio, sintió tanta mudanza en su corazón, que parecía bien ser de la diestra del Altísimo; y ya no sentía congojas, antes grandísimo consuelo, y un extraordinario y afectuoso deseo de ser recibido en la Compañía. Volvió a visitarle el Padre Baltasar, y habiéndole contado todo lo que por él había pasado, le dijo con un rostro muy sereno: «Dé muchas gracias a nuestro Señor por la merced que le ha hecho; ya yo sabía que esto había de ser así. Como cuando el Profeta Elías dijo a su criado que fuese a ver si se levantaba alguna nube del mar, y habiendo ido siete veces, a la postrera, dijo: "Una nube pequeña, como la huella de un hombre, se levanta de la mar". Entonces envióle el Profeta al Rey Acab, para que le dijese que se bajase del monte, porque venía grande lluvia; y así fue, que luego los cielos se oscurecieron y llovió con grande abundancia. Así, yo también había visto que esto había de ser; y esto quédese en su pecho». De las cuales palabras se sacaba bien, que lo había alcanzado de Dios con su oración, y en ella se lo había revelado.

Esto dio por escrito el mismo Padre Francisco de Ávila. Y a otro Padre familiar suyo contó también que, habiendo ya pedido la Compañía y díchole el Padre Baltasar Álvarez que le recibiría, volvió el demonio a tentarle tan fuertemente, que le pesó de haberlo pedido, y queriendo salirse de los Ejercicios sin nota pidió licencia al Padre Baltasar Álvarez para irse a despedir de ciertos parientes y tratar con ellos un negocio que tenía. El Padre le respondió: «Vaya con Dios; y, como toma tiempo para mirar lo que ha de hacer, nosotros le tomaremos para mirar también lo que nos conviene». Por esta respuesta entendió que le había conocido los pensamientos, y determinó de quedarse, hasta que, con efecto, le recibieron la Compañía.

2

Esta fue otra de las cosas con que hizo maravillosos efectos en las almas, manifestando las cosas secretas y las que pasaban por los corazones antes que se las dijesen, por habérselas nuestro Señor revelado a él, para los efectos que pretendía; de lo cual pondremos otros ejemplos bien notables. El primero sea de don Francisco de Reinoso, dignísimo Obispo que fue de Córdoba; el cual, cuando vino de Roma con muy gruesa renta eclesiástica, quiso recogerse algunos días en la casa que entonces teníamos en Simancas, y hacer allí los Ejercicios espirituales de la Compañía, para poner orden en sus cosas y tratar de su perfecta reformación. Y como pidiese algún Padre a propósito para esto, diéronle al Padre Baltasar Álvarez, por ser tan diestro en este oficio. El cual un día, acabado de comer, estando los dos solos, como si le leyera el corazón, comenzó a decirle todos sus pensamientos e intentos, y las trazas que traía de Roma, y todo cuanto por él pasaba. Causó esto tanto espanto en el buen don Francisco (como él mismo lo contó después), que, derramando muchas lágrimas por sus ojos, se puso en sus manos, para que trazase su vida, como viese que se había Dios de servir más della. Salió de los Ejercicios tan industriado en las cosas de oración, y tan reformado en la vida, gastos y pompas del mundo, que causó no pequeña edificación en todos los que le conocían, con provecho de muchos pobres, a quien socorría liberalmente con sus limosnas; y de ahí adelante, se iba de cuando en cuando, desde Palencia, donde residía, a Villagarcía, donde estaba el Padre Baltasar, a renovar los mismos Ejercicios; y sacaba dellos grande bien para su alma, admirándose de los grandes dones que nuestro Señor había puesto en el dicho Padre.

Demás desto, entre las personas que confesó y trató mucho en Medina, fue doña Elena de Quiroga, sobrina del Cardenal don Gaspar de Quiroga, Arzobispo de Toledo; la cual, después, se entró monja Descalza Carmelita, donde vivió y murió santamente. Esta señora contó dos cosas notables, que le pasaban comunicando con el Padre Baltasar. La una, que sus palabras se le pegaban al corazón más que las de otros, y la encendían y enternecían con abundancia de lágrimas. Y una vez —dice— me hizo llorar mis pecados cien veces más que en toda mi vida los había llorado; y duróme esto algunos días, hasta que torné a él, y se lo dije: y él me respondió: «Gracias a Dios, que sacamos agua de la piedra». Y luego me consoló. La otra era que echaba de ver por experiencia que la enseñaba lo que había menester para su alma, como si viera claramente las necesidades que había en ella; y algunas veces, antes que le contase la necesidad que traía, la daba el remedio que había menester. Y en particular, yendo una vez muy trabajada a hablarle, en entrando en el confesonario se lo conoció sin haberle dicho palabra; y la primera que él dijo fue: «Ea, Señora, buen año tenemos; gran cosecha ha de haber; trabajos con paciencia gran bien acarrean». Y otra vez, quejándose de la sequedad que padecía en la oración, antes que ella le hablase, la previno diciéndola: «Si sequedad es buen año, buen año tenemos»; con lo cual quedó no poco alentada.

Esto mismo sucedió a otra sierva de Dios, a quien por su mucha virtud concedían licencia de comulgar cada día. Y un día que se iba a confesar, la hizo esperar dos horas; y cuando bajó al confesonario, la dijo todo lo que en aquellas dos horas había pasado por su alma, con lo cual quedó admirada y alentada, dando por bien empleado su trabajo en aguardar. Porque semejantes revelaciones hácelas Dios a sus ministros, no solo para acreditarlos, sino por alentar a los que se confiesan y tratan con ellos, para que les entren más en provecho sus ministerios.

Doña Ana Enríquez, hermana del Marqués de Alcañices, muy devota deste santo Padre, escribió en un papel, que después nos dio, muchas cosas que le habían pasado con él; y entre otras, dice ésta, que supo por dicho del mismo Padre. El cual, estando aquí en Medina, y ella en otro pueblo, vio en espíritu el desconsuelo y aflicción que ella tenía, y suplicó a nuestro Señor con mucha instancia diese orden cómo se viesen, para poderla consolar, como había menester. Dióle Su Majestad en que se ofreciese luego hacer un camino con su marido, y pasasen por Medina, aunque era rodeo, y ella lo contradecía por no rodear, pero todas las dificultades venció la oración del Padre; el cual la confesó, y habló de tal manera, que hizo en ella una operación extraordinaria, dejándola tan llena de consuelo, que vino a decirle que no le hablase más palabra, porque ya no podía llevar tanto. Y también afirmó que, en otras varias ocasiones, la dijo muchas cosas futuras que la habían de suceder, las cuales salieron así como se las había dicho.

3

Y este modo de revelaciones de las cosas futuras fue la otra cosa que admiraba, y hacía mucho fruto; de lo cual hay también muchos ejemplos notables, que sucedieron en diversas partes. El primero fue en Ávila, con una mujer de las que se confesaban con él; la cual, estando muy afligida por la ausencia de su marido, que también era muy devoto del mismo Padre Baltasar, y no había podido saber dél muchos días había; vino a decir su trabajo a su santo confesor para que la consolase. Él la oyó, y se enterneció de verla llorar, llorando con ella, hasta que, reparando en lo que hacía, dijo: «¿Qué consuelo doy yo con llorar también? No lloremos, que todo se remediará; porque vuestro marido vendrá aquí sin falta esta semana». Y así se cumplió; que aquella semana vino, y la mujer testificó que se lo había dicho antes el Padre Baltasar, con lo cual quedó alentada para servir más a Dios, dándole gracias, porque tan buen Padre y confesor le había dado. Otra cosa semejante sucedió al mismo marido de esta mujer, como él mismo lo contó a otro Padre de la Compañía, con quien se confesaba después que salió de Ávila el Padre Baltasar. Y tratando dél, le dijo: «¡Oh, qué santo varón era este Padre! ¡Y cómo pegaban fuego sus palabras! Una vez fui muy desconsolado a hablarle, porque a mi parecer quedaba muerta mi suegra, y venía de llamar quien la enterrase. Estaba yo con mucha pena de que no había declarado algunas cosas de importancia: él me consoló, dándome a entender que aún no era muerta, y que tendría tiempo para declararlas. Y fue así: porque atentado con estas palabras, volví a casa, halléla viva, declaró lo que yo deseaba, y luego se quedó muerta como una pajarita. Esto es lo que contaron estos afligidos casados, por cuyo consuelo reveló nuestro Señor a su santo confesor lo que había de darles alivio en su trabajo.

Otra cosa no menos admirable contó de sí mismo un Padre de la Compañía muy fidedigno: el cual andando muy fatigado por verse tan hombre y sin partes aventajadas para ayudar a los prójimos, según nuestro Instituto, fue a comunicar muchas veces esta tentación con el Padre Baltasar. Y como todavía durase, y no se atreviese a hablarle más sobre ella, encontróse con él un día en un tránsito del Colegio, y díjole muy despechado: «Padre, este trabajo todavía me persigue». Respondió el Padre Baltasar: «¿Parécele que hay en la Compañía medios para salvarse?». Y como dijese que sí, replicó el santo varón: «Pues no solo os salvaréis vos, sino ayudaréis a otros muchos que se salven, y viviréis contento en la Compañía». Con esto se le quitó del todo la tentación, y se cumplió la palabra que, en nombre del Señor, le dio su siervo; porque este Padre fue un grande obrero en nuestro Colegio de Salamanca; en el cual, siendo Rector el Padre Baltasar, le sucedieron otros casos semejantes que en su lugar contaremos.

Capítulo XVII. Del grande fruto que hizo en muchas personas seglares y religiosas con la eficacia de sus pláticas espirituales

La otra arma de que se aprovechaba el Padre Baltasar para la conquista de las almas era la eficacia y espíritu que tenía en las pláticas de cosas espirituales; aunque es verdad que nuestro Señor, cuyos juicios son muy secretos en el repartimiento de los talentos y gracias gratis dadas, no le dio talento ni gracia de predicar en los púlpitos, como la tienen ahora muchos predicadores, para que tuviese algo en que humillarse, y reconocer a los otros; y así, como humilde, no quiso usar este ministerio en lugares populosos. Pero suplió nuestro Señor esta falta, para traer gente al Colegio que le conociese, con darle predicadores famosos, que hacían con grande fruto este oficio. Y así, cuando vino por Rector del Colegio de Medina, proveyó que fuese allí por predicador el Padre Bautista Sánchez, a quien nuestro Señor había levantado a tan alta y regalada oración, que el Padre Baltasar le oyó decir en cierta ocasión que si todo cuanto nuestro Señor ha criado de contento en la tierra lo juntase y fuese eterno, todo lo trocaría por un cuarto de hora de la merced que Dios le hacía; y también, que, si supiera de cierto que en un día entero no había de morir, el dolor desto bastaría para matarle; por donde se ve la grandeza del amor que tenía a Dios, pues con recibir dél tantos regalos en la vida, tenía tantas ansias de ir a ver y gozar del que tanto amaba, que la dilatación cierta de un solo día le causara tan grande pena. Aunque, después, nuestro Señor, que mortifica a sus escogidos en la cosa que más estiman y desean, y que más han de sentir, le dio a tragar esta pena, revelándole mucho antes el día y la hora en que había de morir, y en su breviario se halló escrito: «Tal día y tal hora morirás, mira como vives». Y así vivió de tal manera que su muerte fue muy dichosa. Este santo varón tuvo mucha familiaridad con el Padre Baltasar, y tan grande estimación de su espíritu, que decía a los novicios: «Tenéis un maestro, no solamente virtuoso, sino la misma virtud». Juntábanse los dos algunos ratos a tratar de nuestro Señor, encendiéndose el uno al otro en el divino amor con tanto espíritu, que, como dijo un doctor seglar que los oía hablar algunas veces juntos, le parecía que estaban hechos unos serafines. Con este fervor se comenzaron a ayudar en la conquista de las almas; y el Padre Bautista, con sus fervorosos sermones, henchía la casa de gente, y hacía extraordinario provecho en las almas, y conversiones milagrosas de muchas que estaban arraigadas en grandes vicios y tratos ilícitos, alentando a las que trataban de perfección, para que creciesen en ella. Con éstas trataba más particularmente el Padre Baltasar, y las afervoraba y adelantaba con sus pláticas de Dios; unas veces juntándose muchos en la iglesia a oírlas, otras hablando a cada uno en particular, y siempre con tal fervor y espíritu, que trocaba los corazones; y como arriba se dijo, a modo de fuego y martillo los labraba y perfeccionaba en las virtudes, como se verá por estos ejemplos.

Por relación de un Padre grave se supo que, estando un caballero enfermo del amor que tenía a una mujer, con tanta vehemencia y furia, que al fin le echó en la sepultura, fue nuestro Señor servido que el santo Padre Baltasar le tratase en esta enfermedad; y hablóle con tal fuerza de palabras y razones, que le clavaron el corazón, y fueron cuchillos y martirizadores de su vida, el tiempo que le duró. Porque, con abrasarse vivo deste torpe amor, y haber entendido que viviera y sanara, si cumpliese su furioso apetito, antes quiso morir que ofender a Dios, y escandalizar al prójimo. Lo cual, sin duda, es cosa rara, y testimonio del fuego con que hablaba en virtud de Dios, el que pudo causar en este caballero tal fuego de amor celestial, que reprimiese tan vehemente amor carnal; donde también se descubre cómo todo amor es fuerte como la muerte; pues el malo causa la muerte corporal, y el bueno la acepta y quiere, por no perder la vida espiritual.

Con esta misma eficacia hizo otras mudanzas en algunos mozos ricos y gallardos de Medina, y los movió a entrar en la Compañía, estando ellos tan lejos destos pensamientos, que más se ocupaban en jugar cañas y otros ejercicios de caballeros que no en imaginar de ser religiosos. De aquí sacó nuestro Señor al Padre Gabriel de Dueñas, y después a su Hermano Bernardo de Dueñas, que edificaron notablemente aquella villa con su nueva mudanza y entrada en la Compañía; en la cual perseveraron y murieron con grande ejemplo de paciencia y humildad en las muchas enfermedades y achaques que entrambos padecieron, sin que fuesen parte las muchas y muy graves que tuvo el Hermano Bernardo, aun desde novicio, para que se volviese al regalo que había dejado; escogiendo más vivir en la casa de Dios con dolores y tormentos, mezclados con hartos desprecios, que vivir en los palacios del mundo, con deleites y descansos.

También rindió y aprovechó allí a muchos de los mercaderes y personas de negocios que entonces florecían en Medina, persuadiéndolos que en medio de sus ocupaciones, tan exteriores, tomasen algún tiempo para las interiores, ejercitándose algún rato en oración y en tratar con Dios nuestro Señor del bien de sus almas. Uno déstos fue Asensio Galiano, de los más ricos y poderosos que allí había, al cual, con su comunicación, hizo muy ejemplar, y aprovechar tanto en la oración y trato con nuestro Señor, que solía decir: «Yo no tengo envidia a los de la Compañía, de la oración, sino de la obediencia». Porque, acabado el tráfago de los negocios, se subía al oratorio que tenía dentro de su casa, y decía a su Dios: «Señor, acá me vengo a descansar con Vos». Y el Señor le visitaba con abundancia de consuelos celestiales; pero echaba menos el tesoro de que gozan los religiosos, pudiendo hacer todas sus obras por obediencia y dirección del Prelado y Padre espiritual, que tienen tan a mano. Mas, del modo que podía, suplía esta falta, con obedecer a su confesor, y con hacer muchas limosnas, ganando con las riquezas amigos que le recibiesen en las eternas moradas. Y entre otras limosnas que hizo por respecto del Padre Baltasar, dio al Colegio un rico y vistoso tabernáculo, para celebrar las fiestas del Santísimo Sacramento, de que era muy devoto.

Bien pudiera contar otras mudanzas de personas desta calidad, pero déjolas por ser semejantes a ésta; solo diré de uno, que habiéndose recogido ocho días a hacer los Ejercicios en nuestra casa, le dio nuestro Señor tanta luz, que le pareció que hasta entonces no había sabido vivir, y que desde aquel punto comenzaba; porque los negocios le traían antes embaucado; y, después, la oración le dio un corazón libre y desmarañado, para vivir en los negocios con sosiego.

Con este espíritu y trato del cielo que tenía el Padre Baltasar, iba ganando mucha gente de muchos estados, los cuales ordinariamente venían a hablar con él en nuestra casa, y él, de cuando en cuando, iba a la suya; solamente salía a esto un día cada semana. Una vez visitaba a unos, y otra a otros; y así, al cabo del año, cumplía con todos. Pero, fuera desto, salía a todas las personas que querían comunicar con él algo de sus conciencias, o cuando era necesario para el bien de sus almas. Y a este propósito fue admirable, lo que entonces le sucedió con una mujer honrada y muy cristiana; la cual, con ansias de aprovechar en la virtud, deseaba acudir a nuestra casa a confesarse de ordinario, como alguna vez lo había hecho, por echar de ver que allí alcanzaba el cumplimiento de su buen deseo; mas su marido y parientes se lo estorbaban, porque eran contrarios o poco amigos de la Compañía; y si alguna vez sabían que iba, la maltrataban de palabra y obra. Ella, inspirada de nuestro Señor, para remediar esto acudió al Padre Baltasar, y pidióle que un día fuese a su casa a visitar a su marido. Concedióselo el Padre; y, concertado el día, juntó ella todos los parientes que se lo estorbaban, sin saber ellos para qué. Y estando así juntos entró el Padre, y habiéndolos saludado comenzó a hablar de nuestro Señor y de la razón que hay para que le sirvamos de veras; y habló tan altamente desto, y con tanto fervor y fuerza, que hizo llorar a todos los presentes, y los dejó trocados y rendidos, y muy aficionados a la

Compañía; de tal manera, que, en adelante, no solo no impidieron a aquella sierva de Dios su buen deseo, antes siguieron su ejemplo, y se determinaron de confesar y comulgar a menudo.

Más admirable fue otra mudanza que hizo pasando de camino por un monasterio de religiosos, donde tenía algunos conocidos. Pidiéronle que hiciese alguna plática a todos juntos. Hízola como se la pedían, y fue tanta la fuerza con que habló, que persuadió a todos, sin quedar ninguno, se recogiesen por ocho días a hacer los Ejercicios espirituales de la Compañía, ocupándose en oración mental, lección espiritual y exámenes de conciencia, y él se quedó allí a dárselos y ayudarlos, con licencia que tuvo del Padre Provincial para esto; con los cuales, y las pláticas que les iba haciendo en aquellos ocho días, fue tan notable el provecho que hizo en ellos, que sabiéndolo su Provincial, persona de prendas, los vino luego a visitar, y ver lo que pasaba. Y como vio tal recogimiento, silencio y puntualidad en todo, quedó espantado; y animando a sus súbditos a que llevasen adelante lo comenzado, se fue a ver con el Padre Baltasar, y se le ofreció, a sí y a sus religiosos, con mucho agradecimiento, deseando ser su discípulo.

Estas son las maravillas y milagros que engrandecen por excelencia la omnipotencia de Dios, y la santidad de los ministros que toma por instrumentos para hacerlas. Estas, dice Casiano, son las obras en que se conoce que Dios es grande, cuando se ve mudar el corazón propio, o el de otros, de soberbio en humilde, de avariento en liberal, de regalado en muy penitente, y de flojo y tibio en diligente y fervoroso. Y aun en cierto modo es mayor milagro trocar un tibio en fervoroso que un malo en bueno; porque el malo ve su maldad, que a todos parece fea, y sabe que, si no se muda, se condenará; mas el tibio parécele que es bueno, y que va seguro, aunque sea despacio; y por esto no hace caso de durar en su tibieza. Así lo testifica San Bernardo a unos religiosos que hicieron semejante mudanza. Dedo, dice, de Dios es éste, que obra fácilmente, y muda saludablemente, no ya haciendo de malos buenos, sino de buenos mejores. ¡Oh!, quién me diera que fuera por donde estáis, y viera esta visión tan grande! Porque os hago saber que no es menos admirable esta promoción segunda, que lo fue la primera mudanza del siglo a la religión, sino que más fácilmente hallaréis muchos seglares que se muden en buenos, que un religioso se trueque en mejor. Rarísima ave es en la tierra el que del grado de virtud en que una vez se puso en la religión pasa un poco más adelante. Esto dice San Bernardo; y ésta fue la gracia singular que nuestro Señor comunicó al Padre Baltasar para trocar con la eficacia de su palabra, no tanto a los pecadores en justos, cuanto a los justos en mejores, haciéndoles salir del paso tibio en que habían estancado, y caminar con otro más fervoroso y apresurado.

Este mismo fruto obraba con las exhortaciones que hacía a los de casa los viernes de cada semana, como se acostumbra en la Compañía. En la primera que hizo, cuando entró a ser Rector deste Colegio de Medina, habló con tanto espíritu, que parecía haber metido llamas de fuego en el pecho de cada uno. Y fue tal el fervor que sacaron, que les duró por muchos meses; después le iba renovando con las demás pláticas. Uno, entre otros de los que allí residían, con ser persona de autoridad, y algo duro de juicio, decía que con una plática o conferencia espiritual le enseñaba y movía de tal manera, que salía otro del que había entrado. Y otro semejante Padre se le rindió diciendo: Obedezcámosle, que es hombre de oración y le ayuda Dios. Lo que yo puedo testificar desto que pasó aquí en Medina es, que la primera plática que oí en la Compañía fue al Padre Baltasar, un viernes antes de Navidad, pasando de camino por este Colegio; y en ella habló con tanta fuerza que me dejó admirado; y dijo con tanto espíritu algunas sentencias, que hasta hoy me han aprovechado. Luego, la noche de Navidad, cantó la Misa del Gallo, y cuando volvió con el Santísimo Sacramento en las manos, para dar la comunión a los Hermanos y a muchos seglares que se habían juntado, nos hizo otra plática breve, con grande ternura y devoción, exhortándonos a la reverencia y amor de aquel Señor que tenía presente. Esta costumbre estaba entonces muy válida, aunque después pareció mejor dejar semejantes pláticas para otro tiempo. Y yo también dejo ahora las que hacía a los novicios, porque dellas haremos especial capítulo.

También tenía maravillosa eficacia en sus palabras para sosegar los corazones turbados, y con la autoridad que había ganado, con una sola razón suya bastaba para dejarlos con sosiego, como se verá por muchos casos que contaremos, que sucedieron en otros lugares. En este de Medina le sucedió que, entrando una persona seglar a hacer los Ejercicios, cuando llegó a la meditación del infierno, aprendió con tanta viveza las figuras horribles de los demonios, que, al tiempo del dormir, soñó que estaba su aposento lleno de demonios; y arrebatado de una furia, que parecía ramo de locura, tomó una espada que había metido consigo en su aposento, y desenvainándola, se levantó, y salió a la medianoche por el cuarto de casa adelante, dando cuchilladas por las paredes, como quien iba acuchillando a los demonios. Acertó a llegar al aposento del Padre Baltasar, que tenía la puerta entreabierta un poco, y entró dentro tirando tajos y reveses a todas partes. Conocióle el Padre por el habla, y entendió luego lo que era. Dióle una voz que se sosegase, y en oyéndola el furioso, y reconociéndola, paró luego; levantóse el Padre, tomóle del brazo y sentóle junto a sí en un banco y con pocas razones que le dijo le hizo volver quieto y sosegado a su aposento.

    Finalmente, a la fama de su santidad y de la eficacia que tenía en sus palabras, muchas personas seglares y religiosas venían a Medina, para comunicar las cosas de sus almas: unos que ya le habían tratado en otras partes, como el maestro Daza, que venía desde Ávila para renovar su espíritu con el fervor que le pegaban las razones deste santo varón; otros, por lo que habían oído decir dél, como un religioso muy grave de la sagrada Orden de la Cartuja, por nombre Fray Alonso de Robles, el cual, pasando por Palencia, oyó decir a un Padre de los nuestros la grande estimación que se tenía del espíritu que nuestro Señor comunicaba al Padre Baltasar, y del gran don que tenía de dar los Ejercicios de la Compañía; y como él desease hacerlos, fuese a Medina por hablarle. «Recibióme —dice—, como un ángel del cielo, con estar muy ocupado. Estuve allí sesenta días debajo de su disciplina; y puedo testificar con verdad que, aunque había comunicado con muchos varones muy señalados y espirituales, ninguno llenó mi pecho más que él, en quien reconocí un grande espíritu con grandísima confianza en nuestro Señor.» Y a este propósito contaba otras cosas particulares que le sucedieron las veces que le habló fuera désta, las cuales referiremos en sus lugares.

    Pero no es razón que dejemos de ponderar el cuidado que tenía nuestro Señor con premiar en lo temporal la mucha diligencia que su siervo ponía en las cosas del divino servicio y bien de las almas, para que más libremente y sin estorbo acudiese a ellas. Porque, con un cuidado muy moderado que ponía de su parte en buscar el sustento de su Colegio, le proveía liberalmente de todo lo necesario, cumpliendo la palabra que dio cuando dijo: No tengáis demasiada solicitud de lo que habéis de comer o vestir, porque sabe vuestro Padre celestial que tenéis necesidad de todo esto; buscad primero el Reino de Dios y su justicia, y las demás cosas se os darán por añadidura. Y como el Padre Baltasar buscaba en primer lugar, con suma diligencia, el Reino de Dios, y su justicia y santidad, no solo para sí, sino para todos los suyos, y para todos los de Medina; así, nuestro Señor daba traza cómo, por mil modos de limosnas y mandas, sin él pretenderlo, anduviese su colegio muy bien proveído; y sustentase sin empeñarse, con tener muy poca renta entonces, sesenta y setenta religiosos, que fueron muchos más de los que antes ni después ha sustentado; y en sus aprietos, como se fiaba de la Divina Providencia, ella le proveía y remediaba las necesidades; de suerte que, sin saber por dónde, las hallaba muchas veces remediadas.

Capítulo XVIII. De los trabajos y peligros a que se puso por el bien de las almas; y de algunas cosas notables en que mostró su grande caridad

No se engendran ni crían hijos espirituales con solas oraciones y pláticas, o cartas muy espirituales, sin juntarse también muchas fatigas, trabajos y peligros que se han de pasar por convertirlos, ganarlos y conservarlos y aprovecharlos en toda virtud. Pues por esto se dice de aquella mujer misteriosa del Apocalipsis que representaba la Iglesia y sus ministros, que estaba de parto, y daba gritos, y padecía dolores para parir. Y el Apóstol dice que cada día moría por el provecho de los fieles; y llama muerte de cada día los continuos trabajos y peligros a que se ponía por ellos, como se los cuenta a los mismos Corintios, diciendo que padeció peligros en la mar y ríos, peligros en los caminos, y de ladrones, y de falsos hermanos, y otros innumerables trabajos de hambre, sed, desnudez, enfermedades y varias persecuciones; y deste modo convirtió, con sus oraciones y sermones, gran número de hombres a la fe y perfección de la doctrina evangélica.

Lo mismo sucedió a este apostólico varón, cuya vida fue un continuo empleo en la mies de las almas, cogiéndola, no solo orando y platicando de Dios, sino poniéndose también por ellas a muchos trabajos y peligros, atropellando, cuando era menester, su comodidad, descanso, honra, salud y vida, por ayudarlas en sus necesidades, y consolarlas en sus desconsuelos, y defenderlas cuando por causa de la virtud eran perseguidas; padeciendo también grandes contradicciones, y oyendo contra sí muchas murmuraciones, por amparar a algunas personas de quien otros sospechaban que andaban engañadas, diciendo también dél que lo andaba, con menoscabo de su honra. Pero nada desto le acobardaba para proseguir su empresa, y cumplir con todas las obligaciones de su oficio, antes se alentaba mucho más con las prendas que tenía de que Dios se servía de sus trabajos, pues el demonio procuraba impedirlos.

1

Buen principio desto fue lo mucho que padeció en Ávila, defendiendo a la santa Madre Teresa de Jesús, como ella misma lo confesó en las palabras que referimos en el capítulo XI; y la nota que allí padeció de andar iluso, resucitó después con no pequeña tribulación, como en su lugar veremos. También aquí, en Medina, comenzó la avenida de ocupaciones, jornadas y empleos bien dificultosos, y el trabajo tan continuo de los novicios; el cual era tan grande, que, en el catálogo que hizo de los divinos beneficios, pone no le haber cansado la tarea de la probación, con ser tan pesada, que, a mi juicio, apenas hay en la religión tres cargas mayores que ésta, del modo que en la Compañía se lleva. Y con haber padecido aquí graves enfermedades y achaques, no aflojó en su tarea, mientras la enfermedad no le inhabilitaba del todo para proseguirla. Y porque todo lo que resta desta historia ha de ir sembrado de muchos trabajos que padeció por el bien de las almas, y por cumplir con sus oficios; ahora solamente, como preámbulo, contaré algunas cosas notables, en que descubrió la grande caridad y amor que tenía a los prójimos, y el ánimo con que atropellaba sus comodidades por ayudarlos.

Grandes muestras dio desto estando en Salamanca con tercianas y sangrado dos veces. Porque enviándole entonces a llamar una monja Carmelita Descalza, que se estaba muriendo, y sentía gran desconsuelo en no verle antes de su muerte, por cuanto era su confesor, y por su dirección la había hecho nuestro Señor grandes mercedes, y esperaba por su medio conservarlas en aquel aprieto; el santo Padre, aunque vio el peligro a que se ponía, se levantó de la cama para ir a consolarla. Y diciéndole el Hermano enfermero que le haría mucho daño, respondió: «Mucho se ha de hacer por el bien y consuelo de un alma». Estando allá confesando a la monja, como iba flaco y recién sangrado, se desmayó. Entró el enfermero que iba con él a socorrerle, y, volviendo en sí, la acabó de confesar, y la dejó tan consolada, que poco tiempo después murió con mucha paz y serenidad. Volvióse el Padre Baltasar a casa con trabajo, acostóse y doblóse la terciana. Y como el enfermero dijese: «Bien decía yo a V. R. que había de hacerle daño esta salida», respondió con grande paz: «Todo es poco para el consuelo de un alma». Y tuvo mucha razón; porque si se dobló la fiebre, también se dobló la caridad con el ejercicio de sus doblados actos de amor de Dios y del prójimo, y hacer y padecer por su servicio, rompiendo por su salud corporal, por acudir a la espiritual del afligido.

Pero no es razón pasar en silencio lo que contó la Madre Ana de Jesús, Priora de aquel convento, hija muy querida de la santa Madre Teresa de Jesús; la cual con otras entraron entonces a la celda de la enferma, y con mucho fundamento entendieron que lo que parecía desmayo era de verdad rapto del espíritu elevado en Dios; no solo porque les parecía un serafín en el semblante del rostro, y les consolaba mirarle, sino mucho más, porque, en volviendo en sí, las dijo que era singular la gloria que estaba aparejada para aquella enferma, y que, dentro de pocos días, la gozaría; porque en ocho meses que había estado en la cama enferma se había perfeccionado más que otras muy buenas religiosas sanas en muchos años. Y es muy creíble que éste fuese rapto, como otros semejantes que contamos en el capítulo XV, queriendo nuestro Señor premiar a su siervo el servicio que le hizo estando enfermo, con dar este regalo a su espíritu, aunque padeciese el cuerpo.

Aunque es gran caridad ponerse a peligro de que se agrave la enfermedad por el consuelo de un alma, pienso que lo es mayor ofrecerse a sufrir los tormentos del demonio por librar dellos a la que los padece. Y esto hizo el Padre Baltasar aquí, en Medina, con un novicio que le dijo un día que, aunque se hallaba bien en la religión, había una sola cosa que se le hacía muy áspera de llevar, mas por encogimiento no osaba decírsela. El Padre Baltasar, temiendo algún daño de encubrirle cosa semejante, le mandó que se la dijese. El novicio, por obedecer, le dijo: «No tengo cosa que me dé pena, si no es ver que V. R. cada noche, después que estoy acostado y quieta toda la casa, vaya a mi aposento y me azote tan cruelmente como hasta ahora lo ha hecho». Como oyó esto el Padre Baltasar luego sospechó lo que podía ser, y que el demonio tomaba su figura para hacer aquella crueldad, y echar de la religión al que estaba tan contento en ella. Consolóle y certificóle que no era él, y avisóle que cuando viniese el que le castigaba y llamase a la puerta como solía, le dijese: «Si tiene licencia, entre; y si no, váyase al aposento del Padre Rector». Con este aviso se fue el novicio a su aposento, y a la noche, llegada la hora acostumbrada, vino el demonio a hacer lo que solía. Y llamando a la puerta, el novicio respondió mudando el orden de las palabras que el Padre Baltasar le había dicho; y así, dijo: «Entre, si tiene licencia». El demonio, como es tan sutil, en oyendo la primera palabra, «entre», antes de oír la segunda, «si tiene licencia», entró en un momento, y castigó al hermano como solía, con lo cual quedó más desconsolado que nunca lo había estado. El día siguiente, acudió al Padre Rector, y le refirió con gran congoja lo que le había pasado; y cuán sin efecto había sido su remedio. Mas habiendo entendido cómo había trastrocado las palabras, le animó, y avisó de nuevo que, si volviese la noche siguiente, le dijese las palabras por el mismo orden que se las había dicho, comenzando por «si tiene licencia, entre», y si no, váyase al aposento del Padre Rector. Vino, pues, el demonio, y el novicio, como estaba bien advertido, respondió al que llamaba las palabras al modo dicho; y así, el demonio no entró: mas fuese al aposento del Padre Rector, y en él descargó su furia, azotándole cruelísimamente; y hecho esto, con gran ruido, se fue, y nunca más volvió. ¡Oh caridad digna de verdadero Padre espiritual de sus hijos, amigo de la Cruz de Cristo, imitador de sus azotes y dolores! Los cuales, aunque fueron dados por crueles verdugos, pero más procedían de las furias infernales que los atizaban, conforme a lo que el mismo Señor les había dicho: Esta es vuestra hora y el poder de las tinieblas; a los cuales se quiso entregar por librarnos a nosotros de su furor y rabia. Así este santo varón, por el amor que tenía a los que Dios le había encargado, quiso cargarse de sus penas por librarles dellas. No temió el furor del verdugo, ni la crueldad de sus azotes, antes gustó de sufrirlos, porque no los padeciese más el súbdito inocente. Y aunque pudiera usar de otros medios sagrados, o mandar solamente que le dijese: No entre, si no trae licencia; no quiso sino luchar con quien el novicio luchaba, y probar por experiencia lo que padecía, para gozar también la corona que con tal lucha y paciencia se ganaba.

2

Otro caso le sucedió en Villagarcía, en que mostró su caridad, cortando el hilo de su traza con propia incomodidad, por acomodar al prójimo. Había de predicar un domingo por la mañana en nuestra iglesia (porque en semejantes lugares no rehusaba hacer este oficio). Llegó entonces allí el Prior de San Isidro de León, que se llamaba Castellanos, de camino para Salamanca. Deseaba tratar con el Padre Baltasar algunas cosas de su alma, porque le amaba y veneraba, y había recibido gran provecho por su medio en unos Ejercicios que le dio; mas iba con tanta priesa, que no podía detenerse allí más que desde las siete, que llegó, hasta las diez del día. Hallóse el Padre perplejo, porque le cogió sin haber estudiado el sermón, que había de ser de la caridad, conforme al Evangelio de la Dominica; y si acudía a la necesidad del que le buscaba y pedía que le oyese, faltábale tiempo para el estudio necesario; y si no le oía, dejábale entristecido y desconsolado, por no alcanzar lo que tanto deseaba. Y habiéndolo encomendado a nuestro Señor, se resolvió en decir que el mejor estudio y aparejo para sermón de la caridad era ejercitarla él, primero, con el prójimo que tenía necesidad de su consejo y consuelo, pues a cargo de Dios quedaba darle a su tiempo lo que había de decir. Y así fue que se detuvo con el Prior toda la mañana, hasta media hora antes del sermón, la cual gastó en oración; y después predicó del amor de los prójimos más altamente que si hubiera gastado muchos días en estudiarlo; porque es cosa cierta que ninguno esperó en Dios, como dice el Eclesiástico, que se hallase burlado; y lo que se deja por su amor, y por amor de los prójimos, a su tiempo lo vuelve doblado.

    Finalmente, el Padre Baltasar, como fiel obrero del Evangelio, tenía muy en el corazón aquel consejo de San Pablo, que dice: Nosotros que somos fuertes hemos de llevar las enfermedades de los flojos, y no mirar por lo que nos agrada a nosotros. Cada uno agrade a su prójimo en lo bueno por edificación, porque Cristo no se agradó a sí, sino, como está escrito: Los desprecios de los que le despreciaban cargaron sobre mí; que es decir: El buen ministro de Cristo no ha de buscar su comodidad, ni lo que le agrada solamente, sino lo que conviene a los prójimos, condescendiendo con los flacos en sufrir sus flaquezas y molestias, aunque sean penosas. Pero este condescender ha de ser en lo bueno y no por fin humano, sino por la edificación y provecho de las almas, siguiendo el ejemplo del Salvador, que no escogió lo que su voluntad natural deseaba, sino padecer fatigas y tormentos, cargándose de las penas que merecían nuestros pecados. Con este fin se abalanzaba este santo varón a todos trabajos que eran menester por el consuelo de los prójimos, aunque hubiese de dejar los regalos y deleites espirituales de que gozaba en su recogimiento, diciendo con San Pablo: En todas las cosas procuro agradar a todos, no buscando lo que es útil para mí, sino lo que es útil para muchos, por que se salven. Al modo también que decía San Bernardo a sus monjes: Apenas tengo una hora libre y desocupada para mi descanso, por los muchos que acuden a tratar conmigo sus negocios; mas no quiero quejarme ni aprovecharme del poder que tengo para recogerme, sino que ellos se aprovechen de mí, con tal que se salven. Yo les acudiré, y en ellos serviré a mi Dios, mientras viviere, con caridad no fingida, sino verdadera, teniendo por útil para mí lo que fuere útil para ellos. Y aunque este aviso guardaba el Padre Baltasar generalmente con los prójimos, atendiendo la moderación de la prudencia que arriba se dijo: pero mucho más lo guardaba con los novicios y con los demás domésticos que estaban a su cargo, mirando por ellos con mucho mayor cuidado, como después veremos.

Mas para que se vea lo mucho que nuestro Señor gusta de que sus obreros se pongan a estos trabajos por hacer bien a los prójimos, aunque sea cortando el hilo de sus trazas, pondré aquí un caso gracioso que sucedió al Padre Baltasar, excusándose de hacer una destas obras, no por huir el trabajo, sino por acudir a otra que él juzgaba de mayor importancia; pero nuestro Señor le forzó a hacerlo. Llegó un día a Valladolid, de paso para Burgos, a un negocio que pedía mucha priesa, y era muy importante, del cual haremos mención en el capítulo XXVII. Estaba entonces en aquella ciudad, en casa de doña María de Acuña, Condesa de Buendía, una sierva de Dios llamada Estefanía, hija de labradores, y muy sencilla, pero muy llena de dones celestiales, y de grandes favores, que el Señor la hacía en la oración. Y como ella hubiese comunicado algunas veces con el Padre Baltasar, cuando pasaba por Valladolid, y entendiese la mucha mano que tenía con la santa Madre Teresa de Jesús, en cuya religión deseaba entrar; pidióle que la hiciese recibir sin dote como al principio se recibían algunas. El Padre la respondió que, si ella quería entrar por freila, pues era más humildad, que él lo trataría. Contentóse desto, y quedó el Padre Baltasar con el cuidado de negociarlo; mas con las muchas ocupaciones de su oficio, dilatólo por muchos días. Pasando, pues, por Valladolid esta vez, súpolo esta sierva de Dios, y envióle a decir con su confesor que mirase se dilataba mucho su negocio. El Padre la respondió que, por la priesa que tenía, y por estar ya de partida, no podía tratarlo entonces; que lo trataría a la vuelta, que sería muy en breve. Mas ella, temiendo otra mayor dilación, por nuevos negocios que se le podrían ofrecer, dijo con sinceridad a su confesor: Pues no me quiere oír el Padre Baltasar Álvarez, yo haré con Dios que me oiga. Y fuese a orar delante del Santísimo Sacramento, y pidiólo con tal fervor, que, estando ya las mulas a punto, y el Padre para subir y partirse, le dio de repente una calentura tan recia, que le obligó a irse a la cama; y entendiendo de dónde venía el mal, envió a decir a la Estefanía que le alcanzase del Señor le quitase la calentura, y saldría luego a negociar lo que deseaba. Ella lo pidió, y Dios se lo concedió; y así concluyó el negocio aquella tarde, y a la mañana prosiguió su camino a Burgos.

Por este caso se echa de ver la suave providencia de nuestro Dios en concertar a sus escogidos, cuando parece que están desavenidos por diversos intentos, pero todos buenos; pues por una parte consoló a esta su sierva, y oyó su oración con tanta puntualidad como se ha visto; y también no fue parte esta dilación para que el Padre Baltasar perdiese el buen suceso de su jornada, que con tanta priesa hacía, como en su lugar veremos.

Capítulo XIX. Cómo entabló el orden de la probación en Medina con gran perfección. De su gran caudal en criar novicios, y del fervor que tenían

En lo que más se señaló el Padre Baltasar el tiempo que estuvo en Medina, y por donde era más conocido y estimado en la Compañía, fue por haber sido el primero que entabló la probación y noviciado en esta provincia de Castilla, después que se dividió de la de Toledo, señalando para esto la casa de Medina del Campo, y encargándole a él los dos oficios de Rector y Maestro de novicios, para que pudiese con más facilidad entablar el noviciado con gran perfección; y hízolo como se podía desear, por el raro talento que nuestro Señor le había comunicado para este ministerio. Y como tenía su Majestad aparejado tal Maestro, quiso proveerle de muchos discípulos capaces de su enseñanza; y así tuvo gran número de novicios muy escogidos; unos, mozos nobles y de raras habilidades; otros, hombres ya hechos de muy buenas partes, y algunos escogidos letrados y de grande opinión en el mundo; pero todos estaban delante dél como niños, venerándole con gran sumisión, y reconociendo en él la alteza de su magisterio espiritual. Porque, como el mismo Padre confiesa en la Relación que se ha puesto, concedióle nuestro Señor la inteligencia de la facultad interior del espíritu, para sí y para otros; y con ella penetraba el espíritu, virtud y grados de perfección de los que trataba. Luego comprehendía la capacidad que tenía cada uno para aprovechar, el estado donde había llegado y lo que le faltaba, y el camino por donde Dios quería llevarle. Y de aquí procedía que, en diciéndole una palabra estaba al cabo de lo que le querían decir, y parece que les estaba oyendo los corazones, y leyendo lo que por ellos pasaba.

El modo en general que tenía de ayudar a la perfección de sus novicios era éste. Lo primero, aficionábalos mucho al ejercicio santo de la oración y trato con Dios, como quien sabía por experiencia que era fuente de los bienes espirituales. A los principios, cuando entraban en la Compañía, guardaba con mucho rigor la constitución, procurando que por todo un mes entero, y sin interrupción, estuviesen recogidos en un aposento, haciendo los Ejercicios espirituales, e industriándoles en todo lo que pertenece al trato interior con nuestro Señor. Y a los que eran ya hombres, y comenzaban a gustar deste trato del cielo, dejábalos estar sesenta días, y aun más, para que se prendasen bien de Dios, y se descarnasen de los resabios del mundo, y se acostumbrasen a la soledad y recogimiento de la oración, y a poder vivir a solas, y entretenerse con sus buenos pensamientos, echando de sí las memorias e imaginaciones del siglo. Gustaba mucho que los novicios trajesen ansias de oración, y que, cuando habían de pedir licencia para alguna cosa extraordinaria, fuese para tener algún rato largo della, a fin de afervorar el corazón, y encenderle en amor de Dios, y de todas las virtudes. Y aunque el principal fruto de la oración no son los buenos deseos; con todo eso hacía grande caso dellos, como principio que son de las buenas obras; y alentaba a los que los tenían, con un sentimiento que el Señor le comunicó en esta forma: Si el deseo que tenemos es de Dios, el que le plantó abrirá camino para que brote, y le dará salida; grano suyo es, él le dará su crecimiento, porque sus obras son perfectas. Pues sentís que comienza a poner piedras en el edificio, alegraos, que él le perfeccionará. De aquí es que no aconsejaba a los novicios la oración como fin en que habían de parar, sino como medio muy principal para la reformación de las costumbres, y para la perfecta mortificación de las pasiones.

Y esta mortificación era la segunda cosa que procuraba persuadirles, y en que les ejercitaba, especialmente en materia de desprecio, para fundarlos en humildad. Y era tanto el fervor de los novicios, que andaban como a porfía buscando invenciones públicas y secretas para ser despreciados y tenidos en poco, fingiendo algunas veces tener poca habilidad, discreción y letras, o por lo menos disimulando lo que tenían, y publicando lo que podía humillarlos, y encubriendo lo que podía honrarlos. En haciendo la falta, luego la decían públicamente en el refectorio, o en la quiete o recreación, donde se juntan todos después de comer o cenar. Pedían que les diesen reprehensiones públicas y secretas, y que otros les dijesen las faltas que habían notado en ellos. También pedían salir fuera de casa a traer agua de la fuente y carne del rastro, y otras semejantes mortificaciones de que usaron los Santos, para más avergonzarse. Buscaban el vestido más vil y roto; en la comida, lo peor; en el trabajo, cada uno era el primero, sin rehusar lo que se le ofrecía, ni quejarse de andar muy cargado. Traían los sentidos tan enfrenados, que era menester hacerles que levantasen los ojos y se divirtiesen algo. El rigor de las penitencias y asperezas era tan grande, que era menester irles a la mano, porque no perdiesen la salud. Finalmente, el noviciado parecía un mundo al revés, donde se amaba y buscaba lo que el mundo desecha, y se aborrecía y desechaba la honra y regalo que él tanto estima y procura, aunque les avisaba que huyesen de caminos singulares; porque el verdadero fervor no está en buscar nuevas invenciones, sino en andar por los caminos viejos sin imperfecciones.

Para todo esto ayudaban grandemente las pláticas espirituales que el mismo Padre les hacía cada tercero día, y las conferencias que se tenían el día intermedio, sobre lo que se había tratado en las pláticas, o sobre otros puntos de la perfección en las virtudes. Y era tanta la fuerza y espíritu con que hablaba a los novicios, que trocaba como quería los corazones y los movía a lo que juzgaba convenir conforme a la ocasión presente; y de unas salían temerosos y cabizbajos y mustios, sin hablarse unos a otros; de otras salían confiados, alegres y muy alentados; y siempre con resolución de hacer lo que les decía, porque les allanaba todas las dificultades que podían ofrecérseles, y con la fuerza de sus razones les movía a romper por ellas. Demás desto, en las pláticas, atendía a la enseñanza de las cosas necesarias, para que los novicios entendiesen las obligaciones de su estado e Instituto, y conforme a él se reformasen en lo interior y en lo exterior; de lo cual haremos luego especial capítulo.

No menos fuerza, ni con menor provecho, tenían sus palabras en el trato particular con los novicios, hablando a cada uno una vez cada semana, señalándole el día y la hora en que había de acudir, para tomarle cuenta de su conciencia y aplicarle la doctrina universal de las pláticas, según su propia necesidad. Y en estas pláticas, decía que consiste lo principal del oficio de maestro de novicios, consolando a los afligidos, alentando a los desmayados, remediando a los necesitados y tentados y avivando a todos en su aprovechamiento. Y en todo esto tenía especial gracia; y cuando los novicios acudían a decirle sus tentaciones, unas veces se les quitaban luego, antes que les respondiese palabra, ordenándolo así nuestro Señor, para que tuviesen mayor opinión de su maestro y para premiarles con esto, como advierte Casiano de los monjes del yermo, la fidelidad y claridad con que manifestaban a sus mayores; otras veces les dejaba curados con sola una palabra que les decía, porque mientras le estaban hablando, estaba él en oración, mirando a un crucifijo que tenía delante de sí, y el Señor le daba luz de lo que había de responder, y con la respuesta obraba maravillosas mudanzas en ellos. Así le sucedió con un novicio que en el siglo había sido hombre de negocios, y dejado buenos casamientos que le ofrecían. Como estuviese una vez muy afligido de una molesta tentación de la carne, acudiendo a manifestarla a su maestro, le dijo que deseaba volverse al mundo, donde podía pasar sin tan molesta guerra, viviendo casado en servicio de Dios. Oyóle el Padre Baltasar con mucha serenidad, y volviendo la cabeza, le dijo con voz baja: «¿Religioso y casado, paréceos bien? Andad de ahí.» Y con esto se salió el Hermano, y se le quitó la tentación, sin que más le volviese.

A este propósito quiero contar lo que me sucedió la primera vez que le hablé en la Tercera Probación con los novicios. Porque dándole cuenta de todas mis tibiezas e imperfecciones, que eran muchas, me oyó con gran silencio, mirando a su crucifijo, como solía; y en habiéndole dicho todo lo que tenía, me respondió no más que estas palabras: «Eso es tener virtud aniñada y por criar; menester es criarla y fortalecerla». Y luego calló, y yo me despedí de él, quedando, por una parte, confuso y humillado, viendo con claridad ser verdad lo que me decía; y, por otra parte, determinado a salir de niño en la virtud y a mortificar lo que me impedía, admirándome cuán bien me había penetrado el corazón y con cuán breves palabras me había aplicado el remedio, juzgando que estaba más necesitado de humillaciones que de largas razones.

También tengo por cierto que algunas veces nuestro Señor le revelaba (como ya se ha visto en otros casos) los secretos de los corazones de sus novicios, y desta luz se aprovechaba para responderles o mortificarlos con no querer hablarlos. Porque también tenía costumbre de hacer semejantes pruebas en ellos, haciéndolos esperar, y después dejándolos, sin decirles nada, cuando sabía que tenían caudal para llevar semejante mortificación con provecho. El Padre Gil de la Mata, de quien arriba se hizo mención, contaba a este propósito dos cosas notables. La una fue que, habiendo ido a Medina, por tener allí el segundo año de su noviciado y gozar de la doctrina y ejemplo de tal maestro, como le señalase para darle cuenta de la conciencia un día particular y hora cierta, como a los demás, y acudiese setenta días que allí estuvo a la hora señalada, nunca le habló ni llamó, aunque echaba de ver que estaba esperando y que había venido a Medina solo por comunicar con él sus cosas. A los setenta días le envió a llamar el Padre Provincial, y como se quejase a la despedida de no le haber dado una hora de audiencia, dando tantas a otros, el Padre Baltasar le respondió que la causa de no le haber hablado era porque sabía que no tenía tentaciones que le diesen pena, y otros que acudían a hablarle las tenían. Con esta respuesta quedó admirado de que supiese lo que pasaba en su corazón, sin haberlo comunicado a él, ni a otro; y con esto quedó contento y alentado. Otra vez, estando en Valladolid, fue a hablarle una mañana sobre los deseos que tenía de ir al Japón, para ayudar a la conversión de aquella gentilidad. Detúvole dos horas esperando;

y con verle, no quiso hablarle, para ejercitar su paciencia y humildad. Volvió a la tarde, e hízole esperar otras dos horas, y después le oyó sus deseos, y le dijo: «No os den cuidado; que, si fuere voluntad de Dios que vais a Japón, de Roma vendrá orden de nuestro Padre general para ello». Y así se cumplió, como lo había dicho; porque, algunos años después, fue enviado a esta misión, y se acordó de la profecía de su buen maestro.

De aquí también procedía algunas veces que, habiéndole diversos novicios dado cuenta de sus tentaciones o desconsuelos, no les respondía por entonces palabra, sino que lo encomendasen a Dios, y él lo encomendaría; y después, en la primera plática que les hacía, con ser general para todos, hablaba tan al corazón de cada uno, que quedaban curados y remediados de la necesidad que le habían comunicado; y cuando los aprietos eran más desesperados, sin que aprovechasen palabras, solía remediarlos con la eficacia de sus oraciones, como consta por los ejemplos que se trajeron en el capítulo XVI.

Finalmente, les ayudaba mucho más con el ejemplo de su santa vida, siendo el primero en todas las cosas de perfección. Porque ninguna cosa decía ni platicaba que no la viesen en él practicada y estampada; con lo cual traía un noviciado tan concertado y fervoroso, que en toda la provincia era muy afamado y estimado; y muchos Padres graves venían a recogerse algunos días a Medina, para ser ayudados en su espíritu, no solo con las exhortaciones y dirección de tan insigne maestro, sino también por gozar del fervoroso ejemplo de sus noviciois. Y aquel gran predicador, el Padre Bautista Sánchez, de quien arriba hicimos mención, estando en el Colegio de Salamanca, y acordándose de lo que pasaba en este noviciado, solía decir: ¡Oh, quién tuviera una voz como de trompeta, que se oyera por toda la Compañía, con que dijera: ¡Medina, Medina, Medina! Que era como decir: Oh, si todos pudieran ver y gozar y aprovecharse de lo que pasa en Medina. Y así, llegó hasta Roma la fama deste fervor; y el Padre general, que entonces era el santo Padre Francisco de Borja, deseó, como presto veremos, tenerle allí por maestro de novicios. Y como esto no hubiese lugar, pretendió que se encargase de las dos casas de novicios que después tuvo esta provincia, una aquí en Medina y otra en Villagarcía, estando seis meses en cada una, para afervorarlos con sus pláticas; aunque con la mudanza de los tiempos y cosas no pudo esto tener efecto.

Y porque no parezca encarecimiento el fervor que se ha dicho, quiero confirmarlo con lo que yo mismo experimenté cuando entré en la Compañía, pocos meses después que el Padre Baltasar salió de Medina para Rector de Salamanca. Porque solo ver el fervor deste noviciado, que estaba en el punto que el santo varón le había dejado aquel año, bastó para sosegar una terrible borrasca interior que padecí después que me determiné a ser de la Compañía, por espacio de seis meses que tardé en ejecutarlo; tirando por mí una grande inclinación y afición que había tenido a otra Religión, de quien siempre tuve y tengo grande estima. Y como la divina vocación, con razones y toques fuertes me llevase a la Compañía, andaba combatido con tantas olas de pensamientos encontrados, que me afligían y atormentaban el corazón, y me forzaban a salirme al campo a respirar y dar voces por no reventar, pareciéndome que cualquiera de las dos Religiones que escogiese había de ser con igual tormento por toda la vida, pues en entrando en la una me habían de atormentar los pensamientos de que erré, y estuviera mejor en la otra. Pero, como en tiempo de oración y de quietud, y cuando estaba en la presencia de Dios, siempre se me representaba que su voluntad era que yo entrase en la Compañía, vine a entrar, no con poca dificultad y repugnancia. Mas en entrando, y llegando a este noviciado de Medina, dentro de muy pocos días, como vi las veras con que los novicios hollaban el mundo y se despreciaban y mortificaban a sí mismos, y las ansias con que seguían a Cristo nuestro Señor y los consejos de su Evangelio, yo quedé tan satisfecho y contento de la elección que había hecho, que, por la divina misericordia, nunca más en el noviciado, ni fuera de él, sentí movimiento de tristeza o arrepentimiento dello; antes no sé con qué espíritu se me asentó esta imaginación de que si tuviese siquiera ocho años de vida viviendo de aquella manera, bastarían para hacerme grande santo. Y es así verdad, que, si el desengaño y fervor de espíritu que nuestro Señor comunica a muchos de nuestros novicios, durase en ellos creciendo al mismo paso, sin que los estudios y ministerios les hiciesen parar o volver atrás, saldrían, no como quiera santos, sino muy aventajados en la santidad. Esto he dicho para confirmar como testigo de vista el fervor que entonces había en el noviciado.

Capítulo XX. De algunos novicios muy insignes y fervorosos que tuvo en Medina en este tiempo. Pónese las cosas notables de los Hermanos Francisco de Godoy y Antonio de Padilla
En tiempo que el Padre Baltasar era Rector y maestro de novicios en Medina, era también en Salamanca Rector y predicador el santo Padre Martín Gutiérrez, de quien después haremos más mención, el cual fue dotado de nuestro Señor de muy alto don de oración, con grande fuerza y eficacia en la palabra, de modo que con sus razones convencía y ataba los entendimientos, como yo mismo lo eché de ver, siendo seglar y estudiante teólogo en Valladolid. Porque, entrando un día en nuestra casa profesa a oír sermón, sin saber quién predicaba, era el dicho Padre; y a poco rato que le oí, sin saber quién era ni cómo se llamaba, quedé tan admirado del espíritu y fuerza con que hablaba, que dije dentro de mí, y aun no sé si lo eché por la boca, llevado del sentimiento que tenía en el corazón: «Este predicador no es como los demás; éste es cosa superior». Y con haber oído a muchos predicadores insignes de todas las religiones que entonces florecían en esta ciudad, todos me parecieron cosa muy inferior, comparados con el que estaba oyendo. Y este sentimiento tenía dél la gente grave de Salamanca, acudiendo a sus sermones muchos Doctores y colegiales de todos los Colegios, y algunos iban a oírle en forma de Colegio; y con la eficacia de sus razones movió a muchos estudiantes de grandes prendas a que dejasen el mundo y se entrasen religiosos, y no pocos entraron en la Compañía. Pero, como un día estuviese desconsolado, viendo que no se movían a esto colegiales de los Colegios mayores, oyó una voz que le dijo que no tuviese pena, porque seis entrarían presto. Y así fue, que, dentro de poco tiempo, entraron seis de los tres Colegios mayores, dos de cada uno; y sin éstos, entraron otros de la Universidad, muy aventajados; y todos fueron a Medina a gozar de la enseñanza y espíritu del Padre Baltasar, por cuyo medio les hizo nuestro Señor grandes mercedes. Entre éstos resplandecieron mucho los Hermanos Juan Ortuño y Francisco de Córdoba, y el Padre Doctor Francisco de Ribera, uno de los seis colegiales mayores que se han dicho. Mas porque sus mayores resplandores los echaron en Salamanca, siendo allí súbditos del mismo Padre

Baltasar, diremos de ellos en el capítulo XXX; ahora solamente diremos de otros dos no menos insignes que ellos.

1. Del Hermano Francisco de Godoy

En primer lugar, pongamos al insigne mártir, el Hermano Francisco Pérez de Godoy, natural de Torrijos, en el Arzobispado de Toledo: el cual, estando estudiando en Salamanca, quiso recogerse en nuestro Colegio a hacer los Ejercicios espirituales; y en ellos, le tocó nuestro Señor el corazón para dejar el mundo y entrarse en la Compañía. Sentía muchas dificultades en consentir a este llamamiento; y, entre otras, tenía una que, con ser pequeña, le parecía a él muy grande: en cortarse los bigotes, que traía muy crecidos, preciándose vanamente desto, en señal de su gallardía y valentía. Mas prevaleció la inspiración de Dios, y arrebatado della tomó luego unas tijeras, y él mismo se los cortó, pareciéndole que con esto se inhabilitaba de poder volverse a su casa. Y fue tanto el fervor con que pidió ser admitido en la Compañía, que le recibieron y enviaron al noviciado de Medina, adonde procedió siempre con el mismo fervor, ayudándole para ello su fervoroso maestro.

Procuraba hacer todas las obras con la mayor exacción y perfección que podía; y cuando iba a la cocina, fregaba las sartenes, cazuelas y ollas de hierro, hasta que las dejaba muy limpias y resplandecientes, por más trabajo que le costase. Y diciéndole un Hermano, que para qué se cansaba tanto en fregarlas de aquella manera, pues luego se habían de tornar a ensuciar, le respondió que, cada noche, ofrecía a nuestra Señora todas las obras que había hecho en aquel día, y que tenía vergüenza de ofrecerle una cosa mal fregada y poco limpia y una obra mal hecha. Por donde se ve también la devoción que tenía con la Virgen sacratísima y el buen efecto que en él hacía. No perdía ocasión de mortificarse en lo que podía; y con querer las cosas tan limpias para otros, para sí solía alguna vez, cuando comía en refectorio, especialmente con algún modo de penitencia, debajo de la mesa, o de rodillas o en pie, como se usa en la Compañía, en lugar de servilleta, tomaba de la cocina la rodilla más sucia que hallaba, y limpiaba con ella manos y boca, por vencer el horror que en esto tenía. Una vez, yendo en peregrinación con el Hermano Juan de Sa, que después fue excelente obrero evangélico, vióle su compañero el carrillo encendido y bañado en sangre, porque un moscardón le estaba picando y desangrando grande rato había; y si no se le hiciera quitar luego, le sufriera mucho más tiempo. Porque el buen Hermano, con el sufrimiento desto poco se iba ensayando para dar toda su sangre y vida por su Criador, como lo hizo.

Para este su fervor, le pegaban fuego las pláticas del Padre Baltasar, el cual solía en ellas decir con particular fuerza algunas notables sentencias que tenía muy ponderadas y rumiadas, y eran como columnas del edificio espiritual de su alma. Y como las decía con tanto espíritu, quedaban entrañadas e impresas en los corazones de los novicios, de modo que las conservaban toda la vida para ayudarse dellas en sus necesidades. Una destas sentencias era: «Ninguno degenere de los altos pensamientos de hijos de Dios»; con lo cual les alentaba a perseverar en su vocación, y a cumplir los generosos propósitos que nuestro Señor les comunicaba. Imprimióse tanto esta sentencia al Hermano Francisco de Godoy, que se aprovechó della en el mayor y más glorioso aprieto que en esta vida se le pudo ofrecer. Porque estando en el noviciado, se ofreció generosamente de ir al Brasil con otros cuarenta de la Compañía que llevaba consigo el Padre Ignacio de Acevedo, que iba por Provincial y superior de todos.

Y para que se vean las varias trazas de la divina Providencia en estas vocaciones para semejantes empresas, contaré la ocasión que tuvo ésta. Tenía un día el Padre Baltasar Álvarez a su lado al Hermano Godoy, y dióle cierta cosa que tomase. Tardó en tomarla, porque no la vio hasta que volvió todo el rostro para verla; de donde sacó el Padre Baltasar que le faltaba totalmente la vista en el ojo de aquel lado, que es de creer sería el izquierdo por lo que luego sucedió. Preguntóle si era así, y confesó que era verdad; y que le había encubierto en el examen que se le hizo cuando entró en la Compañía, temiendo no le fuese impedimento para ello. Sintiólo mucho el buen Padre, teniendo por cierto que los superiores le despedirían, pues era novicio, por aquella falta tan grande, y especialmente por la que hace a los que han de ser sacerdotes el ojo izquierdo, que llaman «del Canon». Díjoselo al mismo Hermano; pero juntamente añadió que, si quería quedar en la Compañía, el único medio sería ofrecerse de ir al Brasil con los cuarenta que iban allá, si sentía ánimo para ello; porque en tal caso él se lo negociaba con el Padre Ignacio de Acevedo: al punto dijo que iría de muy buena gana a empresa tan gloriosa. Informó el Padre Baltasar al Padre Acevedo de la mucha virtud deste Hermano, aunque tenía aquella falta natural; y dijéronle también, bien acaso, que tenía especial gracia en tañer una arpa, lo cual sería de algún provecho para domar la fiereza de aquellos indios salvajes. Cuadróle esta información, y llevóle consigo, convirtiéndose la falta natural en ocasión de su buena dicha espiritual. Porque fue nuestro Señor servido que, haciendo su navegación, cayesen todos cuarenta en manos de los herejes de Francia, los cuales, con furia endemoniada, los martirizaron y mataron a todos, con varios géneros de muertes, en odio a la Fe Católica Romana, que iban a predicar en aquella gentilidad, como largamente lo cuenta el Padre Pedro de Rivadeneira, en la vida del Padre Francisco de Borja, tercero General de la Compañía, que los envió. Estando, pues, los crueles sayones en medio de su matanza, el fervoroso Hermano Godoy animaba a sus compañeros con las palabras que había oído a su maestro, diciendo a voces: «Ea, Hermanos, no degeneremos de los altos pensamientos de hijos de Dios». Y con esto les pegaba tanto esfuerzo, que él y ellos se ofrecieron valerosamente a la muerte, volviendo como fieles hijos por la honra de su Padre celestial, honrándole lo sumo que podían, con los cuarenta holocaustos que ofrecieron de sí mismos en olor de suavidad; en los cuales tuvo su parte el Padre Baltasar, con la centella de fuego de amor divino que arrojó en uno dellos.

2. Del Padre Antonio de Padilla

El otro novicio con quien yo tuve especial amistad y comunicación fue el Padre Antonio de Padilla, hijo de don Juan de Padilla, que había de ser Adelantado de Castilla, si la muerte, antes de heredar, no le atajara; y de doña María de Acuña, condesa de Buendía, ambos muy ilustres en sangre y muy aficionados a nuestra Compañía, y la condesa, más especialmente, muy señalada en toda virtud. Premióles nuestro Señor en esta vida con darles un hijo y tres hijas, tan bien inclinados a toda virtud y tan prevenidos de su infinita misericordia, con bendiciones de dulzura, que apenas se halló entre ellos quien quisiese suceder en el mayorazgo, acogiéndose al puerto de la sagrada religión; y una de las dos hijas, doña Luisa de Padilla, que se quedó en el siglo, acompañando a su madre, con voto de perpetua castidad, fue necesario que la obligasen a pedir dispensación del voto, por justas causas que se ofrecieron, para casarse y perpetuar su sucesión. Mas siempre, en el deseo y la vida, fue religiosa; y cuando enviudó, en trazando bien las cosas, entró monja Carmelita Descalza, y murió poco ha priora del Monasterio de Lerma. Y si no fuera por salir de mi historia, de los padres y de los hijos, pudiera decir cosas muy grandiosas. Pero viniendo a lo que hace a nuestro propósito, el hijo único, don Antonio de Padilla, que era el inmediato sucesor en el Adelantamiento por muerte de su padre, acordándose della, y mirando lo poco que se puede fiar de vida tan corta y tan incierta como la suya, pues no podía tener seguridad de que sería más larga que la del que le engendró, se determinó, movido de nuestro Señor, a dejar el mundo y ser religioso; y aficionóse más a ser de la Compañía por la noticia mayor que tenía del fervor y espíritu con que se vivía en ella. Llegó esto a noticia de don Pedro Manrique, su tío, canónigo y obrero de la santa iglesia de Toledo, el cual le escribió, poniéndole delante la casa de sus padres que heredaba, y las ciertas esperanzas de valer más en el mundo, y otras cosas a este tono, de que hacen mucho caso los hijos de este siglo, y los que aman a sus deudos con amor de carne y sangre. Y añadió en su carta que, si quería que entendiese que esto no era niñería, le enviase las razones que le movían a hacer tal mudanza. El don Antonio le envió ocho pliegos de papel escritos de su letra, que era muy buena, llenos de las más fuertes razones que le forzaban a dejar el mundo y entrar en la Compañía. Ellas eran tales, que el doctor Velázquez, canónigo de la Magistral en la misma iglesia, que después fue Arzobispo de Santiago, a quien las mostró para tomar su parecer, le respondió que no se podía persuadir que tales razones fuesen de su sobrino, siendo tan mozo, sino que algún religioso de la Compañía, o de otra Religión, o persona de letras, se las había forjado; mas, que si lo eran, le parecía negocio de Dios, y que no podía estorbarle su vocación. Con esto, escribió a su sobrino, diciéndole que bien se dejaba ver que aquellas razones no eran suyas, sino de otro. En recibiendo esta respuesta don Antonio, se fue al Colegio de San Gregorio, y preguntó a los lectores de Teología si era lícito jurar en algún caso. Respondiéronle que, guardadas las circunstancias debidas, no solo era lícito, sino meritorio; y a petición suya, se lo dieron firmado en un papel, en el cual, después de haber confesado y comulgado, escribió estas palabras: «Habiendo inmediatamente acabado de confesar y comulgar, digo, delante de Dios y por el Señor que he recibido, que las razones que envié a v. m. no me las dictó nadie, sino que son mías», y firmólo de su nombre, y enviólo a su tío con una carta en que le hacía saber del papel que allí le enviaba. El tío le mostró al canónigo Velázquez, y dijo que no se podía dejar de creer, ni era lícito impedir su determinación. Pero para mayor satisfacción quiso verse con él en Toledo, adonde gastó algunos días que le tuvo en su casa, en examinar y probar su vocación; y la aprobó tan de veras, que como el mismo don Pedro Manrique hubiese tenido muchos toques de Dios para entrar en la Compañía, y anduviese muy dudoso sin acabar de resolverse, viendo la resolución y firmeza de su sobrino, se acabó él también de resolver en no resistir más a la vocación de Dios, avergonzándose de que un mozo de tantas prendas tuviese más ánimo para dejar el mundo que él, siendo ya viejo. Y así lo ejecutó; y se puede contar entre las hazañas del Padre Antonio de Padilla, que desde entonces comenzase a convertir almas con su ejemplo y con la eficacia de sus razones.

Habida, pues, esta aprobación de su tío, se fue al Padre Manuel López, Provincial de aquella provincia, que estaba entonces en la casa de Toledo, y le pidió que le admitiese en la Compañía. Y como se lo dilatase, se abrazó un día de un pilar que está junto a nuestra portería, diciendo que no había de salir de casa. El Padre Provincial le dijo que, si le había de recibir, había de ser para la provincia de Castilla, porque así convenía; tomóse por medio avisar luego de todo al Padre general Francisco de Borja, que estaba en la Corte entonces con el Legado del Papa Pío V, el cual escribió al Padre Jerónimo de Ripalda, Prepósito de la Casa de Valladolid, que le recibiese. Con lo cual don Antonio se vino a Valladolid, y habiendo renunciado el derecho de sus estados, y hecho todo lo demás que era necesario para la entrada, se hincó de rodillas delante de todos los de su casa, y dijo a nuestro Señor: «Gracias os doy, Señor, que ahora estoy más libre para serviros». Su madre, y abuela doña Luisa de Padilla, que aún vivía, y era señora del estado, le trajeron a la iglesia de nuestra casa profesa, y allí fue recibido con gran solemnidad, edificación y consuelo de todos, el año de 1572, siendo de edad de dieciocho años.

De allí fue enviado al noviciado de Medina; y el Padre Baltasar Álvarez tomó muy a su cargo labrarle a machamartillo, así por la importancia del sujeto, y porque había de hacer profesión solemne a los dos años, como también por la grande capacidad y disposición que halló en él para crecer mucho en la virtud, como se podía esperar de tan fervorosa vocación. Mortificábale en lo vivo de la honra y el regalo, que son las dos cosas de que los caballeros mozos suelen estar más prendados; hacíale comer, no solamente las cosas más ordinarias de la comunidad, sino aquellas a que tenía naturalmente más aversión; y cuando sabía que gustaba de alguna cosa, mandaba alguna vez que, en comenzando a comerla, se la quitase el que servía y hacíale ir a comer a la portería con los pobres, y que trajese el vestido más vil y desechado de la casa, y que ejercitase las demás mortificaciones públicas que hacían los otros novicios; a todo lo cual salía muy bien el Hermano Antonio de Padilla, con deseo de no quedar inferior a los demás, antes procurando aventajarse sobre todos; y cuanto mayor había sido en el siglo, tanto más se humillaba en la religión.

Y como los demás novicios acostumbrasen, por mortificación, vestidos de un sayo viejo, ir los sábados por la mañana con el Hermano comprador al rastro, como si fueran criados o mozos de casa; y poniéndose una rodilla a las espaldas, traían por las calles un cuarto de carnero, y en las manos solían llevar una asadura; esto mismo hacía el Hermano Antonio, hollando al mundo, y triunfando de sus vanas pompas con estos ensayos. Y como yo le había visto en Valladolid tan gallardo en su caballo, con mucho acompañamiento de criados, entre otros señores; admiréme, y alabé a Dios, cuando oí decir el contento con que iba por las calles de Medina cargado con su cuarto de carnero. Parece que nuestro Señor le había infundido el espíritu de humildad en el trato con los de casa; porque, como el Padre Baltasar solía encarecer la igualdad que tenía la Compañía, habiendo en ella personas tan desiguales en nobleza, letras y otras buenas partes, él se igualaba tanto con todos en su trato, como si fuera el menor de ellos; lo cual, no solamente guardó cuando novicio, sino también lo conservó cuando estudiante, y cuando predicador y Rector, y toda la vida.

Dotóle nuestro Señor de grande entendimiento y de muy agudo ingenio; y salió tan aventajadamente con las letras, que leyó muchos años la sagrada Teología en este Colegio de San Ambrosio (donde escribo esto) con grande nombre. Fue excelente predicador, aventajándose en este oficio no menos que en el de lector; y con todo eso tan humilde y quitado de pretensiones, que no menos predicaba con su ejemplo que con sus razones. Y oí decir que, habiendo predicado un día en la capilla Real, delante del Rey don Felipe el Segundo, después que le había oído, dijo a algunos Grandes: «Basta por sermón ver a este Padre en el púlpito». Y siendo yo rector deste Colegio, andaba notablemente edificado, y admirado de la humildad y sujeción que mostraba en todo.

Pegósele del Padre Baltasar el espíritu y afición a la oración y al recogimiento en Ejercicios espirituales de cuando en cuando; y para esto se iba, los más de los años, al Colegio de Villagarcía, donde está el noviciado, estando allí ocho días o quince, acudiendo a las pláticas y a otros ejercicios de devoción, como si fuera uno de los novicios. Esto hacía muchas veces por las fiestas de Navidad, Semana Santa y Pascua de Resurrección, los días en que vacan las lecciones; y por lo menos en las vacaciones generales, o cuando había hecho alguna larga jornada; reparando con este recogimiento el fervor del espíritu que suele entibiarse con los estudios o con los muchos negocios.

Fue Rector deste Colegio de San Ambrosio y del de Salamanca; e hizo su oficio con tanta entereza y celo de la observancia religiosa, que muchos le notaban de riguroso y de que apretaba demasiado. Y como es costumbre de los súbditos, hijos de Adán, cuando los Reyes y Príncipes, o sus jueces, o prelados y gobernadores les aprietan, atribuir esto a pasión o rigor, o fines siniestros de los que gobiernan y no al celo que tienen del bien de los que están a su cargo, el Padre Antonio quiso dar satisfacción desto en la última enfermedad de que murió en este Colegio. Porque cuando le dieron el Viático, como los Hermanos estudiantes y los Padres acompañásemos al Santísimo Sacramento, en presencia de todos, afirmó delante del Señor que quería recibir, que en todo su gobierno no había hecho cosa que no entendiese que era mayor gloria de Dios; con lo cual yo quedé más certificado de lo que siempre había entendido.

Sin embargo desto, tenía mucho temor de morirse, por la cuenta que había de dar a Dios; y con este temor le decía: «Si Vos, Señor, lo hubiésedes de hacer conmigo tan cortamente como yo lo he hecho con Vos, mucho trabajo tendría yo». Viéndole un Padre tan temeroso, le preguntó que si le remordía la conciencia de algún pecado mortal de cuarenta años que había estado en la Compañía; y él respondió: «¡Jesús, qué monstruosidad tan grande! ¿Religioso y pecado mortal? No hay que tratar de eso».

Visitandole entonces don Diego Sarmiento de Acuña, que ahora es embajador de Inglaterra, y preguntándole la causa de la tristeza que mostraba tener, respondió que estaba muy temeroso de su salvación. Y diciéndole don Diego: «¿Pues eso ha de temer V. R.?»; respondió el Padre Antonio: «¿Pues qué he de temer sino esto?». Mas fue nuestro Señor servido de quitarle este temor y darle una esperanza certísima de su salvación. Porque, después de recibido el Viático, quiso quedarse solo; y con estar tan consumido de la enfermedad, que apenas se podía mover en la cama, se puso levantado el medio cuerpo y desarrimado de las almohadas, y deste modo se estuvo en oración como dos horas delante de un Crucifijo muy devoto que allí estaba, con el cual hablaba con tanta ternura y afecto, que puso admiración a un Padre que le miraba por los resquicios de una puerta. Acabada esta oración, a las siete de la mañana, dijo a su confesor: «Esta noche irá mi alma a cantar maitines en el cielo». Y diciéndole el confesor que los médicos no le daban tan corto plazo, tornó a repetir lo mismo; y hablando entre sí, se le oían estas palabras: «Señor, ¿qué tengo yo que temer, si me habéis dicho que me tenéis dentro de vuestro corazón? Y pues me tenéis dentro de vuestro corazón, vamos donde quisiéredes, que no hay que temer». A boca de noche pidió la Extremaunción, y que se hallase presente todo el Colegio. Y no pudiendo alzar la voz, dijo al Padre que cuidaba dél, que en su nombre pidiese perdón a todos de las muchas faltas con que en el discurso de su vida y enfermedad les había escandalizado. Y como este Padre le pidiese que se acordase dél en el Cielo, él estaba ya tan seguro de su salvación, que le dijo: «Sí haré, que allí no hay ingratos».

Después comenzó a decir pasito: «Laetatus sum in his, quae dicta sunt; in domum Domini ibimus». Y con estas y otras palabras semejantes dio su alma a Dios, a las once de la noche, el mismo día que dijo que había de ir a cantar maitines al cielo, dejándonos con grandes prendas de que en lo restante de aquella noche lavaría su estola, para poder cantarlos con limpieza, recibiendo la palma y corona de gloria que había merecido por lo mucho que dejó en el siglo para seguir a Cristo y por lo mucho que trabajó en la religión por darle contento.

Capítulo XXI. Cómo se aparejaba para las pláticas y en ellas procuraba que los novicios cobrasen noticia, estima y amor de su Instituto

Aunque se ha dicho la grande fuerza que tenía el Padre Baltasar en las pláticas y exhortaciones que hacía a los novicios, será bien que declaremos el modo como se prevenía para ellas y las cosas de que trataba más ordinariamente para enseñarlos la perfección que venían a buscar en la religión.

El aparejo era, no tanto con mucho estudio, cuanto con mucha oración. Porque era de parecer que el modo de hacer estas exhortaciones, más había de ser diciendo las verdades necesarias con fuerza y sentimiento, que conceptos y curiosidades que no se pegan al corazón. Y así, no hacía más que tomar dos o tres verdades y ponerse en oración sobre ellas, rumiándolas y digiriéndolas con la ponderación de algunos lugares de la Sagrada Escritura y Santos, que el Señor le traía a la memoria, de los muchos que había leído en otros tiempos, y entonces con especial providencia se hallaba más dueño dellos. Así lo confesó él mismo en un catálogo que tenía escrito en su libro, de las mercedes que Dios le había hecho; y contando las que tocaban a su oficio con los novicios, dice así: «He experimentado entendimiento, cosas, lenguaje y modo de proponerlas, descubriéndome de trecho a trecho lo que yo no supiera imaginar, guardando el orden de su Providencia en querer que hiciese yo alguna diligencia, aunque no demasiada, porque ésta antes me dañaba. Y saco esto, de que no me da las cosas hasta el mismo tiempo en que es menester, y de la confianza engendrada en esta parte, por las muchas veces que esto ha usado conmigo». Y de aquí procedía una cosa que yo advertí muchas veces: que, en las conferencias espirituales donde respondía de repente a lo que se le preguntaba, hablaba con más espíritu y fuerza que en algunas pláticas. Porque entretanto que nosotros respondíamos diciendo cada uno lo que se le ofrecía, él negociaba con nuestro Señor lo que había de responder y se lo inspiraba. Y así, uno de nosotros, que había también reparado en esto, preguntando la causa dello al mismo Padre, le respondió: «La causa será porque en las pláticas hablo yo, y en las conferencias habla Dios». Dando a entender que como las conferencias no estribaban en estudio propio, Dios acudía con su inspiración a suplirle; pero las pláticas tenían algo de lo propio, que es el estudio; y también muchas veces se ordenaban más a enseñar que a mover, por pedirlo así la materia dellas.

1

Para cuya mayor declaración se ha de advertir que las exhortaciones y conferencias espirituales que se hacen a los novicios, se ordenan a tres fines, encadenados uno tras otro. El primero es enseñarlos enteramente todas las cosas que pertenecen a la perfección evangélica que profesan conforme a su Instituto, y como se contiene en sus reglas. Porque habiendo de caminar por este Instituto, no saberle sería culpa, y habiendo de dar razón dél, ignorarle sería vergüenza; pues aun la regla del derecho dice: Turpe est patritio, et nobili viro, jus, in quo versatur, ignorare: Cosa fea es, e indigna del senador y hombre noble, no saber el derecho y leyes por donde se gobierna.

Mas porque no basta que el entendimiento quede enseñado y convencido de la verdad, con estimación y aprecio della; el segundo fin es mover la voluntad y aficionarla a la perfección que profesa, con tanta eficacia, que quede mudada y trocada con generosa resolución de hacer suelta de todo lo que la estorba, y de acometer todo lo que le ayuda para salir con su intento.

Y de aquí se ha de pasar al tercer fin, que es aplicar medios prácticos, con los cuales efectivamente se alcance esta perfección.

A estos tres fines juntamente enderezaba el Padre Baltasar sus exhortaciones, aunque unas veces paraba más en el primero con menos del segundo, y otras, al contrario, hacía más fuerza en el segundo o tercero, con menos del primero. Y deste modo ayudaba a sus novicios, encomendándonos cerca desto más especialmente dos cosas muy importantes. La una, que procurásemos caminar por nuestro Instituto, spiritu, corde, et practice. Con el espíritu, estimándole y teniéndole como cosa dada por Dios y traza suya; con el corazón, aficionándonos mucho a él, como a bien que tanto nos importa; con la práctica, procurando formar la vida conforme a él en todas nuestras obras. La segunda era que, en este camino por nuestro Instituto y en todas las cosas, tengamos delante de los ojos sujetarnos siempre a tres superiores que tenemos; conviene a saber: Dios, el Prelado y la razón, aunque los dos se reducen a Dios, por cuyas trazas y cortes hemos de estar en lo natural y sobrenatural y político. Y a este propósito ponderaba un dicho que oyó a un

Hermano coadjutor, Juan Jimeno, de quien después haremos larga mención, que a su modo labradoril decía destos tres superiores: «Dios en el Cielo; el Cabildo, en la iglesia; la razón, en casa, y todos tres son uno; porque un Dios es el que por sí y por los otros gobierna».

Para alcanzar estos fines solía hacer pláticas sobre las reglas de la Compañía, declarándolas con grande espíritu; de las cuales solamente apuntaré aquí algunas cosas que yo le oí estando en la Tercera Probación. Y aunque tenía dictamen de que los novicios no escribiesen sus pláticas, por parecerle que a muchos eran ocasión de que se descuidasen de escribirlas en el corazón, contentándose con tenerlas en el cartapacio; mas yo, sin parecerme que iba contra esto, ponía en mi librito la suma de ellas, para tenerlas en la memoria. Y aquel año, para que los novicios estimasen y se aficionasen a su Instituto, comenzó platicando de las cosas más señaladas que tenía, que él llamaba prerrogativas de la Compañía o preeminencias, porque cada religión tiene algunas cosas propias, en que se diferencia y señala sobre las otras; y déstas puso catorce, que fue declarando muy despacio, y florecieron mucho en este tiempo, y, por su parte, nunca se menoscabaron; y por esto me pareció ponerlas aquí, por ser juntamente catálogo de sus virtudes, sacando lo que platicaba de lo que él mismo experimentaba. Y aunque uno u otro por su flaqueza no guarden tanta perfección como dicen las reglas, como también acaece en la misma ley evangélica, no por eso pierden ellas su excelencia, ni deja de haber muchos en quien resplandezca.

2

La primera prerrogativa es desapropiación de cosas, puestos y personas; de cosas en el vestido, aposento y alhajas dél, contentándose con lo necesario, sin tener cosa cerrada ni como propia; de puestos, sin pretender mudanzas, ni mayores, cerrando la puerta para estas ambiciones; de personas, no permitiendo amistades particulares que turban la paz de las comunidades. Y el que tuviere su corazón descarnado destas tres cosas será verdadero pobre de espíritu y gozará de grande paz.

De aquí se sigue la segunda prerrogativa, que es unión de unos con otros, con grande caridad y hermandad, con ser muchos y tan diferentes en las naciones, condiciones, letras y otros talentos y partes, conservando la igualdad en todas las cosas que se compadecen con esta diversidad; pues apenas hay privilegio, ni excepción que se conceda por título solo de oficio, o de letras o de otras grandezas, sino por sola necesidad y enfermedad del que la padece.

La tercera, es estimación y aprecio de la virtud, de tal manera, que sin ella ningún talento natural es estimado; y aunque alguno tenga grandes partes naturales, si están sin el adorno de las virtudes, se hace poco caso dellas, estimando las cosas en el grado que Dios las estima, y no las mirando con solos ojos de carne. Y a este propósito ponderaba grandemente el Padre Baltasar la importancia de guardar con rigor aquel canon apostólico: Cristo murió, luego todos murieron; para que los que viven no vivan para sí, sino para el que murió por ellos; y así, a ninguno conocemos según la carne.

La cuarta, es el voto de obediencia especial que hace al Papa, y en cosas tan arduas como son ir adondequiera que nos enviare, entre fieles o infieles, herejes o rebeldes, aunque sea con peligro de perder la vida. Y este voto tan glorioso fue inspirado de nuestro Señor, y muy conveniente en este tiempo; porque la Compañía comenzó cuando Lutero negaba la obediencia a la Iglesia Romana, y era bien que toda nuestra religión se dedicase a ella para de su parte apoyarla. Lo otro, porque cuando el súbdito se muestra al superior fácil y pronto en obedecerle, el superior gusta de mandarle.

La quinta preeminencia es la potestad de purgarse de los que no aprovechan en la virtud, porque no dañen a los demás, y para que los admitidos vivan con recato; y esto que a otros pone grima, es lo que a este cuerpo místico conserva su perfección y vida.

La sexta, es la discreción en tasar las penitencias exteriores y asperezas corporales, para que ni los fuertes tomen pocas, ni los flacos demasiadas; por lo cual, aunque no las tiene señaladas por regla muerta, pero sí por regla viva, que es el superior, y se acomoda a las fuerzas y necesidades de cada uno, encomendando a todos el uso continuo dellas, como de ordinario le hay; y ha sido menester usar más de freno que de espuela; porque la salud de los sujetos se iba destruyendo con la demasía; cuanto más, que siempre resplandece la más fina penitencia de todas, que es la abnegación de la propia voluntad.

La séptima, el uso cotidiano de varias y penosas penitencias en el refectorio por cosas muy ligeras; y el decir sus culpas y faltas y oír que se las digan, cosa que de suyo es muy dificultosa; mas el uso la ha hecho fácil con la divina gracia.

La octava, claridad de conciencia con los superiores y prefecto de las cosas espirituales, para que los enderecen en ellas, no gustando de guiarse por su propio parecer y juicio, aun en las cosas que parecen buenas, ni se avergonzando de descubrir las malas, para ser ayudados a vencerlas.

Nona, despegamiento de parientes, que llegan algunos a tener por cruz que les envíen a su tierra. Y aunque es verdad que cuando se entibia el espíritu retoñece el amor de carne y sangre; mas la religión lo tiene tan bien pertrechado, que pone ganas de no pretenderlo.

Décima, estar quitados de votos y elecciones para los oficios y cargos de la Compañía, y de pretender dignidades dentro ni fuera della, quitándonos el cuidado de todo esto para conservarnos en mayor paz y humildad, atajando la raíz de la discordia y ambición, y para que solo cuidemos de nuestro aprovechamiento. Y esto con más rigor se guarda en las dignidades eclesiásticas, sin poder tomarlas, si no es por obediencia del Papa; lo uno, para arraigarnos más en humildad; y lo otro, porque no aparten de entre nosotros la mejor gente que nos había de enseñar y edificar.

Undécima, la libertad con que la Compañía trata a los novicios, enviándoles a peregrinaciones y misiones, y dándoles licencia de tratar con prójimos por vía de prueba; porque cree, que a los que Dios llamó, no les tienen paredes. Pues por esto dijo el Salvador a los apóstoles: Vultis et vos abire? Y si no son llamados de Dios, váyanse luego, antes que se detengan más tiempo y la ida sea más perjudicial. Mas esta libertad no deja de tener mucha guarda de superiores, y otros que velan, sin la guarda interior de examen de conciencia y oración.

Duodécima, la alteza del fin de nuestra vocación, y la mano y cabida que la Compañía tiene hoy en el mundo, con todo género de naciones y personas, que, con haber venido la postrera, no lo es en la acepción. Ítem, los medios tan convenientes que tiene para esto, presupuesta la buena vida, y el recurso a Dios con sacrificios y oraciones, para que nos dé acierto en tratar tan varias personas. Para los grandes y letrados tiene letras; para los pueblos, uso de sacramentos; para los devotos, ejercicios de oración; para los rudos, enseñar a sus hijos; para los niños, la Doctrina Cristiana, haciéndose niño con ellos.

Décimatercera, la obediencia que se practica en la Compañía, con estas cuatro condiciones: que sea universal en todas las cosas lícitas, fáciles o difíciles, honrosas o viles; que sea a todos, superiores, mayores y menores, con talento o sin él; que sea en todas maneras, con afición de voluntad, y conformidad de juicio y entereza en la ejecución, no solo cuanto a la sustancia de la cosa mandada, sino cuanto al modo y traza de hacerla, y como quiera que se mande, con buena gracia o sin ella; y, finalmente, que todos obedezcan sin excepción, no obstante cualesquier buenas partes de linaje, entendimiento, letras, etc., que haya en el súbdito, y no en el superior.

La décimacuarta es la guerra que el mundo ha hecho y hace a la Compañía, con las contradicciones y persecuciones; la cual es fructuosa, conservándola en humildad y en recurso a Dios y confianza en su Providencia; de la cual ha nacido, que las persecuciones han servido de dilatar más, y acrecentarla, como sucedió a la primitiva Iglesia. Más de temer es la persecución secreta y disfrazada, que hace cuando ofrece honras y ocasiones de regalos, la cual es muy peligrosa, si el corazón se rinde a ella.

Estas son las catorce prerrogativas de que platicó el Padre Baltasar al principio deste año, declarando por menudo lo que hay en cada una. Y aunque las enriqueció con algunas autoridades de la divina Escritura y de los Santos Padres; pero lo que más se estimaba en él era el espíritu, fervor y eficacia del cielo con que enseñaba estas cosas, moviéndonos a que no desdijésemos de la excelencia de nuestro Instituto y de la perfección que siguieron nuestros primeros Padres.

Capítulo XXII. De otras muchas cosas que tomaba por materia de las pláticas, para la entera y perfecta enseñanza de los novicios

Como los novicios son a modo de niños en la virtud, y tienen necesidad de ser industriados en todas las cosas que pertenecen a la policía de la vida cristiana y religiosa, y a su entera reformación, cuanto a lo interior que ve solo Dios, y en cuanto a lo exterior que ven también los hombres; todas estas cosas tomaba por materia de sus pláticas, cumpliendo con lo que dice San Pablo: Docentes omnem hominem, in omni sapientia, ut exhibeamus omnem hominem perfectum in Christo Jesu: «Enseñamos a todo hombre con todo género de sabiduría para que hagamos a todo el hombre perfecto en Cristo Jesús». Así, el Padre Baltasar enseñaba a todos sus novicios todas las cosas que les convenía saber, aplicando a esto toda la sabiduría, doctrina e industria que el Señor le comunicaba, para que fuesen perfectos según todo el hombre interior y exterior, a imitación de Cristo Jesús, de quien se dice, cuando tenía doce años —que es la edad que responde a los novicios—: Que crecía en sabiduría, edad y gracia, delante de Dios y de los hombres. No porque él creciese en los dones interiores, sino en las muestras dellos; para enseñar con su ejemplo a los novicios, que, como van creciendo en edad, han de ir creciendo en la virtud, en la sabiduría celestial, en la gracia y dones della, no solo en lo secreto delante de Dios, sino también en lo exterior delante de los hombres, edificándolos con su modestia y con el ejemplo de sus virtudes.

1

Todo esto se verá por un catálogo que tenía hecho de las cosas que pueden ser materia de las pláticas, tomando ya unas, ya otras, por quitar el fastidio con alguna variedad, acomodada a diversos tiempos, o a la diversidad de las personas. Este catálogo abrazaba cuarenta y cuatro cosas, todas de importancia; pero, reduciéndolas a menor número, me ha parecido ponerlas aquí, porque son también como puntos y avisos de las cosas que hemos menester para nuestra entera perfección.

Primera, del modo de orar con fruto y aprovechar ratos de tiempo sobrados, y especialmente de la presencia de Dios nuestro Señor.

Segunda, del modo de rezar con provecho las Horas Canónicas y las cuatro oraciones de la Iglesia y otras oraciones vocales, y leer libros espirituales.

Tercera, de los exámenes de conciencia, general de todo el día y particular de un solo vicio; y del mucho caso que se ha de hacer de no caer en faltas pequeñas ni desmayar en las flaquezas, cuando se hace lo que se puede por excusarlas, ni andar muy escocido por las que comete, sino confiar en Dios, que las remediará.

Cuarta, del modo de confesarse con provecho, de la compunción del corazón, del no descuidarse de hacer toda la penitencia que pudiere, guardándose de rigores indiscretos; y del espíritu con que se han de hacer las penitencias y mortificaciones exteriores.

Quinta, del buen aparejo para la comunión sacramental y de la comunión espiritual.

Sexta, de la mortificación propia y de todos los siniestros y movimientos de la naturaleza; de la guarda de los sentidos.

Séptima, del modo de haberse en la mesa y en las recreaciones y en el trato con los seglares, y generalmente para templarnos en el hablar con otros.

Octava, de la humildad y propio conocimiento.

Nona, del amor que debemos tener a Dios, de la caridad con todos, del sufrir unos a otros y evitar los juicios temerarios.

Décima, de la pobreza, castidad y obediencia, y observancia de reglas e indiferencia; y del puesto, de donde debe arrancar el siervo de Dios, para obrar, que es averiguar primero cuál es la voluntad del Señor.

Undécima, de los tres compañeros que fueron familiares a Cristo nuestro Señor, pobreza, dolor, menosprecio; y es buena materia de media Cuaresma en adelante.

Duodécima, del aprovechamiento espiritual; de no fiar tanto de nuestras diligencias, como del favor de nuestro Señor; y aunque después de haberlas puesto medianas, lo podremos esperar de su Majestad.

Décimatercia, de los favores y trabajos de los justos, de las tentaciones, de cómo se ha de llevar lo áspero de los tiempos, de la providencia de Dios en todo esto y en castigar a los suyos.

Décimacuarta, de la paz y quietud del alma y de los varios medios con que se alcanza.

Décimaquinta, del provecho que tiene tratar con siervos de Dios, y tener uno que le enderece y tomarle por regla, cuya memoria le reforme; y de lo mucho que importa el buen ejemplo y la fuerza que tiene.

Décimasexta, de las ocho bienaventuranzas, de las partes que tiene la virtud, de la prudencia y ciencia de los santos.

Esta es la suma de donde sacaba materia para sus pláticas; por cuanto en todas estas cosas han de estudiar y procurar ser muy diestros y aventajados los que han de ser perfectos. Pero más particularmente ponía su fuerza en tratar a menudo de todo lo que toca a la abnegación de sí mismos y de sus propias voluntades y juicios; y procuraba persuadir a los novicios este modo de estudio con estas admirables razones que pondremos aquí por sus mismas palabras:

No confundamos, dice, las facultades, que no saldremos con ninguna. Si en su tiempo no estudia uno bien gramática, siempre será remendón; si en el suyo no estudia bien Artes, nunca las entenderá. Así también, si en el noviciado no estudiáis en la abnegación de vos mismo, y en lo que más os ha de despertar al aprovechamiento de las virtudes, después seréis remendones. Porque si cuando el corazón está desembarazado, deseoso de perfección, con mucho tiempo y ayudas y ejemplo de muchos, no acaudaláis virtud, cuando esté el corazón prendado y repartido en mil partes, sin tantas ayudas, y con más tropiezos, ¿qué será? Será esto querer esperar perfección milagrosa. Y como el espíritu de las letras es la buena vida; si ésta falta, estudiaréis llenos de faltas; y como estatuas, tendréis ojos y no veréis. El principio de la virtud es la propia abnegación. El que quiere venir en pos de mí, dice Cristo, niéguese a sí mismo. Resolveos, hermanos, en confesar que no queréis comenzar a caminar a la perfección, o comenzad por aquí, como el maestro de vida os lo enseña. Esconded ahora, como dice David, sus palabras en vuestros corazones, para que después no pequéis. Proveeos en este tiempo de abundancia para los años de hambre y esterilidad. ¿Qué esperáis? Si los de Egipto pusieran los ojos en Josef, que fue tan sabio, que supo soltar el sueño que no alcanzaron sus sabios, y repararan en la priesa que se daba en ensilar trigo, cuando ellos lo echaban de casa, por ventura hicieran otro tanto, como aquel varón que tenía espíritu de Dios. Así ahora hay entre vosotros varones en quien mora el espíritu de Dios, que no se dan manos a recoger. Imitadlos, que no tenéis tanto que os sobre; y pues ellos, siendo tan ilustrados, lo hacen, acertar deben. No paréis donde otros corren. No os parezca tiempo perdido el de la probación, aunque no estudiéis, porque no se pierde tiempo en abrir la zanja del edificio que ha de subir muy alto, ni en parar el caminante para dar cebada, o el escribano en cortar la pluma. Estudiar es entender y penetrar, lo cual no se hace bien sin luz; y ésta comunícala el Señor con mayor abundancia a los que más son sus amigos y andan con Él en fe, haciendo las cosas en sus tiempos, y no atropellándolos y confundiéndolos por las ganas que tienen de ver cumplidos sus deseos. Partamos con Dios nuestro tiempo, y esto sea en todas las ocupaciones y actos públicos; y Su Majestad partirá con nos de su luz; bástenos a dejar la ciencia, cuando el Señor quiere que tratemos de la santidad, y después nos la dará con más abundancia.

Todo esto decía este santo Padre para persuadir a los novicios, y a los que están en probación después de los estudios, que atendiesen a solo el estudio de las virtudes, no perdiendo ni una hora deste dichoso tiempo.

2

Pero no se contentaba con la reformación del hombre interior y su mortificación, sino también les enseñaba todo lo que pertenece a la reformación del hombre exterior, encargándoles mucho la virtud de la modestia religiosa, la cual decía ser muy necesaria a los de la Compañía, por tres razones especiales. La primera, porque profesaban tratar con prójimos; y, por consiguiente, tienen obligación de edificarlos y tener buen nombre con ellos y esto se alcanza mucho con la modestia y compostura exterior, que no es afectada, sino verdadera y religiosa. Y pues los de la Compañía facti sumus spectaculum Deo, Angelis et hominibus, menester es, como dice el mismo Apóstol, proveamos lo que es bueno delante de Dios y de los hombres.

La segunda, porque los demás religiosos con el hábito y capilla edifican, y encubren algunas inmodestias, si cayesen en ellas; mas los de la Compañía, que traen el rostro descubierto, y no tienen especial hábito ni capilla, en lugar desto han de tener la modestia, que les adorne y componga; como las matronas romanas, por traer descubierto el rostro, han menester más modestia que las mujeres de otras naciones, que los traen cubiertos con mantos.

Y lo tercero, porque la Compañía también profesa oración y trato interior con Dios, al cual ayuda grandemente la modestia exterior, que refrena los sentidos, por donde se derrama y pierde la devoción. Y de aquí es que su modestia ha de ser muy religiosa, nacida de la reformación interior y de andar siempre en la presencia de su Dios, conforme a lo que dice San Pablo Vuestra modestia sea manifiesta a todos los hombres, porque el Señor está cerca.

Para este propósito hizo un catálogo de todos los actos de inmodestia que puede haber en un religioso, que los seglares llaman falta de buena crianza y cortesía, contando en particular las inmodestias que puede haber en los movimientos y meneos de la cabeza, frente, ojos, oídos y narices, boca, lengua, brazos y manos, rodillas y pies, y en todas las demás partes del cuerpo, y el modo de traer el vestido.

También las inmodestias que pueden tener en la iglesia y en el coro, en el refectorio y en la celda, y en todos los oficios; como es, cuando dicen u oyen misa, cuando se acuestan o levantan de la cama, cuando comen o están en recreación, y en cualquier otro lugar donde están solos o acompañados.

También las inmodestias que puede tener el súbdito con el superior, o un religioso con los demás, o cuando van por la calle y uno acompaña a otro, o cuando tratan con los seglares, en el modo de hablar, reír, escupir, toser, menear las manos y cuerpo; reformando todos estos meneos, y procurando que en todos ellos (como dijo San Agustín en sus reglas) ninguna cosa haya que no diga bien con la gravedad y santidad de nuestra profesión.

Yo leí este catálogo, que tenía más de doscientos actos de inmodestia, y falta de buena crianza, en que podía caer un religioso; y por ser tantos, y algunos muy menudos y caseros, no los pongo; pero he referido esto para que se vea el cuidado que tenía con reformar a sus novicios, aun en cosas muy menudas; de donde procedía que resplandecían con tan rara modestia, que admiraba a los seglares; y con esta grande admiración no podían reprimirse, que no lo dijesen delante de nosotros (como yo se lo oía siendo novicio entonces), glorificando a Dios por este don que daba a sus siervos.

Finalmente, como no podemos tener tan a mano los maestros vivos, que con sus pláticas nos animen a la perfección, encargaba mucho a los novicios la lección de los libros espirituales, que en la Compañía tenemos por regla; los cuales, aunque de suyo son maestros muertos, pero dales vida el maestro que es vida por esencia, hablando y enseñando por ellos al corazón; y por esto más particularmente solía encargarles la lección de aquel librito de oro que llamamos Contemptus mundi, de cuyas sentencias él se aprovechaba en sus pláticas, porque se pegaban al corazón, y Dios las imprime en los que las leen con buen deseo. Y cuando fue por Visitador de la provincia de Aragón, dio a conocer en ella y entabló el uso deste libro, cuyo provecho conocieron por experiencia, topando cada uno lo que ha menester para su alma, por cualquiera parte que le abra.

Capítulo XXIII. De la excelencia con que hizo el oficio de Rector en Medina y otros colegios; y del gran talento que tuvo de gobierno

Aunque el Padre Baltasar había gobernado algunos años el Colegio de Ávila con título de ministro o Vicerrector, pero donde comenzó a ejercitar este oficio con nombre de Rector fue en Medina del Campo; y después le hizo en otros Colegios, mostrando siempre gran talento de gobierno. Y para ejercitarle con seguridad, se fundó en profunda humildad; y con título della, a los principios tenía mucha repugnancia y temor de entrar en semejantes oficios, sabiendo la estrecha cuenta que se ha de tomar a los que presiden y gobiernan; y porque había bien ponderado las cargas de los superiores: de los cuales decía que han de ser cuanto al cuerpo menos regalados, y los que más mal se han de tratar en todo; cuanto al alma, han de andar muchas veces lastimados y amargados, y llenos de los cuidados de todos; cuanto a los súbditos, si hacen su oficio como deben, han de ser murmurados y malquistos con muchos; cuanto a Dios nuestro Señor, han de andar cargados de las faltas e imperfecciones de los suyos, de las tibiezas y quiebras en la religión, y de todos sus pecados; de modo que no solamente han de ser cargados de lo que pecan, sino de lo que no aprovechan. Con esta consideración, como él era tan celoso y amigo de su perfección, y deseaba que todos fuesen perfectos, comenzó a sus principios a tener algún rigor y andar muy afligido con las faltas de los que estaban a su cargo, como suele suceder a los superiores poco experimentados. Mas después, con luz del cielo, vio que esto era impaciencia suya y estrechura de corazón, y que era menester ensancharle y hacerse a sufrir, y compadecerse más que indignarse, imitando el gobierno de Dios en cuanto pudiese. Y a este propósito tenía apuntada una cosa notable, que el santo Padre Martín Gutiérrez le dijo un día, dándole cuenta de su alma; el cual, al principio de su rectorado, andaba también muy afligido, por ver algunas faltas en los suyos; y estando un día quejándose en la oración a nuestro Señor de su trabajo, le mostraron en un plato de plata un corazoncito muy pequeñito, y como ahogado con dos gotas de sangre, diciéndole: «Este es tu corazón, que se ahoga en poca agua». Y mostrándole luego otro corazón grande y anchuroso, le dijeron: «Este es el corazón de Dios, que con tantas idolatrías, herejías y pecados como hay en el mundo no se congoja, sino con grande longanimidad espera coyuntura para coger copioso fruto de los que ahora son malos; y tal ha de ser el tuyo. Con esta visión quedó trocado y desahogado; y consolóle más nuestro Señor con revelarle que todos los que entonces tenía a su cargo estaban predestinados».

Deste ejemplo de su buen amigo aprendió a ensanchar el corazón; y en la oración le hizo nuestro Señor esta misma merced, como él mismo lo confesó (como se ha visto en la relación que hizo della), dándole alivio en el gobierno, sin que los cuidados le arrastrasen y ahogasen el corazón. Dióle también grande estima deste oficio con un sentimiento que le inspiró en la Dominica del Buen Pastor y de las ovejas, en esta forma: Grande ganado es éste, y grande es su dicha; el pastor bueno hace buenas ovejas, y así es gran beneficio y merced que se hace a ellas dársele tal. Cuando el pueblo de Dios trajo buena cabeza, Rey o Profeta, siempre fue bueno. Grande obligación echan sobre sí los pastores, porque son el blanco en quien ponen los ojos todas sus ovejas, y en sus costumbres se transforman, como las de Jacob, en la color de las varas. Con este espíritu procuraba ser dechado de perfección a todo su rebaño; y cumplió tan exactamente con las reglas y obligaciones de su oficio, que podemos decir bien dél que fue un superior cual le pinta nuestro Padre San Ignacio en sus Constituciones. Y aunque se echa bien de ver, por las cosas que se han dicho del gobierno que tenía de los novicios, ahora añadiremos otras cosas que generalmente tocan al gobierno de todos; y dellas pueden aprender, no solamente los prelados de las religiones, sino los señores cristianos y padres de familia para gobernar bien sus casas.

1

Primeramente él sustentaba con sus oraciones a todo el Colegio, así en lo espiritual, como en lo temporal, pesando cada cosa por lo que es; lo que es virtud, santidad y religión estimaba sobre todas las cosas; y a los súbditos aventajados en virtud tenía en más que a los letrados y nobles, que tenían grandes talentos sin tanta virtud; y cuando topaba alguno sin letras de aventajado espíritu, se estaba con él días y noches, en razón de ayudarle y aprovecharle, como adelante veremos.

De aquí es que tantico de bien espiritual estimaba en más que cuanto había temporal, y no consentía que por procurar cosas temporales perdiese alguno o menoscabase un punto de los Ejercicios espirituales. Siendo Rector de un Colegio necesitado, tenía un ministro muy cuidadoso, el cual venía a él muy congojado, diciéndole las cosas que faltaban, y era menester proveerlas luego. El santo varón le respondía: ¡Qué congojado viene el Padre ministro! ¿Ha comunicado eso con nuestro Señor? Él decía: Aún no me han dado tiempo para rezar. Entonces, con mucho sosiego, le envió diciendo: Eso ha de ser lo primero. Váyase a su celda, y rece, y tenga oración; y después vuélvase por acá. ¿Piensa que no tiene dueño este ganado? Dueño tiene, que no le costó tan poco que lo deje perder; vaya con Dios, y piense que no cuelga esto de su industria. Íbase el Padre ministro a hacer lo que el Padre le ordenaba; y muchas veces cuando volvía hallaba la necesidad remediada, por medios que le parecían milagrosos, mereciendo esto la fidelidad y confianza en Dios que tenía su Rector, como se dijo en el capítulo XVI.

De aquí también nacía que, como experimentaba ser de grande importancia dar a los súbditos liberalmente lo corporal, para que ellos atiendan más libremente a lo espiritual; así, era muy liberal y solícito en que se diese a todos lo necesario en comida y vestido; y por esto visitaba cada mes personalmente con el ropero los aposentos, informándose de cada uno lo que le faltaba para proveerlo; hacíalo poner por escrito, y pedía cuenta de cómo se había cumplido; y en el refectorio procuraba que se diese bastante recado a la comunidad; y con los mortificados que descuidaban de sí tenía el mayor cuidado. De los enfermos era muy compasivo y regalador, mirando que no se les hiciese falta en nada; y cualquier faltica que se les hiciese, reprehendía mucho; visitábalos muy a menudo; y cuando alguno estaba con peligro, volvía a visitarle de noche, cuando los demás estaban durmiendo.

Era el primero en todas las cosas de la comunidad: en la oración, en exámenes, en acudir a la mesa y salir de la recreación, y en acudir a barrer y a semejantes oficios, donde acuden todos. Y porque es costumbre en la Compañía que todos por su turno frieguen en la cocina un día, él fregaba siempre el primer día del mes, aunque no hubiesen dado vuelta los demás; y con este ejemplo tenía fuerza para hacer a los otros que fuesen puntuales. Loaba mucho el bien que hay en seguir la comunidad, diciendo que es lo que mucho agradaba a Dios, y sobre lo que había echado su bendición; y a los que le pedían licencia para hacer cosas extraordinarias de penitencia, se lo libraba en que procurasen andar con el común en todo, sin querer excepciones y privilegios singulares, y que se aventajasen en hacer esto con espíritu. Y esta merced señalada pedía él a nuestro Señor, que le diese gracia y la salud que bastaba para andar con todos, y se la concedió. Porque, aunque tuvo hartos achaques, disimulaba con ellos por no faltar al común de todos, experimentando que los tales son ayudados de Dios, y medran en el espíritu, y tienen tiempo bastante para hacer sus Ejercicios espirituales y sus oficios bien hechos. Y solía decir que valía más vivir un poco menos, o con menos salud, siguiendo la comunidad, que no vivir mucho tiempo, o tener entera salud, teniendo particularidades ofensivas, con pesadumbres de otros. Y como el Padre Francisco de Ribera, de quien después haremos mención, le pidiese licencia para quedarse, mientras la primera mesa, estudiando unas conclusiones, porque le importaba mucho, le respondió: «De más importancia es ir con todos, y por aquí se gana más en el estudio». Obedeció el buen súbdito, y por el buen suceso echó de ver la razón que tenía su buen Rector.

Estaba siempre en un temple, de manera que no era menester esperar tiempo ni ocasión para tratar con él; el semblante exterior era apacible, con una santa gravedad; de modo que se hacía amar y respetar, juntando todos el amor con la reverencia filial. Y aunque tomaba figuras de severidad rigurosa, para ejercitar a los súbditos, luego se volvía a su semblante ordinario, y por otra parte era muy inclinado a honrarlos en lo público, y delante de los seglares, hablando honoríficamente dellos, y tratándolos con el respeto que pedía el estado de cada uno. Miraba también los semblantes de sus súbditos; no consentía que alguno anduviese mucho tiempo triste y cabizbajo, diciendo que en la casa de Dios nadie había de andar triste, sino alegre; y más disimulaba el exceso en la alegría que en la tristeza; compadecíase de los que caían por flaqueza, o tenían recio natural, y acariciábalos para remediarlos. A veces pedía a los provinciales se los enviasen a su Colegio, para ganarlos con su blandura y dirección; y deste modo rindió y trocó a algunos, con mucha caridad y destreza, porque sus palabras parece que amansaban las fieras.

Tenía grande constancia en guardar todo lo que pertenecía a su oficio, por menudo que fuese; ni descuidaba dello hasta el último día y hora en que le dejaba, como se verá por esta menudencia, que es indicio de lo que hacía en cosas mayores. Para cumplir la regla que tiene el Rector de visitar algunas veces a los que están en oración, señaló el día del viernes, y ninguno dejó de hacerlo por más ocupaciones que tuviese, ni por más trabajo que hubiese pasado la noche antes; tanto, que el mismo viernes que salió de Villagarcía para ser Provincial de Toledo, habiéndose de ir luego después de oración, visitó todos los aposentos como solía; porque el buen superior, con título de que se acaba presto el oficio, no ha de aflojar; haciéndolo el último día con el mismo cuidado que el primero.

2

Todo esto que se ha dicho, y mucho más, se verá por una suma que hizo de las cosas que eran necesarias para ser buen superior, lo cual, a juicio de todos los que le conocimos, es un dibujo de lo que él mismo hacía; y más es retratarse a sí que enseñar a otros. Dice, pues, así:

El oficio del superior es servir a las almas por quien Cristo murió; servirles como esclavo a señores, por Cristo; y en lo poco que se puede hacer por Dios, tenga por dicha que no miren en lo que hace por ellos, ni en que le agradezcan sus servicios, porque tanto más puros los reciba el Señor cuanto menos ellos fueren vistos y agradecidos. Y así, lo primero que ha de llevar delante de sus ojos es, que hacerle superior no es hacerle, señor, ni darle gente a quien mande, sino ayo de príncipes y siervo de hijos de Dios por los cuales mire y los sirva y ponga sobre su cabeza. Pues desta manera gobernó el Señor, que dijo: No vine a ser servido, sino a servir. Y el Eclesiástico dice: ¿Hiciéronte rector?, mira que seas como uno de los demás.

Lo segundo, tenga los súbditos en tal figura, que se le abran con consuelo y confianza. Y entiéndase que en ninguna rosa le pueden tanto regalar como en acudir a él, y descubrirle su pecho, cuanto quier que sean flacos, y que por eso no perderán con él; pues no es razón que de donde al súbdito se le abre el cielo, y queda en mejor figura con nuestro Señor, no le quede en el pecho de su ministro. Trate desta plática muchas veces, que es utilísima, y acuérdela a los confesores y predicadores, porque hay millones de almas perdidas por no bastarles el corazón para descubrir su interior postema.

Lo tercero, lleve también delante de los ojos, para que viva con humildad, que traer bien rendido y gobernado el Colegio no será tanto obra de sus industrias como de nuestro Señor; porque obra tan grande, como es traer los hombres rendidos y derribados por el suelo, no es de hombres, sino del que dice David: Esperé en el que pone mi pueblo rendido a mis pies. Quien ha de derribar cedros, menester ha brazos de hierro; y éstos dalos el mismo Señor tan fuertes como el arco de bronce. De modo que el que negociare más con este Señor y le fuere más familiar, será mejor leñador; aunque sea tartamudo y se les pierda de vista la traza a los hombres.

Cuarto: entre ganando la voluntad a los del Colegio, dándoles significación del contento que tiene de su compañía; pero mire no se le conozca alguna afición particular, que es tropiezo de toda la casa. También entre disimulando el mandar y ordenar, por algunos días; porque no los desabra, pareciendo que entra mandando como alcalde de corte. Nunca ordene con soberbia y mando, sino con humildad, y mansedumbre y por vía de consulta. Como, «mirad si esto se hace bien así»; porque este modo de consulta es de más fuerza para persuadir y sosegar los ánimos turbados.

Quinto: háblelos a menudo en particular, y de cuando en cuando vaya a visitarlos en sus aposentos; y cuando vinieren al suyo para hablarle, diga que entren, aunque esté ocupado, para que ellos vean que no puede hablarlos; y cuando les despidiere, sea con buenas palabras; y mientras le hablaren, no esté escribiendo o haciendo otra cosa, porque no parezca tenerlos en poco.

Sexto: despídase de los intentos y trazas que le pueden extrañar de hacer bien su oficio y atender a los de casa, gastando el tiempo en el gobierno; y su estudio le conmute en actuarle; porque entre todas las devociones y medios para su aprovechamiento y de su Colegio, ésta será la más sustancial. Por esta causa no se cargue de muchos negocios con los seglares; porque más ayudará a los pueblos en darles sujetos religiosos y perfectos, que en hacer él sus negocios.

Séptimo: procure ser el primero en todas las cosas, para que su palabra tenga fuerza, y los súbditos no tengan excusa cuando faltaren; y así cumplirá lo que dice el Evangelio del buen Pastor, que cuando apacienta su ganado, va delante dél. Y advierta que de su reformación depende la de los inferiores, los cuales toman la guarda de las reglas, de los superiores; y si éstos, por divertirse a otros intentos, dispensan consigo en muchas cosas, no tiene fuerza lo que platican, porque no hacen lo que dicen.

Octavo: tome bien lo que dijeren cualesquier personas, mostrando con el semblante y palabras agradecimiento, porque con solo esto se desenconarán algunos, y él podrá ser ayudado en muchas cosas; y esto solo bastará para que sea bien quisto.

Nono: tenga entereza de ánimo, porque no se alcen todos a mayores; pero con entrañas de caridad, para que junte con rectitud, suavidad, y sea como el Señor, a quien llama David dulce y recto; aunque a tiempos, porque no se turbe la paz, es bien dar su brazo a torcer cuando el súbdito no quiere hacer lo que debe, llevándole por bien, sufriendo en paciencia al que el Señor sufre, hasta que se digne de visitarle, y hacerle capaz de los medios de su aprovechamiento; pero no descuide de aplicar todos los medios que pudiere para ganarle.

Décimo: por ningún caso, cuanto quier que parezca justo, reprenda enojado hasta ponerse a sí en paz primero, con lo cual podrá apaciguar después a su Hermano, y más le ganará entonces sufriéndole, y él mismo vendrá a reconocer y reprender su dureza y terquedad, rindiéndose y derribándose a sus pies. Y la razón de no reprender estando turbado es, porque todos los mandamientos del Señor se ordenan a la caridad y limpieza del corazón, lo cual se pierde dejándose llevar de la indignación y disgusto. También, en los desórdenes y faltas de los súbditos, no se indigne mucho, ni muestre su desorden y turbación; en cosas pocas no sea muy rígido, como si él fuese muy justo, ni reprenda frecuentemente; porque se hace duro el gobierno, y de la costumbre viene a tenerse en poco y no se siente.

Undécimo: cuando el súbdito turbado resiste, témplese el superior, acordándose que es su Hermano y miembro de Cristo e imagen de Dios, y está irritado del demonio; y si él no sabe sufrirle, podrá ser que perezca aquella alma, por la cual murió Cristo nuestro Señor. En tal tiempo, use de benignidad y misericordia, acordándose que él está sujeto a semejantes flaquezas; y dé gracias al Señor que le dio autoridad para poder perdonar, pues desta manera le perdonará a él mayores faltas; y si le pareciere que la blandura podrá dañarle, acuérdese que dice el Apóstol que el malo se ha de vencer y ganar por bien y no por mal. Clame entonces al Señor, que sosiegue a los dos.

Duodécimo: el recato moderado con los súbditos es bueno; el demasiado es dañoso, porque los cierra y atormenta; y al contrario, la confianza les obliga a mucho. Muestre tener crédito dellos, y satisfacción de sus cosas a sus tiempos; porque desta manera los gobernará con sabor.

Estos y otros muchos avisos daba a los superiores, sacados del libro de su propia experiencia y de los sentimientos que nuestro Señor le había dado en la oración para hacer este oficio como conviene.

Capítulo XXIV. De su celo y cuidado en promover el ministerio de leer latín, y criar bien la juventud de la República, y enseñar la doctrina cristiana

Uno de los ministerios que los de la Compañía ejercitan en este colegio de Medina y en otros muchos es enseñar latinidad a la juventud de la República que desea aprenderla, teniendo por fin principal enseñar a los niños y mozos, con letras humanas juntamente las buenas costumbres, para que, desde la tierna edad, comiencen a servir de veras a nuestro Señor, como conviene a verdaderos y perfectos cristianos. Y aunque el Padre Baltasar Álvarez, por razón de su oficio de Rector, tenía grande cuidado y celo de que se ejercitasen con diligencia y perfección todos los demás ministerios propios de la Compañía, como son predicar, confesar, ayudar a morir, dar los Ejercicios espirituales, visitar cárceles y hospitales y lo que pertenece a las ciencias mayores, de Artes y Teología, cuando se leían en su colegio, como veremos presto contando lo que hizo en Salamanca; pero con muy especial cuidado miraba por este ministerio de leer latinidad, que en los ojos del mundo no es tan honroso, pero en los de Dios es muy glorioso, y a la Iglesia y República cristiana, del modo que la Compañía le ejercita, es muy provechoso.

1

Este cuidado y celo mostraba señaladamente en tres cosas.

La primera, en la grande estimación y aprecio que tenía de este ministerio, procurando imprimir este mismo sentimiento a todos los de la Compañía, para que se alentasen a ejercitarle con gusto y ayudasen a los que le ejercitan. Y aunque para este propósito hay muchas razones muy fuertes, que traen los Doctores que tratan desto, yo solamente apuntaré lo que el Padre Baltasar sentía y decía de lo mucho que importa juntar letras con buenas costumbres en edad tierna; así por el bien de los mismos niños, como por el bien de sus padres y de toda la República.

A los niños importa, porque desto depende todo su bien presente y futuro, por ser en aquella edad como cera blanda, tablas lisas y papel limpio, imprimiéndoseles fácilmente lo que les enseñan, así de letras como de virtud, y conservándolo después con más facilidad; pues, como dijo el poeta, el olor que recibe la olla nueva siempre lo conserva; y el mancebo, (dice el Espíritu Santo) va en la vejez por el camino que aprendió en la mocedad; y también tienen el cuerpo más apto para semejantes trabajos de estudios y castigos; y son como la tierra virgen que se comienza a romper, cuyos primeros frutos son muy fértiles y gruesos. Y aunque suceda descuidarse, después, de la virtud, tornan a volver a ella; y muchas veces la memoria de lo que hicieron cuando niños les avergüenza y hace volver sobre sí, para vivir virtuosamente cuando son ya hombres.

También les importa a los padres que les críen hijos virtuosos y que les den buena vejez; y ellos mismos habían de procurar y desear tales maestros que les ayudasen a esto, pues es cosa vergonzosa que cuiden tanto de que anden bien mantenidos y vestidos, y de que aprendan los usos comunes y letras humanas, atesorando con tanto cuidado riquezas para ellos, y le tengan tan poco de que se críen con virtuosas costumbres, de donde pueden temer la perdición de sus hijos, y que les den mala vejez; pues, como dice nuestro refrán, «al enhornar se entuertan los panes», y después de cocidos no hay enderezarlos; y como dice el Sabio, el que cría a su hijo con demasiado regalo, después sentirá su demasiada rebeldía.

También importa esto mucho a la República, porque los sabios virtuosos son la levadura de las ciudades y sal que las preserva de las corrupciones y peligros. Un pobre sabio, dice el Eclesiastés, basta para librar con su santidad y sabiduría a la ciudad que está sitiada de enemigos. Y por esta causa, para el bien universal de la Iglesia y de las Iglesias particulares, ordenó el sagrado Concilio de Trento, y otros Concilios han hecho lo mismo, que en cada iglesia catedral haya un seminario, donde mozos de doce años arriba se críen en virtud y letras, proveyéndoles de buenos maestros; y el mismo cuidado encargaron Platón, Aristóteles y otros filósofos gentiles para el bien de sus Repúblicas. Y Plutarco hizo un excelente tratado de la buena crianza de los hijos, donde dice que, como es necesario, luego en naciendo los niños, formar y componer bien los miembros de su cuerpo, para que crezcan iguales y derechos, así conviene reglar y componer sus costumbres, para que vengan a ser buenos ciudadanos.

Esta es la suma de las razones que el Padre Baltasar traía para encomendar este ministerio, que nuestro Padre San Ignacio, con espíritu de Dios, encargó a los de la Compañía. Y para que se ejercitasen con más suavidad, hacía la segunda cosa que dijimos, alentando con estas razones y otras semejantes a los maestros que estaban dedicados o empleados en este oficio, mirando mucho más por sus comodidades, y honrándolos en todos los lugares públicos. Y aunque el maestro de las clases menores fuese algún Hermano novicio, a quien mortificaba dentro de casa, le honraba y trataba con respeto en su clase, delante de los estudiantes; y quería que todos fuesen estimados y honrados, como es razón, porque trabajaban con menos aplauso del mundo, y con más fruto; y muchas veces, leyendo como deben, ganan más almas para que sigan a Cristo que los predicadores con la elocuencia de sus sermones. Demás desto, les ayudaba con particulares avisos, para hacer con provecho sus oficios, poniéndoles delante el intento de la Compañía, que es dar a beber la virtud cristiana con la leche de la buena doctrina; y por esto desea dar a los estudiantes maestros que les enseñen, tanto vistos como oídos; quiere decir, que no menos enseñen con el ejemplo de su santa vida que con su erudición y ciencia. Porque los niños más se mueven a seguir lo que ven que lo que oyen; y si el maestro dice uno y hace otro, habla bien y obra mal, vanse tras el mal que le ven hacer, no haciendo caso del bien que le oyen decir. A este propósito hace lo que dijo Plinio: Filium tuum trade praeceptori, a quo mores primum, mox eloquentiam discat, quae male sine moribus discitur. Y San Bernardo cuenta de San Malaquías, que, siendo mozo, nunca se pudo acabar con él que entrase en la escuela de cierto maestro, por solo haberle visto una vez hacer una cosa indecente. Por esta causa, también el Padre Baltasar encargaba mucho a los maestros que hiciesen guardar el orden que da la Compañía para los estudiantes en lo que toca a las costumbres, que es casi el mismo que dio el Concilio Tridentino para los de sus seminarios; y les decía que para esto también les ayudaría leer el tratado que hizo San Bernardo De ordine vitae, o De doctrina puerorum, y otro que hizo Gersón, De trahendis pueris ad Christum. Y finalmente, les ponía delante el gran premio que podían esperar de nuestro Señor en esta vida y en la otra, por su buen trabajo. Porque si la crianza temporal de los niños le es acepta, y premió a las parteras de Egipto, porque miraron por los niños hebreos, y los libraron de la muerte corporal que el tirano Faraón pretendía darlos, ¿cuánto más premiará los servicios de aquellos que miran por los niños cristianos y los crían en virtudes, procurando librarles de la muerte espiritual con que el demonio pretende destruirlos?

En confirmación desto pondré el capítulo de una carta que escribió al Padre Juan de Bonifacio, que se dedicó a este ministerio, y en él perseveró más de cuarenta años con grande fruto, sin embargo de que nuestro Padre general le convidaba al principio con los estudios de Teología, para que tenía no pequeño caudal. Pero él se lo agradeció, y no quiso aceptarlos; y en esta razón le dijo estas palabras:

Con cuidado me tenía la elección que nuestro Padre dejó a V. R., y fueme de consuelo particular que eligiese estarse quedo, porque en su profesión obrará con más seguridad su salud, y la de muchos, de que V. R. tiene más necesidad que la Compañía de Teología; y si a ella despertare deseo de más alto nombre, acuérdese que es bueno el que tiene, y que éste no le han de buscar los religiosos, sino hundirse; por donde, si les conviene, le alcanzarán del Altísimo, que levanta los humildes; y así quedará V. R. tenido por tal en la Compañía, pues dejó lo que muchos desean, teniéndolo en sus manos. Cuanto al leer en este lugar o en otro, no es malo representar; pero sin comparación, es mejor caer y asentar y reposar con mucho consuelo, hasta que el Señor envíe a su ángel, que ordene la mudanza a su siervo, siquiera porque haya quien con su vida apruebe la de Cristo nuestro Señor, que adonde le echaba la ordenación del Padre se hundía hasta que oía Vuélvete, de la boca misma de quien antes había oído Vete. Esta verdad crea V. R. de quien le ama de veras en el Señor, y huelga, por su bien, privarse de su presencia y del buen nombre y ayuda que pudiera traer al Colegio de Medina con ella.

Esto dice el Padre Baltasar, porque el Padre Bonifacio leía entonces en Ávila, y quisiera mudarse a Medina, donde él era Rector, por gozar de su santo gobierno. Pero el fiel consejero miró más al provecho del que le pedía el consejo, que a su propio provecho, deseando que todos los de la Compañía hagan su oficio con consuelo en el lugar donde Dios les ha puesto.

Pero, volviendo a nuestro propósito, no se contentaba el Padre Baltasar con alentar a los maestros que leían latinidad, sino tenía también especial cuidado de los mismos estudiantes; y no solo procuraba que se les hiciesen pláticas espirituales los viernes, como dicen sus reglas, sino también él mismo se las hacía de cuando en cuando, acomodadas a su capacidad y necesidad, pero con el mismo espíritu que a los demás, a fin de que entendiesen que, para alcanzar lo que pretendían, no bastaban los buenos maestros y sus muchas industrias, si ellos también no juntaban sus buenas diligencias. Y alentábalos a ponerlas con decirles: Si sois los que debéis, las estrellas no parecen tan bien en el cielo como vosotros en el suelo; seréis como las estrellas al mediodía, que una que parezca en el cielo, espanta al mundo; vuestra edad tierna, amorosa, inocente y llena de bienes, es como la semilla, que, en virtud, tiene la grandeza de los árboles. Por tanto, aprended ahora lo que os traerá grande honra, sumo provecho y perpetuo descanso. Poned los ojos en los niños bien doctrinados del Viejo y Nuevo Testamento, que fueron después grandes Santos. Tobías, siendo niño en los años, nunca tuvo cosa aniñada en las costumbres, y por esto conservó el temor y amor de Dios en medio de grandes tribulaciones. San Nicolás y Santo Tomás, desde los pechos de sus madres comenzaron algún uso de penitencia y virtud; y desde vuestra tierna edad es bien comenzarla. A San Timoteo dijo su maestro San Pablo: Vive con tal gravedad, que ninguno desprecie tus pocos años, conservando la fe y caridad con Dios, la castidad y pureza contigo, la blandura y entereza en tus palabras y conversaciones con los prójimos. Cercenad las que huelen a ira, impaciencia o deshonestidad, y apartaos de malas compañías, que son veneno de las buenas costumbres.

Estos son los consejos que daba a los estudiantes, y por tenerlos más recogidos y hacerlos más devotos de la Virgen Sacratísima, favoreció mucho a las Congregaciones de nuestra Señora, que entonces comenzaron a entablarse en esta provincia. Y en Villagarcía, donde comenzaba a florecer mucho el estudio, siendo allí Rector les aplicó una capilla en nuestra iglesia, haciendo poner en el frontispicio este letrero del libro de los Proverbios: Multae filiae congregaverunt sibi divitias; tu supergressa es universas . Y yo me admiraba del afecto y devoción con que se aplicaba a esto, con andar bien ocupado en otras cosas de mucha importancia.

2

Con este mismo celo y cuidado procuró también promover el ministerio de enseñar la Doctrina Cristiana a los niños y a la gente ruda, el cual estimó en tanto nuestro Padre San Ignacio, que, para que no se olvidase ni se dejase por menosprecio, quiso que se hiciese especial mención dél entre los votos de la profesión solemne. Y a los Rectores ordenó que el primer año de su oficio enseñasen cuarenta días la Doctrina Cristiana, para dar ejemplo a los de su Colegio y avivar este santo ejercicio; y a los profesos también se ordenó que, dentro del primer año de su profesión, la enseñen otros cuarenta días, para dar principio a lo que ofrecen en su profesión. Y todo se funda en la importancia desta enseñanza; por lo cual también el santo Concilio de Trento encargó seriamente a los mismos obispos, que procurasen se enseñase la Doctrina a los niños en las parroquias todos los domingos y fiestas del año.

Movido, pues, deste celo, el Padre Baltasar se preciaba mucho deste ministerio; salía él mismo, especialmente cuando estaba en Villagarcía, muchos domingos por las tardes con los niños de la escuela y con los estudiantes del estudio, cantando la Doctrina por las calles o guiando la procesión dellos; y en la plaza, o a la puerta de una iglesia, hacía las preguntas de la Doctrina Cristiana a los niños con muy buena gracia; y dellas tomaba ocasión para hacer una plática y exhortación para la demás gente que allí se juntaba. Y advertí, las veces que yo fui con él en estas ocasiones, que siempre mezclaba también algún punto del amor de Dios, y de la perfección, para los que trataban della, que siempre había algunos déstos en el auditorio. Esto mismo hacía en los caminos, cuando paraba algo en algunos lugares. Viniendo de visitar la Provincia de Aragón, y pasando por Cervera, su patria, los pocos días que allí se detuvo salía con su campanilla en la mano por las calles, para recoger los niños y enseñarles la Doctrina Cristiana, cosa bien nueva en aquella tierra, admirándose los que le conocían de ver persona tan grave ejercitar oficio tan humilde. Pero él no le tenía sino por muy alto, y por esto no se desdeñaba de hacerle. Y así con más libertad le encargaba a los demás, para que le hiciesen con cuidado, acudiendo a las escuelas de los niños cada semana una vez. Y en Villagarcía nos enviaba los domingos, de dos en dos, a pie por las aldeas de la comarca para lo mismo, para que antiguos y novicios cobrasen afición a tan santo ejercicio.

Capítulo XXV. De la jornada que hizo a Roma, y cómo se previno con la confianza en Dios, y experimentó los efectos de su divina Providencia y la guarda de los ángeles

Siendo el Padre Baltasar Rector en Medina el año de 1571, fue elegido en la Congregación provincial, para que fuese a Roma por Procurador desta provincia, como se suele hacer en la Compañía de tres en tres años, nombrando uno de los profesos de cuatro votos, en quien concurren tales partes de religión, prudencia y experiencia, que toda la Provincia le pueda fiar sus negocios para tratarlos a boca con nuestro Padre general, y deliberar si hay necesidad de hacer general Congregación, para el bien universal de toda la Compañía. Y como el Padre Baltasar, algunos días antes, sospechase que le habían de elegir, temióse mucho, así por parecerle que era poco suficiente para lo mucho que pide este oficio, como porque se recelaba que los caminos habían de distraerle y entibiarle en el fervor de espíritu que tenía. Con esta congoja acudió a nuestro Señor, ofreciéndosele a todo lo que quisiese hacer dél, y en particular para esta jornada. Imaginaba este cargo como un árbol muy grande, y ofrecióse a llevarle sobre sus hombros sin descargarse de una ramita pequeña, ni de una hojita, que es menos. Entonces (como él describe en su librito) le infundió el Señor una interior claridad, que desterraba las tinieblas pasadas y las flaquezas de ánimo, enseñándole las verdades siguientes:

Sacándote Dios, ¿qué tienes que temer caminos ni enemigos? Por grande gracia debías tener que se quisiese servir de ti el Señor. ¿Qué perdió Moisés por entrar en lo que Dios le puso y él tanto temía? ¿Qué cosa es rehusarlo sino incurrir en la cobardía que el Señor reprendió en Moisés, y no querer que él te mande; y en la flaqueza que mostró Jeremías cuando dijo: ¡Ah Señor!, que soy muchacho, y no sé hablar? Responde el Señor: ¿Escójote yo para que hables y no sabrás? ¿Y si a quien Dios pone en alguna cosa, faltándole ciencia, se la da, faltándole virtud, negársela ha? A Moisés, que rehusaba el oficio, le dijo el Señor: ¿Quién es el que hizo al mudo y al sordo, al que ve y al que no ve, sino yo? Moisés ganó mucho en entrar por obediencia en lo que Dios le puso, pues ganó su trato y amistad familiar, con que fue bienaventurado en la tierra y más ilustre que todos los reyes della, más sabio y más santo. El recaudo del Señor le sirvió de todo favor con Faraón y sus grandes; y la compañía de Dios, por acierto y seguridad en sus caminos. Luego, fue hecho en mi ánimo un esfuerzo interior y gran confianza de que sería conmigo lo mismo, si con amor recibía, por su obediencia, la jornada; y así la acepté desde aquel punto, y luego la encomendé al Señor y a su benditísima Madre, y a los Apóstoles San Pedro y San Pablo, y Santiago, y a San Antolín, y pedí el espíritu del Instituto de la Compañía. Quien manda el camino, asegurará el paso. A Jacob, en medio del camino, cuando más desacomodado se halló, se le mostró Dios, y le abrió su cielo, y le prometió su favor; y el que a la ida le hizo tantas mercedes, a la vuelta, cuando ya el que pasó solo volvía medrado, se le tornó a aparecer, y mudándole el nombre, le aseguró del mal tratamiento que temía de su hermano. ¿Y qué perdió Abrahán por salir de su tierra, obedeciendo a Dios? ¿Qué José por ser vendido de sus hermanos y humillado en Egipto?

Todas éstas son palabras del Padre Baltasar, comunicadas de nuestro Señor, para que tuviese grande ánimo y confianza en la divina Providencia si hacía las jornadas y tomaba los oficios por obediencia. Y así solía decir con gran ponderación que el remedio alto y compendioso de todas nuestras necesidades es amar a Dios, y procurar su buen contentamiento; y con esto podemos fiarnos dél; porque ama tanto a los justos, que no quiere les ocupe con solicitud el cuidado de sus comodidades; sino que le arrojen en el cuidado que el mismo Señor tiene dellos; y por esto les dijo: Buscad en primer lugar el Reino de Dios, y las demás cosas se os darán por añadidura. Si tuviésedes un amigo que os quisiese tanto, que por vuestro amor vistiese de seda a vuestros criados, y los hiciese banquetes muy regalados, ¿quedaríaos duda de que haría otro tanto con vos, habiéndolo menester? No, cierto. Pues esto es lo que dice Cristo nuestro Señor. Si vuestro Padre celestial viste los lirios con tanta belleza, que ni Salomón lució tanto en toda su gloria; y si sustenta los pajaritos, que son criaturas ordenadas para el servicio del hombre, ¿qué duda podréis tener de que hará lo mismo con vosotros cuando tuviéredes necesidad dello? ¡Oh hombres de poca fe! Ese desmayo es más propio de infieles que de cristianos, porque sabe vuestro Padre de lo que tenéis necesidad.

Desta providencia de Dios tenía el Padre Baltasar muchas experiencias, que le confirmaban en su confianza. Y así, hablando de sus caminos, dice: Experimentamos que el Señor no había perdido el cuidado de nosotros en la disposición de las jornadas, andando como si fuéramos guiados de un ángel sin tenerlas prevenidas, y sin que nos faltase el sustento conveniente, aunque tuvimos alguna partecica de la Cruz del Señor en trabajos y posadas y uso de cosas propias de pobres.

Pero donde más experimentó esta providencia en todas las cosas corporales y espirituales, fue en esta jornada de Roma, cumpliéndole nuestro Señor lo que le había prometido. Porque, con ir por Francia, que hervía en herejías, adonde después otros tres Padres graves desta provincia que hacían la misma jornada, fueron presos y maltratados de los herejes, como presto veremos; le libró de todos estos peligros y le cumplió el deseo que tenía de decir cada día Misa. Supo y pudo guardar grande orden en todos sus Ejercicios espirituales, y lo más del día, o todo, iba por el camino en oración. Y el Padre Francisco Vázquez, bien conocido en esta provincia por su grande religión y prudencia, y excelente don de predicar, que entonces iba también con el mismo Padre como Procurador de la provincia de Andalucía, reparó en que siempre que le miraba, le hallaba recogido, y puesto en la presencia del Señor. Lo mismo conservó dentro de Roma, no queriendo divertirse en salir a ver curiosidades o antigüedades, empleando el tiempo que otros gastan en esto, en tener larga oración delante de los cuerpos santos que visitaba. Y como daba tan raro ejemplo de santidad, quiso nuestro Señor que todos le honrasen y venerasen. Desearon que se quedase allí por Rector de la casa de los novicios y su Maestro, pareciéndoles que estaría bien empleado en la cabeza del mundo el que lo era entre los Maestros de novicios que había entonces en la Compañía. Pero el santo varón, huyendo de aquel puesto tan público, se excusó con humildad, representando la falta que haría en su Provincia; y así le dejó volver el Padre Francisco de Borja, que era General de la Compañía, cuya grande santidad y espíritu es muy sabida en el mundo; el cual le estimó en tanto, que trató con él, no solo muchas cosas tocantes al bien universal de la Compañía, sino también cosas interiores y espirituales, procurando descubrir lo mucho que el Señor le había comunicado cerca dellas.

También a la vuelta, en el camino, le dio otro tiento el Padre Diego Mirón, Asistente del dicho Padre general Francisco de Borja, el cual, por mandato del Papa Pío V, venía a España con el Cardenal Alejandrino, su sobrino, a negocios muy graves de la Iglesia. Y como no podía visitar por sí mismo todas las Provincias de España, ordenó al Padre Mirón que visitase la de Portugal, donde antes había sido Provincial. Este Padre venía por superior de todos los de la Compañía que hacían aquella jornada, y entre todos se aficionó mucho al Padre Baltasar, por su gran santidad, y le pidió con grande encarecimiento que quisiese ser su compañero en aquella visita. Mas él lo rehusó con humildad, diciéndole que tenía gran deseo de volverse a la quietud y sosiego de Medina, y a gozar del olor que da de sí la Probación, con el fervor que traen los novicios, lo cual era grande ayuda de costa para despertar un alma; y el oficio de Maestro de novicios, el más aparejado que hay en la Compañía para hacer a un hombre santo. Oyendo el Padre Mirón esta respuesta, quiso tentarle y descubrir la virtud que en él había, diciéndole que mirase bien que era gran cosa en aquella ocasión ser su compañero; porque el que lo fuese tomaría noticia de varias Provincias, y cuando él se volviese a Roma con el Padre Francisco, quedaría por Superior y Visitador de todas. Entonces, riéndose el Padre Baltasar, le respondió: «¡Oh Padre mío! Si supiese la poca gana que tengo de esos oficios por autoridades, y la repugnancia que siento a ellos, y en cuánto más estimo estar toda la vida en un rincón al olor del noviciado, no me convidaría con ellos.» Con esta respuesta quedó el Padre Mirón satisfecho y cesó de lo que pretendía.

Pero contemos un caso raro que les sucedió en esta vuelta de Roma, pasando por Francia, en que mostró Nuestro Señor su paternal providencia, para librarlos de grandes peligros y trabajos. Saliendo, un día, después de comer, de una ciudad a otra, que distaba cuatro leguas, avisáronles que no echasen por una senda que iba a un monte, porque había en él salteadores, sino por unos prados y aguazales que estaban llenos de agua, por los cuales podían caminar más al seguro. Llegados a estos prados, y entrando en el agua, comenzaron a hundirse las cabalgaduras hasta las cinchas, y pareciéndoles imposible caminar de aquella manera tan largo trecho, pues al principio estaba el agua tan profunda, y temiendo los atolladeros que necesariamente habían de topar, pararon todos, dudando de lo que harían. Oyeron voces de un muchacho que estaba en la ribera, y les decía que no iban bien, sino que echasen por la senda que iba alrededor del lago hacia el monte. Comenzaron a dudar si Dios les enviaba este aviso, y era bien tomarle, o si este mozo era echadizo de los salteadores para engañarles, como de verdad lo era. Y así, inspirados de Dios, se resolvieron de proseguir su camino, aunque se les renovó y aumentó el temor viendo venir por el mismo lago una barca con muchos remeros vestidos de colorado, que saliendo de la parte del monte iba hacia donde ellos estaban, y temieron no fuesen los mismos ladrones, que viendo cómo no habían echado por la senda, querían, cogerlos a su salvo en medio del agua. Pero presto se les quitó este miedo, viéndolos saltar en tierra y ir su camino adelante. Solo quedaba el temor de si iban errados, el cual crecía mientras más caminaban: de modo que, habiendo entrado por el agua como media legua, les pareció temeridad pasar adelante y se determinaron de volverse por el mismo camino. A esta sazón vieron venir por donde ellos habían caminado un caballero muy lucido, corriendo por el agua como por tierra firme, y llegado a ellos los saludó muy cortésmente y les dijo que le siguiesen sin miedo, porque él sabía bien el camino y les guiaría a su salvo. Hiciéronlo así, diéronse tanta priesa, que acabaron de salir del lago antes que el Sol se pusiese. Y en saliendo del lago, les dijo el caballero el camino que habían de tomar para el pueblo donde iban, que estaba de allí no más de media legua, y no había peligro ni donde poder errar. Y dicho esto, a vista de todos se desapareció, advirtiendo que ni fue adelante ni atrás por el agua, ni a un lado ni a otro; y así todos reconocieron haber sido particular merced del Señor, y se pararon un poco para agradecérsela. Algunos atribuyeron este favor a la santidad del Padre Mirón, que era grande, y fue el que más insistía que prosiguiesen por el lago; otros le atribuyeron al Padre Baltasar y a su continua y frecuente oración; y es razón creer que nuestro Señor quiso hacer este favor a los dos, cuya oración, por ser tan justos, era tan bien recibida en su divino acatamiento, ayudando también las oraciones de los demás compañeros; pues el Salvador dice que, cuando dos o tres se juntan en su nombre a pedirle alguna cosa, la alcanzarán. Pero no se puede dudar de la mucha parte que tuvo en este suceso la oración del Padre Baltasar, y la confianza que tenía en la divina Providencia, mostrándola el Señor en este caso, como lo hizo en otro muy semejante a éste, cuando volvía de visitar la Provincia de Aragón, como en su lugar veremos. Tampoco se puede dudar que este caballero haya sido el ángel de Dios, disfrazado, pues a los ángeles de la guarda conviene este oficio entre otros, conforme a lo que dice el Salmo: El Señor ha dado cuidado de ti a sus ángeles para que te guarden en todos tus caminos y te lleven en las palmas de sus manos, porque no tropiecen tus pies. Y confírmome más en todo, por la espiritual devoción que en este tiempo tenía el Padre Baltasar con los santos ángeles, como consta de un sentimiento que tuvo a los 22 de diciembre deste mismo año de 1571, y le cuenta por estas palabras: Estando en la oración de la mañana, me hizo nuestro Señor una merced, que la tuve yo por muy grande favor, que me inclinó con grande particularidad a la reverencia de los ángeles; del que anunció la Encarnación a nuestra Señora, y a él su Pasión, y al que presenta al Padre Eterno el sacrificio del altar, como a medio de la estimación y reverencia que se ha de tener a estos misterios. Ítem, me incliné a otras tres compañías dellos, conviene a saber, a los que asistieron a Cristo nuestro Señor orando, peleando y caminando y a los que asisten a los justos en estas tres cosas; y a los ángeles de mis oficios, al custodio de mi alma, y a los particulares de los Padres y hermanos que estuvieren a mi cuenta. Y desde esta hora me tuve por obligado a su particular reverencia por la obediencia del Señor, entendiendo que él me había encomendado a todos ellos por especial encomienda y mandamiento suyo. Siendo, pues, este santo varón tan devoto de los ángeles, y del que guiaba a Cristo nuestro Señor en sus caminos, y guía a los justos en los suyos, no es de maravillar que uno de ellos viniese a guiarle en este camino y en los demás, hallando las jornadas tan hechas como si un ángel las trazara, como arriba referimos.

Pero no es razón dejar de ponderar dos títulos muy grandes que aquí apunta, los cuales nos obligan a tener esta devoción y respeto a nuestros ángeles: uno es por quererlo y mandarlo así nuestro Señor; pues así como Su Majestad manda a los ángeles que sean nuestros ayos y guardas, y por obedecerle hacen ellos esta con sumo amor y diligencia, así también nos manda a nosotros que les amemos, veneremos y obedezcamos, como a nuestros ayos y maestros, siguiendo su dirección e inspiración, que se ordena para nuestro provecho: así como el Príncipe que manda al ayo que cuide de su hijo, manda al hijo respete y obedezca a su ayo. El otro título es por los grandes bienes que recibimos destos santos ángeles, que son mayores de los que podemos pensar; y a ley de agradecidos, estamos obligados a amarlos y respetarlos, como a tan insignes bienhechores; y todos podemos decir a nuestro ángel lo que dijo Tobías al suyo, que era San Rafael, y le guió admirablemente en una jornada que hizo: Si me ipsum tradam tibi servum, non ero condignus providentiae tuae: «Si me entregare a ti por esclavo, no es paga digna de la providencia que conmigo has tenido». ¿Y qué mucho que un hombre de tierra sirva como esclavo a un Príncipe del cielo, pues un Príncipe del cielo se humilla a servir de ayo y guarda al hombre de tierra?

Capítulo XXVI. Cómo visitó la casa de nuestra Señora de Loreto, y trajo el retrato de la imagen que pintó San Lucas; y de la gran devoción que tuvo con la Virgen y otros Santos

Dos cosas hizo el Padre Baltasar en esta jornada de Roma, en que se descubrió la mucha devoción que tuvo con la Virgen Sacratísima nuestra Señora, por cuyo medio recibió de Dios señaladas mercedes, como las recibieron los demás Santos, que ordinariamente la han sido muy devotos; por ser esta Virgen soberana, como el cuello del cuerpo místico de la Iglesia, por el cual, mediante su intercesión, la cabeza deste cuerpo, que es Cristo nuestro Señor, influye y comunica grande abundancia de dones celestiales a los fieles, especialmente a los que resplandecen en la pureza de vida, y en la doctrina y ciencia de espíritu, con el fervor y celo de ayudar a las almas, luciendo como estrellas del firmamento por perpetuas eternidades. Destas estrellas se hace la corona desta Reina del cielo, figurada por la mujer del Apocalipsis, que San Juan vio coronada de doce estrellas. Porque como los buenos discípulos, según sentencia del Apóstol, son gloria y corona de sus maestros, así estos Santos son corona de la Virgen sacratísima, que es maestra de todos; y della reciben inspiraciones y sentimientos admirables de lo que han de hacer en su servicio. Y aunque el dragón de siete cabezas, que derribó con su cola la tercera parte de las estrellas, pretende derribar las que son corona de la Virgen, mas ella las defiende valerosamente, porque echa muy hondas raíces en los escogidos. Y los que tienen con ella devoción tierna, sustancial y permanente, tienen grandes prendas (como dice San Anselmo) de que son del número de los predestinados; de quien dice el Salvador, que ninguno podrá arrebatárselos de su mano, ni de la mano de su Eterno Padre, y, por consiguiente, ni de la corona de su dulce Madre. Una destas estrellas fue el Padre Baltasar, el cual desde novicio tuvo especial devoción con esta Virgen soberana, y la rezaba su oficio con tanta ternura y sentimiento, que el Padre Gaspar Astete, que entonces era también novicio y rezaban juntos, quedaba admirado de cuán consolado y levantado [en] el espíritu estaba cuando llegaba a algunos versos. Y después fue creciendo en esta devoción con tanto fervor, que el dragón infernal, rabioso de verle tan devoto, puso grande esfuerzo por derribarle, procurando con terribles tentaciones apartarle del trato con Dios nuestro Señor y con su Madre Santísima. Y como el Padre reparase en esto, estando en oración, díjole el demonio claramente: «Afloja tú y aflojaré yo, particularmente en dejar de hacer esa devoción que haces a esta mujer que llaman María». Por donde se ve cuán agradable era a Dios su oración y cuán grande su devoción con nuestra Señora, pues Satanás tanto la aborrecía. Mas esto mismo le alentaba a durar y crecer más en ella, no perdiendo las ocasiones que se le ofrecían para acrecentarla.

De aquí es que, yendo a Roma y habiendo visitado con grande consuelo de su alma los santuarios de aquella santa ciudad y otros que había en las ciudades por donde pasaban, deseó mucho visitar el santuario de Loreto, donde está la misma casita de Nazaret, en que el ángel San Gabriel anunció a la Virgen la encarnación del Hijo de Dios, y se obró este altísimo misterio en sus purísimas entrañas, y adonde ella y su esposo San José y su Hijo benditísimo, después que nació en Belén y fue presentado al templo, vivieron antes de ir a Egipto, y después de vueltos, por muchos años; la cual casa milagrosamente fue llevada de los ángeles al lugar de Loreto donde ahora está, y es tenida con mucha razón por uno de los grandes santuarios del mundo, y frecuentado de todos los devotos de la Virgen, de quien reciben allí grandes favores y los recibió el Padre Baltasar los días que allí estuvo, con el fervor y continuación que él solía. Y aunque él los encubrió, como otros muchos, podémoslos sacar por lo que él mismo dijo, pocos años después, estando en Valladolid muy al cabo, apretado de una recia enfermedad. Porque, como un Padre que asistía con él, mostrándole una imagen de nuestra Señora y del glorioso San José su esposo, le dijese se encomendase a aquel glorioso

Santo, respondió el enfermo: «Tiene razón, que así me lo dijo esta Señora», señalando a la Virgen Santísima que estaba allí pintada. Admirado el Padre deste modo de respuesta, acudió al compañero que fue con él a Roma, que era el Hermano Juan Sánchez, hombre de mucha religión y oración, por habérsela pegado la continua comunicación con este santo Padre, así en este camino como después dél mucho tiempo, y era entonces su enfermero. Y así pudo preguntarle, si sabía algo de la devoción que el Padre Baltasar tenía con San José; y el Hermano respondió que una mañana, habiendo estado en oración en Nuestra Señora de Loreto, le dijo a la salida: «Muy grande gana me ha dado de ser devoto del glorioso San José». De donde se colige que, conforme a su respuesta, la Reina de los ángeles, en aquella su casa, le hizo alguna señalada merced, enseñándole como maestra las cosas que le importaban para su salvación y perfección; y entre otras le encargó la devoción con su sagrado esposo, lo cual es claro indicio de cuánto mayor sería la que éste su siervo tenía con ella misma; pues como el Hijo de Dios, a los que ama, inclina a que sean devotos de su Madre en señal del amor que le tienen a él, y para que se aprovechen por este medio; así la Madre deste Señor a los que ella ama, mueve a que lo sean de su esposo San José, en testimonio del amor que tienen a ella, y para que la devoción con entrambos les haga ser muy perfectos.

Otra cosa hizo en Roma el Padre Baltasar para cebar su devoción con la Reina de los ángeles, cuya imagen con el Hijo de Dios en los brazos, pintó admirablemente su gran devoto el Evangelista San Lucas, y está ahora en la iglesia de Santa María la Mayor de aquella ciudad. Mas el Padre Francisco de Borja, siendo General de la Compañía, con la extraordinaria devoción que tenía a esta soberana Princesa, y aprovechándose de la mucha autoridad y favor que tenía con el Sumo Pontífice, negoció que se sacase un retrato muy al vivo desta santa imagen, y déste hizo hacer otros muchos que se llevasen por la cristiandad para que esta devoción creciese en todas partes. Uno destos retratos muy escogido alcanzó el Padre Baltasar, y le trajo consigo por amparo suyo en todos los peligros. Y llegando a Medina del Campo, donde era Rector, le hizo adornar como convenía, y le puso en una capilla muy bien adornada y capaz, donde pudiesen los novicios juntarse a las pláticas y otros Ejercicios espirituales, para que se aficionasen todos a la devoción con nuestra Señora, y por este medio alcanzasen la perfección propia de su vocación. A esta capilla visitaba él muchas veces, gastando largos ratos en oración delante de la Santísima Virgen, y a veces las noches enteras, con los sucesos que se han dicho. Y no contento con esto, traía consigo mismo otra imagen pequeña de la Virgen sacratísima, en señal del grande amor que la tenía y para que le sirviese de escudo contra las tentaciones, como lo hizo cuando la sacó del seno la vez que enclavó en ella los ojos siete horas, por no mirar a otras mujeres, como arriba se dijo.

Pero más particularmente celebraba las fiestas de la Virgen sacratísima, aparejándose con más fervorosa oración; y en ellas recibía, especiales visitas y regalos interiores, de los cuales solo pondré uno de los que cuenta en su librito, diciendo así: Un día de la Concepción de nuestra Señora, tuve dos sentimientos. El uno es suplicar al Señor me diese un corazón tan vuelto a sí al cabo de tantos años, como le dio a su Madre en el primer instante que fue concebida en el mundo. El otro, que, pues dándonos a sí mismo nos dio a su Eterno Padre y a su dulce Madre, por una gracia nos dé otra, de darnos a nosotros y entregarnos a ellos; para que tengamos a su Eterno Padre y dulce Madre, el respeto y amor que es razón. Y pues dijo a San Juan: «Ves ahí a tu Madre»; y a la Madre: Ves ahí a tu hijo», y desde entonces el discípulo la tuvo por madre suya, así ahora nos la dé por tal. Estos dos sentimientos tuvo impresos en su corazón, y como fiel hijo de tal Madre procuró, no solamente honrarla y obedecerla por sí mismo, sino ayudando a que todos lo hiciesen.

Para esto le ayudó mucho su grande familiar el Padre Martín Gutiérrez, que fue una de las estrellas resplandecientes de la corona de la Virgen, por la singular devoción que tuvo con ella, y se lo apareció muchas veces, y entre otras una dándole gracias por una cuestión que mandó tratar muy en honra suya; a lo cual también concurrió el Padre Baltasar, deseando mucho que tuviese efecto. Porque, habiendo el Padre Maestro Juan de Ávila, que hizo el Audi, filia, predicado en el Andalucía, que la gracia de la Virgen nuestra Señora era mayor que la de todos los Santos juntos, así ángeles como hombres, que han sido y serán; y pareciéndoles que ayudaba esto, como es verdad, a formar un gran concepto y estimación de la Virgen nuestra Señora, procuraron que el Padre Francisco Suárez, que entonces era «pasante», pero de raro ingenio, y no menos devoto de nuestra Señora, hiciese una cuestión en que probase esto ser muy probable y conforme a la doctrina de los Santos y a toda buena razón. Hízola el Padre Suárez muy a gusto destos esclarecidos varones, y después la extendió y enriqueció, y la puso en el segundo tomo, sobre la tercera parte de Santo Tomás, donde tendió las velas de su grande ingenio y devoción en declarar, apoyar y engrandecer la gracia y excelencias de la Virgen nuestra Señora.

También será razón ponderemos, en esta jornada, la devoción que este gran varón mostró tener, no solo con San José, con quien la tuvo muy grande, y con los ángeles, de que dijimos al fin del capítulo pasado, sino con los demás Santos, cuyos santuarios visitó y veneró, orando en sus sepulcros y pidiendo su intercesión. Y esta misma devoción tenía con el Santo de su nombre, con los que eran patronos del reino, o lugar donde residía, y con otros a que el Señor le inclinaba; con los cuales decía que se negociaba en dos maneras, como se hace con los privados de algún Príncipe: o hablando con ellos, y rogándoles que intercedan por nosotros y nos alcancen de Dios lo que deseamos; o dándoles memoriales y peticiones que hablen, no con ellos, sino con el Príncipe del cielo y de la tierra, porque de mejor gana las reciba de sus manos que de las nuestras; y deste modo les ofrecemos oraciones de Pater noster y Ave Marías, como memoriales que presenten a la divina Majestad. Y de entrambas maneras negoció él con los Santos, de los cuales recibió grandes favores, como se puede ver por lo que dejó escrito, apuntando sus sentimientos espirituales. Porque, al fin de muchos dellos, admirado de tanto bien como sentía tan de repente, le atribuía, no a sus méritos, sino a la intercesión de los Santos, en cuya fiesta o en cuya iglesia o lugar le recibía, y les daba gracias por el favor que le habían hecho. Desto pondremos solo este ejemplo, que le sucedió a los 15 de octubre de 1574, despertando una mañana, sabroso con un pensamiento y sentimiento, cual nunca le tuvo en su vida, conociendo qué es un alma con Dios, y qué es sin él. Y habiendo declarado lo que sintió (lo cual pondremos en el capítulo de la humildad), añade luego: Y pensando a quién debiera yo esta visita, acordéme de San Millán, que era el mismo día, el cual siendo pastor, en otro sueño quedó trocado y santo, a quien nuestro Señor me había años ha con reverencia inclinado. También me acordé de la Madre Mari Díaz, una grande sierva de Dios, que fue muy conocida mía de Ávila, y está enterrada en su iglesia; y di luego gracias a la divina Bondad y a sus Santos porque así me previno, teniéndolo yo muy desmerecido.

Finalmente, dio nuestro Señor a este su siervo grande reverencia a todas las cosas que pertenecen a los Santos y a sus santuarios. Porque meditando un día aquellas palabras del Salmo 71: Honorabile nomem eorum coram illo; venerable es el nombre de los justos delante del Señor, quedéme, dice, adormido (esto es, admirado con gran suspensión de espíritu), viendo el modo de respeto (si así se puede decir) con que la Majestad de nuestro gran Dios y Señor mira a sus siervos y los trata, aun cuando los reprende de sus faltas; y aprendí de su Majestad a tenerlos en gran reverencia. Y otra vez dice: Los Santos son como muchas luces delante del Santísimo Sacramento; son rayos del verdadero Sol de justicia; son estrellas del firmamento, arroyos del gran río que sale de la silla de Dios, sarmientos de la vid de Cristo Señor nuestro, de los cuales no habíamos de hablar sin lágrimas, porque los afrentamos con nuestra vida, degenerando de la suya; y habíanos de poner vergüenza, que unas tiernas doncellas hayan sido para salvarse con tantas ventajas, y nosotros quedemos tan atrás dellas.

Capítulo XXVII. Cómo quedó en lugar del Provincial que iba a Roma con otros dos Padres graves, y fueron presos de los herejes, y lo que hizo para su rescate
Estando el Padre Baltasar en su Colegio de Medina, gozando de la quietud que tanto había deseado; el año siguiente vino la muerte del Padre general Francisco de Borja, de santa memoria, y por esta ocasión fue necesario hacer Congregación Provincial, en que se eligiesen, como es costumbre, los tres que habían de ir a Roma a la elección del nuevo General. Hízose en Burgos, y fueron nombrados para esto con el Padre Gil González de Ávila, que era Provincial desta Provincia de Castilla, otros dos Padres muy antiguos, santos, espirituales y prudentes, y muy ejercitados en gobierno de almas; el Padre Martín Gutiérrez, Prepósito de la casa profesa de Valladolid, y el Padre Juan Suárez, Prepósito de la casa profesa de Burgos (que después se mudó en Colegio, por no poder sustentarse sin tener renta); y el Padre Baltasar Álvarez quedó entretanto por Viceprovincial, con mucho gusto y satisfacción de toda la Provincia, porque en ella era muy conocido, amado y estimado. Hizo su

oficio como dél esperaban todos, y estaban deseando que pasase por sus Colegios para comunicar con él sus cosas, consolarse y aprovecharse de su grande espíritu. Mas muy presto vino una nueva muy triste para toda su Provincia, de que los tres Padres que iban a Roma, con un Hermano que los servía, y se llamaba Diego de Ríos, pasando por Francia habían sido presos en Cardillac de ciertos herejes bandoleros. Deste suceso tuvo noticia el Padre Baltasar por dos cartas que recibió, una del Padre Juan Suárez, cuyo estilo siempre fue grave, conciso y sentencioso; otra del Padre Provincial Gil González, que, por estar herido, es más breve, y se remite a la de su compañero. El Padre Martín Gutiérrez no escribió, porque murió luego en la prisión. Hame parecido poner aquí entrambas cartas, así para que se vea los varios modos que tiene la divina providencia en gobernar a sus escogidos, permitiendo a unos caer en graves peligros, y a otros preservándoles dellos, como también porque pertenecen a la historia del Padre Baltasar, a quien se escribieron.

Carta del Padre Juan Suárez para el Padre Baltasar Álvarez
Ya V. R. vio el consejo de los amigos mercaderes, que nos viniésemos por Francia: confirmóse en Vitoria con la venida de don Francisco de Reinoso, y en Gallareta con la vista de don Gabriel de Fonseca; y últimamente en Sangeri, entrados ya cincuenta leguas en Francia, con la ida de Francisco de Retana, que todos pasaron por Francia. Mas fue nuestro Señor servido de dar a estos Padres en qué merecer, y a mí en qué padecer, viendo su trabajo. Tuvimos aviso que había junto al camino un castillo de luteranos, y apartámonos dél más de cuatro leguas. Ellos tuvieron espías, que pasaban cuatro españoles eclesiásticos, y corrieron seis dellos bien armados a caballo, y atajáronnos los pasos. Préndennos, y apartáronnos del camino entre unos montes; despójannos del poco dinero que traíamos para hasta León; llévannos a un castillo de sus amigos, y allí nos examinan segunda vez, y nos despojan de las ropas, librillos y papeles que antes nos habían dejado; despojan también a las mulas de los cojines, cadenas y estribos; quítannos los breviarios y diurnales, las cruces, imágenes, rosarios y reliquias; trátanlas como ellos son, y no como ellas merecen. ¡Líbreme Dios de ceguedad de entendimiento, cuán desatinadamente precia y desprecia, ama y aborrece, sigue y persigue lo bueno por

lo malo, y lo malo por lo bueno! Dios los desengañe, que buenos fueran para católicos: más les valiera vivir en obediencia de la Iglesia.

De allí nos llevaron a su castillo más que de paso; unos iban delante, otros detrás de nosotros, y otros entremetidos, diciéndonos palabras de afrenta, aguijando y dando palos a las mulas, y alguna vez alguno, al que iba en ella. Nosotros entre tanto nos confesamos de camino, encomendándonos a Dios, y ofreciéndole [el] trabajo y la vida. Ellos trataban entre sí, y a nuestros oídos, si nos matarían o si nos rescatarían. Unos decían: rescatémoslos; otros: no, que son españoles y clérigos; su Rey aconsejó al de Francia por ocasión del casamiento, matase a nuestros príncipes y a nuestras guías; y si no fuese por estos clérigos, nuestra religión (que allí llaman a su error) prevalecería. Si a nosotros nos prendiese la Inquisición de España, por ningún dinero nos rescatarían. Uno decía: Yo diera 20 ducados por uno para matarle; otro: Diera doscientos por lo mismo. Llegados a su castillo, los grandes, los medios y los pequeños, los hombres y las mujeres y los niños, cada cual nos preguntaba si éramos sacerdotes, si monjes, si canónigos, si beneficiados, y si alguno Obispo. A todos respondíamos la verdad, con un sufrimiento y sujeción como cautivos; cada uno decía su injuria o desprecio, como Dios se lo permitía. Con todo eso, hubo dos mujeres y dos hombres que se compadecieron de nosotros, diciendo que Dios había mandado la caridad con el peregrino, ahora fuese de amigos o enemigos.

Los capitanes, con acuerdo, se determinaron que nos matasen, si no diesen gran rescate por nuestra vida. Vinieron como de secreto algunos que nos lo dijesen, y después nos llaman ante sí para decírnoslo, que solo la esperanza del gran rescate los detuvo. Pedían 4.000 ducados. Dióles el Padre Provincial cuatrocientos; y uno de los que nos prendieron, como vio tan baja esperanza del dinero, llevónos al Padre Gutiérrez y a mí a una torre, diciendo que nos había de despeñar de lo alto della. Otro con desesperada furia desenvaina la espada, y arroja al Padre Provincial una cuchillada y dos estocadas; y quiso Dios que no le alcanzó sino poco, y al soslayo con la última. Con esto le llevaron a la misma torre, y otro le hace otra amenaza de una cuchillada y estocada de camino. Con él iba el Hermano Ríos, que se había compadecido, y tragando después lo mismo. En la torre, nos dejaron como cinco horas con un poco de fuego de pajas, y con unos pobres labradores de la tierra, que también estaban cautivos. Cierto, era consuelo el estar con ellos, y ver la fe, paciencia y constancia que tenían.

Encomendámonos a Dios y a nuestra Señora, y a los ángeles y Santos; y luego entramos en consulta de lo que habíamos de hacer. Uno decía: No tratemos de rescate, que más vale morir por cristianos y sacerdotes y enemigos de herejes. Otro añadía: Algún día hemos de morir, y por ventura, presto, y podría ser que no hallásemos otro tal lance en nuestra vida; y pluguiera a Dios que no salieran a partido de dineros, que, cierto, la ocasión era linda. Mas al fin no merecí yo tan dulce y tan honrosa muerte. Fue la resolución: Ofrezcámosles lo que pareciere bueno por el rescate, porque no nos maten por la miseria del dinero; y hecho esto, queda el morir por Cristo: ofrezcámosle la vida.

Al fin de muchas mensajerías costaba el rescate por lo menos más de 1.000 escudos, con costas y caminos; y en lugar de la corona de martirio, nos llevaron a una posada, y nos dieron una cámara, y cama, cirujano y comida. No les pareció a ellos harto el dinero, por cuatro hombres, nuestros papeles y cuatro mulas, porque un pobre mercader de allí cerca los daba más de 1.000 por sola su persona. Mas habíaseles ya pasado el furor primero, y advirtieron que más les valdrían aquellos dineros que no ejecutar su ira. Tampoco nos pareció a nosotros le sería pesado a la Provincia este rescate por esta libertad y estas vidas; especialmente habiendo ahí muchas personas devotas que con buena parte ayudarían.

Mas sucedió otra cosa que nos dio mayor pena, y a mí a lo menos me hizo llorar más lágrimas que he llorado ha muchos días: Dios lo reciba. Dióle al Padre Martín Gutiérrez un dolor de costado, el cual le llevó en menos de cinco días. No le pudimos dar sacramentos, ni le enterramos con Misa, ni con vigilias. El Padre Provincial estaba allí, junto, en otra camilla echada en el suelo, fatigado de su herida. El Hermano Ríos y yo les servíamos, no como deseábamos, mas como allí se podía. Acudióse con tres sangrías y lamedores; y él escupía muy bien, aunque mucho y muy negro. Al cuarto día se halló con tanta mejoría, que me decía: «De diez partes del mal me parece que no me queda sino una». Estando en la alegría desta mejoría, y con grande esperanza de su salud, me pidió que le mostrase lo que escupía y como vio que era negro, luego dio por acabada su vida. Habíale Dios prevenido, pocos días antes, con grandes sentimientos de cómo no hay bien, sino el que es eterno, ni hay mal, sino lo que dura para siempre; y allí le dio una alegría, que manifestaba como gustando della, y diciendo: «Tener sed, y beber hasta satisfaceros, ¡oh, qué será!» —comiénzasele a levantar el pecho, y a vidriársele los ojos, y a caerle una lagrimita; a las diez de la noche, a la entrada del quinto, da las últimas boqueadas, y con ellas el alma al que la crió, que confío yo fue derecha al cielo, por la gran virtud que Dios le había dado; por la buena doctrina y ejemplo que dio en la Iglesia y en la Compañía; por la fe, paciencia y constancia que mostró en esta ocasión; porque, al fin, murió siguiendo su obediencia, habiéndose confesado generalmente, y habiendo confesado entre los herejes y enemigos de la Iglesia Católica que era su hijo y sacerdote en ella; y murió estando preso por los que la aborrecían y perseguían. Plegue a Dios que vaya mi ánima adonde pienso que está la suya.

Traía consuelo en su compañía, confiado que por él me había Dios de librar de mal. Desconsoléme de su enfermedad, temiendo que, si Dios nos le quitaba, había de ser por mis pecados, o por mi castigo. Decíale algunas veces cosas de Dios y de la otra vida, como quien se las acuerda en aquel punto, y, cierto, que con confusión y ternura harta mía. Ayudábale con una Cruz que hice con un poquito de cera que nos había quedado, por que muriese con Cruz y con candela. Encomendé el ánima con un diurnalico que se quedó escondido del despojo, y acostéme a su lado, donde estuve hasta la mañana, sin ningún miedo, antes con mucha seguridad y consuelo. Enterrámosle junto a una iglesia, adonde solía estar una Cruz. Enterrámosle con lágrimas y oraciones secretas; porque más ni se podía, ni se sufría. Por allá suplirá V. R., y todos nuestros carísimos Padres y Hermanos, nuestras faltas, con sus Misas y oraciones, y con hacerle algunas exequias en Salamanca o Valladolid, pues él tan bien se lo mereció.

Yo, después que Dios me sacó a tierra de católicos, le he ayudado con mis pobres oraciones, y con las Misas que he podido. He dado aviso aquí y a Roma, a los Padres Provinciales de Flandes y de Francia, para que hagan lo mismo, que aunque confío que no lo habrá menester, mas no por eso hemos de dejar de hacer lo que debemos, ni él está en parte donde dejará de agradecerlo muy bien a todos lo que por él hicieren.

Mi salida fue desta manera: Hallaron de entre los papeles un crédito, que decía que en León diesen al Padre Gutiérrez, o a mí, o al Padre Provincial (de los dos el uno era ya difunto, el otro estaba curándose de la herida); solo yo quedaba a quien se hubiese de dar el dinero. Enviáronme a que lo recibiese, para que se les pagase a ellos. A la salida me acompañaron con una guía suya por el camino, cerca de dos o tres castillos de luteranos, un cuarto de legua del uno, y a menos de un cuarto de legua del otro. Pasé por dos lugares adonde hay compañías de soldados católicos, pero necesitados de reales; que roban, y luego matan, por miedo de no ser descubiertos. Y fue Dios servido, por su gracia y por las oraciones de V. R., que, como estaba publicada nuestra prisión, y el concierto de mi venida a procurar el rescate, acordaron de dejarme hasta que lo llevase. Hallé al Padre Edmundo, Provincial de Francia, y al Padre Rector de Rodes, que está a diez leguas de Cardillac, lugar de nuestra prisión. Hase hallado con el ayuda de Dios y suya recaudo para el rescate. A mí me juzgaron por inepto para ir a ello; y así partió ayer el Padre Rector de Rodes, con muy buena y discreta voluntad, con armas y a caballo, y hábito de gentilhombre; que, como natural y vecino, sabe la lengua, la tierra y las costumbres de los della: esperamos que lo efectuará seguramente, y que nos darán aquí, pasada la prisión, alegres Pascuas con su venida; y con el ayuda de nuestro Señor y de los sacrificios y oraciones de V. R. podríamos llegar a Roma a buen tiempo, que dicen son veinte días de camino. Dios lo haga a mayor servicio y gloria suya. Amén. De León, a 10 de marzo de 1573.

Otra carta del Padre Gil González para el Padre Baltasar Álvarez
En ésta daré cuenta en breve suma del suceso de vuestra prisión. Del principio della no tengo que decir, pues tengo entendido el Padre Juan Suárez lo ha escrito. Hasta la enfermedad del Padre Gutiérrez, todo había sido tan azucarado cuanto se padecía, que parecía golosina, según se recompensaban los trabajos de fuera con los regalos interiores. La enfermedad, que desde el primer día me pareció muy mal, comenzó a traer soledad y tristeza. Y cierto, que, aunque el enfermo me decía claramente que había de morir y el mal lo mostraba, no creí que el Señor añadiera a los afligidos aflicción tan grande, ni nos lo diera a tragar todo junto, como yo decía. No sé que en estos veinte años pasados, haya deseado cosa más que la salud del Padre, ni sentido

más de veras que su muerte. El dolor pudo más que yo, y me sacó del paso ordinario; y creo que quien se hallara presente al espectáculo acompañara nuestras lágrimas, que aun a los enemigos movían a compasión. En cincuenta horas o algo más llevó el Señor para sí al Padre, confesado generalmente; fue enterrado como en Cardillac, donde no había ningún rastro de religión.

Otro día se partió el Padre Juan Suárez a León. Quedamos solos: yo en la cama, de mi herida; adonde, de ocasión de un soldado mal herido que se curaba dentro de nuestro angosto aposento y olía mal, se me recreció la calentura con cámaras, de las cuales tuve flaqueza notable. A la Semana Santa me levanté, y nuestro alivio era subir a un desván a tener un poco de recogimiento y hallarnos con el espíritu presentes a los oficios de aquel tiempo y a la devoción del pueblo cristiano, viendo en nuestra posada, desde la mañana hasta la noche, comer carne y beber, sin memoria de aquel tiempo santo. Y así pasamos hasta el segundo día de Pascua, en la noche, teniendo presentes las conmemoraciones de aquel santo tiempo y viéndonos tan lejos de todo.

El segundo día de Pascua, en la noche, comenzaron a crecer nuestras angustias y trabajos; porque el lugar se temía de ser cercado de sus enemigos, y parecía juicio ver lo que aquella noche pasó, y los dos días siguientes; y nosotros aguardando la muerte, que, en siendo el lugar cercado, era cierta. Con esto se fueron los que tenían cuidado con nuestro aposento, y el que me curaba la herida. Nuestra comida eran castañas y queso; y después destos días, por regalo, vaca salpresa. Cada día había nuevos miedos y apreturas, hasta el domingo siguiente de Cuasimodo, que hubo sosiego, y me abrieron de nuevo la herida, que se me había apostemado por de dentro, y se comenzó a curar de nuevo.

Luego, a los primeros de abril, pareció a nuestros capitanes que no habían de haber de nosotros nada, y así vinieron a decirme con muchos fieros cómo nos habían de matar, y hubo muchos acuerdos de matarnos, y en estos dares y tomares se pasaron algunos días, hasta que nos dieron cuatro días de término para nuestra vida, en los cuales pudiesen ellos ser certificados de nuestro rescate. Y no hallando por ningún precio quien quisiese salir del fuerte y venir a esta ciudad para saber qué se hacía, que no habían recibido carta alguna, si no era una del Padre Juan Suárez; el Viernes ya estábamos sin esperanza de socorro humano, por las dificultades que había entre tantos soldados en traer dineros con seguridad. Vino un mensajero de parte del Padre Rector del Colegio, con el cual el capitán se aplacó y los que tenían determinado de matarnos, lo cual fue a nueve de éste, por el cual tiempo, por malicia o por ignorancia del cirujano, se me apostemó el muslo, de suerte que apenas podía andar, y se me siguió calentura, con notable flaqueza. A esta sazón quiso nuestro Señor que todas las dificultades se venciesen; y a los catorce, llegó el rescate al fuerte, hoy hace ocho días, con harto peligro; y otro día los soldados se nos mostraron de muy buen rostro, y el capitán, con otros, me sacó el miércoles, a quince, y acompañaron un pedazo del camino, sabiendo ya llanamente que yo era de la Compañía, que ellos tienen por sus mayores enemigos. Y porque nuestro consuelo fuese aguado con algún trabajo, el Hermano Ríos, que vino a pie como dos leguas, del calor del tiempo y trabajo del camino, comenzó a desflaquecer, de manera que a todos nos puso en congoja en lugar mal seguro. El Señor le esforzó en breve, y pudimos caminar hasta las once de la noche, sin parar, por montes y valles, con mucho dolor de mi herida, por ser toda tierra peligrosa. El jueves venimos por segura tierra de católicos; y el viernes por la mañana llegué a este colegio, adonde me han tornado a abrir la herida y curarla esta tercera vez, que el dedo mayor de la mano cabe por ella y entra bien hondo; y así me es forzado detenerme aquí y curarme. No escribo a V. R. las disputas que pasé con el ministro de Cardillac, que no pude excusarlas. Él leyó nuestras constituciones y reglas y vida del Padre San Ignacio; la cual me volvió a la postre; y por estos libros como por las cartas después de la partida del Padre Juan Suárez, yo llanamente le dije también que era de la Compañía de Jesús.

Sea el Señor bendito por todo, que mucho habrán podido las oraciones de toda la Provincia con nuestro Señor, pues nos ha tratado tan regaladamente y a mí me es buena parte de Cruz, que sobre inútil sea tan costoso. No podré ser más largo ahora, que todavía me hace daño el escribir. A toda la Provincia, de la cual yo me acuerdo muchas veces, me encomiendo, y el Hermano Ríos se encomienda. El Señor nos dé su santo amor. De Rodes, 22 de abril de 1573.

Estas son las cartas destos dos santos varones, a quien nuestro Señor quiso ejercitar con estos trabajos; pero también quiso sacarles dellos para labrarlos adelante con otros no menores.

Mas al santo Padre Martín Gutiérrez quiso premiarle en esta ocasión, sacándole no solo de las prisiones de hierro, sino de la cárcel del cuerpo, para confesar libremente su santo nombre y gozar de su dichosa vista, que tanto tenía deseada. Y la manera de muerte fue también conforme a su deseo a modo de martirio, como lo testificaba el Padre Juan Suárez, por haber sido ocasionada de los golpes y mal tratamiento de los herejes enemigos de la fe que públicamente confesaba. Porque, como el Padre Martín Gutiérrez era de más flaca complexión que los otros, así recibió mayor daño; y como era devotísimo de la Virgen, ella le previno para este trance. Porque llegando cerca del lugar donde fue la prisión, se apearon a hacer oración en una ermita de nuestra Señora que estaba en el camino, y ella le reveló que, dentro de ocho días, moriría. Y después de muerto no le desamparó; porque habiendo fallecido sábado, a las dos de la mañana, dentro de ocho horas entró en el aposento una mujer con hábito de francesa, pero muy honesta, habiendo pasado a vista de la gente de guerra de la guarda de los franceses hugonotes. Habló al Padre Juan Suárez (que es el que contó esto), y preguntóle, en lengua que el Padre entendió, si tenía allí algún cuerpo difunto y si estaba amortajado. Y como no lo estuviese, ella sacó una sábana limpia que traía debajo del brazo, y le amortajó honesta y aseadamente, y le echó la bendición. Y como el Padre se lo agradeciese y la ofreciese algún dinero, ella respondió: No vine por eso. Y luego se salió; y todos entendieron que esta mujer era nuestra Señora o persona enviada por ella para remediar el aprieto de sus siervos vivos y la necesidad de su siervo difunto.

Enterráronle fuera de la villa, junto a una cruz que estaba enfrente de una iglesia; y fue providencia de Dios que no se perdiese del todo la memoria del lugar donde fue enterrado; porque, treinta años después, el Padre Diego de Torres, por la mucha afición y devoción que tuvo a este santo varón, yendo a Roma por Procurador de su Provincia del Perú y pasando por Francia, solicitó a los Padres de la Compañía de los Colegios más cercanos a Cardillac, que hiciesen diligencia para buscar el santo cuerpo. Hiciéronla con tanto cuidado, que le hallaron con ciertas señales y testimonios de que era el mismo; y cuando volvió de Roma se le entregaron, y le trajo consigo a España el año de 1603, entregándosele al Padre Alonso Ferrer, Provincial desta Provincia de Castilla. Y aunque el Colegio de Salamanca le pretendía, por haber sido el Padre Martín Gutiérrez Rector allí muchos años, mas adjudicóse a la casa profesa de Valladolid, donde era Prepósito cuando fue elegido para ir a Roma. Y puesto el santo cuerpo en una caja de plomo cerrada, se colocó sobre las gradas del altar mayor, al lado del Evangelio, poniendo sobre la sepultura una losa con este letrero, en latín: Patri Martino Gutierrez, nato Almodovar, hujus domus Praeposito, singulari pietate, virtute ac doctrina viro, in carcere apud haereticos Cardellaci in Gallia Narbonensi vita functo, anno 1573, aetatis 49, atque huc inde translato anno 1603, amoris ergo Patres D. D. Que, en romance, quiere decir: «Al Padre Martín Gutiérrez, natural de Almodóvar, Prepósito desta casa, varón de singular piedad, virtud y doctrina, que, preso por los herejes de Cardillac, en Francia, murió en la cárcel el año de 1573, a los cuarenta y nueve de su edad, de donde se trasladó aquí el año 1603; los Padres desta casa, en señal de amor, le dedicaron esta sepultura».

Pero, volviendo a nuestra historia, en recibiendo el Padre Baltasar estas cartas, dio luego orden en que se buscase el dinero necesario para el rescate. Y aunque cualquiera que fuera superior de la Provincia lo hiciera con mucho cuidado, porque en la Compañía hay tanta caridad, que no solo por Padres tan graves, cuya vida importaba tanto al bien della, sino por cualquier Hermano, se hiciera semejante diligencia, aunque se empeñara la Provincia; mas al Padre Baltasar fuele más fácil hacerla con presteza, por el mucho conocimiento y amistad que tenía en Medina y Burgos con mercaderes poderosos y ricos, que tenían su correspondencia en León de Francia, y podían darle libranzas del dinero necesario para el rescate. No faltó la providencia de nuestro Dios en ayudar en esta ocasión a esta necesidad; porque el año antes habían entrado en la Compañía dos novicios de muchas prendas, los cuales liberalmente, de sus legítimas que tenían heredadas, ofrecieron 3.000 ducados, que eran necesarios para todo lo que pretendían. Hecha esta diligencia, se partió el Padre Baltasar a Burgos, con mucha priesa, para concluir este negocio, y desde allí despachó luego al Hermano Bartolomé de Baeza, que entonces era novicio y sabía bien la lengua francesa, el cual partió disfrazado en hábito de seglar, porque no fuese conocido y preso de los herejes, con cédulas de cambio para León de Francia, donde se pagó lo que estaba concertado y se proveyó a los Padres de lo necesario para proseguir su camino.

Capítulo XXVIII. De algunas enfermedades graves y otros achaques que padeció en este tiempo, y de la grande paciencia y perfección que mostró en ellas

Como el Padre Baltasar mostraba tener grande resignación y conformidad con la divina voluntad en todas las cosas, era necesario que fuese probada en cosas adversas, sufriendo algunas abatidas y despreciadas contra su honra, y otras dolorosas y penosas al cuerpo. Porque, como dijo San Bernardo: Non satiatur animus vanitate, neque corpus voluptate: ni el espíritu humano se harta de vanidad, ni el cuerpo de regalo; y el que ha de ser perfecto ha de vencer entrambas cosas; y para derribarlas enteramente, permite Dios los desprecios, que ayudan a ganar la humildad y echan fuera la vanidad; y envía enfermedades y dolores, que aprueban y afinan la paciencia y echan fuera el regalo que apetece la sensualidad. Y por esto quiso nuestro Señor ejercitar al Padre Baltasar con desprecios, para hacerle perfectamente humilde, como después veremos; y con enfermedades y dolores, para hacerle perfectamente paciente; y por éstas comenzó más presto, para darle ocasión de crecer mucho en todas las virtudes.

Porque, como dijo San Pablo, la virtud se perficiona en la enfermedad; y en decir virtud, sin nombrar ninguna en particular, da a entender que las enfermedades son ocasión a los justos de que crezcan en todas y vengan a ser perfectos en ellas; y por el resplandor que entonces echan vienen a ser conocidas y manifestadas, para gloria de Dios y edificación de los demás fieles. Desto sirven principalmente dos géneros de enfermedades, que labran a machamartillo a los escogidos; unas casi continuas, a modo de achaques que causan dolor y pena, mas no fuerzan a estar en la cama, ni dejar de ejercitar sus oficios y ministerios, aunque los ejercitan con trabajo; otras, más graves y agudas, que vienen de cuando en cuando y duran por algún tiempo, en el cual es más labrada, apurada y conocida su paciencia y mansedumbre, su resignación y obediencia y la fineza de su caridad, especialmente cuando las enfermedades suceden en tal coyuntura que les deshacen las trazas de sus oficios, o los amenazan con cortarles la tela de la vida cuando estaban en lo mejor della. De entrambas maneras ejercitó nuestro Señor al Padre Baltasar Álvarez, mostrando él admirable resignación y conformidad con la divina voluntad en todas.

Primeramente en las enfermedades más recias era tanta su paciencia, que los médicos y enfermeros se admiraban; y, como otro Job, que añadía dolor a su dolor, rayendo la podre con una teja, así él añadía dolores a sus dolores; pues, como arriba contamos, se enjuagaba con la purga amarga cuando la tomaba; y cuando tenía grande hastío, se forzaba a comer por se mortificar; y adonde otros tienen por lícito, como lo es, tomar algún alivio, él buscaba nuevo tormento, diciendo con el mismo Job: Quién me diese que el que ha comenzado a atormentarme, él mismo me desmenuce, suelte su mano y me corte por medio; y esto solo tenga yo por consuelo, no contradecir a lo que el Señor ordena. El mayor aprieto que tuvo y la mayor prueba de su virtud fue la enfermedad que por este mismo tiempo padeció en Valladolid, después que concluyó el negocio de Burgos, que dijimos en el capítulo pasado, de la cual parece que tuvo algunos indicios. Porque su compañero contó que, cuando venían a esta ciudad, en viéndola desde lejos, le dijo con sentimiento aquellas palabras que el Salvador dijo a sus Apóstoles cuando subía a Jerusalén a beber el cáliz de su Pasión: Ecce ascendimus Hierosolymam, et filius hominis tradetur, etc. Y fue así, que le apretó tanto, que estuvo dejado por muerto, y le habían ya echado la sábana encima del rostro; y ido a dar aviso al sacristán que tañese por él, como por difunto. Pero fue nuestro Señor servido que, como por milagro, tornó a vivir, oyendo las muchas y fervorosas oraciones que se hacían por su salud y vida, no solamente en nuestra casa, sino en los demás conventos de las religiones desta ciudad, a quien se les pidió, ayudando también muchos seglares devotos, compadeciéndose todos de la grande falta que hacía a toda la Provincia en tal ocasión el que la gobernaba, y era persona de tantas prendas. Algunos atribuyeron este buen suceso también al santo Sacramento de la Extremaunción, que había recibido muy devotamente, y tiene virtud de dar salud y vida cuando conviene, aunque naturalmente parezca imposible. No faltó también la divina Providencia en aplicar medios humanos proporcionados. Porque el superior de la casa, cuando ya tenía tan pocas esperanzas de la vida del enfermo, dijo al enfermero, que era su fiel compañero el Hermano Juan Sánchez, que se fuese a dormir y descansar un rato del largo trabajo que había tenido; y estando en la cama sintió vehementes impulsos interiores, que le decían: «Levántate y ve a dar de comer al enfermo»; y no pudiendo resistir tanta vehemencia, se levantó y quiso darle algo de comer. Estorbábanselo los médicos, diciendo que sería acabar de matarle; él sentía tan grande fuerza interior de hacer lo que deseaba, que volvió al superior, y al fin alcanzó dél licencia para darle un poco de sustancia que tenía aparejado; y en dándoselo, comenzó a cobrar más aliento y a tener alguna mejoría, hasta que poco a poco le sacó Dios deste peligro. Pero en él mostró este santo varón grande alegría, nacida de la conformidad que tenía con la divina voluntad y la grande seguridad y confianza de su salvación, que el Señor le comunicaba; y así, dijo que no temía la muerte, ni le daba cosa pena, ni sentía criatura alguna que le trabase el corazón; antes creía que estaba bien hecho su negocio. Mas la divina Providencia contentóse por entonces con esta voluntad tan resignada, y alargóle la vida para muchas cosas de su servicio en que había de emplearla. Tampoco le daba pena la falta que hacía a la Provincia; porque este cuidado remitía, como los demás, a la providencia del Señor, que es dueño desta viña; y cuando quita el viñador que la guardaba, sabe y puede poner en su lugar otro tal que mire por ella.

Desta enfermedad tan grave que tuvo en Valladolid resultaron después unas cuartanas en Salamanca, que, fuera de ser largas, suelen ser muy penosas, por la tristeza y aflicción interior que causa el humor de la melancolía. Pero él las llevó tan bien, que, estando un día con una cuartana muy recia, y entrándole a ver un padre muy grave, como vio la serenidad de su rostro, le dijo: «No es posible que vuestra reverencia no sienta algo de dolor.» Y él respondió, como no haciendo caso de lo que padecía: «Todo se es una cuenta». Como quien dice: «Para mí lo mismo es padecer o no padecer; estar con recia cuartana o sin ella, porque no quiero más de lo que Dios quiere, y en su voluntad tengo puesto mi consuelo». Con todo eso, como era tan prudente y tan celoso de la edificación de los prójimos, y de no hacer ni decir cosa en que pudiese ofenderlos, procuraba que, en los aprietos de la cuartana, no entrasen a visitarle, porque con el humor melancólico no dijese alguna palabra menos suave y blanda de lo que él acostumbraba, queriéndolas haber a sus solas con Dios y buscar dél solo su alivio en aquel aprieto.

Demás desto, de las recias enfermedades y de los largos caminos y trabajos que tuvo en sus oficios le resultaron algunos achaques de orina, riñones, gota y otros semejantes, que son penosos por ser también largos; pero él no solamente los sufría con paciencia, sino sabía disimularlos de manera que de los de casa no se los conocían, o muy pocos advertían en ellos, porque él acudía a todas las cosas de la comunidad, y de sus oficios y ministerios, como si no padeciera nada. Lo cual es indicio de no pequeña virtud; porque los imperfectos sin causa alguna publican sus achaques, por algún consuelo humano, o fin terreno de regalo o de su honra, deseando que se compadezcan dellos y los acomoden y regalen, o los honren y estimen por lo que padecen; y cuando no se les acude con lo que desean, andan llenos de quejas y murmuraciones, y turban la casa con sus particularidades. Mas los varones perfectos procuran encubrir semejantes achaques, hasta que ellos mismos se manifiestan y salen al rostro, o es necesario manifestarlos para aplicar algún remedio, o para alentar a algún flaco con su ejemplo; fuera destos casos, no quieren otro testigo de lo que padecen, sino a Dios, de quien esperan el regalo y consuelo, y ponen su honra en padecer de modo que le agraden.

Fuera desto, como la Cruz espiritual se hace de desprecios y dolores, gloriábase de padecer siempre algunos, diciendo que, si tanto veneramos la Cruz de palo donde Cristo nuestro Señor estuvo crucificado, por haber tocado su precioso cuerpo, ¿por qué no hemos de venerar y amar la Cruz viva de los trabajos, que penetró también en su corazón? Y como cualquier partecica de aquella Cruz, por pequeña que sea es muy estimada; así cualquier trabajo y dolor, grande o pequeño, que Dios envía ha de ser muy estimado; y a todos los que veía afligidos solía repetir estas palabras: Del árbol de la Cruz, ni una hojita se nos ha de caer en tierra.

A esto se añade que, como el Padre Baltasar era tan celoso y tan eminente en los ministerios con los prójimos, quiso nuestro Señor que juntase con ellos una cosa que realza mucho la santidad del que los ejercita, haciendo juntamente cosas muy gloriosas y padeciendo cosas muy penosas. Admirable es sin duda la vida de los justos, que están siempre en una cama, padeciendo con gran paciencia, como Lázaro, graves dolores, llagas y enfermedades muy penosas; pero más son de desear las enfermedades y achaques que de tal manera afligen y atormentan continuamente al cuerpo, que dejan fuerzas para poder trabajar en bien de la Iglesia y por la salvación de las almas, como lo hicieron muchos esclarecidos Santos, cuales fueron San Timoteo mártir, de quien dice su maestro San Pablo que tenía frecuentes enfermedades, y no por eso dejaba de trabajar mucho en la predicación del Evangelio; y los santos Gregorio, Bernardo y Francisco se señalaron tanto en esto, que no sé si me admire más de lo mucho que padecieron trabajando tanto por los prójimos, o de lo mucho que trabajaron por ellos, con ser tanto lo que padecieron; y con la junta de entrambas cosas ganaron grandes merecimientos, y coronas muy gloriosas; porque llevaron dos cruces, o una perfecta compuesta de dos piezas, que son padecer grandes enfermedades y dolores, y hacer obras muy grandiosas y dificultosas, que andan siempre juntas con grandes trabajos, en peregrinaciones, caminos, cansancios, fatigas, persecuciones, calumnias y otras tribulaciones; y fuera desto tienen ocasión de mostrar más la fineza de la caridad y amor de los prójimos, atropellando su salud y aventurando la vida por no dejar de acudir a remediarlos. Pues, como dice Santo Tomás, con mucha razón, se ha de estimar en más la vida espiritual del prójimo que la corporal propia, y anteponer el consuelo de un alma necesitada al descanso del propio cuerpo, aunque esté trabajado. Todo esto pasó por el Padre Baltasar, como consta de las cosas que se han contado, mostrando su insigne caridad con los prójimos en acudir estando enfermo a los enfermos que le llamaban, queriendo más agravar su enfermedad, como le sucedió en el caso que arriba contamos, que no faltar un punto a la fineza de su caridad.

De aquí también le vino ser muy compasivo de los enfermos y achacosos, como quien sabía por experiencia qué es ser enfermo y tener achaques; porque esta experiencia es la que más engendra semejante compasión. Y por esto dijo San Pablo de Cristo nuestro Señor: No tenemos Pontífice que no pueda compadecerse de nuestras enfermedades, porque fue tentado y afligido en todas las cosas. Visitábalos a menudo, y consolábalos con palabras muy apacibles, y procuraba con gran cuidado que se les acudiese con todo lo necesario y conveniente para su alivio y regalo; pero deseaba que estuviesen muy conformes con la divina voluntad en lo que padecían, sin dar entrada a las quejas que la carne inventa, con títulos aparentes de más religión. Y así, visitando una vez a un enfermo, que era obrero muy fervoroso, como se quejase de que estando en la cama no podía rezar, ni decir misa, ni confesar, ni hacer los otros ministerios que hacía cuando sano, el Padre le respondió estas palabras: Más estima Dios que le sufran un mes, que servirte en esas cosas un año. Con esto le dejó enseñado y alentado; y con razón. Porque cuando Dios quiere que el religioso esté enfermo, ninguna cosa puede hacer por entonces más agradable a Su Divina Majestad que padecer bien lo que le envía y porque Él lo envía. Y esto suele ser más meritorio, por cuanto va puro y desnudo de la propia voluntad, y de los fines vanos y gustos terrenos que suelen mezclarse con las obras que hacen los que están sanos. Finalmente, esta conformidad con la divina voluntad era el consuelo de todas sus enfermedades; y en uno de los sentimientos que puso en su libro tenía escritas estas palabras: Diga el enfermo a su alma: Por más que abrase esta calentura, no quiero estar sin ella, si a Dios esto le contenta. Y con esta razón consolaba y alentaba a los enfermos, de palabra y por cartas que les escribía muy a propósito, como abajo se dirá.

Capítulo XXIX. Cómo fue por Rector del Colegio de Salamanca, y procuró que se juntasen letras con espíritu, y del gran fervor que puso en nuestros Hermanos estudiantes

Habiendo ya elegido nuevo General de la Compañía, que fue el Padre Everardo Mercuriano, quedóse en Roma, por su Asistente, el Padre Gil González, que era Provincial desta Provincia de Castilla; y en su lugar, para el mismo oficio, fue nombrado el J. Juan Suárez, y por rector del Colegio de Salamanca, el Padre Baltasar Álvarez, aunque primero le habían elegido para Provincial de la provincia de Toledo; mas de la enfermedad que tuvo en Valladolid quedó tan flaco, y la convalecencia fue tan mala, que se juzgó no tenía fuerzas para tanta carga, y que sería más proporcionada la del Colegio de Salamanca, adonde se partió al principio del año de 74. Pero, como era tan conocida su flaqueza, y por otra parte tan sabido el rigor con que trataba su cuerpo, con la misma patente de Rector le vino orden expreso, de que en lo tocante al tratamiento de su persona, sueño, comida y vestido, estuviese sujeto al parecer del Padre Miguel Marcos, lector que era de Teología en aquel Colegio, y muy aventajado en letras, religión y prudencia. Y aunque aprovechó algo esta diligencia para que no excediese con mucha demasía en abstinencias, vigilias y otras asperezas, no fue del todo bastante para que no hiciese mucho más de lo que su salud y fuerzas corporales sufrían, supliendo el fervor del espíritu por lo que no alcanzaba el cuerpo flaco, el cual no dejó de molestarlo con muchas enfermedades que le recrecieron de las que arriba quedan referidas.

En llegando, pues, a Salamanca, como casi todos los moradores del Colegio habían sido sus novicios o hijos espirituales en Medina del Campo, o le habían tratado familiarmente, fue recibido de todos con grande aplauso; y luego comenzó su gobierno con mucho consuelo y provecho de todos, y con grande unión y conformidad de unos con otros, con ser muchos, por ser este Colegio el mayor desta Provincia, adonde pudo mejor asentar todos los dictámenes de gobierno que arriba quedan referidos; y más particularmente tenía cuidado de los Hermanos estudiantes, para que juntasen la religión con las letras. Y en esta razón les hacía tan fervorosas pláticas con el don de Dios que tenía para ello, que andaban todos con tanto fervor como si fueran novicios, en todo lo que era mortificación, oración y concierto en los Ejercicios espirituales, sin faltar por esto a los ejercicios de letras; pero con tal moderación, que el estudio no ahogase el espíritu; y si alguno se daba con demasía a las cosas de devoción, también le iba a la mano para que atendiese a su estudio.

1

Para esto procuraba en sus pláticas persuadirles algunas verdades muy importantes; y la principal era la suma importancia de juntar espíritu con letras y virtud con ciencia, diciéndoles que estas dos cosas eran como los dos árboles plantados por Dios en medio del paraíso, que eran el árbol de la vida y el de la ciencia. Son como las dos lumbreras que dan luz a todo el mundo, una muy grande y otra menor. Son la vestidura doblada con que la mujer fuerte viste a sus domésticos contra la frialdad de las nieves, que son malicia e ignorancia. Son también el espíritu doblado que pidió Eliseo a Elías al tiempo de su partida, que San Bernardo llama entendimiento y voluntad ratificada. Estos son como los dos Testamentos de la Iglesia, Nuevo y Viejo, ley y gracia; y como las dos ruedas que llevan el carro de la gloria de Dios, en quien estaba el espíritu de vida; y como las dos hermanas Marta y María, que se ayudan y viven en una misma casa. Y como María pedía la ayuda de su hermana Marta, así las letras, que se derraman con el discurso a muchas cosas, están necesitadas de que las ayude el espíritu; el cual las ayuda en muchas cosas.

Lo primero, dalas autoridad, porque, como dice San Gregorio, que cuando es despreciada la vida es también despreciada la doctrina; así, por el contrario, es muy estimada la doctrina de aquel cuya vida es aprobada. Lo segundo, dalas vida, porque, como dice San Pablo, la letra sola mata, el espíritu vivifica; la ciencia sola hincha, y la caridad edifica: ¡ay de la ciencia, dice San Agustín, si no es enseñoreada de la caridad! Pues por esto dijo David a nuestro Señor: Bonitatem, et disciplinam, et scientiam, doce me. Y así dice el Santo en otra parte: Amate scientiam, sed anteponite caritatem: «Amad la ciencia, pero tened en más la caridad». Lo tercero, dalas eficacia en persuadir que es posible lo que enseñan; porque la doctrina oída y no vista por la obra hácese muy dificultosa; mas vista en la práctica parece fácil. Y por esto dijo San Pablo a Timoteo: Attende tibi, et doctrinae: hoc enim faciens, et te ipsum salvum facies, et alios. Lo cuarto, da constancia y duración en la enseñanza, porque, en faltando el espíritu, se cansa la carne y desfallecen las fuerzas.

De aquí infería otra razón, que encomendaba mucho: que el espíritu ayuda grandemente a crecer en las letras. Lo primero, purificando la conciencia de culpas, para que Dios, cuyo don es la ciencia, la comunique al alma limpia. Y el religioso, dice, que quisiere entrar en las Divinas Escrituras aplique sus trabajos más a quitar pecados que a ver comentarios; a arrancar pasiones, más que a revolver códices; porque la pureza de vida, como dijo Casiano, abre el ojo que mira a Dios, y al ojo que no se le esconde Dios, tampoco se le esconderán sus cosas, ni los secretos de sus historias.

También procuraba persuadirles el ejercicio de la oración como medio para la ciencia, diciendo que no se sabe menos orando que estudiando; como quien tenía experiencia de la ciencia que Dios le había comunicado por la oración, como arriba se dijo. Y para esto les repetía algunas veces el ejemplo que cuenta Casiano del abad Teodoro, que con la pureza de corazón alcanzó más ciencia que con la mucha lección y estudio; y no entendiendo un lugar de la Escritura, habiéndole estudiado, se dio a la oración, y vino a entenderlo perfectamente.

También les persuadía que la mortificación ayuda para la ciencia y para el espíritu, ejercitándola en las cosas propias de sus estudios, para vencer las dificultades que se levantan en ellos, especialmente en las cosas siguientes. Lo primero, en vencer las desganas de estudiar a los tiempos debidos y las ganas de estudiar en los prohibidos, como son los de oración, exámenes y otros semejantes; y con esto verán que tras Cristo ninguno va sin Cruz, no declinando ni a la siniestra por las desganas, ni a la diestra por las ganas, so color de argüir o sustentar. Lo segundo, en vencer la repugnancia de humillarse a preguntar al maestro y condiscípulos a argüir, o sustentar, o responder al que les preguntare. Lo tercero, en no extenderse a mayores cosas de las que les convienen, o a otros estudios de los que profesan, siguiendo la curiosidad más que la utilidad. Lo cuarto, en aplicarse por traza de sus mayores y maestros, y no por la suya, a este estudio no a aquél; allí y no aquí; por este modo y no por el suyo; a estas cosas y no a aquéllas; tales libros y no otros; porque deste modo irán mejor, conforme a la sentencia de San Agustín, que dice: Non parva scientia est scienti conjungi: ille habet oculos cognitionis, tu habeto credulitatis. «No es pequeña ciencia juntarse con el sabio; éste tiene ojos para conocer y enseñar; tú tenlos para creer y obedecer.» Y es ignorancia y engaño de muchos, que se allanan a las ocupaciones de obediencia, y no al modo y traza dellas. Lo quinto, en no exceder los límites de la modestia religiosa en mostrar lo que saben, o en pretender lo que no les encomiendan; como es estos argumentos, o actos, o cátedras, o en no aceptar las ocupaciones de la obediencia que no querrían. Lo sexto, en mantenerse en disposición de dejar los estudios cuando se lo mandaren; porque, si Dios es la causa dellos, como quiera que él lo ordenare, habrá contento. Y lo mismo es en salir al ministerio que les ordenaren, éste o aquél, en este lugar o en el otro; porque ésta es la señal del buen espíritu con que entrastes en la religión, imitando a vuestro maestro, de quien se dice que exultavit ut gigas ad currendam viam: «alegróse como gigante para correr su carrera», siguiendo en todo la obediencia de su Padre.

Y de aquí es que, para que los ejercicios de las letras y del espíritu no se impidan, el medio de paz en entrambos es entrar por voluntad de Dios, cuyas obras no se embarazan, y anda por sus caminos para enriquecer a los que le aman y obedecen: In viis justitiae ambulo, in medio semitarum, judicii, ut ditem diligentes me, et thesauros eorum repleam. Gran cosa, dice, es saber bien Teología; pero lo más subido della es saber concertar su vida sin que se aparte en nada de lo que Dios quiere. El que tiene ansias de saber dígase a sí mismo: A mí ni me es posible, ni me conviene salir a volar, si Dios no me saca; y entonces no me hará falta lo que yo ahora dejo de arañar, por no faltar a su voluntad. Y para que este vuelo me sea algún día posible y provechoso, tengo otro medio, que es: entretanto, estudiar en no apartarme de lo que Su Majestad quiere de mí. Esto es lo más alto que yo puedo aprender; porque lo contrario no es ciencia, sino ignorancia; no es andar en luz, sino en tinieblas. Y como dice San Agustín: Ignoremos de buena gana lo que Dios quiere que no sepamos; pues basta que Él lo quiera para que gustemos de pasar por ello: Nos igitur quod nescire nos Dominus voluit, libentar nesciamus.

2

Para este mismo fin de juntar espíritu con letras, puso por escrito algunos avisos que trajesen entre manos los Hermanos estudiantes, cuya suma pondré aquí, añadiendo algunas palabras que los declaren más, para que todos los que tratan de letras puedan aprovecharse dellos.

La vida, dice, y ejercicio de los estudiantes de la Compañía es de suyo muy quieta, y aparejada para andar concertados y ordenados; y si quieren, pueden andar siempre bien ocupados y no ahogados; y así, tendrá mayor culpa el que con tanto concierto no lo hiciere, para lo cual le ayudarán las cosas siguientes:

Lo primero, procuren traer siempre el corazón muy sosegado y libre de ansias de estudiar y de priesas por concluir con las obras de obediencia; porque esto estorba mucho a todos, y más a los estudiantes, y es ocisión de que las obras, con la priesa, vayan mal hechas, y el corazón quede inhabilitado para la oración y trato con Dios.

Procuren también que la virtud y religión tenga siempre en su alma y en su estima el mejor lugar; pues las letras sin ella más impiden que aprovechan; y éste es el sentir de la Compañía, como consta de sus reglas. Y de aquí se seguirá que den el mejor tiempo a las cosas espirituales y las hagan con mucha perfección, y sean las primeras, persuadiéndose que, por esto, no perderán el acrecentamiento de las letras, conforme a lo que dice San

Buenaventura: Scientia, quae pro virtute despicitur, per virtutem postmodum melius invenitur.

Tengan muy pura intención en sus estudios, en la lección y en todos los ejercicios de letras, porque ésta los hace estudios religiosos. Los seglares pretenden con ellos nombre, dignidades, riquezas y otros fines temporales; mas los perfectos religiosos han cerrado la puerta a todo esto, y no buscan en sus estudios sino la gloria del Señor y ser convenientes instrumentos para procurar que sea conocido, amado y servido de los hombres con la fuerza de su buena doctrina y ejemplar vida. Esta es la doctrina que piden nuestras Constituciones; y a este fin ha de ser ordenada, pretendiendo ganar las almas con nuestros estudios y, ministerios, que es el más alto que hay en la tierra, y, como dice San Dionisio, entre las cosas divinas, el divinísimo, y el que Cristo nuestro Señor tuvo en su venida al mundo. Y por esto dijo: Manifestavi nomen tuum hominibus; y con ser tan alto, es también muy provechoso para los que se ocupan en esto; de quien dice Daniel que resplandecerán como estrellas del firmamento. Y San Pablo: «Atiende a ti y a la doctrina, porque haciendo esto te salvarás a ti mismo y a los otros».

Para esto les ayudará mucho ofrecer muy a menudo su estudio a nuestro Señor, y nunca comenzarle sin hacer primero oración, hincadas las rodillas. Y pues Dios les manda que le pidan gracia para aprovechar en las letras, razón es hacerlo a menudo y con humildad, procurando también mortificar las demasías que les impiden su mayor aprovechamiento y la pureza de su intención, no queriendo mostrarse antes de tiempo. Pues por esto, como advierte San Buenaventura, mandaba Dios en el Levítico, que a los árboles que plantasen en la tierra de promisión los cortasen todos los pezoncicos que brotaban y no se aprovechasen del fruto hasta el quinto año. Demás desto, procuren no perder los ratos y tiempos que pudieren de oración, y los que más fueren menester, para su reformación espiritual; advirtiendo que, aunque tienen señalado tiempo de una hora para oración, pero esto es en cuanto estudiantes, y no en cuanto soberbios, y oprimidos de otras necesidades espirituales; porque si las tienen, han de procurar más y más tiempo de oración, e importunar a nuestro Señor hasta salir con su empresa, que ésta lo es con mucha propiedad; porque va mucho a la Compañía en que seamos perfectos, y mucho más nos va a nosotros.

Al principio de los estudios comiencen con fervor a juntarlos con el espíritu; porque, ordinariamente, cual fuere el principio, será el progreso y el fin: si con tibieza, tibios; si con fervor, alentados. Y tiemblen de descaecer en este fervor; porque no tengan contra sí aquella voz temerosa de Cristo, que dijo a un tibio: Tengo contra ti algunas pocas cosas, porque has dejado la primera caridad. ¿Y si tiene Dios algo contra nos, cómo no temblamos? ¿Pues qué, si tiene muchas cosas, habiendo descaecido en la obediencia y humildad, en la paciencia y caridad, y en las demás virtudes?

Atiendan con sumo cuidado a conservar la caridad y unión de unos con otros, para lo cual huyan destas seis faltas más particularmente, por ser muy perjudiciales; conviene a saber: tener amistades hondas y particulares con alguno, y más con nota de la comunidad; murmurar, quejarse de los maestros, si leen largo o corto, oscuro o superfluo, etc. Tener opiniones contrarias a las de los maestros es cosa odiosa; y publicarlo, no haciendo caso de la opinión del maestro, es cosa intolerable. Toda significación y sonsonete de no quedar satisfecho de las soluciones de los maestros es desedificativa, y mucho más si se muestra al descubierto, dejándolos desabridos y con mala opinión de sus soluciones. Poco amor, y significación dél con algún maestro, es muy dañoso; pero más lo es cierto género de bandillos de querer más a un maestro que a otro, dando desto pública significación a los demás.

Finalmente, hagan de su parte lo que pudieren por estudiar y saber, dejando a la divina Providencia el suceso de sus estudios y ejercicios literarios, conservando la paz del corazón, aunque no sean prósperos; lo cual no será dificultoso si buscan a solo Dios en ellos. Si yo, dice el Señor, soy la causa de lo que buscas, como quiera que te suceda te contentarás; y más vale cuidar de sí, que con descuido propio hacer milagros.

Estos son los avisos que el Padre Baltasar escribió y dio a sus estudiantes. Y para ponerlos en práctica usaba de medios suaves, proporcionados y eficaces, procurando velar con sumo cuidado en que los de casa guardasen con grande exacción sus reglas, y diesen con puntualidad y entereza el tiempo señalado a todos los ejercicios, no solamente a los de oración y exámenes de conciencia, y a los demás que tocan al espíritu, sino también a los ejercicios de letras, sin permitir quiebras en ellos, dando penitencias a los maestros o discípulos que en esto hallaba culpados. Y porque lo corporal ayuda a lo espiritual, tenía también grande cuidado de que no les faltase todo lo que habían menester, para que ellos descuidasen de sí; y que el día señalado para descansar de los estudios, que en las Universidades se llama asueto, se fuesen al campo, y a recrear, para conservar la salud, reparar las fuerzas y volver a estudiar con nuevos bríos. Tomábalos cuenta de la conciencia cada mes, y hablábalos más a menudo cuando los vía con alguna particular necesidad, alentándolos, así en las cosas de devoción como del estudio, mostrando tener concepto y estimación de sus trabajos; y en todas las cosas se mostraba con ellos tan padre, que de todos era amado y respetado, y acudían a él con grande confianza en todas sus necesidades y para todo lo que era bien de sus almas.

Uno destos Hermanos estudiantes (como él mismo lo contó después siendo ya sacerdote), viéndose tentado de desesperación, y muy apretado, no halló otro mejor remedio que irse al aposento de su Rector con ser la medianoche. Entró de repente a oscuras; asióle de los brazos, y hízole estremecer. Despertando el Padre Baltasar, preguntóle quién era; pero el Hermano, turbado con su tentación, detúvose un rato en responder, y después dijo su nombre. Entonces el Padre, con mucho sosiego, le dijo: «¿Pues qué quiere mi Hermano a estas horas?». Respondió: «Padre, que me muero, y me voy derecho al infierno». En oyendo esto, compadecióse de su necesidad; hízole sentar, y estúvose gran rato con él, hasta que con sus blandas y eficaces palabras le sosegó del todo. A este modo sosegaba y quietaba a los demás tentados, como se ha dicho de los novicios.

Finalmente, con sus pláticas en común y en particular, y con los demás medios que aplicaba con suavidad y fortaleza, juntó en Salamanca el fervor sustancial del noviciado de Medina, con la profesión de letras a que allí se atendía, cuyo testimonio puede ser, que llegando entonces al Colegio el procurador de la India Oriental e islas del Japón, con licencia de nuestro Padre general para llevar algunos de los que se ofreciesen a esta misión tan gloriosa y tan dificultosa, fue extraordinario el fervor que nuestro Señor les comunicó en pedirlo, abandonando tierra, deudos, amigos y comodidades, y ofreciéndose a los innumerables peligros que por mar y tierra tenía esta empresa, a partes tan distantes, y entre gentiles y bárbaros muy feroces; y si no se pusiera tasa, se despoblara el Colegio por la grande instancia e importunación que todos hacían, procurando con santa emulación cada uno vencer al otro en la demanda, con las razones que alegaba para ser preferido. Con ser tantos los llamados, no fueron más que cinco los escogidos para esta jornada, acallando a los demás con las esperanzas que les dieron de enviarles en otra mejor ocasión. Y con esto quedaron quietos, como hijos de obediencia, y prosiguieron con su fervor de espíritu como solían.

Capítulo XXX. En que se ponen algunos ejemplos notables de dos Hermanos estudiantes muy fervorosos, Juan Ortuño y Francisco de Córdoba

Los que más se señalaron en el fervor del espíritu, con el ejemplo y ayuda del Padre Baltasar, fueron los Hermanos artistas, que eran recién venidos del noviciado juntamente con su maestro el Padre Esteban de Ojeda, que había sido colegial del Colegio mayor de Cuenca y Catedrático de Filosofía en aquella insigne Universidad, y había entrado en la Compañía el año de 1571, casi juntamente con todos los que eran sus discípulos. Y aunque todos tuvieron virtud muy aventajada, pero dos se esmeraron sobre todos con singular excelencia y edificación de todo el Colegio, cuyas heroicas virtudes notó y advirtió bien su maestro el Padre Ojeda, y me las contó algunas veces, y después me las dio por escrito, y me han parecido dignas desta historia, no solo para gloria del Padre Baltasar, que fue su maestro en el espíritu, sino para que la memoria destos ilustres ejemplos obre ahora en los religiosos que estudian, lo que obraban cuando vivos en los que los miraban.

Del Hermano Juan Ortuño

En primer lugar pongamos al Hermano Juan Ortuño, de quien yo oí decir al mismo Padre Baltasar en una plática, que no había leído en las vidas de los Padres del yermo cosas más grandiosas que las que había visto en este Hermano, así en Medina, siendo su maestro cuando era novicio, como en Salamanca, siendo su Rector cuando era estudiante. Entró en la Compañía a los veinte años de su edad, con otros muchos que entraron el año de 71; y entre todos resplandeció con raro ejemplo de santidad todo el tiempo del noviciado, pero mucho más el poco tiempo que le duró la vida, oyendo las Artes en Salamanca. Tenía aventajado ingenio y ponía mucho cuidado en sus estudios, pero sin aflojar un punto en el tesoro de las virtudes, mostrando bien por la obra el mayor caso que hacía dellas, que de las letras. Señalóse particularmente en la obediencia y mortificación, así interior como exterior, con una modestia y composición tan consumada y sin mudanza, que daba claro testimonio de su admirable espíritu quieto, compuesto y muy mortificado. Era entonces sotoministro de aquel Colegio el Padre Juan Rodríguez, varón santo, muy callado, muy riguroso y penitente, y por extremo obediente a todo lo que le encargaba el Padre Rector para hacer bien su oficio. Habíale encargado que ejercitase a los Hermanos estudiantes, así teólogos como artistas, y mucho más a los artistas, que eran casi novicios, en mortificaciones y oficios bajos; y el buen sotoministro, que de suyo era amigo de semejantes ejercicios, con el estímulo de esta obediencia era muy diligente en cumplir con ella, ejercitándolos a todos en varias ocasiones, y mucho más al Hermano Juan Ortuño, de quien tenía mayor satisfacción, haciendo en él extrañas pruebas. Estaba aguardando a la puerta del general a que se acabase la lección, y luego llamaba al dicho Hermano y al Hermano Francisco de Córdoba, de quien luego trataremos, y los enviaba a la cocina a fregar las ollas y los platos y a otras ocupaciones semejantes, que reservaba cada día para ellos; a las cuales acudían con más alegría que a la lección, sin quejas y sin proponer que les diesen tiempo para pasarla. Y aunque su maestro sentía esto y hablaba por los discípulos para que no les ocupasen en tal tiempo, mas ellos no curaban de otra cosa, sino de obedecer y mortificarse, con mucho contento y alegría.

En esto se esmeró tanto el Hermano Ortuño, que parece cosa milagrosa su obediencia, con tanta sinceridad, puntualidad y perfección, como se verá por los casos siguientes. Una tarde de invierno muy tempestuosa, de gran ventisca y nieve, el Padre Juan Rodríguez, al anochecer, encontró con este Hermano junto a la barandilla de un corredorcillo que caía a un patio pequeño, y díjole: «Juan, aguardaos aquí hasta que yo vuelva, porque os tengo que ocupar en cierta cosa». Fuese el Padre, y olvidóse, con otras ocupaciones, de lo que había dicho. Mas el buen Hermano, como si fuera de piedra, no se movió un punto de aquel lugar, con hacer terrible frío y afligirle la ventisca, y la nieve que entraba por la barandilla y le cubría los pies. Eran ya las nueve de la noche, y no había venido a cenar con los demás a primera ni segunda mesa. Echóle menos un condiscípulo suyo, avisó dello a su maestro; hicieron diligencias por toda la casa para saber dónde estaba, y como no te hallasen, preguntaron por él al Padre Juan Rodríguez, el cual, como estaba olvidado de lo que había mandado, respondió que no sabía dél. Vanle otra vez a buscar, y pasando por el corredorcillo ya muy tarde, le hallaron yerto de frío, casi cubiertos los pies de nieve. Y como su maestro le reprendiese y preguntase qué hacía allí a tal hora y en tal tiempo, respondió con mucha paz que el Padre Juan Rodríguez le mandó aguardar allí hasta que volviese, y que no había vuelto. Quedaron todos admirados desta obediencia, y sin duda, si no fueran a buscarle, se estuviera allí hasta la mañana con grande alegría.

En el patio deste Colegio había entonces unas eras de flores, y estaban repartidas entre los Hermanos estudiantes, con orden del Padre Ministro que cada uno echase en la suya tres calderos de agua cada día, para que se conservasen, por ser verano. Una semana llovió mucho; y, con todo eso, el Hermano Ortuño echaba cada día en su era sus tres calderos de agua, estando muchos a la mira. Y riñéndole su maestro porque regaba la era lloviendo tanto, respondió con gran modestia y humildad: «Padre, a mí me mandaron que echase cada día tres calderos, y no me dijeron que, si lloviese, no los echase». Admiróse el Padre de la santa sinceridad que mostraba su discípulo en obedecer con obediencia ciega a lo que le ordenaban, y calló.

Pero mucho más se admiró de la rara obediencia que mostró en otro caso. Oía con los Hermanos las Artes un sacerdote muy virtuoso y ejemplar, pero muy rudo y desmemoriado, porque por un oído le entraba la lección y por otro le salía. Encargó al Hermano Ortuño su maestro que cada día, acabada la lección, la pasase a este Sacerdote, y le ayudase lo que pudiese para dársela a entender. Hízolo con extraordinario cuidado, tesón y amor, acudiendo a todo lo que le preguntaba, a cualquier hora, con una caridad increíble, sin dar jamás muestra de impaciencia o enfado, con echar de ver con certeza, que era trabajo sin fruto, y sin esperanza de que había de saber algo. Cuando su maestro le preguntaba cómo le iba con el compañero, solo respondía: Hace todo lo que puede. Todos estaban admirados deste sufrimiento, porque otros condiscípulos se cansaban al tercero día de pasarle la lección, pero él era infatigable en su encomienda.

Pero no dejaré de contar lo que entonces le sucedió mostrando lo mucho que veneraba aun lo que era sombra de obediencia. Sentábanse al principio del estudio, por San Lucas, sobre unas piedras, a pasar su lección. Viéndolos una vez el superior, dijo como por gracia: In mensibus erratis, super lapidem non sedeatis: «En los meses cuyo nombre tiene r, no es bien sentarse sobre piedra». Él, como era tan obediente, tomólo tan de veras, que, desde entonces hasta fin de abril, aunque su compañero se sentaba en la piedra, él se estaba en pie; y en viniendo mayo se sentó también. Y preguntándole algunos que repararon en esto el misterio que tenía, respondió con gran sencillez que el Padre Rector había dicho que no se sentasen en piedras los meses que tenían r en su nombre, y por esto no se había sentado hasta que entró mayo.

Esta misma verdad y puntualidad guardaba en todas las cosas de obediencia, por menudas que fuesen. Y muchas veces le sucedió estando escribiendo, llamar a otra cosa con la campana ordinaria, o en nombre del superior, y entrando luego de propósito quien podía, a ver el papel, hallaba la letra comenzada, sin acabar, por acudir con presteza, conforme a nuestra regla, que así lo encarga. Y de aquí vino la exacción con que hacía el examen particular de una sola falta como en la Compañía se usa, guardando todas las advertencias dél, hasta la mínima de apuntar y conferir las faltas de un día con otro, lo cual hizo en la última enfermedad, hasta un día antes que muriese, teniendo el librito donde las apuntaba escondido, para que ninguno le viese; en lo cual quiso imitar a nuestro Padre San Ignacio, de quien se escribe lo mismo; porque se preciaba grandemente de seguir los pasos del santo fundador, que nuestro Señor le había dado por su guía.

Pues ¿qué diremos de lo que pasó en esta enfermedad postrera? La cual fue una postema secreta y muy penosa, que le impedía estar sentado. Encubriála algunos días, parte por no pensar que era de tanto peligro, como de verdad lo era, y parte rehusando mostrarla al cirujano, de que tenía empacho por su grande honestidad. El dolor le hizo dar señales de su mal, forzándole cuando estaba en el general a no sentarse derecho, sino como de lado. Advirtiólo su maestro, y preguntóle la causa; y como le dijese que era un nacidillo en una de las sentaderas, replicó el maestro: ¿Pues por un nacidillo se ha de sentar así? —Razón tiene V. R. —respondió el santo Hermano. Y los tres días siguientes se sentó derecho, con sentir graves dolores, sin dar muestras dellos: pero creció tanto el mal, que por orden del Superior le vieron el médico y el cirujano, y descubrieron su grande peligro. Hicieron en él extraños martirios y carnicerías, por haber cundido el mal muy a lo interior; y él, como si fuera una piedra, no rehuía la mano que le martirizaba, ni dio señal de dolor, ni un mínimo quejido, admirándose todos de tan heroica paciencia y fortaleza. A todos los que le visitaban mostraba el rostro alegre, y respondía con grande apacibilidad diciendo: «Pues estoy en las manos de Dios, haga de mí conforme a su santa voluntad; ni temo de su mano la muerte, ni me espanta el dolor».

Al fin llegó el remate de sus trabajos, y le intimaron que su mal no tenía remedio. Alegróse con la nueva de su muerte; hizo una confesión general con el Padre Esteban de Ojeda, su maestro, vertiendo copiosísimas lágrimas por sus pecados, con ser tan leves, que afirmó su confesor que no solamente no halló en él pecado mortal, o duda de cosa que lo hubiese sido, pero ni pecados veniales graves hechos con malicia y advertencia, con estar entonces en la flor de su juventud, pues no pasaba de veintitrés años. Acabada la confesión, pidió con afectuoso corazón y lágrimas al Padre Rector que hiciese traer una o dos cargas de estiércol sobre que expirase, porque le sería de gran consuelo verse morir como merecían sus gravísimas culpas; y con estos y otros afectos encendidos de amor de Dios, habiendo recibido los demás Sacramentos, le entregó su espíritu, con la suavidad y paz que merecía su santa vida. La cual verdaderamente fue admirable; su silencio perpetuo; su caridad con todos, muy notable; una honestidad angélica en vestirse y desnudarse; y tan grande pureza de conciencia, que su maestro y otros andaban con cuidado mirando si hallaban en él alguna falta o imperfección, y nunca pudieron hallarla.

Para consuelo de los de casa, hizo el Padre Baltasar Álvarez una plática de las heroicas virtudes deste santo Hermano y dellas dijo lo que arriba apuntamos, que no causaban menor admiración que las que se cuentan de los santos Padres del yermo. Mas como nuestro Dios siempre es el mismo, y su mano nunca está abreviada, no es de espantar que sea ahora tan liberal en hacer mercedes a sus fervorosos siervos, como lo fue en los siglos pasados;

porque, si queremos cooperar con su gracia, obrará en todos y por todos los que se dispusieren cosas admirables y dignas de su infinita grandeza.

Del Hermano Francisco de Córdoba
Compañero del Hermano Ortuño en el noviciado y en las Artes fue el Hermano Francisco de Córdoba, hijo del Duque de Cardona y de Segorbe, Marqués de Comares, que había sido Rector de la Universidad de Salamanca; y tocándose Dios el corazón, entró en la Compañía el mismo año de 71. Estuvo en el noviciado de Medina del Campo con el Padre Baltasar, y después en Salamanca, siendo allí Rector, donde oyó las Artes, y después la Teología. Desde el principio tomó muy de veras seguir la perfección, y se le entrañó tanto el espíritu de la Compañía, que solía él decir muchas veces que todas las cosas della le cuadraban mucho. En los primeros Ejercicios que hizo le dio nuestro Señor tan grande contento con el estado que había escogido, que viniéndole a visitar el Maestro Esteban de Ojeda, Colegial del Colegio de Cuenca, con quien tenía estrecha amistad, no pudiendo creer que estuviese tan contento como lo mostraba; para asegurarle y desengañarle, con no tener costumbre de jurar aun cuando seglar, quiso entonces hacerle juramento dello, diciéndole: «Estoy tan contento, y persuadido a que esta vida es la que me importa para mi aprovechamiento y salvación, que aunque ahora me dieran el sumo Pontificado y cuanto el mundo me puede dar, no hiciera mudanza, antes lo tuviera todo por escoria». Por lo cual, el mismo maestro, que andaba ya tocado de nuestro Señor, se resolvió de seguir el mismo camino. Acabados los Ejercicios, le encargaron el oficio de refitolero; y era tan grande su consuelo y fervor, que le barría de rodillas, besando el suelo, y regándole con lágrimas, pegando devoción a cuantos le miraban. Esmeróse mucho en la abnegación y mortificación de sí mismo; y para fundarse en profunda humildad aborrecía todo lo que el mundo estima, encubriendo todo lo que podía serle ocasión de honra, y ofreciéndose a todo lo que podía ser causa de su mayor desprecio; y con una prudencia más que humana, haciendo esto por humillarse, lo disimulaba de manera que no se entendiese que lo hacía por virtud y de industria, sino por no saber, o no poder más, para ser así más despreciado; de lo cual pondremos algunos ejemplos muy notables.

Por mortificarse, gustaba mucho de servir al cocinero, no solamente cuando novicio, sino también cuando estudiante. Pedía los días de fiesta y asueto licencia para ir a la cocina y ayudar a barrer y fregar y aderezar la comida. Porque yo, decía, aprendí mucho deste menester allá fuera en el mundo, y quería aprovecharlo con dar una buena olla a los siervos de Dios.

Procuraba también encargarse de las cabalgaduras, de darlas de comer y curarlas, diciendo que también se le entendía mucho desto. A esta sazón llegó a Salamanca un Padre con un rocín tan flaco, matado y maltratado, que estuvieron por echarle al prado por inútil. Mas él con licencia del Padre Ministro, se encargó de curarle; lavábale las mataduras y curábaselas, y concertó un prado del otro cabo de la puente, donde estuviese algún tiempo. Pidió licencia para llevarle, y concediósele, entendiendo que algún mozo de casa le llevaría; pero él, que vio la suya, tomó un sombrero y manteo muy viejo y lleno de remiendos, una grande estaca debajo del brazo, una soga y cantidad de estopas en las manos, y su rocín del cabestro, y llevólo por medio de la ciudad, con los instrumentos que he dicho descubiertos, de modo que los viesen todos. Pasó por junto a las escuelas, en tiempo que salían dellas muchos colegiales y estudiantes, que se le ponían a mirar, y quedaban pasmados de ver una persona tan principal, que había sido Rector de aquella Universidad, ir de aquella manera, con gran contento y con una boca de risa. Deste modo llevó su rocín al prado, triunfando de la vanidad y pompa mundana, con más gloria que los emperadores triunfaban de sus enemigos por toda Roma. Como supo esto el superior, reprehendióle de que hubiese ido por allí; mas el santo varón, que tenia especial gracia en encubrir sus actos de humildad, respondióle con grande paz: «Padre, yo, como soy flojo, miré por qué camino podía ir más derecho y más en breve, y por esto fui por allí».

Pero más adelante pasó su humildad. Porque con tener muy buen entendimiento y gran juicio, se hacía del bobo, y aposta decía algunas boberías, para que le tuviesen en poco. Habiendo de predicar un día en refectorio, como suelen hacer los Hermanos estudiantes, movió una duda sobre cierto punto, que tocaba a la vida del Santo de quien predicaba, alegando que estaban encontrados dos libros de los que llaman Flos Sanctorum, en lo que contaban de aquel punto. Y en la respuesta para declarar lo que sentía, dijo: «Aténgome a lo que dice el Flos Sanctorum de Zaragoza, porque tiene la letra más gorda, y la entiendo mejor». Y aunque los oyentes se sonrieron, él quedó muy sosegado, como si no alcanzara más de lo que dijo. Y para su mayor ejercicio, permitió nuestro Señor que un Hermano estudiante, entre otros no entendiese el espíritu que movía a este siervo de Dios, pensando que de verdad era tan bobo como él se hacía. Con esto reíase y mofábase de sus cosas, como de simplezas y boberías, atribuyéndolas a cortedad de entendimiento y poca capacidad sin recatarse de decir esto en su presencia. Mas el humilde Francisco no perdió esta buena ocasión de aumentar la humildad, juntamente con la caridad, procurando regalar y honrar al que le despreciaba. Cuando servía a la mesa en refectorio, dábale el mejor plato que llevaba. Cuando iba a la recreación, o al asueto al campo, poníase de ordinario junto a él, por tener alguna ocasión de ser escarnecido. Y como su maestro, el Padre Ojeda, reparase en esto, preguntóle ¿qué significaba sentarse siempre junto a tal Hermano, dando señales de tanta amistad, con nota de singularidad? Y después de haberle apretado mucho a que le diese razón dello, porque bien entendió que había algún misterio, le respondió que la causa era porque aquel Hermano le conocía y trataba como merecía. Vuestra Reverencia, dice, y los demás, hácenme mucha honra, como si yo fuese algo; y esto no me hace ningún provecho; mas este Hermano conóceme y póneme en el lugar que merezco, haciendo escarnio de mí y de mis cosas; y esto es lo que importa, y con éste me conviene tratar, como suelo. Con esta respuesta quedó su maestro admirado de la profunda humildad de su discípulo.

Otra cosa sucedió a los dos, en que también la descubrió grandemente, yendo a predicar los domingos de Cuaresma a una aldea, que está como a dos leguas de Salamanca. Iban a pie su poco a poco. El Padre predicaba y confesaba, y el Hermano Francisco enseñaba la doctrina a los labradores, juntándose con los niños muchos hombres y mujeres, y casi todo el lugar por las tardes. Hizo en ellos extraordinario provecho, y amábanle tanto, que la Cuaresma siguiente pidieron los labradores que fuesen los mismos Padres a hacerles el bien que les hicieron en la pasada. A pocos domingos que fueron, por el dicho de algunos estudiantes que acudían allí de Salamanca, vínose a entender quién era el Hermano Francisco, y comenzaron todos a hacerle mucha honra, y algunos hubo que le llamaron señoría. Sintió esto grandemente, y procuró con toda destreza deslumbrarlos, diciendo que había sido cocinero y labrador, y que les podía examinar en cosas de labranza. Mas como esto no bastase para quitarles su persuasión y el respeto que le tenían, hizo grande instancia a su maestro, para que no le llevase más a tal lugar, y al superior para que no le enviase; y finalmente, se le concedió, por no afligirle; porque le daba tanta pena verse honrado cuanta a los del mundo que les quiten la honra.

Y para que se vea cuán de corazón le salía esto, diré lo que le pasó con un Hermano condiscípulo, con quien se concertó que uno a otro se avisasen con caridad de las faltas que advirtiesen. Y como el otro Hermano acudiese algunas veces a pedirle que cumpliese lo concertado, él se acusaba de negligente, prometiendo la enmienda, hasta que, apretado más, un día, del compañero, le respondió que la ocupación interior que tenía con sus muchos defectos no le dejaba mirar a los ajenos. Y es así que, honrando a todos, a sí solo despreciaba; y teniendo vista de lince para mirar sus culpas, no tenía ojos para reparar en las ajenas. Nunca decía mal de nadie, y a todos quería meter en sus entrañas, sirviendo, regalando y consolando cuanto podía a los enfermos, llevando de su parte muy adelante la caridad y cuidado que en la Compañía se tiene con ellos.

Mas para prueba de su virtud, permitió nuestro Señor faltase con él este cuidado en una de sus enfermedades. Había ido fuera de la ciudad el Hermano enfermero, que era eminente en su oficio, quedando en su lugar el que le ayudaba, que era un Hermano coadjutor novicio que había sido labrador y tenía pocas letras, y menos industria, en materia de regalar enfermos. A este tiempo cayó enfermo el Hermano Francisco de unas recias tercianas. Curábale el enfermero con tanto descuido y tan a fuer de su aldea, que comenzó a empeorar con algún peligro. El mismo Padre Francisco me contó después las cosas particulares que hizo con él por ignorancia, que me causaban compasión. Una sola diré, que sucedió el día de la purga, que era sábado, y el novicio, como recién entrado y criado en aldea, olvidóse de poner olla aparte para el purgado, y al tiempo que te había de dar el caldo, tomó un cuarto de ave y echóle a cocer en la olla de la comunidad, que suele ser de asaduras y cosas de grosura. Llevóle una escudilla de caldo destas cosas, y como el enfermo la gustase, parecióle mejor no tomarla. De ahí a una hora llevóle el cuarto de ave por cocer, duro como un madero y cubierto de la grasa que estaba por encima de la olla cuando le sacó della. No pudo atravesar bocado; estaba desflaquecido por haber purgado mucho y por los sudores con que le dejaban las tercianas, faltándole el socorro que los buenos enfermeros dan en ellos; pero con todo esto, nunca se quejó, ni dio señales de disgusto, ni quiso hablar palabra, hasta que, viendo el riesgo que corría de perder la vida, le vino escrúpulo de si podía con buena conciencia dejarse morir por no hablar. No se atrevió a resolverse por sí mismo, y aquella tarde de la purga, envió a llamar a un Padre muy espiritual y anciano que allí estaba, que era el Padre Gonzalo González, y era tenido por muy riguroso contra sí mismo, pareciéndole que con la respuesta que tal persona le diese, quedaría seguro. Contóle debajo de gran secreto lo que pasaba; y puesto su caso, le preguntó si sería más perfección callar y dejarse morir, que representar su necesidad a los superiores; porque él estaba determinado de hacer lo que fuese mejor. ¡Oh varón verdaderamente resignado y muerto al amor propio, pues por no perder un punto de perfección, estaba resuelto a querer padecer tanto trabajo y a morir en la demanda, pudiendo atajarlo todo con decir una sola palabra! Oyó el prudente maestro de espíritu la duda que le proponía, y como diestro médico quiso probar y adelantar la virtud y paciencia del enfermo diciéndole que callase, y se resignase en las manos de Dios, y no quisiese malograr ocasión tan gloriosa de padecer, como se le había entrado por sus puertas. Con esto le dejó y se fue luego al superior; y, dándole cuenta de lo que pasaba, acudieron con gran presteza y caridad a remediar esta necesidad, quedando por una parte el Hermano Francisco medrado con haberse ofrecido a callar, sin temor de su peligro; y por otra, remediada su necesidad por la industria del buen médico. Y todos echamos de ver, que en Colegio donde tanto amor y cuidado había con los enfermos, no pudo suceder tal olvido y descuido, sin traza de la Divina Providencia, para que se descubriese más la heroica virtud del enfermo.

Prosiguiendo el Hermano Francisco con estos ejercicios de mortificación, regalábale nuestro Señor, y enriquecíale con sus dones celestiales, especialmente en las comuniones ordinarias, donde le sucedían cosas bien extraordinarias. Por todo lo cual, como tenía ya mucha edad, le ordenaron de Sacerdote al segundo año de su Teología, con grande repugnancia suya. Porque dado que las ganas de la comunión más frecuente pudieran ponérselas de tomar tal estado; mas la grandeza de la dignidad le encogía por su mucha humildad. Después de ordenado, como tenía suficiencia de letras para ello, con su buen juicio confesaba los domingos y fiestas; pero pidió a los superiores que no le diesen licencia para confesar sino solamente a los pobres y a los negros y gente baja. A éstos se aplicaba y no a otra gente. Y si acudía a él alguna persona de lustre, le acomodaba con otro confesor; y hacía con tanto fruto su oficio, que salían de sus pies los penitentes muy aprovechados; y cuando los hablaba fuera de confesión en cosas de sus almas, era con tanta humildad y afabilidad, como si fuera un hombre bajo como ellos, procurando dárselo a sentir así, para que él quedase más humillado y ellos más alentados a tratarle sin encogimiento. Aplicábase también a tratar los criados y mozos de casa; y después de comer se iba a platicar con ellos de sus oficios, y a vueltas desto, del que debe tener por único el buen cristiano, que es su salvación, enseñándoles la doctrina y a servir a la Misa. Y traíalos tan aprovechados en la modestia y compostura exterior, y en frecuentar la confesión y comunión, que parecían religiosos.

Acabados los estudios, fue a tener su tercera probación con el mismo Padre Baltasar Álvarez al Colegio de Villagarcía, adonde la tuvimos juntos, y allí vi sus admirables virtudes, llevando adelante el fervor que siempre tuvo, hasta que murió en aquel Colegio el mismo año, como en su lugar diremos.

Capítulo XXXI. Cómo tenía especial cuidado de que los maestros fuesen perfectos, y de la insigne virtud del Padre Francisco de Ribera, que leía allí sagrada escritura

Aunque el Padre Baltasar tenía tanto cuidado, como se ha visto, de que los estudiantes de la Compañía juntasen espíritu con letras, al modo que se ha visto, mucho más deseaba y procuraba esto para los maestros y letrados ya hechos, de quien depende mucho la virtud, espíritu y religión de los discípulos; los cuales por la mayor parte, como aman y estiman a sus maestros y aprenden dellos las ciencias, así aman y estiman la religión y santidad que ven ser amada y estimada dellos, y aprenden con mucho gusto de sus palabras y obras las virtudes que en ellos resplandecen, y de que se precian más que de las ciencias. Y también los maestros, con su vida ejemplar, acreditan su persona y su doctrina y hacen que sea bien recibida y más estimada; y si es de cosa que se ha de poner por obra, facilitan mucho la ejecución della; porque, como dice San Pedro Crisologo: Magisterii auctoritas constat ex vita: docenda faciens obedientem perficit auditoren: «La autoridad del magisterio consiste en la buena vida: el que hace lo que enseña, hace también que lo cumpla el que lo oye». Y al contrario, la mala, o imperfecta vida, desacredita al maestro y a su doctrina; pues, como dijo San Bernardo: Cujus vita despicitur, restat ut praedicatio contemnatur: «Cuando es despreciada la vida del que predica, también lo es su predicación y enseñanza». Por esta causa deseaba mucho el Padre Baltasar que los lectores y predicadores fuesen muy espirituales y que primero se aprovechasen a sí mismos, para poder aprovechar a otros. Porque decía que era grande lástima tener los cartapacios y memorias llenas de verdades y estar las almas vacías de virtudes; y que era gran desorden el de aquellos que todo lo que estudiaban lo enderezaban para otros y nada para sí mismos; pues uno de los prójimos, y el primero con quien se ha de tener cuenta, soy yo mismo, conforme a lo que dice Salomón: Bebe tú primero el agua de tu aljibe y de tu pozo, y después tus fuentes salgan afuera y divide las aguas por las plazas. Decía también que letrados sin espíritu, vanos y altivos, hacían gran daño en la Iglesia de Dios y en las religiones; y que, si él pudiera, a estos tales, que están tan verdes, aunque les parecía a ellos que son pilares de la Iglesia y de la religión, los pusiera en una cocina, para que allí se mortificara y secara aquel verdor. Mas a los letrados que eran conformes al corazón de Dios, y acompañaban su ciencia con el espíritu, honrábalos, estimábalos y encomendábalos mucho a nuestro Señor, y ayudábalos cuanto podía, porque los tenía por verdaderas columnas de la Iglesia y de las religiones; y hízole nuestro Señor merced de que fuesen tales los que tenía entonces en su Colegio.

Pero particularmente, como se tratase de poner allí una lección de la Sagrada Escritura, por ser de tanta importancia para ser los estudiantes consumados en la Teología, que estriba en ella, deseó mucho que viniese por lector alguno que con la eminencia de la doctrina juntase la santidad de la vida; y diósele nuestro Señor cual le deseaba, en el Padre Francisco de Ribera, que había sido su novicio en Medina del Campo, de quien tenía prendas que, con sus excelentes virtudes, edificaría y alentaría a los Hermanos estudiantes. Dellas haré aquí una suma, pues por tantos títulos toca al que tuvo por maestro en su noviciado.

Fue este gran varón Colegial en el insigne Colegio del Arzobispo, que está en la Universidad de Salamanca; y habiéndosele acabado el tiempo de estar en su Colegio, se volvió a su lugar de Villacastín, de donde era natural, y allí se entretenía en los estudios de la Sagrada Escritura, en que era muy eminente, con mucha noticia de las tres lenguas, latina, griega y hebrea. Quiso nuestro Señor, por sus soberanas trazas, que, en las pretensiones que intentó, tuviese poca ventura, que fue para él muy buena ventura. Y pasando una vez por Villacastín el Padre Martín Gutiérrez, Rector del Colegio de Salamanca, que allí le había conocido, tratado y confesado, fue a visitarle. Y después que los dos hubieron conferido algunas cosas, díjole el Doctor Ribera cómo estaba resuelto de retirarse a vivir en una casa que está en aquel pueblo pegada a una ermita de nuestra Señora, con quien tenía especial devoción, y desde allí acudir a predicar por los lugares comarcanos, gastando el demás tiempo con sus libros. Y preguntando al Padre Gutiérrez qué le parecía de aquel modo de vida, respondió el santo varón: «Señor doctor, muy bien me parece su determinación; pero mire que se queda con la mejor prenda, que es su propia voluntad». Esta palabra le penetró el corazón de tal manera, tocándole la luz del cielo y la moción del Espíritu Santo, que con ella se determinó a dejar del todo el mundo y entrarse en la Compañía, adonde podía ejercitar los mismos estudios y ministerios, sin mezcla de propia voluntad, siguiendo la de la obediencia, que nos ajusta con la divina.

Hecha la resolución, aunque se detuvo algunos días por atender al remedio de algunas señoras, deudas suyas, muy honradas; pero finalmente, rompiendo por todas las dificultades, se fue a Salamanca, donde el Padre Martín Gutiérrez le recibió en la Compañía el año de 1570; y de allí fue al noviciado de Medina con el Padre Baltasar, adonde vio por experiencia lo que dejó escrito dél en uno de sus libros, que era hombre de grande mortificación y oración, muy poderoso en la palabra, y la metía en los corazones, y tenía gran destreza de encaminar las almas a Dios. Aprovechándose, pues, de tan buen maestro y del gran caudal de naturaleza y gracia que el Señor le había comunicado, bebió el espíritu de la Compañía, como si desde mozo se hubiera criado en ella, y se aventajó con grande excelencia en todas las virtudes, especialmente en aquella cuyo amor le trajo a la religión, que era la obediencia, guardando todas las reglas, y las demás ordenaciones de los superiores con grande exacción, no solamente mientras novicio, sino todo el tiempo de su vida, sin que fuesen parte los estudios y ocupaciones que tuvo, para entibiar en esto, o dejar de guardar cualquier regla, por pequeña que pareciese. Con tener muchos achaques, nunca quiso beber entre día sin licencia, ni dejar de barrer su aposento dos veces cada semana, ni dentro o fuera de casa leer carta o billete sin licencia del superior, ni escribirla sin haber pedido primero licencia y registrarla. Y sucedióle a veces que, habiéndola ya registrado, se le ofrecía alguna cosa que añadir de nuevo, y no cerraba la carta hasta volver a registrar lo que había añadido; porque como todo esto era según las reglas, no quería apartarse un punto dellas. Fue insigne en la modestia y compostura del cuerpo, y en la moderación de sus acciones; humilde sobremanera, y amigo de consultar sus dudas, y de ser enseñado de otros, aun de los que sabían menos; muy apacible y afable en su conversación; y con el ejemplo de sus raras virtudes se hacía amable. No era su fervor como el de los novicios mozos, que a modo de ollas puestas a grande fuego, hierven a borbollones, y vierten lo que tienen por de fuera, con estruendo; sino un fervor grave, sustancial y reposado, a modo de olla que hierve a fuego manso, y cuece mejor lo que tiene dentro de sí, y es de más dura. Y así, con la gravedad y peso de sus sólidas virtudes edificó a todos, dondequiera que estuvo, así en Medina como en Salamanca, donde leyó la Sagrada Escritura con grande acepción muchos años, y dejó escritos algunos libros sobre ella, que son testimonio de la grande luz que el Señor le daba para entenderla.

    Para todo se ayudaba de la oración, en que gastaba muchas horas del día y de la noche, imitando el ejemplo de su maestro; y della se valía para la inteligencia de la Escritura Sagrada, añadiendo a veces ayunos, y otras penitencias. Y cuando se hallaba muy atajado en algún lugar muy dificultoso, se retiraba por algunos días a Ejercicios, y por estos medios le descubría nuestro Señor lo que deseaba saber. Una persona muy digna de crédito refirió que, predicando el Padre Ribera un día de San Andrés, vio una grande luz que cercaba al dicho Padre, y en esta luz vio a Cristo nuestro Señor, que con grande majestad y hermosura asistía allí, y con rostro alegre miraba al predicador, y tenía los brazos abiertos sobre sus hombros, como quien le tenía debajo de su protección. En el discurso del sermón dijo el Padre estas Palabras: ¡Oh grandeza de nuestro gran Dios! Que no haya tilde en la Sagrada Escritura, que no esté llena de misterios llenos de verdades; en fin, como dichas por la boca que es la misma verdad. Entonces oyó esta persona a Cristo nuestro Señor, que con voz amorosa la dijo: Hija, éste es un verdadero varón, que da sano y verdadero sentido a mi Escritura; y así infundo en él mis verdades, porque sabe estimar lo que me costó darlas a conocer a los hombres, que fue mi sangre; bien has acertado en tenerle por confesor; cree lo que te dijere, que en él me hallarás a mí, y sabrás cómo has de saber hacer mi voluntad. Esta revelación se me hace muy creíble que fue de nuestro Señor, por haber conocido y tratado mucho al Padre Ribera, y visto en él las virtudes que quedan referidas, y el celo que tenía de entender, leer y predicar con pureza las Sagradas Escrituras, y de ayudar y aprovechar a las almas, perseverando en esto con gran fervor, hasta que murió en noviembre de 1591. Cuya muerte fue tan preciosa como había sido su vida; y tres días después della, la persona que tuvo la visión que referimos, acabando de comulgar fue arrebatada en espíritu, y la pareció estar en el cielo, donde vio al dicho Padre Francisco de Ribera con grande gloria, muy cerca de Dios, de cuyo pecho salía una gran luz, que entraba por el pecho del mismo Padre, y le ilustraba todo con grande hermosura y alegría, y le tenía muy unido con Dios; y por ella entendía grandes cosas de la verdad que él había enseñado en el mundo; y dióla a entender, que se le había dado esta luz porque nunca procuró honra vana, sino la de Dios, y que fuese conocido, amado y servido de sus criaturas. Añadió que había estado en purgatorio una hora, y que ésta había sido de poco tormento; y la encargó que dijese a cierta persona afligida, que, si en el cielo pudiera caber pena, la tuviera de ver lo que padecía; mas que como ya se le habían descubierto los bienes eternos, que correspondían a los trabajos finitos que tenía, que no le podía pesar de verla padecer. Y a la misma persona a quien se apareció, la dio hartos avisos para medrar en el divino servicio, y la consoló, porque estaba bien necesitada de consuelo. Todo esto se puede creer del que vivió con tanta pureza y verdad, cómo se ha dicho. Otras muchas cosas pudiera decir deste venerable Padre, las cuales dejo, por parecerme que bastan las dichas para honrar a su maestro y Padre espiritual, con tan gran discípulo.

Capítulo XXXII. Del fruto que hizo en muchas personas de la Universidad y en otras seglares muy principales (Año 1574)
Con el celo que el Padre Baltasar tenía de ayudar a las almas, procuró traer a su Colegio al Padre Doctor Juan Ramírez, insigne predicador de nuestra Compañía, para que con su fervoroso celo y raro talento moviese los corazones, así de los que se juntaban en aquella ilustrísima Universidad, como de los caballeros y ciudadanos, acudiendo el mismo Padre Baltasar, como lo tenía de costumbre, al trato particular de muchos que deseaban ser guiados por él a la perfección. Concurrían a nuestro Colegio muchos estudiantes, y recogíanse a hacer los Ejercicios de la Compañía, como también se hace ahora, y el santo Padre los ayudaba mucho; y, con la fuerza de sus palabras y razones, algunos se determinaron a salir del mundo y entrar en la Compañía.

Uno déstos fue el Padre Francisco de Ávila, cuya entrada, con circunstancias tan milagrosas, se contó en el capítulo XV. Pero no fue menos notable la del Doctor Agustín de Mendiola, Colegial del insigne Colegio de Cuenca y Catedrático de Filosofía en aquella Universidad; el cual había más de diez años que era llamado de nuestro Señor para ser de la Compañía; y aunque el Padre Baltasar le ayudaba a que fuese fiel a su llamamiento, él lo dilataba, engañándose a sí mismo con persuasión de ciertas obligaciones que le parecía tener; y para cumplir con ellas, comenzó a pretender beneficios y rentas eclesiásticas, con deseo de subir a todo lo que con sus grandes talentos y muchas letras pudiese alcanzar. Pero cuando él estaba mas embarcado en sus pretensiones, quiso la divina bondad atajarle los pasos y abrirle los ojos con una recia enfermedad que le puso a las puertas de la muerte; y con temor del peligro volvió sobre sí y cayó en la cuenta de su grande yerro en haber resistido tanto tiempo al divino llamamiento. Estando, pues, un día con mucho aprieto de su enfermedad, y con mayor remordimiento y escrúpulo de no haber cumplido los deseos que nuestro Señor le había dado, dándose a sí mismo algunas satisfacciones de no lo haber hecho, clavó los ojos afectuosamente en una imagen de papel de Cristo crucificado que tenía en su aposento, y el mismo Cristo le habló y le reprendió desta dilación, y le mandó que se entrase en la Compañía, dándole a entender que le daría salud para poderlo hacer. Quedó el buen Doctor Mendiola, con esta voz y mandato, por una parte confuso de su descuido, y por otra consolado y animado con tan gran favor; y resuelto de entrar en la Compañía, pidió al Padre Rector con suma instancia que le admitiese. Viendo el Padre Baltasar Álvarez la mudanza que la mano poderosa de Dios, con aquel toque de la enfermedad, había hecho en el corazón que tan arraigado estaba en el mundo, con parecer del Padre Provincial le envió a decir que se tuviese por de la Compañía, y que, en estando para venirse a casa, podía hacerlo. Fue tanto el aliento que cobró con el gozo desta nueva, que aunque la enfermedad era peligrosa y fuerte, prevaleció tanto contra ella, que hubo lugar de levantarse con alguna mejoría; y en pudiendo tenerse en los pies, se entró por nuestras puertas, donde el Padre Rector y los demás del Colegio, los brazos abiertos, le recibieron con grande caridad y alegría. Trujo consigo la imagen del Crucifijo que dijimos, afirmando muchas veces a los de casa que le había hablado, y que no había en ello engaño, sino verdad grandísima; y así lo testificaban muchos que se lo oyeron decir algunas veces los pocos días que vivió en la Compañía. Porque el mismo día que le recibieron, le salteó de nuevo la calentura y le obligó a hacer cama, donde estuvo hasta que expiró, que fue doce días después de su entrada. Estuvo contentísimo de verse morir rodeado y servido de tantos religiosos, con determinación de servir a nuestro Señor con gran perfección, todos los años que le quisiera dar de vida. Pero contentóse Su Divina Majestad con esta determinación, y voluntad tan resuelta, y quiso llevarle para sí, quizá porque la malicia no mudase su corazón y el fingimiento no engañase su espíritu, glorificando todos a nuestro Señor por los admirables medios que toma para salvar a sus escogidos, trayéndolos por la melena a su servicio, cuando ellos no quieren venir de grado.

Pero volvamos al Padre Baltasar, que trataba en aquella Universidad a mucha gente granada y tenían dél grande estimación, guiándose por su dirección en las cosas de su alma. Déstos fueron don Teutonio, que después fue Arzobispo de Evora, y se confesó siempre con el Padre; y con la grande afición que le tenía observó en él muchas cosas particulares, que eran señales de su santidad, y las declaró después, para que se pusiesen en esta historia. También trató mucho a don Sancho de Ávila, que ahora es Obispo de Jaén; y a don Cristóbal Vela, que vino a ser Arzobispo de Burgos, y testificó una cosa notable, a modo de profecía, que le sucedió en esta ciudad con el

Padre Baltasar. El cual, estando un día a solas con él, le dijo: Tengo por cierto, señor maestro, que Dios se quiere servir de vuesa merced en cosa más que ordinaria, dé que yo no dudo, ni dude vuesa merced, como lo verá presto. Y fue así, que luego le vino la provisión del Obispado de Canarias. Mas como el don Cristóbal estimaba en tanto el parecer del Padre Baltasar, no quiso aceptarle hasta que lo encomendase a nuestro Señor y le dijese lo que había de hacer. Hizo oración por ello con todos los del Colegio, y respondióle, que sin duda le aceptase; y por este parecer lo hizo. Porque, como dice San Gregorio en su Pastoral, los que son beneméritos de semejantes dignidades, como no se han de meter en ellas por su propia voluntad, pretendiéndolas con ambición, así no deben rehusarlas, cuando les constare de la divina voluntad, para que aprovechen a los fieles con los talentos que Dios les ha comunicado.

Otras cosas semejantes le sucedieron aquí con las monjas Carmelitas Descalzas, a las cuales por su mucha religión y espíritu gustaba de visitar y confesar algunas veces, consolándolas y alentándolas en el camino de la perfección; y especialmente a la Madre Ana de Jesús, Priora del convento, que después lo fue del de Madrid y de otros; la cual, con toda aseveración afirmaba que el Padre Baltasar tenía don de profecía, porque muchos años antes la profetizó los trabajos grandes que había de padecer en llevar adelante las trazas de la Santa Madre Teresa de Jesús, fundadora de su religión. Y como ella dudase de algunas cocas que la decía, por parecer muy dificultosas y que no sabía si podían suceder, el Padre la afirmaba que sin duda lo vería. Y dándole cuenta de algunas cosas, cómo se iban cumpliendo, él se sonreía diciendo que se holgaba, porque creyese al Señor y a los que en su nombre la anunciaban sus misericordias; y que si fuera menester, con su sangre firmaría, que las gozarían las personas que se viesen en tales ocasiones y trabajos como ella se había de ver; y que había de padecer más de lo que ella pensaba; lo cual todo se fue cumpliendo, porque fueron muchos y muy sabidos los trabajos que esta sierva de Dios padeció en su religión por defender las cosas de su santa Madre, como está dicho. Y tengo por cierto, que nuestro Señor, por el amor que tenía a esta su sierva, quiso prevenirla por medio de su confesor, con la revelación destos trabajos para que se apercibiese y tuviese fortaleza y pecho en ellos; pues como dice el proverbio: «Hombre prevenido, medio combatido»; y los dardos que se ven de lejos hieren con menos fuerza y hacen menor daño.

En este mismo monasterio entró monja una hermana de un Padre de la Compañía, la cual, por sus enfermedades, no pudo perseverar; y en saliéndose, fuese al monasterio de Santa Isabel para estarse allí recogida, mientras miraba lo que debía hacer. Por instancia suya fue el Padre Baltasar a hablarla y consolarla, y la dijo estas palabras: «No penséis que me cuesta poco el haber conocido vuestro espíritu; entended que os quiere Dios bien, mas no para que vais por este estado de monja Descalza; y creed esto como si os lo dijera un ángel de Dios». Ella, por entonces, quedó sosegada; pero después de algunos años, olvidada desto, tornó a ser monja Descalza en el convento de Alba. Y habiendo vivido la mayor parte del año del noviciado con mucha paz, sin saber la causa, no quisieron las monjas darla la profesión y hubo de salirse. Y acordándose de lo que el santo Padre la había dicho, se consoló, y procuró vivir recogida y religiosamente en el siglo. Porque sabida cosa es, que no a todos los que desean la religión, hace nuestro Señor esta gracia de admitirles a ella, como no a todos los que desean el martirio, quiere concedérselo; pero todos debían cumplir su deseo del modo que pueden, haciendo tal vida, que no desdiga de la perfección que pretendían en el grado que les fuere conocido.

Otra cosa bien notable sucedió al Padre Baltasar en este monasterio, con que mostró su caridad, como se contó en el capítulo XVII.

Mas como ella era tan grande, no se contentaba con aprovechar a religiosas, sino también a muchas señoras principales de aquella ciudad, ayudándolas a su reformación con gran mudanza en sus costumbres, de lo cual se pudieran traer no pocos ejemplos. Una señora principal, que se llamaba Ana María de Guzmán, mujer del señor de Bolaños, que entonces era Corregidor desta ciudad, por persuasión de la Santa Madre Teresa de Jesús, comenzó a confesarse con el Padre Baltasar; y a pocos días hizo tal mudanza, que siendo moza y rica, y muy dada a galas, vino a aborrecerlas y a dejarlas de tal manera, que su marido por donaire solía decir: «¿Quién me ha desfigurado a mi mujer?» Aunque, como era buen cristiano, no le pesaba de verla tan desengañada y cuidadosa del bien de su alma; en lo cual perseveró después de viuda con más ventajas, continuando el ejercicio de oración en que el Padre Baltasar la había puesto, y medrado mucho con ella.

No menos se aprovechó entonces la Condesa de Monterrey, doña María Pimentel, viuda anciana; la cual estimó en tanto a este santo varón, que ninguno la satisfacía ni consolaba y alentaba como él, para servir a Dios. Y desde el punto que le conoció, toda la vida se gobernó por su parecer cuando estaba presente, o por lo que le dejaba escrito o escribía estando ausente. Y el tiempo que estuvo allí el Conde de Olivares, don Enrique de Guzmán, bien conocido en España por su valor, acudía muy a menudo al aposento del Padre Baltasar, dándole cuenta de toda su alma, y gobernándose en todas sus cosas por el parecer que le daba, de que siempre quedaba muy satisfecho.

En este mismo tiempo, doña Juana de Toledo, Marquesa de Velada, que había comunicado en Ávila mucho tiempo con el Padre Baltasar con grande provecho de su espíritu, vino a Alba y dio noticia a los Duques don Fernando Álvarez de Toledo y doña María de Toledo y Enríquez, su mujer, de las grandes partes y prendas deste santo varón. Por lo cual, deseando verle y conocerle, le enviaron a llamar a Salamanca, que está no más que cuatro leguas de Alba; y cuando vino, le recibieron con mucho gusto, y en comenzando a tratarle, echaron de ver ser verdad lo que les habían dicho, y continuaron esta comunicación, yendo el Padre de cuando en cuando a visitarlos. Y con sus pláticas y razones los aficionó a la Compañía, y dio noticia verdadera de las cosas della, dejándolos desengañados de algunas cosas que otros les habían dicho; y con grande admiración contaban la mudanza y fruto que en sus almas había hecho con la eficacia de su palabra. De camino también ayudó en aquella villa a otras muchas personas, enseñándoles el modo de tener oración, en la cual perseveraron después largo tiempo.

Allí también trató muy en particular al Marqués de Velada, don Gómez de Ávila, y le imprimió la devoción de su madre con la Compañía, y le industrió en las cosas de oración; en la cual decía el Marqués que hallaba todo lo que había menester para bien de su alma y para el gobierno de su casa y estado. Y después, para tener más luz de las cosas espirituales y del trato con nuestro Señor, se fue a Villagarcía, adonde se había mudado el Padre Baltasar; y estuvo allí quince días comunicando con él sus cosas, con tanta humildad como si fuera un novicio. Y no le lució poco este trato con nuestro Señor, pues quizá por él se hizo digno de que Su Divina Majestad le levantase a los oficios tan preeminentes como ha tenido.

Otras salidas hizo desde aquí a Valladolid, y a otras partes, a negocios graves; mas nunca salió por su sola voluntad, sino por orden de los superiores mayores, porque sabía bien la obligación que tienen los prelados a residir en sus conventos, y asistir siempre con su rebaño, mientras la obediencia del mismo Señor no les ordena otra cosa. Así lo dijo él mismo en una carta muy espiritual y breve, que escribió a la hermana Estefanía, de quien arriba hicimos mención, deseando ella que el Padre se hallase a su profesión. «Si fuere, dice, la voluntad del Señor que yo me halle a su profesión, mucho consuelo será para mí; porque no la ayudé a que entrase en esa santa casa sin reales y sin merecimientos, para olvidarla, como quien entierra a un muerto y no se acuerda más dél. Mas, por si no pudiese ir, quiérola decir que para tales bodas se requiere grande pureza y santidad, que éste es el dote y ajuar que pide su dulce Esposo; y si la falta santidad, no le falte humildad, para que supla de vergüenza lo que la faltare de buena conciencia; y tendrá esto cuando llegare a poner el cántaro sin tierra al caño de la alteza de su amor divino. Ruegue al Señor que me haga todo suyo, y que ordene mi ida por allá, si della se ha más de servir; porque de otra manera, en Salamanca me quiero estar, pues no quiere nuestro Señor que queramos tanto a sus almas, que las queramos más que a Él.»

Esto dijo el Padre Baltasar, y lo cumplió, estándose en Salamanca su trienio, en cuyo postrer año se levantó una borrasca para prueba de su humildad y paciencia. Mas porque duró todo el año siguiente, que estuvo en Villagarcía, allí diremos della.

Capítulo XXXIII. De los avisos que dio para el modo de hablar en las cosas espirituales, contra los malos lenguajes de los alumbrados que se levantaron en este tiempo

En este tiempo, que era por el año de 1575, salieron los herejes alumbrados en el Andalucía, con lenguajes y modos de hablar muy perjudiciales en materias espirituales, por lo cual fueron castigados por el Santo Oficio de la Inquisición en Córdoba; y el tercer domingo de Cuaresma del dicho año, se publicó contra ellos un edicto, en que condenaban aquellos modos como contrarios al verdadero espíritu de Cristo nuestro Señor, y de la Iglesia, y de los Santos. Con esta ocasión, el Padre Juan Suárez, Provincial desta provincia, deseoso de que entre los nuestros, que profesaban la oración mental y el trato de cosas espirituales, no hubiese ni olor de tan mal lenguaje, ordenó al Padre Baltasar Álvarez, que tan grande luz e inteligencia tenía de las cosas interiores y espirituales, que hiciese un breve tratado del modo como se había de hablar en ellas, conforme a la verdad y al espíritu de la Iglesia. Y aunque nuestro Padre San Ignacio, al fin del libro de sus Ejercicios, puso dieciocho reglas admirables para sentir y hablar conforme a la verdad de la Iglesia Católica, como si con espíritu de profecía hubiera visto los malos lenguajes destos alumbrados o desalumbrados, y quisiera prevenir a los de la Compañía para que huyeran dellos; pero el Padre Baltasar, aprovechándose destas reglas, añadió otras muchas cosas, conforme a la necesidad especial destos tiempos, y hizo un tratado de todas muy acabado. Y porque tiene muchos avisos de no poca importancia, con grande claridad y comprensión desta materia, me ha parecido ponerle aquí también, para que en él, como en un espejo, se vea el acierto que este santo varón tenía en sentir, hablar y tratar de las cosas del espíritu, y cuán lejos estaba de lo que después algunos le achacaron, como en su lugar diremos.

Tratado del modo cómo se ha de hablar en cosas espirituales

Como todos los errores se apartan de la verdad por algún extremo, guardando la verdad el medio, conviene que no solo en el sentir, sino también en el hablar, haya mediocridad, no encareciendo tanto las cosas, que parezca que declinamos a algún falso extremo. Por esto parece necesario advertir a los nuestros de los errores que algunos han procurado introducir debajo del lenguaje espiritual, con título de oración y mortificación; porque sin este aviso no podrán hablar con tanto recato, que del todo se guarden de frisar en su lenguaje con el de los que mal sienten; para lo cual generalmente ayudará hablar de Dios y de sus cosas, y espirituales ejercicios, como habla la Santa Iglesia Católica Romana, y sus Doctores y Santos, en favor del verdadero trato, humilde y llano, de cosas espirituales.

1. De la oración

Lo primero, no se hable con tanto encarecimiento de la mental, que del todo se calle la vocal, porque no parezca que se deja por cosa inútil, antes se encomiende juntamente con la mental; y totalmente se rehuya el modo con que algunos hablan de los que usan oración vocal, que es con desprecio, dando a entender que no tienen espíritu. Adviértase que, cuando se encomiende la mental, sea por términos comunes y usados, como lo hicieron los Santos, moderando los encarecimientos y no frisando el lenguaje con los errores que ahora se han levantado, no dando a entender que sin oración mental no se puede estar, o perseverar en gracia; ni que sola esta oración basta para hacer a uno perfecto.

Lo segundo: que la oración mental no excluye las cosas exteriores que ayudan a la virtud, como son obras de caridad, ayunos, etc., antes se ayuda dellas, como con fruto muy propio suyo; y del bueno y fervoroso uso dellas, o remiso, se saca ser verdadera la oración, o engaño debajo de su color.

Lo tercero: que muy particularmente para este ejercicio ayudan las devotas imágenes, las palabras de Dios, y sermones, y la lección de santos libros, la cual es muy necesaria y se debe mucho encomendar a todos los que deste ejercicio tratan, a cada uno según su capacidad. Porque a gente simple, y que no trata de enseñar a otros, bástale la lección de algunos libros devotos y llanos, cuanto baste para su dirección y devoción, con consejo del prudente confesor; pero a gente más docta, y que tienen oficio de enseñar y regir almas, es más necesaria la lección de los Santos y Doctores antiguos, que fueron ilustrados de Dios en estos ejercicios, sin la cual lección no podría uno tener la suficiencia necesaria para oficio de tanta importancia. Y aunque la experiencia supla muchas veces la falta de la lección, pero no basta ella sola, si del todo falta la lección; así como no bastaría ella, si la experiencia faltase. Y porque así la una como la otra son muy necesarias, entrambas cosas se deben tener por muy encomendadas.

Lo cuarto: que haya discreción en persuadir largos ratos de oración, en especial con tasa de dos horas, o más, o con términos, o promesa de que verán cosas, o que sentirán grandes gustos; pues no es éste el principal fin de la oración, sino buscar a Dios, y su buen contentamiento, y la reformación de las costumbres por este medio; aunque no se les debe esconder la verdad de la católica doctrina, que es más conforme a la enseñanza de Jesucristo nuestro Señor y de sus Santos; conviene a saber, que, no faltando a las ocupaciones forzosas de su estudio, o de obediencia, o caridad, y no siendo contra su salud, es mejor cuanto más se pudiere alargar la oración, y durar más en ella. Oporlet semper orare, dijo nuestro Señor; et sine intermissione, San Pablo; y según esta doctrina entablaron su vida los Santos. Ni tampoco se les esconda la verdad de lo que Dios promete en su Escritura, de los gustos y consuelos que Dios comunica a las almas, y suelen experimentar los que con verdad y humildad buscan a Dios y perseveran en su trato y comunicación.

Lo quinto: que se declare que, generalmente hablando, la oración no solo es para los perfectos, sino también para los imperfectos; y que no es arrogancia que los imperfectos traten de la oración y meditación, según lo requiere su estado, aunque a la contemplación, que es el último término de la oración, lleguen solos los perfectos y limpios de corazón.

Lo sexto: que en enseñar la oración haya discreción, atento el natural y estado de las personas, y otras particulares circunstancias; porque, según San Gregorio enseña, hay unos naturales de gente de suyo inquieta, y casi inhábil para la quietud que la oración mental requiere; y estos tales no se han de poner luego en ella, sino en obras de virtud, con oración vocal y otras oraciones; de suerte que vayan domando su natural, y disponiéndose para después poder entrar algo en la oración. Otros hay de su natural aptos para este ejercicio, y éstos pueden ser puestos en él; en los cuales también se ha de advertir la diferencia de estados. Porque gente muy ocupada en obras exteriores, y que tiene obligación a ellas, o no puede usar la oración mental, o por muy breves espacios; y por eso es menester dalles aquello solo que buenamente puedan llevar cuanto les ayude a conservarse en virtud, y cumplir bien con sus obligaciones. Y lo mismo es el modo y materia de oración en que se han de imponer; porque hay naturales tan cortos, que no pueden levantarse a muy altas consideraciones; y otros, que, si a unos les hacen fuerza las cosas de amor, a otros las de temor; y en todos ellos se ha de atender a que sean guiados como más se puedan aprovechar, procurando universalmente que sean enseñados y instruidos de enderezar lo que meditaren a la reformación de sus vidas y costumbres; no se contentando con aprender solamente modo de pensar cosas espirituales, sino aprender juntamente modo de alcanzar espíritu y puridad de sus conciencias, con la meditación de las tales cosas, esforzándose a ser cada día mejores mediante la gracia del Señor y la enseñanza de la oración y lumbre suya; más obedientes a sus mayores; más sufridores de sus prójimos; más caritativos con los suyos y con los ajenos; más amadores de puestos humildes y bajos, templando sus apetitos de subir y valer, y la tristeza de verse olvidar, y no estimar como desean; más quebrantadores de sus propios quereres, y ganas de que se hagan cuantas cosas quisieren y luego en el instante que las mandan, turbándose y desbaratándose en palabras, si así no suceden. Hay grande necesidad de este aviso; porque hay algunos que, con color de ocuparse espacios largos en pensar cosas interiores, descuidan o andan con poco cuidado en mejorarse y reformarse, que es manifiesto engaño y ilusión, de donde les viene que, al cabo de muchos años de haberse dado a la oración, están al principio de la enmienda de sus vidas. Y descúbrese aun más esta ceguedad; porque con este engaño viven en paz, no estimados interiormente, sino pagados de sí, siendo esto tropiezo a otros, y con daño de los que con ignorancia los tratan como a gente espiritual, que piensan que proceden con acierto en sus caminos.

Encomendar el secreto de las cosas que a uno le pasan en la oración, no es malo, antes es necesario que se guarde, si no es con personas que puedan ayudar y enderezar en ellas, o con personas superiores, a quienes por razón de su oficio deben estar abiertas sus conciencias, no encubriéndoles cosa que de momento sea, o cuando por otra razón alguna se juzgue convenir, para más servicio de Dios.

Advertir que, cuanto el demonio más aborrece el ejercicio de la oración, tanto allí acude con mayor número de tentaciones más graves, tomando mil figuras y colores para apartarnos della, pareciéndole que, apartándonos de la oración, nos apartamos de la vida. Y por eso, no se debe dejar este ejercicio, ni tenerle por supersticioso; pero hase de enseñar el modo como se ha de haber en estas tentaciones, de suerte que no dejen sus ejercicios, y queden con victoria dellas; y de tal manera se prevenga la gente a padecer estas tribulaciones, que no entiendan se les prometen apariencias sensibles de los demonios; aunque no se les niegue la verdad, de que nuestro Señor suele algunas veces permitirlas por muchos fines, en bien de sus escogidos, dándoles juntamente ayudas y luz interior para poder sufrirlas y vencerlas.

2. De los sentimientos espirituales, y comunicación de Dios a las almas

Lo primero, asentar por cosa cierta, que Dios se comunica a las almas en esta vida, no por vista clara, según ley ordinaria, sino por fe y gracia, y los efectos della; y que si a alguno se ha concedido ver a Dios en esta vida, fue particular privilegio, el cual no se ha de atribuir a otros, fuera de aquellos que la Escritura o Santos significan.

Lo segundo: que esta comunicación de Dios y su presencia, no consiste principal y esencialmente en cosas sensibles, aunque es verdad que de la interior comunicación de Dios nuestro Señor se suelen seguir estos efectos sensibles, consolaciones y otros buenos movimientos; y por eso no se han de despreciar universalmente todos estos sentimientos sensibles como ilusiones del demonio, que sería grande engaño, sino mirarlos bien y examinarlos con discreción, según el consejo de hombres doctos y experimentados, y las reglas que han dejado los Santos de discernir espíritus.

Lo tercero: que, aunque estos consuelos sensibles sean de Dios, no está en ellos la santidad, ni es contra ella tampoco el desearlos, no parando en ellos como en fin, sino apeteciéndolos en cuanto disponen a bien obrar y caminar con aliento a la perfección; ni tampoco son cierta señal de la gracia, ni el carecer dellos de carecer de la gracia, aunque los Santos los suelen poner muchas veces por conjetura della y de la presencia de Dios en el alma; porque no puede haber en esta vida señales ciertas de la gracia, pero sí conjeturas.

Que destos sentimientos se procure hablar con términos comunes y usados de los Santos, y no con mucho encarecimiento; ni se entre en ellos sin recato; porque el fiarse dellos ha sido a muchos causa de grandes daños. Hánse de tomar estas cosas como menos principales, solo sacando dellas enmienda de sus vidas, especialmente humildad y paciencia con los prójimos y deseos muy de corazón de ser despreciados de las gentes.

Que el gobierno del alma no ha de ser principalmente por estos movimientos o sentimientos, sino por la enseñanza de la fe y Iglesia; pero, con esto, es verdad que el Espíritu Santo mueve los corazones y los enseña, cuyo movimiento nunca es contrario a buenas costumbres ni a lo que la Iglesia enseña. Pero nunca se ha de tener por regla infalible de ser de Dios lo que representa el tal sentimiento, incitando a hacer algo, o dejar de hacerlo; ni menos se ha de querer gobernar a otros por él, como por tal regla, sino examinarlo primero bien y consultarlo, como queda ya dicho.

Que se procure, cuanto fuere posible, no dar muestra en lo de fuera de los sentimientos interiores, con meneos, etc., y que, ordinariamente, el movimiento de Dios atrae a lo interior, aunque no es contra él que algunas veces salga en muestras exteriores. Mas si fuesen extraordinarias y muchas, debíase recelar dellas y procurar de cortarlas, no deseándolas en ninguna manera y pidiendo a Dios en merced que no nos lleve por tales caminos, sino por el llano y carretero de los fieles.

3. De la mortificación eclesiástica y verdadera

Lo primero, declárese que la mortificación verdadera que los Santos enseñan no está en que la carne esté desjarretada o muerta, ni en traer grandes dolores, ni en que los sentidos carezcan de sus operaciones, de tal suerte, que no puedan ejercitarlas, ni en traer perdido el color, ni en cosas semejantes, sino está principalmente en moderar y rendir a Dios el corazón y voluntad, y las pasiones interiores que hacen guerra al espíritu; como el moderar la ira, y ser pacientes, sufridores de injurias, de trabajos y sucesos adversos en cosas temporales, como son pobreza, enfermedad, muertes de hijos, deudos, amigos; en sobrellevar y sufrir faltas y imperfecciones ajenas, y aun a sí mismos y sus mismas imperfecciones, que desean y no pueden enmendar con la brevedad que querían. Y lo mismo es de ajenas condiciones diferentes de las suyas, como los padres de los hijos, y los hijos de los padres, las mujeres de los maridos, y los maridos de las mujeres, de los vecinos y de los extraños, los criados de los señores, etc., los superiores de los súbditos, los confesores de los penitentes, y, finalmente, de sufrir a todos, y en todos tiempos y sazones que por cualquiera vía nos parezcan pesados y molestos. Asimismo en moderar el demasiado apetito de la honra, sufriendo con paciencia desprecios, y aun trabajando por desearlos y gustar dellos; y lo mismo las demás pasiones, como son desordenados deseos de regalo, o de que se hagan las cosas por su traza y gusto. Y, finalmente, consiste en un continuo ejercicio de virtud, procurando con el favor de nuestro Señor ganar señorío sobre todas sus pasiones y alcanzar hábitos con que fácil y alegremente obren lo que sintieren ser voluntad de Dios, negando la suya, venciendo todas las inclinaciones repugnantes a la divina; que desta manera entendieron y ejercitaron los Santos la abnegación propia que Jesucristo predicó; y esto mismo es abrazarse con su Cruz y seguirle, como los Santos lo declaran.

Que no se quitan o se desarraigan las pasiones, sino moderándose. Y así, que en esta vida no se llega a estado en que no se sienta alguna vez alguna rebelión de la carne, ni que las pasiones dejen de hacer alguna guerra, quitando aparte particulares privilegios; y así es siempre necesario huir las ocasiones de pecar. Y a esta causa el trato con mujeres debe ser siempre recatado, grave y breve, etc., como muy bien lo enseña la regla primera y segunda de los Sacerdotes de nuestra Compañía; y que es gran disparate, debajo de título de mortificación, fingir por seguros dares y tomares amorosos; y mucho más, todos tocamientos ajenos de limpieza.

Lo cuarto: que para el dicho efecto que la mortificación se pretende, ultra de vencerse interiormente, como está dicho, que es la principal parte deste negocio, ayuda también grandemente el castigar el cuerpo, y afligirle con exteriores penitencias, las cuales por esto son muy necesarias, como son ayunos, vigilias, disciplinas, cilicios, vestidos ásperos, no dormir en cama blanda, no traer lienzo, y otras semejantes, que, como he dicho, ayudan mucho para sujetar el cuerpo al espíritu, y también para satisfacer a Dios por las ofensas propias y ajenas, y para otros efectos santos y buenos. Pero es menester advertir, que, así como no son unas las fuerzas de todos los hombres, ni los estados los mismos, ni las ocupaciones semejantes, así no pueden todos usar los mismos géneros destas penitencias; porque se han de proporcionar con la flaqueza del cuerpo y con lo que el estado y ocupación de cada uno puede llevar; y según la diversidad que en esto hubiere, podría acaecer que la penitencia que para uno sería poca, para otros sería mucha, y al contrario; y por eso es menester que, en tomarla, haya orden y gran discreción, de lo cual en general solo esto parece que se puede decir: que a gente religiosa, y que ya tiene estado de perfección aprobado por la Iglesia, le debe bastar la penitencia que su Instituto y Superiores le conceden, procurando aventajarse y adelantarse en ella, cuanto según su modo de vivir y ocupaciones pudiere, tomando por parte de penitencia y de no pequeña mortificación, contentarse con el uso común en el vestirse, comer, dormir, no queriendo exenciones y singularidades de regalo, ni de otras mayorías, si no fuesen con clara necesidad, estando en todo con sujeción al orden de quien le gobernare. A la gente seglar en común, es bien aficionarlos a la mortificación exterior y penitencia, y más a la interior, y a la abnegación de sus propios quereres que se encuentran con la voluntad de Dios y sus leyes y de su Iglesia; porque el uso de pecar es grande y libre; y el de castigarse y sufrirlo, poco, y negarse por Dios en quereres lícitos, es casi ninguno, habiéndose extendido a los vedados muchos años, y por muchas vías. Con esto, es verdad que a toda suerte de gente, y más a los que quisieren tratar de espíritu, les estará bien, si no quieren errar, guiarse en sus penitencias, como en la oración, por consejo de hombres doctos y experimentados, que sabrán medir la tasa que deben seguir, según sus necesidades y fuerzas corporales y espirituales y disposiciones o indisposiciones interiores.

Lo quinto: que las obras exteriores de penitencia y misericordia son útiles, y a sus tiempos obligatorias, y como tales se deben mucho encomendar; advirtiendo que con título de darse a la oración, no se deben en ninguna manera dejar, cuando las pidiere la caridad, o las ordenare la obediencia.

4. De la obediencia

Lo primero: que principalmente se debe a los mandamientos de Dios y de la Iglesia, y a las personas que cada uno debe sujeción, según las leyes y estado en que viviere, como son a Prelados eclesiásticos y seglares, y padres, maridos, etc.; y que el cumplimiento de las obediencias de los tales y de sus mandatos y de las obligaciones que todos tienen según sus estados, se deben preferir a los ratos de oración, especialmente a los largos.

Lo segundo: que es cosa provechosa, y universalmente usada en la Iglesia, y aprobada por tal, gobernarse unos por otros más sabios y experimentados. Pero obligarse con voto a estar por este gobierno, fuera de religión, aunque algunas veces puede ser cosa acertada, ordinariamente no se debe de hacer sin grandísima madureza y consejo. Mas no es esto lo que condena el decreto del Santo Oficio, sino otra cosa muy diversa, que es puerta de muchos males; conviene a saber, la pasión y desorden de algunos engañados, que, para poder más a su salvo enseñorearse de las haciendas y personas de los penitentes, les aconsejan o fuerzan a que luego que se confiesan con ellos, hagan voto de no hacer cosa grande ni pequeña, aunque sea de precepto divino, que los mande Dios, sino por su orden y obediencia. Y de aquí es que conviene se advierta y declare bien a los nuestros la importancia de la regla quince de los Sacerdotes, de no admitir obediencia de los penitentes; aunque es por otros fines santos y justos bien diferentes de los que movieron al Santo Oficio a la publicación de su decreto.

5. De la confesión y comunión

Lo primero, que cuando la confesión general en caso de necesidad se persuade, sea advirtiendo de no hacer fuerza en que sea con este confesor o con aquél, y mucho menos consigo mismo, como se encomiende que sea con hombre docto y de experiencia. Pero declárese bien en qué casos sería solamente útil, y en éstos dejen libremente a todos seguir su devoción en hacerla o no, con éste o aquél; y en qué casos es necesaria absolute, y en éstos obliguen a ella sin escrúpulo, con el recato y discreción que queda explicado. Y también se declare, que, algunas veces, puede ser más dañosa que provechosa la tal confesión, como en gente escrupulosa, y que ya alguna o algunas veces ha hecho las diligencias bastantes, a juicio del prudente confesor.

Lo segundo: que se mire mucho cómo se persuade a la gente que se confiese con nosotros, etc.; máxime de no darlas a entender que, confesándose con otros, no lo acertarían bien; y también, que el confesor dé con facilidad licencia al penitente para confesarse con otro; y si él se la tomase de suyo, sin pedírsela a él primero, que muestre holgar dello y tenga en esto longanimidad y anchura de corazón, aunque, a su parecer, fuese con alguna flaqueza del penitente la tal mudanza. Y para que se les haga menos nueva esta condescendencia, vean el santo Concilio de Trento, en la sesión 25, capítulo II, y la regla 12 nuestra de los Sacerdotes. Y quizá es ésta la misma causa por que quiso el Concilio de Trento, que aun a los religiosos se diese libertad de confesarse con otros que los ordinarios, algunas veces al año.

Lo tercero: que se procure evitar el demasiado afecto de los penitentes a sus confesores, y, al contrario: si no bastase, se debía prudentemente procurar que mudase confesor, mirando siempre la calidad de las personas y las demás circunstancias, como lo advierte la regla 13 de los Sacerdotes.

Lo cuarto: que el confesor no sea demasiado en querer que sus penitentes hagan todas las cosas por su parecer y gobierno, y mucho más huya de meterse en las mudanzas de sus cosas: déjalas gobernárselas a ellos; ni en que las limosnas se repartan por su mano; y mucho menos con recelo de que se consumirán algunas en utilidad suya.

Lo quinto: que se mire bien a quién se concede la frecuencia de comuniones, como por nuestro Padre general nos es particularmente encomendado, procurando reducir al medio el demasiado afecto de comulgar; y que este término, «hambre del Señor», se mire mucho cómo se usa, especialmente entendiéndolo de hambre sensible; aunque el afecto del amor no se puede negar que cause este buen deseo, que se puede llamar hambre; el cual es ordenado y causa de comulgar cuando y como conviene, y no sin orden, ni muchas veces al día; y lo demás es ilusión.

Lo sexto: que se huyan en la comunión todas las ceremonias supersticiosas, como recibiendo muchas formas juntas, o sencillas, con estas o aquellas figuras, de tal o tal cantidad, fuera de lo que está en costumbre; y de cerrar los ojos cuando recibe el Santísimo Sacramento o se alza en las Misas, y otras semejantes.

Lo séptimo: que se excuse el término de que algunas suelen usar, «Comulgad por mí hoy, que no puedo yo, que otro día comulgaré por vos; ofreced por mí esta comunión», etc., porque deste lenguaje se puede colegir que sienten los tales, que cumpliría uno con la comunión de obligación o devoción con que comulgase otro por él, y que no hacen diferencia cuanto a esto entre la comunión y el sacrificio de la Misa. Lo mismo se entiende del oírla, diciendo: «Oíd por mí Misa, que yo la oiré otro día por vos»; que es como si dijera: «Confesaos por mí, que otro día yo me confesaré por vos»; aunque no se quita que uno pueda aplicar por otro la satisfacción e impetración de sus buenas obras.

6. Del matrimonio, y de la castidad, y religiones

Lo primero: que el voto de la castidad no se aconseje a mujeres, ni ordinariamente se apruebe, sin mucho tiento y recato; y mucho mayor le haya en aconsejar el voto de no casarse, para quedar en el siglo. Véase deste particular la regla nuestra 19 de los Sacerdotes, y de tal manera se hable de la castidad, que no se pueda tomar ocasión de pensar o decir que se reprueba por malo el estado de los casados.

Lo segundo: que no se aconseje, ni aun ordinariamente se apruebe, a las mujeres el tomar hábito de beatas, para vivir siempre en él sin tomar estado de religión. Y adviértase también la regla 11 de los confesores, de no darlas modo de vestido, o traje, o color particular; y mucho más, en no meterse en darle orden por menudo en el gobierno de sus casas en cosas particulares, como arriba queda también avisado. Y del mismo modo, que a las mujeres que quieren vivir en castidad y se inclinan a tal religión y son para ello, no se les impida el tal deseo, induciéndolas a tomar hábitos de beatas ni a quedarse en el siglo sin él, si no fuere rarísimamente a cual o cual persona, atenta su edad y seguridad y otras particulares circunstancias.

Lo cuarto: que se hable de las religiones siempre bien y de sus ejercicios y vida, máxime de su Instituto; y en especial de religiones de mujeres, no se hable de tal manera, que se procure desaficionar las doncellas de tomar tal estado.

Lo quinto: que de nuestra Religión, en general, sintamos con verdad y humildad; y de nuestras cosas, y de nosotros, en particular, hablar poco dellas, dentro ni fuera de casa; y mucho menos, exagerarlas con encarecimientos, estimándonos en más que a otras Religiones o a otros religiosos. Entre se,-]ares nos conviene medirnos sin más en esto, de suerte que por ninguna vía puedan tomar ocasión de penar que nos queremos atribuir el espíritu y levantar con la santidad y con el magisterio della. Este mismo cuidado conviene tener en hablar de las cosas siguientes: de las habilidades que hay en la Compañía y exacción en los estudios; de los muchos sujetos que entran en ella y de sus calidades de los grandes predicadores; y auditorios mayores; de los Prelados y Señores que nos son amigos; de la aceptación y lugar que tenemos en los pueblos; del fruto que se hace en las Indias Orientales y Occidentales, etc.

Estas son las advertencias que dio este prudente maestro a los de su Compañía; y para el tiempo en que se dieron eran muy a propósito; y para todos son siempre de mucha importancia.

Capítulo XXXIV. Del celo con que ayudaba a los ausentes con sus cartas, y de la prudencia y eficacia que mostraba en ellas. Pónense algunas muy espirituales

Como el Padre Baltasar era tan conocido en Castilla la Vieja y tenía en ella muchos hijos espirituales y varias personas que deseaban comunicar con él sus cosas, no estrechaba su caridad y celo a los prójimos que tenía presentes o cercanos al lugar donde estaba, sino también, cuando se había encargado de sus almas, se extendía a enderezarlos y ayudarlos cuando estaban ausentes, escribiéndoles algunas cartas, especialmente desde este colegio de Salamanca (de donde son las más que hallo escritas), en las cuales descubría su grande prudencia y celo, y tenía no menor eficacia en ellas que en las palabras, hablando al corazón de los que escribía, como si los tuviera presentes y viera sus necesidades espirituales. De modo que pudiera decir, como otro San Pablo, que cual era en presencia era en ausencia, y cual en ausencia era en presencia; y el espíritu que tenía en las palabras mostraba en las cartas, y el de las cartas era indicio del que tenía en las palabras. Y así, como el mismo Apóstol, él también escribía estas cartas por varios fines: o para reducir a los que habían desdicho de las buenas costumbres en que les había puesto, o para conservarlos en su fervor, o para afervorar a los tibios, alentar a los pusilánimes, consolar los afligidos con necesidades corporales o espirituales, o para darles el parabién de sus prosperidades, o, finalmente, para responder a las dudas que le preguntaban de cosas tocantes a sus almas. Y aunque destas cartas he visto muchas, mas porque sería cosa larga ponerlas todas, solamente, fuera de las que quedan referidas en los capítulos pasados, pondré aquí algunas muy espirituales, en que se descubre el excelente magisterio y espíritu deste santo varón, y el celo que ardía en su pecho de que todos fuesen muy perfectos.

1

Había un caballero caído del estado de virtud que solía tener: temía de volverse a Dios, y andábalo dilatando de día en día. Cuando el Padre Baltasar lo supo, compadeciéndose de su miseria, le escribió esta carta, con el espíritu que escribió San Pablo a los de Galacia en otra ocasión semejante:

«No sé, dice, qué camino me tomar con el alma de vuesa merced, si de paz o de guerra, si de callar o de hablar, porque todos los veo cerrados, y no de yerba que deleita, sino de espinas y abrojos, que forzosamente lastimarán y ensangrentarán los pies que los anduvieren. ¿Qué haré?, ¿qué consejo tomaré? Todavía, escojo manifestar mi enfermedad; porque, saliendo fuera, será para mí de más alivio, y a vuesa merced de más compasión. Por la sangre de Jesucristo, que obra los ojos y advierta la dureza de su corazón y su resistencia tan continua al llamamiento de Dios. No se defienda dél, que no le querrá matar. Mire los golpes y aun azotes que de su poderosa mano recibe. ¿Cómo no le ablandan? ¿Cómo no le mellan? Ahonde hasta sacar agua. Si los que no oyen sus palabras le son aborrecibles, los que no entienden sus azotes ¿qué horror le causarán? Desventura es que me terná sin consuelo los días que viviere; trago es que me hará clamar y dar gritos en los estrados del muy Alto; ingratitud es, y descortesía, ajena de todo ánimo generoso; los tales suelen ser agradecidos. Quis te fascinavit, frater, non obedire veritati? Ambulabas bene, currebas bene, quis te impedivit veritati non obedire?. ¿Cuándo derramó el demonio su sangre por vuesa merced, que tanto amor le ha cobrado? Si a quien se debe todo, agravia en quitarle alguna cosa, ¿qué será en no darle nada?, ¿qué en usar mal de todo?, ¿qué en hacer tramas contra Dios de sus mismos beneficios? Entiéndale ya: no huya, no se endurezca, no ate ni abrevie la mano del Omnipotente, que más le quiere confuso derribado a sus pies, que obstinado huyendo dél. Y si haciendo tal oficio le ha salido tantas veces al encuentro; si aborreciéndole tiene interior testimonio de que le ha amado y rogado con la paz; si siendo agraviado se le ha entrado por sus puertas y abrazádose de vuesa merced, ¿por qué se encoge ahora? ¿Es porque se persuade que le dará con la puerta en los ojos? No le haga tal agravio, por los que en la cara tiene. Sí, que no es vuesa merced tal que se suele arrepentir en sus acuerdos, y aborrecer lo que mucho ha deseado, cuando se viene a cuajar. ¿No es así? ¡O piensa que ya es otro el

249

tiempo del que era en el que amaba, porque se ha trocado! Pero nuestro Dios siempre es el mismo: Ego Deus, et non mutor. Desto tiene fe, y de la batería interior con que le llamaba cuando le aborrecía. Luego forzosamente ha de creer que si hiciese lo que Su Majestad le manda, hará él lo que promete. Persuádaselo ya; duélase de mí, si no se duele de sí; y duélase de muchos que trae crucificados; ahítese ya de la maldad; déle en rostro el manjar que mata. ¿Cuándo se ha de hartar de pecar? No conocerá temprano a Dios; no morirá mal logrado; no hará mal, pues que no ha sido más recogido que el que decía: Sero te cognovi, bonitas infinita; y sin consuelo gemirá de ver tantos años perdidos, tantos lances y ocasiones vueltas en basura. Yo seré su fiador; yo haré penitencia por sus pecados; yo se los ayudaré a llorar. Véngase aquí, que yo le ofrezco la misericordia de Dios en nombre suyo; descanse unos pocos días; acójase a sagrado, que él le defenderá el alma y cuerpo, el regalo y autoridad que le arrastran. Y porque me faltan palabras para explicar el dolor continuo que en mi alma traigo, acabo; y acabe vuesa merced de martirizarme. ¡Oh, si Dios le abriese los ojos, para verse a sí y a mí, cómo no le bastaría el corazón para tanto mal! Dios sea su luz y fortaleza, para que vea estos dos abismos. Amén.»

¿Qué pintura puede haber más al vivo que esta carta de un obrero evangélico, celoso de la salvación de las almas como un San Pablo? ¿Qué madre puede mostrar más sentimiento por la perdición de su hijo, que este gran varón muestra por la perdición de un alma? ¿Qué señales puede haber mayores del encendido amor de los prójimos? ¿Qué dolor tan continuo, tales lágrimas, tales clamores, tales ofertas y tomar los males ajenos por tan propios? Verdaderamente, el amor de Dios movía la pluma de su siervo, y le daba su elocuencia el cielo, para conquistar el corazón endurecido.

En otra semejante ocasión escribió otra carta a otra persona, con el mismo espíritu, por estas palabras:

«Una de vuesa merced recibí muy cortesana; y quisiérala más santa. Terrible es vuesa merced, si la he conocido en mi vida. ¿Cuándo se ha de cansar de pleitear con el Espíritu Santo? Pues yo le aseguro que las habrá duras con él. ¿Tan amable es el pecado, que quiere, por su causa, despedirse del regalo de Dios, y sujetarse a la indignación de su enemistad? Acuerdo triste ha tomado, por cierto, y que me ha causado tierna compasión. Porque, como Dios ha mandado que todo ánimo desordenado sea pena para sí mismo, y se ha de ejecutar, habrá de estar forzosamente por las que traerá esa ponzoña que ahora bebe, y le parece dulce; que son bascas que atribularán sus entrañas, y juntamente alegrarán las de los tentadores (para que su merecido tormento sea más crecido), triunfando de la victoria de su presa, con escarnio del que tan apriesa corrió a su lado y a su daño. Entonces probará lo que perdió y lo que ganó, cuando tan infamemente se les rindió. Y si esta sombra de infierno bastara para que torne sobre sí, como hizo el mozo perdido del Evangelio, apretado de su hambre y de su infamia, para que ame la hermosura de la casa de Dios y su abastanza, sin más degenerar, aunque sepa reventar; yo le saldré al encuentro, haciéndole la fiesta que su padre le hizo al otro. Mas si piensa entretenerme viviendo como hasta aquí, desengáñese; que no quiero yo perder mi tiempo, como le pierde vuesa merced, muriendo cada día, sin ninguna o poca esperanza de fruto. Dios le gane como puede, amén. Esta escribo esperando la cuartana, porque entienda que no la tengo olvidada.»

Bien se echa de ver la caridad deste santo varón, pues el humor de la cuartana, que tanto aprieta al corazón cuando comienza a menearse, no fue bastante para hacerle descuidar desta oveja perdida, tomando la pluma para escribir palabras tan poderosas para reducirla al rebaño de Cristo; porque las enfermedades en semejantes varones no les hacen descuidados, sino compasivos, y atropellan la comodidad de su cuerpo por el bien espiritual del prójimo, como arriba se dijo.

2

A otra señora muy principal, que en sus tiernos años dejó el mundo y se entró monja Descalza, escribió esta carta, enseñándola cómo había de aprovecharse de semejante estado:

«Pues ha dejado el siglo, con él habrá dejado sus afectos y sus deseos, y el amor de sus títulos, y cobrádolo a los de la casa de Dios, como doméstica suya, pues lucen más y son más dulces. A esta cuenta, ni la quiero llamar grande, pues estudia en ser pequeña en sus ojos; ni Reverencia, pues si los tiene abiertos, verá que se le debe desprecio; sino dichosa, pues siendo tal ha hallado gracia en los ojos del altísimo Dios, escogiéndola para su regalo y dulce contentamiento, dándola prendas deste favor para que no pueda dudar dél, escogiéndola del bullicio y ocupaciones del siglo, que la habían de dividir y apartar de su dulce comunicación y de gozarle a la continua; y esto tan a la vista del mundo, que todo él esté lleno de testigos deste soberano beneficio. Resta ahora, señora que, pues la han desocupado, entienda para qué; y que trabaje por que la gracia no esté ociosa en su alma.

»Y si me preguntare en qué ha de señalarse, digo, señora, que en humillarse mucho, mucho, mucho. No se tenga porque va aprovechando algo, si no se tuviere por la más pequeña de todas; porque no hay, cosa de mayor honra en la criatura que conoce a Cristo nuestro Señor que parecérsele en algo; y apenas hallará otra que a Él más contente, ni más cuadre a los resabios que la quedaron de la grandeza pasada, ni que mejor la esté, que ésta. Y así, Cristo nuestro Señor, que, como Dios, sabe nuestra flaqueza, y los caminos de nuestra perdición, y los remedios muy convenientes della, nos encomendó, como dice San Agustín, muy encarecidamente, que aprendiésemos dél, que era humilde de corazón. La humildad de palabras y ceremonias con que se engaña el mundo, presto se gana; mas la de corazón, con que se agrada a Dios, tarde, y con mucho cuidado. Y pues ha entrado en Religión para procurar tenerle contento, entienda que entonces le tendrá, cuando procurare con todas sus fuerzas esta preciosa margarita, y no descansare hasta que la alcance. No más, porque es pesada el habla de las criaturas, a quien habla el Criador.»

Esto escribió este prudente varón, porque echó de ver que los grandes y nobles del mundo cuando entran en Religión, si no doman el apetito de la excelencia mundana, no pueden medrar en la perfección que profesan, cuyo fundamento es la humildad de corazón.

Mas porque también los que tratan de oración suelen atollar por padecer sequedades y distracciones, y tener demasiadas ansias de consuelos, corrigió esta demasía con gran prudencia, escribiendo a un religioso grave en esta forma:

«La paz de Dios, que sobrepuja a todo sentido, sea con V. R., que es el peso y sosiego que Dios pone a los vientos que se levantan en los justos que con Cristo descienden al mar, y al presente están levantados en el corazón de V. R.; pero no le desamparará el Señor, qui fecit pondus ventis (Iob, 28, 25).

No le querría ver tan codicioso de su medra, y de sentimientos espirituales, que, por su deseo, se turbe y pierda la paz y sosiego interior. Porque está escrito: "Deja la codicia, y hallarás reposo". Ponga fin a su desear, si no quiere penar; y si no lo hiciere, sus deseos serán sus sayones, y los instrumentos con que el demonio le causará más turbaciones que en el aire hay átomos. Dejó el siglo, déjele del todo; dejó las cosas temporales, deje su codicia; entró en la milicia de Cristo, aparéjese a encuentros. Et proposito tibi gaudio, sustine crucem confusione contempta. ¿Desea aprovechar y tener bien oración para contentar a Dios? Déjese gobernar por Él, y comience a mostrar el amor que le tiene, en contentarse de cualquier modo como le quisiere llevar, y con lo que le quisiere dar, poco o mucho, o nada. Y crea que le contentará más desta manera, con tener gozo y sosiego en su pobreza, mientras Él no le sacare della, que no con alcanzar su imaginada alteza. Harto ha servido a Dios del modo que Vuestra Reverencia quiere; comiéncele ya a servir siquiera un día como el mismo Dios desea. "¿Habrá alguno que me quiera servir de balde?", dice Contemptus mundi. Y Dios, por Malaquías, sintiendo esta falta en los de su casa, dice: Quis est in vobis, qui claudat ostia, et incendat altare gratuito? No falte a la reformación interior de sus costumbres, ni al maestro interior que le va diciendo lo que ha de seguir, y lo que ha de huir, y lo que también ha de sufrir. Obedezca bien y sea amador universal de la abnegación de su propia voluntad, y deje a Dios guiar su aprovechamiento, y enviar o quitar el sentimiento, como a Él pareciere; que esto solo es lo que de presente tiene necesidad de proveer. Y no tema que serán impedimento sus faltas presentes no queridas, pues no lo fueron las pasadas, con ser mayores, para que no le pusiese en el bien que ahora tiene.

»Viniendo al otro particular que le desasosiega, digo que es manifiesta tentación, desear mudarse de ese lugar, pues está asignado en él por obediencia, hasta que por la misma sea asignado a otra parte. Acuérdese de lo que dijo el ángel a San José, cuando de parte de Dios le anunció que tomase al Niño y a su Madre, y huyese a Egipto, y se estuviese allí hasta que le dijese otra cosa. Y así lo cumplió, tomando muy de asiento la estancia, hasta que el mismo ángel le anunció la vuelta. Tenga Vuestra Reverencia sosiego y consuelo con Jesús y María, que ni es más que ellos, ni los de ese lugar peores que los de Egipto. Y muéstrase más abiertamente el desorden de la tentación, porque la descubre el trabajo de andar por las aldeas, per vicos et castella, que era ejercicio a que dio principio nuestro Señor. No piense Vuestra Reverencia que le ha de costar poquito el fruto de las almas, que costó su sangre a Cristo, ni que puede ejercitarse en obra mayor que en morir a sí mismo; porque al grano muerto, es prometido el mediano o mucho fruto. Y porque no estamos muertos al mundo, ni a nosotros mismos, los que hacemos profesión de servir a Cristo, sentimos poco o ningún fruto de nuestros trabajos.»

Esta escribió el Padre Baltasar tan a propósito de los que tratan de oración, y de ayudar a las almas, que en pocas palabras les enseña los principales puntos para medrar en entrambas cosas.

Pero otra muy espiritual escribió a un Padre de la Compañía, que se quejaba de la sequedad y pensamientos que padecía en la oración; y dice así:

«No sé cómo V. R. se queja de sequedad, que no la muestra en sus palabras, sino fertilidad mucha y abundancia grande. Y si nuestro Señor se le esconde, no se la quita, sino quítale la ocasión de perderla. A los dos puntos pudiera dejar de responder, pues tiene V. R. ahí su Moisén, a quien ahora tanto habla nuestro Señor, y no querrá sino paz para sí y para muchos, como uno de los que dice David, suscipiant montes pacem populo. Bendito sea el que así le enriquece.

»Mas pues V. R. así lo quiere, diré por su consuelo lo que se me ofrece, no teniendo necesidad dello. A lo primero y más importuno de la guerra de los pensamientos, digo, que la amargura interior que dellos le proviene, puede nacer de poca conformidad con la voluntad de Dios, pues de su mano la guerra y la paz se deben recibir con paciencia y acción de gracias; y si hubiese amor a la Cruz, de mejor gana se recibiría la guerra. Ayudará lo que dice el Doctor Parisiense, que si hace uno lo que debe en esta batalla, merecerá más que si a su sabor gustase de Dios. Tome por despertador para volvernos a su Majestad, lo que nos acomete y pretende apartar dél, con quejas amorosas y dulces, diciendo: Cur obliviscerís inopiae nostrae, et tribulationis nostrae? Usquequo, Domine, obliviscerís me in finem? Usquequo avertis faciem tuam a me? Quamdiu ponam consilia in anima mea, dolorem in corde meo per diem? Acuérdese de la necesidad que tiene nuestro natural estragado, de ocasiones que le aprieten para que se vuelva a su Dios; y de las entrañas tiernas con que Su Majestad las envía o permite para tenernos a sus puertas dando priesa a estas aldabadas y clamores, no de año a año, ni de mes a mes, ni de día a día, sino todos los momentos de esta vida; y andando en este ejercicio como debe, andará V. R. en la presencia del Señor que desea, aunque no a su modo, sino al de nuestro Señor. Y si Su Majestad es la causa de desear su divina presencia, y no su consuelo y gusto particular, como quiera que lo ordenare lo terná por bueno.

»Ayudará a esta presencia, no descuidarse V. R. en cuanto pudiere de lo que ordenare la obediencia, ni de mortificarse; porque no se arrostra de buena gana la Cruz, si no es por Dios; y como el escocimiento que causa, con ninguna cosa se quita mejor que con su memoria, si el cuidado de mortificarse fuese continuo, el mismo amor propio de V. R. le solicitará esta memoria, como remedio de la llaga y pena que la mortificación causare en su alma. Y para almas que tienen necesidad de labrarse, es el más acertado modo de andar en la presencia de Dios, a mi juicio, porque se adquiere sin quebradero de cabeza; y los de muy bajo entendimiento lo podrán entender; que es lo que hemos de procurar en todos los ejercicios de virtud, haciéndoles accesibles y hacederos; y el fruto experimentarlo ha copiosamente con brevedad el alma que lo usare.

»Entiendo todo lo dicho, si ya nuestro Señor no descubriese a V. R. otros modos particulares de más fruto; porque entonces, oyendo su voz, no debería endurecer su corazón. Mas mientras su Majestad da lugar a industrias humanas, parece buen consejo echar mano de las que desbaratan más apriesa la mucha madera, cortezas, y raíces, que en sí siente cada uno. Con esto queda respondido a los dos puntos.

»Para la oración que desea, buen modo ha hallado, que es importunar al Señor, que se la enseñe; y si no se cansa, a deshora terná lo que desea, porque es don de Dios, y dase a los humildes.»

3

Mas porque algunos, buscando la humildad, suelen dar en pusilanimidad pondré aquí otra que envió a otro Padre de la Compañía, que le escribió andaba muy amilanado por sus faltas, pareciéndole que Dios se alejaba dél por ellas; aunque después añadió, que no se acababa de persuadir que se retirase Dios tan a la larga, de quien con ansia le buscaba, por no quererle bien, sino porque así conociese su flaqueza, o fuese probada la verdad de su fidelidad. Y tomando el Padre Baltasar ocasión desto postrero, comienza diciéndole:

«¡Oh, qué dulces fueron para mí tales palabras con toda su extensión! Cuando tal oí, decía yo entre mí: Aun quien esto tiene, consuelo tiene; y quien tal gloria da a Dios, medula tiene en lo que ofrece. Yo para mí tengo por cierto, que Dios anda con V. R. agradado de sus servicios, y con todos los que hacen suelta de su vida vieja pasada, y abrazan la nueva, que es según la verdad del divino espíritu, del modo que ellos pueden, aunque sea con mezcla de más flaquezas y yerros que cabellos. Verdad es que no todos conocen esto; y así es diferente el sentirlo del tenerlo, como el cielo del suelo. De los dos discípulos caídos que iban a Emaús el día de la Resurrección, dice San Lucas, que iban con Cristo nuestro Señor, y que sus ojos tenebantur ne eum agnoscerent. Con ellos iba, y sin Él les parecía que estaban y caminaban, hasta el fin donde se desengañaron. Mas ellos y todos los semejantes experimentan en el camino indicios de su presencia y habla, si quieren estar atentos a lo que por ellos interiormente pasa, en los ardores del corazón, en la inteligencia de las Escrituras, en los avisos de su reformación. Pues dígame V. R.: ¿en qué es diferente desta gracia la que hace Dios a su corazón, y a otros tales, cuando llueve sobre ellos avisos interiores de cuantas cosas han de hacer, por menudas que sean, y de reprehensiones, si lo que es un cabello se apartan de su interior enseñanza, señalándoles como con el dedo, cuáles cosas han de seguir, cuáles sufrir y cuáles resistir y huir; y sobre todos estos cuidados y trabajos, sienten grande escocimiento interior, de que no le sirven, o ven servido de otros, como entienden que él lo merece, y ellos le tienen obligación? ¿Por ventura este escocimiento no es encendimiento? Sí, por cierto. Pues si no hay fuego, ¿quién le causa? Y si no es Dios, ¿cómo le enciende en su amor? Esta es la facultad en la cual el que añade ciencia añade dolor; y ésta es la tribulación que sienten todos los que de verdad sirven al Señor, y les hace juntar los días con las noches, clamando a él. Uno lo dijo, y todos lo experimentan: Tribulationem et dolorem inveni, et nomen Domini invocavi. En la cual no los desampara, pues él dice: Cum ipso sum in tribulatione; antes los hace compañía, confortándolos y sustentándolos invisiblemente, para que no arrodillen con el peso de la carga; y por experiencia ven, que tanto tiempo se tienen, y no más, cuanto Él los tiene. De manera que se tienen en pie, porque Él los tiene, conforme a lo que dice San Pedro: Qui in virtute Dei custodimini; inclinándolos también a que clamen en la tribulación, para que con su socorro ellos sean libres y aprovechados, Dios invocado y honrado, no desamparando ellos el camino suyo por el martirio en que están penando, como lo pondera bien San Agustín, declarando aquello del Salmo: Invoca me in die tribulationis; eruam te, et honorificabis me. Con el espíritu viejo del mundo que antes tenían, inclinábanse al mundo, y a lo que lucía en él; mas con el nuevo que ahora experimentan, siéntense inclinados a Dios, y penados, porque no acaban de contentarle como desean. Pues ¿de dónde les ha venido esta mudanza, sino del espíritu nuevo que ha venido en ellos? Obrando esto en su corazón el espíritu del Señor, como lo hace en el corazón del mismo Dios, inclinándole a sí mismo. Este espíritu es el Espíritu Santo, de quien dijo San Pablo: La caridad de Dios se ha derramado en nuestros corazones por el Espíritu Santo que se nos ha dado. Y San Juan dijo: Sabemos que permanecemos en Él, porque nos dio de su espíritu. Persuádase, que, en admitir esta gracia con humildad no hay peligro; y que agradará a Dios haciéndolo, como dice San Pedro: Sperate in eam, quae vobis offertur, gratiam, in revelatione Jesu Christi. Y que hará doblada hacienda en el divino servicio por este camino de la confianza, que por el de la incredulidad que ha seguido hasta aquí. En el cual tiempo estoy por decir que le cuadraba la reprehensión que Cristo nuestro Señor dio a los dos que iban a Emaús: O stulti et tardi corde ad credendum.

»Y porque en las últimas palabras que añadió, iba abriendo camino a la fe de las divinas Escrituras, y verdad de las promesas de Dios, tuve con ellas grande gozo. Dios se le dé a V. R., como yo le tengo de sus caminos, y el mismo Señor le tiene, para que sea gozo lleno, como lo es en Él, según lo que dice: Haec locutus sum vobis, ut gaudium meum in vobis sit, et gaudium vestrum impleatur. Gozo lleno quiere Dios en sus siervos, porque éste es la fuerza con que se corre por el camino de sus mandamientos. Y por que no se recele de que es ajeno de su condición tan grande regalo, lea lo que dice San Agustín sobre este paso. Y no se olvide de mi necesidad, que muy acordado estoy de la de V. R.

»No más, de que he sido muy largo para con quien habla Dios tanto. Él sea en su alma, y todo su amor. Amén.»

Capítulo XXXV. Cómo fue por Rector del Colegio de Villagarcía; y de lo mucho que ayudó a doña Magdalena de Ulloa, su fundadora, para las cosas grandiosas que hizo en servicio de nuestro Señor (Año de 1577)

Habiendo el Padre Baltasar cumplido el trienio de su oficio en Salamanca hacia el fin del año de 76, vino de Roma nombrado por Rector de su colegio de Villagarcía, y por maestro de los novicios que allí se ponían, por parecer lugar más cómodo para ellos, y por no caber todos en la casa de Medina. Y también porque en una Provincia tan grande como ésta de Castilla, importaba que hubiese dos casas de probación, para poner en una los novicios que no pudiesen estar sin inconveniente en la otra. Y así, en llegando, procuró entablar el noviciado con el mismo fervor y perfección que le puso en Medina, como se dijo en el capítulo XIX y siguientes, donde se pusieron algunas cosas de las que sucedieron en esta casa; y otras se pondrán en el capítulo XLVII.

Otra ocasión de venir el Padre Baltasar por Rector deste Colegio, fue la instancia que hizo por ello su fundadora doña Magdalena de Ulloa, viuda, mujer que fue de Luis Quijada, mayordomo del Emperador Carlos V, Capitán General de la infantería española y Presidente del Consejo de Indias, señor deste lugar de Villagarcía y otros comarcanos, que murió el año de 1570. La cual tenía alguna noticia del grande espíritu deste santo varón, por haberle hablado algunas veces que pasaba por Valladolid, donde ella residía; y vino a estimarle tanto, que le escribía cartas a Salamanca, donde era Rector, dándole cuenta de las cosas de su alma; y él la respondía dejándola muy satisfecha. Ayudó a esto la relación que dio el Padre Maestro fray Domingo de Ulloa, su Hermano, persona de grandes prendas, y de las más graves de la Orden de Santo Domingo, que después fue Obispo de Michoacán en las Indias Occidentales; el cual había tratado mucho con el Padre Baltasar en Ávila, Medina y Salamanca, y había conocido por experiencia el grande don que tenía de guiar las almas a la perfección. Y como vio la resolución que tenía su hermana de fundar aquella casa de Villagarcía, aconsejóla que le pidiese por Rector, y para que juntamente se gobernase por su parecer en las cosas de su alma. Hízolo así, y sucedióle tan bien, que no cesaba de dar gracias a nuestro Señor por habérsele dado a conocer.

Había esta señora, luego que enviudó, hecho resolución de encerrarse a servir a Dios en el insigne monasterio de las Huelgas de Valladolid, donde era abadesa una hermana de su marido; mas por el pleito que ella puso a la hacienda de su Hermano, se impidió la ejecución. Y aunque se quedó en casa particular, en medio de la ciudad vivía tan recogida como si estuviera en monasterio. Confesábase en nuestra Casa Profesa con el Padre Juan de Prádanos, que fue su confesor casi veintisiete años, y la ejercitó bien para su aprovechamiento, siendo ella muy puntual en obedecerle; y, de cuando en cuando iba a Villagarcía, adonde tuvo buena ocasión el Padre Baltasar para darla los Ejercicios espirituales de la Compañía, industriándola en el modo de tener oración y tratar con Dios familiarmente. Hacíala pláticas espirituales; y todas las veces que la hablaba, siempre era de Dios; de donde vino ella a decir que no había visto otra persona que así hablase altamente de las cosas espirituales, ni que tuviese más gracia en atajar pláticas del mundo y meter las de Dios y proseguirlas, con provecho y sin cansar, aunque durasen muchas horas. Y es así, que ella no se cansaba, porque gustaba mucho de cosas semejantes; y comunicaba sus cosas interiores con el Padre Baltasar, como suelen hacerlo los novicios con su maestro. Industriada desa manera, comenzó a realzar con espíritu las muchas limosnas muy grandiosas que hacía, las cuales eran en tres maneras: unas para remediar las miserias y necesidades corporales de los pobres; otras subían más de punto, para remediar por este camino también las necesidades espirituales de sus almas; y otras aún añadían algo más, para acrecentar el culto divino y honrar más a nuestro Señor en lo que está dedicado a ello.

En lo primero fue grandemente liberal y dadivosa para remediar toda suerte de necesidades. En Valladolid puso en el hospital de Esgueva doce camas para curar a su costa otros tantos enfermos, dando para esto cada año 600 ducados; y duró esto dieciocho años. Al de la Resurrección dio, casi otro tanto tiempo, 300 ducados cada año; y en Villagarcía fundó un hospital con renta bastante para curar los enfermos pobres de los lugares que fueron de su marido. Daba gruesas limosnas para casar huérfanas pobres, y para remediar necesidades de pobres envergonzantes que se las pedían en secreto. Y para que esto se hiciese con más fidelidad y largueza, señaló por algún tiempo un hombre honrado y gran cristiano, que se informase destas necesidades, y de lo que era menester para remediarlas; y todo lo ponía en una cédula firmada de su nombre, y la daba a la persona necesitada, señalándola el día en que había de ir por aquella limosna a casa desta señora. La cual tenía tantas ansias de dar, que, despertando a la mañana muy temprano, solía decir que se levantasen a ver si habían venido algunos pobres, para despacharlos luego, por que no esperasen; y en levantándose, tomaba dos bolsas: una llena de moneda menuda, para dar a los pobres ordinarios, y otra de reales, para los envergonzantes. Y en viniendo el pobre, tomaba la cédula que traía, y le daba la limosna que allí estaba señalada, la cual no excedía de cierta cantidad que tenía avisado, porque, cuando era menester más, en particular lo proveía. Fuera desto, a todos los pobres que acudían a sus puertas, que eran muchos, daba limosna con entrañas de madre, sin que ninguno jamás llegase a su casa, que se fuese sin ella, aunque viniese por limosna dos y tres veces al día. Casi todo el año se ocupaba en hacer comprar paño y lienzo para vestirlos, y hacerles camisas; y por mano de un canónigo de Zamora, y de otros religiosos, repartió muchos millares de ducados con los vasallos, y lugares de su marido, para que su caridad y misericordia se dilatase a muchos en muchas partes.

  Pero mucho más mostró su grande liberalidad en remediar las necesidades espirituales, ayudando deste modo con gran celo a la salvación de las almas. Por este fin envió dos Padres de nuestra Congregación, el Padre Juan de Torres a Argel, y el Padre Gabriel del Puerto a Marruecos, dando a cada uno 8.000 ducados para redimir cautivos, encargándoles que rescatasen primero a los que estaban con mayor peligro de faltar en la fe. Hiciéronlo así los Padres; y cuando volvió el Padre Torres, traía la lista y cuenta de todo por escrito; mas la buena señora nunca quiso verla, sino fiarse de Dios y de la Compañía. Por este fin también hizo gruesas limosnas para sacar malas mujeres de ruin estado, y ponerlas en una casa de probación que hay en esta ciudad, donde miren el estado que les conviene escoger, y sean enseñadas a vivir cristianamente. Y para esto también dejó dotado, o acrecentado con 1.000 ducados de renta cada año y cien cargas de pan, el monasterio de las Arrepentidas desta ciudad, donde entrasen las que, habiendo sido malas, tenían vocación y talento para ser monjas. Y por que el fin propio desta obra, cuanto a la renta que ella daba, que era remediar almas perdidas, no faltase en algún tiempo, recibiendo en este monasterio, no mujeres arrepentidas, sino doncellas recogidas (para las cuales hay otros monasterios en Valladolid), hizo una declaración general, que pondremos al fin deste capítulo.

Pero mucho más descubrió su extremada caridad y magnificencia en las obras que hizo dedicadas solamente al bien de las almas y al culto del Criador dellas, con tanta largueza que espanta. Estando un día de San Matías Apóstol en oración, por la mañana, la dio nuestro Señor un buen deseo de ser participante de la buena suerte del santo Apóstol, enseñando la doctrina cristiana, y confesando, y dando la comunión por la ciudad de Oviedo, y Principado de Asturias; y en este deseo se le pasó todo el tiempo de la oración. Consultó luego con el Padre Fray Domingo de Ulloa, su Hermano, que entonces era Vicario provincial de su Provincia de España; y respondióla, que, si ella quería predicar y confesar por su persona, que era engaño. Mas ella le dijo que no, sino con su hacienda, procurando que fuesen a ello religiosos, ayudándoles para sus alimentos. Respondióla su prudente Hermano: «Eso es bueno, y por ello recibirá Vuestra Señoría premio de Apóstol. Y si quiere doctrina y Sacramentos en esos pueblos, envíe religiosos de la Compañía, que a ésos ayuda Dios en estas misiones». Con esto se resolvió de hacer esta obra más de asiento, y de fundar en la ciudad de Oviedo un Colegio de la Compañía, no con otro fin, sino de que allí se sustentasen Padres que ayudasen a las almas tan desamparadas de dotrina y enseñanza, como entonces las había en todo aquel Principado. Aprobó también este su buen deseo el Padre Baltasar Álvarez, atentándola a ponerlo luego por obra, para que el merecimiento fuese mayor con la puntualidad de su obediencia a la divina inspiración, y para que pudiese gozar del fruto que esperaba, viéndole en sus días; y así lo hizo luego, dando 1.000 ducados para comprar casa, y 1.000 de renta para el sustento, y después añadió otros 1.000. Y fue tanto lo que iba dando, que queriendo el Padre Juan Suárez, Provincial, ponello por cuenta y razón, para informar al Padre general por cierta ocasión que se ofrecía, la preguntó qué tanto sería. Mas ella respondió mostrando su real y humilde ánimo: «No sé por cierto; por amor de Dios lo he dado. Él terná la cuenta».

Quiso que la iglesia del Colegio se llamase de San Matías, por haberla dado nuestro Señor en su fiesta el deseo de fundar esta obra; y della solía decir, que, cuando nuestro Señor la infundió el deseo de hacerla, no parecía sino que la había dado toda aquella tierra en encomienda, o que la había hecho Dios merced desta encomienda; y bien se echaba de ver en el amor con que trataba, y procuraba todo lo que era menester para su acrecentamiento. Fue extraordinario el fruto que comenzaron a coger los Padres de la Compañía en las misiones que hacían, saliendo de dos en dos a predicar y confesar por aquella tierra, sacando millares de almas de muchas ignorancias y pecados muy envejecidos. Y porque la dijeron estos Padres que en muchos pueblos de aquel Principado, por su grande pobreza, tenían el Santísimo Sacramento con muy poca reverencia, mandó hacer quinientas custodias de plata, y algunos tabernáculos de madera dorados, y repartirlas por estos pueblos, para que le tuviesen con decencia. Con el mismo espíritu, y por el mismo fin se determinó después, de hacer otro Colegio de la Compañía en Santander, para que se acudiese a la enseñanza de las almas que están desamparadas en aquellas montañas de la comarca. Y era tan fuerte el deseo, que dijo su confesor: «Con este deseo come, duerme, y despierta, y no le puede echar de sí»; porque el amor de Dios, y el celo de las almas le instigaba a ello. Dióle luego 1.000 ducados de renta, y dentro de poco tiempo añadió otros 1.000. Y para que se vea la pureza de intención que tuvo en la fundación destos dos Colegios, aunque los dotó de bastante renta, como se ha visto y quiso para sí todos los sufragios de misas y oraciones que en la Compañía se hacen perpetuamente por los fundadores, no quiso tener el patronazgo que pudiera y se le debía, dejándoles libertad, para que, si algún Prelado, o otra persona rica, aumentase la renta, y quisiese ser fundador y patrón, le admitiesen; porque esta gran señora no buscaba en estas obras su honra propia, sino la divina, ni pretendía perpetuar su nombre en la tierra, sino que creciese y se dilatase la gloria de Dios en ella.

2

Pero donde más se señaló fue en la fundación de este Colegio de Villagarcía, que era la obra más principal y más querida de cuantas hizo, deseando que, por todas vías, se hiciese allí grande servicio a Dios y mucho provecho a las almas. Para esto quiso que se enseñase a todos los niños de la comarca a leer, y escribir, y contar; y después, la latinidad a muchos otros que concurren de diversas partes con notable aprovechamiento en su virtud y letras. Y fuera desto, quiso que aquella casa fuese para criar novicios de la Compañía en espíritu y religión, los cuales se habían de desparcir por todo el mundo, y enseñar la doctrina y perfección cristiana que allí hubiesen aprendido; y también para que aquel Colegio, que por estar en lugar pequeño era más retirado y libre de trato con seglares, fuese como casa de recreación espiritual, donde acudiesen los Padres de la Compañía de toda la Provincia a tomar algún alivio en espíritu, con mayor recogimiento y trato con Dios, confortándose con el olor del noviciado, que es fervoroso, para volver a trabajar con nuevo brío en sus ministerios con los prójimos. Con estas razones alentaba el Padre Baltasar a esta señora, para que hiciese aquella obra muy perfecta; y ella estaba de suyo bien alentada, habiéndose resuelto a juntar su propia hacienda con la de Luis Quijada su marido, señor que fue de Villagarcía, el cual había mandado hacer allí una capilla con muy tenues capellanías para su entierro, si no es que su mujer quisiese también, con las haciendas de entrambos, hacer algún monasterio. Pero ella lo hizo todo junto, edificando una muy hermosa iglesia, que sirviese juntamente a los Padres de la Compañía y a doce capellanes con un capellán mayor, que fundó y dotó con bastante renta, doblada de la que señaló su marido, para que cantasen el oficio divino y Misa cada día; y los días solemnes en canto de órgano, con la solemnidad que se hace en las iglesias catedrales, proveyendo para esto que los ocho capellanes fuesen cantores, uno maestro de capilla; y demás desto su organista, seis mozos de coro y un sacristán, con sacristía aparte, proveída de ricos ornamentos, dando el cuidado y gobierno de todo a los de la Compañía, y sacando bulas de Su Santidad para que tuviese más firmeza. También hizo en la misma iglesia una capilla aparte, donde colocó muchas y muy insignes reliquias que tenía muy bien adornadas, trazando el Padre Baltasar Álvarez que estuviese allí también el Santísimo Sacramento, para que los novicios con más devoción se recogiesen en aquel sagrario y santuario a tener su oración y exámenes; y encima de las reliquias que estaban repartidas por sus gradas, puso una hermosa imagen del Salvador, de la estatura de un hombre, que por su orden pintó un Padre novicio, gran pintor, que se llamaba Juan de la Peña, y fue racionero de la santa iglesia de Salamanca; y los demás novicios le ayudaron con oraciones, para que la imagen saliese muy devota, como salió. Y en el frontispicio de la capilla dijo se pusiese este letrero: Ego sum vitis, vos palmites, significando que estaba dedicada juntamente a la cepa verdadera, Cristo Jesús, y a los sarmientos, que son sus Santos.

Edificada ya la iglesia nueva por enero del año de 80, se ordenó una gran fiesta, para trasladar a ella el Santísimo Sacramento, y los huesos de los difuntos, que estaban depositados en la iglesia vieja. Vino a ella esta señora con sus dos Hermanos, don Rodrigo de Ulloa, Marqués de la Mota, y el Padre Fray Domingo de Ulloa, y otras señoras principales, para que viesen cuán bien empleaba su hacienda en la Compañía. Vinieron también de los nuestros el Padre Diego de Avellaneda, que era Visitador desta Provincia; el Padre Juan Suárez, que era Provincial, y otros muchos Padres graves; y a todos hospedó el Padre Baltasar, que era Rector, con mucha caridad y apacibilidad, como solía, procurando que a todos se diese muy cumplido recaudo. Hízose la fiesta con grande pompa y solemnidad, quedando todos muy contentos. Pero el día siguiente sucedió una cosa que la aguó, en la cual el Padre Baltasar mostró su heroica obediencia y resignación, y la fundadora su grande valor y cristiandad, de que yo fui testigo, porque estaba entonces allí en la Tercera Probación. Deseaba esta señora entrar aquel día con sus Hermanos, cuñada y sobrinas, por la despedida, a ver todo lo que estaba edificado en el Colegio, habiéndose antes tratado desto; y el Padre Visitador era de parecer que no podía entrar, porque sabía bien, desde que estuvo en Roma, la estrechura que Su Santidad quería se tuviese cerca de semejantes entradas, como también lo mostraba en el propio motu de Pío V, que todavía tenía su fuerza.

Y aunque los Padres Provincial y Rector le aseguraban con parecer de letrados, así de los nuestros como de otras Religiones, que esta señora, por ser fundadora y concurrir tantas circunstancias, podía lícitamente entrar, él se determinó, apretado de su conciencia temerosa o escrupulosa, a que no entrase. Pero, sin embargo desto, sin saber ella lo que había pasado, entró después de misa mayor con sus Hermanos la casa adentro. Y estando en el tránsito más bajo, súpolo el Padre Visitador bien acaso; y apretado del escrúpulo, hizo salir de su aposento al Padre Baltasar, y ordenóle seriamente que fuese a do estaba doña Magdalena de Ulloa, y la dijese que se saliese. Y como el Padre le representase humildemente los grandes inconvenientes que se seguirían desto, y los pocos de lo contrario, especialmente no habiendo él dado la licencia, tornó a ordenarle que, sin más réplica, hiciese lo que le decía. El Padre Baltasar, aunque lo sentía mucho por ser la cosa en sí tan grave y por lo mucho que él y todo el Colegio y toda la Compañía debía a esta señora, rindió su juicio y negó su propia voluntad, y como hijo de obediencia, la mostró en este caso. Porque al punto fue y con la mejor gracia y modo que pudo, se lo dijo; de lo cual ella se sintió mucho. Todos se alborotaron, y el Marqués, su Hermano, que no gustaba mucho destos gastos de su hermana, arrojó los guantes en el suelo diciendo: «Más me huelgo que si me hubieran dado el Reino de Castilla: para que veáis, señora, con qué gente gastáis vuestra hacienda y cómo os lo agradecen». Todo lo cual fue muy pesada mortificación para el Padre Baltasar, y la mayor (según él decía) que había tenido en su vida, por haber negado la grande inclinación que siempre tuvo a ser muy agradecido a los bienhechores, y más a tal bienhechora y en tal ocasión. Mas ella también mostró su gran valor y pecho cristiano, porque no fue parte su grande sentimiento para que dejase de amar a la Compañía y de hacerla el bien que solía y confesarse con los della; ni perdió un punto del amor y respeto que tenía al Padre Baltasar; antes, en llegando a su casa, ella misma le envió a consolar, pidiéndole que no tuviese pena, que bien conocida tenía su voluntad; y como tan cuerda cristiana echaba de ver que aquello había procedido del mucho temor o celo que el Visitador tenía de no ofender a Dios y guardar las leyes de la Iglesia y no por darla disgusto. Y de ahí adelante se fueron ofreciendo muchas cosas, en que la Compañía procuraba, como era razón, darla mucho gusto. Y ella le recibía grandísimo las veces que venía a Villagarcía. Porque los niños de aquella escuela, que eran casi doscientos, salían a recibirla con sus danzas muy graciosas, y también los estudiantes de aquel estudio que en su tiempo vino a ser muy florido, como ahora lo es, de más de cuatrocientos estudiantes; y se alegraba grandemente de ver el grande fruto que se hacía en tanta gente moza y honrada, que concurría allí de Zamora, Toro, Valladolid y otros lugares cercanos, y aun de algunas ciudades muy distantes, por ser notable el recogimiento con que se crían allí los estudiantes. Alegrábase viendo la solemnidad con que se hacían los oficios divinos por los capellanes, cuidando desto los nuestros. Gozábase mirando la rara modestia de los novicios; y sabiendo los dones que Dios ponía en ellos; y mucho más, con las esperanzas de que se criaban para bien de muchas almas; y con ver el cuidado que se ponía en acudir a los demás ministerios con los prójimos, así de aquel lugar como de la comarca, con lo cual siempre estuvo muy lejos de su pensamiento arrepentirse de las obras que había hecho. Porque fuera de que las hizo movida de nuestro Señor, no se contentaba con dar parte de su buen deseo al confesor, sino también consultaba estas obras perpetuas con personas graves y doctas; y todas las más que hizo por la Compañía las consultó con personas seglares, de quien se fiaba mucho, particularmente con el licenciado Hernando de Villafañe, hombre grave, prudente y sabio y de gran consejo; el cual, con no tratar con nosotros, se las aprobó y animó a ellas, para que se viese más que la mano de Dios movía a hacerlas. Y para que todas ellas durasen perpetuamente, sacó de Su Santidad Breves con todas las fuerzas necesarias; y últimamente hizo una escritura en que declaraba al Rector de su Colegio de Villagarcía por protector y defensor de todas las obras pías que fundó, para que viese cómo se cumplían las cargas y condiciones que les dejaba; y no las cumpliendo, sustituía, cuanto a la renta que ella las había dado, en lugar dellas al dicho Colegio de Villagarcía.

Estas fueron las obras exteriores más insignes desta mujer verdaderamente fuerte, cuyo valor y preciosidad es como de las cosas más ricas y preciosas, que vienen de los últimos fines de la tierra. Mas su mayor grandeza está en las virtudes y obras interiores, con que acompañaba las exteriores, para perfecionarse a sí mucho más con ellas, de que se dirá en el capítulo que se sigue.

Capítulo XXXVI. Cómo la ayudó por cartas, y de la grande perfección a que nuestro Señor la levantó

Como doña Magdalena de Ulloa estaba de ordinario en Valladolid, y el Padre Baltasar en su Colegio de Villagarcía, desde allí la ayudaba con sus cartas y buenos consejos, alentándola siempre a la perfección, y a la abnegación de sí misma, que tan dificultosa es en grandes señoras, porque suelen estar acostumbradas a cumplir sus gustos, y aborrecer la mortificación dellos. Y para probarla y tentarla en esto, y juntamente alentarla, entre otras cartas, la envió ésta cerca de la Pascua de Navidad.

1

«El Niño Dios, que nació en Belén, nazca en su alma de V. S., porque aquél solo sabe celebrar bien sus fiestas, en cuya alma se obra interiormente lo que de fuera se representa.

»No pensaba escribir a V. S., porque tiene tan poco asendereado su corazón en la abnegación de sus propios quereres, que recibe más ofensa que servicio con las letras que la han de poner en obligación de negarlos: Dios la dé mayor gana de dar tras ellos, amén, amén, amén. La riqueza de las fiestas que esperamos, y la pobreza en que entiendo que se hallará su humildad de V. S. para celebrarlas, me han persuadido a que, esta vez por lo menos, holgará más que penará con la molestia y aviso deste escrito.

»Ya terná considerada V. S. en este santo tiempo del Adviento pasado, la grande merced que el Señor nos hace en quererse venir con nosotros, y la bienaventuranza del alma que lo mereciere ver en su casa. Y porque espero en su misericordia, que lo verá la de V. S., y se holgará con él, me ha parecido avisarla, que de su condición es (si mucho quisiere contentarle), que luego que lo viere nacido en el mundo, se vaya para él, pues viene para V. S. entre los demás que quiere honrar y regalar con su presencia, y que procure transformarse toda en el espectáculo santo que ante los ojos de su fe viere, como lo hacía el ganado de Jacob en las varas que delante de sí tenía.

»Y ¿qué espectáculo más admirable que hacerse Dios niño, rodeado de ángeles y envuelto en pañales? Aprenda de su magisterio (pues nuestra luz es su ejemplo), la ciencia saludable de humillarse y abajarse de corazón en su estima; de desapropiarse de todo lo presente, que temo se desembaraza mal; y de pararse tal a su imitación, para ganarle, más que si fuese de todas las gentes olvidada, aheleada y despreciada; ni aun mire en ello, si no es para alegrarse más de verse ilustrar y honrar con la librea de su Señor. Piense cómo con todo lo que ha hecho por nosotros, aun no acabamos de darle contento, antes le entristecemos y afligimos, hasta hacerle llorar en el pesebre. ¡Oh maldad para aborrecer de todas las criaturas, que te hacemos llorar, Señor! ¡Y tenémoslo en poco, que ni aun queremos pararnos a pensarlo despacio y con gusto! Estas dos cosas admiraban a San Cipriano: lo mucho que ha dado Dios de sí para con los hombres, y lo poco que ellos dan de sí para con Dios; lo mucho que ha descubierto Dios de su bondad en lo hecho, y lo poco que se nos pega a nosotros della; la pesadumbre y espacio con que vamos a Cristo, sabiendo que está con nosotros, y la priesa con que atrancó Su Majestad el camino para llegar donde estábamos. Lloremos, señora, nuestra dureza y ceguedad, y supliquemos al Eterno Padre, que, pues Él nos ha dado a su Hijo, que nos dé también su divino Espíritu, con que le acertemos a servir, contentar y reverenciar. Y pues éste es el fuego que Él ha puesto en el mundo para encenderle en su amor, que lo envíe a nuestros corazones, para que los abrase con él; pues no nos aprovechará que haya venido al mundo, si no viniere a ellos. Vivamos desconsolados y afligidos de aquí adelante; pues, viéndonos amar de tan grande y amoroso Señor, no nos quemamos deste fuego. Aborrezcamos la vida, pues no se emplea en su debida tarea. ¿Quién nos remediará, señora? ¿A quién iremos que nos cure? Tornemos a su Eterno Padre, otra vez, con la primera petición, y repitámosla mil veces. Vamos al mismo Jesucristo; que, pues viene por Salvador nuestro, que haga con nosotros su oficio. Vamos al Espíritu Santo, que lo clarifique en nosotros; a los pastores rústicos, que nos enseñen; a su Madre Santísima y Santo Joseph, que nos avergüencen. ¿Qué harían ellos estando su Señor en el pesebre? ¿Dónde mirarían sus ojos? ¿Qué pensarían sus corazones? Allí (dice San Cipriano) no había tapicería rica; mas aunque la hubiera, no tuviera miradores, porque el Niño que estaba en el pesebre, atraía sus ojos y corazones, no queriendo derramarse a buscar por criaturas el consuelo que de todas hallaban mejor y por junto en su Criador. Desnudas estaban las paredes, mas los corazones estaban llenos de divinos dones. Allí no parecía cosa divina a los ojos de carne, mas todas lo eran a los ojos del espíritu. Ningún nacimiento más pobre, y ninguno más rico; ninguno más destituido de consuelo humano, ninguno más lleno del divino. En lo público, hombre; en lo oculto, Dios; en lo que se vía de fuera, como los otros; en lo que estaba escondido de dentro, sobre todos. Mirad qué mezcla: pañales y ángeles, lágrimas y cantares. Vamos, señora, a los ángeles que nos lo descubran, y enseñen la ciencia de saberlo estimar, adorar y celebrar, como lo hicieron ellos al punto que lo vieron en el mundo; pues ésta es la hacienda que tenemos que hacer en él, y de otra ninguna no hay que hacer caso. Tal estima dé a V. S. de sí Jesús por su medio, que no sea, ya más suya ni de nadie, sino dél solo. Amén, amén, amén.»

Por esta carta se echa bien de ver la tierna devoción deste santo varón, y la destreza con que iba labrando a la que había tomado tan a su cargo, enderezándola a la perfecta mortificación de sus quereres, por donde se sube a la alteza de la perfección. Porque (como él mismo la dijo en otra carta que la escribió este mismo año), por esta vereda de la abnegación universal de su propia voluntad se llega a tanta sublimidad. Y en esta misma carta le dice que ha faltado en la brevedad de la cuenta que le daba de sí, como si no tuviera defectos, ya que la faltasen aprovechamientos que contar. De donde se saca, que por carta le daba cuenta de sus cosas interiores, y le pedía parecer y consejo en lo que había de hacer; y lo principal que la encargaba, era que procurase en todas las cosas que hacía buscar a solo Dios, y tener el corazón descarnado de personas y de criaturas, como le tenía de las riquezas. Ella tomó muy bien esta lección, y procuró tan de veras ejecutarla, que ninguna afición de personas, por más deudas, y cercanas que fuesen, hizo presa en su corazón, ni la apartó de lo que entendía ser voluntad de nuestro Señor, con la cual llegó a tener tanta conformidad, que ninguna cosa la turbaba, ninguna mellaba su paciencia, ninguna era bastante para interrumpir este buen propósito y afecto con que decía: «Hágase la voluntad de Dios». Regalábase como hija en llamar a Dios Padre; y nunca acababa de agradecerle la merced que nos hizo en querer que le llamásemos con este nombre; y nunca comía poco ni mucho, que no dijese primero despacio el Padrenuestro, haciendo reflexión tiernamente en la palabra «Padre»; y mientras comía, solía hablar encarecidamente desta merced con los circunstantes; y aun interrumpía la comida por el gusto que recibía en hablar della. Comulgaba cada tercero día con mucha devoción y lágrimas, sin que la frecuencia disminuyese su tierno sentimiento; y para esto, mientras tuvo salud, se iba a nuestra Casa Profesa a pie, con una dueña y un escudero, sin querer tener coche, ni ir en silla, mostrando también en esto su heroica pobreza de espíritu y humildad de corazón en medio de tantas riquezas; pues la que era rica y liberal para todos, era para sí pobre y corta en el vestido, mesa, cama, alhajas de casa y acompañamiento de criados, teniendo no más que precisamente lo necesario, y aun eso con alguna mengua; no por escaseza, sino por virtud; así por ahorrar para tener más que dar a los pobres, como por mortificarse a sí misma, e imitar más a Cristo nuestro Señor en su pobreza y desprecio, como el Padre Baltasar la aconsejaba.

El cual también la consoló no poco en el grande sentimiento que la causó la muerte del señor don Juan de Austria, hijo del Emperador Carlos V, a quien ella y su marido Luis Quijada habían criado en su casa desde niño, y ella le amaba como a hijo, y él a ella como a madre. Y cuando se partió de España para Flandes, se despidió della con gran ternura. Fue nuestro Señor servido de llevarle en la flor de su edad, y en su mayor pujanza, el año de 1578. Estaba entonces el Padre Baltasar Álvarez visitando la provincia de Aragón (como después veremos); cogióle la nueva en Valencia, y desde allí la escribió una carta para consolarla desta manera.

2

«Sea el Espíritu Santo su consuelo y aliento de V. S.; que para poner en cobro el fruto de tan abundante año, bien será necesario. No escribí a V. S. en estando cierto del tránsito desta vida a la que en todo es eterna, del señor don Juan de Austria, porque tuve mi necesidad de ser consolado también como V. S. Mas reparando en que penetraría tanto más agudamente el golpe en V. S., cuanto le era más cercana (como madre y todo lo que en este mundo preciaba), me ha parecido no dilatarlo más. Y sea el principio de aquí, que yo he hecho el oficio que a su Alteza y a V. S. debía en este trabajo, con mucho cuidado, y con más deseo de que fuese a provecho; y encomendado al Padre Provincial desta provincia, que lo ordenase en toda ella. Y si conforme a mi deseo me fuera lícito el gobierno, antes pareciera yo allá que mi carta, a descubrir mi sentimiento. Mas hace Dios tales rayas, que, yéndosele a uno el alma por pasarlas, ni hay poderlo, ni mejor seso que adorarlas. Él sea bendito para siempre por lo que ha hecho, que siendo lo que al difunto le estaba mejor, nos ha dejado qué pensar y qué llorar a los que acá quedamos, que lo hemos menester, para que también nos lo sea a nosotros, como obra de Dios, que de un camino premia al que velaba y avisa y castiga a los dormidos. Mas no sin consuelo, porque tiene vida su disciplina, si se saben bien mirar sus obras, no parando en la superficie y exterior, sino entrando a lo interior dellas, donde está encerrada la medula. Si sic vivitur et in talibus vita spiritus mei, corripies me, et vivificabis me, dijo el rey Ezequías hablando con Dios, en otra enseñanza de recuerdos parecidos a éste, a él pesadísimos: «Si así se vive en esta peregrinación, y en tales aprietos está la vereda de mi espíritu, adorados sean tus acuerdos, Señor, y tú en ellos, que con tal enseñanza de molestias me corregirás y vivificarás.» Lección nos ha leído Dios, señora, si supiéremos aprovecharnos della, para toda la vida; y a Vuestra Señoría con mezcla de entrañable consuelo, viendo aguijar a su dulzura por sacar del peligro el alma que V. E. y Él tan tiernamente amaban, y que Él ab eterno escogió con tanta particularidad para su reino, queriendo que acabase en el campo, volviendo por la honra de su Padre como Él; pareciéndole en la causa tan universal de su gloria, y en la pureza de su corazón, de que tantos dan testimonio de los que de cerca y lejos le trataron, y a su tránsito se hallaron. Verdaderamente ha lugar en él y en V. S. lo que Cristo nuestro Señor dijo a su Colegio, lastimado de la nueva de su partida al Padre: Si me amásedes, holgaros híades, porque voy al Padre, pesando más en vuestros ojos mi bien para consolaros (aun cuando a vosotros estuviera mal), que la falta que imagináis que os haría mi ausencia, para entristeceros; y más siendo la verdad en contrario, como cosa que hago yo, que soy Dios, y Redentor vuestro; porque a vosotros es lo que mejor os está y más os conviene: Expedit vobis ut ego vadam. Y porque no fueron incrédulos a su palabra, cuando después lo entendieron con la venida del Espíritu Santo, no quisieran por todo lo del mundo que no hubiera así pasado; y así se sintieron tan trocados en su consuelo y aprovechamiento, y aprecio de todo su bien, Cristo, que probaron por experiencia que no hay otro ser, ni saber, sino dejar a Dios hacer y deshacer en sí, y en todas las cosas, sin querer tener otro querer ni escoger, venerando con silencio lo que de sus acuerdos no alcanza la humana flaqueza con su entendimiento. Porque bien podrán ser ellos ocultos, mas no injustos en ninguna manera.»

Con esta carta se consoló mucho esta Señora, aunque ya nuestro Señor la tenía bien prevenida, con la generosa entrega que le había hecho de sí misma y de todas sus cosas, aunque fuesen muy amadas y preciosas.

Echemos el sello a las virtudes desta gran matrona, con la heroica humildad de corazón que tuvo, pareciéndola poco o nada todo lo que hacía, y daba por nuestro Señor. Y esto era lo que más me admiraba las veces que la hablé, que no fueron pocas. Porque, agradeciéndola algunas veces el bien que nos hacia, me respondía con un modo tan humilde y encogido, y salido tan de corazón, como si la hiciéramos nosotros más merced a ella en recibir lo que nos daba, que ella a nosotros en dárnoslo; y lo mismo sentía de las demás limosnas. Y es así verdad, que quien tiene abiertos los ojos para reconocer a la Majestad de Cristo nuestro Señor en sus pobres, echa de ver que no hace tanta merced al pobre en darle su limosna, cuanto el pobre a él en querer recibirla; no en cuanto es tal hombre, sino en cuanto el que la recibe en él es el mismo Cristo, el cual la galardona, volviendo ciento por uno en bienes espirituales, y después en los eternos.

De aquí también la nacía que en la distribución de sus bienes no procedía tanto como señora, cuanto como dispensadora dellos, y como si fuera limosnera de Dios, como son los limosneros de los reyes, que dan limosna de la hacienda dellos; y con tanta piedad, como si fuera madre de todos los necesitados y único amparo de todos los desamparados.

Quiso nuestro Señor llevar para sí al Padre Baltasar antes que a ella muchos años, en el cual tiempo prosiguió su modo de vida, creciendo en toda su virtud; y desta manera corrió gloriosamente su carrera, hasta que, cargada de años y merecimientos, llegó al fin della. Había gastado en limosnas, no solamente los frutos de sus rentas, sino también había en vida entregado mucha parte de la misma renta, desapropiándose della, para dejar bien fundadas las obras perpetuas que hizo; y lo que la quedó, en la hora de la muerte lo repartió también entre los pobres de Cristo por testamento, dejando por heredero a su querido Colegio de Villagarcía.

Dióla una enfermedad de dolor de costado, y echándose de ver que era peligrosa, comulgó luego el primer día, y otra vez el postrero, que fue el séptimo. Todos siete fueron para ella de mucho trabajo corporal, pero de mucho consuelo espiritual; porque eran de casi perpetua oración, estándose siempre encomendando a nuestro Señor, y atendiendo lo menos que le era posible a las visitas; y en lo que más se divertía era en que diesen limosna a pobres. Asistieron con ella de día y noche los Padres de la Compañía, regalándola nuestro Señor con traerla entonces a Valladolid a los Padres más graves que ella más amaba y conocía. Y el Padre Juan de Montemayor, que era Rector entonces de su Colegio, y había ido a Roma por Procurador de la provincia, llegó de su jornada dos días antes, y la consoló y ayudó en la suya. Pero todos tenían poco que hacer con ella, porque el Señor la tenía bien ocupada consigo. Casi lo postrero que habló, fue, habiendo recibido un poco de consuelo con un vaso de agua, puestos los ojos en un crucifijo, le dijo: «Señor, cuando Vuestra Majestad estaba en este paso en que estoy, no fue su recreación con agua fresca, sino con hiel y vinagre; habed misericordia desta pobrecita y desta esclavita miserable». Murió jueves, a las cinco de la tarde, día de San Bernabé, del año de 1598, siendo de edad de setenta y tres años.

Fue su muerte muy sentida y llorada de los pobres; y aquel día se repartieron entre ellos 400 ducados.

Procuró la Compañía mostrar el agradecimiento que debía a tan grande bienhechora. Púsose el cuerpo en una cuadra, en un túmulo pequeño. Juntáronse todos los de la Compañía que hay en las tres casas que tiene esta ciudad para cantar un responso. Quedáronse aquella noche doce dellos con el cuerpo. El día siguiente por la mañana, juntos todos en la iglesia de la Casa Profesa, se hizo un gran túmulo con muchas hachas, y se dijo el oficio con la solemnidad que en la Compañía se puede decir. Procuróse que todas las misas que aquel día se dijeron en Valladolid fuesen por su alma. A la tarde se trazó un solemne entierro, a que vino el Cabildo de la iglesia mayor con toda la clerecía, y todas las Religiones que suelen acudir a semejantes entierros, dándoles con grande liberalidad las limosnas que suelen darse en tales casos. Concurrió también toda la nobleza que había entonces en Valladolid; y con esta pompa y acompañamiento llevaron el cuerpo en un ataúd los Padres más graves de la Compañía, hasta fuera de la puente de la ciudad, y allí se puso en una litera; y acompañado de treinta Padres de los nuestros con hachas, le llevaron a su Colegio de Villagarcía, adonde se había juntado con el Padre Provincial lo más granado de la provincia, y la hicieron muy solemnes exequias, predicando el Padre Antonio de Padilla a ellas, con la grandeza que él solía, y el argumento merecía. Y siempre se van continuando los sufragios, cumpliendo con gran puntualidad todo lo que dejó ordenado en su testamento.

En sabiendo su muerte en el Colegio de Salamanca, donde yo entonces estaba, como sabíamos la grande obligación que toda la Compañía la tenía, no nos contentamos con hacer lo que ordena la Constitución por toda la

Compañía universal, que es decir por su alma cada sacerdote nueve Misas, como por fundadora de tres Colegios, sino concertamos unas solemnes honras, convocando a todo lo más granado de la Universidad y de la ciudad, que acudieron con mucho gusto a ellas. Predicó el Padre Joseph de Acosta, que era Rector del Colegio, insigne predicador, haciendo un escogido sermón, contando las admirables obras de la difunta, que son las que la acompañaron hasta la gloria. Lo mismo hicieron en los otros Colegios de la provincia, en testimonio del mismo agradecimiento; y por el mismo he querido alargarme en esto, para que haya continua memoria en la tierra, de la que tales obras hizo por servir con tanta excelencia al Rey del cielo, adonde creo que está reinando con Él en un trono de grande gloria.

Capítulo XXXVII. Del fruto que hizo entonces en otras personas muy principales; y cómo a una de ellas dio dos meditaciones muy devotas de la divina Providencia

También en este lugar de Villagarcía, con ser pequeño, pudo el Padre Baltasar mostrar su caridad con los prójimos y el caudal que tenía en ganarlos. Y aunque estaba acostumbrado al trato de personas principales, supo acomodarse a los labradores, tratándolos con mucha apacibilidad, deteniéndose con ellos cuando le venían a hablar, con mucho gusto y espacio, como si no tuviera otra cosa que hacer; y con esto era amado y estimado dellos, y cumplía con lo que dijo San Pablo: Deudor soy a los griegos y bárbaros, a los sabios y rudos para predicar y enseñar a todos el Evangelio.

Pero mucho más hizo con las personas principales, así seglares como eclesiásticas, y las religiosas de varias religiones que venían a este rincón, para comunicarle las cosas de sus almas, deteniéndose ocho o quince días en recogimiento de oración y otros Ejercicios espirituales, siguiendo la dirección que les daba en ellos. Entre éstos fueron muy señalados y frecuentes don Francisco de Reinoso, abad que entonces era de Husillos y dignidad de la santa iglesia de Palencia, que después fue obispo de Córdoba, de quien se hizo mención en el capítulo XVI; y su sobrino Jerónimo de Reinoso, canónigo de la misma Iglesia, varón muy ejemplar y celoso, el cual traía consigo otros canónigos y racioneros, una vez unos y otra vez otros, para que gozasen destos Ejercicios espirituales y de la enseñanza de tal maestro; y después lo fueron prosiguiendo muchos años, solicitándolos en Palencia un fervoroso Padre de la Compañía, que se llamaba Andrés Asensio y había comunicado mucho con el Padre Baltasar en materia de oración. Y solía contar que, como trajese el corazón amilanado, no se atreviendo a seguir la moción del espíritu de que interiormente se sentía llevado a cosas mayores, dio cuenta dello al Padre Baltasar; el cual le desengañó y alentó para que la siguiese, por ser conocidamente del Espíritu Santo. Y con esto aprovechó tanto a sí y a otros, que, con tener cortedad en el caudal natural, como le tenía muy grande por la gracia, se hacía respetar de hombres muy graves y principales de aquella Iglesia y ciudad; y, como me dijo uno dellos, con su santa llaneza se hacía dueño de los corazones, y todos obedecían a sus buenos consejos; y a su tiempo se iba con ellos a Villagarcía para darles los Ejercicios espirituales y juntamente hacerlos.

También acudían a Villagarcía personas seglares de mucho lustre, como el Marqués de Velada, de quien arriba se dijo; don Íñigo Fernández de Velasco, Condestable de Castilla, y su yerno don Francisco de Borja, Marqués de Lombay, y después Duque de Gandía, los cuales residían entonces en Villalpando, que está de allí no más que tres leguas, adonde iba el Padre Baltasar muchas veces, a instancia de doña Ana de Aragón, Duquesa de Frías, muy devota de nuestra Compañía, y deseaba que el Condestable, su marido, lo fuese, y se confesase, y comunicase sus negocios con alguno della, porque hasta entonces no lo había hecho. Mas en conociendo al Padre Baltasar, le cobró tan grande amor, que puso todas sus cosas en manos del dicho Padre. Hizo confesión general con él y tomó el orden de vida que le señaló, y algunas veces se iba a Villagarcía a solo estarse con él y comunicarle. Y teníale tan gran respeto, que en su presencia no osaba hablar de las cosas que se platican en el mundo, gustando mucho de estarle oyendo hablar de Dios. El Marqués de Lombay también vino a recogerse allí y hacer los Ejercicios espirituales, que le daba el Padre Baltasar. Dejábale entrar en las pláticas y conferencias que hacía a los novicios, y que dijese su parecer en las conferencias, cuando le venía su vez, como le decían los demás; y acabados los Ejercicios, como le vio tan desengañado, le hizo que hablase a todos los novicios juntos en la sala donde se juntaban a las pláticas, tratándoles del desengaño que han de tener cerca de las cosas del mundo y del acierto que habían tenido en hacerse religiosos; y otras muchas veces vino a Villagarcía a solo comunicar con el Padre Baltasar sus negocios y tomar parecer sobre ellos.

1

Pero mucho mayor provecho hizo las veces que fue a Villalpando, en la Duquesa de Frías y sus dos hijas, doña Juana de Velasco, Marquesa de Lombay, y después Duquesa de Gandía, y doña Inés de Velasco, que fue después Condesa de Monterrey; y en muchas dueñas destas señoras, poniendo en todas gran fervor. Era la Duquesa muy de atrás dada a ejercicios de oración y devoción y de toda virtud; mas el Padre Baltasar la perficionó grandemente en ellos, enseñándola el fin a que había de enderezarlos conforme a su mayor necesidad, que era tener una entera resignación y conformidad con la divina voluntad en todas las cosas, queriendo y gustando de todo lo que Dios quiere y gusta, desechando las congojas y tristezas demasiadas que suelen levantarse por los sucesos adversos, cuando falta esta conformidad. Y porque esta señora deseaba mucho tenerla perfectamente y se sentía combatida de muchos cuidados penosos que la inquietaban, la dio por escrito dos meditaciones de la Divina Providencia, en que se ejercitase, en las cuales no solamente descubrió su espíritu, sino el conocimiento y celo que tenía de las personas que tomaba a su cargo, y por esto las pondré aquí.

La primera meditación dice así: «Puesta en la presencia de Cristo nuestro Señor y de su corte celestial, en cuyo acatamiento pasa cuanto la sucede, y ama a sus fieles mucho más que ellos se aman a sí mismos, considerará estos tres puntos:

»El primero es de San Doroteo, avivando mucho la fe, de que ningún acaecimiento desabrido, turbado y apretado nos puede venir sin la providencia de Dios; y que, donde hay providencia de Dios hay todo bien, y todo se ordena a bien del alma; y así en toda manera de acaecimientos desabridos se diga a sí misma: "Pobreza y menos hacienda, gran trabajo es en persona que por su estado y grandeza está obligada a muchas cargas; mas pobreza envuelta con providencia de Dios grande vida debe traer. Olvido, desprecio y turbación de cosas, grande aprieto es; mas debajo del corte y providencia de nuestro Señor, gran tesoro debe ser, si se sabe poner en cobro".

»El segundo punto es, supuesto que las cosas que en esta vida más justamente nos pueden dar cuidado son las que tocan al alma y a su mayor aprovechamiento, y las que pertenecen a la vida corporal y sustento, cerca déstas se han de tener muy pensadas las palabras de Cristo nuestro Señor, que nos descubren la providencia de su Eterno Padre con nosotros, sellándolas en nuestros corazones como prendas ciertas della, para que saquemos con acierto lo que debemos hacer en la falta destas y de las demás cosas. Dice, pues, Cristo nuestro Señor, por San Mateo: "No queráis (en las cosas del alma) hablar mucho, a la manera que lo hacen los infieles, que piensan que han de convencer a Dios con sus razones; porque os hago saber que, antes que vosotros pidáis, sabe Dios lo que habéis menester. Y no queráis ser muy solícitos de lo que habéis de comer y beber y vestir, porque no hacen más los que no conocen a Dios; y vuestro Padre sabe que tenéis necesidad destas cosas". Ponderando estas palabras, haga reflexión sobre sí misma, y del cuidado que dan a V. E. sus hijos y más los que no tiene remediados, ha de inferir la verdad con que estará asentado este cuidado en Dios para con los suyos; y cómo, cuidando Él dellos, podrán con seguridad apartar la solicitud que tienen de sí y pasarla a Él, como lo manda San Pedro, fiada de la palabra que dice: "Arrojad vuestros cuidados en Dios, porque no está descuidado, sino cuida y cuidará de vosotros".

»El tercero punto será considerar cómo el que nos fía esta providencia del Eterno Padre para con nosotros no es quienquiera, sino su mismo Hijo natural, Cristo nuestro Señor y Redentor, que sabe lo que está encerrado en su pecho, y nos lo descubre a nosotros para nuestro consuelo, según aquello que está escrito: "El Unigénito que está en el seno del Padre es el que nos lo ha dicho"; al cual ha de hacer un coloquio, suplicándole que, pues Él es el que da entendimiento a nuestra fe, le dé a la de su sierva cuando y como que le conviniere, cerca de la fe de su providencia; para que, así como por ella la encamina todo su bien y riqueza, sepa consolarse con los sucesos della, y preciarlos y aprovecharlos; y acabar con un Pater noster, donde esta dulce y paternal providencia está pintada y encerrada.»

Esta fue la primera meditación que dio a esta señora; pero quiero contar aquí la humildad deste santo varón en cualquier ocasión que se le ofrecía de recibir aviso o consejo de otros, aunque fuesen menores. Porque estando él escribiendo esto, entré yo en su aposento a hablarle y darle cuenta de mi conciencia, porque estaba yo en Tercera Probación, y me dijo cómo estaba escribiendo tres puntos de la Divina Providencia para enviar a esta señora, que estaba afligida. Yo le dije que otros tres muy buenos había yo leído en un diálogo de la perfección de Santa Catalina de Sena, que se los dio el mismo Dios. Luego, con su humildad, de que no poco me edifiqué, me los pidió y se los envió en esta forma.

2

La otra meditación, dice, tiene tres puntos, de una lección que Cristo nuestro Señor leyó a Santa Catalina de Sena en una de sus apariciones, para que supiese sentir en bondad de los varios sucesos que hay en todas las cosas, como gobernados por su providencia, y consolarse y aprovecharse con ellos.

El primero punto es de su omnipotencia. «Advierte, hija, que yo, tu Dios gloriosísimo, que te crié para gozar de mi bienaventuranza, soy tan poderoso, que ninguna cosa pasa en el mundo que no venga ordenándolo, o permitiéndolo, para que así suceda.»

El segundo es de su sabiduría: «Yo, Dios tuyo, soy de sabiduría altísima, a quien ninguna cosa se me esconde ni sale de mi providencia. De manera que ni puedo con astucia alguna ser engañado, ni con error perturbado. Y para que entiendas alguna cosa de la fuerza de mi sabiduría, sabe que del mal de culpa y pena saco yo mayor bien que fue el mal».

Tercero punto es de su santidad y bondad: «Querría que pienses que yo, Dios tuyo, no soy de menos quilates bueno, que poderoso y sabio; y por este causa no puedo querer sino lo que para ti y para los demás es bueno, útil y saludable; ni puede salir de mí mal alguno, y como con mi libertad crié al hombre, así inestimablemente le amo. De aquí colegirás que las tribulaciones, deshonras y tormentos, y todas las cosas adversas, por ninguna cosa vienen, disponiéndolo yo, sino por vuestro provecho, de modo que por aquello que parece malo a vosotros, seáis corregidos y guiados a la virtud; por lo cual van al verdadero y supremo bien, de vosotros no conocido. Entenderás también de aquí que yo, tu Dios, sé, puedo y quiero más tu bien que tú misma».

Esta es la lección que leyó nuestro Señor a Santa Catalina, y en ella a Vuestra Excelencia y a todos.

Con estas meditaciones y otras semejantes que decía a las personas con quién trataba, acomodadas a su necesidad y capacidad, las adelantaba mucho en la virtud, como lo hizo con esta señora. La cual le cobró tanto amor y respeto, que en su presencia estaba como una niña, y solía decir que cuando iban a Villalpando otros Padres de la Compañía, por muy graves que fuesen, y les hablaban de cosas de Dios, todavía los que les oían podían hablar con ellos y entrar a la parte en la conversación. Mas cuando hablaba el Padre Baltasar, era con tanta superioridad y grandeza, que hablando él, callaban todos, oyendo como niños en su comparación. Y cuando le escribía alguna carta, ponía en el sobrescrito: «A mi señor, el Padre Maestro Baltasar Álvarez, de la Compañía de Jesús, mi padre».

El mismo amor y respeto le tenían sus dos hijas, a las cuales puso en tener un rato de oración mental, y en ejercicios de mortificación, persuadiéndolas que diesen por su mano a los pobres la limosna que se les hacía cada día; y poniéndose un delantal encima de las sayas de tela, escudillaban de la olla que estaba aparejada para ellos; y entretanto, el Padre enseñaba la doctrina a los pobres, y después les daba sus pucheros y escudillas. Y una víspera de Corpus Christi, se juntaron todas en reverencia del Santísimo Sacramento a aderezar la iglesia; y dos dellas la barrieron, otra limpió la lámpara, y otra compuso los altares, estando algunos criados y un Padre de la Compañía a la puerta, para que no entrase nadie mientras cumplían con su devoción. Demás desto, solía mortificarlas con destreza y prudencia con algunas palabras a propósito para ello; y una dellas, la menor, decía que ninguno la había en esta vida mortificado tanto como él, con unas palabras que se le caían y la traspasaban el corazón. Y como vía que lo hacía por su bien, aunque lo sentía mucho, no por eso dejaba de amarle y respetarle; y tenía tanta fe con sus palabras, que, en viéndose con algún aprieto, luego pedía las cartas que tenía del Padre Baltasar, y se las ponía donde tenía el dolor y sentía alivio.

Otra cosa notable sucedió, yendo de Villalpando a Valladolid todas estas señoras, con su madre; y en el coche de las criadas, iba la Condesica de Haro, que era de cuatro años, para que se entretuviese con ellas. Al bajar de la cuesta de Villanubla, dispararon los caballos que llevaban este coche con tanta furia, que pasaron delante de los otros coches y literas en que iban los señores, y arrojaron al cochero, sin que nadie se atreviese a llegar a ellos.

Alborotáronse grandemente todos los criados de a pie y de a caballo, viendo el peligro, sin poderlo remediar. Iba a la sazón entonces el Padre Baltasar en el mismo camino cerca del coche, y viendo lo que pasaba se puso en oración, suplicando a nuestro Señor que no pereciese aquella gente. Fue Su Divina Majestad servido de oírle, y pararon los caballos al tiempo que se iban a despeñar, con riesgo de que todos se hicieran pedazos; y fuera desto, ningún daño recibieron las que iban dentro del coche, con ser los golpes tan grandes como se deja entender. Todos lo tuvieron por evidente milagro, atribuyéndole a la oración del santo Padre Baltasar, el cual luego se puso a dar gracias a nuestro Señor por tan gran merced como les había hecho.

Capítulo XXXVIII. Cómo en este tiempo fue a Burgos: y de un modo de vida muy concertado que dio a dos personas devotas, deudas suyas

Aunque el Padre Baltasar tenía tan mortificado el amor de los deudos, que por ningún caso quería ir a verlos, como arriba se dijo, pero estimaba en más la obediencia que el sacrificio, como dice la Escritura; porque obedeciendo se mortifica el propio juicio y propia voluntad, que es sacrificio más agradable a Dios que la mortificación de no ver los parientes, tornada por propia voluntad, cuando los superiores, por justos respetos, mandan lo contrario. Y así, en este mismo tiempo, forzado de la obediencia, hizo otra jornada a Burgos, a petición del Doctor don Juan Díez Morales de Salcedo, su cuñado, que era arcediano de Lara y canónigo de aquella santa Iglesia, y provisor del Cardenal Pacheco, su Arzobispo; y después fue Inquisidor de Valladolid; el cual tenía consigo a doña Elvira Álvarez, hermana del Padre Baltasar, viuda, que estuvo casada con un hermano suyo, y a otra hermana suya, beata, que se llamaba doña Isabel de Salcedo, entrambas de ejemplar virtud, y muy ejercitadas en oración y penitencia. Pero el Padre tomó muy a pechos ayudarlas y perficionarlas en la oración y trato con Dios y en las demás virtudes. Y para que no se les olvidase lo que les decía, las dio por escrito un orden y distribución de sus ocupaciones por todo el día, tan espiritual y tan conveniente para personas de semejante calidad, que me ha parecido ponerle aquí, para que otras se aprovechen, y los confesores vean cómo han de enderezar a las que desean ser perfectas.

Mas para que se entienda lo que aquí enseña, se ha de presuponer que el Padre Baltasar (como se apuntó en el capítulo IV) a todos los que imponía en oración, después que habían pasado por las meditaciones de los pecados y postrimerías, aconsejaba que meditasen mucho en los misterios de la sagrada Pasión, por los grandes provechos que dellos se sacan, para ejercitar con mayor fervor y perfección el dolor de los pecados, la mortificación de sí mismos, el amor de Dios y de los prójimos, y ganar con más excelencia todas las virtudes. Y a este fin les decía: «No penséis que habéis hecho algo hasta que traigáis un Cristo crucificado en vuestro corazón»: al modo que allí se declaró, por la continua memoria, conocimiento, amor e imitación deste soberano Redentor, y de las heroicas virtudes que en la Cruz ejercitó. Esto presupuesto, el orden de orar y de vivir dice así:

«En despertando, traiga a la memoria el misterio que ha de meditar, para que no la ocupen primero otros pensamientos que derramen el corazón y le distraigan en la oración. Entrando en el oratorio, tomará agua bendita, y pondrá el reloj de arena para señal de la hora; y uno o dos pasos de donde se ha de hincar de rodillas, estará un ratico en pie, pensando con quién va a tratar; y luego se humillará e inclinará la cabeza, en testimonio de la interior reverencia que tiene a la Divina Majestad; y hincadas las rodillas, le pedirá en merced que enderece a su divino servicio los pensamientos, palabras y obras; ponderando aquí, cuán colgada ha de estar la criatura del Criador, si acierto ha de tener; pues sin él, y sin su ayuda, no puede tenerle, ni en un solo buen pensamiento, por pequeño que sea.»

Luego se hará presente al misterio que ha de pensar, como si pasase en aquel mismo oratorio, delante de sí. Y pues más ordinario ha de ser de los misterios de la Pasión, la forma será ésta: suplicando a nuestro Señor que, pues parte conmigo de sus merecimientos y del fruto de sus malos tratamientos, parta también de sus buenos pensamientos y sentimientos, para que acierte a pensar y sentir de sus misterios lo que más le agrada, y me ha de ser de mayor fruto. Luego pensará: lo primero, quién es el que padece, cómo es Dios. Y lo segundo, qué es lo que padece; y esto, no tanto considerándolo con discursos, sino como quien ve con los ojos del alma, qué olvidos, desprecios, disgustos y malos tratamientos pasa. Y lo tercero, mirar con qué paciencia sufre los tormentos, con qué humildad los desprecios, con qué caridad los rencores y aborrecimientos; y admirada de verle tratado de tal manera, preguntarle: «Señor de infinita Majestad, ¿qué miedo o interés te hace pasar por tan mal tratamiento?». Y luego se representará al alma la respuesta interior: «Ni miedo, porque soy omnipotente; ni interés, porque soy Dios, y nada he menester fuera de mí; sino el amor que te tengo». Y en esta palabra, «amor», parará con sentimiento, hasta que el alma se halle inclinada y obligada a mostrar a su Dios el amor que le tiene, por el mismo camino que Él mostró el suyo, de sufrir olvidos, desprecios, condiciones ajenas de la suya, hieles y otros disgustos. Porque para meditar con fruto, juntamente se ha de extender a la ponderación de los misterios, y a la reformación de las costumbres, viendo en qué podrá pasar algo que diga en alguna manera con lo que Cristo nuestro Señor pasó; porque la más alta ciencia de orar y aprovechar más está en bien sufrir y humillarse, que en sentir gustos y dulzuras.

En las fiestas principales podrán tener la oración dellas. Y si fuere día de comunión, será del Santísimo Sacramento; y a la tarde podrá ser la oración de las fiestas, o después de haber comulgado y dado gracias.

En la sequedad, oscuridad o dureza de corazón, y en cualquier otro impedimento interior, piense que andan por allí sus pecados; y si no los conociere por la parte que ofendieron a Dios, conózcalos por la dureza y estorbo que la han dejado Humíllese, y diga a Dios: «Esta es, Señor, la cosecha de mi sementera, el fruto de mis años pasados. Por la parte que este impedimento depende de los pecados con que te tengo enojado, que ni tú lo merecías, ni yo te lo debía, a mí me pesa, y quisiera tener las lágrimas y sentimientos de los que más te han agradado; y por la parte que es castigo dellos por tu ordenación, yo me huelgo, que quien tal hace, que tal pague. Dure lo que tú quisieres, aunque sea toda la vida, y se extienda a mil años». Y como Dios está con sus criaturas, estando ellas en sus lugares, si supiere humillarse bien, y rendirse al castigo que le envía, sentirá blandura y consuelo; y si alcanzare lo que desea, irá por donde Dios la guiare; y si no, por este camino de humillación y confianza, que es muy seguro.

Tendrá cada día un cuarto de hora, por lo menos, de lección espiritual, en Contemptus mundi, o en otro libro devoto; y otro cuarto de hora antes de dormir, hará el examen de la conciencia; y tenga orden en acostarse y levantarse, abreviando las haciendas de la noche, para recogerse con tiempo. Cada ocho días confiese y comulgue, y alguna vez entre semana, con aprobación del confesor, cuyo parecer en esto y en las penitencias de cada día ha de seguir, y tener en más que ninguna devoción ni rigor tomado por su propia voluntad: porque por allí contentará más a Dios, y irá más segura; y a mí me escribirá de mes a mes, cómo la va destas cosas: «Lo primero, de su salud; lo segundo, de su recogimiento interior; lo tercero, de la lección; lo cuarto, de sus confesiones y comuniones; lo quinto, de si tiene algún trabajo que la ejercite, o nueva merced que la aguije».

Esta es la forma de vida que dejó a su hermana y cuñada, no solo por escrito, sino impresa en sus almas; porque las hablaba con tanto espíritu, que todo el tiempo que le oían estaban vertiendo lágrimas, con el fuego de devoción que sentían. Yo hablé algunas veces a la hermana del Inquisidor, que estuvo mucho tiempo en esta ciudad, y eché de ver la grande virtud que había ganado. Señalóse en hacer grandes penitencias de cilicios, disciplinas y ayunos, cuatro días cada semana, y muchos a pan y agua. Nunca dormía en cama, y muchas noches las pasaba en oración. No leía cosa en el libro de Santa Catalina de Sena, de que era muy devota, tocante a penitencia y aspereza, que no quisiese ponerla por obra. Once años antes que muriese, hizo voto de traer una cadena de hierro ceñida al cuerpo de día y de noche; y haciéndosele una llaga de traerla continuamente, se la curaba con bálsamo. Y con durar cuatro meses la enfermedad de que murió, no se la quitó hasta dos días antes que muriere, porque no se la viesen puesta cuando la amortajasen. Tuvo admirable paciencia en esta larga enfermedad, y en dolores, especialmente de muelas, que padeció muchos años, sin que se le oyese queja de lo que padecía, o de falta que se le hiciese, estando siempre con grande serenidad y alegría, como quien estaba en oración. Y desta manera acabó santamente su vida, y alcanzó el premio de haber seguido los consejos que el santo Padre Baltasar la había dado.

Capítulo XXXIX. De la profunda humildad que tuvo siempre en medio de oficios y sucesos tan honrosos y prósperos. Pónense sus admirables sentimientos cerca desta virtud

Todo lo que hasta ahora hemos referido del Padre Baltasar, ha sido muy favorable y próspero, en los oficios que tuvo y en el trato con los prójimos, dándole nuestro Señor sucesos tan buenos y admirables, que cobró, como se ha visto, grande autoridad y opinión de santo, espiritual, prudente y aventajado en toda virtud, así entre los de la Compañía como entre los seglares, y muchos muy principales y grandes señores. Pero antes que entremos a contar la tempestad que en este tiempo se levantó contra él, para oscurecer su resplandor, importa que declaremos la profunda humildad que tuvo en medio destas honras y prosperidades, por ser indicio de santidad muy heroica, pues como dice San Bernardo: Grande y rara virtud es obrar grandes cosas, y no se tener por grande; y que siendo tu santidad manifiesta a todos, esté escondida a ti solo. Parecer admirable, y tenerse por despreciable, júzgolo por más maravilloso que las demás virtudes. Y otra vez dice: No es grande cosa ser humilde en el desprecio, pero grande y rara virtud es la humildad honrada; y rara ave es en la tierra haber conservado siempre la santidad, o con la buena opinión della no echarla fuera. Y muy dificultoso es estar en lugar alto, y no ser altivo. Cosa es también desusada; pero cuanto menos usada, tanto es más gloriosa. Pero este siervo de Dios fue digno de grande gloria, por haber alcanzado lo que es tan raro y grandioso en la virtud, conservando la humildad sin perder la santidad, ni envanecerse con la honra y opinión della.

Tiene esa virtud, como dice San Buenaventura, tres grados, conviene a saber: tenerse a sí mismo por inútil; desear ser tenido por tal de los otros; y no se engreír con los dones de Dios, aunque sean grandes; y en todos tres se señaló mucho el Padre Baltasar, como se irá declarando.

1

Primeramente, como era muy ilustrado con luz del cielo en el conocimiento de Dios y de sus grandezas, así lo fue también en el conocimiento de sí mismo y de sus propias bajezas, que suele acompañarle, viendo algunas verdades en que se funda la perfecta humildad.

Una es las muchas miserias a que está sujeto el hombre, de su cosecha, si Dios no le libra, o preserva dellas. En esta verdad fue muy ilustrado, y cerca della tuvo grandes sentimientos que cuenta en su librito; especialmente una mañana, en la cual, dice, desperté muy sabroso, con un pensamiento y sentimiento cual nunca le tuve en mi vida, conociendo qué es un alma con Dios, y qué es sin Él; cómo sin Dios es la misma fealdad, y la misma noche, y la misma mutabilidad; es una ceniza ante la cara de un grande viento; una lengüecita de reloj de Sol, antes que mire al Norte. En conclusión, el hombre sin Dios, es un grande tonto y loco; y con Él es todo lo contrario, es como Dios. Y quien tales sentimientos tenía cuando despertaba del sueño, señal era de que se ejercitaba mucho en ellos cuando andaba despierto. Y no sin causa le comunicó nuestro Señor gran sabor en este sentimiento; porque, aunque parece cosa desabrida conocer uno la fealdad de sus culpas, la noche de sus ignorancias, la mutabilidad de sus propósitos, la ceniza que es, cuando es combatido con fuertes vientos de tentaciones, y la inquietud que tiene cuando está sin Dios, y no mira este divino Norte; mas sabe nuestro Señor saborear estos pensamientos con la satisfacción que tiene el alma viendo su miseria, y que juntándose con Dios estará libre della.

Demás desto, dio nuestro Señor a este Padre grande luz para ponderar mucho sus faltas, aunque fuesen pequeñas, y lo mucho que le envilecían, y en especial afeando los dones de Dios con la mala mezcla dellas, como se verá por este sentimiento que pone en su libro, diciendo así: Como pidiese a nuestro Señor que enderezase a su servicio puramente mis pensamientos, palabras y obras, despertando un día por la mañana medio dormido, se me ofreció en un abrir y cerrar de ojo, lo que yo nunca supiera pensar, cuanto más pedir; y sin haber precedido disposición de mi parte, diósme un grande sentimiento, de que nuestra vida espiritual es como una rica tela de brocado muy fino. Y como no es pequeño mal en ella una vil mezcla de hilo grosero, ni pequeño detrimento en un alto refino una raza basta, así no es pequeño daño la mezcla de nuestros propios pensamientos, palabras y obras, que pegamos a lo que nuestro Señor nos inspira; como es a un pensamiento que su Majestad nos pone en el corazón, arrimarle nosotros una docena de nuestra cabeza que le oscurezcan; a una palabra que nos inspira, dos docenas de palabras vanas, que nosotros hablamos, vaciándonos, sin por qué ni para qué; a una obra en que nos pone, cuatro o seis en que nosotros nos ponemos. Porque la tela, para ser de valor, ha de ir tejida de sus divinos pensamientos, palabras y obras, y a lo que Dios inspira hemos de añadir con su ayuda otro pedazo bueno, para que así vaya creciendo. Pero con estas razas y malas mezclas, no recibe pequeño detrimento. Porque en lo exterior y material tenemos abierto el sentido, que en lo espiritual está cerrado, saquemos esto de las cosas exteriores. No es pequeño sinsabor y disgusto, tras cada bocado de un plato de fruta hallar otro dañado; tras un grano bueno, otro podrido, en un racimo; y si así fuese en todo lo demás que se pone en la mesa, mal satisfechos nos levantaríamos della. Asimismo en un cantero de lechugas, no haber sino seis buenas; y en un peral lleno de fruta, una docena de buenos peros; y en un edificio de ladrillo, ir desplomadas una docena de hiladas; en una imagen que una falta la afea, no tener más que una sola cosa bien formada en el rostro; en un papel muy blanco, tras cada dicción un borrón. Estos no son pequeños detrimentos, ni hacen las cosas poco viles. Pues tal es el mal del alma, a quien Dios pide entera limpieza, cansado de su mala mezcla de pensamientos, palabras y obras, hijos de su propia voluntad, habiendo de serlo de la divina. No es este mal soñado, sino verdadero, y pronunciado por la boca de Dios, dándonos en rostro con él: Todas vuestras obras justas son como paño manchado con sangre; y escondió su rostro para no mirarlos. Y no es éste el mayor mal, sino otro segundo; que tal vida y modo de obrar nuestro no nos humille, habiendo humillado el suyo a nuestros padres, como dice David; ni nos trae interiormente avergonzados en la presencia del Señor. Los oficiales que dijimos, albañil, pintor y escribano, estarían corridos ante cualesquier medianos hombres que supiesen sus faltas; y nosotros no, delante del Señor. Él está descontento, y nosotros no, sino pagados. Hásenos hecho cara de mala mujer, y no queremos avergonzarnos. A éstos se añade otro tercero mal, que tantos males, y tan vil mezcla no basta para humillarnos, y una brizna que hagamos de bien, sobra para envanecernos; para que eso poco vaya también manchado, si no es del todo perdido. Un granito que vemos de oro en el lodo, una brizna de perla cubierta de estiércol, una flor cercada de muchas espinas, hermosos bienes mezclados con cosas hediondas, ¿qué cosa más fea, ni más para quebrar el corazón?

Este es el sentimiento que nuestro Señor le comunicó de nuestra miseria, con el cual se humillaba y confundía en sus ojos. Y al mismo propósito le comunicó otro sentimiento muy grande, haciendo reflexión sobre sus faltas, con esta comparación: ¿Cuándo has de acabar de escribir sin borrones y limpio? ¿Cuándo, de escribir parejo y derecho? ¿Cuándo, bien formadas las letras y la mano suelta? Como quien dice: todavía eres niño, y principiante en la virtud, y no has aprendido a hacer cosa con perfección.

También le dio a sentir su nada, y la poca parte que son nuestras diligencias para adelantarnos en su servicio, por la flaqueza de nuestra propia disposición, aplicando a esto lo que dice San Pablo: Non volentis, neque currentis, sed miserentis est Dei. Porque la misericordia de Dios es la que nos adelanta, y della no es menos capaz el flaco, que otros que parecen más fuertes. Sintiéndome, dice, un día muy descaecido, y estando mi alma dando voces a Dios, como la tierra sin agua, ofrecióseme un pensamiento tierno, de cuán acertado es el acuerdo del Señor, en que todo lo que tiene y puede el alma, sea de su dulcísima mano, para que así sea bueno lo que tuviere, y pueda tener mucho, y poseerlo con seguridad, y conocer al Señor que se lo da, y ocuparse en glorificarle por ello.

Y de aquí le nacía el sentimiento de la dependencia que tenía de Dios en todas las cosas, con gran desconfianza de sí mismo. Un día, dice, me desengañó el Señor de lo que de mí fiaba, a la manera de quien ve alguna visión, y queda con asombro. Antes me había mostrado en el suceso de dos misiones, que muy cordialmente me podía fiar dél en todo; y ahora, que de mí mismo en nada, ni en virtud ni en saber. En las pláticas me faltaban palabras y quedábame colgado. Vi que la virtud que les daba era vida suya; y así determiné dejarme a mí, y pasarme a Él. Vi más claro que los dedos de las manos, que en los peligros mi seguridad ha sido su manutención, y que en el hablar mi ciencia es lo que Él me ha dado de su sabiduría; y que esta sola ración y lección es la que hace hacienda; y así entendí, que en todas las cosas debíamos estar colgados dél, y de su infinita misericordia.

Finalmente, para que fuese enteramente perfecto en este primer grado de humildad, tuvo un santo temor de no pecar, y perder el bien que tenía, temiendo que si le perdía, quizá no podría cobrarle; y este miedo le hacía muy solícito en conservarle. Y pareciéndole que era casi nada lo que tenía, y que estaba muy a los principios, deseaba siempre pasar adelante; conforme a lo que dice el Eclesiástico del hombre humilde, que cuando estuviere muy consumado, entonces comenzará como si no hubiera comenzado. Y de aquí le venían las ansias con que pedía a Dios que le convirtiese a Sí, como si no estuviera convertido. Y cuenta él en su librito, que, el hebrero de setenta y cuatro, cuando ya era tan aventajado, como se ha visto, le vino en la oración una duda, si Dios querría convertirle; y se la quitó con este sentimiento de la confianza en la divina misericordia, poniendo ejemplo en sí mismo. Si alguno te ofendiese a ti, y cayese en la cuenta del mal que había hecho, ¿no te holgarías tú dello? —Sí por cierto. Y si la luz y conocimiento desta injuria le llenase de vergüenza y dolor, hasta sujetarle a toda satisfacción por haberla hecho, deseando no volver más a semejante desatino, ¿por ventura no te holgarías mucho más? —No hay duda dello. Y si por si solo no pudiera hacer esto, ¿tú no le ayudaras a que conociera su ceguera, y se levantara a cumplir todo esto, siquiera por lo que toca a ti mismo, digo a la ofensa e injuria que has recibido? —Así es cierto. Y si el que te ofendió te estuviera en mucha obligación, y tú deseases mucho que te amase y volviese a tu amistad, también desearas y le ayudaras a que lo hiciese por dos títulos: uno, por tu ofensa, otro, por su perdición; porque con tal conversión, tu ofensa quedaría satisfecha, y su perdición remediada. Pues si tú hicieras todo lo que se ha dicho con quien te ofendió, ¿cómo pones en duda que quiera Dios lo mismo de ti, y que se holgará de que dejes de pecar, de que te vuelvas a Él, de que caigas en la cuenta de tu locura, y la llores, hasta sujetarte a toda la satisfacción que de ti quisiere, y hasta ponerte en estado que tiembles de pensar si has de volver a otra semejante o mayor locura? Y si tú ayudarías a tus injuriados en todo esto, ¿por qué desconfías de que ayudará Dios a los suyos y los recibirá cuando se volvieren a Él, primero por sí mismo, y luego por ellos, porque le tocan, y los ama como Padre, y desea ser amado de todos?

Deste modo se animaba este humilde Padre; porque la verdadera humildad no es cobarde, ni desmaya o desespera; antes, cuanto menos confía de sus fuerzas, tanto más confía de las de Dios; y viendo que en sí no puede nada, espera que en Dios lo podrá todo.

2

Pasó deste primer grado de humildad al segundo, holgándose de ser vil en los ojos de los otros, y deseando ser tenido y tratado como tal. Para esto procuraba encubrir cuanto podía los dones que había recibido de la mano de Dios, y todo lo natural o sobrenatural que pudiese campear delante de los hombres. Y como tuviese en los principios repugnancia a esto, pareciéndole que hacía mucho en callar, ofreciósele este pensamiento: ¿Por ventura no encubrió y disimuló más el Hijo de Dios? Y luego se sosegó y avergonzó, y puso mayor cuidado en encubrir las misericordias que el Señor le hacía, que eran muchas; y por esto se han sabido pocas.

Pero túvole muy grande en descubrir sus faltas naturales, diciendo que él no tenía persona, ni letras, ni entendimiento, ni cosa por donde pudiese ser estimado; y no solo esto, sino sus pecados publicaba para este mismo fin, como lo hizo con el Padre Gil González de Ávila cuando vino por Visitador de la provincia de Castilla, siendo él Rector de Medina. Y la primera vez que le habló despacio, dándole cuenta de su alma fuera de confesión, como se usa en la Compañía, le dijo también todos cuantos pecados había hecho en su vida, sin poderle el Padre Visitador ir a la mano; de lo cual quedó tan espantado y edificado, que bajando a decir Misa no acertaba a decirla, como atónito de tan heroico acto de humildad. Esto contó el mismo Padre Gil González, publicando la humildad deste santo varón; y desde entonces, toda su vida le estimó en mucho, y nunca se pudo persuadir ser así lo que después se dijo contra él, permitiéndolo nuestro Señor, para que se viese que los deseos de ser despreciado eran verdaderos y fuertes, pues no aflojaban con los desprecios.

Y ésta es más heroica humildad. Porque, aunque es muy excelente acto suyo encubrir los dones de Dios por huir de la honra, y mayor publicar sus pecados y defectos secretos para ser deshonrado; pero muy más heroico acto es, cuando suceden las deshonras y desprecios, gozarse dellos. Porque, como advierte bien Casiano y lo confirma con el ejemplo de cierto monje que parecía humilde, y de verdad no lo era, algunos dicen mal de sí para que los tengan por humildes, deseando que no lo crean, sino que lo atribuyan a humildad; y cuando otros dicen mal dellos, se entristecen y afligen, y pierden la paz y la paciencia. Mas el Padre Baltasar no solo gustaba de despreciarse, sino alegrábase cuando le sucedían cosas de su desprecio, como se verá en muchos casos que luego contaremos.

3

De aquí pasó al tercer grado de humildad, no se envaneciendo con los altos dones y oficios que el Señor le daba. Porque, con ser sus cosas tan dignas de ser estimadas, él las tenía en tan poco que escribía sus pláticas en papeles viejos y sobrecartas; y decía que todos los de casa le confundían y enseñaban, y él gustaba de aprender de todos, aunque fuese de sus mismos novicios. Uno de ellos, en la vigilia de Pentecostés, hizo una plática, como suelen hacerlas al entrar en la Compañía, para que descubran el talento que tienen, y en ella dijo, entre otras cosas: «Ahora viene el Espíritu Santo, salgámosle a recibir vestidos de su librea; y pues es Espíritu Santo, salgamos con espíritu». Cuadróle tanto esta razón, que la solía repetir muchas veces, con gran fruto de su alma. Otro novicio respondió en una conferencia espiritual de las que se tienen en el noviciado, que se confundía de que cosas tan pequeñas fuesen impedimento de cosas tan grandes. Y esta palabra le cavó tanto, que le dio nuestro Señor muchos sentimientos sobre ella; y aunque repetía muchas veces la consideración desta verdad, no le causaba fastidio, sino cada vez le parecía nueva.

    Otra vez oyó decir a un Padre que cierto niño, preguntado cómo un caballero tan principal estaba en un pueblo tan pequeño, respondió: «Porque tenía allí su hacienda». El santo varón que de todo sacaba espíritu, sacó de aquí que Cristo nuestro Señor, estando ya glorioso, se había quedado entre nosotros porque tiene acá su hacienda, que son las almas, para guardarlas y mirar por ellas; y por esto, en el tiempo de la Comunión, se dice: Corpus Domini nostri Jesu Christi custodiat animam tuam in vitam aeternam: «El cuerpo de nuestro Señor Jesucristo guarde tu alma hasta la vida eterna». Y después que tuvo este buen sentimiento, dijo al Padre que le contó este dicho: «Yo tengo esto, que cualquier niño me enseña». Y a esta causa, los súbditos algunas veces le decían algunas cosas que parecían a su propósito, viendo la humildad con que se aprovechaba dellas. Uno le dijo que había leído en Santo Tomás que en la primera edad del mundo no hubo idolatría, por estar fresca la memoria del Criador; y que parecía esto muy a propósito para entender la virtud de la oración, la cual, como refresca la memoria del Criador, hace que no nos aficionemos desordenadamente a las criaturas. Y cavó tanto esto en el santo varón, que se quedó un rato suspenso; y después le pidió que le mostrase aquel lugar de Santo Tomás para enterarse más dello. Y conmigo le sucedió lo que se puso en el capítulo XXXIV.

    Entre tantos oficios como tuvo de superior, nunca se le descubrió arrogancia ni presunción; porque en todo andaba como los demás, y era el primero en las cosas humildes, y extremado en honrar a los otros, aunque fuesen súbditos. Cuando era maestro de novicios en Villagarcía honraba y autorizaba tanto a los Hermanos estudiantes que, acabados los estudios, iban a Tercera Probación, que, siendo yo uno dellos, me confundía de la honra que me hacía. Y cuando salía fuera de casa con algún Padre grave, no había remedio, sino que le había de llevar a la mano derecha. Y cuando vino a Toledo por Provincial, en su primera entrada, se hincó de rodillas para besar a sus súbditos la mano, como después veremos.

Capítulo XL. De una grande borrasca que se levantó en este tiempo sobre su modo de oración, y de la heroica humildad y paciencia con que llevó sus desprecios (Año de 1576 y 77)

Aunque es muy gloriosa la humildad que se conserva en medio de las honras y prosperidades, no está bien probada ni arraigada, ni tiene toda su fineza hasta que pasa por desprecios y adversidades; en las cuales se echa de ver, como se comenzó a decir en el capítulo pasado, si es verdadero el bajo concepto que el justo tiene de sí mismo, y el deseo que tiene de ser despreciado de otros; porque cuando esto sucede, huélgase dello, por verse tratado como juzga que merece; y la humildad que antes era de verdad, se hace también de caridad, amando sus desprecios y gozándose en ellos. También entonces resplandece la mansedumbre, refrenando los ímpetus de ira que se levantan contra los que le desprecian; la paciencia, moderando las tristezas que brotan por ser despreciado; el amor de los enemigos, amando a los que le afrentan y diciendo bien de los que dél dicen mal; la confianza en Dios, no desmayando por verse hundido, y el amor deste Señor, sirviéndole con igual cuidado en este tiempo como en el pasado. Y a esta causa, gusta Cristo nuestro Señor, como pondera San Crisóstomo, que la vida de sus escogidos vaya tejida como la suya y la de sus Apóstoles, destos varios sucesos, honrosos y afrentosos, prósperos y adversos, para que sean superiores a todos; y si los prósperos les envanecen, los adversos les humillen; y si éstos les amilanan, los otros les alienten, y así vengan a ser, como dice San Pablo, fieles ministros de Cristo, eminentes en pelear con entrambas manos, diestra y siniestra, por gloria e ignominia, por buena y mala fama, siendo tenidos, ya por verdaderos, ya por engañadores; y sin faltar por los trabajos en la fidelidad de sus ministerios.

1

Tal fue nuestro Padre Baltasar, a quien Cristo nuestro Señor quiso probar con semejantes sucesos, tocándole en la honra de la cosa que más estimaba; porque en éstas suele Dios probar a los suyos para que se sienta más la prueba y campee más la humildad y fidelidad en ella. A los seglares pruébalos en las honras y regalos temporales de que ellos gustan; a los letrados, en la opinión de letras de que se precian; mas a los varones santos, que estiman sobre todo las virtudes y cosas espirituales, pruébalos en cosas que toquen a ellas. Y como el Padre Baltasar de solo esto tenía aprecio, en esto le probó, ordenando no solo que pasase por muchos trabajos interiores de sequedades, nieblas, durezas y otras muchas pruebas que arriba se tocaron, sino también por otra borrasca exterior, la cual comenzó en tiempo que era Rector de Salamanca y prosiguió estando en Villagarcía, permitiendo que algunos le tuviesen en opinión de hombre que sabía poco, y que andaba iluso y engañado, y engañaba a otros. Porque, como no sabían el alto don de oración que el Señor le comunicaba, teníanle por de Satanás, transfigurado en ángel de luz, y le apretaban que no fuese por aquel camino; y no faltó quien le amenazó de que daría parte dello a la Santa Inquisición, recelándose, quizá, no tuviese algún error de los alumbrados. Sospechaban que depreciaba el modo de orar por discursos y meditaciones que en la Compañía se practica, y es aprobado de los Santos, y que quería llevar a los nuestros por otros modos singulares y peligrosos; por lo cual, con buen celo, algunas personas graves le contradecían. Y ninguno se ha de espantar desto. Porque no es cosa nueva en la Iglesia, y en las religiones, haber entre los justos, sin culpa suya, alguna contradicción o disensión con santo celo, defendiendo opiniones contrarias, por pensar cada uno que la suya es la verdadera, o defendiendo la verdad cierta, o imaginando que el otro la contradice, aunque se engaña en pensarlo. Porque si los ángeles de la guarda suelen encontrarse cerca de algunas cosas, de que no les consta la voluntad de Dios, hasta que se la revela, como refiere el profeta Daniel, que el Príncipe, o ángel del Coro de los Principados, que guardaba el reino de los persas, resistía a la pretensión del ángel que guardaba a los hebreos, no es de maravillar haya semejantes encuentros entre los hombres, aunque justos y sabios; pues, por ser hombres, más fácilmente ignoran alguna verdad o son engañados, pensando que la contradice el que antes la ama y defiende.

Esto es lo que sucedió al Padre Baltasar, de quien personas graves, muy religiosas y bien intencionadas, sospecharon, por algunos indicios, las cosas que se han dicho, y dieron cuenta de todo al Padre general, Everardo Mercuriano; el cual, como no tenía tanta noticia del Padre Baltasar como su predecesor el Padre Francisco de Borja, y las personas que le escribían eran de autoridad, y con celo del bien común, quiso que se averiguase lo que había, y cometiólo al Visitador que había enviado, que era el Padre Diego de Avellaneda; el cual, visitando el Colegio donde el Padre Baltasar era entonces Rector, le ordenó que luego te entregase todos sus papeles, porque los quería ver y examinar; y al punto se los entregó, con tanto rendimiento como si fuera un novicio, sin hablar palabra todo el tiempo que los tuvo en su poder. Y como otras personas de virtud y letras le hablasen en esta razón, él callaba y lo sufría, y se dejaba probar, y examinar, y despreciar, mostrando en todo esto su rara humildad y paciencia.

En este tiempo también le levantaron algunos falsos testimonios, y pasaba por ellos como si no le tocaran, poniendo por obra lo que decía a otros; que no hay perfecta humildad sin humillaciones, ni paciencia sin recios combates; y que lo principal de la virtud está en aprovechar tales lances; y el aprovechamiento principalmente consiste en saber bien humillarse, sufrir y callar, aventurando su honra por amor de Dios. Y en confirmación desto, para alentar a los de su Colegio, dijo él mismo en una plática, que una vez la había aventurado, y desde entonces el Señor le había comenzado a hacer mercedes a manos llenas. Y la ocasión fue que en una Congregación Provincial se dijo dél una cosa harto grave, y por ella fue reprehendido públicamente delante de todos los Padres. Y pensando si sería bien dar razón de sí, estaba perplejo. Porque un Padre de los más graves y santos que allí había, le persuadía que lo hiciese, pues con tanta verdad podía hacerlo; y aun le obligaba a ello, por ser de tanta importancia su buen nombre en las cosas de virtud, así para los de casa como para los de fuera. Mas viendo que este consejo era muy conforme a su gusto natural, no se fió dél, y habló a otro Padre muy siervo de Dios, el cual le dijo que haría un grande sacrificio de sí a nuestro Señor en callar y no responder por sí en público, ni en secreto; y así lo hizo. Y sucedióle tan bien con Dios nuestro Señor que premia con larga mano tan heroico silencio, que muchas veces le agradeció el buen consejo y le guardó siempre en todas ocasiones, y en las que vamos contando, mientras los superiores no le mandaban, por obediencia, dar razón de sí y de sus cosas.

Y entretanto, todo su consuelo era acudir a su Dios en la oración y Misa, y dél recibía respuestas que le consolaban y alentaban en estos aprietos, como se verá por lo que cuenta él mismo en su librito; diciendo, que, como tuviese el corazón muy apretado de cierto disgusto, en la Misa de la Dominica nona después de Pentecostés, le dio el Señor cuatro sentimientos con que quedó dilatado. El primero, en la Epístola, con aquellas palabras de San Pablo: «Fiel es el Señor, que no permitirá que seas tentado más de lo que puedes». El segundo, antes de consumir, diciéndole interiormente: «Si faltasen a la Religión estas hieles, ¿qué te quedaría que sufrir por mí?». Y ofrecíaseme, que si yo fuera el que debía, había de desear muchas hieles semejantes, y aun mayores; y que faltar tales disgustos a la vida del justo es como si faltaran las espinas a la Corona de Cristo, o las puntas de oro al vestido rico. El tercero, al tiempo de recibir el Santísimo Sacramento, oí una voz interior que decía: «Haz esto; por ti, ¿qué debes hacer tú?». Que fue decir: ofrece y recibe, como haces, mi Cuerpo y Sangre, que te alentarán a llevar bien tus aprietos; y por tu propio bien, ¿qué cosa ha de haber que tú no hagas y sufras de buena gana? El cuarto fue después de haber comulgado, en el hacimiento de gracias, con estas palabras interiores: «Descansa con que pasa este aprieto viéndole Dios, y entendiéndole; y pudiendo estorbarle no lo hizo, con quererte más que tú mismo a ti». Con estas razones tan sustanciales alentaba nuestro Señor a este su siervo, para sufrir con grande humildad y paciencia sus aprietos y trabajos interiores y exteriores.

También se animaba él a sí mismo hablando consigo y diciéndose: Error es pensar que has de entrar en el cielo entero, y que te han de mellar poco. Reino del cielo es reino de descabezados, tentados y afligidos, afrentados, y que han pasado por estos y otros semejantes trabajos. Pues ¿cómo osarás parecer entre tantos capitanazos, siendo tan cobarde, que, si te pusiese Dios el proceso en las manos, sentenciarías contra ti mismo? Quiere el Señor que entiendas que tras grande bien andamos, pues tanto por Él padecemos. Si el codicioso que ha gastado dineros y tiempo en labrar su viña, habiendo ya dado muestras de mucho fruto, se le apedrease, ¿qué sentiría? Mas si las piedras fuesen de oro, ¡cómo se consolaría!, pues era mucho mayor la ganancia que la pérdida. Piedras de oro y muy preciosas son los desprecios para enriquecer a los que saben bien sufrirlos.

También en estas ocasiones solía decir que cada uno había de reparar en que todos los Santos del cielo le estaban mirando, y esperando a que venciese aquella dificultad, y saliese con medra della. Y Cristo nuestro Señor estaba diciendo: Aprended de mí, que soy manso y humilde de corazón; mirando el ánimo que tenemos en estos aprietos, para refrenar la ira con mansedumbre, y sufrir el desprecio con humildad, siquiera porque no se queje de que hacemos poco caso de su palabra y ejemplo. ¿Poco pensáis, dice, que siente el superior cuando, viniendo el primero a las cosas de la comunidad, no basta esto para que vengan los demás con puntualidad; y que humillándose él a barrer y fregar, no baste para los otros, que también lo hagan; y que, madrugando él a la oración, otros, con pereza, se queden en la cama? Pues si el hombre, que es un poco de polvo, siente mucho que su palabra y ejemplo sea sin fruto, ¿qué sentirá Cristo nuestro Señor de que su palabra no sea obedecida y su ejemplo sea olvidado?

2

Con estas consideraciones se animaba en sus tribulaciones, y salió con grande medra dellas. Porque no solamente no mostró ira ni indignación contra las personas que le despreciaban, o perseguían por la causa dicha; antes les mostró mucho amor y agradecimiento, como si hubiera recibido dellos algún singular beneficio, lo cual es indicio de rara virtud, muy parecida a la del Señor, que mostró más caricias al que le vendió, y urdió con él mayores alevosías. Así lo dio a entender en muchas ocasiones. Porque diciéndole en Salamanca un Hermano muy familiar suyo la poca razón que ciertos Padres tenían en sentir mal de sus cosas, le atajó la plática, diciéndole: «A esos Padres tengo yo sobre mi cabeza, porque son a quienes más debe mi alma, y por cuyo medio se me ha seguido mucho bien y provecho». Y yendo por Rector a Villagarcía, donde estaba uno destos Padres, y había de ser su súbdito, como este mismo Hermano le dijese que allí podía darle a entender lo mal que con él lo había hecho, respondió: «A quien más veneraré y consultaré, será ese Padre». Y como en este Colegio encargase mucho al sotoministro que regalase mucho a uno destos Padres, y anduviese con especial cuidado de que nada le faltase, admirado el sotoministro, que lo sabía, le dijo: «¿Cómo V. R. me manda regalar a tal persona?». Él respondió con gran mansedumbre y caridad: «Hágolo por ganarle; y si no le ganare, ganaréme a mí». Otro del Colegio también le contó las cosas que dél se decían, y el Padre se sonrió con muestras de notable alegría. Y reparando en ello el que le hablaba, le preguntó de qué se alegraba tanto. Respondióle con gran regocijo: «De que ahora entiendo que me quiere Dios bien, pues me lleva por el camino de los suyos; porque ha días he vivido con cuidado de parecerme que el Señor me tenía olvidado».

Y en otro caso semejante, contándole una cosa bien pesada que ciertos Padres graves habían hecho contra él, con buen celo, lo que respondió fue: «En verdad que de aquí adelante, a esos Padres tengo de encomendarlos a Dios cada día en la Misa». Y como lo dijo lo hizo, cumpliendo a la letra lo que dice el Salvador: «Orad por los que os persiguen y calumnian, para que seáis hijos de vuestro Padre que está en los cielos». Desta manera se fue aprovechando de los lances que Dios le enviaba, para comunicarle por este camino la paz que alcanzó, con un ánimo superior a todos los sucesos prósperos y adversos, sin que fuese parte ninguno para turbar ni alterar su corazón.

Y de aquí le vino la fuerza con que hablaba en las pláticas del amor a los desprecios, exhortando a gozarse en ellos, por la experiencia que tenía de ser tan provechosos. Y algunas veces, como consta de lo que se ha dicho, se ponía a sí por ejemplo para darnos aliento en cosa tan dificultosa. Para este fin le oí contar en una plática lo que le sucedió cuando venía de ser Rector del Colegio de Salamanca a ser Rector en el de Villagarcía. Porque uno de los caminantes que se le juntaron en el camino preguntó a su compañero quién era aquel Padre, de dónde venía y adónde iba, que son las ordinarias preguntas de semejantes personas en los caminos. Y como el Hermano le respondiese la verdad que se ha dicho, respondió él con gran ponderación: «De Rector de un Colegio tan noble como el de Salamanca, bajar a ser Rector de otro en un lugar como Villagarcía, no es por bueno». Dando a entender, como otros también lo imaginaron, que era como destierro en castigo de algunas faltas. El santo Padre, cuando lo supo, se alegró con este desprecio, diciéndonos que desprecios sin culpa son bocados sin hueso. Y destos buenos bocados le dio nuestro Señor muchos para que engordase y creciese en el espíritu; pues todos los que hemos contado, no solo fueron sin culpa suya, sino, lo que es más, por ocasiones tan santas, que merecía por ellas mucha gloria, subiendo a la Cruz, no como el buen ladrón, que la había merecido por sus pecados, sino como Cristo nuestro Señor, que estaba inocente, y le pusieron en ella por sus heroicas obras mal conocidas, por las cuales merecía ser honrado y adorado de todos los hombres; imitando también a la Virgen Sacratísima, de quien era tan devoto, la cual vino en sospecha de adúltera en el pensamiento de San José por la obra de su concepción, que fue digna de eterna gloria. Mas también el santo Esposo no tuvo culpa en la sospecha, porque ignoraba la causa de cosa tan nueva; y entonces son más sabrosos los desprecios cuando suceden sin que preceda culpa del despreciado, y sin que ofenda a Dios el que desprecia, por el buen celo que tiene con ignorancia que le excusa de culpa. Porque, aunque los Santos se gozan de sus desprecios, pero águaseles este gozo con la tristeza que les causa la injuria de Dios y el daño espiritual que recibe el que los desprecia; pero enteramente es dulce cosa padecer afrentas por la honra de Dios, sin que intervenga de por medio alguna injuria contra ella; y deste jaez fueron las del Padre Baltasar que se han contado.

Capítulo XLI. De las ocasiones que hubo para esta borrasca, y cómo respondió a las dificultades que se le pusieron contra el modo de oración de quietud y silencio; y el fin que tuvo todo
Es tan grande nuestra miseria y tan maligna la astucia de Satanás, enemigo de los dones de Dios, que suele transfigurarse en ángel de luz para engañarnos, tomando ocasión de los mismos dones para la tentación con que pretende destruirlos. Pero como el demonio muestra su malicia en sacar males de los bienes, así Dios nuestro Señor muestra su infinita bondad y omnipotencia en sacar bienes de los males; y si permite que algunos indiscretos, con celo sin ciencia, usen mal de la frecuencia de los Sacramentos, pretende con esta permisión algún grande bien, o de los mismos que caen y se enmiendan, o de otros que escarmienten y sacan para sí aciertos de los yerros ajenos; y a veces para ejercitar y probar la humildad y paciencia del maestro permite los

yerros de los discípulos, cuyo deshonor suele redundar entre los hombres en descrédito del maestro, como si él aprobase por bueno el error e indiscreción del ignorante discípulo. Esto le sucedió al Padre Baltasar Álvarez por ocasión de algunos discípulos, entre muchos que tuvo, eclesiásticos y seglares, que trataban de oración; los cuales, contra la intención del maestro, hacían y decían algunas cosas con que daban ocasión para que la gente grave y celosa no sintiese bien del modo de orar que aquéllos seguían, ni del maestro a quien ellos le atribuían, como si él hablara por boca dellos. Acrecentó la sospecha ver que algunos, ignorantes o poco discretos, despreciaban el modo de orar mental por discursos, afectos y peticiones y coloquios con nuestro Señor, que enseñó nuestro Padre San Ignacio en el libro de sus espirituales Ejercicios, diciendo que eran como carretillas de niños, que no les sirven sino mientras no saben andar por su pie; pero en sabiéndolo, las dejan, y andan por su pie, y van donde quieren con menos trabajo; y que el Espíritu Santo no quiere atarse a reglas y preceptos de orar, sino inspira adonde quiere y como quiere; y su inspiración ha de ser seguida con libertad de espíritu; de donde, como más presuntuosos que experimentados, mostraban poca prudencia y experiencia en querer guiar a todos por el camino por donde ellos iban, apartándolos del común y trillado, lo cual es manifiesto error y engaño, contra la intención y sentimiento del Padre Baltasar, como expresamente lo dijo y enseñó muchas veces. Y su misma experiencia le desengañó; porque al modo ordinario de oración que tuvo dieciséis años debe la merced que el Señor le hizo de levantarle al extraordinario; y cuando éste te faltaba, acudía al otro como a lugar de refugio. Vistas, pues, estas cosas, para averiguar la verdad de todo, los Superiores desta provincia le ordenaron que diese razón de sí y de su modo de oración al Padre general Everardo Mercuriano, a cuya noticia había llegado este rumor; y al punto se recogió en la casa de recreación que tenemos en el colegio de Salamanca, donde era Rector; y habiendo gastado quince días en oración, y consideración de sus cosas interiores, escribió la relación que se puso en el capítulo XIII, por haber sucedido en aquel tiempo la concesión deste don celestial.

Pero fuera desto, le pusieron algunas dificultades contra su modo de oración, nacidas y sacadas, a mi parecer, de las cosas que habían oído y visto, no tanto en la persona del Padre Baltasar cuanto en otros que le seguían y se tenían por sus discípulos; y ordenáronle que respondiese a ellas, para lo cual hizo un tratado, en que declaró más las cosas que pertenecen a la oración, que llaman de quietud y silencio, de las cuales algunas se pusieron en el capítulo XIV y los siguientes, y otras pondremos aquí, refiriendo las respuestas a las principales dificultades que le pusieron, que son las que siguen.

1

La primera dificultad es, que en este modo de oración de quietud, en que el alma no usa de discursos y meditaciones, parece que no se hace nada, antes se pierde el tiempo que se podría gastar en ejercitar actos de virtudes.

A esto se responde, que este modo de orar no es dejar de hacer, sino hacer mucho. Y como dice San Bernardo, este ocio es el negocio de los negocios, y la mayor de las haciendas; de quien dijo David: Vacad, y ved cuán suave es el Señor. Y San Agustín dijo: Otium sanctum quaerit charitas veritatis. Y de los actos que allí hace se ve no estar ocioso; porque, aunque cesan los discursos del entendimiento cerca de misterios particulares, no cesan los afectos de la voluntad en la presencia de Dios, a quien mira con los ojos de la fe: unas veces haciéndole reverencia; otras, admirándose de lo que Dios le descubre de sí mismo, y de sus grandezas; otras, dándole gracias; otras, gozándose y holgándose de verlo, y de verse ante Él, como está una persona delante de otra que bien quiere y mucho ama, y descansa en estarse con ella; otras, ofreciéndose a sí, y todos sus quereres y cosas, a nuestro Señor, y pidiéndole, en primer lugar a sí mismo, y en segundo sus dones, no para descansar en ellos, sino para subir a Él por ellos, como por gradas; otras, abriéndole su corazón sin mucho hablar, y aun sin hablar; porque Dios bien entiende al necesitado, solo con presentarse delante dél, como el pobre que no hace más que ponerse delante del rico sin hablar, porque su necesidad habla; y esperar la misericordia de Dios con resignación entera en la divina voluntad, teniéndose con humildad por indigno de su visita; otras, finalmente, formándose según los varios afectos y sentimientos que inspirare la unción del Espíritu Santo, que es el principal maestro desta facultad, conforme a lo que San Dionisio dijo a San Timoteo: Converte te ad radium; de donde suele proceder aquella maravillosa unión, que llama el mismo Santo: ignoti cum ignoto; que es lo supremo de la Teología mística; y si no es, los que la han tenido, no sabrán bien declararla: pero basta haberla apuntado.

Pero de aquí viene la segunda dificultad, porque parece que es tentar a Dios cesar de meditar, y estarse esperando a que Dios hable, o inspire, o revele algunas cosas, lo cual parece frisar con el engaño de los alumbrados.

A esto se responde, que la oración sin discursos, por solos afectos, como es lo supremo deste ejercicio, no se halla en gente principiante, si no es que sean prevenidos con especial moción de Dios para ella, o en los que se han ejercitado mucho tiempo en meditaciones, y dellas pasan a este modo de orar con quietud, con la luz que el Señor les ha comunicado y comunica. Y así, no es tentar a Dios cesar por entonces de discursos, cerca de cosas particulares que tocan a las perfecciones de Dios, o a nuestra reformación, que se pueden tener en otros tiempos, y no entonces; porque cada ejercicio pide su tiempo; como en la oración no siempre en este modo de orar no se entra sino por se pide, ni siempre se dan gracias. Y pues vocación de Dios, Él gusta y quiere que se ejercite en aquel tiempo, no deseando ni esperando revelaciones, sino reconociendo su divina presencia, y ejercitando delante dél los afectos que se han dicho.

Y no tiene que ver esto con lo de los alumbrados, los cuales, todo lo que hacían era por soberbia, sin ser llamados de Dios, y sin haberse aparejado como convenía; y tentaban a Dios en su manera de oración, porque no entendían en nada, sino estaban del todo distraídos, ni sacaban algún fruto para reformación de sus costumbres. Mas este modo de oración inclina a todo lo contrario. Y no habiendo esto no se puede entrar en él; y al que entra y no saca algún fruto, no le sufre, antes lo echa de sí, y le reprende; porque no puede parecer con quietud segura, y sin reprehensión ante Dios, el que es contrario a su espíritu, que es espíritu de pureza y santidad, de reformación y sujeción a la divina voluntad.

Pero luego se presenta la tercera dificultad, por no saber cuándo se va por este camino con vocación de Dios, y no que él se ha puesto con poca humildad, y por codicia del dulce de Dios, en que también se ceba el amor propio.

Mas a esto se responde que, por el rastro que deja el modo de oración, se conoce que es de Dios, como también el árbol se conoce por los frutos; y este modo, cuando es verdadero, y nace del buen espíritu, recoge el corazón a Dios, ablándale y ríndele a su orden, e inclínale a que dé a Dios cuanto le pidiere, de sí, y de sus contentos, intereses y honra; entendiendo que quien alcanza a tener a Dios por amigo, alcanza mucho; y aunque dé por ello todo cuanto tiene, lo habrá barato; porque quien diere a Dios todo lo que le pidiere, confiadamente podrá pedirle lo que le conviene. También inclina a conformarse con el dechado de la perfección, Cristo nuestro Salvador, especialmente en el desprecio de sí mismo, y en la universal abnegación de los quereres propios, y en el cumplimiento fidelísimo de los de Dios, con entera resignación y conformidad con la divina voluntad. Quien sintiere en sí estos efectos, y otros semejantes, seguro puede estar que es de Dios el modo de oración que le inclina a ellos.

Mas entonces entra la cuarta dificultad, por echarse de ver que los que van por este camino, secretamente y sin sentir se envanecen, teniéndose en más que a los que van por el camino ordinario de discursos. Y de aquí viene, que afierran con propiedad en su modo de orar, sin querer rendirse al parecer de los superiores, y de los que les guían, cuando sienten lo contrario dellos, teniéndose por espirituales: qui omnia possunt iudicare, et ipsi a nemine, que han de juzgar a los demás, y no ser juzgados de otros.

Mas fácilmente se responde, que éstos, y otros cualesquier defectos que se vieren en los que usan este modo de oración, no van en el mismo modo, sino en la flaqueza, indisposición o imperfección del sujeto, el cual se ha de corregir y enmendar; mas no por esto el modo es malo; y los mismos defectos suelen acontecer a los que usan de discurso, y a veces mayores; porque se mezcla más vanidad en las cosas que son ventaja por parte del entendimiento. Pero no porque uno o muchos usen mal de cualquier modo de oración mental, él es malo, y se ha de dejar; porque así también se dejarían las meditaciones, y frecuencia de comuniones, por los que usan mal dellas, o por mejor decir, por los que hacen faltas en el uso dellas. Y de aquí es, [que] cuando los superiores, o los que les guían, les quitasen este modo de orar, si no se rindiesen serían culpables. Lo cual, si no es por prueba, no pueden los superiores hacer con seguridad de conciencia, pues tienen obligación de guiar las almas por el camino del espíritu por donde Dios las guía, y ellas se aprovechan, y han caminado y caminan muchos Santos, como ya se ha visto. Pero mientras ellos no se lo quitaren, no serán culpables en usarlo; ni porque piensen que pueden tener voto en las cosas espirituales, que saben por experiencia mejor que quien no la tiene; como no es culpable el letrado, porque piense poder tener voto en lo que ha estudiado mejor que quien nunca estudió; ni es contra la humildad y caridad de Dios en el conocimiento de sus dones, conforme a lo que dice San Pablo: Non spiritum hujus mundi accepimus, sed spiritum qui ex Deo est, ut sciamus quae a Deo donata sunt nobis.

De aquí también queda satisfecho a la quinta dificultad, por haber algunos que se entregan tanto a este modo de oración, que andan como extáticos, con olvido y descuido de las obligaciones de caridad y obediencia, y de adquirir verdadera mortificación y sólidas virtudes, contentándose con andar como embobados con el dulce de la oración; y así se quedan con el nombre de espirituales, sin la sustancia de la vida espiritual.

De aquí es también, que con este modo otros se retiran del trato con los prójimos, y de ayudar a las almas, por estar siempre en su oración; de la cual también, como no va por discursos, no sacan verdades que pueden decir a los prójimos con quien tratan; todo lo cual es contra el Instituto, que tiene por fin este trato. También a otros se debilitan las fuerzas corporales necesarias para cumplir con las obligaciones de su estado y oficio.

Mas todas estas faltas no nacen verdaderamente deste modo de oración, sino de la indiscreción de los que le usan, los cuales han de ser corregidos, y advertidos, que si se contentan con solamente andar recogidos, sin ejercicio de mortificación y de otras virtudes, andan engañados; y si no se enmiendan, se puede tener por sospechoso su recogimiento, ni durarán en él mucho tiempo; aunque no es de maravillar que tengan algunas faltas, pues todos las tienen, aunque anden muy bien. Y de aquí es, que cuando las necesidades de caridad, o de obediencia, o del oficio, obligan a tratar con prójimos, la misma contemplación les inclina y mueve a ello, como lo testifican San Gregorio y San Bernardo, y la experiencia lo muestra en los que tienen bien oración. Mas cuando no hay estas necesidades ni obligaciones de obediencia, ni es contra la salud corporal, no es malo vacar a Dios con este modo de oración, conforme a la regla de San Agustín: Otium sanctum quaerit charitas veritatis; negotium justum suscipit necessitas charitatis. Quam sarcinam si nullus imponit, intuendae vacandum est veritati. De suerte, que puede uno darse a este modo de oración y contemplación, cuando ha cumplido con las obligaciones de obediencia y caridad, y salva la consistencia del sujeto; porque si las fuerzas se debilitasen por no saber usarlo, o por continuarlo demasiado, o por enfermedad, o flaqueza de cabeza, debe suspenderlo; aunque el modo de suyo no causa esta debilitación, antes es más descansado que el discurso. Y por esto los Santos que usaban este modo, podían durar más en la oración. Y si della no se sale con más conceptos, sálese con más virtudes, y dejan a Dios más ganado, cuya ayuda experimentan en los tiempos de las necesidades, sin hacerles falta no haber atendido entonces a sacar conceptos, para lo cual hay otros tiempos; y es mejor sacar en la oración mucho fervor y espíritu, para decir lo que otras veces han sentido.

La sexta dificultad es que este modo de oración lleva tanto tras sí, que parece se pierde la devoción con los Santos, y con las antiguas oraciones vocales, y se deja de pedir a Dios lo necesario para la Iglesia, y para los particulares.

A esto se responde, que no se pierden estas cosas, antes se estiman en más, como medios por donde vinieron a lo que gozan. Y como unos son más aptos para las oraciones vocales, que no para ejercicios interiores, y se las aconsejan los maestros; así otros, por el contrario, tienen menos de oración vocal, la cual es como medio para encender la devoción interior. Y así dice Santo Tomás, que cuando no es de precepto, ha de cesar cuando el ánimo se siente inflamado; pues conseguido el fin, es bien gozarle, sin ocuparse mucho en los medios. Y así vemos, que muchos hombres aventajados no tienen tanto destas oraciones vocales, como otros que comienzan, o como ellos mismos cuando comenzaron; no porque las desprecien y tengan en poco, sino porque han menester menos motivos exteriores para levantar los corazones a Dios. Y de nuestro Padre San Ignacio dice su Vida, que no podía pasar adelante en el rezo, por la mucha comunicación que tenía con nuestro Señor; y sus compañeros pidieron licencia al Papa para que le dejase; y se la concedió, porque le ocupaba todo el día, parando casi a cada palabra, para recibir la visita de Dios; y estando obligado a rezar, había de hacerlo, aunque le ocupara todo el día; pues fuera desacato y desagradecimiento a Dios acabarlo en breve. De suerte, que por oír a Dios y atender a los sentimientos interiores, dejó la oración vocal con licencia, aunque no dejó la mental; ni daba a ella todo el tiempo, por atender a otras cosas también de obligación.

Asimismo en este modo de oración no se dejan las peticiones, antes con un modo secreto se pide más, sin pedir, por ocuparse en lo que Dios gusta por entonces; y se alcanza mejor, porque se gana más la voluntad del Señor, que lo ha de dar. Y como Dios sabe las necesidades, y ve el ánimo deste su siervo, inclinado a pedir por ellas, y que no pide entonces por ocuparse en lo que le manda, fiándose de su Divina Providencia, procura remediarlas, como cosas que están a su cargo; a la manera que los señores, cuando tienen un criado que les sirve con amor y fidelidad, tienen cuenta, sin él pedírselo, con remediar sus necesidades y las de los que les tocan. Cuanto más, que, para pedir, hay otros tiempos, y aquél no es conveniente; pues comúnmente dicen los maestros espirituales, que cuando Dios previene con bendiciones de dulzura, hase de recibir con humildad la visita, sin divertirse a otros conceptos, ni afectos diferentes, aunque traigan buenos colores, porque el demonio procura engañarnos, para que perdamos lo que nos dan; o nuestra ignorancia lo perderá, con título de dar entonces gracias, o hacer grandes peticiones por éste o aquél, o por el otro; lo cual, aunque de suyo es bueno, mas no por el tiempo en que está Dios llamando y moviendo a otra cosa.

La séptima dificultad es que este modo de oración parece apartar de la común institución en el modo de orar que enseñó nuestro Padre San Ignacio, y encomiendan comúnmente los Doctores; y así causa división entre los de una comunidad, yendo unos por un camino, y otros por otro.

Pero está clara la respuesta, diciendo que antes favorece al común; pues cuando nuestro Señor no previene con especial inspiración, al principio se ha de comenzar por él, y dél sale este otro modo de oración; pues por medio de la meditación se alcanza la quietud de la contemplación. Y el autor de los Ejercicios subió dellos por especial gracia a este modo, cuando se dice del que en la oración más se había passive, gozando lo que le daban, que active, trabajando con el discurso; porque ya entonces descansaba, como quien había caminado, y llegado al término. Y aunque el común modo de orar se ha de proponer ordinariamente a todos; mas si nuestro Señor al principio pone por especial favor a alguno en la oración de quietud, ha de ser ayudado por allí. Y asimismo se puede aconsejar a los que se han ejercitado algunos años en discursos y meditaciones, y están bien aprovechados, y dispuestos para este modo de orar, con quietud interior en la presencia de Dios, y por modo de contemplación, aconsejándoles, no que dejen del todo las meditaciones, sino que poco a poco vayan teniendo menos de discurso y más de afecto, contentándose con los discursos pasados, y despertando los afectos que arriba quedan referidos. Y esto es conforme a lo que dice nuestro Padre San Ignacio en las adiciones de sus Ejercicios, que en el punto donde halláremos la devoción que pretendemos, allí paremos sin ansias de pasar adelante, hasta satisfacernos. Este mismo consejo se puede dar a los que, por flaqueza o por otra causa, no acierten a tener largos discursos, guiándose en todo por el parecer del que puede ser juez en esta causa, cuyo dictamen, fundado en prudencia y en las reglas que se han dado, se puede tener por señal de la vocación y voluntad de Dios; el cual suele ayudar a los tales, y levantarles a la quietud de la contemplación cuando menos pensaban. Y esto no es causar división, en la comunidad; porque el modo de orar por afectos con poco discurso en general, es de muchos; y lo más perfecto dél, es de pocos; pues siempre la perfección se halla en pocos. Y ojalá hubiese muchos, para que despertasen a los tibios, y andar desta manera por camino particular, no es malo; porque no hace Dios mercedes muy particulares a los que se contentan con el camino y vida común.

    Esta es la suma, en sustancia, de lo que se contenía en el tratado del Padre Baltasar, al fin del cual añadió estas palabras para el Padre Visitador desta provincia a quien le enderezaba: «Esto es lo que se me ofreció responder a V. R. cerca deste modo de oración. V. R., por amor del Señor, cuyo buen contentamiento desea, le vea y examine, y ordene a mí y a los de su Provincia, que fuéremos consultados de los que pareciere llevar Dios por este camino, lo que debemos tomar o dejar dél; que por este medio espero de su bondad nos dará a nosotros y a ellos significación de su santa voluntad».

    El fin que tuvo esta borrasca, cuanto a la persona del Padre Baltasar y su modo de oración aplicado a él mismo, fue próspero. Porque habiendo sido examinada esta causa por los Superiores y otras personas graves, como es costumbre de nuestro Señor ensalzar a los humildes y volver por la honra de los que quieren callar y sufrir y aventurarla por su servicio; así ordenó que se manifestase a todos su inocencia y verdad, no solo por lo que dijo en sus relaciones, sino mucho más por la heroica humildad y paciencia que mostró en esta ocasión, las cuales son grande indicio de que se padece sin culpa;

porque la buena conciencia que está segura delante de Dios, da grande esfuerzo, paz y sosiego en lo que padece de los hombres; y el mismo modo que tuvo en dar razón de sí, fue tan humilde y rendido, que admiró a los superiores. Y así, el Padre Visitador Diego de Avellaneda, viendo la sujeción y rendimiento con que le entregó sus papeles para que los examinase y con que respondía a las cosas que le preguntaba, dijo después, que ninguna cosa le había admirado y edificado tanto en esta provincia como la humildad del Padre Baltasar. Y el Padre general Everardo Mercuriano, aunque no aprobó la generalidad con que se sembraba este modo de orar, antes la corrigió y moderó, como luego veremos; pero cobró grande estimación de su persona del Padre Baltasar, y le empleó sucesivamente en dos oficios de los más honrosos y de importancia que tiene la Compañía en España, como abajo se dirá. Sirvióle también esta tribulación de ser más conocido, por donde parecía que había de quedar más hundido, y de apresurarle en la carrera que no era muy larga, para que fuese más gloriosa su corona.

Capítulo XLII. De la grande importancia y seguridad que tiene el modo de orar por meditaciones, afectos y coloquios con nuestro Señor, y cómo éste se ha de proponer y enseñar a todos

Porque lo que se ha dicho en los capítulos pasados no sea ocasión de tener en menos el camino ordinario y trillado por los Santos, de tener oración mental, y ninguno presuma por su autoridad de traspasar los límites y términos que los antiguos Padres nos dejaron; me ha parecido necesario, y será también muy provechoso, hacer una suma de las principales razones que confirman y engrandecen el modo de orar por discursos y meditaciones cerca de los divinos misterios, con los santos afectos, peticiones y coloquios con nuestro Señor a que ellas mueven e inclinan nuestra voluntad.

Sea, pues, la primera y fundamental, que como el fin propio e inmediato de la oración mental, que es obra de nuestro entendimiento ilustrado con la lumbre de la fe, sea alcanzar con perfección aquel supremo conocimiento de quien Cristo nuestro Señor y Salvador dijo a su Eterno Padre: Esta es la vida eterna, que conozcan a Ti, solo Dios verdadero, y al que enviaste al mundo, Jesucristo tu Hijo; es cosa cierta que ninguno puede alcanzar en esta vida la perfecta participación de la vida eterna, que llaman bienaventuranza comenzada, si no es por la perfecta contemplación en que se descubren estos dos excelentísimos objetos: Dios en cuanto Dios, y Cristo verdadero Dios y hombre, con la claridad que se compadece con la fe. Y aunque nuestro Señor, por especial gracia, infunde algunas veces la grandeza y claridad deste conocimiento, sin haber precedido diligencia de parte del hombre; pero es temeraria presunción, y tentar a Dios, esperar este don, o pedirle, sin poner las diligencias que el mismo Señor manda y aconseja, como disposiciones para alcanzarle. Y éstas —como dice Santo Tomás y tráelo de San Agustín y de San Bernardo en el tratado que llaman Escala espiritual— son la lección, meditación y oración, leyendo las divinas Escrituras, donde está la vida eterna, y los libros devotos de los Santos que la declaran; meditando con atención los divinos misterios, escudriñándolos y entrando en lo profundo dellos, y discurriendo de unos en otros para mejor penetrarlos; y luego orando y pidiendo a Dios luz para entenderlos. Y por esto dijo el Salvador a sus discípulos: Pedid, y recibiréis; buscad, y hallaréis; llamad, y abriros han. Porque el flojo o presuntuoso que no quiere pedir, no merece recibir; y si no quiere buscar, no hallará; y si no llama, no le abrirán. Menester es, pues, que el cristiano, avivando la fe, aplique sus potencias y trabaje con la lección, meditación y oración, pidiendo, leyendo, meditando y llamando cada día para alcanzar lo que desea.

Con este conocimiento de Dios y de Cristo ha de andar junto el propio conocimiento de sí mismo, de sus miserias y pecados y de la gravedad dellos; el cual, con ser de cosa tan cercana, no se alcanza si no es entrando con la meditación dentro de sí, y ponderando todos los daños, peligros y graves males a que estamos sujetos y que merecemos por nuestros pecados. Y también es necesario tender los ojos del discurso a lo que sucederá en la muerte; y lo que pasará en el juicio particular y universal; y asimismo bajar a ver lo que se padece en el infierno y purgatorio, y subir a ver lo que se goza en el cielo. Todo esto, de ley ordinaria, no se alcanza, si no es por la meditación, que despliega y abre estos libros cerrados, y considera los secretos que tienen escondidos. Y aunque San Agustín clamaba a Dios en la oración, diciéndole: Señor, conózcate a ti, y conózcame a mí; pero no se contentaba con esto solo, esperando a que Dios le infundiese estos dos conocimientos, sino trabajaba en procurarlos con sus meditaciones; y dejó escritos libros dellas, para que los que no pueden o no saben meditar por sí mismos, suplan esta falta con la lección de lo que otros han meditado, haciendo como propia la meditación ajena.

Demás desto, el fin más principal de la oración mental es mover la voluntad a que ejercite los nobles actos que llamamos afectos de amor de Dios, dolor de pecados, resignación y otros semejantes. Y aunque nuestro Señor, como dueño della, puede moverla en un momento con sus fuertes inspiraciones; pero, de ley ordinaria, quiere que el hombre, con los discursos y meditaciones del entendimiento, mueva y aficione su voluntad a las cosas santas que medita; y quien no hace más que irse a la oración, dejando a Dios que le mueva, hallarse ha burlado; y si no piensa nada, andará distraído y quedará seco; perderá tiempo y estará ocioso. Y como es menester poner concertadamente la leña y soplar la brasa para encender fuego y levantar la llama, así es menester que, con la lección y meditación, se alleguen verdades de los divinos misterios, y procure soplar y atizar la brasa del buen deseo que nos movió a entrar en oración, para que se encienda un grande fuego de amor de Dios, o de contrición, o de otras virtudes. Y por esto San Basilio, habiendo dicho que el buen afecto consiste en un vehemente deseo de agradar a Dios con estabilidad y constancia, añade que este afecto se ha de engendrar por la meditación y consideración de las divinas perfecciones, y de los beneficios que de Dios recibimos.

A esto se añade que, el orar, propiamente es hablar y razonar con Dios sobre el negocio de nuestra salvación. Y aunque el Espíritu Santo es el que enseña a pedir con gemidos inefables, y la lengua del alma, como dice San Bernardo, es la devoción, sin la cual no se puede hablar bien con el Verbo divino; mas de ley ordinaria esta devoción, como dice Santo Tomás, no se alcanza si no es con la meditación o contemplación; y como la contemplación es de pocos, así, más ordinariamente, procede de la meditación; la cual también enseña y descubre las cosas que se han de pedir a Dios, las razones y títulos que se le han de alegar, las ofertas que se han de hacer, sacándolo todo del misterio que medita. Y por esta causa importa que preceda alguna meditación, para que la oración vocal sea atenta y devota; y si el entendimiento penetra el sentido de las palabras que reza, será mayor el fruto della.

Y de aquí se toma otra razón muy fuerte. Porque el principal fruto de la oración mental es la reformación de las costumbres, la mortificación de los vicios y pasiones y el ejercicio de todas las virtudes; pero este fruto es disposición para la perfecta contemplación, en que cesan los discursos, y ha de nacer de la ordinaria oración, que estriba en meditaciones al modo que se ha dicho. Porque —como dice Santo Tomás— las virtudes morales que enfrenan las pasiones son disposiciones necesarias para la perfecta contemplación. Y el Cardenal Cayetano, su comentador, lo declara por estas admirables palabras: Adviertan los que tienen cuidado de industriar a otros en el camino de su aprovechamiento espiritual, que primero han de persuadirles se ejerciten en la vida activa, antes que les pongan en subir a la suprema de la contemplativa; porque antes de subir a ella, es menester que domen y pacifiquen las pasiones con los buenos hábitos de mansedumbre, paciencia, humildad y liberalidad y los demás virtudes; y por falta desto, muchos que van por el camino del espíritu, no andando, sino saltando, después de haberse dado mucho tiempo a la contemplación, se hallan vacíos de virtudes, y son impacientes, vengativos y soberbios, si les tocan en estas materias; por lo cual, los tales no han alcanzado con verdad ni la vida activa, ni la contemplativa, ni la compuesta de ambas; antes, han edificado sobre arena movediza: y ojalá esta falta no sea muy frecuente.

Esto dice Cayetano, y es muy conforme a la doctrina de San Gregorio, San Bernardo, San Isidoro y otros Santos Padres y maestros del espíritu.

Por lo cual conviene que todos con la meditación se apliquen a descubrir las raíces de sus vicios y los remedios, y piensen cosas que muevan la voluntad a desear aplicarlos para limpiarse dellos, conforme a lo que dice David: *Meditatus sum nocte cum corde meo, et exercitabar, et scopebam, spiritum meum.*

De aquí es que los que se dan a la oración de quietud y silencio, sin este cimiento y sin especial moción de Dios, van fundados sobre falso, y viven una vida desaprovechada; su oración más merece nombre de ociosidad y remisión de espíritu; y acaéceles lo que a los pajaritos que salen del nido a volar antes de tiempo, que no pueden volar a lo alto, ni volver al nido, y dan consigo en tierra con pérdida de la vida. Así éstos ni aciertan a meditar, ni a estar en quietud delante de Dios, sino siempre andan vagueando con pensamientos de tierra; porque antes de tiempo quisieron volar a lo más alto del espíritu.

Y es esto tan gran verdad, que los mismos que han subido a este modo de oración de quietud tienen necesidad de no olvidar el ejercicio de meditar y pensar algo en los divinos misterios; porque muchas veces cesa el favor y moción de Dios, que les levanta a tanta quietud, y es menester que entonces obren ellos con sus potencias, pues no han de ser como navíos de alto bordo, que solamente se mueven con viento, sino como galeras o navíos más pequeños, que, en faltando el viento, navegan con remo; y si faltase el viento y remo, quedarían en calma. Así, faltando el viento de la divina moción especial y la cooperación e industria de nuestras potencias, quedarían ociosas y paradas en tu camino espiritual.

Y demás desto, como es justo conformarse en la oración mental con el espíritu de la Iglesia, en las festividades que celebra de Cristo nuestro Señor y de sus Santos, si no hay uso de meditación destos misterios, no habrá particulares sentimientos cerca dellos, ni materia para hablar con espíritu de lo que no se ha sentido en la devota meditación, si no es secamente, como hablan los letrados por solo estudio. Y así, el mismo Dios, a los que lleva por este camino de oración tan levantada, suele ilustrarles con su luz para la contemplación destos misterios en sus días, lo cual es señal de que gusta que los demás que van por el camino ordinario discurran y mediten sobre ellos.

También, lo que más nos importa en esta vida son virtudes sólidas y macizas, que sean de dura, y no se muevan fácilmente con vientos de tentaciones, o con mudanzas de sucesos interiores. Y los que estriban en solos afectos tiernos, y en las dulzuras de la oración, que llaman de quietud, suelen ser de poca firmeza y dura; porque la devoción sensible, y afecto tierno, fácilmente se muda. Y por esto dijo San Bernardo al Papa Eugenio: Noli nimis credere affectui tuo, qui nunc est, «que no se fiase demasiado del buen afecto que entonces sentía», porque presto suele mudarse en contrario. Por lo cual aquella virtud es más sólida y maciza, que se funda en vivas razones, que atan y convencen al entendimiento, y con su luz le desengañan, y dan verdadero aprecio de la misma virtud. Y aunque la oración extraordinaria, que Dios da, trae consigo semejantes razones y desengaños; mas de ley ordinaria no se alcanzan sino con profundas meditaciones y ponderaciones de los misterios de la fe, que son canteras, minas y fuentes de donde se sacan.

Finalmente, los que tratan de oración y pretenden las virtudes con que Dios es honrado, y la perfección evangélica, han de tener un ánimo muy descarnado de sus propias trazas, sin tasar al Señor el tiempo de sus visitas y misericordias; y por esto es cosa sospechosa dar regla general que quien hiciere tal o tal diligencia, tantos años o meses alcanzará este o aquel favor de Dios, o tal grado de virtud. En lo cual es reprehendido de algunos Casiano, que señaló tiempo para alcanzar la perfección de la castidad al que hiciese las diligencias que allí pone; porque esto no consiste tanto en industria, arte, o tiempo, siendo obra de gracia, y de providencia particular de Dios, qui unicuique dividit prout vult, et quando vult. Y así, a los que comienzan el ejercicio de la oración y de la virtud importa grandemente ir por su camino ordinario y trillado, cooperando fervorosamente de su parte a la dirección ordinaria de Dios y de su gracia, quitando los impedimentos, y aplicando los medios señalados, perdiendo las ansias y cuidados de los acrecentamientos por caminos extraordinarios, sometiéndolos a la providencia de Dios, para que haga Su Majestad lo que quisiere y más conviniere, estándose en su lugar mientras no le dijeren: Amice, ascende superius.

De todo lo dicho se concluye, que todos los que tratan de oración, seglares o religiosos, cuanto es de su parte, han de comenzar y proseguir por este camino ordinario de meditar, hasta que nuestro Señor los llame y haga subir a otro más levantado con su especial vocación; la cual, cuando fuere conocida, ha de ser obedecida; porque entrambos extremos son muy perjudiciales, así el de los que sin esta vocación temerariamente se arrojan a pretender lo que es sobre sus fuerzas, como el de los que resisten al divino llamamiento, cuando consta que los quiere guiar por otro especial camino; lo cual ha de juzgar el prudente y experimentado maestro de espíritu, cuyo oficio ha ser ver y examinar bien los caminos especiales por donde el espíritu del Señor guía a sus siervos, y no apartarles dellos, sino enderezarlos y ayudarlos, para que los sigan con provecho y acierto. Porque en el mismo camino de las meditaciones hay grande variedad: y a unos lleva nuestro Señor por meditaciones de cosas terribles, que causan temor; a otros, por meditaciones de la vida y Pasión del Salvador, o de los divinos beneficios; y a otros, por otras varias, dando a cada uno mayores sentimientos en unas que en otras; y en éstas han de ser ayudados, porque los maestros no son más que cooperadores y ayudadores de Dios en guiar las almas; pero el mismo Dios es la principal guía y maestro, a quien los demás han de seguir, al modo que se ha dicho. Y cuando nuestro Señor no toma la mano por especial gracia, hanse de seguir las reglas generales que nos ha dejado en su Iglesia. Pero así éstas como las especiales, y todas las diligencias e industrias, se han de enderezar al principalísimo fin y fruto de toda buena oración, que abraza todo lo que arriba queda referido.

Capítulo XLIII. Cómo los de la Compañía han de seguir este modo de orar, que se enseña en nuestros Ejercicios. Declárase su grande excelencia, y pónese una plática dellos, muy espiritual y provechosa

Las razones que se han puesto en el capítulo pasado declaran bastantemente la excelencia y seguridad del modo de oración que nuestro Padre San Ignacio enseña en el libro de sus Ejercicios, y se practica en nuestra Compañía ordinariamente; en el cual se encierran todas las cosas necesarias para la perfecta oración mental, que todos pueden pretender, cooperando con sus diligencias e industrias a la moción de Dios y de su gracia, que siempre nos previene y despierta, para que vayamos obrando con ella: conviene a saber, las preparaciones que ha de haber, las cosas y misterios que se han de meditar, los afectos que se han de sacar, los coloquios con Dios que se han de hacer, el modo como las potencias del alma se han de aplicar a todo esto, los frutos y provechos a que se ha de enderezar, y las reflexiones y exámenes que se han de hacer sobre todo ello para apurar y sacar en limpio este fruto. Después, enseña el modo de subir a la contemplación, y al perfecto amor de Dios, y a gozar quietamente con los sentidos interiores, de lo que se ha discurrido y meditado. Todo lo cual declaramos largamente en los dos libros de las Meditaciones y en la Guía espiritual.

1
Pero ahora pondré aquí algunas razones especiales, que obligan a los de la Compañía a seguir este modo de oración que nuestro Santo Padre Ignacio

nos dio en sus Ejercicios, y a tener grandísima estimación dellos. Y sea la primera, porque, como dicen los filósofos, todas cosas, por las mismas causas que se engendran se van conservando y aumentando. Y como la Compañía en sus principios se fue engendrando por este modo de oración, por el cual (como lo prueba el Padre Rivadeneira, en el libro I de la Vida de nuestro Santo Padre, capítulo VIII), fueron llamados y comenzaron nuestros primeros Padres, y llegaron a grande alteza de santidad; así, por este mismo camino, hemos de ir sus hijos y sucesores; y llegaremos por él, si por nosotros no queda, a la misma alteza de perfección que ellos alcanzaron.

Demás desto, tenemos por tradición, que nuestro Señor reveló y dio estos Ejercicios a nuestro Santo Fundador, como luego veremos; y no hay duda, sino que no se los dio para solo él mismo, sino para que por medio dellos plantase esta religión de la Compañía, para cuya fundación le tenía escogido, y los comunicase a sus hijos y sucesores y fuesen una de las principales armas con que hiciesen guerra a los demonios y ayudasen a la salvación de las almas; y la experiencia ha mostrado ser así, por las notables mudanzas y provechos que han causado en muchas personas de todos estados. Luego justo es que sigamos este modo, como dado de nuestro Señor para nuestro provecho; y casi podría dar por testigo a los presentes de la Compañía, que palpan como con la mano la renovación de espíritu que sienten, cuando se recogen cada año ocho o diez días a hacer estos Ejercicios.

En cuya confirmación me ha parecido poner aquí una especial revelación, que creo será para todos de mucho consuelo.

Entre las personas que he tratado de muy alta y levantada oración, que no han sido pocas después que trato almas, una dellas a quien nuestro Señor y su Santa Madre hacían muy extraordinarias misericordias, de cuya verdad en lo que dice tengo la certeza moral que los hombres podemos tener de cosas semejantes, me contó lo que aquí diré.

Sabiendo esta persona que los de la Compañía se recogían a hacer estos Ejercicios el año de 1600, como tenían de costumbre, quiso ella también recogerse para hacerlos en su casa del modo que pudiese. Y habiendo ya comenzado, estando una mañana con nuestro Señor en su oración, vio con los ojos del alma venir y llegarse cerca della un santo ángel de grande majestad; y admirada de verle, y no sabiendo quién pudiese ser, la dijo cómo era el Arcángel San Gabriel, que venía a traerla un recaudo de parte de la Sacratísima Virgen nuestra Señora. Ella, que era humilde, en oyendo esto se admiró mucho más, y se encogió y pidió al ángel que, antes de darla tal recaudo, la diese licencia para que tratase despacio con nuestro Señor de cosa tan grande: como en casos semejantes solía hacerlo. El ángel, que gusta mucho de la humildad y recato y santo encogimiento, respondió que era muy contento dello. Y así, dejándole como si allí no estuviera, se fue a nuestro Señor, que está presente en todo lugar, como la fe nos lo enseña; y con grande sentimiento y afecto le representó su miseria y bajeza, suplicándole tuviese misericordia della y apartase della todo lo que no fuese muy conforme a su santísima voluntad. Habiendo estado un rato en estas y otras peticiones, oyó la interior voz del Señor, que la decía que oyese las razones que la quería decir el ángel. Entonces, certificada ya interiormente de que todo aquello era obra de Dios, del modo que Su Majestad suele hacerlo con sus siervos y lo hacía con los Profetas, oyó de rodillas y con grande reverencia el recaudo del Santo ángel, en que la decía de parte de la Soberana Reina del Cielo, que en los Ejercicios que había pensado hacer de discurso y meditaciones de las grandezas de Dios, y de los infinitos bienes que por este Señor nuestro se nos comunicaron (casi al modo que se hace en la Compañía), recibiría muy particular servicio de que lo hiciese como lo había pensado. Porque la hacía saber que ella era y había sido como patrona y fundadora de aquellos santos Ejercicios de la Compañía, y había sido ayudadora, y como enseñadora del Santo Padre Ignacio, para que así se hiciese; y en esta razón había tenido en ella principio esta obra; y también porque ella se ocupaba muy a la continua, el tiempo y años de su vida, en estos santos Ejercicios.

Esta fue la revelación, de cuya verdad, como dije, miradas todas las circunstancias de la persona que la tuvo, no tengo duda. Y creo cierto que no tanto se hizo a ella por ella cuanto por nosotros: para que los de la Compañía, y los demás que se ejercitan en estas santas meditaciones y gastan algún tiempo en estos soberanos Ejercicios, los estimen en mucho y se alienten a continuarlos, pues tienen tal fundadora, protectora y ayudadora, como la Virgen Sacratísima, y ella se preció de hacerlos, aunque con incomparablemente mayor excelencia que nosotros; y quiso darnos noticia desto, para que siguiésemos su ilustrísimo y santísimo ejemplo.

Otra razón también muy fuerte nos ha de mover a seguir este modo de orar. Porque la oración no es propio fin de la Compañía, ni de las religiones mendicantes que tratan con prójimos, aunque lo sea de las que profesan soledad; sino un instrumento universal de que nos ayudamos, con otros medios, para alcanzar las virtudes, y ganar las almas. Y así, aquella forma de oración hemos de seguir, que nuestro Señor nos señaló como medio propio para alcanzar el fin de nuestro instituto, que es la que nos dejó el Fundador, la cual es muy proporcionada para este fin, y por ella se alcanzará con perfección.

Estas y otras más razones recogió breve y admirablemente en una plática que hizo entonces el Padre Juan Suárez, Provincial desta provincia, con esta ocasión. El Padre general Everardo Mercuriano sintió mucho lo que le escribieron, que algunos, con espíritu particular poco reportado, despreciaban el modo de orar de nuestros Ejercicios, y querían introducir otro nuevo. Y en esta razón envió una carta al Padre Baltasar Álvarez, y otra al Padre Provincial desta provincia, escrita en marzo de 1577, la cual vi yo, y della saqué algunas razones de las que quedan puestas en estos dos capítulos, y contenía lo mismo que la otra, encargándole que conforme a ella enderezase y ayudase a los nuestros, para que estimasen y siguiesen el modo de oración de nuestros Ejercicios. En cumplimiento desto, el Padre Juan Suárez, estando yo el año de 1578 en este Colegio de San Ambrosio, estudiando el último año de Teología, nos hizo una plática espiritual tan llena de santos avisos y documentos espirituales, para los que tratan de oración, que luego la escribí en mi librito; y me ha parecido ponerla aquí, por ser muy a propósito, refiriéndola casi por sus mismas palabras, añadiendo algunas para mayor declaración de lo que dice.

2. Plática del Padre Juan Suárez sobre la seguridad e importancia del modo de oración de nuestros Ejercicios

Tenemos muy gran razón de gozarnos y dar gracias a Dios nuestro Señor, por habernos dado Su Majestad modo de tratar con Él, acertado y seguro, cual es el que nos enseñan nuestros Ejercicios.

Lo primero, porque si el abogado y el juez, y cada uno, desea y procura acertar en su oficio, porque le va la honra, hacienda o vida, ¿cuánto más ha de desear acertar el religioso en el suyo, que es tratar con Dios, en lo cual no va hacienda o vida temporal, sino eterna?

Lo segundo, porque si es gran cosa saber un hombre que va bien por un camino, sin recelo de perderse ni volver atrás, ¿cuánto mayor consuelo será para el que trata de oración saber que va por camino acertado y muy seguro? Porque, sin duda, sería gran trabajo, al cabo de algunos años de religión y oración, hallarse un hombre en blanco y burlado, por no haber andado camino seguro.

Y que sea tal el de nuestros Ejercicios se colige, lo primero del fruto que por ellos vemos hacer en las almas, y el que han hecho en las mudanzas grandes que habemos visto en muchas personas de todo género de estados. Lo segundo, porque, como me dijo nuestro Padre Everardo, en Roma se tenía por tradición que había dicho el Padre Diego Laínez que nuestro Señor Dios había dado los Ejercicios a nuestro Padre San Ignacio. Lo tercero, que sobre todo consuela y asegura, es la aprobación del Vicario de Cristo nuestro Señor, la cual consta de la Bula de Paulo III, donde aprueba y alaba mucho los Ejercicios de la Compañía, y exhorta a los fieles se quieran aprovechar dellos. Esta es la regla infalible, donde no puede haber engaño. Y si deste modo así aprobado bien usáremos, seguros podemos parecer delante de Dios el día del juicio; porque habemos seguido el modo que Su Majestad nos dio. Y si engañados habemos vivido, por Dios y por su Vicario lo habemos sido; pero como es imposible que Dios nos engañe, ni que su Vicario, en lo que propone a toda la Iglesia, yerre; así nosotros, siguiendo este modo, ni vamos engañados ni erramos.

De aquí se sigue que no está la seguridad en sentimientos y gustos espirituales, ni en satisfacción de sí, sino en la obediencia verdadera a la Iglesia y a nuestra Religión. Porque muchos hemos visto muy regalados interiormente y con muchas lágrimas y sentimientos, y estar engañados por seguir, como Saúl, su propio juicio, que es demonio voluntario, seminario de errores y fuente de las herejías, como lo vi en Sevilla, donde estaba un hereje llamado Julián de Villaverde, enviado por los suyos a verse con los herejes que entonces andaban encubiertos en España. Prendiéronle, y por orden de los Inquisidores traté con él, ganéle la voluntad, y diciéndole que le deseaba su salvación, respondía que él la mía, sino que yo pensaba salvarme por lo que la Iglesia enseña, y él por lo que le parecía. Hablaba con grande sentimiento de las cosas de Dios, y a veces con lágrimas, diciendo: Benedictus Deus, qui consolatur nos in tribulatione nostra. Y satisfaciéndose de su camino, decía: Ipse enim spiritus testimonium perhibet, etc. Pensaba el miserable que el Espíritu Santo le daba interior testimonio de que iba bien, y no era sino su espíritu propio, ciego y obstinado. Murió quemado vivo, con tantas lágrimas y ternura, que espantó a todos. Pero los cuerdos echaron de ver que Satanás se había transfigurado en ángel de luz para engañarle y endurecerle. Y entre él y nosotros, sola esta diferencia había: que aquél se guiaba por su propio juicio, y nosotros, por el de la obediencia y de la Iglesia, a la cual rige el Espíritu Santo; pero el juicio propio es el demonio que llaman meridiano. También el Padre Maestro Ávila, al cabo de muchos años de oración, hallaba haber errado en muchas cosas y en otras acertado, y de todas nos avisaba a ciertos Padres que estábamos en Montilla, exhortándonos que diésemos gracias a Dios, que nos llamó a la vida segura de la obediencia.

Viniendo, pues, al modo de oración de nuestros Ejercicios, supongo lo primero, que aunque es verdad que, sin causa alguna, puede el Criador consolar a la criatura, pero comúnmente consuela y aprovecha al que se ayuda; y así, al que se da a la contrición, le da Dios devoción, y al que pelea y vence sus tentaciones y pasiones le da el maná escondido.

Lo segundo, aunque la virtud de la caridad es la que nos ha de hacer comenzar, continuar y acabar el camino espiritual; mas esa misma caridad inclina a los que comienzan a hacer actos de penitencia y mortificación; a los que aprovechan, a hacer actos de edificación de sí y de sus prójimos, imitando las virtudes que resplandecen en la vida y Pasión de Cristo nuestro Señor; y a los perfectos inclina a actos de amor y gozo de los bienes de Dios, y de Cristo nuestro Señor, y de lo bien obrado y padecido por Él.

Lo tercero, que aunque el corazón que está predominado de una virtud o don espiritual, de todo saca sustancia, según la virtud que en él predomina, como si predomina espíritu de humildad, o contrición, de la misma Resurrección de Cristo nuestro Señor, y de las propiedades de Dios, saca humildad y contrición (como nuestro Padre Francisco de Borja tenía tanta humildad, que en todo lo que pasaba se humillaba y confundía); pero, por nuestros pecados, ahora hay poco desto; y así es menester tomar materia que de suyo ayude al alma para lo que ha menester, según su disposición.

Lo cuarto: en los Ejercicios nuestros hay materia y forma escogida para los actos de las tres vías: purgativa, iluminativa y unitiva, que son alimpiar, aprovechar y perficionar un alma con el ayuda de Dios. Para lo primero dan materia muy buena y bastante los ejercicios de la primera semana, que son de los pecados, muerte, juicio e infierno. Para lo segundo, los de la segunda y tercera, que son de la Encarnación, Vida, y Pasión y muerte de Cristo nuestro Señor. Para lo tercero, los de la cuarta, que son de la Resurrección, Ascensión y amor divino.

La forma que se ha de tener es, primero, la preparación, conforme a lo que dice el Sabio: Ante orationem praepara animam tuam. Esto se hará guardando uno con diligencia las adiciones y advertencias que se dan para tener bien oración; y también, guardando entre día el corazón con recogimiento de sentidos, haciendo examen general y particular de sus faltas; para que con esto, purificada el alma, pueda después sin impedimento tratar con Dios.

Lo segundo, es la cooperación en el tiempo de la oración, ejercitando las potencias: memoria, entendimiento y voluntad, y sentidos interiores, acordándose del misterio, discurriendo y pensando bien en lo que encierra, moviendo la voluntad a amar o aborrecer el bien o mal que allí se descubre, aplicando los sentidos a gustar la suavidad y dulzura de la virtud, y el horror y agrura del vicio.

Lo tercero es la aplicación, al fin de la oración, para sacar algún fruto. Esto es lo que nuestro Padre San Ignacio repite muchas veces en los Ejercicios: «reflectir sobre mí, para sacar algún provecho». Cerca de lo cual se han de advertir cinco cosas muy importantes.

La primera, que no se ha de gastar el tiempo de la oración en generalidades, como es: ¡Oh, qué buena es la humildad, caridad, etc.!, sino es menester hacer reflexión sobre mí mismo, mirando la pobreza que desto tengo y dando traza de enmendarme, pidiendo a Dios gracia para ello, y proponiendo a menudo la enmienda; porque de otra manera quedaremos tan carnales y con las pasiones tan vivas como antes, porque con los tiros que pasan por alto no se derriba el castillo.

Lo segundo, que de ordinario se ha de proceder conforme al orden dicho. Porque, aunque gastar el tiempo de la oración en actos de amor de Dios, y en considerar sus perfecciones, sea muy bueno; pero en uno que tiene sus pasiones inmortificadas, y cuando había de tratar de mortificarlas, es engaño; y los actos que hiciere no serán de amor de Dios, sino de amor propio. Y por aquí irá a la caza de soberbia, como hizo amor de sí. Verdad es de Dios la que se medita, pero la aplicación puede ser del demonio, cual fue otra que él aplicó en la segunda tentación de Cristo.

De aquí se sigue la tercera, que el fruto que se ha de sacar es enmienda de mis costumbres para hacer bien y padecer en servicio de Cristo nuestro Señor, y provecho mío, y de mis prójimos: Juxta illud, bona arbor bonos fructus facit, porque «el buen árbol lleva buenos frutos».

La cuarta es la ejecución de los buenos propósitos; y para esto particularmente ayudan los exámenes, general y particular, con la penitencia por las faltas; porque regnum caelorum vim patitur, et violenti rapiunt illud; «el Reino de los cielos hase de conquistar con buenas obras, haciéndose fuerza a sí mismos para ejecutarlas».

La quinta: que el acierto de todo esto está en que la aplicación sea a quitar lo que más nos estorba el aprovechamiento, o el adquirir la virtud que más nos falta; y para esto lo más seguro es la dirección del superior o confesor. La dirección general es que se aplique a nuestra abnegación y mortificación, y adquirir las verdaderas y sólidas virtudes, y ayudar a nuestros prójimos a lo mismo. La particular remite la regla a la consideración y ordenación del superior, diciendo: Quod ad orationem et examina pertinet cum unoquoque constituat. Porque el superior y confesor, con su prudencia, han de aplicar los avisos generales, conforme a la capacidad y necesidad de cada uno.

Esta fue la plática deste varón tan prudente y experimentado en las cosas de espíritu, de la cual solamente saco por conclusión contra los presuntuosos, que, aunque nosotros no hemos de atar al divino espíritu ni sujetarle a nuestras reglas y preceptos de orar; pero el divino espíritu quiere que nosotros nos atemos y sujetemos a las que Él nos ha puesto en su Iglesia y enseñado a los Santos Padres que nos ha dado por nuestras guías y maestros, que para nosotros son las de nuestro Padre San Ignacio, y las del libro de sus Ejercicios espirituales, que casi son las que más comúnmente enseñan los Santos para todos los justos. Y no querer atarse a reglas, es claramente libertad de carne, y presunción de soberbia muy peligrosa, siguiendo por su antojo los ímpetus interiores de su espíritu, que pensará ser de Dios, y serán del demonio. Y cuando el Señor quisiere llevar por camino más particular y extraordinario, maestros hay en la Iglesia y Religiones, que le sabrán enderezar, conforme a lo que se entiende ser voluntad y gloria del Señor, que es admirable en el modo de guiar sus escogidos, como lo fue con nuestro Padre Baltasar, de quien vamos tratando.

Capítulo XLIV. Como fue por Visitador de la Provincia de Aragón; el modo como la hizo, y cómo descubrió allí la gran virtud del Hermano Juan Jimeno; pónese una relación que hizo della

Como el Padre Baltasar salió tan bien desta prueba que se ha dicho, nuestro Padre general Everardo, con la buena relación que dél tuvo, le nombró por Visitador de la Provincia de Aragón, como enviaba otros Padres a visitar las demás provincias; los cuales siempre eran de los más graves y de mayores prendas; porque iban en su lugar, y con sus veces, por no poder él personalmente visitarlas. Partióse luego a cumplir su obediencia, y hizo su visita con un modo admirable, que puede servir de dechado a todos los que tienen semejantes cargos. Y así dijo el Padre Gil González de Ávila, que era Asistente en Roma, que nuestro Padre general había dicho, que entre dieciséis visitas que entonces, se habían hecho en la Compañía, ésta había tenido singular eminencia.

Porque primeramente procuró el Padre Baltasar conservar la unión y paz con los demás superiores en cuanto se podía, para que fuesen todos a una en la reformación del espíritu que se pretendía, procediendo en todo con raro ejemplo de santidad, que es el que da autoridad al que gobierna, y le hace amable y bien quisto, y que se reciba bien lo que ordena. Pero especialmente tuvo esta unión con el Provincial que era el Padre Pedro de Villalba, que después también lo fue desta Provincia de Castilla, y contó lo que se dirá desta visita; el cual era varón verdaderamente espiritual y desengañado, de quien decía el Padre Baltasar, que había topado con un hombre que tenía verdadera estimación y aprecio de la virtud; y así, en tratándose y conociéndose, se amaron y unieron de manera que nunca discreparon, ni tuvieron encontrados pareceres. Y no es de maravillar, porque el Provincial, en conociendo los grandes dones que Dios había puesto en el Visitador, le respetaba, de modo que cualquier respuesta y determinación suya le parecía bajada del cielo, y que sus dictámenes eran como primeros principios en materia de espíritu y de gobierno.

Todo esto también procedía de que el Padre Baltasar, la visita que había de hacer en cada Colegio, primero la consultaba con nuestro Señor, suplicándole instantemente que fuese a mayor gloria suya y provecho de los súbditos. Y para esto, antes de comenzarla en cualquier casa, se recogía ocho días, o los que cómodamente podía, a hacer los Ejercicios espirituales de oración y lección, como en la Compañía se usan. Y en este tiempo no quería que alguno le hablase, gastándole todo en tratar con Dios; con lo cual, fuera del buen ejemplo que daba a todos los de la Provincia, los aficionaba y movía a pedir y hacer ellos otro tanto; y concebían dél lo que de verdad era, estimándole y reverenciándole como a Santo, teniéndose por dichosos que tal superior les hubiese cabido en suerte; y no veían la hora de declararle su corazón y abrirle su pecho y ponerse en sus manos, pareciéndoles que quien tenía tan familiar trato con nuestro Señor no podía dejar de acertar en todo su gobierno.

Pasados, pues, los ocho días, comenzaba a hablar a todos los de casa, y los oía despacio cuanto querían decirle, gastando en esto todo el tiempo necesario; y tanto con el menor como con el mayor, según la necesidad de cada uno, y no según otros respetos humanos, que hacen gastar el tiempo sin tanto provecho. En habiéndolos oído, los consolaba y animaba a la perfección y trato con nuestro Señor. Y no faltaron algunos que tuvieron experiencia de la luz y espíritu de profecía que acá solía descubrir, para alentarlos en el divino servicio. De un Padre, por lo menos, de aquella Provincia, he sabido que, siendo Hermano, le dijo algunas cosas que le habían de suceder, y le sucedieron como se las había dicho. Con estas diligencias y con la eficacia de sus palabras en las pláticas comunes que hacía a todos juntos con el espíritu y fervor que tenía de costumbre, fue grande el provecho que hizo en todos; de suerte que, cuando se iba, sentían su partida, por el amor que le habían cobrado y por el fruto que con su comunicación habían sentido.

Comenzó, pues, su visita por el Colegio de Zaragoza, donde descubrió un tesoro escondido, que le causó grande gozo. Porque, habiendo hablado a todos los de casa de las cosas de sus almas, topó entre ellos un Hermano Coadjutor, que se llamaba Juan Jimeno, de excelente virtud, pero encubierta. Era este Hermano de nación valenciano, de un lugar de las montañas que se dice Biar; el cual, por consejo de un devoto ermitaño, se resolvió de ir a Valencia a pedir la Compañía; y en su pretensión le sucedieron dos cosas que eran señales de que Dios le llamaba y le escogía para ser muy santo. La una fue que, acudiendo el enemigo en medio del camino a tentarle para que se volviese a su tierra con su madre y Hermanos, que eran pobres, movido del divino Espíritu, hizo este insigne voto: «Yo os prometo, Señor, que tengo de ir a servir aquellos Padres por vuestro amor; y también os prometo, Dios mío, de no hacer cosa que no sea por vuestro amor; porque yo no sé adónde voy a servir, sino a Vos, que sois mi Dios y mi Señor». Con esta generosa promesa cesó la tentación y siguió su camino hasta Valencia, adonde sucedió la otra cosa notable, pidiendo ser admitido al Padre Provincial Antonio Cordeses, hombre de grande espíritu. El cual, tratando con sus Consultores si recibiría en la Compañía a Jimeno, ellos, que ya le habían visto y hablado antes, como es costumbre, fueron de parecer que era inútil para ella. Y juntándose segunda y tercera vez a tratar desto, porque el Provincial estaba inclinado a recibirle, dijeron lo mismo. Pero el Padre Cordeses, con la interior moción que el Señor le imprimía, usando de su modo común de afirmar las cosas, dijo: In rei veritate, que le habemos de recibir para santo, que éste lleva camino de serlo. Y así le admitió, y el suceso descubrió que fue de Dios su resolución con aquel modo de profecía.

Poco después le enviaron por morador al Colegio de Zaragoza; y casi siempre residía en la casa del campo, o heredad, o torre, que se llama Jesús del Monte, donde trabajaba de día y de noche como un esclavo; aunque, muchas veces, venía al Colegio y acarreaba con un chirrión leña y agua en un cubeto, y otras cosas necesarias para el servicio de la casa, aplicándose con mucha alegría a los oficios más trabajosos y penosos, a que otros suelen tener repugnancia.

No le faltaron ocasiones de desprecio por falsos testimonios que le habían levantado; pero supo bien aprovecharse dellos; y como en lo exterior era hombre sencillo y llano, y por otra parte, como humilde, encubría los dones que nuestro Señor le daba, aunque le tenían comúnmente por siervo de Dios, no era conocido ni estimado en lo que su grande virtud y espíritu merecía, hasta que el Padre Baltasar Álvarez le tomó cuenta de su alma y le comenzó a tratar de cosas espirituales. Y como él tenía tanta luz del cielo y tanta experiencia dellas, luego reconoció lo mucho que la divina Majestad había depositado en aquel alma. No se hartaba de oírle contar las misericordias que recibía del Señor; gastaba con él tan largos ratos a solas, y tantas veces, que los de casa reparaban en ello, deseando saber la causa de tan frecuente y larga comunicación entre un Hermano lego y un Visitador tan grave. El cual, sin hacer caso desto, gustaba de oírle, y abríale los ojos para que conociese las soberanas mercedes que el Señor le hacía, y se dispusiese para recibir cada día otras mayores. Y también abrió los ojos a los demás del Colegio, para que comenzasen a conocer y estimar al que antes no conocían y estimaban tanto; para lo cual, entre otras cosas, les dijo con su humildad que había aprendido de este Hermano muchas cosas tocantes a la oración. Y si tal maestro aprendía del que profesaba ser su discípulo, señal es que el discípulo había volado en algo tan alto como el maestro.

Y pues hemos tratado en esta historia algunas cosas notables de Padres y Hermanos estudiantes de la Compañía, a quien el Padre Baltasar ayudó en el espíritu, muy bien vendrá que digamos también algo de un Hermano sin letras, que excedió en la santidad y ciencia del espíritu a muchos letrados; al cual, no solo ayudó mucho en poco tiempo y le dio a conocer en el mundo, sino, lo que es más, por providencia especial de nuestro Señor, fue cronista de sus virtudes. Y así comenzaremos por lo que escribió dellas, estando ya de vuelta en Villagarcía, respondiendo a una carta de un Padre de la Provincia de Aragón, que le avisó de la dichosa muerte deste buen Hermano, pidiéndole que les dijese todo lo que sabía de sus virtudes.

Carta del Padre Visitador, Baltasar Álvarez, para los Padres y Hermanos del Colegio de Zaragoza de la Compañía de Jesús
La de V. R. de 10 de marzo recibí a 25 del mismo; y he dilatado la respuesta della por haber tenido el tiempo ocupado. Y de la vida del Hermano Jimeno, de buena memoria, sé yo pocas cosas; mas ésas, buenas y ciertas, oídas

dél mismo, y dignas de que se precien, y más de los que las habemos más menester, para que nos despierten, por quedar tan atrás de las suyas. Padre mío, muchas cosas resplandecían en aquel Hermano, siervo de Dios, tan desconocido del mundo, y conocido de Cristo nuestro Señor y regalado; unas para con Dios, otras para consigo, y otras para con los superiores y prójimos.

Para con Dios tenía en particular una confianza grande; como Él quiere que la tengan sus siervos, de su buena condición y entrañas, cual nos la tiene revelada en sus Escrituras Santas; y ésta era su gobernalle, y su mayor fuerza en todos los trabajos y sucesos desabridos en que se veía, arrojándose en sus brazos *in omnibus, et per omnia*, siendo para él una misma razón de todos los sucesos grandes y pequeños. Nacía esta confianza en él de lo que la experiencia le mostraba, y de una reverencia profunda en el interior trato de Su Majestad, acompañada de una fidelísima obediencia en todo lo que entendía ser su sagrado contentamiento y voluntad. Y en confirmación desto, refería algunas particularidades con grande estima y ternura, como misericordia mayor y a manera de milagro, como cuando le sacó el macho del río Ebro, donde se daba él por ahogado, habiendo representado al superior que le enviaba con el chirrión por agua a Ebro, que él no tenía fuerzas para domarle, y que Ebro venía grande, y que, a un desmán pequeño, quedarían ahogados el macho y el Hermano. Y sucedió después el caso como él antes temía, arrojándose el macho al recial del río; y viéndose ya perdido, dijo a Dios nuestro Señor con grande confianza: «Oh, Señor, que ya no hay aquí remedio si de Vos no viene. Bien sabéis Vos que yo propuse a la obediencia mi falta de fuerzas, y no estoy puesto en este peligro por culpa mía». ¡Oh cosa maravillosa! En este punto se paró el macho, y levantándose en dos pies, comenzó a irse retirando hacia atrás sobre la punta dellos con grande tiento como si fuera hombre; y salió con tan desacostumbrado modo, que lo tenía, como he dicho, casi por milagro. Y esta experiencia de lo que en Dios tenía, le fue una mina grande, y fuerza para desarrimarlo del mundo y juntarlo a Él mucho. Y tenía buenas ayudas de costa de la mano del Señor, para estar tan junto y pegado a Él. Lo primero, un desembarazo del corazón grande, del cual de cuando en cuando decía: «No hay sino desembarazar el corazón y rendirlo a Dios; que, luego, no se podrá uno dar manos con los bienes que dél recibirá». Segundo, una paz y consuelo lleno, en toda manera de sucesos.

Tercero, una conversión del corazón a Dios, que casi no le perdía de vista. Cuarto, un regalo grande en la oración; y habíale Dios hecho merced que le bastase menos sueño para que pudiese tener largos ratos a solas con Él en lo más quieto de las noches, cuando ni había ocupaciones de obediencia, ni estorbos exteriores de prójimos. Porque, con caer a las noches cansado de su continuo trabajo del día, y tomando su mantenimiento necesario en ellas, porque a un Hermano trabajador comer y beber (como él decía) lo suficiente, y más con orden de la obediencia, y para poder trabajar en ella, antes ayudaba al espíritu que le impedía —porque las mulas (decía el mismo Hermano) llevan el carro y no el carro a ellas, y si no comen, no podrán tirarle—; con tres o cuatro horas, pues, de sueño, tenía él lo que le bastaba, y a las dos o tres de la noche ya estaba despierto: Et quod reliquum erat noctis pernoctabat in oratione Dei; todo lo restante de la noche gastaba en oración con Dios en la azotea de la torre, donde me decía él que pasease por ella, y vería qué cosa era aquélla. Y para esto habíale nuestro Señor desembarazado de los estorbos exteriores; porque no le ocupaba desnudarse ni vestirse, por cuanto dormía, días había, de ordinario vestido, teniendo para ello orden de los superiores, con que se hallaba mejor para tener oración, y no mal para la salud corporal. No criaba cosa en su persona que le inquietase, ni le ocupase tiempo en limpiarse como a otros. De manera que vivía en limpieza de alma y cuerpo; y así descansaba de todas maneras. Y su oración era de la Pasión, por unas coplas que decía della, en las cuales tenía sentimientos vivísimos que le hacían prorrumpir en lágrimas, sin ser más en su mano. Y si refería esto, era dando cuenta de su conciencia para cumplir con el orden de la obediencia de andar claros con sus superiores; y eso, primero con muchas salvas de su confusión; y decía una cosa digna de no ponerla en olvido. Preguntándole yo de qué tenía oración, respondió: «Padre, pienso en la Pasión; porque no hay otra cosa en que pensar, porque allí está todo».

Para consigo, ultra de la vida religiosa como los demás, tenía un desprecio acompañado de mortificación interior de sus apetitos y ganas que se encontraban con los quereres de Dios. Y esto guardaba con muchas veras, porque la experiencia le había mostrado, que, en faltando en algo desto, le faltaba Dios y quitaba la ración que le daba de sí, y que él estimaba sobre todas las cosas deste mundo; con que andaba en su servicio despierto y vivo, y con fuerzas contra todas las molestias que se lo impedían.

Para con los otros, tenía un desprecio de sí mismo, acompañado de una determinación de sufrir molestias y excusárselas a ellos, haciéndoles el gusto y servicio que en sí fuese; y este manantial le fue principio de vida y un tesoro grande. Era superior al qué dirían los hombres, y holgaba de andar vestido tan pobremente, que no le tuviesen en nada y le despreciasen; y decía él hablando deste particular: «¿Y qué se me da a mí de que me tengan y estimen los hombres? ¿Y de qué me puede aquello ayudar? Antes acordarse de mí y hacer caso de mis cosas, me podría estorbar e impedir; pero olvidarse y despreciarme puédeme ayudar. Pues esto, decía él, había yo de querer y buscar, que no lo que me impide y estorba mi aprovechamiento».

Para con los superiores, resplandecía en él un respeto grande, como quien los miraba con ojos claros, y que tenían las veces de Dios: y una determinación de no salir de lo que le mandasen, por más dificultoso que fuese, por ninguna cosa del mundo. Y así decía: «A estos superiores téngolos yo de tener sobre mis ojos, aunque ellos más me mortifiquen (y por usar de su término) y más me afinen sin razón». Y aquí me contó un caso particular que le pasó con uno, años atrás, debajo de gran secreto, en que a su parecer excedía el superior, que lo tuvo muy apretado, porque le tocaba vivamente en la honra; y húbose también como hombre, así en aprovechar el lance ofreciéndole al Señor, como en callarlo, porque no se pudiese entender el defecto del que así le había lastimado y agraviado. Y aunque en la manera que él lo contaba, parecía que realmente había exceso en no darle crédito el superior en el descargo que él daba de sí, todavía, como fue con buen celo de su aprovechamiento, la prueba la enderezó en más estima de la obediencia y en mayor bien suyo. Porque éste fue el principio de sus mayorías y grandezas de espíritu; morir voluntariamente a sí por vivir a Dios, poniendo en cobro tan buen lance. También, preguntándole yo cómo le iba con Dios, respondió: «Que antes que acabase de rendirse a la obediencia, siempre andaba inquieto y nunca le iba bien; mas que después que se determinó y lo hizo, que le iba ya tan bien, que no había más que desear; y que, como la obediencia le ocupase al tiempo de la oración, que no se le daba nada de no tenella, como él obedeciese; y que tan contento iba tras el chirrión, como a tener oración; cuanto más, que tampoco no se quitaba por eso, pues tras él iba rezando las coplas de la Pasión y las iba meditando, y rezando sus Pater noster con sus misterios».

Para con los prójimos, tenía una sed grande de su salvación, y de que todos conociesen a Dios y guardasen su santísima ley. De donde se le seguía una traza interior que tenía de juntarse a cuantos labradores encontraba, y procurando entrar con la dellos, y salir con la suya, les trataba de Dios; y teniendo primero pensado las cosas que les había de decir. Y tal saber le había dado Dios a su modo, con tal dulce, que de ordinario dejaba ganadas las personas con quien trataba y trocadas en sus costumbres. Y destas cosas ne contaba algunas particulares, que hacían bastante testimonio, reprehendiendo a unos y dando orden de concertar sus vidas cristianamente a otros; y llegó a decirme: «Hasta aquí no he osado hablar de Dios a todos descubiertamente, si no es con grande tiento a cuál y cuál; ya de aquí adelante, con todos he de hablar dél». Y esto decía con una ternura, que le venían las lágrimas a los ojos.

Hablaba continuamente de las cosas de Dios, prorrumpiendo en ellas sin ser más en su mano, de que hay hartos testigos en ese Colegio de los que iban a la torre, omni exceptione maiore; y viendo la sencillez y verdad de su corazón y el buen suceso de su hablar, no me atreví yo a quitárselo, con haber pasado en este particular con advertencia, y propósito, a lo menos de mandárselo. Tenía grande luz en las cosas interiores, y las veces que hablaba en la torre por orden de la obediencia, la mostraba bien. Y todo esto, y lo que arriba queda dicho y allá saben más a la larga, se confirmó con el remate tan ejemplar de su vida, y día que supo de su muerte, y declaró ocho días antes, con tantas otras particularidades que allá saben.

Resta ahora, que pues yo he recogido lo que se me ha acordado, por no faltar al consuelo y encomienda de V. R., que, en recompensa, no falte V. R. al mío, haciéndome caridad de enviarme copia de las que allá habrán recogido; y ultra déstas, de las coplas que él hizo y cantaba en la torre, y de las que meditaba en su chirrión, de la Pasión, con la memoria de dónde era natural, y qué años tenía de religión y de edad; que el día en que acabó acá le tengo yo. Dios nos le dé a los dos tan dichoso, y sea en el alma de V. R., y todo su amor y consuelo, amén.

De Villagarcía y de mayo, día de San Felipe y Santiago, 1579.»

Esta es la relación de las virtudes del Hermano Juan Jimeno, que escribió su buen superior y Padre, dando de camino testimonio bastante del grande caudal que tenía para penetrar la virtud y espíritu de sus súbditos, conociendo como buen pastor a sus ovejas.

Capítulo XLV. De otras cosas notables del Hermano Jimeno, y algunas que le pasaron con el Padre Baltasar

Fuera de las cosas que el Padre Baltasar escribió en la relación pasada, será bien añadir otras que el mismo Padre contó de palabra, o se han sabido por vía cierta, de la gran religión y espíritu deste Hermano; el cual tuvo siempre grande inclinación a seguir el dictamen de la razón, y en la religión perficionó esto con aquel generoso sentimiento que arriba dijimos en el capítulo XXI, de seguir el dictamen de tres superiores, Dios, el Prelado, y la razón, aunque todos son uno, que es el mismo Dios; y por este camino fue creciendo con grande excelencia en toda virtud.

También, desde sus principios, puso grande esfuerzo en perseguirse, y contradecir a todas las inclinaciones de la naturaleza, rebatiendo con valor sus ímpetus, y venciendo esforzadamente todas las repugnancias que della resultan. Cuando venía de la granja al Colegio, acarreando algo, fuera del ejercicio de rezar, se iba haciendo preguntas y respuestas: como es: «—¿Dónde vas, Jimeno? —Al Colegio, a descansar un poco. ¿Y si en llegando te mandasen hacer tal o tal cosa de trabajo? —Que no me la mandarán, porque vengo hecho pedazos. ¿Y si con todo eso te lo mandasen? —Harélo de buena gana». Y luego redoblaba: «Plegue a vos, Señor mío, que lo manden». Y acontecióle muchas veces, queriendo nuestro Señor satisfacer a su deseo, que, llegando muy cansado del campo, le mandasen en casa aquello mismo que él había razonado en el camino; lo cual hacía con grande prontitud y diligencia, especialmente si era sacar estiércol de la caballeriza, o limpiar las necesarias, o semejantes oficios humildes, a que tenía más inclinación por mortificarse más. Y muchas veces, él mismo también se ofrecía, algunas fiestas, a hacer el oficio de la cocina, por aliviar al Hermano que le hacía. Sacando un día tierra del Colegio, y llevándola a la orilla del río, se le ofreció que sentiría algo ir en cuerpo sin sotana; y porque no tenía licencia de salir fuera de casa sin ella, tomó esta traza de pasar delante del Padre Rector sin sotana. Y como no le mandase vestir, parecióle que aquella licencia bastaba, y de aquella manera anduvo todo el día acarreando tierra. En esta y otras semejantes ocasiones, en que juzgaba que podía mortificarse sin contravenir a la obediencia, lo hacía siempre sin perder ninguna.

1
Pero con más alegría se aprovechaba dellas cuando la misma obediencia se las traía. Un domingo, a las siete de la mañana, en pena de cierto descuido, le mandó el Padre Rector que no comiese. Mandóle después el Padre Ministro ir a la torre o granja, y no quiso llevar cosa de comer; volvió a la noche bien hambriento; púsose en oración delante del Santísimo Sacramento, y allí hizo voto de cumplir aquella obediencia, y no comer hasta que se lo mandasen. Y aunque tañeron a cenar, se estuvo en su aposento, hasta que proveyó nuestro Señor, que yendo el Padre Rector a cenar el último de todos, preguntó si faltaba alguno por cenar. Dijéronle que el Hermano Jimeno, que había ido a la torre. Enviole a llamar, y preguntóle por qué no había cenado. Respondió: «Porque V. R. me mandó que no comiese». Y edificado de su obediencia, le mandó que cenase.

    Otro día, viniendo de la torre por recado para los mozos, dijo al superior a lo que venía, el cual callaba haciéndose del sordo por mortificarle. El Hermano, que tenía prisa, repitió dos o tres veces su demanda, y con todo eso le detuvo el superior una hora en pie sin responderle. Después, pareciéndole al Hermano Jimeno que había excedido en decir tantas veces a lo que venía, prometió a nuestro Señor que, si otra vez le acaeciese, que se contentaría con decirlo una vez, dejando hacer al superior lo que quisiese. Volvió el día siguiente a lo mismo, y dijo: «Padre, vengo por recaudo». Con esto calló, esperando la respuesta tres horas, teniendo oración delante de un Crucifijo que estaba en el aposento, hasta que, viendo el Padre Rector su resignación y sufrimiento, le mandó que tomase recaudo.

    A este modo le sucedieron otras muchas cosas muy notables, y la que refirió el Padre Baltasar en su carta cuando fue por agua a Ebro, que fue de todos tenida por milagrosa; la cual contaba el mismo Hermano con gran ternura, reconociendo la suavidad de la Divina Providencia, que acude en los casos más apretados a los que se fían della por obedecer a sus superiores.

Y para que se vea lo mucho que nuestro Señor estimaba este modo de obediencia, diré lo que sucedió un día estando en oración en la iglesia, delante de una imagen de nuestra Señora, suplicándola con singular afecto que le ayudase y encaminase de modo que acertase el camino de la salvación. Oyó una voz que le dijo: «Camina, Jimeno, por ese camino de la obediencia ciega, como caminas, que bien vas». Después desta voz se sintió grandemente trocado, y mejorado en esta virtud; y cuando los superiores le pedían cuenta de la conciencia, y le preguntaban si se sentía animado para la perfección, él respondía: «Desde aquella noche que me habló nuestra Señora, no hay más que desear». Esto contó al Padre Baltasar, y él nos dio noticia dello.

Pues ¿qué diremos del amor grande que tuvo a la pobreza, procurando siempre lo peor de casa para sí, en la comida, vestido y en lo demás, durmiendo muchas veces en la caballeriza, entre paja, con achaque de dar de comer al macho? Pero mucho más estimaba la pobreza de espíritu, sin la cual la exterior aprovecha poco. Díjole un compañero cierto día: «¡Qué mal vestido anda, Hermano, y qué bien guarda la pobreza!». Respondió Jimeno: «Ir mal vestido no es pobreza». «Pues ¿qué es?» —dijo el otro—. «Pobreza —dice— es paz del alma y del cuerpo, cuando todo falta; porque cuando el hombre se acostumbra a andar mal vestido, y mal calzado, y mal comido, de modo que cualquiera cosa le contenta, y todo le viene bien, y aun muy ancho, eso es paz del cuerpo y del alma, la cual no tiene el que no se contenta con lo que le dan, aunque sea bueno; antes se queja y murmura del que se lo dio, por no ser tan a su gusto.»

Otra vez declaró lo mismo mucho mejor por este ejemplo, a otro que le preguntó qué era pobreza. «Si uno —dice— hubiese plantado un jardín de frutales varios, y de otras plantas vistosas, y habiéndolo cultivado y aderezado muy bien, a la mañana le hallase todo arrancado y talado, y no se inquietase por ello, ni perdiese la paz, ya sería rastro de pobreza. Lo que es pobreza de espíritu, es estar desnudo de todo lo que no es Dios; y si alguna cosa ama, o le da pena, si no es no servir a Dios por quien Él es, o que sea Dios, ofendido, siendo tan bueno, no es verdadera pobreza de espíritu.»

Esta tan alta filosofía había aprendido el Hermano Jimeno, no en los libros, sino en la oración, con la unción del Espíritu Santo, que enseña muy excelentes verdades, sin estruendo de argumentos. Y déstas se le oían muchas; porque hablaba muy bien, y con mucho gusto, de Dios y de las cosas espirituales, cuando estaba entre los que querían oírle. Estando en Jesús del Monte el Padre Baltasar Álvarez, Visitador, con el Padre Provincial y con otros Padres, le ordenó que, al tiempo de comer, en lugar de la lección, sobre un capítulo de Contemplus mundi predicase o dijese lo que sentía. Habló con tanto concierto de razones, y con tanto espíritu y afecto, que con ser los oyentes personas tan espirituales, quedaron admirados de la sabiduría santa de aquel Hermano idiota; y no se acabó la comida sin lágrimas, como el Padre Baltasar lo había dicho entrando en la granja, que no faltarían aquel día lágrimas en la mesa.

Oí contar, no sé si al mismo Padre Baltasar o a otro, que entre otras cosas dijo entonces una muy a propósito, para los que tienen letras sin espíritu. «Topé —dice— el otro día un carro cargado de cebada, que tiraban dos mulas al parecer grandes y valientes, atollado en un lodazal, sin poder pasar adelante, hasta que ayudándolas yo y otros pasajeros, levantando algo de las ruedas, y el carretero con voces y palos, salieron de aquel aprieto.» Pregunté le yo, cómo mulas tan grandes y fuertes no habían podido arrancar aquel carro del atolladero. Respondióme que la causa era por estar flacas y comer poco. Repliquéle: «Pues ¿por qué no comen?». Dijo él: «No es por falta de cebada, que el carro va lleno della, sino porque no se la dan». «Entonces —dice el Hermano Jimeno— se me representó lo que pasa por algunos letrados, grandes predicadores y maestros; los cuales suelen atollar en el camino de la perfección, sin dar un paso adelante, por estar flacos y debilitados en el espíritu; y esto no es por faltarles sustento espiritual, porque el carro del entendimiento está lleno de las verdades espirituales que predican y enseñan a otros, sino porque no las comen ni las aplican a sí mismos por la meditación, para mover sus corazones y reformar con fervor sus vidas.» Esto dijo con tanto espíritu, que la comparación que al principio parecía de risa, cuando la aplicó, fue motivo de llanto.

2

Tenía también el Hermano Jimeno otras especiales devociones, que eran indicio de su fervor y santidad.

Era tan devoto del agua bendita, que, sirviendo en la obra que se hacía en la iglesia, aunque fuese cargado con el angarilla, cuando pasaba por la pila del agua bendita, se detenía siempre a tomarla con mucha devoción. Y cuando tañían a las Avemarías, por más ocupado o cargado que estuviese en la obra, al punto lo dejaba todo, y se arrodillaba para hacer oración. Y quiso el Señor una vez mostrar cuán acepta le era esta piedad; con un caso milagroso que sucedió, haciendo el edificio de la Iglesia de Zaragoza; porque subiendo a vuelcos con otro Hermano una piedra muy grande y cuadrada por un tablón arriba muy pendiente, y teniéndola sobre él, no de plano, sino de esquina, tañeron a las Avemarías. El Hermano Jimeno soltó luego la piedra para rezarlas, y el compañero, que era el Hermano Domingo Calvete, con su ejemplo hizo lo mismo, pensando que la piedra rodaría por el tablón abajo; pero ella se detuvo de canto, siendo tan pesada, que apenas los dos podían subirla a tumbos, y el tablón, como se ha dicho tan inhiesto. En acabando de rezar, llegaron a la piedra, y dándola otro tumbo, la subieron adonde había de estar, con no pequeña admiración de lo que había pasado.

Después de haber comulgado en la torre, algunas veces se salía al campo, no cabiendo dentro de casa, para poder con libertad desabrochar su corazón y desahogarle con suspiros y exclamaciones al cielo.

Cuando venía de la torre al Colegio, se traía consigo el Cartujano, con ser libro tan grande, para poder leer por el camino. Y en casa, cuando había leído tres o cuatro renglones, decía: «Vamos a rumiar, que la oveja, si no rumiase, no engordaría». Era amigo de pocos libros. En todo el tiempo que estuvo en la Compañía, que fueron diecisiete años, no leyó sino en solos dos libros. Los primeros siete, de las Epístolas de Santa Catalina de Sena; los demás en el Vita Christi del Cartujano; y el Padre Baltasar, un mes antes que muriese, le dio el Contemptus mundi al tiempo que le tenía ya todo trasladado en su alma.

Fue muy devoto de las almas del Purgatorio, para cuyo sufragio y refrigerio ofrecía muchas de sus buenas obras, especialmente la comunión, que, de suyo, es la mayor de todas. Fuera de los domingos, que en la Compañía comulgan los Hermanos por obligación de regla, solía pedir licencia los otros días de fiesta para comulgar. Pero antes de pedirla, lo comunicaba con el mismo Señor delante del Santísimo Sacramento, y decía entre sí: «El superior me sacará desta duda; si me da licencia, señal es que Dios lo quiere; y si me lo niega, señal es que no gusta dello». Pero de cualquier manera, antes de pedir licencia, él ofrecía aquella comunión por las almas del Purgatorio, cuya necesidad tenía por muy grande; y crecióle mucho por este camino. Estaba el día de todos los Santos en la iglesia del Colegio delante de la imagen de nuestra Señora de la Concepción, y sobrevínole escrúpulo de que tenía poca devoción y compasión de las ánimas del Purgatorio; y a este tiempo oyó una voz clara, que le dijo: «Jimeno, acuérdate de las almas del Purgatorio». A esta voz respondió prontamente: «Sí haré, Señor». Y desde entonces hasta su muerte, que corrieron ocho años, ofreció todas sus buenas obras exteriores e interiores, de mortificación y devoción, en socorro de las almas del Purgatorio.

Para particulares haciendas tenía particulares consideraciones. Estaba un día sarmentando con otro Hermano, el cual lo hacía con mucha diligencia y presteza; y juzgó el Hermano Jimeno que lo hacía con poca devoción y espíritu; y así le advirtió dello con humildad. El otro pensaba que era mejor su diligencia, que la flema del Hermano Jimeno, que de su natural era flemático; y así le dijo: «Y el Hermano ¿con qué devoción labra, pues se va tan despacio?». Respondióle: «Cuando voy hacia arriba, voy con nuestra Señora y San Josef a Egipto, ofreciéndome a ellos para que se sirvan de mí; y cuando vuelvo hacia abajo, vuelvo con ellos a Nazaret». Deste modo hallaba siempre consideraciones devotas, acomodadas a las cosas en que se ocupaba.

Otras cosas muy notables sucedieron al Padre Baltasar Álvarez con el Hermano Jimeno, con ocasión de otro Hermano que estaba con él en la misma granja, ayudándole a cultivarla: el cual fue al Padre Visitador, y con algún modo de envidia, que suele haber también entre buenos, en las cosas de su oficio, le dijo que no convenía que el Hermano Jimeno anduviese con el carro, porque algunas veces iba tan elevado, que no miraba por dónde le guiaba, y por esta causa había cogido la rueda a una niña, pasando por encima della; y él se ofreció a traer el carro, añadiendo algunas razones para persuadir esto al Padre Visitador. El cual hizo llamar al Hermano Jimeno, y le preguntó qué había sido lo de aquella niña. Respondió: «No sé cómo el carro la cogió, y pasó la rueda sobre ella; yo luego la encomendé al Señor, y dije: Jesús te ayude, y no la hizo daño». Por donde entendió el Padre Visitador, que había sido caso milagroso. De ahí a poco llamó al otro Hermano, y díjole: «Tomad el cuidado del chirrión como pedisteis; mas entended que no se le quito al Hermano Jimeno por faltas que en él haya, pues las que vos habéis dicho dél, no lo son: pedidle perdón, y mirad no os castigue Dios, permitiendo que os suceda algún caso desastrado». Dentro de poco tiempo que el Padre Visitador salió de la Provincia, que sería un año, o algo más, se ofreció necesidad de que este Hermano con el carro fuese por sal; y a la vuelta, media legua de Zaragoza, cerca del monasterio de San Amberto, al poner del Sol se subió el macho por un ribazo arriba, sin poderlo detener, aunque el camino era bien ancho, y volcó el chirrión, y dio con el Hermano en tierra, y allí murió luego de la caída; y como era tarde, no se halló cerca persona que pudiese salvarle. A la mañana, vinieron unos labradores a avisarlo, diciendo cómo le habían hallado muerto sin alguna herida; para que se cumpliese lo que el Padre Visitador había pronosticado. Y es muy creíble que este castigo no sería más que temporal, por que este Hermano había confesado y comulgado el día antes que murió, y era buen religioso. Y no es de maravillar que haya en los tales algunas faltas ligeras, que se purgan después en el fuego del Purgatorio.

Finalmente, cuando el Padre Baltasar acabó su visita, mostró el espíritu que tenía de profecía, en que, el mismo día que partió de Zaragoza, dijo a los Padres: «Tengan cuenta con el Hermano Jimeno, que presto se les morirá». Este propio día vino el Hermano de la torre enfermo al Colegio, y no se levantó más de la cama. Fue la enfermedad una recia calentura, y en toda ella tuvo una rara paciencia, cual se deja entender de lo dicho. Como vía que se le acababa el tiempo de merecer y granjear la hacienda que nunca se acaba, dábase mayor diligencia. Estaba todo tan retirado en lo interior, y tan unido con Dios, que parecía no divertirse en otra cosa diferente, y que los accidentes de la enfermedad no eran estorbos, sino despertadores y ayudadores para esto. Nunca habló, sino preguntado; y si la pregunta era de cosas de Dios, respondía a ella altísimamente. Preguntóle el Padre Provincial Pedro de Villalba si tenía deseo de ir al cielo, y si lo pedía a nuestro Señor; respondió:

«Padre, nosotros seamos buenos, y sirvamos a Dios como es razón, y descuidemos de lo demás, y dejémoslo en mano del que, siendo infinitamente justo y bueno, nos dará lo que meresciéremos» —y añadió, que podía nacer de amor propio pedir el cielo. Estando una vez el Hermano enfermero dándole de comer, estaba allí otro Hermano, el cual le dijo: «Hermano Jimeno, ¿cómo no me habla? ¿Cómo no se alegra?». A esto respondió: «Hermano, el asnillo está fatigado, pero ya está aparejado para partirse de aquí a ocho días». Y así sucedió: que, siendo este día martes, el otro martes murió. Y el viernes antes, velándole este mismo Hermano, y viéndole fatigado, le preguntó qué tenía; el Hermano respondió que no sentía nada, y de allí a un rato le dijo: «Cierto, Hermano, que estoy el hombre más consolado del mundo». Llegado el domingo, parecía estar al cabo; y así el Padre Provincial y otros Padres le asistían y ayudaban en aquel trance, pensando no llegaría a la noche; y un Padre le dijo: «¿No sería bueno, Hermano, que le leyésemos la Pasión?». Respondió: «Aún no es hora; yo avisaré a V. R. cuando lo será». Y replicando el Padre que más valía entonces que tenía sentido, pues quizá después lo perdería, respondió: «Sí terné, Padre». El lunes a la noche, le veló este mismo Padre, y el Hermano, allá muy tarde, le dijo: «Ya es hora, Padre, de leer la Pasión». Juntó el Padre algunos otros de casa, y habiéndosela leído, después de medio cuarto sobre la medianoche, entrado ya el martes, dio su espíritu al Señor, con tan grande paz, suavidad y sosiego, que apenas los presentes lo advirtieron, hasta que le vieron muerto.

Muchos de los Padres y Hermanos se arrojaron a sus pies, y se los besaron con gran veneración y estima de su santidad. Al punto que expiró estaba un Padre grave durmiendo sobre la cámara del Hermano Jimeno, y de improviso recordó con algún pavor, y vio una grande claridad en el aposento, la cual en breve desapareció.

Murió a los 24 de febrero de 1579; y desde entonces hasta el día de hoy, se conserva muy fresca y olorosa la memoria deste tan santo Hermano lego, ejemplo y dechado de perfección para todos los Hermanos legos, y para los que no lo son. Y el mismo día de su dichoso tránsito, o poco después, se apareció al Padre Baltasar Álvarez, en un aprieto que tuvo en su camino, como se dirá en el capítulo que se sigue.

Capítulo XLVI. Cómo fue nombrado por Provincial del Perú. Y de una cosa milagrosa que le sucedió volviendo a Villagarcía (Año de 1579)

Estando el Padre Baltasar en Aragón, cerca de concluir su visita, y habiendo estado ya embarcado para pasar a Mallorca, que toca también a aquella provincia, tratóle tan mal el mar, privándole del uso de los sentidos, que hubo de dejar este viaje. Y a esta sazón quiso nuestro Señor probarle, con otro aviso que tuvo de que estaba nombrado por Provincial de la provincia del Perú, a instancia del Padre Baltasar de Piñas, que había venido de allá por Procurador de su provincia, para tratar los negocios della en Roma con nuestro Padre general, con quien lo había negociado, pareciéndole que acrecentaría con su gran espíritu y celo el fervor de los nuestros, y el empleo de la conversión de los indios. Tomó esta orden con grande paz y resignación en la divina voluntad; y aunque había visto por experiencia cuán mal le trataba el mar, y que se le recrecía un impedimento de orina que le pondría en grande aprieto, no quiso repugnar, ni se quejó de que no se hubiese tratado primero con él de jornada a tierras tan remotas, sino remitióse a la providencia de Dios, que nos gobierna por medio de los superiores, como se verá por la carta que respondió al dicho Padre Piñas, desde Zaragoza, en esta forma:

«Si ex Deo est consilium hoc, non poterit dissolvi. El suceso lo mostrará; y si estoy llamado para las Indias, no perderá el llamamiento conmigo por no haberse descubierto a mí, sino a la cabeza, pues éste es el estilo de la curia del cielo. Cuando Dios quiso que su pueblo saliese de Egipto y pasase a la tierra que él le había señalado, no le escondió la traza; mas no se reveló inmediatamente a él, sino a Moisés: Notas fecit vias suas Moisi, y por él a ellos: et filiis Israel voluntates suas. De cuán mal me trata el mar, tenía bien que representar; mas V. R. lo hará, si le pareciere que tiene momento; y si representado estuviese todavía nuestro Padre en el caso: Odoretur sacrificium. A los trabajos de V. R. de mar y tierra, tengo compasión por una parte y envidia por otra. Quien hace a V. R. valiente me podrá también a mí dar fuerzas; Él aumente en V. R. las divinas y humanas, y sea su luz y su vida, amén.»

Esto escribió el Padre Baltasar, y perseveró siempre cuanto es de su parte, poniendo su fortaleza, como dijo el Profeta, en silencio y confianza, con no pequeña admiración de los que le conocían y sentían mucho esta jornada.

Y consolando él a doña Juana de Velasco, Duquesa de Gandía, que estaba muy triste por esta causa, la dijo: «Años ha, señora, que en negocio y cosa mía no hablo, sino tomo más tiempo para la oración, y dejo hacer a Dios, y en su nombre, a los superiores».

Mas proveyó el Señor que otros hablasen por él, especialmente doña Magdalena de Ulloa, fundadora de la casa de Villagarcía, donde era Rector cuando fue a Aragón, la cual pidió con tanta instancia al Padre general que se le dejase allí para consuelo y provecho de su alma, que no pudo dejar de concedérselo, concurriendo juntamente las razones que los Padres desta provincia alegaron para detenerle.

Pero no dejaré de ponderar cuán secretos son los juicios de Dios, y cuán segura cosa es arrojarse en su Divina Providencia. Porque dentro del mismo año, la muerte que temía navegando por el mar, le salteó y cogió en la tierra; y si hubiera resistido a esta ordenación, dijéramos que era castigo de su culpa haber caído en el mismo mal de que huía, y hubiera perdido el merecimiento, y muriera con mucho remordimiento de la resistencia pasada. Mas como se dejó gobernar de Dios y de su secreta providencia, todo se le convirtió en bien, ganando el merecimiento de la voluntad que tuvo de ir a las Indias, y muriendo en el lugar y tiempo que Dios tenía señalado, con paz y sosiego.

Mas volviendo a nuestra historia, acabó el Padre Baltasar Álvarez su visita de Aragón con tanta satisfacción de toda la Provincia, que sintieron mucho su partida, y le pidieron por su Provincial en primer lugar, con grande encarecimiento. Y habiéndose despedido de todos, y del Padre Provincial Pedro de Villalba, que te acompañó hasta la villa de Agreda, que está en la raya de Castilla, y con muchas lágrimas se apartó dél, prosiguió su camino con su compañero, pasando por Cervera, su patria, donde se detuvo pocos días; y de allí se partió para Burgos. Y en este camino también, como en otros, experimentó la providencia paternal que nuestro Señor tenía con él, y con los que le acompañaban, que entonces era un Hermano suyo, hombre de cuenta, que se decía Gaspar Álvarez, el cual, con un mozo que llevaba de a pie, salió con él, determinado de acompañarle hasta Burgos.

Hacía un tiempo muy trabajoso de aguas y nieves; y estaban tales los caminos en algunas llanuras, que más parecían lagunas que caminos; pero el último día fue más trabajoso, porque les llovió todo el día, sin parar. Llegaron a hora de comer a una posada, donde estaban unos hombres jugando y perjurando el santo nombre de Dios a cada palabra. Pidióles el santo varón que, por amor de Dios, no jurasen; mas, como estaban encarnizados en el juego, no tomaron su aviso, antes se empeoraron; y esto le daba tanta pena, por ver a su Dios ofendido, que sin esperar más a que descansasen las mulas, ni a que se aderezase la comida, él mismo se entró por la cabalgadura, y se salió luego, obligando con esto a los demás que le siguiesen.

Anduvieron algunas leguas lloviendo a cántaros, sin topar lugar ni persona que les enderezase. Iba el santo Padre, de ordinario, un tiro de piedra delante de los demás, por irse en oración. Pero llegando a un llano tan lleno de agua que parecía un río, como era ya noche y no podía topar el camino por donde se había de ir, hubo de aguardar a los demás; los cuales, llegados, no sabían qué se hacer; porque veían a todos los lados grandes atolladeros. Pidióles el santo Padre se encomendasen a nuestro Señor, y tuviesen confianza que les ayudaría y guiaría. Hiciéronlo todos así; y después de haber estado un rato parados y haber dado algunas voces, para ver si les oía algún pastor, o caminante que los guíase, como no le hubiese, acudió nuestro Señor con su presto socorro. Porque vieron venir de repente un hombre en un cuartago blanco, el cual, juntándose con ellos, les preguntó que adónde caminaban; y como le respondiesen que a Burgos, dijo él con muy buena gracia: «Pues vamos todos allá; síganme, que yo sé bien el camino, y por donde yo entrare podrán entrar seguramente». Iba delante con su caballo blanco, que, por serlo, aunque era de noche, podían mejor divisar la guía. Encontraron un jumento caído debajo de una carga de leña, y a un muchacho cabe él, muy afligido, que la llevaba; y el de a caballo, sin detenerse, con solo tocar al jumento, le levantó del suelo en un momento. Reparaban a veces en seguirle, viendo que los metía por medio de las aguas, sin parecer camino; mas, con todo esto, le seguían, porque les aseguraba, y quitaba el miedo, con el gran ánimo que continuamente les daba. Pasados aquellos lagunajos, se juntó con el Padre Baltasar, yéndose los dos un gran trecho adelante, hablando en buena conversación. El Hermano del Padre, viéndolos caminar tanto, y que el mozo de a pie no podía seguir su paso, por ir ya cansado de los muchos lodos, les dio voces, diciendo al santo Padre Baltasar que no anduviese tanto, y que tuviese compasión de aquel mozo de a pie, y aun de todos, que los llevaban arrastrando. No hubo acabado de decir esto, cuando vio junto a sí y al mozo al que iba en el cuartago blanco, con estar bien apartado, como se ha dicho; y asiendo de la mano al mozo, le subió a las ancas con tanta facilidad, como si fuera de paja; y luego se tornó a su plática como antes, hasta que llegaron a Burgos, a las diez de la noche.

 Quiso el Padre Baltasar despedirse de su guía, por tratar con su hermano lo que había de hacer en Burgos; mas la guía no admitió esto, diciendo que los quería poner a la puerta de casa, por donde habían de entrar, y que de allí se iría. Y así, pasó adelante, guiándolos con el mozo a las ancas; y en llegando a la puerta le dijo que se apease, y le puso el cordel de la campanilla en la mano para llamar; y al punto desapareció, sin verle ir por una parte ni por otra, aunque el mozo atentamente miró por él; y los que venían atrás bien cerca, tampoco pudieron verle; tanto, que el hermano del Padre Baltasar reparó en ello, porque quería agradecerle la buena obra que les había hecho. Y preguntando a su hermano por él, respondió: «Fuese, porque tenía que hacer». Y con esto se entró en el Colegio, y el hermano se fue en casa del Doctor don Juan Morales de Salcedo, su cuñado, donde contó lo que les había sucedido, como cosa milagrosa, afirmando que no podía ser sino ángel el que los había guiado; porque otro que él, por bien que supiera el camino, no pudiera guiarlos, como los guió, por tantas lagunas, ni venido con tanta presteza adonde estaba el mozo, y subirle a las ancas sin otra ayuda con tanta facilidad, ni haber desaparecido tan de repente como desapareció. Lo mismo afirmaba el criado, y el Hermano Juan Navarro, compañero del Padre Baltasar Álvarez, el cual dio a entender en secreto que el del caballo blanco había sido el Hermano Juan Jimeno, de quien dijimos en el capítulo pasado, cuya muerte había sucedido en este mismo tiempo, y fue enviado por Dios a guiarlos; y que le había dicho: «Porque me honraste en vida, me ha Dios enviado a que te saque deste peligro». Y aunque el santo varón, con su humildad, quería encubrir y deshacer este milagro: mas no bastó a quitar lo que los otros tres habían publicado con tanta verdad y aseveración. Y es muy creíble haya querido nuestro Señor que aquel bienaventurado Hermano pagase desta manera el bien que había recibido del santo Padre, haciéndole particionero de su gozo en la larga conversación que con él trajo por el camino y librando a él y a sus compañeros del peligro sobredicho.

En Burgos estuvo pocos días, alentando a las almas que había puesto en el camino de la perfección; y luego se partió a su amado rincón de Villagarcía, por gozar de la quietud que allí hallaba, adonde se estuviera él con mucho gusto toda la vida, si le fuera concedido.

Capítulo XLVII. De lo que hizo en Villagarcía con los que tenían su tercera probación acabados los estudios, y de algunas cosas notables que entonces pasaron (Año de 1579)

Así que llegó el Padre Baltasar a Villagarcía, volvió con su acostumbrado fervor al oficio de Maestro de novicios, atendiendo más particularmente a los que, acabados sus estudios de Teología, habían de hacer su tercer año de probación, conforme a las Constituciones de la Compañía; lo cual había asentado entonces con mucho rigor el nuevo Visitador que envió nuestro Padre general, por lo mucho que importa, para reparar el espíritu, que suele amortiguarse en los ejercicios de letras, y para saber bien hermanar con la Teología escolástica la Ciencia mística del espíritu, y el trato familiar con Dios, y atender muy de veras a la propia mortificación del juicio y voluntad propia, y de las pasiones y resabios que han brotado de nuevo, o se han descubierto en el tiempo de los estudios, y estaban como amortecidos y encubiertos antes dellos. Y como los que han pasado por semejantes ejercicios de letras han abierto los ojos que tenían cerrados cuando novicios, y visto muchas cosas que antes no entendían, o no reparaban en ellas, mucho más pueden aprovechar en este tercer año que en los dos primeros; y si se toma de veras, es el mejor que hay en la religión. Y si tengo de hablar de la feria como me fue en ella, digo, para gloria de Dios, que en cuarenta años que ha que estoy en la Compañía, cuando escribo esto, nunca tuve otro mejor año; porque allí me abrió el Señor los ojos, para desear servirle muy de veras; y la comunicación con tan buen maestro como el Padre Baltasar me ayudó mucho para todo, cumpliéndome nuestro Señor el deseo que tenía dello. Porque habiendo de ir aquel año, que era el de 1579, por San Lucas, dieciséis que acabábamos los estudios, a tener la tercera probación, ocho a Medina, y ocho a Villagarcía, yo deseé y procuré ir a Villagarcía, por gozar de la mayor quietud y soledad que tiene aquel lugar; y mucho más, por gozar de tal maestro, cuyo espíritu y grande magisterio experimenté entonces en muchas cosas que atrás quedaron referidas, en cuya confirmación contaré otras del modo como guiaba a los de tercera probación, diferentemente que a los demás novicios; a los cuales ejercitaba y mortificaba con algún rigor, como a más necesitados desta labor espiritual; pero a esotros, como antiguos, trataba con más blandura, poniéndoles en el camino de la mortificación, para que ellos se ofreciesen a ella; y animábanse mucho, parte por el ejemplo de los novicios, y parte por darles ellos buen ejemplo; y así andaba la probación con el fervor que dijimos de los de Medina del Campo. Y como el lugar es pequeño y de labradores, pedían ir a Medina de Rioseco, que está cerca, y es gran lugar, adonde se junta mucha gente los días de mercado, para hacer allí sus mortificaciones públicas, con que hollar la honra y vencerse a sí mismos.

Quien más se señaló en estas mortificaciones era el Padre Francisco de Córdoba, de quien hicimos mención en el capítulo XXX, el cual siempre fue en el fervor novicio, y vino a morir aquí, entre novicios, haciendo este año su Tercera Probación, para ir della bien probado al cielo; y su muerte tuvo ocasión de una insigne mortificación que hizo para más humillarse. Supo que un Hermano iba a Ureña, que está una legua de Villagarcía, a comprar unos lechones para criarlos en casa. Luego se ofreció a criarlos, diciendo que tenía gran talento para ello, como lo solía decir siempre para todas las cosas que eran viles y despreciables. Pidió licencia de acompañar al Hermano; y, a la vuelta, cansándose uno de los lechoncitos, el Padre le tomó, y se le puso sobre los hombros, al cuello, como pintan al Pastor del Evangelio, que trajo la oveja perdida, y como lo hizo Carlo Magno, siendo monje en el monte Casino, guardando el ganado del convento, admirándose todos de que una persona que había sido tan grande en el mundo se humillase a venir cargado con la oveja. Y pues el lechón es cosa más vil, no es de pequeña admiración ver cargado con él al que era tan noble y fue Rector de la Universidad de Salamanca, y entre nosotros, sacerdote tan estimado. En llegando al Colegio, comenzó a hacer con adobes las pocilgas, donde había de recogerlos, y dábalos de comer a sus horas con mucho cuidado. Era el tiempo muy caluroso; dióle el Sol en la cabeza, y desto le resultaron unas calenturas que le abrasaban; y como él mismo me dijo a mí, sin comparación era mayor el ardor que sentía por de dentro que el que parecía por de fuera. La enfermedad apretó de manera, que al onceno le acabó, habiendo recibido todos los Sacramentos con mucha devoción, y aceptando la muerte con grande conformidad con la divina voluntad, como la tuvo siempre después que entró en la Compañía. Y aunque no fueron muchos los años que vivió en ella fueron muchos y muy grandes sus merecimientos, por su continuo y extraordinario fervor en las humillaciones, mortificaciones y santas obras que arriba quedan referidas; y así sería muy copioso el premio que recibió por ellas. Y parece que quiso seguir en la muerte al maestro que había seguido en la vida, porque un mismo mes de julio del año de 80 murieron entrambos, el discípulo pocos días después del maestro, como presto se dirá.

Tenía también especial cuidado este insigne varón, con que los de Tercera Probación se hiciesen hombres espirituales, y se aficionasen mucho a la oración y trato con nuestro Señor; y a los que vía con especial inclinación y aptitud para ello, y que eran prevenidos del Señor, ayudaba más, y gustaba de comunicar con ellos más largos ratos. Por esto trataba más entonces con el Padre Cristóbal González, que estaba también en tercera probación, a quien nuestro Señor había comunicado el don de oración muy levantada; y como concurrían en él otras buenas partes de letras, prudencia y celo, le industriaban para maestro de novicios, como lo fue presto en Medina, aunque acabó muy en breve su carrera. Con este Padre comuniqué yo entonces mucho. Porque, como en el tiempo de estudios solamente tratábamos de cosas de letras, así ahora hablábamos solamente de cosas del espíritu. Pregunté le cuándo y cómo le había nuestro Señor dado aquel don tan grande de oración, y respondióme que se le dio en resolviéndose varonilmente a poner por obra un deseo que el mismo Señor le inspiraba, de mortificar la honra vana en materia de letras. Porque comenzó los estudios de Artes con opinión de gran ingenio, y con muestras de mucha capacidad; y como le molestase mucho la vanidad, procuraba, sin dejar de estudiar lo que debía, buscar ocasiones para que se entendiese que sabía poco, y que era corto. Preguntaba lo que sabía bien, como si no lo entendiera; callaba a la primera respuesta del argumento, como si no tuviera qué replicar; no porfiaba, cuando otros suelen hacerlo por salir con la suya; ni contradecía a lo que otros decían, con protervia; gustaba se diesen a los demás los actos de más lustre, y él tomaba para sí lo menos honroso. Con estas y otras semejantes mortificaciones hechas con destreza, sin que se entendiese que eran de industria, perdió algo del crédito de estudiante, pero ganóle grande, delante de Dios, de religioso; y premióselas con admitirle a su dulce trato, comunicándosele en la oración en varias maneras, con grande quietud y consuelo. Semejantes pláticas de Dios suelen ser muy provechosas entre los que desean aprovechar como se digan con humildad y santo celo; porque lo que pasa por uno es enseñanza y espuela que aguija al otro; y así, la comunicación con este Padre me hizo grande provecho, y comencé a desengañarme de que no era tan dificultoso como yo pensaba amar los desprecios; y que éste era el camino para medrar con nuestro Señor.

Más adelante pasaba la industria del Padre Baltasar, el cual, porque tratando de oración y espíritu, no diésemos en el extremo de retirarnos demasiado, y dejar el trato espiritual con los prójimos para bien de sus almas, nos exhortaba también en las pláticas a esto, que tan propio es de nuestra vocación, diciendo que en los de la Compañía este demasiado retiramiento no es espíritu de Dios, pues sabemos que quiere Su Majestad lo contrario, y nos llamó para ello; ni es lo más seguro, porque la seguridad no la da el rincón, sino la protección de Dios, el cual nos puede desamparar en la celda, si nos quedamos en ella por nuestra propia voluntad, y nos amparará en la plaza si salimos por su obediencia: ni es lo más provechoso; porque a este tal quita Dios la ración del espíritu, como a siervo inútil y sin provecho. A este propósito traía otras cosas que arriba se pusieron de sus altos sentimientos; pero especialmente ponderaba que, pues Cristo nuestro Señor interrumpió una noche tres veces su oración, por despertar a tres discípulos que estaban durmiendo, no es mucho que nosotros dejemos la nuestra, cuando fuere menester, para despertar a las almas dormidas en el sueño de la culpa o de la tibieza. Y no es buena excusa decir que otros hay que tienen obligación a mirar por eso; porque el piadoso Samaritano no dejó perder el lance, porque otros le dejaron; y aunque el Sacerdote y el Levita pasaron de largo, sin compadecerse del llagado, que había caído en mano de los ladrones, él se detuvo, e interrumpió su camino por remediarle. No se han de perder tales lances cuando Dios nos los descubre: «Si topases, dice San Juan Crisóstomo, un pedazo de oro en el suelo, luego te abates a él, sin preguntar por qué no lo levantó el otro que pasó. ¿Pues qué oro hay más precioso que un alma? ¿Ni qué tesoro te puede más enriquecer que ganarla, habiendo dicho el Señor por Jeremías: Si apartares lo precioso de lo vil, serás como boca mía?». Mas porque no diésemos en el otro extremo de tratar a los otros con daño propio, y con mucho exceso, nos acordaba con grande sentimiento aquel dicho del Salvador: ¿De qué aprovecha al hombre ganar todo el mundo, si pierde su alma? Y en está razón decía algo de lo que queda dicho a este propósito en el capítulo VII.

De aquí es que también procuraba que, por modo de prueba, ejercitásemos estos ministerios con los prójimos, para aprender a juntarlos con el espíritu. A los que tenían talento hacía predicar en nuestra iglesia; y, los domingos, nos enviaba a pie a cada uno con un novicio, por las aldeas de la comarca, a enseñar la doctrina cristiana a los niños, o a predicar y confesar, los que tenían partes para ello; y gustaba se hiciesen algunas breves misiones, no solo por tomar la experiencia que de sus obreros pretende la Compañía en este año, sino también por el grande provecho que de ordinario se hace en ellas, con la conversión y remedio de muchas almas muy necesitadas; y a los que conocía con caudal para estas misiones, deseaba se aplicasen a ellas. Tuvo algún tiempo por ministro al Padre Diego Vela, deudo de don Cristóbal Vela, Arzobispo de Burgos, al cual, como le vio con gran disposición para medrar en el espíritu, le ejercitaba, mortificaba y labraba como si fuera un novicio; y él se ayudó tan bien, que salió muy aventajado. Conoció en él gran caudal y aplicación a estas misiones; y así, poco después comenzó a ejercitarse en ellas en lugares grandes y pequeños, especialmente en las montañas de León y Astorga, predicando con gran celo de la salvación de las almas, y con grande fruto. Y era tan continuo y fervoroso en el trabajo, que apenas había compañero que pudiese seguirle; y habiendo durado en esto algunos años, quiso nuestro Señor volverle a esta casa de Villagarcía, para poner allí fin a sus trabajos con una dichosa muerte. Porque, al fin de una misión, pasando por este Colegio de camino para Ávila, le salteó un dolor de costado, que luego se vio ser mortal. Estaba yo entonces allí, y quiso nuestro Señor que le pudiese ayudar en este trance. Era este Padre de conciencia muy temerosa, y algo escrupulosa, de tal manera, que algunas veces se retiraba de decir Misa, si el superior no le ordenaba que la dijese; y en comenzando la enfermedad, temió tanto la cuenta que había de dar a Dios en su juicio, que con grandes ansias le pedía un año más de vida, para hacer más penitencia. Yo, que conocía bien su grande pureza y santidad, le consolaba y animaba cuanto podía, y estaba con harta pena y cuidado de verle tan ansioso por más vida, cuando la enfermedad por la posta le llevaba a la muerte; y así le desengañé, diciéndole que ya nuestro Señor, por sus altos y soberanos juicios, tan provechosos como justos, nos iba descubriendo, que no quería darle más vida, sino que se conformase con su divina voluntad, que le importaba más que pedirle más tiempo de penitencia, pues había hecho harta. Fue el Señor servido de premiarle entonces los buenos y largos servicios que le había hecho, quitándole de repente todos los temores y miedos que tenía, con tan grande confianza de su salvación, que con un Crucifijo en la mano decía con gran fervor: Gratias Deo, qui dedit nobit victoriam per Jesum Christum: «Gracias a Dios que nos dio victoria por Jesucristo.» Y con esta confianza y alegría falleció al sexto día, y alcanzó la corona de gloria por su victoria, y yo quedé harto consolado de su feliz y quieto tránsito, glorificando a Dios, que así esfuerza y consuela en muerte a los que le han servido con temor y temblor toda la vida, especialmente en tal empleo, como es salir a buscar las almas, para llevar consigo muchas al cielo, conforme a lo que dijo San Pablo a su discípulo Timoteo: Attende tibi, et doctrinae; insta in illis: hoc enim faciens, et te ipsum salvum facies, et eos qui te audiunt.

Estas son las tres cosas más principales que el Padre Baltasar encargaba a los de Tercera Probación, deseando que saliesen muy aventajados en oración, en mortificación y en celo de ayudar las almas, juntando con la teórica la práctica, que es la que hace esta hacienda.

Dejo otras muchas cosas que pudiera decir, contentándome con haber apuntado éstas, no solo por contar lo que toca al Padre Baltasar, sino también para que se entienda cuán del cielo fue la traza de nuestro Padre San Ignacio en ordenar a los de la Compañía este año tercero de probación y recogimiento después de los estudios. Y ojalá se entablara en todas las religiones que profesan letras, para reparar el fervor del espíritu que se entibia con ellas, y hermanarlas con oración. Para lo cual es muy importante que los que han gastado algunos años en aprender las ciencias, se hagan otra vez como niños, para ser de verdad grandes; y se traten como ignorantes, para ser perfectamente sabios con la ciencia del espíritu, que da ser, vida y esfuerzo a la Escolástica. Y si en esto gastan un año con diligencia, éste bastará para traerlos contentos y aprovechados toda la vida, y para que sus trabajos con los prójimos sean de lustre y provecho, para gloria de Dios y honra de su Religión y de toda la Iglesia.

Capítulo XLVIII. Cómo fue nombrado por Provincial de la Provincia de Toledo, y se aparejó con unos ejercicios; y de los grandes sentimientos que tuvo de la pobreza, desprecios y dolores de Cristo nuestro Señor

Como nuestro Padre general tuvo noticia de lo bien que el Padre Baltasar había visitado la provincia de Aragón, y no pudo tener efecto la ida por Provincial del Perú, nombróle, el año de 80, por Provincial de la provincia de Toledo, para que todas las provincias de España fuesen gozando de la doctrina y espíritu de tal varón. Y vióse bien lo mucho que le estimaba, por lo que dijo a los que trataban desto cuando se le nombró: «Os doy —dice— lo mejor que tengo para esa Provincia, en daros al Padre Baltasar».

Recibió éste orden por la cuaresma, y luego se recogió algunas semanas a hacer los Ejercicios espirituales, para tener muy largos ratos de oración retirada, y negociar con nuestro Señor lo que había menester para llevar esta carga, que la tenía por mayor que las pasadas. Y como si adivinara que aquella cuaresma había de ser la postrera, y aquel año el último de su vida, y aquel oficio el remate de sus trabajos; así se aparejó con mayor fervor que nunca, ejercitándose, conforme al tiempo en la contemplación de los misterios de la sagrada Pasión, para renovar en su corazón la imagen viva de Jesucristo crucificado, acompañado con sus tres perpetuos compañeros: pobreza, desprecio y dolor. Y como dellos solía platicar a los novicios en las cuaresmas, como arriba se dijo, así en ésta, como tuvo más profundos sentimientos, nos hizo más fervorosas pláticas, fundándolas en aquellas palabras que dijo David en persona del Salvador: Pauper sum ego, et in laboribus a juventute mea: exaltatus autem, humiliatus sum et conturbatus. «Pobre soy, y criado en trabajos desde mi mocedad. En siendo ensalzado fui humillado y conturbado.» En las cuales palabras se pone el camino que anduvo Cristo nuestro Señor toda su vida, que fue de pobreza, tormento y desprecio; y a estos tres tuvo siempre por compañeros. Y cuanta más edad tenía, tanto más y más de veras le acompañaban; y como crecía en edad, así ellos fueron creciendo más y más hasta la muerte, adonde llegaron a lo sumo que podían llegar. Y así también me atrevo yo a decir deste santo varón, que tan devoto fue desde sus principios destos tres compañeros del Salvador, como se comenzó a decir en el capítulo III, que como crecía en la edad, crecía también en el sentimiento y amor dellos; y en esta cuaresma, que fue la última, llegó a lo sumo que él podía.

Y para que tengamos alguna vislumbre de ello, pondré aquí sumariamente las cosas que entonces platicó de la heroica pobreza de Cristo nuestro Señor, ponderando en ella tres grados: uno grande, otro mayor y el tercero perfetísimo, en los cuales se encierra también la compañía de los menosprecios y dolores, con la heroica humildad, paciencia y resignación que mostró en ellos.

El primer grado de pobreza fue desapropiación de todas las cosas temporales del mundo, y de las memorias y aficiones que las siguen, como sombras al cuerpo. De suerte, que ni tuvo tierras, ni viñas, ni posesiones, ni semejantes propiedades; y esto no fue a más no poder, sino a más no querer; y desto temporal del mundo solamente tomó el uso, y ése con escaseza, solo para sobrellevar y suplir la necesidad extrema de su vida corporal, dando lugar a la hambre, sed, calor, frío, dureza y aspereza, sin prerrogativas ni particularidades, remediándose, no con manjares y cosas delicadas, sino comunes y groseras, cuales se hallaban donde estaba, viviendo sin casa, ni cosa propia, como pobre y mendigo.

El segundo grado fue pobreza de amigos y parientes; de toda familiaridad con grandes y poderosos, y de toda amistad temporal con reyes, letrados y prelados, ni con personas por cuyo respeto le perdonasen, o dejasen de hacer y decir injurias; antes quiso nacer de madre pobre, y ser criado en casa de un pobre carpintero, y tener discípulos pobres; y no se desdeñaba de conversar con los publicanos y pecadores, para ganarlos y convertirlos; y con todas las personas que trataba y tenía amistad, aunque fuese su propia Madre, conservaba su corazón tan descarnado y desapropiado, que por respeto de ninguno dejó de hacer siempre lo que entendía que era más agradable y más conforme a la voluntad de su Eterno Padre, enseñándonos con esto a vivir desnudos y desasidos de criaturas, para servir con libertad de espíritu a nuestro Criador.

El tercero grado fue despojarse de sí mismo, mostrándose pobre de poder, de sabiduría, de santidad, de señorío y libertad, siendo esto ocasión de padecer innumerables y gravísimos desprecios, injurias y dolores, por ser tenido y tratado de los hombres, como si fuera pobre y vacío de todas estas cosas.

Lo primero, mostróse pobre de poder con ser todopoderoso; porque quiso parecer y vivir en el mundo como hombre sin poderío, flaco y necesitado, sujetándose a las miserias de la niñez, al cansancio y fatiga de los caminos, y a las demás flaquezas humanas que tomó por nosotros, excepto la culpa. Sometióse a los elementos insensibles, al frío y al calor, y a otras criaturas, encubriendo el poder que tenía sobre ellos, y despojándose de él al parecer de los hombres. Dio poderío contra sí mismo a las espinas, para que le traspasasen su sagrado cerebro; a los cordeles, para que le atasen; al velo, para que le cubriese; a los azotes, cruz, clavos, lanza, hiel y vinagre, y a los demás instrumentos de su Pasión, para que le atormentasen; a los judíos, que le acusasen y blasfemasen; a los jueces, que le condenasen; a los sayones, que le azotasen y crucificasen; a los soldados, que le escarneciesen; y al demonio, para que le trajese en el desierto de un lugar a otro, y le persiguiese por medio de sus miembros los pecadores, sin resistirlos. Y aunque pudiera con sola una palabra impedir todo esto, no quiso, sino mostrarse pobre deste poder, con tanto desprecio, que con ser sus milagros ciertos testimonios de su omnipotencia, los atribuían a pacto con el demonio.

También se despojó de sí mismo, haciéndose pobre de sabiduría. Porque con estar lleno della, no quiso usar del ingenio y sutileza de las ciencias, ni de la retórica y elocuencia mundana, sino conversar tan sencillamente, que fue tenido de muchos por hombre simple, ignorante y sin seso; y la verdad de su doctrina la enseñó con palabras llanas y sencillas, queriendo más confirmarla con virtudes y milagros, huyendo la honra mundana de sabio, para nuestro ejemplo.

Del mismo modo se despojó de la fama de su santidad, guardando de tal manera el camino de la justicia, que de muchos fue tenido, no por santo, sino por pecador y amigo de pecadores, por engañador y blasfemo, peor que Barrabás y que los ladrones, y digno de muerte tan infame como de cruz. Y aunque pudiera fácilmente ganar esta fama de santidad entre todos, y tomarla para sí, como la dio a San Juan Baptista y a otros siervos suyos, no quiso sino privarse della, para confundir nuestra soberbia e hipocresía.

También se despojó del señorío y principado que se le debía, y podía tener como Rey de reyes, y Señor de señores, huyendo cuando querían hacerle rey, obedeciendo a los reyes y jueces, aunque fuesen malos y crueles, en las cosas que ellos le pedían, pagándoles tributo, y sometiéndose a su juicio hasta la muerte. También se sujetó a su pobre Madre, y a San Josef, sirviéndolos hasta los treinta años; y entre los pocos discípulos que tenía, se había, no como señor, sino como criado, sirviéndoles, y lavándoles los pies, y diciéndoles que había venido a servir, y no a ser servido; para que a imitación suya huyesen las dignidades, amasen la sujeción, y se tratasen en todo como pobres.

Finalmente, de tal manera manifestó con palabras, obras y milagros su divinidad y majestad a los discípulos sencillos y humildes, que la disimuló y escondió a los soberbios y poderosos que presumían de sabios y prudentes; por lo cual tuvieron dél un concepto muy contrario a lo que de verdad era. Y cual fue el concepto, fue el tratamiento, atreviéndose a perseguirle, y maltratarle con gravísimas injurias y tormentos. De modo que no ha habido hombre más despreciado de sus enemigos, ni que mayores dolores haya padecido, con infinito amor, por hacerles bien a ellos, y librarles de los eternos desprecios y tormentos.

Desta manera meditaba y platicaba el Padre Baltasar la soberana, continua y perfetísima pobreza del Salvador, hermanada con la excelentísima humildad y paciencia en sufrir los menosprecios y dolores que se seguían della. Y algunas veces le oí hablar a solas destos tres compañeros de Jesús, con tanto sentimiento y fervor de espíritu, que me dejaba admirado y encendido, y con el deseo de imitar el fervor y cuidado con que él abrazaba esta santa compañía para imitar a su Maestro. Y pienso, cierto, que por sus oraciones me hizo nuestro Señor merced entonces de darme un desengaño en esta materia. Porque meditando yo en estas mismas tres cosas, y sintiendo tan grande dificultad en amar las deshonras y gustar de los desprecios, que me parecía casi imposible, atenta mi gran flaqueza; un día que estaba en oración delante del Santísimo Sacramento, sentí de repente un rayo de luz que pasó como un relámpago, y me mostró ser muy posible amar el menosprecio y la deshonra, con las veras y ganas que los mundanos aman la honra; y me alentó a pretenderlo con esperanza de alcanzarlo. Y a este punto más particularmente enderezaba el Padre Baltasar las balas de sus razones; porque echaba de ver que los religiosos, especialmente los que tratan de letras y de ministerios con prójimos, de ninguna cosa reciben tanto daño, como del amor desordenado de la honra, tras el cual se sigue el de la comodidad temporal, cubriéndole con capa de religión, a título de mirar por el buen nombre, que es importante para la autoridad della y del oficio; y al contrario, en atropellar esta vana honra, y amar de su parte el desprecio con profunda humildad, está su mayor acrecentamiento, como el mismo Padre lo probó en los sucesos que se han contado.

Capítulo XLIX. Cómo llegó por sus grados al supremo de la perfección en el amor de Dios y de las principales virtudes que encierra. Pónense algunos altos sentimientos que tuvo deste amor

Pues hemos ya llegado al último año y a los postreros meses de la dichosa vida del Padre Baltasar, bien será que declaremos lo último también de su perfección en la vida espiritual que profesó. Porque sin duda, por las obras, ejercicios, oficios y ministerios y varios sucesos, prósperos y adversos, que se han contado, fue subiendo, como por grados y escalones, a la cumbre de la perfección en todas las virtudes, y amor de Dios, es la suprema de todas, cumpliéndose en él lo que dijo David: Bienaventurado es, Señor, el varón a quien tú ayudas; porque trazará subidas en su corazón, en este valle de lágrimas, en el lugar donde está puesto. El Legislador le dará su bendición; irá de virtud en virtud, hasta ver al Dios de los dioses en Sión. Varón fue, por cierto, bienaventurado, el Padre Baltasar, a quien el celestial Legislador previno con bendiciones de dulzura, y le dio ayudas tan grandes y continuas, que con ellas fue siempre trazando dentro de su corazón nuevos crecimientos en todas las virtudes, subiendo de una en otra con grande fortaleza, hasta llegar a ver por la contemplación a su Dios, y amarle con la perfección que quiere ser amado, que es con todo su corazón, alma, mente y fuerzas. Y no sin misterio hace este precepto, en que está nuestra perfección, mención de cuatro cosas que pide Dios en este amor suyo; porque son otras cuatro en las que él principalmente crece y con que se aumenta y perfecciona; y todas las concedió con excelencia a este santo varón, para que del todo fuese perfecto.

Porque lo primero se esmeró en orar perfectamente y tratar familiarmente con la Divina Majestad, aplicando a esto su corazón, alma, espíritu y todas sus fuerzas, hasta hallar gracia en sus divinos ojos y traer su espíritu unido con el divino y andar siempre en su presencia, cumpliendo lo que dijo Dios a Abrahan: Anda delante, de mí y sé perfecto. ¿Y quién duda, sino que esto es indicio de un grande amor de Dios y causa de aumentarle mucho? Porque, aunque es verdad que la contemplación, como dice Santo Tomás, esencialmente consiste en el más noble acto del entendimiento, que es conocer la suprema verdad, que es Dios, con una vista sencilla y muy penetrativa de sus grandezas; pero juntamente abraza los actos nobilísimos de la caridad, como fuente de donde nace y como fin a que se ordena. Por lo cual dijo San Gregorio, que la vida contemplativa es retener con todo el espíritu la caridad de Dios y del prójimo, y aspirar a solo el deseo de su Criador; y en éste trazó el Padre Baltasar, como se ha visto, continuas subidas y crecimientos, caminando como la luz de la mañana, que crece hasta el perfecto día de la luz y ardor muy ferviente; y subiendo por este desierto lleno de regalos, arrimado a su amado con quien estaba siempre unido.

También se aventajó mucho en mortificarse a sí mismo perfectamente, crucificando todos sus vicios y pasiones, gustos y quereres propios en todas materias, procurando quitar todos los estorbos que podía haber en su corazón, alma, espíritu y fuerzas, para poder libremente entregarlas a Dios, y a su perfecto amor, y al cumplimiento de su santísima voluntad; en lo cual también, como arriba se vio, trazó continuos crecimientos mientras vivió en este valle de lágrimas, subiendo como humo oloroso de incienso y mirra; porque el fuego y brasas del amor divino le hacían subir y crecer en esta abnegación, y por consiguiente, en el mismo amor y en la contemplación. Porque, como dijo San Agustín: Diminutio cupiditatis est augmentum caritatis. «Cuanto más se disminuye la codicia, tanto más se aumenta la caridad»; y al paso que baja el amor propio, sube el divino. Y Casiano dice que nuestra alma es como la pluma, que en quitándola el polvo o lodo que la tenía en la tierra, luego sube a lo alto. Así, quitados los estorbos del espíritu, se sube libremente a Dios.

Por aquí subió a lo tercero, en que se señaló, que fue en hacer perfectamente todas las cosas y obras que nuestro Señor le mandaba y encargaba, así de su estado y oficio como de los ministerios y obras de misericordia y caridad con los prójimos para ayudar a la salvación de sus almas, atropellando todos sus gustos y consuelos corporales y espirituales, en razón de cumplir la voluntad de Dios y de ayudar al prójimo; lo cual es indicio de muy excelente caridad y medio eficacísimo para crecer en ella. Porque, como dijo San Gregorio: La prueba del amor es la obediencia en la obra. Pues por esto dijo el Salvador: Si alguno me ama, guardará mis palabras; y si me amáis, guardad mis mandamientos. Y el amado discípulo dijo: El que guarda sus palabras, tiene perfecta caridad. ¿Y quién la tiene más perfecta que el que tiene ofrecida su vida y su consuelo, salud y honra, por el bien de sus amigos, que son los prójimos, a quienes ama en el Señor? Y pues este santo varón se señaló en todo esto, como se ha visto, señal es que tenía perfecta esta caridad; aunque, como nunca se tenía por perfecto, siempre trazaba nuevos crecimientos en ella, acometiendo nuevos trabajos por el bien de las almas.

De aquí resultó lo cuarto en que tuvo eminencia, procurando sufrir y padecer todas las cosas que el Señor le enviaba o permitía, en cualquier materia que fuese, de cuerpo o espíritu; aceptando las enfermedades, dolores, desconsuelos, desamparos interiores, deshonras y desprecios, como cosas venidas de la mano del Señor; tomándolos como beneficios suyos y medios de su mayor aprovechamiento espiritual; reconociendo en ellas la suave y paternal providencia de Dios, o en librarle a su tiempo, o en consolarle y aprovecharle; lo cual, sin duda, es indicio más cierto de la perfecta caridad, que es paciente y sufrida, y llega a decir con el Apóstol: ¿Quién nos apartará de la caridad de Cristo? ¿Por ventura la tribulación, o la angustia, o la desnudez, o el peligro, o la persecución, o el cuchillo? Nada desto nos podrá apartar de la caridad y amor que tenemos a Dios por Cristo Jesús. Porque el amor es fuerte como la muerte y crece con los trabajos que padece; y cuanto son mayores las persecuciones, tanto echa de sí mayores resplandores, como los echó el Padre Baltasar en las ocasiones que atrás quedan referidas. Con lo cual echó el sello a las cuatro cosas principales, en que mostró la perfección de su encendido amor de Dios, como cuatro ríos que salían del paraíso de la caridad, y regaban la tierra de su corazón, para que llevase copiosos frutos de santas obras y piedras muy preciosas de esclarecidas virtudes.

Mas porque esto queda bien entendido por lo que se ha dicho en el discurso desta historia, solamente añadiremos ahora algunos altos sentimientos que el Señor le comunicó para perficionarle en su divino amor por sus grados.

Porque, lo primero, le dio grande sentimiento de que el principal empleo del religioso en su estado ha de ser el fervoroso amor de Dios. Porque entendí, dice, que las religiones son oficinas de santidad, hospitales de heridos de amor de Dios, horno donde se enciende este divino fuego en el arte de amar a Dios, y hornos también de hacer cal donde el fuego hace las piedras como masa. Y así procuró vivir siempre con esta dulce herida, diciendo con la Esposa: Vulnerata caritate ego sum. Estoy llagada de la caridad, sin querer sanar desta llaga, porque en tenerla está la verdadera salud. En este horno procuraba encenderse, ablandarse y blanquearse, y unirse con la piedra viva, que es Cristo nuestro Señor, por continuo amor e imitación.

El segundo sentimiento fue de los divinos beneficios, atizadores deste divino fuego, tomando los comunes de todos como si fueran propios dél solo, y teniendo continua memoria de los especiales, que el Señor le había hecho, para serle agradecido, y pagárselos con el amor y servicio que nos pide por ellos. Y para esto tenía escrito en su librito un catálogo dellos, cuyo título era: Misericordiae Domini factae mihi. «Las misericordias que el Señor ha hecho conmigo»; y luego las cuenta diciendo: Mostrarme las tinieblas en que he andado en todo, así conmigo, como en el trato con los prójimos; darme corazón para abrirme la postema de mi alma; el deseo de estar hundido; la mortificación de la sensualidad; deseos de andar en verdad; no cansarme la tarea de los novicios; la providencia que ha tenido conmigo. Y en esta razón cuenta algunas cosas que ya se han puesto, y todas eran leña con que este fiel sacerdote del Altísimo cebaba cada día el fuego del amor que ardía en su corazón, para amar más y más al que tantos bienes le hacía.

Y porque no hay hechizo más eficaz para ser amado, como es amar; de lo que tuvo más alto sentimiento fue del grande amor que Dios tiene a los suyos, el cual declaraba desta manera: Amar Dios a uno es quererle bien, y desearle bien; y como el querer de Dios es hacer, porque según el Psalmista, todo lo que quiso hizo; así, amar Dios a un alma es una perpetua gotera de misericordias suyas, una lluvia continuada de grandes beneficios; es comenzar Dios a pintarla, y no alzar mano de la obra. Y de aquí nace el bullir en ella fervientes deseos de que se ofrezca en qué servirle. Y como el Señor recibe la voluntad eficaz por obras, halla el alma asentadas gruesas partidas a su cuenta; porque sus deseos y ofertas son muchas y muy continuas. De aquí también nace prevenirnos con bendiciones de dulzura para que sus dones sean merecimientos nuestros; porque no recibe sino lo que Él mismo da, lo cual es gran tesoro y consuelo, pues el pobre puede consolarse con dar de buena voluntad lo poco que tiene y ha recibido, y con ofrecerse a sí mismo, y a todas sus cosas, que es grande ofrenda; y con tener ánimo para recibirle en el Santísimo Sacramento, porque tenga cada día qué ofrecerle.

 Todo esto ofrecía este santo varón para mostrar en ello el amor que tenía al que tanto le amaba; y así dice él en su librito: Un día, dando gracias después de Misa, tuve un sentimiento cerca del modo de amar a Dios; que debía darle todas mis cosas, mi tiempo, mis gustos, mis amigos, y todo lo demás y mejor, y a mí mismo con ello; pues Él me daba todas sus cosas mayores y menores, sin sacar ninguna; y a Sí mismo desea darse de mejor gana. Quedóme el corazón blando, e inclinado a Su Majestad, con sabor, que fue gran regalo. Y estando otro día en la oración, con la pretensión deste amor, dije a nuestro Señor con gran sentimiento interior: «¡Oh Señor, si ya no tratase con nadie, sino contigo, o de cosas de tu servicio, que tocan al bien de las almas, que es lo que a ti te agrada! ¡Oh si ya comenzase a obrar la obra que tú consumaste al tiempo de tu partida! ¡Oh si fuese lance forzoso no apartarme de ti, ni tratar cosa que no sea por tu obediencia!» Y como fue oración inspirada, dióme el Señor esperanza de que me haría esta merced.

 Y sin duda se la hizo, porque sumamente procuró quitar de sí todo amor de criaturas, que le entibiase en el amor de su Criador, y por lo mismo que él había experimentado y probado, exhortaba a este modo de amor, diciendo:

 Estimad y tened en tanto a Dios, que os parezca poco todo el amor que tenéis para dárselo. Y para hacer esto mejor, recoged todo el que tenéis repartido por las criaturas, no solamente cuando a ellas se les da poco por vos, sino cuando se perdieren por vos; porque no parezca que las dejáis porque os dejan, sino por la grande estima y reverencia en que tenéis a Dios; y no os desconsoléis por dejarlas, pues esto es lo que os traía alejado del

Señor. Después probaréis que no había en ellas alegría, ni la hay sino en Él. Y según esto, será bueno no solicitar su amistad; y si ellas os la ofrecen de su voluntad, desviarla y enfriarla, y tendréis por comodidad que os la nieguen; porque así pagaréis con mayor desembarazo y entereza el tributo de amor y obediencia que a Dios debéis, y pondréis todo vuestro corazón en el que es todo vuestro tesoro. A este modo os parezca poco todo vuestro tiempo para darlo a Dios, pues dice San Agustín «que es tiempo perdido el que no se emplea en amar a Dios», y asimismo todo vuestro gusto, todos vuestros pensamientos, palabras y obras, vuestros ojos, oídos y lo demás, todo lo emplead en pagar este tributo al Señor.

Para alcanzar este grado de perfección en el amor, dice que le ayudó el desengaño de las mismas criaturas. Porque representándosele una interior queja de una persona que no le respondía con el amor que a su parecer estaba obligado, tuvo estos sentimientos muy provechosos:

Entiende lo que negocia Dios por ti; trabajoso encuentro fuera para ti, si te sucediera como tú lo deseabas. Providencia de Dios, y misericordia grande que usa contigo, que las criaturas te aparten de sí, y te envíen al Criador, haciendo el oficio que Él les manda. Y esto, dice, hacen por tres modos admirables. El primero, no satisfaciendo ni hartando nuestro deseo alcanzadas y poseídas, como respondían a San Agustín: No soy yo tu Dios, ni soy yo tu descanso. El segundo, no comunicando siempre ese poco de bien y dulce que tienen, sino antojadizamente, mudando más temples que cabellos, nunca permaneciendo en un estado; de los cuales todos ha de estar colgado el que anduviere tras ellas. El tercero es, desamparándonos sin remedio en hallando en uno tantico de más bien, útil o deleitable. Y con tener más experiencia de esta verdad que cabellos, no acabamos de desentontecernos y de irnos tras las criaturas, olvidándonos del Criador; de donde viene que no tenemos hambre del Criador ni hartura en las criaturas. El remedio es ganarlas por la mano, comenzando por donde ellas acaban, desamparándolas luego por no perder tiempo, y pasándonos al Criador, en quien hallaremos descanso, paz y hartura con estabilidad eterna, sin que ninguno lo pueda estorbar ni impedir. ¿Qué cosa más sosegada que quien no desea nada? ¿Y qué cosa más rica que aquel a quien sobran todas las cosas grandes y lucidas del mundo? Tened a Dios, y nada os faltará.

Estos y otros sentimientos le comunicaba nuestro Señor, para descarnarle de todas las criaturas; y conformándose con ellos, no se le conoció afición ni gusto a cosa particular, aunque fuese muy pequeña, ni menos a persona que le trabase o estorbase la libertad o hidalguía con que su alma amaba al Señor. Y mucho tiempo trabajó por esto, procurando recabar de su corazón que viviese tan desasido de criaturas, como si estuviera en los desiertos de África, hasta que lo alcanzó con la divina gracia. Y bien se echó de ver en el gusto con que deseaba acabar su vida en un rincón, aunque muchos grandes deseaban tenerle consigo, y él tenía caudal para puestos muy mayores; y de aquí subió a lo último y supremo, de que se dirá en el capítulo que se sigue.

Capítulo L. Cómo alcanzó la perfecta resignación y conformidad con la divina voluntad en todas las cosas, prósperas y adversas; y los sentimientos que tuvo cerca de esto

Como la vida del Padre Baltasar, según se ha visto, fue tejida de varios sucesos, prósperos y adversos, en toda suerte de cosas, todas le sirvieron de alas o escalones para subir al último grado de perfección en el divino amor, cumpliéndose en él lo que dijo San Pablo, que «a los que aman a Dios, todas las cosas, así las prósperas como las adversas, se les convierten en bien». ¿Y qué mayor bien que el aumento del mismo amor? ¿Y cuándo este aumento está más en su punto en esta vida, como cuando ha llegado a tener un querer y no querer con Dios en todas las cosas corporales y espirituales, grandes y pequeñas, sin querer elegir o inclinarse más a una que a otra, hasta conocer la divina voluntad, cuyo cumplimiento busca en todas ellas? Y así dice, que pidiendo una vez a nuestro Señor cierta cosa que deseaba de su servicio, entendió que toda la perfección está en la voluntad de Dios; y el mayor de todos los sacrificios es la conformidad con ella; porque es celoso de su gloria, y sabe lo que es más a propósito para ella. Y dudando un día si diría Misa, o no, por cierto impedimento que tuvo, le comunicó nuestro Señor este sentimiento:

No va poco en acertar o errar lo que Dios quiere; ni es pequeño, sino grande, y muy grande, el yerro o acierto en este caso. Si Dios quiere una cosa, temeridad es que el vil gusano no la quiera; y si Él no la quiere, locura es estupenda que el hombre ose arrostrar a ella. Y si esto es en todas las menudencias que Dios quiere, o no quiere, ¿qué será en acertar o errar de verse con él en el altar, donde tanto bien o mal puede venirle, si acierta o yerra? De aquí se me representó también que no se debe vivir sin dolor y lágrimas en vida que tanta ignorancia tiene, y tan a tino hemos de andar en cosa tan grande, y que el remedio que nos queda es la oración continua, conforme aquello de la Escritura: Cuando no sabemos lo que hemos de hacer, solo nos ha quedado alzar los ojos al Señor. Y el que rectificando su intención orare al Señor con humildad, podrá esperar dirección de Su Majestad, pues dél se dice que enderezará el consejo de los justos; y si alguna vez errare, en tal caso también podrá confiadamente esperar perdón; porque tropezó no queriéndolo y andando de noche a oscuras.

    Conforme a esto, andaba siempre con estas ansias de ajustar su voluntad con la de Dios, y resignarse totalmente en el divino querer aun en las cosas espirituales, contentándose con la suerte que el Señor le diese, aunque fuese de las medianas y pequeñas. Y como a los principios anduviese inquieto con las ansias demasiadas de mejorarse en la oración, vino a resignarse en esto mismo, con un sentimiento que el Señor le dio, diciéndole: Pues me has puesto, Señor, en medianía, mediano quiero ser y parecer; humillarme y reconocerme por tu obediencia a todos los mayores; y más quiero en este puesto ser despreciado de todos, teniéndote a ti contento, que fuera dél ser adorado, teniéndote a ti descontento; y luego me queda que llorar por mi descontento pasado, y agradecer porque me has sobre muchos levantado.

    Lo mismo le sucedió viéndose apretado de muchas ocupaciones exteriores. Y representando a nuestro Señor unas quejas amorosas de no tener tiempo de estar con Él a solas, «fue hecha —dice— esta palabra del Señor en mí: «Conténtate con que me sirvo de ti, aunque no te tenga conmigo»; y con esto quedé sabroso». Y otro día, sobre lo mismo, tuvo este sentimiento:

    Bien podrá ser que a muchos de la Compañía falten tiempos desocupados para acudir al gusto de sus voluntades, mas no empleos y buenos lances para acudir al de la divina. Y si el grano ha de morir para que dé fruto, ¿qué mejor y qué mayor aventura? ¿Y qué mayor locura que penar por tal empleo? Si Dios nos diera a escoger la muerte, ¿qué más dulce la pudiéramos hallar donde no hay cauterios ni desprecios? ¿Y qué son las ocupaciones de los de la Compañía, sino empleos de Dios, espacios llenos de sus obediencias, venas abiertas con que se desangran las propias voluntades, más resplandecientes en los divinos ojos que piedras preciosas? ¡Ricos caminos de la perfección! ¡Ni los de Samaria al Jordán, en la huida de los asirios, que tan sembrados quedasen de preseas! Abrid, Señor, mis ojos, y verán maravillas de vuestra ley. A éstos gobierna la ley del Señor, sin mancha, pura y limpia. Éstos tienen por manjar, como el Salvador, la voluntad de Dios, de la cual andan ayunos los amadores de la propia voluntad. ¡Oh, de cuántos es ignorado este dulce bocado! De pocos es este plato, sin mezcla de propios intereses; de un Cristo; de un Colegio Apostólico, después de venido en ellos el Espíritu Santo; de un Pablo, que decía: «Deseamos agradarle en ausencia y en presencia»; de un David que dijo: «¿Por ventura no estará mi alma sujeta al Señor?»; y en otra parte dice: «Que le servirá de balde».

Esta es la parte más alta desta resignación y conformidad con la divina voluntad en que se apura y refina la intención y blanco del amor; en que este santo varón, se señaló mucho, amando a su Dios tan sin interés, que también se descarnaba de los consuelos y deleites que se suelen sentir en la oración, resignándose a carecer dellos, por el gusto del mismo Dios, como se verá por estos sentimientos:

Por lo que ordenares, Señor, ha de estar toda criatura; y lo que tú mandares ha de hacer. Mas ninguno que haya recibido de ti este favor de entrar dentro de ti y experimentar la dulzura de tu presencia y el consuelo de tu habla y enseñanza interior, puede dejar de penar cuando este regalo le falta. Y por esto decía David: Señor, oíd mis lágrimas, y no calléis. Gran tesoro es que haya llegado el alma a experimentar que no puede vivir sin Dios ni sin su favor. Mas porque falten sentimientos tiernos a mi corazón, ¿faltarle ha la dirección de Dios? ¿Y porque me falten a mí sentimientos propios, faltarán a la Iglesia los comunes de la fe? Pues a estos resplandores y claridad tengo yo de alumbrarme. Y porque esta verdad se viese en los magos, llegados a Jerusalén, se les escondió la estrella y les informaron del nacimiento del Niño los sabios, según la Escritura; y después se les tornó a aparecer, con que se les dobló el gozo pasado; porque los sentimientos particulares húndense como ríos, y van y se vienen como Dios quiere; y para que la fe estribe en las palabras de Dios y no en ellos, permite el Señor que falten.

Y otra vez dice: Entendí que da Dios escasamente las consolaciones por convenir a su servicio. Porque tanto está el alma más apercibida cuanto más se parece al Redentor, que en esta vida estuvo lleno de trabajos y su alma de tristezas; y el consuelo ha de ser a semejanza del refresco que el caminante toma en la venta, no para quedarse allí, sino para pasar adelante con más aliento y esfuerzo.

Y hablando con nuestro Señor, solía decirle con una resignación muy entera y perfecta: Pues me has hecho merced que descanse, ofreciéndome a ti todo lo que soy, dame por una gracia otra, que descanse en que me trates como quisieres. No quiero más alto fin, ni menos convenientes medios, ni más favores, ni menos dolores, ni más regalos, ni menos trabajos. Como Dios me ha hecho y yo tengo merecido, quiero ser tenido; como Dios lo ha hecho y lo tengo pecado, quiero ser tratado; ni quiero más ternuras, ni menos cochuras.

Conforme a esta merced que el Señor le hacía, enseñaba a los que tratan de espíritu y andan penados por parecerles que no aman a Dios con fervor, que comiencen a amarle en el estado que están: Lo primero, sufriéndolo, si los trata mal, a su parecer. Lo segundo, contentándose con lo que les da, teniéndolo por singular don. Lo tercero, contentándose también de estar por sus espacios, no pareciéndoles ser largos, sino cortos y ricos tesoros, pues los de las almas limpias no consisten en tener bienes de Dios, sino en tenerle a Él contento. Lo cuarto, haciéndole todos los más servicios que pudieren con pura intención de agradar a Él solo. Porque, como una castísima mujer muestra el amor que tiene a su marido en hacerle todos los placeres que puede; y, si se adorna y atavía, es por contentarle a él solo y no a otro; de modo que, si él gustase de que dejase aquellos aderezos, los dejaría de buena gana, aunque por ello fuese tenida de los otros por fea y vil, contentándose con solo dar contento a su marido, estarse con él y tenerle sabroso; así, el alma que de veras ama a Dios todo su contento tiene puesto en que Él esté contento; y si desea el adorno de virtudes, ciencias y otras gracias, no es para agradar a los hombres y para que le estimen, porque esto tiénelo por linaje de adulterio, sino solo para agradar a su Dios y para ayudar a que otros le agraden. De suerte que, si Dios le quita los consuelos y favores y gracias gratis datas; y aunque sea hollado y despreciado, de eso mismo se contenta; porque así lo quiere su Dios, en cuyo buen contentamiento tiene librado el suyo: Et sic placens Deo erit dilectus; y el que en este modo anda agradecido a Dios, será amado dél, y alcanzará la excelencia de su amor y las riquezas que dél proceden.

En confirmación desto decía, que el principal fin de toda buena oración, y el mejor fruto que della se ha de sacar es dar a Dios cuanto nos pidiere, y venir con grande conformidad en cuanto quisiere, cerca del tratamiento y caminos por donde nos quisiese guiar. Y así en quitarnos de la salud, honra, comodidades y otras cosas naturales, como tocando en las interiores y espirituales, quitando los favores, ausentándose de nosotros o encubriéndosenos, dejándonos fríos y en oscuridad; y por otra parte, combatidos de tentaciones, temores y desconsuelos, para que así, sea Él más glorificado y nosotros más aprovechados; que esto es lo que pretende, y lo que dello se seguirá, si le fuéremos fieles, perseverando en no irnos a las criaturas a buscar consuelos exteriores, por más tedio que tengamos de las cosas de Dios, y por más desamparados que nos veamos; no huyendo de la Cruz, ni de las pruebas que nos envía; porque si somos fieles en ellas, volverán las gracias primeras mejoradas, como a Job sus ganados; cuyas palabras tengamos siempre en la boca, diciendo en estos sucesos: Dominus dedit, Dominus abstulit. «El Señor me dio este don, y Él me lo quitó; sea su nombre bendito para siempre; porque lo que da y lo que quita, todo lo hace con amor, y por mi provecho.» Y lo que dijo el sacerdote Helí: Dominus est; quod bonum est in oculis ejus, hoc faciat. «Dios es el Señor de todo, haga lo que fuere bueno en sus ojos, que ello lo será en los míos, de cualquier modo que Él trazare.» Y de aquí es que quien tiene tal resignación y obra con tal fin en todo lo que puede y debe, libra en las manos de Dios el suceso que pretende, contentándose más del suceso que Dios envía, aunque sea contrario a su consuelo, que si le viniera lo que él deseaba, según aquello que dijo el Capitán Joab a su hermano: Confortémonos, y trabajemos varonilmente por nuestro pueblo, y por las ciudades de nuestro Dios, y el Señor hará lo que fuere bueno en sus ojos.

Todo esto enseñaba el Padre Baltasar a los que trataban de oración, y lo tenía muy asentado en su corazón. Y así, con esta resignación y confianza, acometió, como se ha visto, grandes empresas en bien de las almas, y salió prósperamente con ellas.

Capítulo LI. De algunas graves sentencias de la resignación y confianza en la divina providencia, sacadas de cartas que escribió a enfermos y atribulados, consolándoles en sus trabajos
Aunque el Padre Baltasar tenía la gracia y prudencia que arriba se dijo en las cartas que escribía para reducir a los errados y alentar a los tibios y pusilánimes; pero no la tenía menor en consolar y alentar a los enfermos y atribulados, como quien sabía qué es estar enfermo y atribulado, y había pasado por semejantes aprietos; y de su experiencia sacaba los avisos y motivos de consuelo que daba a los demás. Estos eran principalmente, como se ha visto, la resignación y conformidad con la voluntad de Dios, y con su amorosa providencia. En ésta tenía librado todo su consuelo en sus enfermedades y tribulaciones; y con esta misma consolaba a los enfermos y afligidos, por sus cartas, con varios modos muy apacibles, de los cuales pondremos algunos buenos bocados, que pueden ser de mayor consuelo y provecho nuestro.

1
A una persona principal que estaba con tercianas escribió estas palabras:
«Santa Gertrudis fue una vez enseñada divinamente, en un éxtasis, cómo Dios nuestro Señor, que era suma bondad, con el amor que crió al hombre, le dispensa cuando le envía, y permite que le venga así de adversidades como de prosperidades, mirando en lo uno y en lo otro a su mayor bien. Y de aquí infiere la Santa, que son muy ciegos los que con estas cosas, dispensadas a ellos con tanta fragancia de amor, no se regalan, y se tienen por muy dichosos. No es vuesa merced de los ciegos más por la gran bondad del Señor, de los enseñados por Él mismo, para que se tenga por amado y regalado con prendas de tanta alegría, y para que vuelva en gracias tiernas las calenturas más fieras; pues tiene del amor que tuvo a Dios San Lorenzo, con que volvió las parrillas en alabanzas, diciendo: "Asado, Señor, te hago gracias". Yo las doy a su infinita caridad, porque así ha prevenido a vuesa merced con bendiciones de dulzura, para que sea fiel en esta prueba.»

A otra persona muy principal escribió en esta conformidad, diciendo así:
«Grande señal es de que es gradable a Dios su estado, y asiento el contento que le da en él tan continuado, que parece es su centro. Buena nueva es

para mí, que deseo ande en todo gobernado por regla tan infalible; y si sigue tal estrella por norte, podrá salir bien de todos los trabajos, sin ser parte los trabajos para aguar su conhorte. Y con razón; porque a quien Dios abre los ojos para conocer el bien que en Él tiene, ábrelos también para que vea en la misma lumbre la preciosidad de las penalidades, mostrándole que son postas con que se corren los trechos que hay de las almas a Él, y que agravia a su providencia quien los llama estorbos; porque si desea medrar y contentar al que debe querer más que a sí mismo, también debe desear las ocasiones con que lo pueda hacer. Y como éstas son sucesos que el mundo ciego llama infortunios, desastres, o cargas, no las tiene Él por tales, sino por favores y gracias; y tanto mayores, cuanto más pesadas.»

A otra persona religiosa escribió desta manera:

«En trabajo está V. R. de cuerpo, y en mayor de alma; entrambos ordenados de la dulzura de Dios, para que tenga al mismo Dios.» Acuérdome que dijo nuestro Señor una vez a Santa Gertrudis, que, cuando ve alguna alma sin virtudes que le traían a ella; porque sus deleites son estar en los hijos de los hombres, que las llena de tribulaciones en el cuerpo, y de turbaciones en el espíritu, y a veces mucho mayores que las primeras, para que le abran camino a Él y le llamen a la tal alma, poniendo clamores de Dios donde antes no había voces; porque la Escritura dice: Cerca está el Señor de los que tienen corazón atribulado. Y Él mismo dijo de sí: Con él estoy en la tribulación. Esta es la causa del aprieto en que V. R. está, que no desamor. No es desvío de la bienquerencia de Dios, sino abrazo de su dulzura; y tanto debe ser más venerado, cuanto es más apretado; porque ésta es la señal con que suelen mostrar las criaturas el amor que se tienen unas a otras. Si crece el trabajo de V. R., crezca su fe con Dios, que ella le dará salud; porque así lo dice San Pablo de otros enfermos bien crédulos: Fide convaluerunt de infirmitate. «Con la fe convalecieron de su enfermedad.» No querrá nuestro Señor cortar tan en agraz el racimo que crió para su gusto; y, si para su servicio puramente desea la vida, con seguridad puede desearla y pedirla; porque no se ofende en esto nuestro Señor, antes se contenta. Y asimismo dijo a la misma Santa, que la piedad de su amor, con que deseaba la salvación de las a almas, le forzaba a recibirles en servicio de buscar a Él mismo, los deseos de los justos, con que sin desorden buscan o desean algunos bienes; y los que son agravados con enfermedad del cuerpo, o con desconsuelo de espíritu, o con otros semejantes aprietos, si desearen salud, o verse libres de aquellos trabajos, «yo para poder premiarlos abundantísimamente, según el grande amor que les tengo, hago cuenta que me desean a mí». ¡Oh palabras de entrañable consuelo, para el que siente lo que ha oído!

Compasión tengo del estado en que está, porque he experimentado qué es la flaqueza de los hombres cuando les deja Dios en sus fuerzas, para que vean a las claras lo poco que pueden sin Él, dejándole por arrimarse a sí. Y pues yo he llegado a acercarme a las puertas de la muerte, como V. R., y vivo; torne sobre sí, y viva en confianza de que se podrá ver como yo, y con fuerzas más enteras. Aliéntese y consuélese, y sepa que para alcanzar salud y lo que desea, con más presteza, y con mayor sabor y gusto, es buen medio ser bien comedido con Dios, holgando de ponerse en sus manos a toda su voluntad. Y hasta que Dios alcance esto de V. R., sepa que le dejará hasta ponerle en el hilo de la muerte; mas si le ve resignado y comedido, oirá la respuesta de Dios, como Abrahán la del ángel, cuando alzó el brazo para degollar al hijo: «Ten paso; no hagas tal cosa; porque no quería Dios sino saber lo que tenía en ti; ahora que lo ha visto, dice que dejes el hijo, y que hagas sacrificio deste carnero». Bien sabía Dios sin aquella prueba lo que tenía en Abrahán; mas él no supiera de sí si tenía caudal para ella, si Dios no le allegara tan al hilo; ni quedara tan consolado con el hijo, si hubiera quedado corto con Dios y dejado de hacer algo de su parte en servicio de quien tan liberalmente se lo dejó, y con tanta gloria suya. Créame que no terná otro atajo mejor que éste para salir de ese trabajo, ni otro sabor mayor cuando le vuelva la salud. Échese a oscuras en manos de Dios, que seguro estará en ellas de que no le saldrá mal este arrojamiento; pues se dejaron clavar en la cruz por merecerle descanso temporal y eterno.»

2

Otras dos cartas muy devotas escribió desta materia a dos señoras principales. Dice así la una:

«Leído he en su carta de vuesa merced muchos duelos que pasa, y creído muchos otros y mayores, que no los que manifiesta; pues si se pudiesen decir, no serían muy grandes. Acuérdese vuesa merced que el dulce que espera de Dios tiene esta calidad y otras tales, que declaran su grandeza. Espectáculo, dice San Agustín, que esperan los justos ver, que encierra en sí tanta dulzura, que aunque se puede pensar, mas no alcanzar. No sé qué diga de los trabajos que Dios nuestro Señor allega en vuesa merced, sino lo que dice David de la junta que hace de las aguas de la mar, en pequeña cantidad: Congregans sicut in utre aquas maris, ponens in thesauris abyssos. En esta junta de tantas cosas en un alma, cada una en su género desabrida, excediendo unas a otras en sola amargura, dice que pone Dios abismos en sus tesoros. Tesoros llama sus acuerdos, sus secretos, las trazas no entendidas de nosotros, que lleva en promovernos a bien, y acrecentar nuestras almas. Con razón tales acuerdos se llaman tesoros dellas; pues dellos les viene toda la riqueza, toda la buena dicha suya, todo lo que las enseña y alivia. En estos tesoros dice David que pone Dios abismos cuando allega muchos trabajos en un alma.

»¡Grande palabra es ésta! Y si Él no la lee, oscura se quedará. Llame vuestra merced a sus puertas, que no las muestra sin misterio; y entre tanto que se las abren, venere con silencio el secreto que no puede alcanzar su entendimiento. Grande es la gana que tiene Dios de ver en nosotros la imagen de su Hijo formada al vivo; y si nos quiere ver solos y quebrantados, no son otros que éstos sus cuidados. Después que el Hijo suyo, en quien tanto se agrada, se vistió de la librea que nos predica la fe, no le puede dar contento que no la pretendamos nosotros; y que cuando Él nos la vistiere, no hinquemos nuestras rodillas, y que con mucho amor y reverencia no se lo agradezcamos. No son estas cosas para decir solamente, sino para sentir y recibir con ellas entrañable consuelo; pues Dios nuestro Señor, que no castiga dos veces, una que lo hace purga con desconsuelo temporal, lo que había de ser con fuego eterno; y alimpia con agua rosada, lo que había de ser limpio con sangre a tormentos crueles derramada.

»Para quien tiene amor a Dios, y con él siente que Su Majestad envía estos despertadores, no son necesarias más consideraciones para amarlos y adorarlos. Todos los tiene por gracias, todos por postas, todos por brasas, todos por unas grandes luces de su bienquerencia, todos por saetas de su amor; que, aunque más duro sea, no le dejan ser piedra. A esto endereza Dios nuestro Señor a vuestra merced; y si no arde en su amor, tema. A esto endereza sus trabajos; y si no ve en ellos sus regalos, gima sus pecados, que son los velos de que no vea la dicha y riqueza de medios tan llanos como toma Dios en la más alta de sus pretensiones. Hasta que esto entienda, no hará Dios sino desatinalla; hasta que esto precie, entenderá Dios en humillarla; hasta que este orden le contente, cuanto deseare se le deshará; cuanto le viniere, le descontentará; todo le sucederá al revés, todo le faltará; porque falta vuestra merced a una cosa que sola basta a hartar, honrar y enseñar a quien la poseyere.

»Y de aquí es lo que dice San Agustín sobre aquellas palabras de David: Exquisivi Dominum, et exaudivit me. "Los que no son oídos no buscan a Dios, sino a otras cosas dél"; y como hacen injuria a Dios, que quiere ser más amado que sus bienes, son ellos castigados en que nunca los alcanzan, y en ser alcanzados de su familiar amistad. Tal castigo merece tal desatino.

»Largo va este discurso, mas hágolo para ahorrar en otros; y porque deseo perficionar en vuestra merced lo que Dios ha comenzado. Todas sus indisposiciones y trabajos me duelen; y duélenme más, que aunque significa que entiende en parte el tesoro dellos, es tan pequeña, que a mí no me satisface; arde, mas poco; luce, mas poco; toma estas cosas casi a poco más o menos. Perdóneme, que me parece no entiende su pobreza, ni la riqueza que Dios la ofrece. Y de ahí es que no toma con la debida estima lo que Dios le envía, ni toma con amor lo que con él le envía el Señor, y temo que por este camino volverá la triaca en ponzoña, y que ganará poco, a quien le va la vida en tenerlo ganado mucho.»

La otra carta dice así:

«Gracias a Dios que no se olvida de vuestra merced. Quien tiene los ojos para ver, como dice San Agustín, por postas tiene de Dios las enfermedades, para correr a Él, pues promoviendo a mejor las almas, a posta se las envía: Arguens, et castigans, quos amat. No quiero encubrir a vuestra merced que el alegría que me dio la inteligencia de la traza que lleva Dios en sus cosas, no me la ha quitado esta su herida, antes aumentado; mire cuál es el amor que la tengo: Dolor vulneris abstergit mala, dice el Espíritu Santo. Entiéndalo vuestra merced, y verá el regalo. Quiere decir, dolor en la hijada, y salud en el alma; a trueque de males de cuerpo, no son caros bienes de alma. Continúe vuestra merced lo que bien comenzó de su renunciación, que ésta es la lección que ahora la lee. Y pues su principio fue buscar a Dios a solas, y lo ha hallado, no le dé compañía, que le hará injuria. Por prevenir esto la desfigura: Nolite me considerare, quod fusca sim, quia decoloravit me Sol, dice la Esposa Santa. Ni por Él se ha de buscar otra compañía, ni con Él otra; porque lo primero sería falsedad, y lo segundo, impuridad. No le haga tan grande agravio, que asiente a nadie con Él a la mesa. Dígale que descanse en su alma; y, si dudare cómo hará esto, pregúnteselo a Él; y si con reverencia lo hiciere, oirá la interior respuesta: "Hija, déjame hacer lo que quiero en ti"; lo cual tenga en más, que cuanto le pudiere Él mismo dar, temporal y eterno; que con esto estará Él contento, y vuestra merced terná más riqueza, y mayor aprovechamiento. Enséñese a darle grandeza en todas sus cosas, creyendo de sus obras lo que dice su siervo Moisés, que todas son acabadas, y sus caminos juicios justos. Y pues la ha recibido por hija, no le provoque a ira, que lo mirará, y la lastimará, como de otros lo dice su Escritura Santa: Vidit, et ad iracundiam, provocatus est, quia provocaverunt eum filii sui, et filiae. Y piense con cuánta vergüenza se debe oír la palabra que Él más abajo pronuncia: Infideles filii. "¡Oh hijos desleales!" Y cuanto creciere en servicio deste Señor, tanto será en mi estima mayor, aunque ahora no está poco crecida.»

Estas son las razones que alegaba este santo varón para consolar con suavidad y eficacia a los enfermos y atribulados, fiándose en la Divina Providencia, y resignando su voluntad en la de Dios, de quien sabía por experiencia que está colgado nuestro remedio y alivio, y que convierte las adversidades en aumento de prosperidades, como convirtió las suyas, al modo que se ha visto.

Capítulo LII. Cómo se partió a Toledo, y comenzó a hacer su oficio de Provincial, y al cuarto mes murió santamente en Belmonte (Año 1580)

Estando ya el Padre Baltasar tan bien probado y resignado, y con la perfección que se ha visto, quiso nuestro Señor cortar la fruta que estaba tan madura, y de tan buena sazón para el cielo. Mas como le dio a merecer el trabajo de la jornada al Perú para hacer oficio de Provincial, porque le aceptó de su parte con tan generosa voluntad, como se dijo; así también quiso que acrecentase mucho sus merecimientos con la prontitud con que se ofreció al mismo oficio por tres años en la Provincia de Toledo, contentándose con el trabajo de poco más de tres meses, muriendo como buen soldado, peleando y trabajando fielmente su oficio.

Pasada, pues, la Cuaresma del año de 80, salió de Villagarcía, con el aparejo que referimos en el capítulo XLVIII; esto es, con un Cristo crucificado en su corazón, como él decía, y con sus tres fieles compañeros, pobreza, menosprecio y dolor; teniendo por suma riqueza, grandeza y regalo esta amable y preciosa compañía de su dulce Jesús. Llegó a Valladolid para despedirse de la fundadora de su Colegio, y de otras personas principales, a quien tenía especial obligación. Sucedió estar yo entonces allí; porque habiéndome ordenado de sacerdote el Sábado de Lázaro, día del gloriosísimo San José, dije la primera Misa en el Colegio de San Ambrosio el día de la Anunciación de la sacratísima Virgen nuestra Señora, y detuviéronme en la casa Profesa, para que ayudase a confesar toda la Semana Santa y la de Pascua. Y como yo era súbdito del Padre Baltasar, tomóme por su compañero para las visitas y negocios que había de hacer; y túvelo a buena dicha, porque entonces vi más por experiencia el espíritu, fervor y fuerza de sus palabras y razones. Y como de la abundancia del corazón sale lo que se dice por la boca, parecíanme sus labios como los del celestial Esposo, a modo de azucenas que destilan mirra de la más prima. Porque no solamente eran apacibles, sino echaban de sí un olor fuerte y penetrativo, y todas destilaban aquella mirra prima y escogida de la pobreza, desprecios y dolores deste divino Esposo, de que tan lleno tenía su corazón, hablando a los que visitaba destas tres cosas, con tanto espíritu y fervor, que penetraba y encendía los corazones, y ponía gana de meditarlas, e imitarlas. Y andando por las calles, de cuando en cuando se le salía alguna palabra, desta misma materia, que a mí, con estar muy helado, me ponía como un fuego. Bien quisiera yo acompañarle hasta la Provincia de Toledo, por gozar de su dulce y santa compañía, y para que se me pegase algo de los tres buenos compañeros que en su corazón llevaba; mas no me fue concedido, sino que me volviese a Villagarcía a rumiar lo que había oído.

Partióse, pues, dentro de ocho días, y llegó a su Provincia, adonde algunos le habían conocido en sus principios, áspero y rígido consigo y con los otros. Pensando que todavía duraba en el mismo rigor, habían puesto algún miedo a los demás; pero presto se desengañaron, porque comenzó a mostrar la humildad, blandura y afabilidad de que el Señor le había dotado. Y así, en llegando a la cala de Toledo, mostró notable sumisión a todos los Padres ancianos, y se fue a los aposentos del Padre Francisco de Estrada, y de otros tres Padres muy antiguos que allí estaban, y les pidió la mano hincado de rodillas. Y entonces dijo el Padre Estrada: «Provincial que con tanta humildad se hinca de rodillas, buen Provincial será». Porque donde hay humildad, hay sabiduría del cielo, como dice el Sabio; y nuestro Señor, que tan amigo es de los humildes, les comunica su celestial luz y prudencia, y acierto en el gobierno; como le dio a este santo varón, y le mostró en la primera visita que hizo, entablando las cosas de su Provincia con tan buena disposición y traza, que todos recibieron notable consuelo; y volando la fama desto por los demás Colegios, deseaban que fuese presto a visitarlos.

Tuvo por compañero en su oficio al Padre Alonso de Montoya, que después le hizo en esta Provincia de Castilla, habiendo sido primero Prepósito de la casa Profesa, y fue varón de mucha religión, ciencia y prudencia; el cual contaba el orden que guardaba el Padre Baltasar en caminar. Por la mañana tenía tres o cuatro horas de oración; en llegando a la posada decía su Misa despacio, daba sus gracias y hacía su examen particular; comían, y pasado un poco de tiempo (porque como era verano habíale para todo) tenía su lección espiritual, y rezaban sus Horas. A la tarde, todo el camino se iba ordinariamente en oración; a la noche, rezaba sus Maitines, guardando en todo el concierto y orden que tenía en los Colegios; y en la visita dellos procedía con el ejemplo y edificación que en la provincia de Aragón. Mas, al mejor tiempo quiso nuestro Señor atajarle los pasos, dentro de cuatro meses, con una dichosa muerte, cual fue su santa vida.

Porque habiendo visitado la casa Profesa de Toledo, y el Colegio de Alcalá, y la casa del noviciado de Villarejo de Fuentes, trabajando con gran fervor en las pláticas que hacía, así a los de casa como a los seglares en la iglesia, para abrasarlos a todos, si pudiera, en el amor de Dios; comenzó en el Villarejo a hacer las diligencias necesarias para ganar un gran Jubileo que había concedido aquel año la Santidad del Papa Gregorio XIII, por el feliz suceso de las cosas de la Iglesia. Ayunó con todo rigor las dos semanas que el Jubileo señalaba, sin que nadie se lo pudiese estorbar, aunque tenía bastante excusa, por estar muy debilitado, y cargado de achaques. Enflaquecióse mucho el cuerpo con el ayuno, aunque el espíritu se iba disponiendo para lo que le estaba ya esperando. Allegóse a esto el grande calor que hacía, y los soles que había pasado por los caminos, por ser el mes de julio; y así, en llegando al Colegio de Belmonte, le dio una calentura, de la cual los médicos y los de casa hacían poco caso; mas el santo Padre entendió que era llegada su hora, y luego se comenzó a prevenir para la muerte. Hizo una confesión general con su compañero el Padre Alonso de Montoya; comulgó con muy grande devoción; y, muy con tiempo, pidió y recibió la Extremaunción, con grandes muestras de la reverencia, amor y aprecio que tenía destos Santos Sacramentos y de los bienes que por ellos se le comunicaban, y de la merced que Dios le hacía en querer llevarle para sí. No quería admitir visitas, por estar desocupado para orar y tratar más con su Dios; y aun diciéndole su compañero que señalase alguno en su lugar, respondió: «No me hable, Padre, de negocios, que no es ahora tiempo deso». Andaba por decirle el médico el peligro de su enfermedad, y cuán al fin estaba de su vida; y comenzó a hablarle por rodeos, temiendo de declarárselo; y como el santo Padre lo entendiese, díjole con grande señorío: «No tiene que temer el decirme que me muero, porque ni se me da nada de vivir, ni me pesa de morir».

Otro Padre, viendo el contento que mostraba en salir de la cárcel del cuerpo, le preguntó si se holgaba de morir, y él respondió: «Si en algún tiempo, ¿por qué no ahora?». Con esto dio a entender la satisfacción interior que le daba su buena conciencia, y la grande confianza que tenía de su salvación. ¿Y qué maravilla la tuviese al cabo de su vida tan santa, pues en medio della, viéndose en semejante peligro, dijo lo que se refirió en el capítulo XXVIII? Especialmente, habiendo tenido como ya se ha dicho, revelación de que era de los escogidos para el cielo.

Acudieron todos los del Colegio a su tránsito con muchas lágrimas, que derramaban tiernamente por sus ojos; y aunque todos deseaban que en aquella hora les dijese alguna cosa de edificación, el santo varón no quiso interrumpir su oración, ni la plática interior que con su Dios tenía trabada; en cuya presencia, con gran silencio y sosiego, dio fin a su peregrinación el día séptimo de su enfermedad, a las cinco de la tarde, a los 25 de julio, día de Santiago Apóstol, de quien era muy devoto, el año de 1580, a los cuarenta y siete años de su edad y veinticinco de Compañía. Quedaron todos muy desconsolados, por verse privados de un tal dechado de virtud, y del provecho que esperaban había de hacer en aquella Provincia con su gobierno.

Sabida su muerte en aquel pueblo, acudió mucha gente por la fama de su santidad porque no había tenido ocasión ni lugar de tener dél otra noticia. Y como nuestro Señor quiso honrarle después de sus días, inspiró también al Cabildo de aquella iglesia Colegial que viniese, sin ser llamado, en forma capitular a enterrarle. Hiciéronle un solemne entierro con sus exequias; y fue colocado en una bóveda, donde se suelen enterrar los demás religiosos.

Cuando en Castilla se supo su muerte, fue notablemente sentida, así de los de la Compañía como de los seglares, personas muy graves, especialmente de la Duquesa de Frías, la cual, cuando tuvo nueva de su enfermedad, le envió al punto desde Villalpando una acémila cargada de regalos; y en sabiendo su muerte, fue tanto su sentimiento y el de todos aquellos señores que allí estaban, que enviaron por el Padre Rector de Villagarcía para que les diese algún consuelo. No lo sintió menos doña Magdalena de Ulloa, fundadora del Colegio de Villagarcía, de donde había salido; y allí los Capellanes dijeron por él en canto de órgano su vigilia y Misa; y lo mismo hicieron los Padres de aquella casa, donde estaba la memoria de su Rector y Padre tan fresca. Y aunque fueron muchas las Misas que le dijeron en diversas partes; pero más eran las personas, y entre ellas muchas muy graves y doctas, las que se encomendaban en sus oraciones, como de Santo que podía mucho ayudarlos en el cielo. Yo quedé atónito venerando los secretos juicios de Dios, en haber querido cortar el hilo de la vida a tal varón, en tal edad y coyuntura, cuando, según el curso de la naturaleza, estaba en edad para vivir mucho, y según el de la gracia, tenía la sazón que era menester para hacer mucho fruto en la Iglesia, en su religión y fuera della. Pero como es señor desta viña, Él planta, poda y corta los sarmientos cuando quiere y como quiere, sin que haya quien pueda decirle: Cur ita facis? «¿Por qué lo haces así?» Porque a Dios no se le ha de pedir razón de lo que hace; pues basta que Él lo haga y lo quiera, por razón muy justificada, para que todos se le rindan, y tengan por bueno y acertado lo que hiciere. De menos edad que al Padre Baltasar llevó para sí a San Antonio de Padua, cuando era extraordinario el fruto que hacía en las almas; y de poca más edad sacó a San Francisco y a Santo Tomás de Aquino y a otros Santos, sin reparar en que dejasen por acabar los libros y otras obras muy insignes que tenían comenzadas. Porque el Señor tiene tasados los días de los justos y los grados de sus merecimientos y coronas; y en cumpliéndose la traza, los lleva para colocarlos en su gloria, avisando de camino a los que quedamos acá, que nos demos priesa en la jornada y que siempre estemos en vela y haldas en cinta, aparejados para el fin della; porque cuando menos lo pensáremos, vendrá el Hijo del hombre y nos llamará para tomarnos cuenta, y premiar la diligencia con que esperamos su venida, o castigar el descuido que tuvimos en cumplir lo que nos mandaba.

Capítulo LIII. De algunas revelaciones que hubo de su dichosa muerte y de su gloria, y cómo después de muerto ayudó en espíritu a algunos a quienes había ayudado cuando vivo
Como la muerte de los justos es preciosa en los ojos de Dios, y quiere que haya dellos eterna memoria, así da traza cómo manifestar a los fieles la preciosidad y grandeza que tienen en su divina presencia, ya por revelaciones particulares, ya por milagros, ya por otras obras, que son indicios dello; y así quiso su Majestad revelar la muerte deste santo, y cuán preciosa fue en su ojos, el mismo día en que murió.

1
Para esto escogió nuestro Señor la ciudad de Burgos, porque de allí podía fácilmente divulgarse por su Provincia de Castilla, donde era tan conocido y estimado. Estaba allí una sierva de Dios, beata de San Francisco, muy penitente, y de grande oración, en la cual era muy regalada de nuestro Señor, y recibía algunas revelaciones de cosas futuras, que puntualmente sucedían como ella decía; y a veces oía una voz que la mandaba algunas cosas, que hiciese ella misma, siempre de grande provecho, y con grandes conjeturas de que todo procedía de buen espíritu. Estando, pues, un día en oración, oyó que la decían: «Ven, y hallarte has a la muerte de un gran siervo mío»; y arrebatada en espíritu, y puesta delante de un enfermo, vio que alrededor de su cama estaban muchos varones eclesiásticos, echando de sí gran resplandor, y entre ellos gran muchedumbre de ángeles. Después entraron otros cinco con hábito eclesiástico, pero con mayor gloria y resplandor que los primeros; uno de los cuales tenía tan clara luz, y tan resplandeciente, que

pensó era Cristo nuestro Señor; pero dijéronla que no lo era. Este tomó al enfermo por la mano derecha, y levantóle, y puestos los otros cuatro a los lados, y los demás alrededor, ellos y los ángeles llevaron su santa alma al cielo con grande regocijo y música; y quedándose dos ángeles con el cuerpo le ungieron y incensaron.

Habiendo esta persona visto tan solemnes exequias, y la subida del alma tan gloriosa, pensó que era un Obispo de Italia gran siervo de Dios, a quien ella tenía gran respeto y amor; pero fuele revelado que no era aquél, sino el Provincial de la Compañía de Jesús de la Provincia de Toledo. Luego que esto vio, que fue, como dijimos, el mismo día en que murió en Belmonte, el Padre Baltasar, vino a contarlo a su confesor, que era el Padre Cristóbal de Ribera, varón verdaderamente santo, prudente y de grande espíritu, que después fue Provincial desta Provincia, el cual averiguó con cuidado lo que le había contado. Y cuando vino la nueva de la muerte del Padre Baltasar, haciendo comparación de todas estas circunstancias, halló que dél se había de entender esta revelación. Y como la misma persona, de ahí a algunos años, en Valladolid, adonde había ido, fuese preguntada de lo que pasó, por el Padre Francisco de Salcedo, de nuestra Compañía, sobrino del mismo santo Padre, ella respondió que lo tenía escrito en un librito, donde solía apuntar las mercedes señaladas que nuestro Señor solía hacerla, y daba dellas cuenta a su confesor; y que después que recibió ésta, como vio subir aquella alma con tanta gloria al cielo, no podía olvidarse, ni dejar de encomendarse cada día a ella, y que después vino a saber que era el Padre Baltasar Álvarez. Por lo cual, vistas todas las circunstancias desta revelación, y la santa vida de la persona que la tuvo, a quien Dios hacía semejantes mercedes, y que después tuvo otra de la muerte y gloria de la Santa Madre Teresa de Jesús, y que al fin acabó bien su jornada, se puede tener por cierta la dicha revelación, y que los Santos del cielo, y los ángeles de quien este santo varón fue muy devoto en esta vida, vinieron a honrarle en la muerte. Y pues aquel varón de grande resplandor no era Cristo nuestro Señor, puédese creer que era nuestro Santo Padre Ignacio, cuyo hijo era el enfermo, o el glorioso Apóstol Santiago, en cuyo día fallecía, o algún otro de aquellos en quien tenía devoción más especial.

La Santa Madre Teresa de Jesús supo la muerte deste santo varón estando ella en Medina del Campo, y sin poderse contener, estuvo más de una hora llorando, sin que nadie fuese parte para consolarla. Y preguntándola, ¿cómo sintiendo tan poco las cosas del mundo, sentía ésta tanto?, respondió: «Lloro, porque sé la grande falta que hace, y ha de hacer en la Iglesia de Dios este su siervo». Y con esto se quedó arrobada más de dos horas. Lo que pasó en este rapto no lo dijo; mas sabemos que muchas veces dijo la revelación que en el capítulo XI referimos, del alto grado de santidad que el Padre Baltasar tenía en la tierra, y de la grande gloria para que estaba predestinado en el cielo; y yo he sabido de una persona muy sierva de Dios, muy devota desde Santa, y muy aficionada a nuestra Compañía, de cuya verdad y virtud tengo grande certeza y seguridad, que estando muy afligida se le apareció esta gloriosa y santa Madre, muchos años después de su muerte; la cual, para consolarla en su trabajo, la dijo entre otras muchas cosas estas formales palabras, que eran a propósito para su consuelo: «Yo también soy hija de la Compañía, y tuve confesor en ella, y ahora en el cielo le reconozco y le respeto». Y es cierto que entendió esto del Padre Baltasar Álvarez; porque aunque tuvo primero otros, pero éste fue el que duró más tiempo, y la ayudó con más cuidado, hasta poner en ejecución sus altos intentos, y de quien ella se preciaba de tenerle por confesor y maestro. Y pues en el cielo le reconoce ahora, y le respeta, señal es que tiene allá su lugar, y silla tan eminente, como la había visto cuando vivía acá en la tierra.

Y aunque todas estas revelaciones son de mucho consuelo, pero lo que más nos asegura de lo que ellas dicen, es todo lo que queda contado en el discurso desta historia: porque tales obras y tales virtudes como las que aquí se han referido, tal caridad con los prójimos, tal humildad en los desprecios, tal paciencia en los trabajos, tal conformidad con la voluntad de Dios en todas las cosas, y tal modo de oración tan continuado, son testimonios ciertos, con la certidumbre que acá se puede tener de ley ordinaria, de que goza de Dios el que las hizo, pues perseveró en ellas hasta la muerte, siendo mucho más lo que deseó hacer y padecer, que lo que hizo y padeció. Por esto dijo la voz del cielo a San Juan: Bienaventurados los muertos que mueren en el Señor; porque el Espíritu Santo, cuyo decir es hacer, les dice, que descansen en sus trabajos, porque sus obras les siguen. Estas le honran delante de Dios, y de sus ángeles, y de los justos; y cuando falten milagros, estas obras suplen por ellos por ser milagrosas, y testimonio más cierto de la santidad, que otros milagros que pueden hacer los malos en confirmación de la verdad de la fe que profesan, aunque no de la virtud y santidad que tengan. Ni faltan tampoco en esta historia cosas raras y milagrosas, que de tal manera se concedieron a este santo varón, para provecho de otros, que fueron como premio de sus buenos trabajos, y medios para crecer más en las virtudes, como fue el don de la contemplación, con los frutos tan raros como arriba se dijeron; el infundirle la ciencia del espíritu, y de la teología necesaria para su oficio; el conocimiento de los secretos del corazón; la profecía y revelación de las cosas futuras y ausentes, con que nuestro Señor le regaló y honró en la tierra, con prendas de los bienes eternos, con que le honra y regala ahora en su cielo.

2

Pero fuera desto, quiso nuestro Señor también que el mismo difunto hiciese después tales obras que confirmasen las que había hecho cuando vivo, y la santidad y gloria que por ellas había alcanzado. Porque, como se saca de la Sagrada Escritura, los Santos en el cielo no pierden el cuidado de las personas que tuvieron a su cargo en la tierra; antes como tienen la caridad más pura y están siempre en la divina presencia, oran por ellos, y con sus oraciones les negocian la ayuda que han menester para durar y crecer en el bien que les habían persuadido en esta vida; en cuya confirmación, en el libro II de los Macabeos se cuenta de dos ilustres Santos del Testamento Viejo, Onías, sumo sacerdote, y el Profeta Jeremías, que, levantadas las manos, oraban mucho por su pueblo de Israel; y el Apóstol San Pedro ofreció a los fieles, a quien escribía su segunda carta, que, después de su muerte se acordaría frecuentemente dellos, para que tuviesen memoria de las cosas que les había predicado, continuando invisiblemente el oficio que había hecho con ellos corporalmente. Esto mismo sucedió, por orden de la Divina Majestad, al Padre Baltasar, el cual tenía tan entrañado el celo de ayudar a las almas que estaban a su cargo, que, aun después de muerto, fue continuando su oficio con algunas, ayudándolas en sus aflicciones y alentándolas a perseverar en el bien comenzado.

Entre estas personas pondré en primer lugar a doña Ana Enríquez, de quien arriba se hizo mención, señora principal y espiritual, bien acosada de trabajos cuando casada, y después de viuda; la cual, por la gran devoción que tuvo con este santo varón, después que supo su muerte, y experimentó las ayudas que entonces recibía por su medio, escribió una relación de todo por estas palabras, dejando algunas, por abreviarla:

«Habiendo sabido la enfermedad del Padre Baltasar Álvarez estando yo en Valladolid, fui el día de la Transfiguración a la Casa Profesa de la Compañía, para confesar y comulgar, y por saber la nueva que había de su enfermedad. Dijéronme como había fallecido, lo cual me causó tan grande sentimiento, que no se puede decir, por lo mucho que perdí en él de mi consuelo y alivio en tiempo que estaba recién viuda y muy afligida; y aunque algunas personas que sabían esto procuraban consolarme, no hacían en mí efecto sus razones. Acostéme aquella noche así triste; a la mañana, despertando muy temprano, me acordé deste santo Padre; y luego, con su memoria, se vertió por mi alma una grande alegría, cosa bien de notar en mi condición, y en tal sazón y tan de presto, y sin poner yo nada de mi parte; y juntamente en lo interior me persuadían con muchas razones, que no estuviese desconsolada; y esta persuasión era con una suavidad y regalo grandísimo; y en brevísimo tiempo se me dieron a entender muchas cosas con que se acallaban las faltas que por su ausencia entonces se me representaban, y entendía que se remediaban con más ligeros correos para el cielo, que eran las estafetas, y más libres de peligros, porque juntamente se daba a entender con cuántos inconvenientes se comunicaban en el suelo, aun los siervos de Dios. Yo no sé cómo me veía tan cerca de lo que al sentido me parece lejos, que era cosa maravillosa. Quedé tan consolada antes que me levantase de la cama, que aunque ya quisiera estar triste, no pudiera. Desto gocé toda aquella mañana en la iglesia de la Compañía y tres días arreo. Desde esta hora me pareció le sentía a mi lado, no solo con la imaginación, sino con otro modo muy diferente. Pasados estos tres días, aunque yo quisiera sentirle así, no podía; mas en lo interior me regalaba mucho su memoria, como también en su vida, ausente, me hacía algunas veces una compañía regaladísima y purísima, más que si estuviera presente; aunque esto no era siempre que yo lo quería.

»De ahí a algunos años, a 17 de noviembre de 1587, víspera de San Gregorio Taumaturgo, habiendo tenido grandes aprietos interiores, púseme una noche a rezar algunos salmos; y, aunque me enternecía con algunos versos, sentía gran soledad y dábame pena parecerme que no tenía persona a quien descubrir mi sentimiento conforme a mi deseo; y con esto me quedé arrojada, vuelto el rostro a la pared. Había yo dicho algunos días antes a una amiga mía que conoció al Padre Baltasar: "¡Oh qué diera yo, por ahora poder hablar con este Padre!". Y estando tan lejos de que esto podía ser, me hallé con él sin pensar; y aunque no le veía con los ojos corporales, lo sentía cabe mí, a mi lado derecho, haciéndome una compañía regaladísima. Sentíale con majestad y llaneza, y representábanseme muchas cosas de las que en su vida pasó y habló conmigo, y tan claramente como cuando era vivo; y sentía su espíritu. Habléle de cosas pasadas y presentes tiernísimamente. Lo que con él pasé, y con los términos que fue, no podré ni sabré decirlo. Parecía que, sin hablarme, me respondía consolaba y enseñaba, y se ofrecía a ayudarme. Habléle de mi confesor y de otras cosas; y sentíale benigno para conmigo, y que con su vista se daba fin a la tormenta que me había traído crucificada. De mil cosas me daba luz sin hablar; y aclarábame el trato y amistad espiritual que conmigo había tenido, y me parece que me veía el alma Díjele: "Mi Padre, ¿no me dice nada?". Y parecióme que hizo una seña hacia el cielo, inclinándome allá, y significándome la grandeza de aquel estado; y esto me hizo grande efecto. Descubrióseme su santidad, y lo mucho que había servido a nuestro Señor; y díjele que las vidas de otras personas andaban públicas, ¿y cómo estaba la suya tan en silencio? Respondióme sin hablar, de modo que lo entendí: "No importa"; dándome a entender que de aquí al día que todo había de salir a luz había poquito, pues era temporal; con lo cual me comunicó un olor y estima grande de la eternidad.

»El día de San Andrés siguiente, tuve otro grande aprieto de tristeza por cierta palabra que me habían dicho; y yendo a comulgar con esta aflicción, sentí a mi lado derecho a este santo Padre, de la manera que la vez pasada; y sin verle con los ojos corporales ni hablarme, le sentía y le entendía. Habléle, y de presto se deshizo la niebla que me había cubierto el alma y me sentí sana y alentada. Parecíame le tenía como padrino para enseñarme; y cuando alzaban la hostia en la Misa y la adoraba, le sentí cabe mí haciendo gran reverencia al Santísimo Sacramento. Todo esto me pareció prenda de lo mucho que puede con Dios; y que es Su Majestad servido que me ayude visiblemente; y rnostrándome yo agradecida de que me hubiese socorrido tan a tiempo, me dio a entender que a Dios lo debía, por donde eché de ver la fidelidad que tenía y siempre tuvo con nuestro Señor.»

Otra persona muy sierva de Dios y conocida y respetada por tal, contó que estando su alma en un gran desamparo interior, se acordó del Santo Padre Baltasar, y con sentimiento le dijo: «Padre, ayudadme». Y de ahí a un poco le vio en visión imaginaria a su lado derecho, y la estaba haciendo muy apacible compañía, y entonces le dijo: «Padre mío, ¿es posible que a quien tanto bien hicisteis, y quisisteis en la tierra, ahora que estáis mejorado no me ayudaréis? Ayudadme». Pero todavía se estaba el alma en aquel desamparo, hasta que oyó dentro de sí estas dos palabras interiores que le pareció eran suyas: «Arribar para la perfección». Con lo cual se alentó, y conociendo su necesidad y la superioridad del Santo, extendió el brazo hacia donde sentía su presencia, diciéndole: «Padre, dadme la mano». Y el santo Padre se la dio, y vio la mitad de su brazo vestido como le traía acá cuando vivía. Asióle con la mano, de la muñeca, y diósele a entender que esto era prenda de la confianza que había de tener de que se cumpliría la voluntad de Dios en ella, como lo deseaba. Con esto se quitó la presencia regalada que la hacía, mas no la representación tan viva del medio brazo, vestido, asiéndole por la mano al modo dicho.

Un Padre de la Compañía, grave y muy letrado, que tuvo mucho trato con el Padre Baltasar en vida, contó que, en sus necesidades grandes y pequeñas, espirituales y corporales, encomendándose a nuestro Señor por los méritos deste su siervo, había hallado remedio y alivio. Esto le sucedió algunas veces; y tuvo por género de milagro, el remedio que halló en cierta cosa que le apretaba mucho. Y en otra grande aflicción, encomendándose a él mismo, sintió interiormente que le respondía, «que en semejantes necesidades había de acudir a nuestra Señora». Hízolo así, y sintió grande aliento. Y otra vez en Belmonte, haciendo lo propio, sintió que le habló en voz baja, y comenzando la razón que le decía con voz exterior, la acabó con voz interior, o inspiración.

Y no sin misterio ha querido nuestro Señor que todas estas señales hayan sido para alivio de personas afligidas; porque de camino se descubriese la gracia que tuvo de consolarlas en vida, y la que el Señor le hará de consolar por su intercesión a los que ahora se lo pidieren en sus trabajos.

Capítulo LIV. De la traslación de sus huesos al Colegio de Villagarcía

Es tan preciosa delante de Dios la muerte de sus Santos, que, como dice San Basilio, como antiguamente el que tocaba los huesos del cuerpo muerto, quedaba contaminado; así, por el contrario, quien toca ahora los huesos de algún cuerpo santo, puede recibir dél virtud con que quede santificado; y quiere nuestro Señor que se repartan por muchos lugares, para que en todos sirvan de adorno, muro y defensa de nuestros enemigos, y para que sean honrados de sus fieles. «Y si me preguntas —dice San Ambrosio— ¿qué honro en estos huesos y reliquias de los Santos?, dígote que honro en el cuerpo del Santo las llagas que recibió por Cristo; honro la memoria del que vivió con virtud perpetua; honro las cenizas consagradas con la confesión de su Señor Dios; y en las cenizas honro la semilla de la eternidad. Honro al cuerpo que me enseñó a amar a Dios y a no temer la muerte por servirle. Y ¿por qué no honrarán los fieles al cuerpo que es venerado de los demonios? Pues aunque ellos le afligieron en el tormento, le glorifican en el sepulcro. Honro finalmente, al Cuerpo que Cristo nuestro Señor honró en este mundo, y ha de reinar con Cristo en el cielo. Estos son los motivos y los provechos de la veneración y culto de las reliquias y huesos de los Santos; y en teniendo por tal a algún difunto, luego deseamos tener alguna reliquia y cosa suya.» De aquí es que los que conocieron al Padre Baltasar Álvarez, tuvieron tan grande concepto de su santa vida que desearon tener consigo alguna reliquia de su cuerpo o de cosa suya, para venerarle y encomendarse a él, y por esta prenda alcanzar de nuestro Señor su misericordia muy copiosa.

Los que más en esto se señalaron fueron dos señoras muy principales. La primera fue doña Juana de Castilla, sobrina de los fundadores de nuestro Colegio del Villarejo de Fuentes; la cual, con no haber tratado al Padre Baltasar sino solo cuatro días que estuvo allí de paso, quedó tan aliviada en los trabajos interiores que padecía, y tan admirada de la fuerza con que la hablaba al corazón, que deseó tener consigo después de muerto al que no pudo gozar en vida. Y así, pidió al Padre Provincial de aquella provincia, que entonces era el Padre Francisco de Porres, le mandase dar la cabeza del santo Padre para tenerla consigo para su consuelo espiritual. Concediósele su petición de ahí a algunos días, así por la obligación que la Compañía la tenía, como por la mucha devoción con que lo pedía; y envió por ella a un Padre de aquel Colegio con unos paños muy bien labrados en que fuese envuelta, y una caja muy bien adornada donde la metiese. La cabeza traía muchos de los cabellos muy frescos, y dentro algo de los sesos, que aun no estaba del todo gastado; y con todo eso no traía mal olor alguno, como ni le tenía su santo cuerpo cuando recogieron los huesos en una arca, con no estar bien descarnados; y por esto echaron en el arca alguna cal, para que acabase de consumirse la carne. Y aunque tardaron no poco tiempo en este ejercicio, no sintieron olor que les ofendiese, con no poder sufrir el olor de otros cuerpos que estaban en la misma bóveda. Recibió, pues, esta santa cabeza, y púsola con mucha reverencia y veneración en un oratorio que para solo esto hizo, fuera de otro que tiene, y le aderezó ricamente, en testimonio del amor y respeto que al santo Padre tenía.

La otra señora fue doña Magdalena de Ulloa; la cual deseó tener en su Colegio de Villagarcía, que había de ser su entierro, el cuerpo del santo Padre Baltasar, que había sido su confesor y maestro, y también Rector, y primer maestro de novicios en aquel Colegio. Pidiólo a nuestro Padre general, que ya era el Padre Claudio Aquaviva, y no pudo negárselo. Fue por los huesos el Padre Francisco de Salcedo, de nuestra Compañía, y sobrino del mismo santo Padre, de quien hicimos mención en el prólogo. Trájolos en un baúl secretamente hasta Villagarcía; pasó por Valladolid, donde estaba esta señora; dióla un diente que había tomado de la santa cabeza, para que le trajese consigo, y alegróse mucho con el presente. Algunos Padres graves de la Casa Profesa desearon ver los santos huesos, y venerarlos; y el Padre José de Acosta, que fue uno dellos, sintió tal fragancia, que preguntó si había puesto olores en ellos. Y como le dijese que no, aunque estaban comprados para ello, respondió que no se hiciese, porque no ha faltado en casa quien haya sentido gran fragancia. Y es costumbre de nuestro Señor dar un olor muy suave a los cuerpos de los Santos, aunque unos le sienten y otros no.

Juntáronse en Villagarcía con el Padre Gonzalo de Ávila, Provincial, y con el Padre Juan de Montemayor, Rector de aquel Colegio, los Padres Francisco de Galarza, Prepósito de la casa de Valladolid; el Padre Juan Suárez, Padre Antonio de Padilla, y otros muchos Padres graves de la provincia. Vinieron también de Valladolid el Inquisidor don Juan Morales de Salcedo, cuñado del santo Padre Baltasar y su sobrino don Diego López de Salcedo, colegial que entonces era en el insigne Colegio de Santa Cruz, de Valladolid, de los cuales ya se ha hecho mención.

Pusieron el ataúd con los santos huesos en una parroquia del lugar que se llama de San Boal, en un túmulo que estaba aparejado, y el día siguiente por la tarde se ordenó una solemne procesión desde nuestra iglesia para traerlos. Iban delante cuatrocientos estudiantes, y la Clerecía con la Capilla de cantores que hay en nuestra iglesia; después, todos los Padres y Hermanos de la Compañía. Iba revestido para decir la Misa, y hacer el oficio, el Inquisidor Salcedo. Tomaron el ataúd el Padre Rector de aquel Colegio, el Padre Prepósito de Valladolid y otros Padres graves, remudándose a trechos, queriendo todos honrar al que tanto los había honrado con su santa vida y doctrina. Pusieron el cuerpo en un túmulo grande, que estaba en medio de la Capilla mayor. A la mañana hubo su Misa y sermón muy escogido, que predicó el Padre Rodrigo de Cabredo, compañero que entonces era del Padre Provincial, y después acá ha sido Provincial, Visitador y Superior en las provincias del Perú y México, con mucha gloria de Dios, y provecho de las almas, así de los españoles como de los indios. Acabada la Misa, se colocaron los santos huesos en la Capilla de las reliquias debajo dellas, junto al altar donde está el Santísimo Sacramento, al lado de la Epístola, queriendo nuestro Señor honrar al que con tantas veras había buscado su honra. Y como él procuró que esta señora edificase aquella capilla tan insigne, con tanto número y variedad de reliquias, para honra de los Santos; así quiso el Señor que su cuerpo tuviese entre ellos su propio lugar en la tierra, pues le tenía entre los mismos su alma en el cielo.

Y porque el sermón que se predicó en esta colocación, fuera de ser muy devoto, espiritual y curioso, tiene una breve, suma y apacible elogio de la vida deste santo varón que queda referida, me ha parecido ponerle aquí, para dar con él feliz fin a esta historia.

Sermón del Padre Rodrigo de Cabredo, S. I. En la traslación al Colegio de Villagarcía de los restos del Padre Baltasar

Salutación

Memoria Iosiae in compositione odoris facta, opus pigmentarii. In omni ore quasi mel indulcabitur eius memoria, et ut musica in convivio vini. Ecclesiastici, 49, 1-2.

Hémonos juntado el día de hoy en esta iglesia para celebrar de nuevo en ella y hacer las exequias de aquel varón célebre, de gloriosa y dichosa memoria, el Padre Baltasar Álvarez, religioso profeso de nuestra Compañía de Jesús. Porque, aunque esperamos que su venturosa alma goza ya, días y años ha, de los eternos bienes de la gloria, conforme a las prendas de los raros ejemplos de virtud que en su vida nos dio; pero cumpliendo con el orden de la santa Iglesia, nuestra madre, y con nuestra obligación, le hacemos el oficio de difuntos. En el cual, habiendo yo, el menor y más indigno de todos sus hijos, de hablar algo de tal difunto; en tal ocasión me parecieron a propósito las palabras propuestas del Sabio, etc., con las cuales exhortaba a todos los hijos de su pueblo que tuviesen en la memoria la de aquel glorioso y santo Rey Josías, que, escogido de Dios para el bien de su gente, hizo tan excelentes y admirables obras en sus días; y así les decía:

«La memoria de Josías ha de ser como una composición y mixtura de varias cosas odoríferas y aromáticas, mezcladas por la mano de un excelente oficial, que nos dé perpetuamente suavísimo olor. Será siempre esta memoria en todas las bocas de los hombres que dél hablaren, como un panal de miel sabrosísimo y dulcísimo para ellas; será como una suavísima y acordada música a los oídos, en mitad de un regalado convite, a las orejas que dél oyeren hablar.»

Cuádranle admirablemente estas palabras a este excelente varón, cuyos huesos tenemos en aquella ataúd. Porque, como le cuadra el nombre de Josías, que en hebreo quiere decir Ignis Domini, (fuego del Señor), así le cuadran los hechos, y lo que del otro Josías se dijo. Fuego del Señor fue este grande siervo suyo; pues fuego pegaba en sus palabras, fuego en sus obras, fuego en su vida. Luego, bien le cuadran las palabras que del otro Josías se dijeron. Y cuádranle singularmente el día de hoy en estas exequias que dél celebramos; y esto es lo que hemos de mostrar en este sermón y a lo que ha de ir todo él enderezado.

Pero para ello tenemos necesidad de la gracia. Acudamos a la Sacratísima Virgen que nos la alcance, de quien este dichoso varón fue muy devoto, y por cuyo medio recibió señaladas mercedes y favores del Señor. Ave Maria, etc.

Introducción

Memoria Josiae, etc.

Maravilloso es aquel estrecho vínculo de unión y amor, aquella trabazón y amistad que Dios puso en todas las criaturas que tienen entre sí alguna similitud, conformidad y dependencia unas de otras; y maravilloso es aquel como afecto natural, que todas tienen de estar juntas, y no se apartar las unas de las otras. Y dejando, para probar esto, las demás criaturas, que no tienen sentido, y también a las que lo tienen, pero son irracionales; singularmente se ve esto en las que usan de razón, si la perversa voluntad no lo estorba. Porque, como la razón ayuda conociendo la similitud, la conformidad y dependencia de unas y otras, ayuda también mucho a conservar esta unión.

De aquí nace aquel afecto natural tan fuerte con que el hijo desea estar con su padre, y el padre con el hijo, y el hermano con el hermano, y el amigo con el amigo, el de una misma patria con los de su patria, el buen siervo con el amo y el leal vasallo con el humano y clemente señor; y, al fin, todos los que tienen mayor conveniencia y subordinación unos con otros. Y llega a tanto la fuerza deste afecto, que cuando ya no podemos vivos, deseamos tener juntos y cerca de nosotros a los que bien queremos, aunque sean muertos, y estar como pegados a sus huesos, y procurar que, aun en la misma muerte se junten en una iglesia, en una capilla y aun en una sepultura. De manera que parece que quiere este amor y este natural afecto correr parejas con la misma muerte y entender así aquello de los Cantares: Fortis est ut mors dilectio, dura sicut infernus aemulatio. «Fuerte es el amor como la muerte, dura como el infierno la emulación», entendiendo por la palabra infernus allí la sepultura. Como quien dice: No basta la muerte ni basta la sepultura a estorbar este amor y afecto natural de los que bien se quisieron en la vida; que aun hasta en la muerte y en la sepultura se quieren juntar huesos con huesos. Qué de veces, y no sin misterio, para mostrar este natural afecto, embebido en los corazones de los hombres, con la naturaleza que su autor les dio, nos repiten las divinas letras en los libros de los Reyes, y del Paralipómenon, aquel deseo con que los Reyes de Judá morían de enterrarse con sus padres, y cómo se les cumplía enterrándolos así: Sepultusque est in civitate David cum patribus: Sepelierunt eum in sepulchro patrum suorum, etc. «Fue enterrado en la ciudad de David con sus padres: Sepultáronle en el sepulcro de sus padres.» Y, por otra parte, nos escribe y pone en los mismos libros el no haber sido uno enterrado con sus padres, el no haberse juntado huesos con huesos, por castigo, y grande, como de Jorán y Joás y del atrevido Ozías se nos dice. A este afecto natural aludía lo que el glorioso San Agustín nos cuenta en sus Confesiones de aquel deseo grande que su madre, la gloriosa Santa Mónica, había tenido de morir en África, por enterrarse en la misma sepultura de su marido; aunque viendo que el Señor la quería llevar en Ostia, puerto romano, donde murió, fue muy contenta con su santa voluntad. Pudiéramos traer mil ejemplos de esto de toda la antigüedad. Baste decir que era tan vivo este afecto en los hombres, que en aquella elegante oración que Tulio hizo por Sexto Roscio Amerino, para encarecer la miseria en que sus contrarios le habían dejado, no halló otra razón más fuerte que decir: Cui de tanto patrimonio, ne iter quidem ad sepulchrum patrum relictum est, etc. «A quien de tan gran patrimonio como tenía, ni aun licencia para ver el sepulcro de sus padres le fue dada.» Como quien dice, es tan deseado entre los hombres el tener cerca el sepulcro de sus padres, el poder ir a él y verle muchas veces, que no pudo encarecer más la miseria en que habían dejado a Roscio, pues aun le habían estorbado este paso y poder llegar a ese sepulcro.

Tenemos en las divinas letras dos singulares ejemplos de esto: el uno es de aquella santa mujer, Ruth; la cual, habiendo ya hecho como natural el amor que a su suegra Noemi tenía, aunque extranjera, le decía con deseo de no apartarse de ella ni viva ni muerta: Quocumque perrexeris pergam, et ubi morata fueris, et ego pariter morabor; quae te terram morientem susceperit, in ea moriar, ibique locum accipiam sepulturae. «A donde quiera que fueres, iré; y donde vivieres, viviré; donde te enterrares, me enterraré, y allí será mi sepultura.» El otro es el de aquel grande Patriarca Jacob (por llegarnos ya a nuestro propósito), el cual hallándose en tierra extranjera al tiempo de su muerte, deseoso de juntar sus huesos con los de sus padres, mandó a sus hijos encarecidamente que llevasen su cuerpo y le enterrasen en la tierra de Canaán, donde su padre, Isaac, y su abuelo, Abrahán, estaban sepultados: *Sepelite me cum patribus meis in spelunca duplici, quae est in agro Ephrom*: «Enterradme con mis padres en el sepulcro doblado, que está en el campo de Efrón»: en el cual hecho, dos cosas se juntaron, que mostraron bien este natural afecto que vamos diciendo. La primera, el deseo y mandamiento del padre. Y la segunda, el cuidado y amor de su buen hijo Joseph, que fue el que tomó este negocio principalmente a su cargo; el cual no solo como obediente hijo, deseando cumplir lo que su padre dejaba mandado, llevó su cuerpo a la tierra de Canaán, sino también movido de este natural afecto que vamos diciendo, porque deseando él también enterrarse en su patria, como lo dejó mandado en su testamento y lo cumplió después Moisés, no quiso estar tampoco apartado de los huesos de su padre; y así llevó su cuerpo luego al sepulcro de sus abuelos, para que allá todos después se juntasen; que, aunque enterraron después aquellos huesos de Joseph en aquella parte de la tierra de promisión que se llamaba Siquén, por la reverencia por ventura que al sepulcro de aquellos tres Santos Patriarcas se tuvo; pero no le apartaron mucho de él, para cumplir con aquel afecto y deseo natural que hemos dicho.

Retrato es todo este discurso y bien a propósito de la causa de habernos juntado hoy en esta iglesia y ver aquellos huesos del Padre Baltasar Álvarez en aquella ataúd, traídos de la provincia de Toledo a la de Castilla y puestos en el Colegio de Villagarcía, obra nacida y derivada de aquel afecto y amor que los hijos tienen de verse unidos con sus padres vivos y muertos, y una imitación viva de lo que hizo Joseph con el cuerpo de su padre, Jacob; que, aunque allí hubo precepto y mandamiento del padre que moría y acá no, pero ha habido amor y cuidado de hijo fiel y amoroso que lo cumpliese, a imitación de Joseph. Bien creo que fuera particular consuelo deste tan querido y amado padre nuestro morir en esta Provincia, juntos sus huesos a los de sus padres y hermanos y de tantos hijos suyos; pero debióle de parecer que, aunque moría en la Provincia de Toledo, moría también entre ellos no solo por haber él entrado en la Compañía en aquella parte tan principal, que corresponde a aquella Provincia, que es la Universidad de Alcalá, donde entró y haber vivido allí algunos años y ser actualmente Provincial y Padre de ella, sino porque juntamente sabía bien el espíritu singular de caridad y unión con que Dios quiere que estén juntos y hermanados todos los de la Compañía, de cualquiera nación que sean y en cualquiera parte del mundo que se junten; y que en veintitrés Provincias que hoy tiene la Compañía, divididas en casi todas las regiones de la tierra, haya un corazón y una voluntad en todos los della. Y así, por estas razones, no dijo ni pidió el ser traído sus huesos a esta Provincia; pero aunque esto no hubo, no ha faltado el cuidado y amor de Joseph, el hijo regalado, digo el cuidado y amor de esta Provincia y singularmente deste Colegio, hijo suyo muy regalado, que deseoso de tener aquí los huesos de su querido padre, los ha pedido y alcanzado por medio de su buena madre, señora y fundadora, la señora doña Magdalena de Ulloa; y así los ha traído y juntado a sí el día de hoy tan juntos, como allí los veis, para que entre las muchas y notables obras y mercedes, por las cuales toda la Compañía, y en particular esta Provincia y singularísimamente este Colegio, tiene grandísimas obligaciones a esta señora para que quede su memoria eternizada en nuestros corazones, no sea la menor de las mercedes y obligaciones, sino singularísima el habernos su Señoría traído aquí esos dichosos huesos, y cumplido lo que este Colegio tanto deseaba. Del cual deseo no solo ha sido la causa ese natural afecto, aunque tan fuerte que hemos dicho de la unión de unas cosas con otras, y singularmente de la que desean tener los hijos con los padres, sino también lo ha sido otra superior razón dada del cielo, para que conservando con esto más viva la memoria de tal padre, imiten los raros ejemplos de su virtudes.

    Grande ha sido la memoria que toda esta Provincia, y este Colegio, singularmente, ha tenido siempre de este bendito padre suyo, y el consuelo en acordarse dél. Esto han dicho los corazones, las lenguas, las pláticas de todos los que le conocieron; esto, las paredes de esta iglesia levantadas en su tiempo, siendo él aquí Rector y Maestro de novicios; esto, los aposentos y tránsitos de este Colegio, donde quedó el olor suavísimo de su santidad; esto, las calles deste lugar, por donde algunas veces anduvo y dejó rastro de sus virtudes. Pero desde hoy en adelante más particularmente ha de ser este consuelo para todos sus hijos, para este Colegio, para este lugar y para esta Provincia, pues le tienen ya presente y gozan estos huesos suyos, que como vasos de bálsamo olorosísimo, le estén dando suavísimo olor, y despertando tan de cerca su memoria. Por lo cual con gran razón podemos decir acordándonos de este gran siervo del Señor: Memoria Iosiae in compositione odoris facta opus pigmentarii. In omni ore quasi mel indulcabitur ejus memoria, et ut musica in convivio vini, etc. «La memoria de Josías es como una composición de muchos y buenos olores; su memoria dulce como la miel al paladar y como la acordada música en medio de los convites.»

Primer punto
Para mostrar y declarar esto en particular, advertid que de tres maneras se puede despertar en nosotros la memoria de una cosa: o con sola la imaginación interior despertada de otras especies interiores que en sí tiene, que la llevan a la memoria de aquella cosa y despiertan la especie della; o con hablar de aquella cosa, que el mismo hablar vaya haciendo como más viva la memoria interior della; o lo tercero, con solo oír que otros hablen y traten de aquella cosa; porque entonces bastan solos los oídos, para que la memoria interior della se despierte. Pues digo ahora, que de todas estas tres maneras nos dicen esas palabras, aunque metafóricas, que era la memoria que del buen Rey Josías se tenía en el pueblo hebreo; y que así, de todas ellas ha de ser la que del buen Padre Baltasar Álvarez hemos de tener.

Para explicar lo primero, cómo ha de ser la memoria despertada de la imaginación interiormente, usó el Sabio de una maravillosa metáfora diciendo: Memoria Iosiae in compositione odoris facta opus pigmentarii, etc., como quien dice: A la manera que un excelente y primo oficial de hacer composiciones y mixturas odoríferas, junta varias y diferentes cosas: el ámbar, el algalia, el almizcle, el bálsamo, el estoraque, el menjuí, etc., y hace una composición de todas ellas y una pomada que sea suavísima de llegar al olfato; así la memoria de este santo Rey ha de ser como si la imaginación, que en sí tiene guardadas las especies de algún siervo de Dios y de sus virtudes, como grande y prima maestra en hacer mixturas y composiciones de especies, juntase las aromáticas de todas las virtudes de Josías y hiciese una poma de todas ellas de suavísimo olor con que se estuviese regalando y gozando cualquiera de los hijos de su pueblo, pensando en ellas y acordándose del que las tenía.

Esto, pues, ha de hacer nuestra imaginación desde hoy en adelante singularmente: tener muy bien impresas las especies aromáticas de las virtudes excelentes deste gran siervo de Dios y, juntándolas, tener hecha una composición, una mixtura, una poma de todas ellas, que siempre con su suave olor le estén despertando su memoria. Mandó Dios a Moisén que, en su tabernáculo, le pusiese, entre otras cosas, aquel altar de madera incorruptible de cedro, cubierto de láminas de oro, que llamaban el altar del Thymiama, porque en él se ofrecía un mixtura y composición de cosas odoríferas, que se llamaba así del verbo griego thymiáo, que quiere decir suffire, dar olor encendiéndose; porque allí, en aquel altar, se encendía aquella composición de cosas odoríferas y subía a Dios y entraba en el Sancta Santorum el suavísimo olor que daban. Y dice Josefo que esta mixtura y composición era hecha de trece suertes de cosas odoríferas, traídas de varias partes del mundo. Así, pues, en el altar de nuestra memoria haga continuamente nuestra imaginación la mezcla y composición de todas las virtudes que en todas partes donde este siervo de Dios estuvo resplandecieron en él; las que mostró en esta Provincia de Castilla siendo Rector de Medina, de Salamanca, de Villagarcía y Viceprovincial de ella; las que mostró en Italia y en Roma, yendo por Procurador desta Provincia; las que mostró en Aragón siendo Visitador de aquélla, y, al fin, las que en Toledo siendo Provincial.

Y para que todo cuadre, junte en particular y haga una composición de aquellas trece virtudes, que singularmente entre todas las demás en él resplandecieron.

Junte la primera, aquella caridad y amor de Dios y del prójimo, que tuvo tan encendido, que en el de Dios parece que se consumía y exhalaba; tan ocupado en actos de amor suyo, que parecía que siempre y en todos tiempos traía ardiendo este horno de amor de Dios en su pecho; pues en todas ocasiones y en todos tiempos que llegase uno a él, echaba y pegaba fuego. En el del prójimo era de manera, que nadie dejó de hallar en él entrañas amorosísimas en todos tiempos y en todas sazones. ¡Qué cuidado con los enfermos! ¡Qué consuelo para los desconsolados y tentados! Vez le acaeció levantarse de la cama estando enfermo, aventurando su salud por ir a aconsejar y consolar a otro enfermo que se lo pedía; y otra vez venir a media noche un Hermano tentado y afligido a su aposento, y llamar y levantarse el

Padre, decirle que entrase, sentarle junto a sí, consolarle, y animarle y enviarle a su aposento quieto y sosegado.

Junte la segunda especie aromática, que fue su profundísima humildad, que siendo tan estimado y venerado de todos los que le conocían y trataban, grandes y pequeños; era tal su humildad, que delante de los Padres ancianos y de sus superiores estaba como un niño. ¡Con qué humildad oía hablar en materias de espíritu, aun a sus mismos discípulos! ¡Con qué humildad preguntaba en materias de letras, como si él no las hubiera estudiado! Al fin nunca en él aparecía señal de propia estima, sino de grande reconocimiento a los beneficios que de la mano del Señor había recibido. Y así, cuando en la Misa había oración, ad libitum sacerdotis, decía de ordinario aquella oración que pone la Iglesia en acción de gracias: Deus cuius misericordiae non est numerus; mostrando que era la oración en que hallaba gran consuelo.

La tercera especie aromática fue su rara obediencia, de la cual pudiéramos traer muchos ejemplos: baste aquel que le acaeció una vez por obedecer sin réplica a su superior, atropellar su honra y reputación con unas personas muy principales; y con todo rompió por no faltar a su obediencia, siendo por ventura una de las mayores, o la mayor mortificación que en su vida tuvo.

La cuarta fue su altísima oración, en la cual le dio Dios Nuestro Señor tanto, que era menester un sermón entero y muchos sermones para hablar de ella: baste decir ahora lo que él escribió por obediencia a un superior suyo, que le ordenó le enviase una breve suma del camino por donde Dios le había llevado y le llevaba en la oración; que, entre otras cosas, le dice, que pasados dieciséis años después que entró en la Compañía, se halló a deshora con el corazón trocado, y fue tal el trueque que le duró toda la vida. De aquí le quedó aquella presencia interior de Dios Nuestro Señor, tan continua y amorosa; aquella ventana abierta al cielo en la cual se ponía en despertándose, y allí se estaba, sin que le embargasen las ocupaciones del día aquella vista. ¡Qué de veces no solo cuando estaba en su aposento y recogimiento, sino en mitad de las calles y plazas y del tumulto de la gente, era llamado interiormente, y cerrando los ojos del cuerpo, abría los del alma, y estaba en altísima contemplación! ¡Qué de veces, caminando, iba tan arrebatado en oración, que pasaba por mitad de los lugares y no reparaba, como el glorioso

Bernardo por las riberas del otro lago! Al fin, por excelencia fue hombre de oración y que recibió un grande don de Dios en ella.

La quinta fue la continua mortificación interior y exterior de sus pasiones y sentidos. Bien se veía en sus acciones el cuidado con que andaba sobre sí: ¡Cuál debía andar aquel interior martirio de su voluntad y quereres que Dios a solas veía! Lo exterior admiraba, pues casi de ordinario se pasaba con una sola comida, tomando poca cosa o nada a las noches, y esa sola comida había de ser la ordinaria y de la comunidad, en que deseó siempre este siervo del Señor esmerarse, de no buscar ni tomar particularidades. El sueño muy poco y bien interrumpido; las disciplinas, largas, y tan recias, que hacía como temblar el cuarto donde las tomaba; y en todo el cuerpo, porque fuesen más dolorosas. Al fin, como hombre de oración, fuelo también de mortificación, que son hermanas inseparables esas dos virtudes singularmente. Y así solía traer tan continuo en la boca que la religión es escuela de mortificación, y que veníamos en ella a aprender una ciencia de hacer crucifijos, etc.

La sexta fue su pureza y castidad, que de solo verle, y la composición de sus ojos y rostro, y modestia y meneos, parece que despertaba deseos de esta virtud. Fue raro en ella, y acaecióle alguna vez pasársele alguna noche de claro en claro sin dormir en oración, para estar alerta y prevenido en una tentación muy fuerte que en esta materia se le ofreció.

La séptima, fue su extremada pobreza. ¡Qué pocas curiosidades se le hallaron en su aposento! ¡Qué pocas en su vestido! Limpio, sí, y aseado, pero pobre. ¡Rarísimas veces se vistió vestido nuevo, sino de ordinario ya traído de otros! Si le daban un Breviario o un Diurnal nuevo o polido, luego lo daba, gustando más en todo de lo que era más vil y desprivado.

La octava, fue su grande paciencia y sufrimiento. Trabajos tuvo grandes, exteriores e interiores, y muchos en el discurso de su vida, y siempre en todos ellos su rostro sereno, sin quejas ni murmuraciones, teniendo por beneficio y singularísima merced del Señor el padecer sin culpa. Tenía ordinarios achaques, y ni se quejaba ni pedía regalos, y pasaba como si no los tuviera. En las enfermedades mostraba singularmente esta virtud; y era cosa de admiración el verle tomar las purgas amarguísimas que no dejaba gota en el vaso; y esperaba despacio las últimas gotas para que no se le quedasen. Decía él que se mostraba mucho la perfección en sufrir con paciencia condiciones ajenas, y en esto procuraba señalarse.

La novena fue la fortaleza grande y ánimo que tuvo para emprender cosas grandes de la gloria y servicio de Nuestro Señor. Puso en orden las probaciones desta Provincia con una disciplina tan observante, que admiraba cómo un hombre, al parecer sin brío exterior ni persona que lo mostrase, se atreviese a tener tan a raya en la probación y noviciado de Medina, hombres ya muy hechos, colegiales de Salamanca, catedráticos, doctores; a gente muy ilustre y criada en el mundo con gran regalo; y todos temblando en su presencia, callados, sujetos y tan rendidos, que, cuando más los apretaba, no sabían más que venerarle. Acaecióle una vez que, estando allí en el Colegio de Medina una persona seglar por huésped, y que no sé cómo había metido una espada en su aposento, dándole un ramo de locura se levantó a media noche y, desenvainada la espada, sale de su aposento y va por el cuarto adelante dando cuchilladas en las paredes, y llegando al aposento del Padre Baltasar y entrando dentro comienza a tirar tajos y reveses a todas partes. Dióle una voz el Padre que se sosegase, que entendió luego lo que era. Levantóse, y el furioso paró luego a la voz. Tómale el Padre del brazo y siéntale junto a sí en un banco; dícele cuatro razones y envíale quieto y sosegado a su aposento.

La décima fue su confianza en Nuestro Señor y en su divina Providencia. Con esto consolaba mucho a los que trataba y los animaba a sufrir trabajos. Bien sabido es aquel caso cuando, en la vuelta de la Provincia de Aragón, a una jornada de Burgos, una noche se vio en peligro con los que con él venían en unos pantanos de agua, sin saber por dónde ir, y de repente les vino al encuentro un mancebo en un caballo blanco que les guió hasta Burgos; y se sabe que el Padre fue con él hablando casi todo el camino a solas, hasta que, llegando a la portería de Burgos desapareció el caminante, sin que jamás se supiese dél. Fue maravillosa la confianza que el Padre tuvo en este caso, animando a los que con él venían, hasta que les sucedió lo que he dicho, y se entendió había sido algún ángel enviado por Dios para guiarlo, o el santo Hermano Jimeno, que por aquel tiempo había fallecido.

La undécima, fue su perseverancia infatigable en todas las cosas de virtud. Aquel tesón que siempre tuvo dieciséis años (como dijo él en aquella relación que por obediencia dio), que había andado trabajando, como quien araba y no cogía; y entonces fue cuando admiró más su tesón en la oración, en las disciplinas, en los ayunos, en las vigilias y en todo género de mortificación. Veinticinco años estuvo en la Compañía; y en todos ellos, ni ocupaciones, ni oficios, ni caminos le estorbaron jamás a proseguir en las obras de virtud comenzadas; siempre con un tesón y con una perseverancia que admiraba. Por mucho que hubiese de madrugar para alguna jornada, se levantaba de manera que, aunque hubiese de salir a la una, hubiese tenido antes su hora ordinaria de oración de la mañana; con que solía él tomar los caminos por consuelo, para irse todo el día en ellos teniendo oración.

La duodécima, fue aquella suelta tan grande y despegamiento que tenía en su corazón de todas las criaturas, con tratar con tanta suerte de gentes y estimarle como le estimaban. Decía él que de tal manera deseaba tratar con prójimos y ayudarlos y traerlos a Dios, que no le estorbase aquello su recogimiento ni se le pegasen más al corazón que si estuviera en mitad de las sirtes de África o desiertos de Egipto; y así, aborrecía mucho amistades particulares.

Al fin, se junte la terdécima especie aromática que fue aquella singular prudencia y magisterio que Dios le dio en el trato de las almas, así religiosas de la Compañía y otras religiones, como seglares de todas suertes y estados. Fue este don de Dios tan maravilloso en el Padre Baltasar Álvarez, que aun la gente muy antigua y muy grave y muy religiosa desta Provincia deseaban vivir en el Colegio donde él estaba y acudían como discípulos a aprender de tal maestro. Era cosa de ver cómo juntaba conforme a las personas, tiempos y sucesos el rigor con la clemencia, la severidad con la afabilidad, la gravedad con la alegría, el saber negar y el saber conceder. Al fin fue maestro de maestros y el que avivó singularmente en esta Provincia el trato de Nuestro Señor y de oración; y puso en práctica el recogerse a hacer los Ejercicios antiguos en la Compañía, siquiera por ocho o por quince días cada año.

Estas son las trece especies odoríferas de las virtudes que singularmente resplandecían en este admirable varón.

Júntelas, pues, nuestra imaginación; haga una composición, un timiama olorosísimo, enciéndalo con el deseo de imitar estas virtudes, y así lo ofrezca al Señor, pidiéndole se lo conceda. Y por esto no pare en la memoria sensitiva, sino pase a la intelectiva, potencia incorruptible de nuestra alma inmortal;

póngase en ella como en altar, y esté cubierta de láminas de oro, quiero decir; esté el alma en gracia y en amor de Dios, para que así le sea agradable en esta ofrenda no solo por ser la composición de tales virtudes lo que es, sino también por el altar en que se ofrecen. Desta manera, pues, se ha de despertar y conservar, lo primero, la memoria deste grande siervo de Dios.

Segundo punto
Lo segundo ha de ser, estar la memoria despertada de la lengua y de las palabras que de la persona de quien queremos tener memoria hablamos. In omni ore quasi mel indulcabitur eius memoria, etc. Como quien dice: que, a la manera que la miel es sabrosa y dulcísima al gusto que no está del todo estragado, así el tratar del justo y de sus virtudes ha de causar una memoria dulcísima. Y verdaderamente la experiencia ha mostrado esto desde que este siervo de Dios murió; que el hablar dél, a todos los que le conocieron y trataron les ha causado una memoria tan dulce, suave y provechosa, que les ha despertado vivos deseos de servir más al Señor, de agradarle más, de ser hombres de oración y mortificación, de procurar que sea Dios adorado, conocido y servido como él lo procuró; y con tantas veras, que, aunque el hablar dél como ya muerto, no ha podido dejar de causar sentimiento y grande en todos los que le conocieron y trataron; pero ha causado esa memoria el afecto juntamente tan provechoso y tan dulce que he dicho; y de aquí adelante lo ha de causar más particularmente.

Hablaba David de Jonatás, su grande amigo; y el despertar su memoria con aquellas razones viéndole ya muerto causábale sentimiento, desconsuelo y lágrimas, y decía: Doleo super te, frater mi Ionatha, decore nimis, amabilis super amorem mulierum. Sicut mater unicum amat filium suum, ita ego te diligebam, etc. «Duélome sobre ti, hermano mío Jonatás, hermoso y amable, más que la hermosura de las mujeres; como la madre ama a su hijo único así yo te amaba.» Pero juntamente le causaba aquella memoria de su amigo dulzura y suavidad, acordándose de sus señaladas virtudes, con deseo de imitarlas; y así, decía: Sagitta Ionathae numquam rediit retrorsum, etc. «La saeta de Jonás nunca volvió atrás.»

Bien cuadra que así sintamos en esta memoria de nuestro buen Padre Baltasar Álvarez, pues le cuadra bien el nombre de Jonatás y también los hechos. Cuádrale el nombre; pues Jonatás en hebreo quiere decir Dei datum, Dei donum. «Dado de Dios, don de Dios.» Pues verdaderamente fue este varón don de Dios, dado de Dios para remedio, enseñanza y consuelo de muchos y dado de Dios para grande bien de esta Provincia, etc. Cuádranle los hechos; pues, si os acordáis, Jonatás fue aquel que, deseoso de hacer rostro al ejército de los filisteos y echarlos de los confines de las tierras de Dios, cuando los demás de su ejército estaban descuidados y descansando, salió a los enemigos con solo un paje de lanza: Et manibus et pedibus reptans, subió a ellos, per praerrupta petrarum, etc.: trepando con manos y pies por los despeñaderos de las peñas, y metiéndose por las picas entró en el ejército de los enemigos y le desbarató. Así, pues, este gran siervo de Dios ¡qué de veces salió al campo a hacer guerra a los demonios para guardar la gente que Dios le había encomendado, y que no llegasen a empecerlos, poniéndose a muchas dificultades y trabajos en razón desto, cuando los que él guardaba estaban descuidados y descansando! Esto era cuando se acostaba mucho después que los demás y se levantaba muy antes que todos a tener oración o tomar disciplina, peleando por ellos. A media noche solía muchas veces levantarse a entrar en estas peleas, cuando los demás estaban en más profundo sueño, para ser menos sentido; pero los golpes eran de manera que hacían despertar a los que dormían; como allá los golpes de Jonatás y la pelea en que estaba, hicieron despertar de su descuido a los de su ejército.

Bien le cuadran los hechos de Jonatás; y así le cuadra que, doliéndonos de que le perdimos vivo, digamos con David: Doleo super te, frater mi Jonatha, etc. «Duélome de ti, hermano mío Jonatás.» Pero juntamente nos cause consuelo y dulzura la memoria de sus virtudes, con deseo de imitarlas, diciendo: Sagitta Jonathae numquam rediit retrorsum, etc. ¡Qué saeta jamás tiró Baltasar Álvarez que volviese atrás! Saetas eran sus palabras y saetas agudas que atravesaban los corazones. Preguntádselo a todos cuanto con él trataron, y singularmente a los Señores y Grandes en quien parece que es más difícil esto por la gravedad y respeto de las personas. Pues era cosa maravillosa que de oírle hablar una vez quedaban trocados, y delante de un pobre religioso estaban pendentes ab ore eius, y como niños. ¡Qué cosa era oír sus pláticas y conferencias! Pegaban fuego y parece que penetraban como agudas saetas a lo más íntimo del corazón. Vez le acaeció, entrando en plática con los religiosos de un monasterio, dejarlos a todos trocados y deseosos de darse de veras a Dios y de hacer Ejercicios y detenerle allí doce días para que se les diese a todos. Habían cobrado con esto una estima tan grande de su virtud y dones que el Señor le había dado, todos los que le conocían de todas suertes de gentes, que era cosa maravillosa.

Los prelados le veneraban; y, entre ellos, aquel excelente varón don Francisco Blanco, Arzobispo de Santiago, mostró bien en palabras y en hechos la estima que dél tenía; y hoy viven don Cristóbal Vela, Arzobispo de Burgos; don Teutonio de Braganza, Arzobispo de Evora; don Sancho de Ávila, Obispo de Cartagena, que testificaron bien lo que desto sintieron y sienten.

Los grandes y señores ilustres le reverenciaban. Dijéralo bien aquella ilustrísima señora, ejemplo de señoras cristianas, la duquesa de Frías, madre del Condestable de Castilla, que hoy vive, la cual tenía tal reverencia al Padre Baltasar Álvarez, que en los sobrescritos de las cartas le ponía así: «A mi señor el Padre Maestro Baltasar Álvarez, mi padre». Bien lo dijera el duque de Gandía, que poco ha murió, que entraba en las pláticas y conferencias del Padre Baltasar como un novicio. Bien lo dijera la señora doña Magdalena de Ulloa, pues la grande veneración en que siempre tuvo a este gran siervo de Dios ha durado tan viva en su señoría hasta hoy, que esa le ha movido a procurar traer a este su colegio sus huesos. Bien lo diría también alguno de los que están muy cerca de las personas reales y otros muchos, que sería largo de contar.

Las personas de rara virtud y santidad que en su tiempo hubo en España, esta estima tuvieron de él. Aquel varón admirable en Andalucía, el Padre Maestro Ávila, aunque nunca vio al Padre Baltasar Álvarez, pero habiéndose comunicado por cartas, sentía dél y de su virtud con gran aprecio. La santa Madre Mari Díaz de Ávila, que tan pocos encarecimientos tenía, decíalos muy grandes en hablando de los dones del cielo, que Dios había dado al Padre Baltasar y de su excelente virtud. Y aquella mujer ilustre, celebrada tanto y con tanta razón, por haberla Dios tomado por instrumento para fundar dos recolecciones, la santa Madre Teresa de Jesús, hablaba con un encarecimiento del Padre Baltasar Álvarez, que admiraba. A una religiosa suya que le preguntó en Salamanca si le estaría bien tratar con el Padre Baltasar, que entonces estaba allí, le respondió: «Haríaos Dios una grande misericordia, porque es la persona a quien más debe mi alma en esta vida y que más me ha ayudado en ella para la perfección». Hoy vive la Madre Ana de Jesús en Salamanca, Priora que ha sido de aquella casa, y testifica haber oído a la Madre Teresa, que entendía ella que el Padre Baltasar Álvarez estaba en mayor grado que entonces había hombre en la tierra, etc.

Pues los Generales de la Compañía que le conocieron, buenos testigos fueron de la estima y veneración en que le tenían. Nuestro Padre Francisco de Borja, conociendo su raro talento y magisterio, deseó que se quedase en el noviciado de Roma por Maestro de Novicios, y por no desconsolar a Castilla le volvió; pero ordenó que estuviese seis meses en el noviciado de Medina y seis en el que se ponía en Villagarcía para enseñarlos a todos. Nuestro Padre Everardo, señalándole por Provincial de Toledo, dijo al Padre Alonso de Montoya que iba por Procurador de aquella Provincia, estas palabras: «Doy lo mejor que tengo para esa Provincia en dar al Padre Baltasar». Al fin sería largo el referir lo que todos le estimaron.

Y si preguntáis la causa, singularmente fue por aquel magisterio que Dios le había dado de la fuerza en la palabra, que como él sentía y obraba tan altamente lo que decía, pegábase con fuerza en todos.

Bien, pues, le cuadra el nombre y hechos de Jonatás y que el hablar dél nos cause esta dulce memoria. Y no le cuadra menos la memoria de aquel otro ilustre Capitán Abner, Príncipe de los ejércitos de Israel, la cual despertaba en sí el mismo Rey David con otras palabras, parte tiernas y de dolor, parte dulces y suaves. Las tiernas y de dolor eran volverse a todo el pueblo y decirles: Scindite vestimenta vestra et accingimini saccis, et plangite ante exequias Abner. An ignoratis quoniam, Princeps, et maximus cecidit hodie in Israel?, etc. «Romped vuestras vestiduras y vestíos de unos sacos y llorad las exequias de Abner, porque el gran Príncipe y el mayor de Israel ha muerto hoy.» Palabras eran éstas despertadoras de una memoria triste y dolorosa, que de la muerte de Abner el Rey tenía; pero no se olvidó de las otras que le despertasen memoria de consuelo y dulzura. Y así, acordándose de su valor y fortaleza, llegándose al túmulo, dijo: Nequaquam ut mori solent ignavi, mortuus est Abner: manus tuae ligatae non sunt, et pedes tui non sunt compedibus aggravati, etc. «No ha muerto, como suelen morir los perezosos, el Capitán Abner; no tuvo las manos atadas ni los pies aprisionados.» Digo que no le cuadra menos esta memoria que la pasada a nuestro buen difunto. Lo primero porque le cuadra el nombre de Abner, que quiere decir en hebreo: Patris lucerna. Candela del padre de las lumbres, de aquel gran Señor del cielo, fue el Padre Baltasar Álvarez; candela que puesta en este candelero de la religión de la Compañía quiso el Señor que luciese para tanto bien de muchos, etc.

Bien le cuadra y cuádrale lo mucho que ha habido y hay que llorar su pérdida y muerte, pues perdimos en él un hombre muy principal de nuestra Religión, no solo porque lo había sido en los cargos y oficios que había tenido, y lo era en el que actualmente tenía de Provincial en que murió, sino singularmente por la excelencia en la virtud y religión que Dios le había dado; y así le cuadra que se dijese entonces y ahora se diga: Quoniam Princeps, et maximus cecidit in Israel, etc. «Porque el mayor de los Príncipes murió en Israel.»

Pero no le cuadra menos lo que hay de consuelo para nuestra memoria en esas otras palabras: Nequaquam ut mori solent ignavi, etc. «No murió como los flojos.» Porque cierto, es así, que el Padre Baltasar Álvarez ni vivió ni murió como cobarde. No vivió como tal, porque si es así que dijo bien el otro Eurípides: Nullus ignavus in celebrem virum evadit, etc. «Ningún flojo fue varón señalado»; o el otro Salustio: Ignavia nemo immortalis factus, etc. «Con la flojedad ninguno se hizo inmortal»; quien fue tan célebre varón en su vida, quien tan inmortal memoria della ha dejado, ¿cómo diremos que vivió con cobardía? Antes fue tan ajeno de cobardía, que sus palabras todas parece que tiraban a quitarla y reprehenderla en todos los que la tenían, y que no se adelantaban en el camino de Dios. De ahí salieron aquellas palabras que tantas veces repetía: «No degenerar de los altos pensamientos de hijos de Dios», que, tomándolas en el sentido que se decían y fijándolas en su corazón uno de los novicios que tuvo, pasando después al Brasil y siendo uno de los cuarenta mártires de nuestra Compañía que padecieron martirio en esa mar a manos de herejes, con esas palabras de su buen padre y maestro, que en su corazón tenía clavadas, exhortaba a los demás compañeros suyos a padecer el martirio, diciendo: «No degeneremos de los altos pensamientos de hijos de Dios, etc.». No fue cobarde, antes reprehendió mucho la cobardía, como el otro valeroso Capitán Josué, que, habiéndose quedado siete tribus que no habían entrado a tomar la posesión de las tierras que les cabían, les dijo: Usquequo marcetis ignavia, et non intratis ad possidendam terram, quam Dominus Deus patrum vestrorum dedit vobis? etc. «¿Hasta cuándo estáis marchitos con la flojedad y no entráis a poseer la tierra que el Dios de vuestros Padres os dio?» ¡Qué de veces hablaba de esto el Padre Baltasar en sus pláticas y en sus conferencias, de aquel premio que esperamos! ¡De aquella tierra de los vivos! ¡Del ánimo y esfuerzo con que se han de vencer todas las dificultades para entrar allá! ¡Qué fuerza ponía en aquellas palabras del Salvador!: Regnum caelorum vim patitur et violenti rapiunt illud, etc. «El Reino de los cielos padece fuerza, y los esforzados le arrebatan.»

No vivió como cobarde, ni tampoco murió como tal. En su oficio murió trabajando en él, y consumido y gastado de haber estado siempre en vela, como valeroso soldado de la Compañía de Jesús, con la lanza en el puño, con el arcabuz al hombro, con el escudo embrazado, con el arnés puesto, y con el yelmo enlazado. Quiero decir, que como aquel oficio tan trabajoso le cogió estando tan acabado, y la salud gastada, de las largas vigilias, ayunos y disciplinas, sicilios, y continua mortificación interior y exterior de todas sus pasiones y sentidos, y como todavía continuaba esto en medio de aquel trabajo del oficio, acabóle a pocos meses: Nequaquam ut mori solent ignavi, etc. No como mueren los perezosos. ¡Oh, qué palabras de tanto consuelo! ¡Oh qué memoria tan dulce traen de tal Padre!, etc.

Tercero punto
Lo tercero, ha de ser esta memoria de tal Padre despertada en nosotros, de lo que oiremos hablar a otros dél, como dice el Sabio, que se había de despertar en esta tercera manera en el pueblo Hebreo la memoria de Josías; que eso quieren decir las palabras que restan, Et ut musica in convivio vini, etc., «como música acordada en los convites», que es también maravillosa metáfora. Como quien dice: que a la manera que en un convite regalado, por más ocupados que estén los gustos de los que comen en la comida, los despierta y lleva el oír una dulcísima música; de manera, que juntamente les es sabrosa al paladar la comida, y dulce a los oídos la música: así quería el

Eclesiástico que llevase a su pueblo la memoria de Josías, de manera, que les fuese el oír hablar de él, oír una dulcísima música en medio de un convite regalado. Pues ésta es la tercera manera de memoria que ha habido, y habrá del buen Padre Baltasar Álvarez en mitad de las pláticas espirituales, que como manjares sabrosísimos dan grande gusto a las almas, que los suelen comer, cuando se juntan a tratar de Dios, de las virtudes, de la oración, de la mortificación, etc. Cuánto más gusto tiene una alma de las que conocieron al Padre Baltasar en tratar y hablar de aquello, si en mitad de la plática se ofrece ocasión de hablar de este santo varón cómo hacía él aquello, cómo lo enseñaba, cómo lo decía. Cosa maravillosa es el consuelo que recibe, y recibirá con tal memoria, como si estuviese oyendo una dulcísima música en medio de un regalado banquete. Había entrado el Capitán Holofernes con ánimo de rendir a toda la tierra de Israel. Echáronse todos los del pueblo de Dios en oración y exhortábanse unos a otros a ella, y a hacer penitencia, y éranles estas pláticas grande consuelo de su trabajo; tomábanlas como por convite regalado, con que se convidaban unos a otros. Cuando estando en ellas, el sacerdote Eliaquín, deseoso de darles mejor consuelo y ánimo, anduvo rodeando toda la tierra de Israel, hablándoles y diciéndoles que perseverasen en lo que hacían. Consoláronse mucho con estas palabras y estábanle oyendo con grande gusto; y él para acrecentarles más este consuelo, añade y díceles: Memores estote Moysi servi Domini, qui Amalec confidentem in virtute sua, et exercitu suo, et in clypeis suis, et in curribus suis et in equitibus suis, non ferro pugnando, sed precibus sanctis orando deiecit, etc. «Acordaos y traed a la memoria aquel grande siervo del Señor Moisén, que a Amalec que confiaba en su poder, en su ejército, en sus carros y caballeros, le venció; no peleando, sino orando.» Fueronles estas palabras como una dulcísima música en aquel convite del vino suavísimo de la exhortación que el sacerdote Eliaquín les había hecho. Así, pues, ha sido, y nos ha de ser la memoria del buen Padre Baltasar, etc.

. . . .

Y desta manera ha de vivir siempre en nuestra memoria; para eso se han traído sus huesos allí, y quedarán en este Colegio. Digámosle, y de corazón, lo que el otro amigo de Job le decía: Cum te consumptum putaveris, orieris ut lucifer. ¡Oh cuerpo!, aunque parece que estás consumido; ¡oh huesos!, aunque parece que estáis gastados, viviréis en nuestra memoria, y luciréis en ella, como lucero que se levanta en la mañana, con la consideración de vuestra ejemplar vida, en todos los hijos vuestros, en esta Provincia, y en todos los que sucedieren. Allá parece que estábades como encubiertos y deshechos, y quiere Dios que aparezcáis hoy aquí como nuevo lucero.

Desta manera han de vivir estos huesos en nuestra memoria; desta manera han de lucir hasta que llegue aquel último y glorioso día, en que vivan y resplandezcan de otra manera en sí mismos. Ahora luce el alma, y vive en el cielo (como podemos pensar) con mucha gloria. Revelación tuvo desto aquel testigo tan fidedigno que poco ha decía, la santa Madre Teresa de Jesús, la cual testificó y dijo que aun viviendo el Padre Baltasar y algunos años antes de que muriese, le mostró Dios la gloria que le tenía aparejada en el cielo, que era muy señalada. Dejo otras que, al tiempo de la muerte deste grande siervo del Señor hubo, que no faltaron; las cuales juntadas con lo que todos sabemos, y en este sermón he apuntado de su ejemplar vida, nos dan bien a pensar lo que he dicho, de la gloria que debe tener su alma en el cielo. Pero los huesos ahora solo viven y lucen en nuestra memoria; que en aquella tumba muertos están, y no lucidos. Mas día verná en que vivan, y luzgan con grande resplandor. ¡Cuál será la luz que estos huesos darán, cuando vestidos de gloria resuciten gloriosos! ¿Por ventura no se dice de todos los que se han ocupado como buenos ministros del Señor en la conversión de las almas: Qui ad iustitiam erudiunt multos, tamquam stellae firmamenti fulgebunt in perpetuas aeternitates. «¿Los que enseñan a otros resplandecerán como estrellas del firmamento?» Pues ¿qué pensaremos del que con tal cuidado, y con tan maravilloso y copioso fruto hizo esto, sino que parecerá aquel día como estrella, y como lucero muy hermoso? etc. Gocémosle nosotros entre tanto, poseyendo esos huesos; viva y luzga en nuestra memoria, para que ya que no le tenemos en esa tumba vivo, nos gocemos de tenerle siquiera en ella muerto y en nuestra memoria vivo.

Sentía el glorioso San Bernardo la muerte de su hermano Gerardo, y decía volviéndose a Dios: Gerardum tu dedisti, Gerardum tu abstulisti; si dolemus ablatum, non tamen obliviscemur quod datus fuit, et gratias agimus quod habere illum meruimus, etc. «A Gerardo tú le diste, a Gerardo tú le quitaste;

y si nos dolemos de que nos le quitaste, no nos olvidamos que nos le diste, y te damos gracias porque nos le dejaste gozar.»

Así, pues, digamos nosotros: Bendito sea Dios que tuvimos a este varón excelente vivo, y nos le ha vuelto muerto. Moriatur anima mea morte iustorum, et fiant novissima mea hujus similia, etc. «Muera mi alma la muerte de los justos, sean mis postrimerías como las de este justo varón.» Ingrediatur putredo in ossibus meis, et subter me scateat, ut requiescam in die tribulationis, ut descendam ad populum accinctum nostrum, etc. «Entre la podre en mis huesos y me acabe, para que vaya a descansar a aquel pueblo ceñido», donde veremos a este varón que tan ceñidas trujo sus pasiones, sus sentidos y sus quereres. Esto repita nuestra memoria entre tanto, para que el acordar nos dél nos sea poma de olores suavísimos al olfato, panal de miel dulcísimo al gusto, música y armonía gratísima al oído, con que oyamos aquella voz que del cielo había de venir: Beati mortui qui in Domino moriuntur. «Dichosos los muertos que mueren en el Señor»; dichosos en sus almas, y dichosos en sus cuerpos; dichosos en sus sepulturas y dichosos en sus huesos; dichosos en su vida, y dichosos en su muerte; dichosos viviendo en la tierra, y dichosos gozando del cielo en los eternos premios de gloria. Quam mihi et vobis...

Laus Deo, Virginique Matri.

Apéndice I
Algunos documentos espirituales del Padre Baltasar
  Relación sobre su modo de oración
  De oratione, quae dicitur silentium vel quies animi in praesentia Dei vel unio animae cum Deo
  Miradas despacio las preguntas a que V. R. me ordena que responda acerca deste modo de oración, después de haber hecho oración al Señor, y pedídole favor para acertar con su voluntad en este particular, diré con la brevedad que pudiere lo que se me ofresce, sacado de la experiencia de las almas que he tratado, y de lo que en los Santos Doctores místicos he leído, que desto tractan.
  Presupuesta, ante todas cosas, la necesidad que hay desta ciencia. Por muchas almas, a quien Dios lleva por este modo, dentro y fuera de la Compañía, que por no tener quien las enderesce, padescen detrimento en el

cuerpo y en el espíritu: de quo optime el Maestro Ávila, en el «Audi, filia», a cap. LIII usque ad cap. LV inclusive, maxime en este último, y Casiano en la Colación XIV [quae est prima Abbatis Nesterotis] «de spiritali scientia» [cap. XIV-XIX] y otros.

En la cual ciencia, más es necesaria experiencia y ciencia práctica que especulativa.

Lo primero, porque enseñará mal griego el que no lo hubiere deprehendido bien, ni le entenderá cuando le oyere al que en él le habla.

Lo segundo, porque conviene en está facultad más que otras, que el maestro sea como causa superior y universal, que a todos pueda ayudar, a cada uno en su grado y progreso, y por todas vías por donde fueren, que son muchas, aunque todas van a un fin, las cuales no hay en otras artes. De lo cual se sigue, que no ha de querer traer a todos por el camino que él anda, de quo latius infra, sino que, como causa universal, como queda dicho, ha de concurrir con todos por los caminos que Dios los lleva, y enderezallos por ellos, mirando con atención por dónde Dios los guía, que tiene mil modos de traer a sí sus escogidos; y a esto obliga el oficio de ser maestro en esta facultad.

Lo tercero, es más necesaria la experiencia para el propio aprovechamiento y bien particular que la especulación, y no menos para el de los otros en este camino, como dice un Doctor; y ello se ve que sola la experiencia hace maestros, aunque la especulación ayuda mucho; pero sin comparación, más la experiencia. Y, como un maestro dice muy bien, es gran consuelo para el discípulo que quien le guía le diga: «Por ahí pasé yo, y me acaeció esto y esto; y hay esto en esto, y estotro en esotro»; y salille al camino, y saber dónde va, y comprendelle de media palabra, y dalle a entender y explicar lo que quiere y no sabe decir, y lo que por él pasa. Y esto es necesario, y es un medio grande de aprovechar a los discípulos; porque entonces dan crédito al maestro, y estiman lo que dice, que les es harto necesario, y recíbenlo bien; y muévelos más el ejemplo del maestro vivo, que así los entiende y habla, declarándoles todo su interior, como Cristo a la Samaritana, que cuanto leen de otros pasados. Y así, dice este Doctor una cosa bien importante: que a los tales maestros les está bien comunicarse y abrirse a los que guían, al modo dicho, y no cerrarse, como muchos hacen; aunque se ha de guardar el decoro en el tanto y en el cómo de comunicarse, en discreción: que conviene que no comprenda el discípulo al maestro, por algunos inconvenientes que en esto hay. Todo lo dicho pasar y convenir, lo muestra la experiencia.

Lo necesario para ser maestro débese procurar haya, y que la especulación supla su falta. Lo primero, porque no se hagan tantos yerros. Y así, es mucho necesario a los tales leer Santos y Doctores místicos, que fueron ejercitados bien en esto, y aclararon el camino; y aun a todos communiter es esto necesario, etiam a los experimentados. Lo segundo, porque la ciencia abre camino para la experiencia, dispertando de la tibieza a aquellos a quien Dios ha puesto por maestros de sus escogidos, que es harto bien.

Esto presupuesto, responderé, en orden a las preguntas, tocando seis o siete cosas, a que se reduce, como a cabezas, lo que désta se puede decir.

La primera: ¿qué sea esta oración?

La segunda: ¿qué se pretende con ella?

La tercera: ¿qué se ha de hacer para venir a esta oración?

La cuarta: ¿qué avisos se han de guardar en ella?

[La] quinta: ¿qué se ha de hacer después de habella alcanzado, para que se ejercite con fruto?

[La] sexta: ¿cómo y a quiénes se ha de comunicar?

Tamdem [la séptima]: responder a algunas dudas que se suelen oponer.

Y no se dirá cosa, como se verá, con la gracia de Dios, que no sea segura y común, y que por todos pasa, o los más: sino que, como no se hace reflexión sobre ella, no se echa de ver, y parece nueva la ciencia y términos, como siempre acaesce in spiritualibus.

1

Cuanto a lo primero: el modo desta oración es, huyendo las almas del ruido de las criaturas, retirarse a lo interior de su corazón para adorar a Dios en espíritu, como Él quiere ser adorado, poniéndose en la presencia suya con un afecto amoroso, sin tomar alguna figura o composición corporal: como dicen los Padres de Plasencia en la resolución que sobre este modo tomaron, después de habello disputado bien y examinado; o tomándola, si Dios se la diere y con ella se hallare mejor; y quietándose en ella, formarse, conformándose a los afectos que, según las reglas eclesiásticas y de los Santos, entendiéremos ser inspirados del Espíritu Santo, que es principal Maestro desta facultad: unas veces haciéndole reverencia; otras, gozando; otras, ofresciendo a sí y a la Iglesia y a particulares della a Su Majestad, y pidiendo para todos remedio; otras, admirándose de la grandeza soberana de Dios, y de lo que Dios les descubre de sí mismo y de los otros; otras, dándole gracias; otras, mirándole y gozándose de velle y de verse ante Él, como una persona ante otra que bien quiere, y que mucho ama, y que desea su vista y su presencia mucho, y se huelga con ella, según lo que dice Santo Tomás (2. 2., q. 132, a. 2, ad primum); que, aunque es señal de amar a Dios padecer de buena gana por Él, que es más expresa señal de su amor, dejadas todas cosas que a esta vida pertenecen, holgarse con Él en oración; y según lo que también dice Santo Tomás, opusculo LXIII, De beatitudine, cap. III: tratando de su fruición, que es fruto común a los bienaventurados y justos del suelo, dice al fin: «Similiter in hac vita continue deberemus frui Deo, tanquam re plenissime propria, in omnibus operibus, et ad omnia opera, in omnibus donis et ad omnia dona. Ad hoc enim, teste Isaia, Filius Dei datus est nobis, proprie ad fruendurn. Magna caecitas et nimia stultitia est in multis, qui semper Deum quaerunt, continue ad Deum suspirant, frequenter Deum desiderant, quotidie in oratione ad Deum clamant et pulsant, cum ipsi, secundum verbum Apostoli, sint templum Dei vivi, et Deus veraciter habitet in eis, cum anima ipsorum sit sedes Dei, in qua continue requiescit. Quis unquam, nisi stultus, quaerit instrumentum foris, scienter quot habet reclusum?, aut quis utiliter uti potest instrumento, quod quaerit?, aut quis confortabitur cibo, quem appetit sed non gustat? Sic etiam vita cujuslibet justi, Deum semper quaerentis, sed numquam fruentis: et omnia opera ejus minus perfecta sunt»; Haec S. Thomas.

Otras veces amándole de lo íntimo de su corazón; otras, discurriendo secundum sentimenta data, et illud Dionysii: «Converte te ad radium»; que de otra manera pro tunc con puntos ante prevenidos y proveídos no es posible, porque se halla reprehendido el corazón, como quien deja el puesto a lo más conveniente; y así redditur animus inhabilis et frigidus; y no hallando entrada para ir para Dios por allí, pierde lo que tenía, y le daban.

Otras veces, hallándose con descanso en su presencia bendita, cesando de consideraciones particulares, que por la fe, con que allí se representa, se suplen mejor. Otras, uniéndose con Dios ignote cum ignoto, como enseña

San Dionisio, de Mystica Theologia; lo cual sabrán sentir los que lo tuvieren por experiencia, y decir, aunque no se dice tan bien, porque esto último es de lo supremo del espíritu, de que tratan los Doctores, y del espíritu altísimo que Dios por su misericordia comunica; y por ser tan especial, aunque se siente, es de las cosas quae non lucent quibuscumque hominibus; y así, sufficit attigisse, porque lo pedía el punto, y lo nota San Dionisio. Y de aquí resultan los afectos en mayores ardores, y las ilustraciones de los atributos de Dios, y otras cosas de las propias y ajenas reformaciones, de que alii.

2
Antes de entrar a responder a lo segundo, es de advertir que estos puntos, unos se explican a otros, aunque todo va con brevedad, diciéndose praecise el quid est de cada cosa.

Cuanto lo segundo, ¿qué es lo que se pretende en este modo de oración? De lo dicho en [el] particular [pasado] se sigue lo que se pretende: sed clarius in particulari.

Preténdese lo primero, que no declinen las ánimas el camino en que Dios las ha puesto, ni haya quien las aparte dél, como queda algo probado arriba, sino que las dejen entrar por las puertas que Dios les abre, y en ello las ayuden. El cual aviso es de todos cuantos hablan en esta materia, y es importante: que a las reglas y avisos que se dan para este camino del espíritu, no todos van por un camino; porque Dios no está atado a guiar por allí solo, ni todos se han de querer llevar por él; ni tal se hallará escrito; y lo contrario parece es pervertir la orden y la traza de Dios, que gusta de mil modos, como está dicho. Antes dicen los maestros communiter, que el decir «hase de hacer esto o estotro, o por aquí primero y después por allí», se entiende mientras no toma la mano el Espíritu Santo con su particularísimo magisterio; que, cuando Él viene, Él lo enseña mejor, y le hemos de seguir para acertar, yendo por donde quiere, dejando otro cualquier modo; y así han procedido los Santos y otros, y por eso lo dejaron escrito.

Verbi gratia, hay algunos, que no les abren las puertas pensando en la muerte, juicio, etc., y en allegando a pensar en la Pasión, hallan cuanto quieren y han menester, y otros al contrario; y unos se hallan bien haciendo composición del lugar para entrar en la oración, y otros, que no pueden entrar en ella por allí, y que si quieren insistir en procuralla, pierden la oración y la cabeza (cosa bien experimentada en muchos); no se deben estos apartar de sus caminos. Así acá hay unos que tienen el natural más apto para ir por vía de entendimiento y discurso a Dios, que por vía de voluntad y afectos, y otros ejusmodi, como dice el Padre Gutiérrez infra citandus. Y así Dios, que disponit omnia suaviter, confórmase con ellos, y ábreles la puerta por allí, y no por acullá, como pasa in re.

De manera que es bien, in universali, que vaya uno por sus reglas y avisos, que es importante guardar cualquiera por mínima que sea; pero no se asa a ellas, ni le aten para que no salga a tomar otro camino, si Dios le quisiere enderezar por él, que sería ignorancia y desacato semejante al de aquellos que, rezando o leyendo, tienen determinado de acabar su tarea, sin detenerse, aunque Dios los visite (desacato es dejar el campo que Dios les muestra; pero le dejan y pasan adelante, y rezan y leen; y hacen mal, si no es cuando hay obligación): o son semejantes a aquellos que, yendo en su oración vocal o mental a buscar a Dios, que para eso es ella, viniéndoles Dios y visitándolos, no aceptan la visita y la gracia, sino pasan adelante en su rezo y discursos; modo malo de leer y rezar. Y porque van contra la traza de Dios, que quiere que le oyan, y le reciban en silencio y quietud lo que les da, lo destruyen, y pierden lo que les daba, por ignorancia y desacato, como acaece muchas veces; que tunc es tiempo de sosegar; que el discurso es para buscar; y desque uno halló lo que quiere, calla, y como avivándose suaviter, de cuando en cuando, cuando viere que se amata el fuego, con una palabra o discurso breve y dulce, sin tanta multiplicidad: como lo hacía un Santo y otro que saben. Véase Casiano, Collat. XIV (supra cit.), y el Maestro Ávila, en el «Audi, filia», cap. LIII usque ad LV (ut supra).

Preténdese lo segundo, que, pues han trabajado las almas en buscar a Dios, y se han encontrado con Él por su grande bondad; que le gocen, y del descanso de su presencia, que es lo más acertado que pueden hacer, como dice Santo Tomás, opusc. citato, sabiendo entender a Dios y avenirse con Él, como el mismo Santo quiere. Este es el descanso prometido a los trabajos pasados para buscar a Dios: «Inveni quem diligit anima mea: tenui eum, nec dimittam». El remate de todo el afán de todos los desordenados del mundo es descanso; trabajan en la juventud por descansar en la vejez; y la vida de los que se pasan toda en afán, que nunca llegan a descansar, no se tiene por dichosa. Y así Santo Tomás, dicto opusc., reprehende a los que gastan toda la vida en buscar a Dios, y nunca gozalle; cuyos ejercicios y obras dice que son menos perfectas. Y otro Santo del Yermo, muy aventajado, dice: «Miserum namque est cujuslibet artis ac studii disciplinam profiteri, et ad perfectionem ejus minime pervenire». El fin del que hace la casa y planta la viña es gozalla; así, de los que han trabajado en buscar a Dios, gozalle, juxta illud: «Gustate et videte quoniam suavis est Dominus». Unde lo que decía Cristo nuestro Señor con lágrimas en los ojos a Jerusalén, que no conocía ni gozaba el bien de su presencia: «quia si cognovisses et tu, et quidem in hac die, quae ad pacem tibi, nunc autem abscondita sunt ab oculis tuis» (Luc., XIX, 42), paresce que pueden decir los que van por este modo a los que van por el modo que reprehende Santo Tomás; que, encontrándose con Dios, no paran ni le gozan.

Quien no cae en que tiene este bien, su mismo deseo le inquieta, porque no entiende que tiene lo que busca; y así, en persuadiéndose que ha hallado lo que busca, descansa: como la Magdalena, aunque estaba con Cristo resucitado, no descansaba, porque no pensaba que estaba con Él, hasta que Él mismo se descubrió. Quien anda aparejando de comer siempre, y no se desayuna, de penar tiene por fuerza. «Est et aliud malum, quod vidi sub sole, et quidem frequens apud homines: vir, cui dedit Deus divitias et substantiam et honorem, et nihil deest animae suae ex omnibus, quae desiderat; nec tribuit ei potestatem Deus ut comedat ex eo...» (Ecclesiast. VI, 1, 2).

La diferencia del que ha caído en este bien al que no, es la del que con hambre trabaja de buscar de comer, al que encuentra con mantenimiento, y para, y come con descanso, tanto más cuanto el mantenimiento es más a su propósito: sic faciunt via hac regia ambulantes, juxta id: «Vacate et videte, quoniam ego sum Deu».

Preténdese lo tercero, que les quede entrada para Dios, a los que puestos en su presencia no pueden discurrir con discursos proveídos antes, ni procurados entonces, y a los que por la flaqueza de la cabeza y debilitación de fuerzas corporales, no pueden estar en la presencia del Señor, usando la oración de discurso y meditación, y pueden con ésta.

Lo cuarto, que tengan modo con descanso los que Dios llama, por merced particular que les hace a lo interior de su corazón para que le adoren en espíritu, como Él quiere; que se mantengan en hacelle perpetua reverencia, supliendo la falta de muchos que se la deben y pocas o ningunas veces lo hacen: que por falta desto, muchos tratan de recogimiento con mucha pena, y quebrando su salud y la de otros, haciendo el yugo de Dios, de sí suavísimo, pesado; arando y cavando siempre, sin gozar jamás de lo trabajado, que es afán intolerable.

Lo quinto, que procuren tener ciencia por experiencia los que tienen oficio de Maestros en la Iglesia, para que sepan entender y enderezar ut debent, et ut dirigendis expedit, sin escrúpulo de serles estorbo, habiéndoles de ayudar a volar; que, por falta desto, han muchos padecido en sí, y hecho yerros grandes en guiar a otros; y yo he encontrado algunos de mayor cuantía.

Desto hablan bien muchos libros, y no menos bien la experiencia. Porque a unos los imponen bien en los principios, y a otros mal y al revés de como debían, por no los saber entender y ayudar; y así, les son de estorbo. A éstos no les conviene ser Maestros, porque los yerros aquí son mayores, como lo encarece aquí bien un Doctor, y aun dice una cosa importante: que de buenos Maestros depende todo el bien de las Religiones; y dícelo la razón, que quien no sabe griego, ni lo entenderá viéndolo, ni hablándole en ello, ni menos sabrá enseñar a otros. Y de aquí se sigue que éstos son incrédulos a las misericordias y dones de Dios, con desacato de los mismos dones, y se espantan de algunos términos, como no los entienden. Y así dice San Dionisio, como queda notado, arriba, que a los tales, máxime cuando presumen de solas letras exteriores, no se les han de decir ni descubrir estas cosas grandes; síguese también, que atormentan a los que rigen, como se ve bien y se ha visto.

Bien es verdad que algunas veces podrá acontecer que comunique Dios dones al discípulo, que el Maestro, por espiritual que sea, no los alcance por experiencia; y entonces se ha de aprovechar o estar aprovechado de la lección de los místicos, lo, cual es grandemente necesario; que, aunque no se entenderán muchas cosas sin experiencia, ut statim dicetur, todavía se verá allí descrito el camino, que éste dice que lleva y el otro, y sus términos u otros equivalentes; y así acertará y entenderá, y creerá al que le da cuenta, como ha acaecido y acaece; y puede ser sin culpa suya, no querer aquello, porque no le quiso Dios llevar por allí, o porque no le ha dado otras cosas mayores: que no está obligado a tener todo cuanto tienen los que rige, aunque esté obligado a mucho, y disponerse más que todos.

Preténdese también [lo sexto], que sepan entender libros, los que sin procurar esta ciencia experimental y práctica, no se entienden; que está dicho: quien no deprehendió latín, ¿cómo entenderá el libro de latín que vea? Y cierto, es vergüenza en muchos el no saber, ultra de los inconvenientes que trae su ignorancia, porque la ignoran por no querer disponerse ni vencerse un poco.

Lo séptimo, que tengan ellos dispertadores mayores de sus propias reformaciones, que son los bienes que consigo trae este ejercicio, que enseña la experiencia a los que lo usan como deben, y de que hablan bien algunos libros. Así se experimenta que los que caminan bien por este modo, así dentro como de fuera, son los que más se señalan en tener más cuidado de sí, en ser más rendidos a los superiores, más señores de sus pasiones, y más superiores a todos acaecimientos adversos, y que la palabra tiene más eficacia en el tracto con el prójimo.

Lo octavo, y no menos principal es, que sepa uno entenderse a sí. Lo primero, porque no ha de ser uno discípulo toda la vida, más en esta arte que en otras, como dice muy bien un Doctor; y un Santo dice, que es vergüenza ver un viejo andar a la escuela con los niños, en ejercicios de principiantes; aunque quien nunca comenzó, menester es que se anime y pase por aquí aunque sea viejo; y es mejor y más glorioso, que no quedarse afuera, que será mayor vergüenza, como la tienen muchos viejos que nunca supieron leer. Lo segundo, porque no todas las veces terná a mano Maestro a quien haga recurso: aunque hablando en común, de ordinario a todos está bien, teniéndolo y hallando ocasión, consultar con él, si saben les podía ayudar y no dañar, como muchos; porque esto es muy agradable a Dios, y trae muchos bienes, y libra de muchos peligros y lazos de que están llenos.

Antes de pasar adelante parece será bien, para quien lo quisiere, decir algunos Doctores, que fundan este modo dicho, en los cuales, y en otros también muchos, se hallará mucho de todo lo que se dejare, y enseñallo ha la experiencia. San Dionisio de Mystica Theologia, y sus comentadores allí con ocasión suya, y San Buenaventura de Mystica Theologia y los Doctores místicos, parescen insinuallo; San Agustín; San Gregorio, super Apocalipsi: «factum est silentium in caelo quasi media hora»; in Moral., 1. XXX, c. XXIII; in fin., et c. XXIV; et super Ezechiel., Homilia XIV in illud «in manu viri calamus mensurae sex cubitorum et palmo» (Ezech., XL, 5); LI et LII Sanct. Bernardo, serm in Cant. Canticorum; Sancto Thomas, 2.ª 2ae., q. 24, a. 9; q. 182 a. 2; et supra verb. cit. Apocalipsis; y Sanct. Joan Clímaco expresse etiam, grad. XXVII [de sacra corporis et animae quiete, sive de vita anachoretica et solitaria], y otros.

Para esto y para lo demás que se dice, que sería largo, y pedía mucho tiempo allegar a cada paso y cada capítulo, y para cada cosa, podránse leer; que hartos hay; y enséñalo la experiencia que es el mejor libro y doctor.

3

A lo tercero: ¿qué es lo que se ha de hacer antes de llegar a este medio [modo?] de oración? Respondeo: lo primero es alimpiar el corazón de pecados, confesándolos y llorándolos y castigándolos, sin alzar la mano deste oficio hasta tener conjeturas de que son perdonados; como será, secundum Basilium, cuando llegare a tener el afecto de odio con el pecado, que dice David: «Iniquitatem odio habui, et abominatus sum», y según lo que dice San Gregorio tom. II Epist. XXIII, ex Registr. lib. VI, indictione XV, de duobus generibus compunctionis juxta illud ps. «Consumetur nequitia peccatorum et diriges justum». «At vero [dice], quun longa moeroris anxietate fuerit formido consumpta, quaedam jam de praesumptione veniae securitas naseitur, et in amore caelestium gaudiorum animus inflammatur»; y según San Bernardo, serm. de IV modis orandi, cuando le convinieren las palabras que Cristo nuestro Señor dijo al paralítico: «Surge, tolle grabatum, etc.»; y así, se ha levantado de la mala vida pasada a deseo de la nueva y buena, y hace vivir a su cuerpo, no como él quiere, sino como Dios: tunc, dice San Bernardo, «curatum te esse non dubites»; y a la oscuridad que se suele juntar de lo contrario, responde, que Dios ordena así este camino a los suyos para conservallos en humildad, «ut quanto quisque plus proficit, eo minus se reputet profecisse: nam et usque ad supremum exercitii spiritualis gradum, si quis eo pervenerit, aliquid ei de primi gradus imperfectione relinquitur, ut vix sibi primum videatur adeptus, etc.»; et ex Sancto Bonaventura, De septem Itineribus aeternitatis, in Itin. IV, distinct. IV, art. I, de signis caritatis jam genitae: «Dolor autem de peccatis praeteritis cum proposito ea amplius non committendi et promptitudine ad bonum».

Hase, lo segundo, de hacer y procurar purgar el corazón de afectos desordenados, que son la fuente de los pecados, negando su voluntad y propios quereres en todo lo que se encontraren con la de Dios. Para lo dicho hase de ayudar da los ejercicios de la primera semana de nuestro Padre Ignacio, que pertenecen a esta primera vía, que es la purgativa, que induce al hombre a que declinet a malo.

Hase, lo tercero, de procurar, como una disposición necesaria, la frecuencia en la oración, y continuación, de qua dicebant Patres Heremi, y con gran razón, «nulla melior ad orationem praeparatio quam continua oratio».

Denique, para este modo se requiere todo lo que para otro cualquiera, y más, como consta de lo dicho y de lo que se dirá. De donde se sigue que no hace descuidados, antes muy recatados in omnibus y cuidadosos, ut postea dicetur.

Requiérese también mucha pureza de las imaginaciones de parte de las potencias cognoscitivas, y de pensamientos; porque este modo consiste más en obra de voluntad que de entendimiento, como queda visto; que son distintos estos caminos, como queda visto, aunque hay mezcla alguna entre ellos, como queda visto, mayormente cuando no hay mucho progreso en este camino. Y cuando Dios especialísimamente no toma la mano, es bien, máxime a los principios, que todos lleven materia prevenida, y discurrir suaviter, aun para los flacos; que de otra manera no hará uno nada, y estará muy seco y distraído, cuando no hay mucho hábito de oración.

De lo dicho se sigue: lo primero, que, limpia así el ánima, y sus potencias purificadas, queda dispuesta para que Dios la alumbre mediante la consideración de la vida y muerte de Cristo nuestro Señor, que son los ejercicios de la segunda y tercera semana, que pertenecen a la vía iluminativa, y la promueven a la consecución de las virtudes, mediante la meditación de Cristo nuestro Señor y sus Santos, conforme a la luz que tiene: en esto está el grado de proficiente. Lo segundo, síguese que, limpia el ánima, y adornada de virtudes, está dispuesta para ser levantada a la unión divina que se hace por actos de amor, a la cual la ayudan los ejercicios de la cuarta semana y otras meditaciones; y éste es el grado de los perfectos, en los cuales están las virtudes en grado superior: en el cual hay grande latitud, y había mucho que decir, sed satis est attigisse, y decir lo necesario praecise, quia non est hujus loci neque est in manu decillo todo: harto hay en los libros.

Y aquí entra el ejercicio del silencio y entrada in caliginem, y lo perfecto del silencio; porque en este modo hay grados y diferentes puestos, según el aprovechamiento de cada uno, y comunicación de Dios nuestro Señor: que este nombre de Oración en silencio es general, y todos los grados abraza, más y menos perfectos, así como [en] los que van por vía de entendimiento y discurso hay más y menos perfectos.

La especulación, grados y plática [práctica] deste silencio enseñan eruditamente las pláticas del Padre Doctor Plaza, y las de oración del Padre Martín Gutiérrez, de buena memoria, que son de los dos modos de oración por vía del entendimiento [y de la voluntad]; con las cuales y con lo que se dice ahora, se da plena noticia deste modo.

4

Cuanto a lo cuarto: ¿qué advertencias se han de guardar en el mismo modo de oración que se usa? Respondeo: Lo primero, formarse uno conforme a los afectos que la unción del Espíritu Santo inspirare, como queda dicho en el mismo modo de oración; y así conviene que estén atentos al gobierno suyo, para seguillo luego, dejando otra cualquiera cosa: aunque en esto es menester mirar mucho, como dicen los Doctores y la experiencia, en no dejar leviter lo que tienen entre manos.

Lo segundo, que, si no sintieren un soplo, deben animarse de cuando en cuando con algún discurso breve o afecto amoroso; y lo mismo se ha de hacer cuando previene el Espíritu Santo y ve uno que se le va acabando la visita; que, aunque fue bien dejar el discurso y el hablar cuando vino, para recibilla en silencio, y oír y gozalla, pero ahora es menester avivalla con un discurso breve o afecto amoroso, o repetición de lo de atrás, como hacía un Santo; como, cuando queremos hacer revivir una vela, soplamos suavemente.

Lo tercero, que cuando se vieren prevenir del Señor en bendiciones de dulzura, deben con humildad y corazón agradecido recibir la visita, sin distraerse en otros Conceptos o afectos por entonces, aunque más buenos colores trayan; porque el demonio procura engañarnos, y que perdamos lo que se nos da: o nuestra ignorancia lo hará: que entonces paresce a uno que es el mejor tiempo de dar gracias por tal o tal beneficio, o de hacer grandes peticiones por éste o por aquél, o por estotro, o por lo otro; y otras mil cosas e impedimentos semejantes, que entonces se suelen ofrescer, como bien lo muestra la experiencia y lo podrá ver quien quiera.

Quod si dicas: pues ¿no es bueno aquello, y pedir cosas particulares? Respondeo: bueno es, mas no para entonces; porque llama Dios a otra cosa, y quiere que le oyamos a Él entonces, y que recibamos lo que nos da, y que no nos distraigamos a otra cosa alguna por buena que sea; y las tales salidas castígalas Dios bien, como un desacato que se hace a sus dones, con quitar la visita; y después hállase un hombre sin nada, quod saepissime contingit, y justísimamente.

Lo cuarto, que deben estar en reverencia en la presencia del Señor entonces, abriéndole su corazón y necesidades, sin mucho hablar, y aun sin hablar; porque Dios bien entiende solo con presentarse a Él el necesitado: como un pobre, que no hace más de ponerse delante sin hablar, porque su necesidad habla; y espera la misericordia de Dios con resignación entera de la divina voluntad, cuanto al tanto y cuanto al modo que quisiere, con humildad, teniéndose por indignos de su visita y mercedes. Y esta maravillosa disposición es espiritualísima y altísima, y no menos necesaria en todo el camino; porque ella hace a los hombres espirituales, y superiores a todos acaescimientos; y a los que así caminan, muy agradables a Dios: por la cual se ha de regular el aprovechamiento de cada uno; y por esto dan en ello todos los que tienen abiertos los ojos; y con razón es encomendada de todos los varones espirituales, y digna de ser procurada y alabada. Y la ignorancia désta hace daño grande por no ser tan entendida y procurada de muchos, como es necesario, maxime a los que caminan el camino del espíritu; sin la cual van ciegos, y muriendo mil veces cada hora, poniendo los ojos en otras cosas, y no en ésta, que grandemente quiere de nosotros, que es conformidad con su santa voluntad, tan debida en todo lo espiritual o temporal, grande o pequeño, dulce o amargo, próspero o adverso, denique, temporal o eterno.

Baste della haber puesto este pequeño principio por ahora. Cuando, pues, ésta hubiere, no querrán la visita intempestive, antes con antes no se inquietarán, si venida, no durare largo tiempo, ni si nunca se la dieren; antes se resignarán omnino en las manos de Dios, no queriendo otra cosa de lo que Él quiere, con lo cual sus ánimas crecerán más que si les dieran cualquiera otra cosa que mucho tuvieren en deseo.

Lo quinto, hase de frecuentar la oración cuanto las ocupaciones de caridad y obediencia, y la salud dieren lugar, juxta illud Lucae: «Oportet semper orare et non deficere», et ad Thesal. «Sine intermissione orate», et illud Augustini (de Civitate Dei): «Otium sanctum quaerit caritas veritatis, negotium justum suscipit necessitas caritatis: quam sarcinam si nullus imponit, percipiendae atque intuendae vacandum est veritati»; de quo vid. S. Gregor., in illud Job: «Si dormiero, dicam: Quando consurgam?» et S. Bernard., sup. Cantica, serm. LII.

5

Cuanto a lo quinto: ¿qué se ha de hacer después, para que uno se conserve en este modo de oración, y platique con fruto? Respondeo: Lo primero, procurar conservarse en la pureza de corazón, y ejercicio de virtudes con que ascendió a él, y el frecuentar y continuar cuanto pudiere este ejercicio, como está dicho.

Lo segundo, dar a Dios cuanto le pidiere de sí y de sus contentos e intereses y honor, pensando que quien alcanza tener a Dios por amigo, alcanza mucho, y que quien le hubiere dado todo lo que tuviere, que lo habrá barato; y pensar que el que diere a Dios todo lo que pudiere, podrá confidenter pedir a Su Majestad lo que le conviniere.

Lo tercero, pedir a Dios continuamente, principalmente a Él, y secundariamente sus dones, no para parar en ellos, sino para ascender a Él con ellos: unde Augustinus in versu Psalmi: «Exquisivi Dominum, et exaudivit me»: Si alguno buscare, y no le oyere, sepa que no busca a Dios, sino algo de sus dones o su hacienda»; y pedir que se cumpla en nosotros desnudamente el agradamiento suyo, y que nos dé su luz, que nos descubra a sí y a nosotros, para que le amemos de todo nuestro corazón, y a nosotros, del mismo, nos despreciemos.

Lo cuarto, conformarse con el dechado y Maestro que el Eterno Padre envió al mundo, especialmente en el profundo desprecio de sí, y en la universal abnegación de sus propios quereres, y en el cumplimiento fidelísimo de los de Dios.

Lo quinto, cuando le hubiéremos dado de nosotros, dejar en sus manos cuanto nos pudiere venir en cuanto quisiere, cerca del tratamiento y camino por donde nos quisiere llevar, así en quitarnos de la salud, arrimos y otras cosas naturales, como tocando en las interiores y espirituales, quitando los favores, ausentándose de nosotros, o encubriéndosenos, dejándonos fríos y en oscuridad; y por otra parte, combatiendo con tentaciones, temores y desconsuelos, como lo ha hecho y hace con muchos, para que Él así sea glorificado más, y nosotros más aprovechados: que esto es lo que pretende, y lo que de allí se seguirá, si nosotros fuéramos fieles a Él, y perseveráremos sin irnos a las criaturas a buscar exteriores consuelos, por más tedio que haya de las cosas de Dios, y por más desamparados que al parecer nos veamos, no huyendo la Cruz ni las pruebas que Él nos enviare. Por todas estas pruebas, pasadas fielmente por Dios, volverán las gracias primeras mejoradas, como a Job los ganados: quae doctrina est maxime commendanda, ut etiam infra dicendum est; como se pudiera probar bien con autoridades de presentes y pasados ejemplos, y de lo que la experiencia grandemente enseña: y el que esto guardare, vivirá contento, y pasará sus días en paz; el que no, morirá mil muertes. Así dijo uno: «Muy bien te contentarás con lo que yo ordenare; mas, cuando hay algo de propio que tú buscas, eso es lo que daña y estorba: está a mi voluntad, y no sentirás trabajo».

Y por ser este punto tan sustancial, y no tan advertido de todos, fundémosle un poco.

Lo primero, en que Dios nuestro Señor es muy amigo que se cumpla su santa voluntad, y con razón; y así, desea grandemente que la amemos y sigamos: lo cual, ultra de la manifestación que ha hecho en la Escritura, lo ha manifestado muchas veces a personas particulares en particulares revelaciones, encargándoselo mucho; que da testimonio de su gran deseo en esta parte.

Lo segundo, fúndase en que todo lo que nos viene es por la voluntad de Dios, ahora lo que quiere, ahora lo que permite: que todo se dice voluntad de

Dios. De aquí es que todos aquellos a quien ha abierto los ojos, andan con hambre de dar contento a Dios en cuanto pueden; y como saben que esto le da contento, y quiere que amen y sepan y sigan su voluntad divina, y que se conformen con ella, se desentrañan por cumplilla perfectamente, pidiendo a Dios Fiat voluntas tua! y procurándolo así con todas sus fuerzas: de donde les viene que todo les da contento cuanto les acaece, porque saben que ninguna cosa les viene que no les venga por la mano de Dios, y en ella su voluntad. Y porque quieren y procuran cumplilla en todos los sucesos, todo les sucede conforme a su voluntad misma, porque la tienen conforme a la divina, como lo muestra la experiencia e historia de muchos, aunque la voluntad sensual lo sienta y repugne; y con eso viven una vida dichosa, y vístense en todas las cosas del espíritu de aquel santo Job, singular ejemplo en esta materia, entre muchos que se pudieran traer: «Dominus dedit, Dominus abstulit, etc.»; y traen en la memoria de continuo con gran consuelo suyo también aquellas palabras del sacerdote Helí, que dijo a Samuel: «Dominus est: quod bonum est in oculis suis faciat», y otras muchas que hay en la Escritura a propósito, que se pudieran traer. Por otra parte, háceseles dulce esta voluntad divina de cualquiera manera y en cualquier cosa que venga, porque ven que todo cuanto hace es para mayor bien nuestro, y que a esto lo encamina todo, y a su gloria principalmente; y así, aun por lo que toca a su interés les es muy sabrosa.

De donde se sigue que no paran en esto o en aquello con Dios, en que los haya de tractar desta o de la otra manera, sino que totalmente se resignan en su voluntad, teniéndola y aun experimentándola por mejor. Y así, en cualquiera cosa que hacen o emprenden, por buena que sea, porque van con este fin, procuran hacer de su parte todo lo que pueden y deben; y el suceso que pretenden en las tales obras líbranlo en las manos de Dios; de suerte que, si desean ellos algún fin, por más vestido que se les represente de la gloria de Dios y utilidad suya, se resignan en sus manos, contentándose más del suceso que Dios envía, aunque sea contrario a su consuelo, que si les viniera lo que ellos deseaban, según aquello que dijo Joab a su hermano: «Confortare, et agamus viriliter pro populo nostro, et pro urbibus Dei nostri: Dominus autem quod in conspectu suo bonum est faciet», quae verba habent emphasim, et applicota bene, multum afferunt utilitatis para en todo cuanto pusiéremos mano.

Y con esto baste esta breve declaración deste punto tan importante, no solo para los que tractan de oración, pero para todos cuantos andan en servicio de Dios; aunque aquí se ha dicho in ordine ad orationem, como todo lo demás, por ser solo éste el intento; y así van muchas cosas precisas mirando a él.

6

Cuanto a lo sexto: ¿a quién se ha de comunicar y platicar este ejercicio, y cómo, para que sea con fruto? Respondeo: que de lo dicho se colige, y de lo que los dos Padres, Plaza y Gutiérrez, supra citati, dicen.

Y a lo primero dicitur que, supuesta como cosa llana, que la institución común, que se ha de guardar y enseñar, ha de ser la de los Ejercicios de nuestro Padre Ignacio, de buena memoria, con sus reglas y avisos, que son importantes; presupuesto también lo que notan los Padres de Plasencia, tratando deste camino, y que esto del silencio ni se ha de enseñar públicamente, ni usar communiter lo muy perfecto dél, sed tantum ex privilegio, a quien Dios le hubiere dado o paresciere querer dar, o a quien por necesidad no puede usar otro, de quo statim tractabitur: his suppositis:

Respondeo: primero, que se ha de aconsejar su uso al que Dios pusiere en él; y que vaya por allí non declinando ad dexteram neque ad sinistram, ut dictum est; quienquiera que sea, a los principios, o al medio, o al fin, cuando Dios le hiciere esta gracia.

Segundo: a los ya ejercitados, que, después de largo uso, los hubiere nuestro Señor dispuesto para que con él puedan hacer mayor progreso, según el parescer de aquel a quien perteneciere el juicio desta causa. Y esto es conforme a lo que experimentó nuestro Padre Ignacio, que habiendo usado mucho tiempo, y bien, la instrucción de meditaciones que nos dejó, después vino a otro puesto diferente y más alto, como término de aquél, parte del cual da Dios a otros en sus principios; que éste es camino de silencio, presencia de Dios, y oílle, como se dice en su Vida, que in oratione magis se habebat passive, gozando lo que le daban, y recibiendo en silencio y oyendo, quam active, trabajando con discursos; porque ya entonces descansaba, como quien había caminado y trabajado, y estaba ya in termino, quod in spiritualibus supremum est; y así es, cuando se da o alcanza perfectamente.

Y a esto hace que, si todas las artes o ciencias tienen principios y medios y fines, que lo mismo sea désta, y Santo Tomás [lo dice], y los demás Doctores communiter: y que, si hay alguna Congregación, donde hay algunos varones levantados a los medios y fines deste camino, que lo mismo podremos pensar, sin ser temerarios, de la nuestra, donde hay tanto cuidado de atender a la pureza de sus conciencias, y de contentar a Dios, por su grande bondad. A la gente, pues, levantada por Dios a tal camino, apartalla por los que no tienen experiencia dél, con detrimento del ánima y cuerpo, no parece cosa segura, como lo notan algunos Doctores, y arriba queda dicho: otra cosa es por vía de prueba y examen; que esto es justo que se haga, y dado a los superiores por su oficio.

Tercero, a los que puestos en la presencia de Dios no pueden discurrir, porque no los ayuda el entendimiento, ni meditar, porque así se hallan bien, ut dictum est.

Lo cuarto, a los que son flacos de la cabeza; que bien pueden entrar y comenzar por aquí, aunque muy a los principios, y aunque Dios no los haya metido; y esto, mientras por su flaqueza no pueden usar otro, porque no deben quedarse sin nada; y esto, ex dispensatione. De suerte que [a] cada uno déstos se les ha de ayudar en su modo, a unos enseñando e imponiendo, a otros conformando y abriendo más.

Y de aquí consta lo segundo, que pedía esta duda: ¿a quiénes y cómo se ha de platicar? Que es a los señalados y juxta exigentiam cujusque. Pero es de advertir que, como bien nota un Maestro bien experimentado, y otro de los nuestros no menos, como este camino de ir más [el] alma por vía de voluntad y afectos, sin discursos y pensamientos, sea mejor y más descansado, y como término del otro, y que hace Dios mucha merced al que se lo da; no se ha de aconsejar regularmente a los principios, ni querello uno sin aparejo, que no lo hallará: porque esta oración sin pensamiento es lo más supremo de la oración. Y así ha menester algún uso del otro modo, si no es que Dios mueva a ello particularmente, como se ha dicho: de suerte que aun los flacos de cabeza y aun los cortos de entendimiento han de tener a los principios algún discurso suave, no tan fuerte como los que van por vía de entendimiento, o que pueden ir, por tener salud; porque, si no entraren por aquí, estarán distraídos; porque ni tienen uso de la oración de silencio, ni están dispuestos ni ejercitados en meditaciones pasadas, las cuales les sirvan al presente para tener entrada en el silencio.

7
Restat ultimo loco responder a lo séptimo: que es soltar breviter algunas dificultades, que parece se podrían oponer a este modo dicho.

Lo primero, digo que, supuesto todo lo arriba dicho, no parecerá esto necesario, y así es: porque esto no es cosa peregrina, que no se halle ni se use, y cosa que no sea muy segura, como muestran los Doctores alegados, y no menos la experiencia cotidiana, propia y ajena; y de suyo consta bien. Pero todavía, por mayor claridad y exposición de lo dicho, diré una palabra.

Et sit prima difficultas: que parece que este modo aparta de la primera institución de nuestro Padre Ignacio. Respondeo, que no hace, que antes es por ella y la favorece; porque, cuando Dios no previene specialiter al principio, dice que se ha de comenzar por ella al modo aplicado [explicado?], y que este modo sale desta misma institución, como queda dicho; que de aquélla vino el autor por especial gracia a este modo; erat enim et ipse patiens divina. Así que, como queda explicado, la común institución se ha de guardar communiter, según que está explicado, y en qué grados, y con qué personas. Pero si Dios al principio pone a uno en otro modo de orar por su bondad, ha de ir por allí, juxta additiones primi exercitii. Ni más ni menos ha de ser ayudado en ello el que, después de algunos años de meditaciones y discursos, pareciere ha trabajado lo suficiente, y está dispuesto para descansar ya en este modo, y la tiene ya hecha la cama a Dios nuestro Señor, ut supra.

La segunda es, que aparta del tracto con los prójimos, que es clara ilusión en los llamados a la Compañía. Respondeo que, cuando al tracto con los prójimos no obligan necesidades de caridad o de obediencia ni es contra la salud, este modo llama a vacar a Dios según su mandamiento: «Vacate, et videte quoniam ego sum Deus», ut exponit Bernardus, y lo que dice San Agustín supra citatus: «Otium sanctum quaerit caritas veritatis, negotium justum, etc.»; pero, cuando obligan las necesidades de caridad u obediencia, que el mismo modo los envía e impele a acudir a ellas, juxta Gregorium [jam citatum] in verba Job: «Si dormiero, dicam: Quando consurgam?» et videndus Bernardus, serm. LII, super Cantic.: «Adjuro vos, filiae Hierusalem... ne suscitatis neque evigilare faciatis dilectam, quo adusque ipsa velit», y otro sermón super idem «Adjuro vos, filiae Hierusalem... ne suscitetis neque evigilare faciatis dilectam, donec ipsa velit» de los que andan en San Bernardo, de un abad [que dicen Gilleberto de Hoilandia, serm. XIV], et alii.

Tercera: ¿en qué verá uno que no se puso en tal camino con su poca humildad y codicia que tiene del dulce, sino que le puso Dios? Respondeo, que en el rastro que deja, recogiendo primero el corazón a Dios, y ablandándolo y rindiéndolo a su orden, poniéndolo en la obediencia de sus quereres y Superiores; segundo, en que se siente reprendido, si dejándolo, acude a otros discursos o afectos. Item se dice, como arriba se dijo, que [a] algunos les conviene entrar en este modo, aunque Dios no los ponga; porque no les hace Dios a todos esta gracia de prevenillos, sino que quiere que lo anden ellos, bien que, con ayuda suya lo hacen siempre.

Cuarta: piérdese el tiempo que se podía gastar en actos de virtudes y no hace allí nada. Respondeo cum Bernardo ad Fratres de Monte-Dei, que antes hace mucho, y que este oficio es el negocio de los negocios y la mayor de las haciendas; et David: «Vacate, et videte, etc.» [ut supra]; et Agustin [citat.]: «Otium sanctum quaerit, etc.»; y de los actos y oficios que allí se hacen se ve si se hace algo, ut dictum est. Ni entonces se empleará uno tan bien, cuando es llamado a aquello, en hacer actos de virtudes, porque claro es que, si Dios mueve, se ha de seguir la moción divina y dejar la moción propia.

Quinta: que parece tentar a Dios, cesando de meditar, o esperando que Dios le hable o revele algunas cosas; que parece confina esto con lo de los alumbrados. Respondeo, que no es tentar a Dios, porque Dios quiere aquello, y gusta que le hagan aquel reconocimiento, y de que asistan en su presencia: y que no se esperan revelaciones ni desean, sino que se hace algo y mucho de lo que arriba queda dicho; que no es pequeño oficio oír a Dios, aunque allí se cesa ad tempus de consideraciones de cosas particulares de las perfecciones de Dios, o otras buenas de su reformación, que en otros tiempos se pueden tener, y no entonces, que no es tiempo; porque cada ejercicio pide su tiempo; como no siempre se pide, ni siempre se dan gracias, etc., amándose todos estos buenos afectos, aunque su meditación se deje para otros tiempos. Y lo de los alumbrados distat deste modo in infinitum, ut patet ex doctoribus; porque ellos lo hacían con soberbia, sin ser llamados de Dios, ni ejercitados, y sin preparación debida; y así tentaban a Dios, y no entendían en nada, sino en estar distraídos; y no sacaban fruto ninguno para ejemplo de las virtudes, y reformación y sujeción. Así, este modo inclina a todo lo contrario; antes no habiendo esto no se puede entrar en él; y el que entra y no saca esto, no lo sufre, antes lo echa de sí y lo reprende, porque no puede parecer con quietud segura y sin reprensión ante Dios el que es contrario a su espíritu, ni se atreve ir allá sin esto; y conocerse ha por lo que queda tocado arriba, que es común de los Santos y Doctores, que comúnmente ha de haber más de voluntad que de entendimiento en este camino; y de algunos, que se llega a perder el entendimiento algunas veces, saltem in morula brevi; mas esta cuestión no nos necesita a que se averigüe aquí.

Sexta: que parece que con él se disminuyen las fuerzas corporales necesarias para la Compañía. Respondeo, que antes por aquí se conservan mejor la cabeza y las fuerzas; porque es más descansado que el discurso, como está dicho, y porque los Santos se iban a este modo, que podían durar casi a la continua en la oración. Mas si alguno por no saber usallo, o por la continuación larga, o enfermedad o flaqueza de su cabeza sintiese algún detrimento en esto, débelo suspender, como el discurso, atendiendo que se ha de dar uno a este modo servatis servandis; scilicet, salva consistentia subjecti y cumpliendo con las obligaciones de caridad y obediencia.

Séptima: que parece que los que caminan por aquí latenter se envanescen, teniendo a sí en más que a los otros, que no andan en sus caminos. Respondeo que, remoto cualquier defecto que se ve en los que usan este modo, no va en el mismo modo, sino en la flaqueza e indisposición del subjecto, el cual se ha de corregir y enmendar; pero no por eso es malo el modo. Y aquello mismo también acontece a los que usan el discurso, y a veces mayor; porque se mezcla más de vanidad en las cosas que son ventaja de parte del entendimiento; pero no porque uno u otro usasen mal de cualquiera destos medios, él es malo, ni se debe dejar; porque así también se dejaría la oración de discurso, y comunión, y con razón, por los que usan mal dellas, o por mejor decir, porque hacen faltas los que usan desto, y porque muchos que esto usaban se han perdido; que este argumento nunca tiene fuerza.

Octava: que parece sienten con propiedad de sus caminos, no se rindiendo al parecer de sus Superiores, que sienten de otra manera dellos, tanquam spirituales facti, et regula; qui omnia possit judicare et ipse a nemine. Respondeo que, si los Superiores les quitasen de hecho ese modo, y ellos no se rindiesen, [que] serían culpables; lo cual si no es por precepto (prueba?), no lo pueden los Superiores hacer con seguridad de conciencia, como arriba está declarado; pero mientras ellos no se lo quitasen, no serán culpables en usar dello, pues es conforme a las adiciones de los Ejercicios de nuestro Padre Ignacio, que allí se detengan donde mejor se hallaren delante del Señor presentados, y al uso y doctrina de los Santos y Doctores, ut dictum est: ni tampoco serán culpables porque piensen que pueden tener voto en las cosas que tienen por experiencia, mejor que los que no la tienen, como el que es letrado, que piense tener voto donde no el que no sabe. No es culpa ni contra humildad y caridad de Dios el conocimiento de sus dones y mercedes recibidas, juxta illud: «Nos autem non spiritum hujus mundi accepimus, sed spiritum, qui ex Deo est, ut sciamus quae a Deo donata sunt nobis».

Novena que parece que confirma los recelos pasados, y más que se descubrieren: y es que la vida de algunos, que usan deste modo, desdice dél: unos, siendo inmortificados, y otros [rebeldes] al gobierno de la obediencia; otros, entregándose tanto a él, que andan como estatuas, con olvido y descuido de las obligaciones de caridad y de obediencia, y de adquirir verdaderas y sólidas virtudes, contentándose con andar como en bodas: y que así se quedan con el nombre de espirituales, sin la suficiencia de la vida espiritual. Respondeo quod, ut dictum est, eso no va en el modo; porque él, como se explicó, antes causa lo contrario; que a los tales los corrijan, porque el medio rendidos los trae, etc.; en los que de verdad está asentado, vemos victoria de sí mismos, y fuerza de su palabra con otros: item, que los que se contentan con andar solo recogidos, sin ejemplo de más virtud, deben ser advertidos que éste es engaño, y grande yerro; y que, si no se enmendasen, se deben temer, y tener por sospechoso su recogimiento, y esto en cualquier modo o lugar. Bien es verdad, que no es nuevo en Dios dar dones a gente imperfecta, para que se enmiende; pero, si no tratare desto, no durará mucho en ellos la continuación de tales visitas. Ni es maravilla que haya algunas faltas en los que usaren deste modo, pues no hay quien esté sin ellas aun de los que andan bien.

Décima: que parece que levantan a los demás, y que causan división, los que caminan por este camino tan distinto del común. Respondeo, que el modo, tomado en general, no es particular, sino de muchos, y tomado según lo más perfecto, es de los pocos; pero eso se halla en cualquiera don perfecto, y con el camino del discurso; que lo perfecto dél es de pocos. Y esto no es causar división: ¡ojalá desta división hubiese más, y que de los que son raros y pocos hubiese muchos!; porque éstos antes causan confusión a los tibios, que es harto bien, y sustentan a los otros y a la Religión: y, si en ellos hubiere mezcla de lo contrario, córteseles. Así que andar aquel camino particular no es malo, antes necesario a los dos; y por eso dijo uno: «No hace Dios mercedes particulares con vida y camino común».

Undécima: que parece que se pierde la devoción con los Santos y con las antiguas oraciones vocales. Respondeo, que no se pierden, antes se estiman en más, como medios por donde se vino a aquello; y así como unos son más aptos para devociones de Santos y oraciones vocales, y se las aconsejar los Maestros, que no para ejercicios interiores, así a otros lo contrario; et hoc commendandum est, quoniam quoad praesens hace más al caso a éste: lo uno, por seguir lo que Dios manda, que los llama a aquello; lo otro, porque sienten más provecho en sí; lo tercero, porque han conseguido el fin: porque todo aquello, como dicen los Doctores, es medio para hallar a Dios. Y así vemos que muchos hombres aventajados no tienen tantas destas devociones vocales como otros que comienzan, porque no han menester tantos medios y excitativos, ni tanto como ellos mismos cuando comenzaron, que poco a poco fueron teniendo menos; no porque lo tengan en poco, sino porque han menester menos motivos exteriores para levantar los corazones a Dios. Y ésta es doctrina de Santo Tomás (2.ª 2. ae. q. 83, a. 12, in corp.), que la oración vocal debía cesar cuando el ánimo se sintiere inflamado, no siendo mandado por obligación: y es doctrina común, y que pasó por nuestro Padre, como consta del libro V de su Vida, capítulo I; que por esto pidieron sus compañeros licencia al Papa para que dejase el rezo, porque le ocupaba todo el día; que acabarlo en breve, como otros, no podía; ni convenía, que fuera desacato y desagradecimiento a Dios; y así, le era forzoso parar a cada palabra en el rezo para recibir lar visita del Señor; de suerte que, para oír, a Dios y atender como debía al sentimiento interior, había de cesar la oración vocal; y dejando la oración vocal (con licencia) a que la obligaba el precepto, no dejó la mental y el oír a Dios, y recibir lo que le daba.

Duodécima: que parece con esto se deja de pedir a Dios lo necesario para la Iglesia y particulares. Respondeo, que no se deja, antes en cierta manera se pide más sin pedir, callando en su presencia, por seguir su moción, y se alcanza mejor, porque se gana más la voluntad de Dios. Y como Dios sabe las necesidades, y del ánimo deste siervo suyo inclinado a pedir por ellas, y no pide por hacer lo que le manda, fiando dél, procúralas remediar como cosas que están a su cargo. Y así se ve acá que los señores que tienen un criado que les sirve con amor y fidelidad, tienen cuenta, aun sin él pedírselo, de remediar sus necesidades y las de los que le tocan. Y lo otro, porque para pedir hay otros tiempos; que aquí no es conveniente, quod patet experientia.

Décimatercia: que no sacan de su oración con qué se ayudar entre día para la victoria de sus pasiones, ni qué decir a los prójimos con quien tratan, que es inconveniente en nuestro modo de proceder. Respondeo, que de la pasada consta que, aunque entonces no salgan con más conceptos, salen con más virtud, y dejan a Dios ganado; y así, han experimentado su ayuda en el tiempo de las necesidades, sin hacelles falta el no haber atendido entonces a sacar conceptos; y vese que éstos tienen mayor fuerza consigo y con los otros, ut dictum est.

De lo dicho se saca que esta doctrina es usada y común, si es advertida, en los que andan bien; y que se hallará en los Santos y Doctores; y que se entenderá, adonde se viese, con lo que aquí se dice; y que la probarán en sí haciendo reflexión y reparando en ello los ejercitados que tuviesen cuenta consigo, y que hallarán más que hay en la materia, y que aquí ni se dice ni conviene; y casi no hay quien no tenga algo desto, unos más, otros menos, según su natural y aprovechamiento, y comunicación a unos transeunter, a otros permanenter; y que del camino del discurso se viene a éste, [como] está probado sufficienter.

Esto es lo que se me ha ofrecido que responder a las preguntas de V. R. cerca deste modo de oración. V. R., por amor del Señor, cuyo contentamiento deseo, lo examine, y ordene a mí y a los de su Provincia, que fuéremos consultados de los que pareciere llevar Dios por este camino, qué debemos tomar o dejar dél: que por este medio espero de su bondad, que nos dará a todos el acierto y cumplimiento de su santa voluntad.

Apéndice II
Algunos avisos espirituales del Padre Baltasar
Avisos generales
Biblioteca Nacional de Madrid. Ms. 868

1. A dos días que uno llegue a un Colegio, dar particular cuenta al Superior de toda su alma.

2. Entre todas las devociones, la más subida sea obedecer, porque en hacer esto el súbdito, no hace el negocio del Superior, sino el suyo propio.

3. Usar mucho dar cuenta al Superior, sin que quede cosa escondida, ofreciéndose enteramente en sus manos con viva fe, porque hurtarse es el más triste estado del religioso.

4. Estar delante del Superior con mucho respeto interior y exterior, para que con la familiaridad no le pierda el respeto.

5. Guardarse con cuidado de las trazas que le apartan de la obediencia, con color de alcanzar mayores cosas y intentos, ansí de los prójimos como nuestros; que son deslizaderos ordinarios; teniendo delante de sus ojos, que los indiscretos rigores y penitencias tienen la Compañía inhábil para acudir a sus ministerios.

6. Hacernos a obedecer puramente, sin buscar comodidades particulares en la obediencia, porque son como polilla en el paño.

7. En cumpliendo con las obras de necesidad o caridad conforme a nuestro Instituto, huir al recogimiento y oración, ad exemplum Christi, que, en acabando con él pueblo de hacer el oficio a que fue enviado por el Padre, luego iba al desierto o soledad a orar; y desta suerte no se perderá tiempo; y uno solo que haga esto, reformará toda la casa.

8. Huir toda singularidad y amistad particular, ansí con los de casa como con los de fuera, conservándose en igual amor con todos, llevando los ojos en descarnarse y desasirse de todos, y tener un espíritu libre; y ansí, todo tiempo y lugar será cómodo para oración, y la plaza le será oratorio.

9. Hacer mucho caso de cosas pequeñas, que quitan el jugo de la devoción, y dejan el alma como pesada para tratar de su aprovechamiento.

10. En la conversación con los prójimos no vaciarnos, si no fuere con legítima causa, aunque sea con el mayor amigo, descubriendo los dones que Dios nos ha dado, o consuelos, etc.; porque esto es falta de fidelidad a Dios; pues ellos echan en la plaza lo que Él les dice en secreto.

11. Busca con todas tus fuerzas tu humildad y bajeza, dice San Bernardo; y para esto aprovechará mucho usar de cosas pobres; y todo lo exterior huela a humildad, palabras y obras; de suerte que todo corresponda a lo que en el alma tiene.

12. No sufrir que se haga particularidad alguna con nosotros, ni preeminencia: antes procurar amoldarnos al modo común de todos.

13. Usar mucho decir culpas en el refectorio y pedir penitencias por ellas; porque si este deseo muere, luego muere el espíritu.

En el mismo Ms., 868 de la Biblioteca Nacional se hallan, inéditos hasta ahora, los siguientes:

Avisos espirituales del mismo Padre
1. No hablar hasta que te pregunten.

2. Tu habla, graciosa; rostro, sereno y apacible.

3. Después que al cuerpo hubieres dado su tasa, no le regales: hágase lo que se ha de hacer.

4. Escarmentar de una vez.

5. Cuando hablaren de Sagrada Escritura, cierra la boca y abre los oídos.

6. Guárdate de porfiar por salir con la tuya; y lo que muy de cierto no supieres, no lo afirmes.

7. Cuando hablares, habla como que aprendes.

8. Cuando sales de tu celda, mira adónde vas.

9. No hables de cosa que después te arrepientas.

10. Por aborrecer el pecado, no aborrezcas al prójimo.

11. Mira no caigas hoy donde ayer.

12. Cuando te viniere deseo de conversación, acuérdate que nuestra conversación ha de ser en los cielos.

13. Lo que está ordenado por el Superior sea lo primero, y de buena voluntad.

14. Alégrate cuando te mandan lo que no querrías.

15. A los que no le lleva tu condición, procura servir y agradar.

16. Procurar no enojar a naide, ni dalle ocasión; que esto y el callar te darán gran paz.

17. Por amor, temor o vergüenza no dejes de hacer lo que estás obligado.

18. Pensar cuán poco dura el padecer y cuánto el premio que por él se da.

19. A todo responder: «Lo que mi Dios hiciere y ordenare».

20. A las tentaciones y dudas interiores, recurso con fe al Superior.

21. A los menosprecios dirás: «Yo soy gusano»; y acordarte has de los de Cristo.

22. Nunca contradecir al Superior, ni igual, ni menor; aunque tengas razón.

23. Sujetarte siempre al parecer de otro.

24. Obediencia ciega en lo poco y en lo mucho.

25. No echar de ver faltas ajenas, sino volverme luego a mis pecados.

26. No tener más particularidad con uno que con otro.

27. Ejercitarme en actual y mental deseo de ser tenido por loco.

28. No consentir, en cuanto en mí fuere, se digan imperfecciones de otro.

29. O, si más no pudiere, apartarme, o pensar otra cosa.

30. Sufrir con alegría [a] los que me enojaren.

31. Los menos negocios; o ninguno, si pudiere.

32. Andar con todos; en todo despedir lo no necesario.

33. Abreviar negocios.

34. No decir todo lo que siente, aunque sean cosas de espíritu.

35. No dar lugar a curiosidad de cosas nuevas.

36. Nunca hablar o decir cosa de que te pueda venir alguna estima.

37. Nunca pedir cosa extraordinaria en el comer, sin gran necesidad.

38. Ser riguroso consigo y manso con los otros.

39. Hablar, pensar y obrar como si luego me hubiese de morir.

Avisos para los peregrinos

1. El fin de la peregrinación es: primero, para en alguna manera alcanzar más firme esperanza en los trabajos en Dios nuestro Señor, confirmando

por experiencia la memoria que tiene de aquellos que por Él toman y reciben algunos trabajos; y así experimentan que nunca falta; y segundo, para alcanzar un ánimo liberal y largo para no dejar de hacer ninguna cosa en servicio de Jesucristo, por pensar que Él me puede faltar; porque ya terné en alguna manera experimentado lo contrarío; y así le podré seguir sin ningún inconveniente ni estar a cosa ninguna, teniendo por cierto que le serán aceptos los trabajos, injurias y menosprecios que del mundo recibiere, pues los recibo por conformarme con los muchos suyos que tomó Él por mí y padeció; teniendo otrosí por cierto que todos los pareceres del mundo son vanos y de poca dura, y solo la honra de Dios ha de durar eternamente y permanecer, y así quiero cobrar libertad de espíritu para vivir a gloria del Señor y no seguir mis apetitos.

He de querer también los medios que para ello me han de ayudar; porque, así como busco firmeza de fe y de esperanza, así he de buscar más trabajos, que son medios para alcanzar estas virtudes, y así con ellos me consolaré y holgaré, pues hallo lo que busco; y consolándome con ellos hallaré más espíritu de lo que creía y esperaba del Señor; y teniendo muchas veces experiencia cómo el Señor est adjutor in opportunitatibus, no se me dará nada por cosa que pueda suceder, quoniam a dextris est mihi Dominus ne commovear. Cuanto mayor sucede el trabajo, tanto más crece la esperanza, pensando que así se prueba más la virtud de la fe y esperanza; y si alguno me quitase los trabajos, me quitaría el merecimiento desta virtud de la fe y esperanza. Porque si alguno me quisiere dar dineros para el camino, y yo los tomase, no habiendo muy probable razón de necesidad, tomaría muy grande medio para menos merecer, y así, todo el trabajo sería corporal, sin alcanzar fruto espiritual. Porque por más que el hombre camina con el cuerpo, si no ejercita el espíritu, todo es nada, porque llevando dineros, lleva ocasión de menos esperar en Dios, viendo que no le ha de faltar nada, pues va proveído. Y por el contrario se ha de esperar que, quien lleva a Dios, lo lleva todo, y no le ha de faltar nada.

2. Piense y considere cómo Cristo nuestro Señor envió a sus discípulos sin báculo y sin alforjas, y consuélese en saber que aquéllos se holgaban con los trabajos; porque no es loable ser pobre, sino holgarse con la pobreza, por amor de Jesucristo nuestro Señor, que dice: Quaerite primum regnum Dei,

etc., y un poco más arriba dice: Respicite volatilia caeli, quoniam non serunt, neque metunt, etc.

3. Piense lo que Cristo nuestro Señor hacía cuando estaba cansado; y luego, qué hacían sus discípulos, y cómo estaban alegres con aquellos trabajos, y consolaríanse con ver el rostro de Jesucristo nuestro Señor, y con ver su paciencia y cansancio, y les parecerían pocos sus trabajos; pensaré hallarme presente a todo lo dicho. Examinaré la conciencia muchas veces, si alcanzo con los trabajos más fe y esperanza en el Señor, para que cada día aproveche más mi espíritu.

4. Acordarme he que ahora no voy a fiestas, ni placeres mundanos, ni para ser loado sino de solo Dios, habiendo dolor de mis pecados; y para padecer algún poco por lo mucho que merezco, confirmando en mi ánima fe, esperanza y paciencia y otras virtudes; y así, desearé ser de todos despreciado, y me pesará ser honrado de alguno, pues con razón merezco recibir deshonra de todas las criaturas, porque no honre a mi Dios y Señor, pecando contra sus mandamientos.

5. Imaginaré muchos y muy grandes trabajos, y sobre ellos mucha tristeza y desconsolación, de los cuales me parecerá imposible salir; y miraré cómo me vendrán diversos pensamientos, y algunos sentimientos de mudar de vida, y de me parecer mal lo que antes aprobaba; todavía pensaré que por más fuertes que sean los encuentros los venceré alzando los ojos al cielo: In te eripiar a tentatione, et in Deo meo transgrediar murum, y todo lo demás pensaré que son mentiras y apariencias de verdad, y puede muy poco durar; que, lo que no es, no dura.

6. Pensaré que vendrán días de muchos calores, y que pasarán algunos dellos sin hallar qué comer, ni dónde duerma cubierto del aire; y, con todo esto, no me acordaré de trabajos, en pensar que estoy presente y delante del Señor, que es, in labore requies, in aestu temperies, etc.; y que se contenta y agrada mucho con estos trabajos.

7. Con tristeza o desconsuelo nunca haré mudanza, porque comúnmente se oscurece la razón; y por concluir con el enemigo, pensaré que no tengo de padecer más de hasta morir, y que morir por Jesucristo nuestro Redentor es vivir para siempre; y que no es nada, pues Él murió por mí.

8. A las preguntas que me hicieren responderé con simplicidad; y si me preguntaren por qué voy, responderé: porque soy pobre y lo merecen así mis pecados; y encubriré todo lo posible mi virtud sin decir quién soy. Si por verme hablar de Dios pensaren de mí alguna virtud, piénsenlo en buena hora, y no deje el propósito que con la tal persona tenga de cosas de Dios; que Dios no hace santos por las dichas ni pareceres de los hombres. Y si me preguntaren en particular quién soy, y no lo pudiere excusar sin escándalo, diré que soy un estudiante, o que pretendo entrar en la Compañía, o como mejor me pareciere.

9. Pensaré que de los trabajos que tomo no viene algún provecho a Dios, y que no tengo de qué quejarme de Él ni de ninguno, sino de mí, que no conozco la merced grande que me hacen en darme parte de sus trabajos, con el cual si padeciere, seré glorificado.

10. Pensaré que todos los que me han de ver se han de reír de mí, y se han de espantar, y tenerme por perdido y de poco seso, y por deshonra de mi linaje; yo todavía me acordaré que ésta es la sabiduría de Jesucristo, al cual el mundo siempre es enemigo y contrario, y así diré: Confiteor tibi, Pater, Domine caeli et terrae, quia abscondisti haec a sapientibus, et prudentibus, ea revelasti ea parvulis.

11. Pensaré la gran confusión y vergüenza que tendrán el día del juicio aquellos que de Dios fueron reprobados, y cuán dura les será aquella sentencia: Ite, malediciti, in ignem aeternum, y cuánto mejor es ser aquí juzgado de los hombres, que allí de Dios. Y así trabajaré para no ser de aquellos que dice Jesucristo nuestro Señor: Qui erubuerit me coram hominibus, erubescam et ego eum coram Patre meo.

12. Si viere que dan limosna a otros y no a mí, pensaré que al presente o porvenir tendrán de ello más necesidad que yo.

13. Cuando por el camino no pensare o contemplare en cosas buenas, o no hablare en provecho de ningún prójimo, podré rezar por cuentas o psalmos.

14. Confesaré y comulgaré muchas veces; y si buenamente pudiere, iré primero a la iglesia; y así, daré gracias al Señor por las mercedes que me hizo todo aquel día, y pediré ayuda para toda la jornada; y después pediré limosna con mucha humildad y honestidad.

Para cuando uno desea hacer mucha penitencia y le parece que hace poca.

No hace poca penitencia el que es observante de su Instituto, y niega su propio juicio y voluntad, que es la más alta penitencia que hay. Hágase fuerza en eso, y no piense que se ha de hacer toda la penitencia en un día, sino que ha de durar muchos días, y aun años, cuanto la vida durare; pues los pecados no se hicieron en un día, sino en muchos: y si se muriere antes, paga Dios los firmes deseos por hechos.

Cuando uno tiene tentación penosa, y desea quitarla de sí, o está en un puesto ocasionado, y el superior no le quita, y así padece mucho, no quiera tan presto echar la carga de acuestas; que si procura quitar las ocasiones del merecer, nunca alcanzará virtud. Dure lo que durare, y venga lo que viniere, de su parte no decir ni hacer, sino padecer cuando ya lo sabe el superior; que él lo hará a su tiempo.

Cosas que no se habían de olvidar

1.ª La inmensa bondad de Dios, para amalla.
   2.ª La abominación del pecado, para aborrecelle.
   3.ª La profundidad de la gloria, para procuralla.
   4.ª La eternidad de la pena, para temella.
   5.ª La brevedad de la vida, para emplealla bien; y la de los contentos, para desechallos.

Composición interior y exterior de un hombre

Discreción y atención en todo. Freno y cuenta con la lengua. Rigor y aspereza consigo. Suavidad y caridad con el prójimo. Obediencia perfecta. Mortificación de la propia voluntad. Fortaleza para las dificultades. Aborrecimiento y desprecio de sí. Humildad interior y exterior. Pobreza de espíritu y cuerpo. Pureza en la intención. Fe de todo lo que Dios dice. Esperanza firme.

Apéndice III
Cartas

I. Dictamen del Padre Alonso Ferrer, acerca de la obra titulada
Vida del Padre Baltasar Álvarez.

IHS. Pax Christi. Dé nuestro Señor Jesucristo a V. R. muchas y muy santas Pascuas de Reyes, con el acrecentamiento de su divino amor que yo deseo para mí, y con mucha salud, que se la deseo a V. R. más que para mí, porque sé cuán mejor empleada estará en V. R., que la sabe emplear en servicio de nuestro Señor.

He visto el libro de la Vida del Padre Baltasar Álvarez, como V. R. me lo mandó, y paréceme han de ser de mucho consuelo y provecho para los nuestros de la Compañía y para todos los demás que le leyeren, porque en él se ve una vida santa y llena de grandes y heroicas virtudes, y juntamente enseña el camino por el cual, con la gracia del Señor, subió a tan alta perfección de santidad. V. R. ha hecho una cosa muy digna de sus letras, que es haber apoyado con Santos y lugares de la Sagrada Escritura el modo de oración del Padre Baltasar Álvarez, y también sus virtudes. Dios ha de pagar a V. R. con sus divinos dones el trabajo que ha tomado en escribir la Vida de este gran siervo de Dios, al cual conocimos y tratamos, y somos testigos de vista de sus grandes virtudes y santa vida.

Y por cumplir con lo que V. R. me ha mandado, diré algunas cosas en que he reparado, y será lo más cierto engañarme yo.

En el capítulo V, § 2, dice V. R. que entrando el Padre en la sacristía, se le notó que tenía cuidado de tomar lo peor que estaba allí; y esto es muy general; parece se declararía más, diciendo: que siempre escogía el ornamento más pobre que había para decir Misa.

En el mismo párrafo dice V. R.: «Nunca vistió ropa nueva», etc.; puédese añadir, que aun los zapatos nuevos no quería ponérselos hasta que otro los trajese primero algunos días, hasta que no pareciesen nuevos; lo cual vimos en Medina sus novicios.

En el capítulo XX, folio 2, página 1, dice V. R., hablando del Hermano Francisco de Godoy, que, yendo en peregrinación su compañero, el Hermano Juan de Sa, le vio el carrillo encendido y bañado en sangre, y que averiguada la causa, era, etc. Y no hubo qué averiguar, porque lo que pasó fue, que viendo el Hermano Juan de Sa la sangre que le corría, vio el moscardón que le estaba picando y desangrando el carrillo, e hizo que se le quitase. Así me lo contó a mí el Padre Juan de Sa; porque lo demás, como está escrito, es ponello en duda. Deste mismo Hermano dice V. R. que fregaba los cazos, etc. Este no es buen vocablo para Italia, adonde ha de ir este libro, porque tiene una malísima significación. Podríase poner sartenes, cazuelas y ollas de hierro, etc.

En el mismo capítulo, § 2, hablando V. R. de los padres del Padre Antonio de Padilla, dice V. R.: «Ambos eran muy señalados en virtud». Su padre del Padre Antonio no era señalado en virtud; su madre, sí, y tuvo que padecer con su marido. Y también me parece sería bien decir una palabra de su linaje; v. gr., grandes en linaje, o muy ilustres en su sangre, u otra cosa semejante, como lo hace el Padre Ribadeneira cuando habla en sus libros de personas semejantes; y lo mismo usan los historiadores; y a sus parientes será esto grato.

En el mismo párrafo dice V. R. que el Padre Antonio, antes de entrar en la Compañía, se llamaba Adelantado, por haber muerto su padre; lo cual no es así, porque ni el Padre Antonio ni su padre jamás fueron ni se llamaron Adelantados. Porque era viva su agüela doña Luisa de Padilla, que era señora del estado, y no quiso dar el título a su hijo ni a su nieto; lo cual me dijo a mí el Padre Antonio. Y así, a su padre jamás le llamaron sino don Juan de Padilla.

En el mismo párrafo dice V. R. que se avisó de los deseos del Padre Antonio al Padre Francisco de Borja, que era Comisario; ha de decir que era General de la Compañía, porque es verdad que entonces lo era, y había venido a España con el Cardenal Alejandrino.

En el capítulo XXVI, en el folio 4 del mismo capítulo, página 2, al fin, dice V. R. que tuvo el Padre devoción con los demás Santos, cuyos santuarios visitó y honró; parece mucho decir de un religioso humilde, que honró los santuarios de los Santos; y que no se debe decir esto sino de un Rey o Papa.

En el capítulo XXVII, al principio, dice V. R. que cuando murió el Padre Francisco de Borja, para elegir los que habían de ir a Roma a la elección del nuevo General, en esta Provincia se hizo la Congregación provincial en Medina; no se hizo sino en Burgos, y yo estaba en Medina novicio, y era Rector el Padre Baltasar, y Prepósito de Burgos el Padre Juan Suárez, y Prepósito de Valladolid el Padre Martín Gutiérrez, el cual acabó de ser Rector en Salamanca, y le trajeron por Prepósito a Valladolid. Y Burgos era entonces

Casa Profesa; y dice V. R. que el Padre Juan Suárez era Rector de Burgos, y el Padre Gutiérrez, Rector de Salamanca, y no era sino como he dicho.

En el capítulo XXVII, cuando V. R. acaba de decir cómo enterraron al Padre Martín Gutiérrez, podía añadir, cómo después el Padre Diego de Torres, que fue a Roma por Procurador de la Provincia del Perú, a la vuelta de Roma, pasando por Francia y cerca del lugar de Cardillath, adonde estaba enterrado el Padre Martín Gutiérrez, hizo diligencia por medio de los Padres de la Compañía, y sacó el cuerpo del Padre Gutiérrez y le trajo consigo a España, y le entregó en Burgos al Provincial que entonces era desta Provincia de Castilla; y salieron a pedir el santo cuerpo los Padres de nuestro Colegio de Salamanca, por haber allí sido Rector el dicho Padre muchos años, y con sus sermones y ejemplo haber hecho grande fruto en las almas y juventud de aquella Universidad, cuya memoria aún estaba viva. Y por otra parte salieron (a pedir el dicho cuerpo) los Padres de nuestra Casa Profesa de Valladolid, alegando por su parte los muchos años que había predicado el Padre Gutiérrez en la dicha ciudad, con grande provecho de las almas, y que, cuando fue a Roma, era Prepósito de la dicha Casa, y cuando murió tenía este oficio; y que así, les pertenecía este cuerpo santo. Y viendo el Provincial la santa competencia de estos Padres de Valladolid y Salamanca, aunque quisiera cumplir con ambas partes, pareció más conveniente dar este tesoro a la Casa Profesa de Valladolid; y así, se le dio, y se puso el santo cuerpo en una caja de plomo cerrada, y está enterrado en la Casa Profesa de Valladolid, sobre las gradas del altar mayor, al lado del Evangelio; y sobre su sepultura está una losa con su letrero.

En el capítulo XXIX, al principio dél, vuelve V. R. a repetir que el Padre Gutiérrez era Rector de Salamanca cuando fue a Roma; y no era sino Prepósito de Valladolid, como está dicho; y cuando vino a Valladolid por Prepósito, quedó en Salamanca por Vicerrector el Padre Gonzalo González, de lo cual soy yo testigo de vista; y cuando fue a Roma el Padre Martín Gutiérrez, quedó por Viceprepósito de Valladolid el Padre Doménech, que volvió después a la Provincia de Aragón, de donde había venido a esta Provincia.

En el capítulo XXX, página 2, dice V. R. que era Ministro de Salamanca el Padre Juan Rodríguez, y no era sino Sotoministro; y el Padre Gonzalo Dávila era Ministro; y nunca fue Ministro el Padre Juan Rodríguez.

En el capítulo XXXIII, § 2, al principio, tratando de los sentimientos espirituales, dice: «si a algunos se ha dado ver a Dios en esta vida, fue particular privilegio»; y añade: «el cual, no sin temeridad se atribuiría a otros fuera de aquellos que la Escritura y Santos significan». Parece inconveniente que vaya esto calificado por temerario, pues de San Benito Abad no hay Escritura ni Santo que digan ni signifiquen haber visto la esencia divina en esta vida, y sus monjes defienden que la vio. Y en Madrid, predicando Castro-Verde a la beatificación de nuestro Padre San Ignacio, tratando del rapto que tuvo de siete días, dijo que entendía había visto entonces la esencia divina, lo cual fue bien recibido de los nuestros y de los monjes benitos, y de los seglares que lo oyeron; y el Padre Diego de Medrano ha predicado lo mismo en un día de nuestro Padre San Ignacio. Y el Padre Francisco Labata, predicando ogaño en la beatificación de la Santa Madre Teresa de Jesús, y tratando de un rapto que tuvo, dijo que entendía había visto entonces la divina esencia. Y yo no digo hay bastante fundamento para afirmar esto destos tres Santos; pero ir calificado por temerario en este libro, es rigurosa cosa, y no será bien recibido ni de los benitos ni de los de la Compañía. Y puede ser haya adelante otros ejemplos semejantes, quia non est abbreviata manus Domini.

Estas cosas que aquí van se me han ofrecido representar; pero V. R. sabrá mejor lo que conviene, y hará lo que juzgare en el Señor, lo cual tendré yo por más acertado. Guarde el Señor a V. R. muchos años. Desta Casa Profesa, y enero 7, de 1615. Alonso Ferrer.

Año de 1603. El letrero dice: Padre Martino Gutiérrez [nato] Almodovar, hujus domus Praeposito, singulari pietate, virtute ac doctrina viro, in carcere apud haereticos Cardellace, in Galia Narbonensi, vita functo, anno 1573, aetatis 49, atque huc inde translato anno 1603. Amoris ergo Patres D. D.

Sobrescrito. † Al Padre Luis de la Puente, de la Compañía de Jesús.

Todo cuanto en estos apuntamientos refiere el Padre Alonso Ferrer, lo enmendó puntualísimamente el santo Padre Luis de la Puente, como el Padre Ferrer lo reparaba: para que se vea su humildad insigne. Esto consta del mismo original y borrador que está con esta carta.

II. Censura del Padre Alonso Romero a la obra del Padre Luis de la Puente, titulada

IHS. Primer cuaderno, página 2: Un insigne varón. Diría yo: el Padre Baltasar Álvarez, insigne varón. Página 6: Cuyo hermano el señor don Diego, etc., y después del Consejo real. En el 2.º, página 5, no está puesto dónde entró en la Compañía. En el 6.º, página 6, reparo en la ironía de poner la silla en el lugar más honrado, y era la cocina. En el 6.º, página 10: De Villagarcía, que es una aldea: por no ofender a los della, una pequeña villa. En el 8.º, página 1, repítese que le ordenaron el tercer año de Compañía. Página 5: El amor de los prójimos era grande salvamento. En el 9.º, página 1: Una manada de Clérigos; parece mejor un buen número de Clérigos, o algunos Clérigos. En el 14, página 16: El Padre Francisco de Ávila, que murió en el armada que iba a Inglaterra. Este Padre murió en La Coruña, después de vuelta la armada que fue a Holanda con el Adelantado de Castilla, don Martín de Padilla. En el 17, capítulo último, § 2: Su padre del Padre Antonio de Padilla, don Martín de Padilla; véase, si se llamaba de otra manera. Léase también la plana antepenúltima, que parece falta algo en ella. En el 22, página penúltima: «Viendo el respeto con que mira Dios a sus siervos»; respeto en nuestro vulgar es de inferior a superior. En el 34, es en la cuarta plana de la plática de el Padre Juan Suárez: «Y si engañados habemos sido, por Dios, etc., lo habemos sido»: declárese cómo no puede Dios engañarnos.

Esta es letra del Padre Alonso Romero, persona muy grave desta Provincia, que debió de ver este libro para censurarle.

Todo lo enmendó en su original el V. Padre Luis de la Puente como aquí se le advierte: ejemplo de su humildad.

III. Carta de don Rodrigo Arias al Padre Francisco de Salcedo

IHS. Pax Christi. El domingo pasado estuve con don Francisco de Reinoso, y con ocasión de nuestra jornada a Villagarcía, le pregunté lo que sabía del Padre Baltasar Álvarez. Díjome le conoció y trató, y que le tuvo en su casa de Palencia. En particular me dijo, que habiendo llegado de Roma, se retiró a Simancas a Ejercicios, y allí le enviaron luego al Padre Baltasar; el cual un día, después de comer, hablándole el Padre, le dijo los pensamientos de su corazón, y todo lo que pasaba por él, y le hizo llorar; esto me contó como cosa muy particular y extraordinaria.

El mismo día estuve con el señor Inquisidor y la señora doña Elvira, y los hallé muy buenos, gracias a Dios.

El mismo día a la noche, con la mudanza grande del tiempo, truje un accidente de cabeza que me ha maltratado mucho, y había muchos días estaba libre; pero no hay que fiar en esta vida.

Encomiéndome en los santos Sacrificios y oraciones de V; R.

Al Padre Rector mis recomendaciones y buenas Pascuas.

Valladolid y diciembre 12, de 1595. Rodrigo Arias.

IV. Carta del Padre Gil de la Mata

IHS. Pax Christi. Yo me consolara ver a V. R., y apenas tengo tiempo aun para le escribir; mas procuraré a lo menos de le dejar cuentas benditas, ultra de las que daré al Padre Provincial; y al Hermano Martín, mi hermano, quedará esto encargado; y lo mismo le encargaré haga con el Padre Rector dese Colegio, y con el Padre Juan González y Hermano Pedro Sánchez.

Cuanto a lo que V. R. escribe de la intención de nuestro Padre general acerca de lo que se ha de hacer en las cosas del Padre Baltasar Álvarez, de buena memoria, como yo fui el que lo traté con Su Paternidad, y con el Padre Asistente de España, y aun dije que me parecía que V. R. tomaría de buena voluntad este trabajo, podré dar alguna luz. Y crea que su intención, por agora, es que se tome toda la información posible de su vida, ansí antes de religioso, como después; y noticias también de sus padres, y lugar de nacimiento, para que su memoria no se pierda, antes que mueran los que le conocieron, y pueda servir su historia de consuelo para los presentes y venideros, ora se ponga su historia en particular, ora en la historia general de la Compañía.

Todavía lo que a mí me parece es, que V. R. haga su historia como si se hubiese de imprimir, conservando todavía los originales que le dicten. Yo puedo testificar en el punto más grave de la historia, lo que a él mismo oí comunicando conmigo en mucho secreto y familiaridad, y nunca lo dije hasta después de muerto; y antes de ir a Japón lo escribí a Roma, y está en el Archivo; mas en el primero tiempo desocupada lo escribiré a V. R. con otras particularidades importantes que no escribí. Infórmese V. R. del Padre Ripalda, que creo vio las cosas de que él daba cuenta, y por ventura las sabrá el Padre Juan Suárez.

Después de concertada bien la historia, y juntadas cuantas cosas V. R. hallare, nuestro Padre verá si será bien se imprima juntamente con la vida del Padre Martín Gutiérrez, de santa memoria, de cuya vida creo se hará la misma diligencia. Y no será malo, que, aunque sea en cuaderno particular, escriba V. R. los nombres de las personas de quienes supo lo que escribe; y esto importará para que conste a todos, que no llevó a V. R. el afecto de pariente, y para que, si fuere más conveniente que vaya la historia en nombre de persona que no sea pariente, por amor de cumplir con el mundo, y el que hubiese de poner la última mano quisiere ver los originales, pueda hacerlo con facilidad. Y porque estoy muy ocupado, y es tiempo de dar las cartas, al Padre Rector, Padre Juan González, Hermano Pedro Sánchez, mis encomiendas, en cuyos santos Sacrificios y oraciones me encomiendo. De Madrid, a 13 de diciembre de 1595. Gil de la Mata.

V. Relación del Padre Gil de la Mata

IHS. Relación de las cosas que el Padre Gil de la Mata, de la Compañía de Jesús, sabe de la buena memoria del Padre Baltasar Álvarez, de la misma Compañía.

Aunque el año de 84, antes de me embarcar para Japón, escribí de Lisboa a nuestro Padre general alguna cosa de las que sabía del Padre Maestro Baltasar Álvarez, de santa memoria, la cual carta está en el Archivo de Roma; porque entonces, como estaba de partida, no dije más que el punto principal; agora, para que la memoria de tan insigne varón no se pierda, muriéndose los que lo conocieron; y por la obligación en que me dejó, comunicando conmigo, siendo su súbdito, la cosa más grave que tenía, me pareció, dejadas cosas a todos sabidas, declarar lo que yo sé del poco tiempo que le comuniqué.

El año 67, al principio dél, enviándome la obediencia de Valladolid a Medina del Campo, en el segundo año de mi noviciado, a gozar de su doctrina y ejemplo, porque era allí Rector y Maestro de novicios, señalaba a cada novicio algún día y hora de la semana para que le diese cuenta de su modo de proceder, y a mí me señaló el jueves a la una hora; y yendo siempre a aquella hora por espacio de setenta días que allí estuve, gasté todas aquellas horas esperando, y jamás me llamó, aunque vía que esperaba, viniendo principalmente a Medina para gozar de su doctrina y dirección; y acabados los setenta días, ordenando el Padre Provincial tornarse a Valladolid, díjele a la despedida que iba con algún desconsuelo en no le haber tratado siquiera una hora, viendo que con otros se estaba a veces dos horas; y él me respondió que la causa de no me haber hablado era por entender que no tenía tentaciones que me diesen pena, y otros a quien acudía las tenían; y era verdad que no las tenía, mas ni con él ni con hombre de casa había comunicado nada deso.

El año 73, siendo el dicho Padre Viceprovincial de Castilla, al tiempo en que los Padres fueron a la elección del Padre Everardo, fui del Colegio a la Casa Profesa, un domingo, con deseo de comunicarle los deseos que tenía de ir a Japón; y estando el Padre al parecer desocupado, estuve a vista dél como dos horas, para ver si me llamaría; y como yo sabía que tenía aquel modo de mortificar, procuré tener paciencia hasta ser tiempo de comer, y después a la tarde esperé más de otras dos horas, sin tener cosa que le impidiese el hablarme, y después me llamó, y comenzando a tratar de los deseos, me dijo que no me diesen cuidado, que si fuese voluntad de Dios, de Roma vendría orden de nuestro Padre general para que fuese, como en efecto vino después de su muerte, el año de 84.

Y tratando más en particular de la dicha y buena suerte que un alma tendría si supiese estar cierta de su salvación, por los peligros en que un hombre se mete por amor de Dios, entonces me dijo estas palabras: «A lo menos yo por palabras claras y expresas tengo seguro el negocio de mi salvación, y ésta es una misericordia que nuestro Señor hizo a muchos, lo cual más les sirve de espuela que de freno». Y aunque no me pidió secreto (porque creo entendía lo había de guardar), yo lo guardé el tiempo que vivió. De allí a año y medio me dijo el Padre Juan Osorio de nuestra Compañía, que estando el dicho Padre con una grave tentación de su predestinación, sin la haber comunicado con criatura nacida, le dijo la Madre Teresa de Jesús: «Padre: dice el Maestro (que así llamaba ella a Cristo nuestro Señor) que V. R. no ande con pena, que el negocio de su salvación está seguro». Por donde entonces imaginé, si acaso fue ésta la revelación por palabras expresas que él me dijo.

También oí a dos personas graves, espirituales y fidedignas, que estando el dicho Padre en oración, había visto una procesión de bienaventurados, y a sí mismo entre ellos, y que esto había comunicado con su Superior, dándole cuenta de sus cosas fuera de confesión. Nunca estuvimos muchos días juntos; lo más fue cuando estuve setenta días en Medina; y nunca le vi con algún indicio de pasión o afecto desordenado; vi muchos actos en que mostraba tratarse rigurosamente. Oí al Padre Cristóbal de Rivera, que una mujer que había nombre de santidad en Burgos, le había referido que el día de su muerte, que fue en Belmonte, la convidaron para que se hallase a las exequias del Padre Provincial de la Compañía de Jesús, de la provincia de Toledo, y que vio una procesión de bienaventurados, y en ella al dicho Padre; y porque el Padre Cristóbal de Rivera está vivo, él dará en esto más luz que yo. Como le traté poco, no puedo decir las particularidades que otros dirán, y lo que dije, referí de la manera que oí, procurando también referir las palabras formales cuanto pude acordarme. En Madrid, a 1 de enero de 1596. Gil de la Mata.

Padre mío, esto es lo que sé de mi buen Padre Baltasar Álvarez, al cual muchas veces me encomiendo con las esperanzas que tengo del buen estado que tiene. Procure V. R. con brevedad que todos los que lo conocieron en esa Provincia, y también en ésta, escriban lo que saben. En ésta pueden testificar el Padre Diego de Avellaneda, que sabrá algunas cosas de cuando era Visitador; el Padre Ripalda, que fue el que hizo examen destas cosas; el Padre Juan del Águila, al cual yo avisaré; el Padre Antonio Marcén; y más sabrá el Padre Gil González, y yo también se lo diré: y con esta diligencia y trabajo creo no perderá V. R. nada, y que el santo varón, del cielo lo agradecerá a V. R.; y porque mis ocupaciones son tantas, que apenas puedo hacer esto.

En los santos Sacrificios y oraciones de V. R. me encomiendo, y avíseme del recibo.

De Madrid, a 1 de enero de 1596.

De V. R. siervo en Cristo,

Gil de la Mata.

Ya V. R. sabrá del examen que se hizo del modo de oración de la buena memoria del Padre Baltasar Álvarez, por ser su camino extraordinario, en cuya relación creo que es necesaria mucha consideración para no ofender a ninguno; y porque a lo que yo alcancé, entiendo cierto que se procedió con sinceridad y deseo de acertar. Todavía, como el examen fue riguroso, y pasó muy adelante, pudiera cualquier persona que no tuviera su virtud soltar palabras de quejas; y supe de una persona con quien se comunicaba mucho, que nunca le oyó palabra de queja, y que siendo desta persona preguntado de lo que sentía en su alma, solamente le dijo tener sentimiento, mas no soltó palabra de queja. En lo que V. R. dice de meter muchas cosas en la historia de lo que dejó escrito, digo que se me ofrece, que tratándose de sus virtudes, referir en cada una alguna cosa notable que dejó escrita no me parece mal; mas cosas muy largas y ajenas de la historia, aunque sean buenas, parecen mejor para tratado particular apartado de la historia; aunque sería mejor viniese junto con ella.

VI. Carta del Padre Gaspar Astete

IHS. Conocí al Padre Baltasar Álvarez en Simancas, siendo novicios juntamente los dos años, año de 1555; en donde comenzó a dar muestras de rara virtud. Vile señalarse más particularmente en la puntualidad de la obediencia, imitando a la de aquellos Santos Padres, que dejaban la letra comenzada. Rezando juntos las Horas de nuestra Señora, era particularmente consolado y levantado en espíritu cuando llegaba a algunos versos; y aunque no me acuerdo cuáles, acuérdome que yo hacía reflexión en la particular devoción que Dios daba a aquel Hermano en el Oficio divino.

Después le alcancé en el discurso de su vida siendo Rector en Salamanca, y después Viceprovincial desta Provincia de Castilla.

Solo diré lo que juzgamos por milagro, lo que le aconteció en la Casa Profesa de Valladolid, siendo yo Ministro, y Prepósito (si bien me acuerdo) el Padre Ripalda. Tuvo una enfermedad el dicho Padre, y dejándole de parte de noche el enfermero, a la mañana hallámosle sin sentido, y como muerto; y llamados los médicos, no supieron qué decir, sino que debía ser algún desmayo. Estuvo así hasta la tarde, y trajimos una reliquia de Lignum Crucis, y otras que hay en la Casa Profesa, de San Antonio, y luego que se le pusieron volvió sobre sí, y habló como solía; y lo que se pudo entender fue que no había sido desmayo, sino rapto, porque era hombre de tan profunda oración, que solía tener algunas veces semejantes raptos.

Fue pacientísimo en muchos trabajos que tuvo; gran conocedor de espíritus, y admirable consolador de las almas. Era de todos venerado como santo, lo cual mostraba su aspecto, que solo en verle se hacía respetar. Nunca le vimos hablar descompuestamente; era observantísimo de la decencia y compostura exterior; y las Reglas de modestia que escribió las guardaba en sí exactamente.

Tuvo don de Dios en instruir novicios y en rendir los juicios altivos de algunos, y era eficaz en lo que le ordenaba, y consolaba mucho a los que mortificaba. Escribía cartas a diversas personas, llenas de espíritu; y finalmente, en todas sus obras daba olor de Santo. Burgos, 29 de octubre de 1595. Ita est. Gaspar Astete.

VII. Relación del Padre Gaspar Astete sobre las virtudes del Padre Martín Gutiérrez

IHS. Conocí al Padre Martín Gutiérrez el año de 1553 oír Teología en Salamanca, y juntamente presidía los Domingos a las Conclusiones de los nuestros con tanta satisfacción y magisterio, que ponía en admiración a toda la Universidad, y más a los Maestros Francisco Sancho y Fray Pedro de Sotomayor, que entonces era Catedrático de Vísperas, y después fue de Prima de Teología, que fue varón doctísimo de la sagrada Orden de Santo Domingo y varón muy espiritual; que entre otras cosas sabíamos dél sus discípulos, que siempre traía consigo el librito de Tomás de Kempis, intitulado Contemptus mundi. Decía muchas veces en la cátedra, cuando topaba con algunos artículos de Santo Tomás, que no eran metafísicos, sino de devoción: «Señores, estos artículos son de la cámara»; dando a entender que eran para meditar. Esto hacía nuestro Padre Martín Gutiérrez, a quien yo, siendo novicio, le oí muchas veces levantar el corazón a Dios, de los artículos de Santo Tomás; porque todo cuanto estudiaba y predicaba era oración.

Tenía tan feliz memoria, que a dos o tres veces que le leyesen algún artículo de Santo Tomás, o alguna columna de algún Santo, la decía de memoria; y yo le serví de leerle desta manera algunos artículos de Santo Tomás, y algunos dichos de Santos. Y cuando los repetía, era con particular reflexión, y espíritu y devoción que dellos sacaba, que a mí me la pegaba, aunque estuviese seco. Vile oír lección en el general de Teología, y nunca se asentaba ni escribía, sino estaba arrimado a un banco de los que sirven de estantes, fijo en lo que el Maestro decía, y todo lo llevaba de memoria; y por esto fue tan amado y estimado del sobredicho Padre Maestro, y porque los dos eran varones espirituales.

Nunca le vi enojado por disgusto que le diesen, ni responder desentonadamente cuando presidía o regía. Vi que era hombre de continua oración, y muy consolado de nuestro Señor con júbilos interiores, que no los podía disimular. Usaba después de comer y cenar ir a dar gracias un poco delante del Santísimo Sacramento, y después recogíase a su aposento. Estaba en oración, paseándose, porque era muy a menudo visitado de Dios, y le veíamos que le salían las lágrimas por los ojos, que no podía contener la fuerza de la devoción interior.

Tuvo particular devoción a la gloriosa Magdalena, y hablaba maravillosamente de las excelencias desta Santa.

Siendo, como he dicho, oyente de Teología, allende de presidir a las Conclusiones, predicaba en nuestra iglesia por las tardes, Adviento y Cuaresma, con manteo, sin sobrepelliz, con un espíritu apostólico, y con una moción en los oyentes, que conocí entre otras personas dos que hicieron maravillosa mudanza de vida y conversión. Tenía tanta eficacia en las palabras, que enclavaba los corazones; y tan superior entendimiento, que con sus eficaces razones rendía a los más sabios y nobles de la Universidad y caballeros seglares. Por medio de sus sermones me trajo Dios a la Compañía, siendo un estudiante teólogo de los menores.

Aconteció que, siendo yo novicio, me enviaron con el Padre en una peregrinación; y me mandaron fuese yo por superior suyo, el cual con tanta humildad me obedecía como si fuera nuestro Padre general. Y yo, queriéndole una vez mortificar, habiendo caminado a pie una legua, que entraba ya gran calor, iba el buen Padre cansado y quiso detenerse en un lugar a decir Misa. Yo le dije: «No paremos, Padre; pasemos adelante». El santo varón, sin hablar palabra ni proponer su necesidad, se levantó, y con todo su cansancio, pasamos adelante. Y después que volvimos al Colegio, me decía con una boca de risa: «Bien me mortificastes, Hermano; Dios os lo pague, que mucho había que no había sentido mortificación tanto como aquélla». Yo me confundí de mi indiscreción y alabé la humilde obediencia y mortificación del santo Padre. Burgos, 29 de octubre de 1595. Ita est. Gaspar Astete.

VIII. Carta de la Madre Ana de Jesús, Carmelita Descalza
IHS. M.ª-El Espíritu Santo esté siempre en el alma de vuesa merced.

Por no fiar ésta de otro portador, la envío luego; ¡plega a Dios no sea ya ido de Salamanca!

Digo sé cierto tenía el Padre Baltasar Álvarez don de profecía, porque en todos los casos particulares que le comuniqué, interiores y exteriores, veo cumplido lo que él me decía sucedería, en lo que hasta ahora se me ha ofrecido, que han sido cosas muy extrañas de las que podían ser cuando me lo decía, que ha más de veintidós años; y ansí yo lo dificultaba, diciendo la duda que en ello tenía. El santo me lo afirmaba mucho, certificándome lo vería, y ansí era en lo que luego se cumplía. Dándole cuenta dello, se sonreía, respondiéndome que se holgaba, porque creyese al Señor, y a los que en su nombre me anunciaban sus misericordias; y que con su sangre, si fuera menester, firmara las gozarían las personas que se viesen en tales trabajos y ocasiones; y que tendrían hartas de ayudar a otros a servir a Dios de veras con su trato y comunicación, teniendo muy ganadas las voluntades de diferentes gentes, no solo en la Provincia que vivía, sino en otras, donde había de padecer más de lo que pensaba, y ver lo que hasta entonces no se había visto en religión ninguna, de adversidad y prosperidad. Gran parte de esto está verificado hoy día, aunque lo más no ha venido, ni el tiempo en que ha de ser. Y como he visto lo uno, espero ver lo otro; hágalo el que puede con su gracia; quisiérala tener para hacer mejor lo que vuesa merced me mandó.

No sé ni decir la facilidad que el santo Padre tenía en conocer los espíritus, y la virtud y grados de perfección de cada alma; y esto sé, porque diciéndole yo de algunas novicias que a mi cargo tenía, y de otras personas graves, a quien trataba en cosas espirituales, luego las figuraba como eran, y la capacidad que tenían en el bien; que de defecto no decía sino del que era público, y se remediaba. Y ansí, confesando a una monja nuestra, en la enfermería, que estaba ya al cabo de la vida, se quedó el Padre arrobado en oración; y su compañero, no sé si por disimular, pidió le diésemos algo para cuando volviese de aquel desmayo. Las que estábamos presentes con la enferma tuvimos particular consuelo mientras estuvo ansí, que fue gran rato; y él parecía un serafín en el sobrenatural semblante que se le puso. Harto le escondió después que estuvo en sí, y afirmó era singular la gloria que estaba aparejada a aquella enferma, que dentro de pocos días la gozaría, porque en ocho meses que había estado en la cama, había perfeccionádose más que otros religiosos, muy buenos, con salud, en muchos años. Y esto se vio en expirando la enferma, que la cubrió Dios de tan gran hermosura, claridad y resplandor su cuerpo, que admiraba a cuantos religiosos y seglares se hallaron en su entierro, que fueron muchos, aquí en Salamanca. Llamábase ella Isabel de los Ángeles, y era de Medina del Campo; y allá y en otras partes se entendieron cosas maravillosas de su preciosa muerte, conformes a lo que había dicho el Padre Baltasar Álvarez, de quien pudiera decir muchas cosas de santidad, si supiera o se sufriera declarar los particulares en que las entendí.

Quien sabrá, y tiene notadas algunas, es el señor don Teotonio, hijo del Duque de Braganza, que es ahora Arzobispo de Evora, que, al mismo tiempo que yo, se confesaba con el santa Padre, y trataba conmigo de lo que en él vía su Señoría; que es muy humilde; y tan devoto, que se holgara de ayudar a manifestar la gloria de Dios en la vida de ese santo; y la señora de Bolaños que dije a vuesa merced.

Y pues ya sabe lo que nuestra Santa Madre Teresa de Jesús tiene dicho del santo Padre, no lo he menester volver a decir, ni las madres ni hermanas de este convento acierten a escribir lo que saben dél; declárelo el que puede, que ellas por esconderse callan; y a mí me dan ejemplo; tómole en parte, y no en todo, por el amor que debo al que tanto me tuvo.

Suplico a vuesa merced me lo muestre en encomendarme a nuestro Señor con particular cuidado, que le tendré en mis pobres oraciones de servir a vuesa merced.

No pongo fecha, ni firmara, sino con condición que se rompa luego. Ana de Jesús.

(En el sobrescrito se lee lo siguiente): «Al Padre Francisco de Salcedo, de la Compañía de Jesús, en su mano, aquí en Salamanca, o adonde estuviere; suplico al Padre Francisco Suárez se la envíe, que importa se dé, a recado».)

(Solo la firma es autógrafa.)

(También se lee lo siguiente): «De la Santa Madre Ana de Jesús, de Salamanca, cuya vida anda ya escrita por el Maestro Fray Miguel Manrique».

IX. Carta de la Madre Ana de Jesús

Jesús Nuestro Señor esté siempre con vuesa merced.

Procurando lo que me manda en la suya vuesa merced, no he respondido: que en forma deseaba poder servir en eso, y no es posible, por haber sido en cosas muy interiores, propias y ajenas, la evidencia que digo, y ansí no sé qué decir más en particular, ni a nuestras hermanas se les acuerda cosa que importe. Allá hallará vuesa merced tanto, que no haremos nosotras falta; por la mucha que yo tengo de espíritu no he merecido ayudar a obra que tanto ha de causar. Désele Dios a vuesa merced para sacarla a luz, y acabar todas las que ha comenzado en su divino servicio, que no es la menor hacernos caridad con sus santos sacrificios y doctrina.

Suplico a nuestro Señor me la deje recibir de vuesa merced.

En Salamanca, a 14 de noviembre de 1595. Ana de Jesús.

El sobrescrito, autógrafo también, dice así: «Al Padre Francisco de Salcedo, de la Compañía de Jesús, en Ávila».

X. Carta de la Madre Ana de Jesús

Jesús Nuestro Señor esté siempre con vuesa merced.

Ya deseo saber si llegó bueno a su casa, y si acerté a hacer lo que me mandó vuesa merced en el papel que le envié antes que partiese de aquí; que en el que me trajeron no se hacía mención del recibo dél. Ahora la haga vuesa merced de los que van con éste, de la Madre Ana de la Encarnación, y de la Señora Juana de Jesús, encomendándonos a todas a su Divina Majestad; a mí, en particular, que lo he mucho menester. Suplícolo a vuesa merced. En Salamanca, a 10 de enero de 1596. Ana de Jesús. (Es autógrafa.)

XI. Carta de la Madre Ana de la Encarnación

IHS. M.ª-Lo que V. R. puede responder, que yo tuve tanto amor y obligación al Padre Baltasar Álvarez, que era menester poco solicitarme en cosa que le tocara, si la memoria no tuviera tan perdida. Porque, como el mal ha sido tan grave, no puedo con certeza decir cosa particular, aunque bien me acuerdo que la supe, y que en su vida vio la Santa Madre o entendió que aquella alma era muy agradable a los ojos de nuestro Señor. Y me parece que, estando diciendo Misa, vio una visión particular, no sé si es la de un Padre que vio subir al cielo, y a nuestro Señor con él por particular favor, que se había muerto aquella noche; o si es la que vio del palio cuando comulgaban los Hermanos. De cuando murió, aunque estaba aquí nuestra Santa Madre, no se me puede acordar si me dijo cosa particular.

Al pie del precedente escrito se halla una nota de letra mucho más moderna (al parecer de últimos del siglo XVIII, acaso del XIX), que copiada a la letra, dice así: «Este es de la V Madre Ana de la Encarnación, el cual lo dio a la V. Madre Ana de Jesús, y ésta lo remitió al Padre Francisco de Salcedo, como se ve por la carta de la misma Madre Ana de Jesús, de 10 de enero de 1596».

XII. Carta de la Madre Juana de Jesús

IHS. M.ª-Quisiera tener memoria, Padre mío, y entendimiento para saber entender y decir lo mucho que nuestro Señor puso en el santo Padre Baltasar Álvarez. Mas por falta de lo dicho faltaré mucho, aunque no en la voluntad y deseo de acertar a decir algo que sea para gloria de Dios, y para que se entienda lo mucho que su Majestad puso en aquella santa alma para bien suyo y de muchas.

De la mía puedo decir que el tiempo que lo traté fue grande el aprovechamiento que sentía mi alma con su santa doctrina; y trújole nuestro Señor a un tiempo que estaba bien necesitada, y así fue obra de Dios, y me pareció un milagro; porque yo no le conocía, y lo tomó tan a su cuenta como si mucho le fuera. Y esta caridad tenía con muchas almas, y yo conozco algunas que están ahora en esta religión; y esta caridad tenía tan grande, que creo hiciera lo mismo con todas las del mundo, si le fuera posible, por amor de Dios.

También he oído a persona muy digna de fe que dijo algunas cosas que habían de suceder en esta santa Religión en el tiempo advenidero, y se han visto cumplidas.

Era hombre de gran penitencia y mortificación, y de grande espíritu y oración; y así, las almas con quien trataba se señalaban en esto y en todas las virtudes; y aconsejaba que con todas las necesidades acudiesen a Dios. En todo lo que es religión y perfección se señalaba mucho, y en particular en la obediencia; y en una cosa della muy dificultosa mostró grande prontitud, y la puso por obra con gran contento, diciendo que pues se le hacía dificultoso, que no había a quien más le conviniese hacerla.

Por obedecer a vuesa merced he hecho esto. Plega a Dios sea de algún fruto para gloria de Su Majestad y de aquel santo, de quien pudiera decir mucho si, como he dicho, la memoria no me faltara. Si viniere otra cosa a ella, yo le escribiré a vuesa merced, en cuyos santos sacrificios me encomiendo. Y a nuestro Señor suplico guarde a vuesa merced con mucho aumento en su divina gracia.

De este monasterio de San José, y de Salamanca, son de enero 17, día del glorioso San Antonio, del año de 1596.

Indigna sierva de vuesa merced. Juana de Jesús.

El sobre dice así: «Al Padre Francisco de Salcedo, en el Colegio de la Compañía de Jesús, en Ávila».

XIII. Carta de la Madre Elena de Jesús

Jesús sea con V. R., Padre mío, y le abrase en su amor, como yo deseo; y bien muestran sus palabras de V. R. que lo está, aunque se lo encubre su Majestad.

Mucho me consolé con su carta de V. R. Quería aprovecharme de tan santas razones, y no quedarme como los de Belén, que temo los imite. V. R. me ayude con sus oraciones para que hagan en mí efecto tales misterios.

En lo que V. R. quiere saber de la hermana a quien la reliquia de nuestro santo Padre quitó la jaqueca; ella es muy su devota, y le conoció estando en el siglo, mas poco le trataba. Y dice que es cierto que, con la buena devoción que ella le tenía, se allegó al ojo la reliquia allí en la recreación, y que luego se le quitó el dolor; mas como era mal que había poco que le tenía, que apenas lo sabían las hermanas, no se puede hacer ruidoso este milagro por ser tan en breve; para las que lo entendimos fue de harto consuelo; mas parece que han de ser cosas más conocidas las que se han de notar por la gravedad de las demás. Ella harto se refiere que tenía mucho dolor, y se le quitó, y todo es poco para lo que Dios hará por su gran siervo.

A otra hermana que tenía otro mal más conocido, se puso la reliquia, y túvola dos días, y no quiso Dios que sanase; porque no sanó Jesucristo ni sus Santos a todos, que son secretos suyos; así que esto es lo que hay.

La hermana Elvira de San Miguel es íntima hija de la Compañía, digo la hija de Juana de Ávila; mas no tenía edad cuando el Padre Baltasar Álvarez estaba aquí para saber nada; que no sé si había diez años; que si algo supiera, de harto buena gana lo dijera, y no fuera menester que V. R. lo acordara.

Y porque no se me ofrece más, de nuestra Madre Priora reciba V. R. muchos recados, y délos por mí a los mis Padres conocidos. Y nuestro Señor guarde a V. R. muchos años con mucho aumento de santidad.

De Medina, 10 de enero, Por haber sido días ocupados no he respondido antes. Elena de Jesús.

El sobrescrito dice así: «JHS. Al Padre Francisco de Salcedo, de la Compañía de Jesús, en su Colegio de San Gil, etc. Ávila. Porte, 8 mrs».

XIV. Relación del Doctor Polanco

IHS. Envíame vuesa merced a mandar escriba algo de la vida del bendito Padre Baltasar Álvarez, que está viendo a Dios, pues fue tan gloriosa su vida. Y tratar de un varón perfecto es dificultoso negocio; mas diré lo que dijo Cicerón De perfecto oratore ad Bratum, que, persuadiéndole Marco Bruto, su amigo, que describiese el perfecto orador, respondió: «Que era una cosa muy ancha y dificultosa»; mas con todo eso dijo: Nihil amanti difficile puto, Brute. Y así el amor que a vuesa merced tengo, me obliga a que diga algo de lo mucho que hay que decir deste perfecto varón. Y tome vuesa merced como un borrador y lejos de su santa vida.

Tenía este santo varón el exterior muy amigable y apacible, con una alegre, humilde y grave presencia. En el hablar era templadísimo, y nunca jamás, aunque le hablé muchas veces, le oí palabra que no edificase con ella; amicísimo de oír, y hablar poco. Y así, una vez, diciéndole que por qué no hacía plática en la iglesia, como solía, respondió que quería aprender a callar; aunque hacía gran fruto con sus palabras y ejemplo, como advirtió un siervo de Dios. Decía dél que parecían fuego sus palabras, que hacían singular efecto en las almas. De lo cual dan testimonio muchas personas graves que gozaron de su admirable y pura doctrina. Particularmente los novicios que crió, fueron muchos y muy aventajados, de los cuales me dijo uno: «Teniendo tal Maestro, cómo en un año no somos santos es de admirar; pues a un lucifer en condición, que comunique al Padre, le vuelve en breves días manso cordero». Y si alguna tentación les venía a los novicios, y les apretaba, tenían por remedio que decir: «Dirémoslo al Padre Baltasar Álvarez». Y luego huía la tentación, y quedaban con victoria.

Tuvo muchos discípulos, y entre ellos se aventajaron tres mujeres célebres en vida y santidad, que fueron la Madre Maridíaz, de Ávila, y la Madre Teresa de Jesús, fundadora de las Monjas Descalzas Carmelitas, y Francisca de Espinosa, que residió aquí en Medina del Campo.

La Madre Maridíaz fue dechado esclarecido de santidad: tuvo, entre los demás dones, deseo insaciable de padecer por Dios; y así, a los que la visitaban pedía rogasen a nuestro Señor la alargase los días de su vida para tener más tiempo para padecer por su amor. Tuvo también otra singular merced, que en vida salía un admirable y suavísimo olor de su cuerpo.

La Madre Teresa de Jesús, cuya vida y admirables virtudes son bien conocidas en toda España, me dijo: «El Padre Baltasar Álvarez va muy adelante en la perfección».

La bendita Francisca de Espinosa (cuya virtud fue singular y aventajadísima en pobreza de espíritu, en la cual se esmeró mucho, pues dio toda su hacienda a los pobres, y se hizo pobre por Cristo), preguntándola yo una vez que qué le parecía del Padre Baltasar Álvarez, díjome: «Es un santo, porque todo lo que tengo en mi alma me dice».

Algunos dichos deste santo varón quiero poner aquí, que comunicando con él me dijo. Contándole yo algunos trabajos y tribulaciones que yo padecía, me parecía a mí que se regocijaba él, y le dije: «Parece que V. R. tiene envidia de los que padecen trabajos». Respondióme: «No pueden los justos vivir sin trabajos, porque les es gran consuelo padecer por Cristo, y no deseo cosa más que padecer por su amor y gloria».

El que hubiere de reñir, decía, procure primero de ponerse a sí en paz, y después riña y reprenda.

«Cuando alguno te menospreciare, procura interiormente de abatirte y juzgarte por digno de mayor menosprecio; y que la humildad es como una especie aromática, que en pocos se halla.»

Mas decía: que la verdadera santidad consiste en negarse a sí mismo; y que la sed de devoción y amor de Dios es insaciable, que no la harta si no es Dios. El fuego de amor de Dios al principio no se siente, mas después siéntese, porque mortifica, alegra, alumbra y abrasa.

Decía: «Si nos acordásemos que hemos de morir, no se nos haría dificultoso padecer cualquier trabajo, porque en los trabajos y tribulaciones nos hemos de gloriar y gozar; porque si solo en los bienes y consolaciones nos gloriásemos, no diferenciaríamos los cristianos de los gentiles; luego en esto se ha de mostrar ser cristiano, en gloriarse en las tribulaciones y trabajos: con igual ánimo llevar la tribulación y la consolación».

Decía que quien no sabe sufrir no sabe regir.

Solía él decir muchas veces: «Hermanos, no degeneremos de los altos pensamientos de hijos de Dios».

Mírese esto bien y considérese que, de una cosa estamos ciertos: que merecemos el infierno por nuestros pecados, mas no tenemos cierto que nos los ha Dios perdonado.

Habemos de quitar estos deseos de dones y trascender todo lo criado y dones, hasta llegar a Dios, y no hemos de parar en el don, sino en el dador, que es Dios.»

Decía que aquel era más santo que menos sentía las tribulaciones, y menos le alteraban, porque había alcanzado victoria y más amor; que el que más las sentía, menos aprovechado estaba. «¡Oh Dios de mi alma, cuán verdadero sois en vuestras promesas! Buen testimonio son desto los justos que cada día lo experimentan.»

Decía el buen Padre: «Da contento a Dios: que en mitad de las hieles y trabajos y tribulaciones estemos con alegría, y esperemos en Él, que presto nos librará, que no ha de ser toda la vida así; que éste es el engaño del demonio, que induce a los hombres para que dejen el camino de Dios: ¡qué mucho que estemos desconsolados!; que si lo estamos por Cristo, Él nos consolará, y si no tenemos desconsuelo por Él, ni lo queremos tener, no nos maravillemos que no nos consuele, pues no somos para padecer algo por su amor. Que si no padecemos, no llegaremos a la paz y sosiego grande de corazón; día, ¡ay!, dichoso tal día, cuando Dios entrare en el alma, y hinchare todos los senos della; cuán dichoso sea éste día nadie lo puede entender sino quien lo ha experimentado».

Dejando aparte los dichos, será justo decir de los hechos y de las esclarecidas virtudes de este admirable varón.

La humildad que tuvo fue muy profunda; y como tenía tan gran conocimiento de sí mismo, no se estimaba en nada, y con la mucha luz que tenía del cielo fue aventajadísimo en esta virtud, fundamento de las demás virtudes. Y así el Padre doctor Ramírez, de la misma Compañía de Jesús, se le arrodilló a los pies del Padre Baltasar Álvarez, y le dijo: «Guíenos V. R., Padre mío, pues le ha comunicado Dios tanta luz». Y así, con grande alegría se sujetaba el buen Padre a mayores, iguales y menores, para cumplir toda justicia.

En la obediencia y prontitud della era admirable. Decía que el siervo de Dios había de ser como un paje muy diligente y solícito que está a la mira de su señor, para estar prontísimo a lo que le manda y ponello en ejecución. Este era su espíritu. Decía más: que por la obediencia conocía él al que tenía espíritu de Dios, y por ésta lo aprobaba.

De la pobreza era muy amigo; y así, se vestía lo más pobre de la casa, calzas y zapatos que otros desechaban. Su vestido era pobre, mas limpísimo, que no consentía ni aun una mota en su vestido. Y con la pobreza de espíritu que poseía, era desnudo de toda criatura, pues nada deseaba, como él decía.

Entre las demás virtudes alababa la oración, en la cual fue tan aventajado maestro, como quien siempre oraba, y que por medio della alcanzó millares de dones y virtudes, y enseñó a muchas almas este ejercicio, con grande aprovechamiento. Era algunas veces tan levantado e inflamado en la oración, que me contó un Padre muy religioso, que le había visto estar en oración resplandeciente con una admirable claridad que salía dél. Era tan continuo en ella, que pasaba algunas noches enteras en la oración.

Cuando fue a Roma tuvo una revelación de gran consuelo, y aparecióle la Madre de Dios, a quien él amaba tiernísimamente, y le dijo: «Sé devoto de José, mi Esposo». Y desde entonces fue singular la devoción que tuvo al glorioso San José, y sentía en ella gran consuelo.

A la paciencia fue particular el amor que la tuvo, porque con todos la ejercitó de obra y de palabra: de condición, que no le vieron perder la paz por ninguna cosa. Cuando le decían que uno era insufrible, que nadie podía llevar su condición, decía: «Esos son los que yo como»: tanto era el fervor de padecer que tenía por Cristo. Cuando le reprendían bajaba los ojos y callaba, como le aconteció aquí, siendo Rector, con un Corregidor, el cual, porque se edificaba cierta obra en la Compañía sin licencia del Regimiento, le dijo al Padre Baltasar Álvarez malas palabras y ásperas: él lo sufrió callando y bajó los ojos con altísima paciencia; de manera que se admiraron los presentes; no teniendo él culpa, pues sin su licencia y parecer habían puesto mano en la obra.

Enseñaba primero con obra y después con palabra, como buen Maestro; decía que las enfermedades se habían de llevar no solo con paciencia, sino con amor, y que no tenemos otro remedio sino padecer por Cristo. En el amonestar era blando, y amoroso en el reprender; mezclaba rigor con apacibilidad; y en suma, con oración y paciencia rendía las voluntades.

¿Quién podrá decir la fe grande y confianza en Dios que tenía, la pureza de corazón y encendida caridad, de la cual manaba una resignación continua en la divina voluntad, y estaba tan transformado en Dios, que parecía estaba muerto a todas las cosas? Y así decía dél un siervo de Dios: «El Padre Baltasar Álvarez no está mortificado, mas está muerto al mundo y a todas sus cosas». Tenía bien rendida la carne al espíritu; y así, como no tenía querer ni voluntad, estaba todo unido a la divina, y hacíase divino, lleno de dones y virtudes, pues en ellas fue tan esmerado. Y así, decía un gran varón dél: «En uno he visto perfecta penitencia; en otro, purísima oración; en otro, consumada caridad; en otro, humildad profunda de corazón; ¿queréislas ver todas estas virtudes juntas? Mirad al Padre Baltasar Álvarez, y en él las hallaréis en perfección».

Tenía grande amor a Dios: de allí le nacía una entrañable caridad con los prójimos, y su aprovechamiento y salvación de las almas; por las cuales, qué penitencias, abstinencias, oraciones y mortificaciones hizo, no se podría acabar de escribir. Díganlo muchos de su religión y fuera della, que fueron ayudados de sus cartas, consejos y amonestaciones, y de su industria y suavísimo espíritu y continuado fervor, con el cual perseveró hasta la muerte, indicio grande de la mucha caridad y gracia que nuestro Señor le comunicó.

Y así como fue consumada en perfección su vida, fue gloriosa su muerte. El día que murió apareció al Provincial de Aragón, que era su amigo, y había él visitado aquella Provincia; y el Provincial dijo a ciertas personas: «Entiendo que el Padre Baltasar Álvarez es muerto». El mismo día apareció a un Hermano de la Compañía de Valladolid, y le dijo: «¿Conocéisme?». Respondió el Hermano, que estaba en oración: «Sí, Padre, que es V. R. el Padre Baltasar Álvarez, Provincial de la provincia de Toledo». Y el Padre le dijo: «Pues ya dejo esa Provincia y me voy a la provincia del cielo».

De su gloria tuvo revelación una sierva de Dios de la ciudad de Burgos, la cual dijo, que estando en oración la reveló Dios la fiesta que se hizo a la entrada de su bendita alma del Padre Baltasar Álvarez en el cielo.

Vuesa merced perdone mi tardanza y reciba mi amor y voluntad, que es, de servir a vuesa merced siempre. Y del recibo desta me avise, y de su salud; y la reliquia del santo no perdono.

Doña María besa a vuesa merced muchas veces las manos, y que la mande en qué le sirva. Nuestro Señor sea luz, amor y amparo de vuesa merced. De Medina, y 30 de diciembre del año de 1595. El Doctor Polanco.

XV. Otra carta del Doctor Polanco

IHS. Por mi poca salud me he detenido en responder a la de vuesa merced.

La reliquia del santo fue para mí singular regalo, pues tanto le amé y amo: y ya nos ha sido ayuda y amparo en nuestra necesidad, pues la noche que recibí su letra de vuesa merced, le dio a doña Marina dolores de parto, y a la mañana, puesto el hueso del Padre Baltasar Álvarez, parió breve y con muy buen suceso: parece que estábamos esperando esta tan bendita y favorable ayuda.

Quiero ahora responder y satisfacer a lo que vuesa merced me escribe. Sea lo primero, que en la oración estuvo con una claridad y resplandor admirable. Me dijo el Padre Calvo, de la Compañía, confesor y varón admirable en esta Casa: «Yo vi al Padre Baltasar Álvarez en oración, con un admirable resplandor, indicio de su purísima oración y esmerada virtud».

El Hermano Juan Sánchez, que era mucho del Padre Baltasar Álvarez, y Hermano Artiaga, su vecino de celda, me contaron muchas cosas admirables de sus excelentes virtudes, y en particular de la oración; que era tan fervorosa y continua, que, cuando tenía alguna cosa de mucha importancia que encomendar a Dios, extendía por la noche la oración hasta el día, y no era mucho que continuase las noches con los días en la oración, pues siempre oraba. Y decía el bendito Padre, que después de haber orado largo tiempo, no sentía flaqueza en la cabeza: tal era su orición y la suavidad de su espíritu.

La revelación que tuvo cuando fue a Roma, me dijo un Hermano que se dice Valentín Arice, que le topé yendo de aquí una legua hacia Pozaldez, que venía de Ávila con otro Padre, y iba a León, y me lo contó por la orden que lo escribí.

De la aparición y de la revelación de aquella señora de Burgos, que tuvo de la gloria del Padre Baltasar Álvarez, el Padre Morejón, deste pueblo, dará noticia, que él me lo dijo, y podrá decir a vuesa merced otras cosas. Y también se informe de quien conoció al Hermano Juan Sánchez, que murió en Sigüenza, yendo a cierto recado, y vivió aquí tanto tiempo, y supo muchas particularidades del Padre Baltasar Álvarez. Al cual también comunicó el Padre Fray Juan de Castro, el famoso predicador de los Agustinos, que reside ahora en Toledo, el cual dará claridad de cosas. Y quisiera yo tener una centella del espíritu deste bendito Padre para poder decir algo de lo mucho que Dios le comunicó, pues desde el principio nunca aflojó en la virtud; mas de virtud en virtud fue creciendo hasta llegar a la alteza de vida y perfección que tuvo, digna de los bienes eternos que ahora goza y posee.

Doña María besa a vuesa merced muchas veces las manos; y Dios dé a vuesa merced su espíritu, amor y gracia.

De Medina, y 20 de enero del año 1596. El Doctor Polanco.

XVI. Carta de Jerónimo de Reinoso

IHS. La de vuesa merced me fue de particular consuelo por la memoria del santo Padre Baltasar Álvarez, a quien yo tenía el afición y reverencia que vuesa merced sabe; y tanta satisfacción, que doy gracias a Dios por haberme dado su consejo y parecer en cosas que me importaban, y estoy contento de le haber seguido. Cartas suyas tengo solo dos, y muy guardadas. La que con ésta va, y otra que no invío, porque es de mano ajena, y solo responde al cuándo y cómo me llegase yo a Villagarcía; y así no la invío; y ésta, solo por cumplir lo que vuesa merced manda.

Papeles no tengo ninguno, sino el que vuesa merced me dio a trasladar, estando allí en Villagarcía.

Holgaréme salgan sus papeles a la luz para bien de las almas.

Hágale la Majestad Divina en las nuestras por su misericordia, y acuérdese vuesa merced de mí en sus santos sacrificios y oraciones; y guarde nuestro Señor a vuesa merced con mucho aumento de sus divinos dones.

Palencia, 25 de febrero de 1596. Jerónimo de Reinoso. Rúbrica.

El sobre dice: «Al Padre Francisco de Salcedo, de la Compañía de Jesús, en el Colegio de Ávila».

XVII. Carta de la Duquesa de Gandía

IHS. Dos cartas de V. R. he rescibido, la una el invierno pasado, en medio de mis tribulaciones; y así no he podido responder a aquélla. La última me ha enviado mi señora la Condesa de Lerma. Y pues entrambas eran sobre una propia materia, podré responder en ésta a ellas.

Heme consolado particularísimamente de que se haya trasladado el cuerpo de mi buen Padre Baltasar Álvarez, y de que se haya hallado, como yo creyera estaba aunque no se hubiera visto, por lo que conocí de la santidad de su Paternidad.

Papeles suyos ninguno me quedó que pueda entendelle sino yo, porque eran sobre pláticas que los dos pasamos, o respuestas de cartas mías, que yo que sabía lo que escribí, puedo entender la respuesta; y así ninguna luz puede dar allá para lo que se pretende.

Lo que sé es, que, yendo con mi madre a Valladolid, iba el Padre junto al coche donde íbamos mi madre y yo; y detrás dél, un coche de criadas. Iba también en el nuestro mi hermana la Condesa de Monterrey y la Condesa de Haro, mi hija, de poco más de cuatro años, porque tenía cuatro y medio; y pasaron a la Condesa, que entonces llamábamos doña Magdalena de Borja, a el coche de las criadas, porque jugase y se entretuviese con ellas; y quedamos mi madre y doña Inés, que aun no era casada con el Conde de Monterrey, y yo; y sentimos ruido de toda la gente de a caballo que allí iba y que se apeaban, y había gran turbación. Preguntamos lo que era; y era, que el coche en que iba la niña con las criadas, que le tiraban unos machos, se habían desapoderado y desbocado; y sin poderlos nadie tener, iban a despeñar el coche y las que iban dentro. Y como lo entendió el santo Padre, se puso a pedir a Dios que aquella gente no pereciese; y pararon los machos sin tener ya cochero que cuidase dellos, ni persona que osase llegar. Y cierto,

Padre, pareció muy evidente milagro: esto fue entre Villanubla y Valladolid. Acordaráse muy bien desto doña Ana de Sotomayor, que está en casa de la Condesa de Monterrey, mi tía, y doña Mencía de Saavedra, que está en Carrión, y doña Luisa de Salvatierra, que está en Villanueva del Campo, que todas eran criadas de mi madre que haya gloria, y se hallaron en el peligro con mi hija, que haya gloria; y también doña María de Plaza. Y a nadie hizo ningún daño los golpes del coche, que eran tan grandes como se puede entender. Y luego se puso a dar gracias a Dios nuestro santo Padre. Esto es lo que me acuerdo que poder decir a V. R.

De su santidad no digo, por ser cosa tan clara. Su trato deste Padre ayudó mucho a mi padre, que haya gloria; y desde que le comunicó se confesó muy a menudo y tuvo mucha devoción y conocidísimo cuidado de su alma. Y ni más ni menos el Duque, mi señor, que haya gloria, a quien tuvo en Villagarcía una Semana Santa; y después, vivió con tanto cuidado de su alma, como podía tenelle un religioso; y como se vio en su muerte, porque fue muy de santo.

V. R. me encomiende a nuestro Señor, así porque le pueda ofrecer tantos y tan grandes trabajos como me ha dado, como para que me avergüence de haber tratado tanta buena gente, y de ser yo tan mala.

Perdone V. R. la dilación, y mándeme en qué le sirva, pues por de la Compañía, por sobrino del Padre Baltasar Álvarez, holgaré yo tanto de hacerlo. Y envíeme V. R. algún pedacito de güeso deste Padre mío. Digo, Padre mío, que las palabras deste Padre, cuando hablaba de Dios, no solo movían, pero parecía que pegaban fuego, por tibio que estuviese en el servicio de Dios el que las oía.

Y una cosa me dijo cuando le querían enviar a las Indias (diciéndole yo cuánto lo sentía, que me edificó mucho), y fue que había años, que en negocio ni cosa suya nunca hablaba, sino que apretaba más la oración, tomando más tiempo para ello, y que dejaba hacer a Dios, y en su nombre a los Superiores.

Nuestro Señor guarde a V. R. De Villagarcía y agosto 14. Doña Juana de Velasco.

Sobrescrito: «Al Padre Francisco de Salcedo, de la Compañía de Jesús, en el Colegio de Valladolid».

Sigue esta nota: «Esta es la respuesta de la Duquesa de Gandía. Suplico a vuesa merced me avise del recibo della; que estuve con cuidado; y si manda otra cosa en que la sirva. La Condesa de Buendía».

XVIII. Relación acerca de la vida y virtudes del Venerable Padre Baltasar Álvarez, por el enfermero del Hermano Jimeno

IHS. Estando en Zaragoza, llegó el Padre Baltasar Álvarez a ser Visitador de aquella Provincia, del cual Padre tuve cuidado de su aposento. Con la comunicación que con S. R. tuve, supe y entendí algunas cosas, las cuales referiré en este capítulo.

Un día de recreación, siendo Provincial el Padre Villalba, y Rector el Padre Luis de Mendoza, nos llevaron a Jesús del Monte, que es la casa de recreación de Zaragoza, y en ella había un Hermano labrador, a los ojos de los hombres muy tosco, pero a los ojos de Dios muy agradable. Este Hermano, por entretenimiento, y el Padre Baltasar Álvarez por inspiración de Dios, hizo que nos predicase estando comiendo, y nos dijo el Padre Baltasar Álvarez a la entrada de su sermón: «No nos faltarán lágrimas hoy en la mesa». Luego el Hermano, que se llamaba Jimeno, entró con un punto de un capítulo de Contemptus mundi sobre la presencia de Dios, que luego comenzó con unas palabras tan eficaces, que no se pudo acabar la comida de abundancia de lágrimas, que los Padres más graves de aquella Provincia echaron de sus ojos. El Padre Baltasar Álvarez dijo en la mesa: «No hemos acabado, que ahora comienza a salir la luz que veinte años ha estado escondida».

En este tiempo había otro Hermano labrador en la misma heredad, el cual, por algunos respetos, pretendió con el Padre Visitador desacreditar y quitar el oficio que tenía el Hermano Jimeno, que era carretero. El Padre Baltasar Álvarez oyó a este Hermano y vio su corazón dañado, y le dijo: «No os daré el carro; no quiero, no, por faltas que el Hermano Jimeno haya hecho; id y pedidle perdón; y mire que si no lo hace, le castigará Dios». Dentro de ocho días se ofreció camino, tres leguas de Zaragoza, el cual tuvo necesidad de llevar el carro para traer en él sal, media legua de Zaragoza, cerca del monasterio de San Amberto; llegó a las oraciones, y sin saber cómo, ni poder detener el macho, con ser el camino bien ancho, se subió un ribazo arriba. Volcado el carro, cayó el Hermano y alguna piedra de sal, y sin hallarle herida ninguna, le hallamos muerto; y yo fui por él, porque unos labradores vinieron a avisar que un iñiguista estaba muerto, y el macho y carro junto cabo él. El Padre Baltasar Álvarez tuvo revelación de Dios, y antes que los labradores nos lo dijeran, tuvo él alguna noticia del caso, y nos estaba haciendo una plática actualmente sobre que no nos escandalizásemos por cosas que viésemos, porque estaba allí entonces el noviciado. El Hermano Jimeno sintió mucho esta muerte, y con muchas lágrimas pidió a Dios le perdonase si estaba en el purgatorio. Y era muy devoto de las ánimas del purgatorio. Y estando un día comulgando, le vio el Padre Baltasar Álvarez reír. Preguntándole con gran fuerza le dijese por qué se había reído allí, le dijo que había visto salir el ánima del Hermano Juan Domínguez del purgatorio al cielo; esto me lo dijo el Padre Baltasar Álvarez.

En este tiempo enfermó el Hermano Jimeno, después de haber mostrado grandes ejemplos de virtud, particularmente en la obediencia.

Acontenció que un día le mandaron ir por agua al río Ebro; no sabiendo el Superior que el río venía grande, le dijo: «Hermano, falta hay de agua». Sin más reparar tomó su chirrión y entró por la ribera del río; y como el río venía tan proceloso, y el macho era indomable (tenía costumbre el macho de dar un apretón), el raudal del río arrebató al macho y chirrión, y la cuba que iba encima, y al Hermano Jimeno, y le metió en el profundo del río. La gente que estaba encima del puente daba voces; él decía de su chirrión: «La obediencia me lo ha mandado; ella me sacará». El macho tomó el golpe del río, y atravesándolo nadando, y pasando todas las aguas, salió a la ribera; y con haber una ribaza por do vino a salir, de más de una pica, milagrosamente, como a otro San Mauro, puso al Hermano enjuto, sin mojarse cosa alguna. El Padre Baltasar Álvarez, sin haber sido avisado deste caso, mandó a los novicios fuesen al Santísimo Sacramento y tuviésemos oración hasta que nos avisase Su Reverencia. Luego acudió el Justicia de Aragón a contar el caso como había pasado; y a este tiempo estaba el Hermano Jimeno llamando a la campanilla, y nos mandó salir de la oración.

De la enfermedad que arriba dije, murió el Hermano Jimeno; y el Padre Baltasar Álvarez me hizo su enfermero, advirtiéndome tuviese cuidado con todas las circunstancias que en su enfermedad hubiese, y de todo avisase cada día. Sucedió un día que, apretándole la enfermedad con un paroxismo, los Padres, entendiendo que se moría, comenzaron a decir la recomendación del alma con la Ledanía. Estándola diciendo, me dijo: «Diga al Padre Visitador que ni el enfermero ni los Padres no tengan malas noches por mí, porque aún no es llegada la hora, y hasta tal día no moriré». Estaba en el seteno, cuando esto dijo. El Padre Visitador asentó la hora, el día, y dio aviso a doña Catalina de Urrea, mujer del Justicia de Aragón, porque ya se sabía por la ciudad su santidad y su enfermedad. Con su juicio entero estuvo hasta el onceno, y él dijo a la entrada del término: «Ya es hora». Avisé al Padre Visitador cómo el Hermano Jimeno le había dicho que ya era hora. Eran las once de la noche, y por no dar mala noche a los de casa, fue el Padre Visitador con otros seis Padres a ayudarle a morir. El Padre Juste, que estaba por predicador deste Colegio, y ahora es Rector de Barcelona, dijo que estando en su aposento, el cual estaba encima del aposento del Hermano Jimeno, que vio, al punto que su ánima se arrancó, un resplandor en su aposento, que casi perdió la vista del gran resplandor. Espantado desto, acudió al Padre Visitador, y contó el caso.

Toda la ciudad estaba a la mira para ver si el Hermano Jimeno moría aquella noche. Luego que expiró, con ser a la medianoche, mandó el Padre Visitador se tañesen las campanas; el concurso de gente que acudió no lo digo.

Volvamos a nuestra historia del Padre Baltasar Álvarez. Acabada su visita, se volvió para Castilla, acompañándole el Padre Villalba, Provincial, y con el hermano Navarro, el cual hermano le acompañó hasta Burgos. El Padre Villalba se volvió de Agreda, y contó maravillas de la virtud y ejemplo que el Padre Baltasar Álvarez había dejado sembrado en toda la Corona de Aragón. El hermano Navarro, como testigo de vista, me dijo cuando volvió de Burgos, que, en los montes de Oca les vino a tomar la noche, y dijo el hermano Navarro al Padre Visitador: «Padre, la tarde se revuelve, la jornada es lejos, y mucha nieve; quedémosnos en la Venta de Villamorico». El Padre Baltasar Álvarez dijo: «Buen ánimo, hermano, que aunque la nieve es mucha, conviene que lleguemos a Ibeas». En este camino de la Venta de Villamorico a Ibeas hay dos leguas, y fue tanta la nieve que cayó, que se les cerró el camino a un cuarto de hora antes de llegar a Ibeas. Ya que anochecía, toparon una niña de hasta doce años, con una carguita de leña, llorando, porque el jumento se le había atollado. Queriendo el Padre Baltasar Álvarez apearse para ayudar a esta niña, de repente vieron un gentilhombre en un caballo, el cual le dijo al Padre: «No se apee V. R.». Y torciéndose un poco del caballo asió con su mano, sin apearse, el jumento, y en el aire le sacó del atolladero y le puso en el camino real; a la niña tomó a las ancas de su caballo, y dijo al Padre Visitador y a su compañero: «Ea, Padres, síganme»; y dejó a la niña en el pueblo llamado Ibeas, y picó a su caballo; y con estar tres leguas de Burgos Ibelis, estuvieron entre seis y siete de la noche a la puerta de nuestro Colegio. El mismo caballero llamó a la campanilla, y dijo esta palabra: «Porque me honraste en vida, Dios me ha enviado a sacarte deste peligro».

Díjome el hermano Navarro que ya sabía el Padre que había de tener buen fin su viaje, pues con una noche tan tenebrosa se puso a caminar ocho leguas que hay de Villafranca a Burgos, y que el caballero, cuando quiso volver el Padre Baltasar Álvarez a darle las gracias, fue desapercibido. Este caballero era el hermano Jimeno, que así me lo dijo el hermano Navarro que se lo había dicho el Padre Baltasar Álvarez.

XIX. Relación sobre la vida y virtudes del Venerable Padre Baltasar Álvarez

IHS. Lo que yo vi y oí del Padre Baltasar Álvarez estando en Villagarcía.

Tenía particular cuidado y gran constancia en la oración de la mañana, y a la noche, y en todas las cosas espirituales, como decir misa, rezar y exámenes, etc., en las cuales cosas tenía mucha exacción y puntualidad. Por más ocupaciones que tuviese, ni porque viniese de fuera, jamás faltaba a su tiempo señalado a la oración; y oí de compañeros propios que fueron con él a caminos, que en el camino por la mañana, en poniéndose en el camino, iba tres leguas en oración, y después hablaba con el compañero; y en los Colegios adonde pasaba, a la mañana, lo primero cumplía con la oración que hablase ni dejase que le hablasen.

Era muy cuidadoso y liberal para con los de casa en hacer que les diesen lo necesario en refitorio, y bueno, y en lo del vestido, etc., y consigo muy escaso; y esto lo hacía en todas las cosas; y de muchas una solo diré: que una Cuaresma entera, porque le parecía que tenía más salud de la poca que antes tenía, haciendo dar muy buenos pescados y comida a todos en el refitorio; él, ayunando, como los demás, y haciendo oficio de Superior, Maestro de novicios, y predicando también, y haciendo pláticas a estudiantes de fuera siempre, y a los novicios, comió en toda la Cuaresma solo una escudilla de caldo de la Comunidad, y un plato de pescado cocido; siempre esto solo, y desta manera y algunas veces casi nada, por estar salado.

En sus disciplinas era muy constante en tomarlas de ordinario, y muy recias. Era muy templado en el comer y beber. Estaba siempre ocupado, y raras veces fuera de su aposento, adonde le veíamos estar estudiando, orando, escribiendo y negociando. En la distribución de casa guardaba el orden de la Comunidad, y desto tenía particular cuidado, y lo encomendaba a todos que lo observasen con exacción y puntualidad. En el oficio de Superior y Maestro de novicios, que siempre hizo, nunca faltaba a lo que era menester, teniendo muchas ocupaciones y negocios; porque él hacía las pláticas y las conferencias a los novicios (que hubo entonces una florida probación en cualidad, y en número de más de treinta novicios), y asistía a su enseñanza, y al tomar la cuenta de todos, señalando para cada día ciertos, y los confesaba a todos los novicios. Y en esto del dar la cuenta y confesión, se veía que tenía don sobrenatural de enseñar, y consolar y remediar a las almas, como se echaba de ver en los particulares, tentados, afligidos, tibios, etc.; y yo mismo experimenté esto conmigo algunas veces.

Nunca en público ni en secreto le oí decir falta de nadie, ni quejarse. Siendo Superior, tenía gran cuidado de la comodidad de sus súbditos; infaliblemente visitaba cada mes por sí mismo y con el ropero, todos los aposentos, y miraba lo que a cada uno faltaba, y escribíase, y pedía cuenta de cómo se ejecutaba. Todos los viernes, por más ocasiones y ocupaciones que hubiese, visitaba a la oración por la mañana, y era en esto tan constante, que el mismo viernes que se fue para ser Provincial de Toledo, habiéndose de ir luego en saliendo de oración puestas las espuelas y de camino, visitó aquel día. Fregaba con puntualidad el primer día de cada mes, aunque no hubiesen acabado los demás la tabla; y esto hacía con gran gracia y limpieza. De cuando en cuando, visitaba las cocinas y casa, y de noche, después de acostados; y de ordinario le acaecían algunas cosas graciosas, y otras dignas de remedio, que parece lo sabía lo que había de suceder.

Cosa es admirable y singular lo que tenía en razón de Superior, que es tener una gravedad santa, sin ser tenido por áspero ni seco, porque en mí mismo y en todos los de casa veía y experimentaba un amor y reverencia filial que le tenían, y por otra un temor y respeto; y echaba esto de ver muchas veces, y en muchas cosas particulares; y si algún día faltaba de casa, sensiblemente les pesaba a todos; y no más de un día que fuese, en volviendo, mostraban todos la alegría exterior por verle. Era particular el respeto que teníamos con amor, que algunas veces acaeció estar allí el Padre Visitador y Padre Provincial, delante los cuales, no estando el Padre allí, los de casa parece que hablaban y tenían alguna licencia, etc.; y viniendo el Padre Baltasar, todos callaban y se componían; y esto con gusto de todos. En las pláticas y conferencias parece que ponía fuego, y que hablaba otro en él; algunas pláticas hacía de manera, que todos salían cabizbajos y tristes, y no se hablaban unos a otros; y en otras salíamos alegres y consolados, etc.; que parece era señor de los corazones, y los movía a lo que él quería y juzgaba que era menester, conforme al tiempo y a los oyentes.

Nunca he visto en la Compañía más mortificar a Superior a sus súbditos, y en tiempos y lugares y ocasiones extraordinarias, que serían largas de contar; y nunca oí queja ni murmuración desto; antes, aunque mortificados, le amaban más; y esto es lo que más admiraba. Procuraba limpieza religiosa y aseo en su persona y aposento, y en los otros esto mismo, y enseñaba que religiosamente supiesen tratar unos con otros, y máxime con los de fuera, ni toscamente ni a lo de palacio, sino con policía y modestia religiosa.

En casa mortificaba, como he dicho, a los suyos; y fuera de casa era grande honrador y alabador dellos, y principalmente con aquellos con quien trataba, y los ponía en figura de muy religiosos y doctos, como se vio en Villalpando, adonde iba muchas veces a la Duquesa y aquellos Señores, y contaba y extendía cuanto él podía las partes y virtud y letras de los suyos. Y en la misma Villagarcía se veía y oía cuando él hablaba con los de fuera, de los nuestros. Y cuando iba a la iglesia y a los estudios, honraba mucho a los Maestros, siendo hermanos, en las clases; en juntas y congregaciones de estudios hacía que estuviesen en el lugar más honrado, y nunca llamaba menos, de «los Padres Maestros». Asistía mucho a sus juntas y a la Congregación y a las fiestas della, honrándolos a todos, y con esto era muy amado de todos.

Trataba a muchos señores y señoras, y a todos les hacía espirituales, y les era superior, y le tenían amor particular y reverencia. El Marqués de Velada iba a Villagarcía a visitarle; y dél una vez me acuerdo que los días que estuvo allí le trataba, por una parte, como a señor, etc., y por otra, con superioridad, como a un novicio; iba a las pláticas de los novicios, y en las conferencias le preguntaba también a él, diciendo: «Diga el Marqués». Y el Marqués de Lombay, que murió poco ha, Duque de Gandía, le aprovechó mucho, y dello dio buen testimonio lo que el Marqués mismo decía allí en nuestro Colegio, del Padre y de sí mismo. Iba a Villalpando a petición e instancia de la Duquesa cada semana una vez; y para cumplir con S. E. y todos aquellos señores y señoras, y no hacer falta a su casa ni a los novicios, iba siempre el jueves por la mañana, para el cual tiempo le enviaba la Duquesa cabalgadura; y decía Misa en Villalpando, confesaba a la Duquesa y a aquellas señoras, y las comulgaba, y les hacía plática, juntándose allí toda la casa. Y comía, y después tornaba otro rato a la tarde a hablar con la Duquesa y señoras de cosas de nuestro Señor, con que las dejaba consoladas, y volvía a su Colegio aquella noche, y por cansado y noche que viniese, no faltaba a su casa ni a la Comunidad; y otro día, viernes, visitaba a la oración, como arriba se dijo, y iba después a la plática o conferencias de los novicios. Y algunos viernes hubo que admiraba lo que trabajaba, porque acontecía esto que acabo de decir siendo Cuaresma. Oí de haber cumplido con sus novicios y predicar aquel día en la iglesia, y a la noche hacer plática de viernes a toda la casa, porque entonces se usaba así, aunque hubiese habido sermón en la iglesia.

A la señora doña Magdalena, cosa es sabida lo que la aprovechó y cómo le dio los Ejercicios, y le hacía pláticas; y todo el tiempo que estuvo Su Señoría en Villagarcía, era discípula y como novicia del Padre, y de allí tomó la forma de vida que guarda. Cuán poderoso era en sus palabras y trato, y cómo los ganaba para nuestro Señor, todos dan testimonio: los muertos, santos y santas, que le oyeron y trataron, y los vivos. Acerca del trato espiritual del Padre, decía una vez, creo la Marquesa de Lombay, que agora es Duquesa de Gandía, muy hija de su madre en la devoción de la Compañía, y de extraordinario entendimiento y discreción, que cuando iban a Villalpando otros Padres (y nombraba Padres muy antiguos y graves) que cuando les hablaban de cosas de Dios, que todavía las que los oían podían hablar con ellos y meter (como dicen) su cucharada en el trato y conversación; mas cuando estaban delante el Padre Baltasar estaban con particular respeto; y hablando él, callaban todos; y esto mismo experimentaban los nuestros-(Lo que sigue está escrito de otra mano.)-Cuando murió lo sintió tanto la Duquesa, que fue necesario ir a consolarla; y cuando supo que estaba enfermo, con estar tan lejos, envió luego un acémila cargada de regalos. Llamábale mi Padre y mi Señor. Estaba siempre de una manera que no era menester aguardar horas para negociar con él una vez.

XX. Testimonio acerca de la vida y virtudes del Venerable Padre Baltasar Álvarez, según la relación del Hermano Omiste

IHS. Lo ordinario, después de tañido a examen, no admitía ningún recado; y en tañendo a acostar, se iba con su linternilla (que es la que tiene aquí el Hermano Antonio Omiste) al coro, y allí se estaba una, dos y tres horas, algunas veces, en oración, y volvía sin ruido a su aposento.

Tomaba las más noches disciplina.

Oración y quietud en aquel tiempo. En tiempo de oración y de examen no consentía que anduviese nadie por casa, ni que llamase a su aposento, ni a otro ninguno, ni que hubiese ruido por casa, y a los que se quedaban a la segunda oración, no les consentía salir a lavarse ni a limpiar el jarrillo, porque no inquietasen a los demás.

Caridad con enfermos. Cuando venía de noche del coro, si había algún enfermo peligroso, le visitaba y reconocía cómo estaba, y les proveía con mucho regalo y caridad todo lo necesario, aunque nunca admitía ningún regalo que les enviaban monjas.

Oficio divino. Nunca rezaba las Horas por los tránsitos, ni paseándose, ni cubierto, sino sentado en su aposento, y con reverencia.

Limpieza. Era muy limpio en su persona; ni aun consentía un solo pelo en el vestido. Era amigo de libros devotos, llanos y sencillos; y de eso tenía proveída su librería y no de otros.

Trato. Tenía trato y comunicación con muchos Prelados y Grandes de España, por orden de nuestro Padre general, y les trataba cosas espirituales; y reconocían en él tan aventajado espíritu que se le rendían; y el Hermano Antonio Omiste me dijo le mostró una carta que escribió al Padre Baltasar

Álvarez el Marqués de Velada, con el mismo respeto, humildad y amor que un novicio pudiera escribir a su Maestro.

Penitencia. Aunque tenía muy flaco estómago, siempre en todo seguía la Comunidad en refitorio; y en su aposento no tenía ninguna silla, ni se la daba a ninguno que en él le visitaba.

Gravedad religiosa. En la quiete tenía a todos los Padres y Hermanos tan enfrenados con su presencia, que nunca se trataban impertinencias en ellas, sino se contaban buenos ejemplos, y cosas de edificación; de manera que le era necesario faltar algunas veces de la quiete, por no les tener tan a raya y tan ceñidos con su presencia.

Su trato, en el tiempo que estuvo al principio por Rector del Colegio de Salamanca, era serio y algo seco; de manera, que no se atrevían los particulares a acudir a él con cosas que no fuesen graves; y entre día conservaba un semblante serio y grave con todos los de casa.

Aunque perseguido, mas nunca turbado.

Otras cosas más particulares suyas no se saben, porque conservaba mucho su aposento; y los de casa, por la causa sobredicha, no le preguntaban mucho; y en la exterior comunicación y modo de hacer las cosas comunes, seguía el estilo ordinario de los demás de casa.

De todo lo arriba dicho, haciendo memoria y reflexión, se acordó el Hermano Antonio Omiste, y él me lo refirió todo como testigo de vista, sin que entendiese ni barruntase el intento con que se lo preguntaban.

XXI. Carta del Padre Cristóbal de Ribera

IHS. Pax Christi, etc. Mucho me consolé con la de V. R., en especial de saber el orden de nuestro Padre de que se escriban las cosas del Padre Baltasar Álvarez, y del Padre Martín Gutiérrez, que sacadas a luz, estoy cierto de que serán de mucha gloria del autor dellas, y de mucho consuelo para los que tenemos nombre de hijos suyos, como yo; ¡plegue al Señor que tengamos algo de la sustancia dél! Puedo yo decir con verdad, que el Padre Gutiérrez me engendró, trayéndome a la Religión, y el Padre Baltasar Álvarez me crió a sus pechos; y aunque me ha quedado poco de sus virtudes, siempre les he tenido particular amor, y me encomiendo a ellos, y por su intercesión espero que algún día me sacará el Señor de la tibieza en que vivo.

Para responder a lo que V. R. me pregunta, había menester otra memoria de la que tengo, que es tan flaca, que apenas me acuerdo de lo que al presente hago. Lo que de cierto me acuerdo es que me dijo la persona que digo haber visto una muerte dichosa de uno de la Compañía, y que a su entierro se hallaron los ángeles, y que ellos le enterraron. Unos le asieron de los pies y otros de la cabeza, y desta manera le echaron en la sepultura; desto me acuerdo solamente, y no de algunas otras circunstancias, que creo que me dijo que hubo en la dichosa muerte. Y no me supo decir adonde murió, mas de que no era de la Provincia, y por entonces no reparé, hasta que vino la nueva de cómo era muerto; y entonces le volví a preguntar, que si se acordaba del día en que aquello pasó, y qué persona era la difunta; y de todo lo que me dijo, entendí que realmente era el Padre Baltasar Álvarez, y tuve dello una moral certidumbre; porque miradas las circunstancias del tiempo y de la persona, no parece que podía ser otra, y así lo creí.

Esta persona era una beata de San Francisco, mujer de grande penitencia y de mucha oración; la cual era muy regalada de nuestro Señor, al parecer; oía muchas veces una voz que le decía cosas que hiciese ella misma, y otros sucesos de cosas futuras, que venían a ser como ella decía: si eran verdaderas revelaciones o no, yo no lo alcanzo. La persona era buena, muy penitente y muy sencilla; y es de creer que nuestro Señor no permitiría que fuese engañada en cosa que fuese de daño para ella, ni para otra persona; no sé más desto.

Tengo salud, y hame ocupado el Padre Provincial en ser Maestro de seis novicios que tengo a mi cargo; estímolo en mucho, por ser voluntad de nuestro Padre, aunque a la carne le sea de algún tormento. V. R. me haga caso de encomendarme al Señor, para que le acierte a servir.

Al Padre Rector mis debidas saludes. Las mismas al Padre Muñoz, Padre Torres,- Padre González, Padre Solórzano, con los demás Padres y Hermanos de ese santo Colegio; y no se olvide de darlas V. R. al señor Gil González Dávila, Comendador, y al señor don Luis. Oviedo, 28 de octubre de 1595. Cristóbal de Ribera.

XXII. Carta de la Madre María Ana del Espíritu Santo, religiosa Carmelita

IHS. M.ª-Nuestro Señor sea siempre en el alma de vuesa merced, con cuya carta me consolé más que sabré decir en ésta, en saber está en ese santo Colegio tan gran tesoro, como es los huesos del Padre Baltasar Álvarez, que en mi opinión y de los que le conocieron en vida, le teníamos por tan santo como si hubiéramos visto los milagros que agora muestra el Señor en honra de su santo. Gracias a Su Majestad, que honra a quien tan bien supo aborrecer los del mundo.

Mi Padre, yo nunca merecí hablar al Padre Baltasar Álvarez, aunque lo deseé, y le vi en Valladolid, donde, como digo, era tenido por Santo. Acuérdome que los Padres de la Casa de San Antonio estaban un día muy congojados de que el santo Baltasar Álvarez le había dado un desmayo; llamaron a los médicos y le dieron garrotes y otros tormentos, y con ninguno volvió en sí. Había pocos días que había ido allí del Colegio de Medina del Campo; y así, todos estaban confusos por no saber si era enfermedad que la hubiese tenido más veces. Enviáronlo a preguntar a Medina del Campo, y dijeron habían enviado propio con mucha priesa a decir que no le hiciesen ningún remedio, porque eran éxtasis que le daban muchas veces y le duraban tres días. De ahí a pocos, me fui a tomar hábito al reino de Toledo, y así no supe más deste santo Padre. Poco antes que muriese, escribió a la Madre Priora del convento nuestro de Malagón, que estaba en Toledo de camino para Belmonte; que a la vuelta pensaba vernos y consolarlos a todos; y cierto le esperábamos con harto deseo de oír sus santas palabras; y nuestra Madre fundadora había escrito junto con su carta, que también estaba en Toledo, mandando a la Madre Priora que no quedase monja que no diese cuenta de sí al Padre Baltasar Álvarez; y como después supo había muerto en Belmonte, nos lo escribió, y la mucha pena que le había dado. Entre las demás razones, dijo: «Mis hijas, éste es de los castigos que nuestro Señor hace en la tierra: quitarnos los santos que hay en ella».

La Madre Inés de Jesús, que es la que ha sido Priora desde que se fundó esta Casa, y lo era en aquel tiempo en la de Medina del Campo, dice tomó allí la nueva de la muerte del santo a nuestra Madre fundadora, y que lo sintió mucho, y le lloró; que no se acuerda haberla visto llorar por otra cosa, aunque se le ofrecían hartos trabajos.

A lo que vuesa merced pregunta si tengo papeles suyos, solo hay en este Casa una breve relación que el santo daba de su oración a un amigo suyo de la Compañía. Porque sé la hay en las Casas de vuesas mercedes, no la envío; y créame vuesa merced, que, si supiera más cosas por donde dar a entender la santidad del Padre Baltasar Álvarez, lo hiciera con la voluntad que por nuestra santa fundadora, aunque no fuera más de por lo que ella le quería y estimaba; cuanto más mandándomelo vuesa merced, y aun el menor Hermano de esa santa Religión, a quien yo debo más que sabré decir; y después de la misericordia de Dios, pienso ha sido y ha de ser medio para mi salvación, aunque me he sabido mal aprovechar.

Suplico a vuesa merced me tenga en su memoria, en cuyas oraciones tengo mucha fe, que con la intercesión de tan santo tío, me podrá vuesa merced ayudar y alcanzarme de nuestro Señor gracia y luz para cumplir con mis obligaciones, según su santa voluntad. En él la conserve Su Majestad a vuesa merced. Amén.

Palencia, desta Casa de las Descalzas, y febrero, 22. María Ana del Espíritu Santo.

Libros a la carta

A la carta es un servicio especializado para
empresas,
librerías,
bibliotecas,
editoriales
y centros de enseñanza;
y permite confeccionar libros que, por su formato y concepción, sirven a los propósitos más específicos de estas instituciones.

Las empresas nos encargan ediciones personalizadas para marketing editorial o para regalos institucionales. Y los interesados solicitan, a título personal, ediciones antiguas, o no disponibles en el mercado; y las acompañan con notas y comentarios críticos.

Las ediciones tienen como apoyo un libro de estilo con todo tipo de referencias sobre los criterios de tratamiento tipográfico aplicados a nuestros libros que puede ser consultado en Linkgua-ediciones.com.

Linkgua edita por encargo diferentes versiones de una misma obra con distintos tratamientos ortotipográficos (actualizaciones de carácter divulgativo de un clásico, o versiones estrictamente fieles a la edición original de referencia).

Este servicio de ediciones a la carta le permitirá, si usted se dedica a la enseñanza, tener una forma de hacer pública su interpretación de un texto y, sobre una versión digitalizada «base», usted podrá introducir interpretaciones del texto fuente. Es un tópico que los profesores denuncien en clase los desmanes de una edición, o vayan comentando errores de interpretación de un texto y esta es una solución útil a esa necesidad del mundo académico.

Asimismo publicamos de manera sistemática, en un mismo catálogo, tesis doctorales y actas de congresos académicos, que son distribuidas a través de nuestra Web.

El servicio de «libros a la carta» funciona de dos formas.

1. Tenemos un fondo de libros digitalizados que usted puede personalizar en tiradas de al menos cinco ejemplares. Estas personalizaciones pueden ser de todo tipo: añadir notas de clase para uso de un grupo de estudiantes,

introducir logos corporativos para uso con fines de marketing empresarial, etc. etc.

2. Buscamos libros descatalogados de otras editoriales y los reeditamos en tiradas cortas a petición de un cliente.

www.ingramcontent.com/pod-product-compliance
Lightning Source LLC
Chambersburg PA
CBHW020217170426
43201CB00007B/236